Doppelter Föderalismus in Europa

KOLLEKTIVE ENTSCHEIDUNGEN, WIRTSCHAFTSPOLITIK UND ÖFFENTLICHE FINANZEN

HERAUSGEGEBEN VON CAY FOLKERS

Band 11

PETER LANG

Frankfurt am Main · Berlin · Bern · Bruxelles · New York · Oxford · Wien

Gerhard Schick

Doppelter Föderalismus in Europa

Eine verfassungsökonomische
Untersuchung

PETER LANG

Europäischer Verlag der Wissenschaften

Bibliografische Information Der Deutschen Bibliothek
Die Deutsche Bibliothek verzeichnet diese Publikation in der
Deutschen Nationalbibliografie; detaillierte bibliografische
Daten sind im Internet über <http://dnb.ddb.de> abrufbar.

Zugl.: Freiburg (Breisgau), Univ., Diss., 2002

Gedruckt auf alterungsbeständigem,
säurefreiem Papier.

D 25
ISSN 1430-5852
ISBN 3-631-50858-1

© Peter Lang GmbH
Europäischer Verlag der Wissenschaften
Frankfurt am Main 2003
Alle Rechte vorbehalten.

Printed in Germany 1 2 3 4 5   7

www.peterlang.de

VORWORT DES HERAUSGEBERS

Wirtschafts- und finanzpolitisches Handeln bedarf theoretischer und empirischer Fundierung. Es markiert die Schnittstelle zwischen dem ökonomischen und politischen Bereich und bedingt damit in zentraler Weise explizite Analysen kollektiver Entscheidungen. Ökonomische Analysen wirtschafts- und finanzpolitischer Fragen in ihrer Interdependenz mit politisch-ökonomischen Zusammenhängen kollektiver Entscheidungen sind die gemeinsame Klammer der in dieser Schriftenreihe veröffentlichen Untersuchungen. Der Herausgeber verfolgt das Anliegen, Beiträge zur anwendungsbezogenen Lösung theoretischer Grundfragen und zur theoriebasierten und empirisch gestützten Lösung praktischer Gestaltungsprobleme für wirtschafts- und finanzpolitische Fragen zur Diskussion zu stellen. Dabei sind Funktionsweise und Gestaltung politischer Institutionen ebenso als Untersuchungsgegenstände des Ökonomen anzusehen wie theoretische Fragen wirtschaftlicher Prozesse und öffentlicher Finanzen. Erst die gleichgewichtige und integrative Analyse ökonomischer und politischer Tauschprozesse führt zu kohärenten Beurteilungen und zu praktisch relevanten Empfehlungen für wirtschafts- und finanzpolitische Konzepte.

Die Reihe ist theorieorientiert unter besonderer Betonung der Analyse kollektiver Entscheidungen und anwendungsorientiert im Hinblick auf spezielle wirtschafts- und finanzpolitische Fragen im Zusammenhang mit den zugrundeliegenden politischen Verfahren und ihrer Reform. Damit ist ein Forschungsspektrum umschrieben, das ebenso allokationstheoretische, verteilungstheoretische und gesamtwirtschaftliche Problemstellungen in ihrem politischen Bezug wie Analysen von Institutionen und Entscheidungsprozessen in ökonomischer Perspektive umfaßt und die für Fragen der politischen Realität entscheidende Brücke zwischen ökonomischen und politischen Entscheidungen zu schlagen sucht. Der Fragenkreis schließt theoretische Analysen wirtschafts- und finanzpolitisch relevanter Problemstellungen, Untersuchungen zur Public-Choice Theorie, zur Institutionenökonomik, zur ökonomischen Analyse des Rechts und zur konstitutionellen Wirtschaftstheorie sowie verwandte Fragestellungen ein. Die Reihe ist für einschlägige Arbeiten offen und bemüht sich, die Vielfalt der theoretischen Ansätze und der praktischen Fragen in innovativen Untersuchungen zur Diskussion zu stellen. Sie will damit einen Beitrag zur Aufdeckung der Ursachen und zur Begründung von Lösungskonzepten für gesellschaftlich drängende Gegenwartsprobleme leisten.

Bochum, im Januar 1996

Cay Folkers

Vorwort

Noch prägt die nationalstaatliche Ordnung das wissenschaftliche Denken. Doch für viele Menschen ist der natürliche Bezugsrahmen längst Europa geworden, dessen Unterschiedlichkeit und Vielfalt wir schätzen und dessen Zukunft wir ebenso selbstverständlich als europäische Bürger gemeinsam gestalten wollen, wie wir in *Comunidades Autónomas*, in *Départements* oder in Bundesländern als Bürger gemeinsam Verantwortung für regionale Belange übernehmen wollen.

Während Europas Politiker den Beitritt der mittel- und osteuropäischen Staaten vorbereiten und im Europäischen Konvent eine künftige europäische Verfassung erarbeiten, kommt diese Untersuchung des doppelten Föderalismus in Europa zu ihrem Abschluss, die versucht, dieses System aus mehreren gleichberechtigten staatlichen Ebenen verfassungsökonomisch zu erfassen.

Sie entstand im Wesentlichen am Walter Eucken Institut in Freiburg und wurde im Herbst 2002 als Dissertation eingereicht. Mein herzlicher Dank gilt Prof. Dr. Dr. h.c. Hans-Hermann Francke und Prof. Dr. Gerold Blümle für die Begutachtung sowie Dr. habil. Lüder Gerken, Bruno Guérin, Dr. Klaus Kammerer, Dr. Jörg Märkt, Henrik Moritz, Guido Raddatz, Dr. Andreas Renner, Gisela Schick, Josef Schick und Prof. Dr. Viktor J. Vanberg für wertvolle Anregungen und freundliche Unterstützung.

Berlin, im Januar 2003

Inhaltsverzeichnis

Abbildungsverzeichnis 14

Abkürzungsverzeichnis 15

1   Einleitung   17

2   Doppelter Föderalismus in Europa

2.1 Der europäische Föderalismus 21

    2.1.1 Geschichte und derzeitiger Stand der europäischen Integration 21

    2.1.2 Die Kompetenzverteilung zwischen Union und Mitgliedstaaten 24

        2.1.2.1 Das Prinzip der begrenzten Einzelermächtigung und
        seine Modifikationen 25

        2.1.2.2 Besondere Merkmale der Kompetenzverteilung in der
        Europäischen Union 27

        2.1.2.3 Verfahren zur Änderung der Kompetenzverteilung 31

2.2 Mitgliedstaatlicher Föderalismus 34

    2.2.1 Der deutsche Föderalismus 34

        2.2.1.1 Die Geschichte des deutschen Föderalismus 34

        2.2.1.2 Die Kompetenzverteilung im deutschen Föderalismus 42

        2.2.1.3 Verfahren zur Änderung der Kompetenzverteilung 45

    2.2.2 Föderalisierung in Belgien und Spanien 46

        2.2.2.1 Symmetrische Föderalisierung in Belgien 46

        2.2.2.2 Asymmetrische Föderalisierung in Spanien 48

    2.2.3 Dezentralisierung in Frankreich und Großbritannien 51

        2.2.3.1 Symmetrische Dezentralisierung in Frankreich 51

        2.2.3.2 Asymmetrische Dezentralisierung in Großbritannien 53

2.3 Die Rolle der Dritten Ebene in Europa 55

    2.3.1 Die Regionenblindheit des EG-Vertrags 55

2.3.2 Berücksichtigung subnationaler Jurisdiktionen auf europäischer
Ebene..59

    2.3.2.1 Eigenständige Aktivitäten der Regionen..........................59

    2.3.2.2 Die Gemeinschaftscharta der Regionalisierung................61

    2.3.2.3 Der Ausschuss der Regionen...62

    2.3.2.4 Mitwirkung der subnationalen Jurisdiktionen im
    Ministerrat nach Art. 203 EGV..63

2.3.3 Die Beteiligung der Regionen an der mitgliedstaatlichen
Europapolitik...64

    2.3.3.1 Deutschland...64

    2.3.3.2 Belgien...68

    2.3.3.3 Spanien...70

    2.3.3.4 Frankreich...71

    2.3.3.5 Großbritannien...72

2.4 Die Problematik des doppelten Föderalismus...............................73

    2.4.1 Die These der „doppelten Politikverflechtung".....................73

        2.4.1.1 Politikverflechtung im deutschen Föderalismus................73

        2.4.1.2 Politikverflechtung im europäischen Föderalismus............75

        2.4.1.3 Doppelte Politikverflechtung durch die Mitwirkung der
        Regionen an der mitgliedstaatlichen Europapolitik?..........76

    2.4.2 Alternativen zum doppelten Föderalismus...........................78

    2.4.3 Präzisierung der Fragestellung und Überblick über die
    nachfolgende Untersuchung...86

3 Der Staat als politische Genossenschaft

3.1 Der Ansatz der Verfassungsökonomik..89

    3.1.1 Handelnsordnung und Regelordnung..................................89

    3.1.2 Die Entstehung von Regeln...91

    3.1.3 Methodologischer Individualismus....................................93

        3.1.3.1 Eigeninteressiertes Handeln...93

        3.1.3.2 Rationalität..95

        3.1.3.3 Die Erklärung kollektiven Handelns..............................95

3.1.4 Normativer Individualismus 98

    3.1.4.1 Der freiwillige Tausch als Effizienzkriterium der
    Verfassungsökonomik 98

    3.1.4.2 Verfassungsökonomik als vertragstheoretischer Ansatz .. 100

    3.1.4.3 Bürgerinteressen als Steuerungsgröße des politischen
    Systems 105

    3.1.4.4 Die relevante Bürgerschaft 107

3.2 Die Rolle des Staates 110

    3.2.1 Rechtsschutzstaat 110

    3.2.2 Leistungsstaat 112

    3.2.3 Sozialstaat 116

3.3 Die Organisation des Staates 118

    3.3.1 Verwaltungs- und Koordinationskosten 118

    3.3.2 Vor- und Nachteile von Entscheidungen unter Einstimmigkeit 120

    3.3.3 Vor- und Nachteile von Delegation 122

        3.3.3.1 Verhandlungs- und Konkurrenzdemokratie 122

        3.3.3.2 Das Prinzipal-Agenten-Problem 124

        3.3.3.3 Delegation bei der Regelwahl 126

3.4 Möglichkeiten der Steuerung des politischen Systems durch die
Bürger 128

    3.4.1 Steuerung der politischen Entscheidungen 128

    3.4.2 Steuerung der Regelwahl 131

3.5 Fazit 132

4 Territoriale Aufteilung der Staatsgewalt: Größe und Anzahl der Staaten

4.1 Effizienzwirkungen der territorialen Aufteilung 135

    4.1.1 Rechtsschutzstaat 135

    4.1.2 Der Leistungsstaat 138

    4.1.3 Der Sozialstaat 141

4.2 Bürgerorientierung bei territorialer Aufteilung 142

    4.2.1 Voice 142

        4.2.1.1 Direkt-demokratische Entscheidung 142

        4.2.1.2 Repräsentativ-demokratische Verfahren 143

    4.2.2 Exit 146

        4.2.2.1 Jurisdiktionenwettbewerb 147

        4.2.2.2 Jurisdiktionenwettbewerb als Anreiz- und Entdeckungs-
verfahren 155

        4.2.2.3 Die optimale Jurisdiktionengröße 158

    4.2.3 Voice, Exit und Bürgersouveränität 160

        4.2.3.1 Die Wechselwirkung von Voice und
Tiebout-Wettbewerb 160

        4.2.3.2 Die Wechselwirkung von Voice und
Standortwettbewerb 164

4.3 Fazit 165

5 **Funktionale Aufteilung der Staatsgewalt: Anzahl der Jurisdiktionen
auf einem Territorium**

5.1 Effizienzwirkungen der funktionalen Aufteilung 169

    5.1.1 Rechtsschutzstaat 169

        5.1.1.1 Verbundvorteile bezüglich der horizontalen
Koordination 170

        5.1.1.2 Verbundvorteile bezüglich der vertikalen
Koordination 170

    5.1.2 Leistungsstaat 173

    5.1.3 Sozialstaat 178

5.2 Bürgerorientierung bei funktionaler Aufteilung 179

    5.2.1 Voice 179

        5.2.1.1 Direkt-demokratische Entscheidungen 180

        5.2.1.2 Repräsentativ-demokratische Entscheidungen 185

5.2.2 Exit...188

    5.2.2.1 Zur Irrelevanz der funktionalen Aufteilung für den
    Jurisdiktionenwettbewerb...188

    5.2.2.2 Mobilitätskosten bei multifunktionalen Jurisdiktionen....188

    5.2.2.3 Kontrolle staatlicher Macht...189

    5.2.2.4 Generierung von Wissen..194

5.3 Fazit..196

6 Territoriale und funktionale Aufteilung der Staatsgewalt: Föderalismus

6.1 Effizienzwirkungen des Föderalismus..199

    6.1.1 Rechtsschutzstaat...199

        6.1.1.1 Verbundvorteile bezüglich der horizontalen
        Koordination...199

        6.1.1.2 Verbundvorteile bezüglich der vertikalen Koordination..202

        6.1.1.3 Die optimale Anzahl der Ebenen im Rechtsschutzstaat...203

    6.1.2 Leistungsstaat..204

        6.1.2.1 Allokation...205

        6.1.2.2 Finanzierung der Staatstätigkeit.......................................207

        6.1.2.3 Die optimale Zahl der Ebenen im Leistungsstaat............211

    6.1.3 Sozialstaat...214

6.2 Bürgerorientierung im Föderalismus...218

    6.2.1 Voice..218

        6.2.1.1 Direkt-demokratische Entscheidungen............................218

        6.2.1.2 Repräsentativ-demokratische Entscheidungen.................220

        6.2.1.3 Die optimale Zahl der Ebenen..223

    6.2.2 Exit..224

        6.2.2.1 Zur bedingten Relevanz der Ebenenzahl.........................224

        6.2.2.2 Kosten des Jurisdiktionenwechsels..................................225

        6.2.2.3 Kontrolle staatlicher Macht..229

        6.2.2.4 Generierung von Wissen..230

6.3 Fazit..231

7 Dynamischer Föderalismus

7.1 Effizienzwirkungen föderaler Dynamik.................................235

   7.1.1 Veränderungen der Präferenzen 235

      7.1.1.1 Rechtsschutzstaat.................................235

      7.1.1.2 Leistungsstaat.................................237

      7.1.1.3 Sozialstaat 240

   7.1.2 Veränderungen der Steuerungsmechanismen.................................242

      7.1.2.1 Voice.................................242

      7.1.2.2 Exit.................................245

   7.1.3 Wissensproblematik.................................246

7.2 Bürgerorientierung der föderalen Dynamik.................................248

   7.2.1 Voice.................................249

      7.2.1.1 Kompetenzentausch und Bürgersouveränität.................................249

      7.2.1.2 Die zentralisierende Wirkung des politischen Wettbewerbs.................................258

      7.2.1.3 Die dezentralisierende Wirkung des politischen Wettbewerbs.................................262

   7.2.2 Exit.................................266

   7.2.3 Wettbewerb um Kompetenzen.................................268

      7.2.3.1 Individuelle oder kollektive vertikale Jurisdiktionenwahl.................................269

      7.2.3.2 Direkt-demokratische Entscheidungen.................................272

      7.2.3.3 Verlagerung von Finanzierungskompetenzen.................................277

7.3 Fazit.................................278

8 Asymmetrischer Föderalismus

8.1 Effizienzwirkungen des asymmetrischen Föderalismus.................................281

   8.1.1 Rechtsschutzstaat.................................282

   8.1.2 Leistungsstaat.................................283

   8.1.3 Sozialstaat 287

8.2 Bürgerorientierung im asymmetrischen Föderalismus 288

    8.2.1 Voice 288

    8.2.2 Exit 291

    8.2.3 Wettbewerb um Kompetenzen 293

8.3 Fazit 299

9 Schlussfolgerungen

9.1 Bewertung der Alternativen 303

9.2 Konsequenzen für den europäischen Föderalismus 308

9.3 Konsequenzen für den deutschen Föderalismus 310

9.4 Konsequenzen für die Rolle der dritten Ebene in Europa 316

Literaturverzeichnis 319

Abbildungsverzeichnis

Abbildung 2.1 Kompetenzverteilung in der EU 30

Abbildung 3.1 Gefangenendilemma-Situation 106

Abbildung 3.2 Optimales Abstimmungsquorum 121

Abbildung 4.1 Horizontale Externalitäten 153

Abbildung 5.1 Anzahl der Jurisdiktionen im Rechtsschutzstaat 172

Abbildung 5.2 Anzahl der Jurisdiktionen im Leistungsstaat 176

Abbildung 5.3 Optimale Anzahl der Regierungen nach Tullock 186

Abbildung 5.4 Vertikale Ausgaben-Externalitäten 190

Abbildung 5.5 Vertikale Einnahmen-Externalitäten 192

Abbildung 6.1 Die optimale Ebenenzahl im Rechtsschutzstaat 204

Abbildung 6.2 Die optimale Ebenenzahl im Leistungsstaat 213

Abbildung 6.3 Die optimale Ebenenzahl bei repräsentativer Demokratie 223

Abbildung 7.1 Auswirkungen einer zusätzlichen föderalen Ebene auf die
Kompetenzverteilung...238

Abbildung 7.2 Tauschprozesse in Abhängigkeit von der
Kompetenz-Kompetenz 253

Abbildung 8.1 Asymmetrie im Leistungsstaat..286

14

Abkürzungsverzeichnis

ABl.	Amtsblatt der Europäischen Gemeinschaften
Abs.	Absatz
Art.	Artikel
BVerfGE	Bundesverfassungsgerichtsentscheid
DB	Deutsche Bundesakte
EEA	Einheitliche Europäische Akte
EG	Europäische Gemeinschaft
EGKSV	Vertrag zur Gründung der Europäischen Gemeinschaft für Kohle und Stahl
EGV	Vertrag zur Gründung der Europäischen Gemeinschaft
EU	Europäische Union
EUV	Vertrag über die Europäische Union
EuGH	Europäischer Gerichtshof
EWG	Europäische Wirtschaftsgemeinschaft
EWGV	Vertrag zur Gründung der Europäischen Wirtschaftsgemeinschaft
GASP	Gemeinsame Außen- und Sicherheitspolitik
GG	Grundgesetz
lit.	Buchstabe
OECD	Organisation for Economic Co-operation and Development
PJZ	Polizeiliche und Justizielle Zusammenarbeit
Rs.	Rechtssache
RV	Reichsverfassung
Slg.	Sammlung
Unterabs.	Unterabsatz
WRV	Weimarer Reichsverfassung

1 Einleitung

1927 bemerkte der Staatsrechtler Kelsen in einer Untersuchung über die rechtliche Durchführbarkeit eines österreichischen Anschlusses an das Deutsche Reich: „Ein Bundesstaat im Bundesstaat bedeutet organisationstechnisch eine heillose Komplikation." (Kelsen 1927, 331). Der Lichtseite, dass ein Bundesstaat seine Erfahrungen mit dem Föderalismus in den größeren Föderalstaat einbringen könne, stünde eine größere Schattenseite gegenüber: Die Gesetzgebungskompetenz der österreichischen Bundesregierung würde auf „ein unbeträchtliches Minimum reduziert" (ebd.), weil für die meisten ihrer Angelegenheiten dann die Reichsregierung zuständig sein würde. Die Aufgaben der unmittelbaren österreichischen Bundesverwaltung würden vom Deutschen Reich wahrgenommen, die Aufgaben der mittelbaren Bundesverwaltung würden unter Reichsaufsicht gestellt, so dass die österreichische Bundesregierung für die Vollziehung von Reichsgesetzen verantwortlich sei, obwohl diese von den Ländern vollzogen würden. Das sei „natürlich unmöglich" (ebd., 333). Die Kombination aus drei verschiedenen Rechtssetzungsebenen und Verwaltungsebenen ergebe eine „ungeheure Komplikation" (ebd., 334).

Kelsen warnte also vor den Organisationskosten eines doppelten Föderalismus und beschrieb dabei Schwierigkeiten, denen sich auch föderale Mitgliedstaaten in der heutigen Europäischen Union gegenübersehen. Entsprechend wurde in der deutschen (vor allem politischen oder politikwissenschaftlichen) Diskussion in den achtziger und frühen neunziger Jahren des letzten Jahrhunderts die bereits von Kelsen thematisierte Gefahr der Auflösung der mitgliedstaatlichen Föderalismen thematisiert. Dabei wurde mal der Kompetenzverlust der Länder, mal der Kompetenzverlust des Bundes als die wahrscheinlichere Alternative angesehen.[1] Die jüngere Literatur vermeidet diesbezüglich eindeutige Aussagen und thematisiert vor allem die Anpassung des deutschen Föderalismus an die europäischen Anforderungen.[2] Denn vor dem Hintergrund einer deutlichen Stärkung der europapolitischen Bedeutung der Länder in den neunziger Jahren, die nicht zu einer Schwächung des Bundes, sondern zu einer zunehmend von beiden Ebenen gemeinsam formulierten Europapolitik geführt hat, erschien keines der beiden Szenarien mehr wahrscheinlich.

Umso plausibler wurde durch diese Entwicklung jedoch die Gefahr einer „doppelten Politikverflechtung" (Hrbek 1986; Scharpf 1994), also eines Zustandes politischer Stagnation, der durch die Überlagerung von zwei föderalen Strukturen ausgelöst wird.

---

[1] Erstere These vertraten u.a. Hailbronner (1990), Ehring (1992), Postlep (1992, 145), Teufel (1992), letztere u.a. Hrbek (1988, 128), Scharpf (1994, 109).

[2] So Hrbek (1997), Große Hüttmann/Knodt (2000), Sturm (2000a, 193).

In der nachfolgenden Untersuchung soll der Frage nachgegangen werden, ob der doppelte Föderalismus, wie er in einzelnen Mitgliedstaaten der Europäischen Union besteht, eine geeignete Form staatlicher Organisation ist, wie er gegebenenfalls organisiert werden müsste und welche Alternativen zu einem doppelten Föderalismus bestehen. Dabei wird deutlich werden, dass das Problem des doppelten Föderalismus in erster Linie ein deutsches Problem ist. Deshalb werden neben Vorschlägen zur Organisation Europas vor allem Reformvorschläge für den deutschen Föderalismus als Schlussfolgerungen am Ende dieser Arbeit stehen.

In Kapitel 2 wird der doppelte Föderalismus dargestellt, wie er durch die Überlagerung von föderalen Strukturen der Europäischen Union und einzelner Mitgliedstaaten derzeit besteht, und die genannte These der „doppelten Politikverflechtung" überprüft. Dies erlaubt die Formulierung der Alternativen zum doppelten Föderalismus und – darauf aufbauend – die Spezifizierung der Fragestellung dieser Arbeit.

Kapitel 3 enthält die methodischen Grundlagen und das Staatsverständnis, das dieser Arbeit zugrunde liegt. Als Methode wurde die Verfassungsökonomik gewählt. Sie beschäftigt sich aus wirtschaftswissenschaftlicher Perspektive mit der Funktionsweise von Regelsystemen, insbesondere von Verfassungen, und ist damit für die Untersuchung von Fragen der Staatsorganisation in Europa prädestiniert. Die Verfassungsökonomik geht davon aus, dass der Staat als politische Genossenschaft ein Verband ist, dessen Zweck darin besteht, die konsensfähigen Interessen seiner Mitglieder, nämlich der Staatsbürger, umzusetzen. Aufgabe der Verfassungsgebung ist es daher, die Handlungen politischer Akteure effizient zu organisieren und an den Interessen der Bürger auszurichten.

Wesentliche Eigenschaft föderaler Staatswesen ist die territoriale und funktionale Aufteilung staatlicher Aufgaben. Kapitel 4 ist den Fragen der territorialen Aufteilung des Staates gewidmet. Es untersucht den Einfluss, den die Anzahl der Gliedstaaten innerhalb einer Föderation auf die Bürgerorientierung der Politik hat. Das Nebeneinander mehrerer Jurisdiktionen gleicher Kompetenzen, deren Hoheitsgebiete voneinander abgegrenzt sind, führt zu Veränderungen in der staatlichen Aufgabenerfüllung. Denn zum einen erlaubt die territoriale Aufteilung der Staatsgewalt die relative Bewertung der Politik eines Staates durch den Vergleich mit der Politik anderer Staaten. Zum anderen bringt sie einen Wettbewerb zwischen den Jurisdiktionen hervor. Entsprechend wird in Kapitel 4 die Theorie des Jurisdiktionenwettbewerbs aufgegriffen.

Kapitel 5 untersucht, ob die funktionale Aufteilung der Regierungsmacht auf mehrere Parallelregierungen Effizienzvorteile bringt und die Politik stärker an den Bürgerinteressen ausrichtet. In diesem Fall sind mehrere Regierungen für dasselbe Territorium zuständig, jedoch mit unterschiedlichen Aufgaben. Das Nebeneinander mehrerer Jurisdiktionen unterschiedlicher Kompetenzen auf demselben Hoheitsgebiet führt zu Veränderungen in der staatlichen Leistungserstellung. Statt eines Allzweckstaates werden mehrere, über ihre spezifischen Funktionen definierte Jurisdiktionen für die Bürger tätig. Dies führt zu Interdependenzen zwischen diesen Jurisdiktionen, wie sie die neuere Theorie des Fiskalföderalismus thematisiert.

In Kapitel 6 wird sowohl die territoriale als auch die funktionale Aufteilung des Staates betrachtet. Unter Bezugnahme auf die ökonomische Theorie des Föderalismus werden die Vorteile des für den Föderalismus typischen hierarchischen Staatsaufbaus aufgezeigt, indem die Unterschiede zwischen föderalen Strukturen einerseits und der rein territorialen bzw. rein funktionalen Aufteilung des Staates andererseits herausgearbeitet werden. Dabei steht die in der Föderalismus-Forschung vernachlässigte Frage der geeigneten Anzahl der Ebenen im Vordergrund.

Veränderungen der Staatsorganisation spielen gerade in föderal strukturierten Staaten eine wichtige Rolle. In Kapitel 7 wird deshalb die Dynamik föderaler Systeme auf ihre Funktionsweise untersucht. Bei der Analyse der Vor- und Nachteile veränderlicher Föderalverfassungen wird wesentlich auf die Theorie der internationalen Organisation, wie sie auf der Grundlage des *Public-Choice*-Ansatzes entwickelt wurde, zurückgegriffen. Es wird sich zeigen, dass die föderale Dynamik eine wichtige Rolle bei der Beantwortung der Frage nach der optimalen föderalen Struktur Europas bzw. Deutschlands spielen muss.

Kapitel 8 greift eine in der ökonomischen Forschung noch weitgehend unbeachtete Erscheinung föderaler Strukturen auf: die Asymmetrie. Eine der zentralen Thesen dieser Arbeit lautet, dass der Asymmetrie eine wesentliche Rolle bei der staatlichen Organisation Europas und Deutschlands zukommen muss. Diese Rolle ist einerseits instrumentell: Asymmetrische Föderalstrukturen erzwingen eine transparentere und damit durch die Bürger leichter zu steuernde staatliche Leistungserstellung. Andererseits ermöglichen erst asymmetrische Strukturen die Verwirklichung der Vorteile, welche die ökonomische Theorie dem Föderalismus im Allgemeinen zuschreibt.

Das abschließende Kapitel 9 beantwortet die am Ende von Kapitel 2 aufgeworfenen Fragen zusammenfassend und zieht Schlussfolgerungen für den europäischen und insbesondere für den deutschen Föderalismus.

2 Doppelter Föderalismus in Europa

2.1 Der europäische Föderalismus

Die Europäische Gemeinschaft wurde mit den Römischen Verträgen gegründet, die im März 1957 von Deutschland, Frankreich, Italien und den Benelux-Ländern unterzeichnet wurden und zum Jahresbeginn 1958 in Kraft traten. Über verschiedene Vertragsänderungen und Beitritte weiterer europäischer Staaten ist seither eine „supranationale Föderation" entstanden. Um die Charakteristika dieser föderalen Struktur zu verdeutlichen wird im Folgenden zunächst ihre Entwicklung aufgezeigt (2.1.1). Anschließend wird die Kompetenzverteilung zwischen Union und Mitgliedstaaten (2.1.2) vorgestellt.

2.1.1 Geschichte und derzeitiger Stand der europäischen Integration

Der EWG-Vertrag von 1957 regelte umfassend die Tätigkeit der neu entstandenen Gemeinschaft. Im Zentrum standen zum einen die Errichtung eines Gemeinsamen Marktes bis Ende 1969 (Art. 8 EWGV), zum anderen die schrittweise Annäherung der Wirtschaftspolitik der Mitgliedstaaten. Während in den Bereichen Konjunktur, Zahlungsbilanz und internationaler Handelsverkehr (Art. 103–116 EWGV) lediglich die Koordination der mitgliedstaatlichen Politik vorgesehen war, wurden der Gemeinschaft für die Errichtung des Gemeinsamen Marktes eigenständige Kompetenzen übertragen und mit Parlament, Kommission, Rat und Gerichtshof die entsprechenden Organe zur ihrer Umsetzung geschaffen. Kompetenzen in der Wettbewerbspolitik (Art. 85–94 EWGV), zur Angleichung der Rechtsvorschriften im Rahmen des Gemeinsamen Marktes (Art. 100–102 EWGV), zur Errichtung eines Europäischen Sozialfonds (Art. 117–128 EWGV) sowie zur Errichtung einer Europäischen Investitionsbank (Art. 129f EWGV) ermöglichten außer der negativen, Barrieren abbauenden Integration auch Schritte der positiven, einen gemeinsamen europäischen Rechtsraum gestaltenden Integration.[1]

Die Gemeinschaft erlebte in der Zeit nach den Römischen Verträgen sowohl sukzessive Erweiterungen als auch Vertiefungen der Integration. 1973 traten Großbritannien, Dänemark und Irland der Gemeinschaft bei. 1974 wurde die Abhaltung regelmäßiger Zusammenkünfte der Staats- und Regierungschefs unter der Bezeichnung Europäischer Rat vereinbart, um die Europäische Politische Zusammenarbeit zu verstärken. 1979 erfolgten erstmals Direktwahlen zum Europäischen Parlament, dessen Mitglieder zuvor von den nationalen Parlamenten entsandt worden waren. Mit Griechenland (1981) sowie Spanien und Portugal (1986) erweiterte sich die Gemeinschaft nach Süden.

---

[1] Vaubel (2001, 188) unterscheidet zwischen Marktintegration und Politikintegration.

In der Einheitlichen Europäischen Akte von 1986 wurde die Schaffung eines Binnenmarkts bis Ende 1992 vereinbart (Art. 13 EEA). Dies bedeutete die Liberalisierung auch derjenigen Bereiche, die nicht in die Errichtung des Gemeinsamen Marktes einbezogen worden waren, wie die Abschaffung der Grenzkontrollen für Personen und Waren und die Liberalisierung des öffentlichen Auftragswesens. Mit Art. 23–25 EEA wurden die Kompetenzen der Gemeinschaft wesentlich ausgeweitet, insbesondere in den Bereichen wirtschaftlicher und sozialer Zusammenhalt, Forschung und technologische Entwicklung sowie Umweltschutz. Gleichzeitig wurden die Strukturfonds vertraglich festgeschrieben.

Die Umwandlung zur Europäischen Union erfolgte 1992 in Maastricht mit dem Vertrag über die Europäische Union (EUV). Er enthielt folgende zentrale Elemente:

– Gründung der Europäischen Union mit den drei Teilen Europäische Gemeinschaft (als neue Bezeichnung für die Europäische Wirtschaftsgemeinschaft), Gemeinsame Außen- und Sicherheitspolitik (GASP), Polizeiliche und Justizielle Zusammenarbeit (PJZ). Für die GASP und PJZ wurden erstmals Kompetenzen außerhalb des ökonomischen Bereichs auf die europäische Ebene verlagert.

– Wirtschafts- und Währungsunion (Ex-Art. 102a–109 EGV): In einem dreistufigen Prozess sollte der Übergang zu einer Wirtschafts- und Währungsunion vollzogen werden. Dieser Prozess erreichte Anfang 1999 mit der Einführung des Euro die dritte Stufe, Anfang 2002 wurde das entsprechende Bargeld ausgegeben.

– Ausweitung der Kompetenzen der Gemeinschaft in den Bereichen, die neu in Art. 3 EGV eingefügt wurden: Umwelt, Forschung und Technologie, transeuropäische Netze, Gesundheitsschutz, Bildung und Kultur, Entwicklungszusammenarbeit, Verbraucherschutz, Energie, Katastrophenschutz und Fremdenverkehr sowie Industriepolitik. Außerdem wurde der Kohäsionsfonds geschaffen, der Umwelt- und Infrastrukturprojekte in ärmeren Mitgliedstaaten kofinanziert.

– Verankerung des Subsidiaritätsprinzips (Ex-Art. 3b EGV).[2]

Neben dem Vertrag wurde ein Sozialpolitisches Abkommen geschlossen, um trotz der Ablehnung durch Großbritannien die Maßgaben der Sozialcharta von 1989 zwischen den anderen Mitgliedstaaten rechtsverbindlich vereinbaren zu können.

Erweiterung und Vertiefung der europäischen Integration sollten auch die Jahre seit Maastricht prägen. 1995 traten Österreich, Finnland und Schweden der Union bei, 13 weitere Staaten – Estland, Polen, Slowenien, die Tschechische Republik, Un-

---

[2] Dazu 2.1.2.1.

garn und Zypern sowie Bulgarien, Lettland, Litauen, Malta, Rumänien, die Slowakei und die Türkei – haben die Mitgliedschaft beantragt. Die bevorstehende massive Erweiterung veranlasste eine Diskussion über die Reform der Organe und Entscheidungsstrukturen der Gemeinschaft, deren erste Ergebnisse 1997 im Vertrag von Amsterdam festgeschrieben wurden:

- Im außen- und sicherheitspolitischen sowie im justiz- und innenpolitischen Bereich wurde eine Erweiterung der Koordination beschlossen. Das Europäische Polizeiamt (EUROPOL) wurde gestärkt.

- Das Sozialabkommen wurde, nach Zustimmung Großbritanniens, Teil des Vertrags.

- Der Titel Beschäftigungspolitik wurde in den Vertrag eingefügt.

- Die Rechte des Europäischen Parlaments und des Kommissionspräsidenten wurden gestärkt.

- Das Verfahren der verstärkten Zusammenarbeit wurde eingeführt.

Mit dem Vertrag von Nizza (Europäischer Rat 2000) erfolgte im Dezember 2000 ein zweiter, nach allgemeiner Auffassung unbefriedigender Schritt zur Reform der Organe und Institutionen der Union.[3] Die im Dezember 2001 in Laeken beschlossene Einsetzung eines Europäischen Konvents lässt den Vertrag von Nizza jedoch bereits bei seinem Inkrafttreten am 1. Februar 2003 als unwesentlichen Zwischenschritt zu einer europäischen Verfassung erscheinen. Dieser Konvent, an dem im Unterschied zu der nachfolgenden Regierungskonferenz Parlamentarier der mitgliedstaatlichen Parlamente und des europäischen Parlaments teilnehmen, hat die Aufgabe, einen Vorschlag für einen neuen Vertragstext zu erarbeiten, der die jetzigen Verträge ersetzen soll. Unabhängig davon, ob dieser Text den Titel „Verfassung" tragen wird oder nicht, wird damit eine neue Phase in der Geschichte der Europäischen Union eingeleitet.

Bereits vor dieser neuerlichen Vertragsänderung enthält die Europäische Union Charakteristika, die es – sowohl nach dem institutionell-funktionalen (1) als auch nach dem verfassungsrechtlichen Föderalismusverständnis (2) – erlauben, von einem europäischen Föderalismus zu sprechen:

(1) Dem institutionell-funktionalen Föderalismusverständnis liegt die Vorstellung zu Grunde, in einem mehrstufigen politischen System müsse eine Aufteilung staatlicher Kompetenzen zwischen Zentralstaat und Gliedstaaten erfolgen. Jede Ebene soll bei bestimmten Aufgaben endgültige Entscheidungen treffen können. Die Kompetenzen zwischen den Ebenen sind strikt getrennt, weshalb häufig auch von

---

[3] Ausführlich zum Vertrag von Nizza Hrbek (2001).

Trennföderalismus[4] gesprochen wird. Die europäischen Verträge nehmen eine solche Kompetenzaufteilung vor.[5] Problematischer ist nach dem institutionell-funktionalen Föderalismusverständnis der Staatscharakter von Union und Mitgliedstaaten. Während traditionell im Bundesstaat der Zentralstaat Völkerrechtssubjekt ist, nicht aber die Gliedstaaten, war es lange Zeit in der Europäischen Union umgekehrt: Die Mitgliedstaaten waren Völkerrechtssubjekte, nicht aber die Union. Inzwischen wird die Union jedoch als Völkerrechtssubjekt anerkannt (Bogdandy 1999, 96). Die Europäische Union steht damit institutionell zwischen Staatenbund und Bundesstaat. Sie stellt eine „supranationale Föderation" dar (ebd.; Gerken/Märkt/Schick/Renner 2002, 189).

(2) Nach dem verfassungsrechtlichen Föderalismusverständnis ist ein politisches System dann föderal, wenn jede staatliche Ebene die Strukturelemente Exekutive, Legislative und Judikative aufweist. Hierbei steht nicht die vertikale Aufgabenverteilung zwischen den verschiedenen Ebenen im Vordergrund, sondern die gewaltenteilende und gewaltentrennende Wirkung des Föderalismus. Es wird von einer partiellen Eigenstaatlichkeit der Gliedstaaten und des Zentralstaates ausgegangen. In der Europäischen Union existieren außer auf mitgliedstaatlicher auch auf Unionsebene die drei Gewalten: Die Europäische Kommission stellt die Exekutive dar, der Europäische Gerichtshof die Judikative. Das Europäische Parlament als Vertretung der „Völker der in der Gemeinschaft zusammengeschlossenen Staaten" (Art. 189 EGV) und der Rat als Vertretung der mitgliedstaatlichen Regierungen sind mit der legislativen Funktion betraut. Die Zusammenarbeit dieser Organe ist im europäischen Vertragswerk geregelt.[6] Nach dem verfassungsrechtlichen Föderalismusverständnis ist folglich ebenfalls von einem europäischen Föderalismus zu sprechen.

2.1.2 Die Kompetenzverteilung zwischen Union und Mitgliedstaaten

Jede Vertragsänderung seit 1957 hat die Kompetenzverteilung zwischen Union und Mitgliedstaaten neu bestimmt. Grundlegend ist dabei jedoch immer das Prinzip der begrenzten Einzelermächtigung geblieben. Dieses Prinzip und seine Modifikationen (2.1.2.1), spezifische Charakteristika der Kompetenzverteilung in der Europäischen Union (2.1.2.2) sowie die Verfahren zur Veränderung der Kompetenzverteilung (2.1.2.3) werden im Folgenden vorgestellt.

---

[4] Andere Bezeichnungen sind Trennsystem oder dualer Bundesstaat (Lhotta 1993, 126f).

[5] Dazu 2.1.2.

[6] Allerdings ist die Gewaltenteilung in der Realität ungenügend ausgeprägt, da der Rat Aufgaben der Exekutive und die Kommission Aufgaben der Legislative übernimmt; die Kompetenzen des Europäischen Parlaments bleiben hinter denen der mitgliedstaatlichen Parlamente zurück (Gerken/Märkt/Schick/Renner 2002, 280f).

2.1.2.1 Das Prinzip der begrenzten Einzelermächtigung und seine Modifikationen[7]

Grundsätzlich bestimmen sich die Kompetenzen der Europäischen Gemeinschaft nach dem sogenannten Prinzip der begrenzten Einzelermächtigung (Art. 5 EUV sowie Art. 5 Satz 1 EGV). Gemäß Art. 5 EUV üben die Organe der Gemeinschaft ihre Befugnisse „nach Maßgabe und im Sinne der Verträge" aus. Art. 5 Satz 1 EGV beschränkt die Tätigkeit der Gemeinschaft auf die „ihr in diesem Vertrag zugewiesenen Befugnisse und gesetzten Ziele". Die Europäischen Gemeinschaft verfügt damit weder über umfassende Rechtssetzungskompetenzen noch über die Kompetenz-Kompetenz, ihre eigenen Kompetenzen festzulegen (Borries 1994, 267).

Das Subsidiaritätsprinzip (1) und das Verhältnismäßigkeitsprinzip (2) verschärfen das Prinzip der begrenzten Einzelermächtigung. Erleichtert wird ein Tätigwerden der Gemeinschaft hingegen durch die Vertragsabrundungskompetenz nach Art. 308 EGV (3) sowie durch die Rechtsprechung des Europäischen Gerichtshofs (4).

(1) *Das Subsidiaritätsprinzip*. Das Subsidiaritätsprinzip ist in Art. 2 Unterabs. 2 EUV und in Art. 5 Satz 2 EGV als allgemeines Prinzip der Verteilung von Aufgaben und Zuständigkeiten zwischen den Mitgliedstaaten und der Gemeinschaft vertraglich verankert. Es besagt, dass die Gemeinschaft in den Bereichen, die nicht in ihre ausschließliche Zuständigkeit[8] fallen, nur dann tätig wird, wenn die entsprechenden Aufgaben durch die verschiedenen Mitgliedstaaten allein nicht zufriedenstellend wahrgenommen werden können (vgl. Langguth 1999, 99). Das Subsidiaritätsprinzip bestimmt somit einen grundsätzlichen Vorrang der Mitgliedstaaten vor der Gemeinschaftsebene (Schweitzer/Fixson 1992, 579). Die Anwendungsvoraussetzungen wie auch der materielle Gehalt des Subsidiaritätsprinzips sind aufgrund der Formulierung des Art. 5 Satz 2 EGV strittig.[9] Einigkeit besteht jedoch darüber, dass Art. 5 Satz 2 EGV sowohl ein Negativkriterium als auch ein Positivkriterium enthält. Nach dem Negativkriterium darf die Gemeinschaft im Bereich der konkurrierenden Kompetenzen nur tätig werden, sofern ein bestimmtes Ziel durch die Mitgliedstaaten nicht ausreichend erreicht werden kann. Das Positivkriterium erlaubt eine Tätigwerden der Gemeinschaft nur, wenn das Ziel durch gemeinschaftliches Handeln besser erreicht werden kann als durch das Handeln der Mitgliedstaaten. Fraglich ist allerdings, ob diese beiden Voraussetzungen kumulativ oder nur alternativ erfüllt sein müssen und ob die positive Voraussetzung bereits aus dem Erforderlichkeitskriterium folgt.

---

[7] Zum Folgenden ausführlicher Gerken/Märkt/Schick/Renner (2002, 19–26).

[8] Zur Unterscheidung zwischen Bereichen ausschließlicher und konkurrierender Zuständigkeit Gerken/Märkt/Schick/Renner (2002, 20f).

[9] Schweitzer/Fixson (1992, 581f), Beutler/Bieber/Pipkorn/Streil (1993, 85), Borries (1994, 277f).

(2) *Das allgemeine Verhältnismäßigkeitsprinzip.* Das allgemeine Verhältnismäßigkeitsprinzip nach Art. 5 Satz 3 EGV beschränkt das Handeln der Gemeinschaft auf das zur Erreichung der Vertragsziele erforderliche Maß. Anders als Art. 5 Satz 2 EGV betrifft Art. 5 Satz 3 EGV nicht das Ob, sondern lediglich das Wie eines gemeinschaftlichen Tätigwerdens und bezieht sich nicht nur auf den Bereich der konkurrierenden Zuständigkeit. Konkret bedeutet dies, dass der Gerichtshof Gemeinschaftsmaßnahmen daraufhin überprüfen kann, ob sie zur Erreichung des durch sie verfolgten Zieles geeignet, erforderlich und verhältnismäßig im engeren Sinne sind.

(3) *Die Vertragsabrundungskompetenz des Art. 308 EGV.* Wesentlich in seiner Wirkung abgeschwächt wird das Prinzip der begrenzten Einzelermächtigung durch die Vertragsabrundungskompetenz des Art. 308 EGV. Diese Norm ermächtigt den Rat zur Rechtsetzung auch dann, wenn die Verträge zwar keine ausdrückliche Rechtsetzungsbefugnis enthalten, eine gemeinschaftliche Maßnahme aber erforderlich ist, um im Rahmen des Gemeinsamen Marktes eines der Gemeinschaftsziele zu verwirklichen. Art. 308 EGV ermöglicht somit eine vertragsimmanente Fortentwicklung des Gemeinschaftsrechts „unterhalb" der förmlichen Vertragsänderung (Oppermann 1999, 201). Die Vorschrift enthält jedoch keine Ermächtigung zur Kompetenzerweiterung der Gemeinschaft (Röttinger 1999, 2003) und begründet vor allem keine Kompetenz-Kompetenz. Art. 308 EGV ist daher von der Schaffung neuer Gemeinschaftskompetenzen zu unterscheiden, die nur im Rahmen eines formellen Vertragsänderungsverfahrens erfolgen kann.[10]

(4) *Die Rechtsprechung des Europäischen Gerichtshofs.* Zwei Auslegungsgrundsätze des Europäischen Gerichtshofs mildern das Prinzip der Einzelermächtigung ab: die „Implied-powers"-Lehre und die Lehre vom „effet utile". Die „Implied-powers"-Lehre[11] besagt, dass der Gemeinschaft unabhängig vom konkreten Wortlaut einer Ermächtigungsnorm all jene Kompetenzen zukommen, die erforderlich sind, um die ausdrücklich eingeräumten Befugnisse sinnvoll und wirksam auszuüben.[12] Anders als die Vertragsabrundungskompetenz des Art. 308 EGV setzt die „Implied-powers"-Lehre damit stets eine konkrete Vertragskompetenz voraus, an die weitere Kompetenzen anknüpfen. Als „effet utile" wird die Auslegungsmaxime bezeichnet, nach der Vertragskompetenzen teleologisch so zu interpretieren sind, dass sie ihre „gemeinschaftsfreundliche Wirksamkeit" voll entfalten können.[13] Dies führt zu einer weiten und damit integrationsfreundlichen Auslegung sowohl der

---

[10] Beutler/Bieber/Pipkorn/Streil (1993, 83). Zur Abgrenzung zwischen Art. 308 EGV und einem Vertragsänderungsverfahren ausführlicher Häde/Puttler (1997).

[11] Ständige Rechtsprechung seit EuGH 29.11.1956, Rs. 8/55, Slg. 1955/56, 311f.

[12] Im deutschen Verfassungsrecht ist mit der „Bundeskompetenz kraft Sachzusammenhangs" eine vergleichbare Lehre entwickelt worden (Bleckmann 1997, 282).

[13] EuGH 15.7.1960, Rs. 20/59 , Slg. 1960, 708.

konkreten vertraglichen Einzelermächtigungen als auch der Vertragsabrundungskompetenz nach Art. 308 EGV und der „Implied-powers"-Lehre (Oppermann 1999, 203).

2.1.2.2 Besondere Merkmale der Kompetenzverteilung in der Europäischen Union

Die Tätigkeitsfelder der Europäischen Union (Art. 3 Abs. 1 EGV sowie Art. 2 EUV) umfassen heute neben den Bereichen ausschließlicher EU-Kompetenz wie Außenhandel und Binnenmarkt beinahe jeden Politikbereich, der auch auf mitgliedstaatlicher Ebene geregelt wird. Auf eine detaillierte Aufzählung der Unionskompetenzen wird daher im Rahmen dieser Arbeit verzichtet. Drei Eigenschaften der Kompetenzverteilung zwischen Union und Mitgliedstaaten sind allerdings für die folgende Untersuchung wesentlich:

(1) Regelsetzung statt eigenständige Politikformulierung

Die europäischen Verträge gestatten der europäischen Ebene häufig keine eigenständige Politik, sondern lediglich Maßnahmen zur Vereinheitlichung der mitgliedstaatlichen Politiken, falls diese sonst den Unionszielen, insbesondere dem Binnenmarkt, entgegenstehen würden. Deutlich wird der Unterschied zwischen der Kompetenz zur Regelsetzung und der Kompetenz zur Formulierung einer europaeinheitlichen Politik etwa in der Steuerpolitik:[14] Die Union verfügt bisher nicht über die Kompetenz, eigene Steuern zu erheben. Sie finanziert sich im Wesentlichen über Zölle und Abschöpfungen, die die Mitgliedstaaten für sie an den Außengrenzen der Gemeinschaft erheben, über einen Aufschlag auf die mitgliedstaatliche Mehrwertsteuer sowie über Beiträge der Mitgliedstaaten, die sich nach dem Bruttosozialprodukt bemessen.[15]

Die steuerpolitischen Kompetenzen der Union beschränken sich auf die Regelsetzung für die Steuerpolitik der Mitgliedstaaten. Für die indirekten Steuern besteht ein Harmonisierungsauftrag (Art. 93 EGV). Im Rahmen dieses Auftrags beschloss die Europäische Gemeinschaft 1967 die Einführung eines einheitlichen Mehrwertsteuersystems.[16] 1977 wurde die Bemessungsgrundlage vereinheitlicht, 1992 wurden Mindeststeuersätze eingeführt.[17] Ähnliche Maßnahmen zur Vereinheitlichung wurden für spezifische Umsatzsteuern beschlossen. Bezüglich der direkten

---

[14] Ausführlich hierzu Märkt (2001a).

[15] Zur Diskussion um eine EU-Steuer vgl. Caesar (2002), Mutén (2002) und Schick/Märkt (2002).

[16] Richtlinie Nr. 227/67/EWG (ABl. 71/1301 vom 14.4.1967) und Richtlinie Nr. 67/228/EWG (ABl. 71/1303 vom 14.4.1967).

[17] Richtlinie Nr. 77/388/EWG (ABl. L 145/1 vom 13.6.1977) bzw. Richtlinie Nr. 92/77 (ABl. L 316/1 vom 31.10.1992).

Besteuerung besteht kein expliziter Harmonisierungsauftrag. Die Steuerpolitik der Union stützt sich bei direkten Steuern daher auf die Binnenmarkt-Kompetenz (Art. 94 EGV)[18], auf die Normen der Beihilfekontrolle (Art. 87–89 EGV)[19] und auf Art. 293 2. Spiegelstrich EGV[20]. Eine umfassende Vereinheitlichung der Steuerpolitik ist damit jedoch nicht möglich.

(2) Mitwirkung der mitgliedstaatlichen Regierungen auf europäischer Ebene

Charakteristisch für den supranationalen Föderalismus in Europa ist die starke Stellung der mitgliedstaatlichen Regierungen innerhalb des Institutionengefüges. Sie ist darauf zurückzuführen, dass die Union aus der intergouvernementalen Zusammenarbeit der Mitgliedstaaten hervorgegangen ist. Einziges Organ der Europäischen Union ist der Europäische Rat, der sich nach Art. 4 EUV aus den Staats- und Regierungschefs der Mitgliedstaaten und dem Präsidenten der Europäischen Kommission zusammensetzt. Auf seinen mindestens zweimal jährlich stattfindenden Ratstreffen werden de facto die wichtigsten Entscheidungen der europäischen Politik getroffen.

Im Rahmen der Europäischen Gemeinschaft wirken die Mitgliedstaaten über den Ministerrat an der Gesetzgebung mit.[21] Dieser besteht aus je einem Vertreter jedes Mitgliedstaates (Art. 203 EGV). Die verschiedenen Gesetzgebungsverfahren in der Europäischen Gemeinschaft unterscheiden sich danach, welche Abstimmungsregel (einfache Mehrheit, qualifizierte Mehrheit oder Einstimmigkeit) im Rat als der Vertretung der mitgliedstaatlichen Regierungen anzuwenden ist und welche Mitwirkungsrechte dem Parlament als der Vertretung der Völker der Europäischen Union zugestanden werden.

Das Verfahren der nachträglichen Unterrichtung erlaubt keinerlei Mitwirkung des Parlaments. Beim Anhörungsverfahren besteht die nach der Unterrichtung schwächste Form der Partizipation des Parlaments. Sie erlaubt dem Parlament le-

---

[18] So die Richtlinie über das gemeinsame Steuersystem für Fusionen, Spaltungen, die Einbringung von Unternehmensteilen und den Austausch von Anteilen (Richtlinie 90/434/EWG, ABl. L 225/1 vom 20.8.1990) und die Richtlinie über das gemeinsame Steuersystem der Mutter- und Tochtergesellschaften verschiedener Mitgliedstaaten (Richtlinie 90/435/EWG, ABl. L 225/6 vom 20.8.1990).

[19] In diesem Zusammenhang ist insbesondere die Überprüfung der mitgliedstaatlichen Steuerpolitik auf gezielte Begünstigungen für Unternehmen und ausländische Investoren zu nennen, wie sie im „Maßnahmenpaket zur Bekämpfung des schädlichen Steuerwettbewerbs in der Europäischen Union" (Kommission der Europäischen Gemeinschaften 1997) vereinbart wurde.

[20] Die Norm wurde bisher lediglich als Grundlage für das Übereinkommen über die Beseitigung der Doppelbesteuerung im Falle von Gewinnberichtigungen zwischen verbundenen Unternehmen (Richtlinie 90/436/EWG, ABl. L 225/10 vom 20.8.1990) genutzt.

[21] Auf die Rolle der Mitgliedstaaten bei der Veränderung der Verträge wird in 2.1.2.3 (1) eingegangen.

diglich, Kritik an Gesetzgebungsvorschlägen zu äußern. Dem Rat ist es jedoch freigestellt, diese Kritik zu berücksichtigen oder zu missachten. Weichen die Standpunkte von Kommission, Parlament und Rat stark voneinander ab, wird in einem Dreier-Ausschuss eine gemeinsame Position gesucht (sogenanntes Konzertierungsverfahren). Daneben existiert das Verfahren der parlamentarischen Zustimmung, auch Konsensverfahren genannt. Dabei kann – ohne die Möglichkeit, einzelne Teile zu verändern – das Parlament einer Vorlage zustimmen oder sie ablehnen. Das Zusammenarbeits- oder Kooperationsverfahren (Art. 252 EGV), das mit der EEA eingeführt wurde, und das Mitentscheidungs- oder Kodezisionsverfahren (Art. 251 EGV), das seit dem Vertrag von Maastricht besteht, erlauben dem Parlament in mehrstufigen Verfahren die Mitgestaltung der europäischen Rechtsetzung. Das Mitentscheidungsverfahren, das die intensivste Beteiligung des Parlaments ermöglicht, wurde mit dem Vertrag von Amsterdam vereinfacht und seither auf immer mehr Sachverhalte angewendet. Es sieht zur Abstimmung zwischen Rat und Parlament einen paritätisch besetzten Vermittlungsausschuss vor. Ein spezielles Verfahren ist für die Verabschiedung des Haushalts vorgesehen.

Trotz der Erweiterung der Parlamentskompetenzen in den Verträgen von Maastricht und Amsterdam ist der Rat nach wie vor das wichtigste Entscheidungsorgan für die europäische Gesetzgebung (Gerken/Märkt/Schick/Renner 2002, 59). Neben seinen gesetzgeberischen Aufgaben hat der Rat auch Zuständigkeiten bei der Erstellung des Haushaltsplanentwurfs (Art. 272 Abs. 3 EGV), bei der Ernennung der Mitglieder des Wirtschafts- und Sozialausschusses (Art. 258 EGV), des Regionalausschusses (Art. 263 EGV) und des Rechnungshofes (Art. 247 EGV) und bei der Festlegung von Gehältern und Entgelten (Art. 210 EGV). Außerdem ernennen die Regierungen der Mitgliedstaaten den Präsidenten und die Mitglieder der Kommission (Art. 214 EGV), die Richter des Europäischen Gerichtshofs (Art. 223 EGV) sowie den Präsidenten, den Vizepräsidenten und die weiteren Mitglieder des Direktoriums der Europäischen Zentralbank (Art. 112 EGV).

Wesentliche Kompetenzen kommen den mitgliedstaatlichen Regierungen zusätzlich im Rahmen des Komitologie-Verfahrens zu, das für Durchführungsverordnungen angewendet wird. Nach den sogenannten Komitologie-Beschlüssen von 1987 und 1999[75] wird die Kommission, damit sie ihre Durchführungskompetenzen nach Art. 211 EGV in enger Verbindung mit den Mitgliedstaaten ausüben kann, von sogenannten Komitologie-Ausschüssen beraten und kontrolliert. Mitglieder dieser Ausschüsse sind Vertreter der mitgliedstaatlichen Regierungen und ein Vertreter der Kommission, der den Vorsitz führt, aber kein Stimmrecht besitzt (Neyer 1997,

---

[75] Komitologie-Beschluss 87/373/EWGV (ABl. L 197/33 vom 18.7.1987) bzw. Komitologie-Beschluss 1999/468/EG (ABl. L 184/23 vom 17.7.1999). Vgl. dazu auch Meng (1988), Hofmann/Töller (1998), Töller (1999). Zu den Unterschieden zwischen altem und neuem Komitologie-Beschluss vergleiche Haibach (1999), Mensching (2000).

26). Der Einfluss der Ausschüsse und damit auch die Macht der Mitgliedstaaten im Verhältnis zur Kommission sind in den einzelnen Verfahren, die die Komitologie-Beschlüsse vorsehen, unterschiedlich ausgeprägt. Während der Einfluss der Ausschüsse beim Beratungsverfahren sehr gering ist, können sie bei den anderen Verfahren ein erneutes Einschalten des Rates erzwingen. Die Beteiligung des Parlaments ist auf die Möglichkeit beschränkt, eine Stellungnahme abzugeben (Hauschild 1999, 252).

(3) Asymmetrische Kompetenzverteilung

Die Kompetenzverteilung zwischen Union und Mitgliedstaaten ist teilweise asymmetrisch. Denn sie ist nicht für sämtliche Mitgliedstaaten identisch (Abb. 2.1). Beispielsweise haben Dänemark, Großbritannien und Schweden Kompetenzen in der Währungspolitik, nicht aber die restlichen Mitgliedstaaten, die bereits die Währungskompetenzen an die europäische Ebene abgetreten haben. Nicht alle Mitgliedstaaten haben das Schengener Abkommen unterzeichnet. Außerdem bestand zwischen dem Vertrag von Maastricht und dem Vertrag von Amsterdam eine Asymmetrie in Bezug auf die Sozialpolitik (2.1.1).

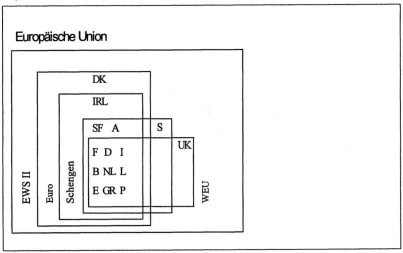

Abb. 2.1: Kompetenzverteilung in der EU (nach Kölliker 2001, 7).

Eine erste *Opting out*-Klausel enthielt mit dem ehemaligen Art. 100a Abs. 4 EGV (heute: Art. 95 Abs. 4 EGV) bereits die Einheitliche Europäische Akte. Vor und nach der Neuaufnahme von Mitgliedern wurden zudem Heranführungsstrategien bzw. Übergangsfristen vereinbart, die zu einer zwar zeitlich begrenzten, aber angesichts der verschiedenen Erweiterungen eigentlich durchgehend vorhandenen Asymmetrie in der Kompetenzverteilung führten (Cuntz 1999, 136–138).

Zusätzlich gibt es innerhalb der Gemeinschaft, aber außerhalb ihres Rechtsrahmens weitergehende Integrationen, z.B. die belgisch-luxemburgische Währungsunion, die Wirtschaftsunion der Benelux-Staaten oder die Westeuropäische Union, der auch Staaten angehören, die nicht EU-Mitglieder sind.

Die Asymmetrie der Kompetenzverteilung spiegelt(e) sich in den Entscheidungsverfahren wider:

– Die verschiedenen Erweiterungen der Union haben eine Erweiterung der Institutionen mit sich gebracht. Neue Abgeordnete wurden während der Wahlperiode in das Europäische Parlament aufgenommen.

– Im Protokoll über die Sozialpolitik von 1992 beschlossen die Mitglieder des Europäischen Rates, dass die Mitgliedstaaten, die die Sozialcharta von 1989 unterzeichnet haben (alle außer Großbritannien), die „Organe, Verfahren und Mechanismen des Vertrags in Anspruch" nehmen können, obwohl dieses Abkommen bis 1997 nicht Teil des Vertragswerks war (2.1.1). Großbritannien war nach den Bestimmungen des Protokolls bei Beratungen über die Sozialcharta nicht beteiligt und nicht abstimmungsberechtigt.

– An der Europäischen Währungsunion beteiligen sich zunächst nicht alle Mitgliedstaaten. Im Rat ruht das Stimmrecht der Mitgliedstaaten, die noch nicht der Währungsunion beigetreten sind, bei bestimmten, die Währungsunion betreffenden Beschlüssen (Art. 122 Abs. 5 EGV). Dies betrifft beispielsweise die Ernennung des Präsidenten und des Direktoriums der Europäischen Zentralbank (Art. 123 Abs. 1 EGV). Das Direktorium selbst kann zunächst weniger als die vorgesehene Anzahl an Mitgliedern umfassen (Art. 123 Abs. 1 EGV). Im Ecofin-Rat sind jedoch auch die Nicht-Euro-Länder stimmberechtigt (Art. 114 Abs. 2 EGV).

2.1.2.3 Verfahren zur Änderung der Kompetenzverteilung

Wesentlich für das Verständnis der Kompetenzverteilung in einem föderalen System sind die Verfahren, mit denen dieselbe verändert werden kann. In der Europäischen Union steht dafür zum einen das Verfahren zur Veränderung der europäischen Verträge zur Verfügung (1), zum anderen das Verfahren der verstärkten Zusammenarbeit als im Vertrag vorgesehene Zusammenarbeit einer Gruppe von Mitgliedstaaten (2).

(1) Das Vertragsänderungsverfahren

Die Europäische Union hat seit ihren Anfängen mehrmals das europäische Vertragswerk verändert (2.1.1). Das Ziel der „immer engeren Union der Völker Europas" (Art. 1 EUV) macht solche Vertragsrevisionen unumgänglich. Denn sowohl die Vertiefung der Zusammenarbeit als auch die Aufnahme neuer Mitgliedstaaten muss in den Verträgen ihren Niederschlag finden. Umgekehrt ist weder für die

Rückverlagerung von Kompetenzen auf die mitgliedstaatliche Ebene noch für den Austritt eines Mitgliedstaates aus der Union ein Verfahren festgelegt.

(1) *Vertragsänderungen*: Änderungsentwürfe für Vertragsänderungen kann nach Art. 48 Satz 1 EUV entweder ein Mitgliedstaat oder die Kommission vorlegen. Nach Anhörung des Parlaments kann der Rat die Einsetzung einer Regierungskonferenz beschließen (Art. 48 Satz 2 EUV), auf der die Regierungen den Inhalt des völkerrechtlichen Vertrags vereinbaren, mit dem die Vertragsänderung vorgenommen wird. Sie tritt erst in Kraft, wenn der Vertrag in den Mitgliedstaaten nach den jeweils vorgesehenen Verfahren ratifiziert worden ist (Art. 48 Satz 4 EUV). Eine Zustimmung des Europäischen Parlaments ist nicht erforderlich.

(2) *Vertragsänderungen aufgrund eines Beitritts*: Nach Art. 49 EUV hat jeder europäische Staat das Recht, beim Rat einen Antrag auf Beitritt zur Union zu stellen. Für die Aufnahme eines neuen EU-Mitglieds ist die einstimmige Zustimmung des Rates, eine absolute Mehrheit im Europäischen Parlament und die Ratifikation des entsprechenden völkerrechtlichen Vertrags durch alle Mitgliedstaaten erforderlich. Dieser Vertrag regelt die konkreten Aufnahmebedingungen, die vor allem die Übergangsfristen für die Annahme des *Acquis communautaire* und die durch den Beitritt erforderlichen Vertragsanpassungen enthalten.

(2) Das Verfahren der verstärkten Zusammenarbeit

Um einzelnen Gruppen von Mitgliedstaaten eine vertiefte Integration zu ermöglichen, wurde durch den Amsterdamer Vertrag das Verfahren der verstärkten Zusammenarbeit in die europäischen Verträge aufgenommen. Es sieht vor, dass die Mitgliedstaaten, die eine verstärkte Zusammenarbeit begründen wollen, die Institutionen der Gemeinschaft nutzen können, wenn diese Zusammenarbeit u.a. folgende Anforderungen erfüllt (Art. 43 Abs. 1 EUV):

– Sie muss den institutionellen Rahmen und die Grundsätze der Verträge beachten;

– sie darf nur als letztes Mittel ergriffen werden und muss

– mindestens die Mehrheit der Mitgliedstaaten betreffen;

– die Zuständigkeiten, Rechte, Pflichten und Interessen der nicht teilnehmenden Mitgliedstaaten der Gemeinschaft dürfen nicht beeinträchtigt werden.

Mitgliedstaaten, die nicht an der verstärkten Zusammenarbeit teilnehmen, „stehen deren Durchführung durch die daran beteiligten Mitgliedstaaten nicht im Weg" (Art. 43 Abs. 2 EUV). Art. 11 EGV bestimmt Anwendungsbereich (1), Einleitung (2), Beitritt (3) und Durchführung (4) einer verstärkten Zusammenarbeit in der Europäischen Gemeinschaft:

(1) *Anwendungsbereich der verstärkten Integration in der Gemeinschaft (Abs. 1)*: Die verstärkte Integration darf weder Bereiche betreffen, die in die ausschließliche

Zuständigkeit der Gemeinschaft fallen, noch die vertraglichen Befugnisse der Gemeinschaft überschreiten. Gemeinschaftspolitiken, -aktionen oder -programme dürfen nicht beeinträchtigt werden. Die Zusammenarbeit darf nicht die Unionsbürgerschaft tangieren oder zur Diskriminierung zwischen Staatsangehörigen der Mitgliedstaaten führen. Ausgeschlossen sind auch Bereiche, die zu Beschränkungen des innergemeinschaftlichen Handels führen.

(2) *Einleitung der verstärkten Integration (Abs. 2)*: Mitgliedstaaten, die eine verstärkte Zusammenarbeit begründen wollen, richten einen Antrag an die Kommission. Legt diese den Antrag dem Rat vor, beschließt der Rat mit qualifizierter Mehrheit, falls nicht eines seiner Mitglieder wichtige Gründe der mitgliedstaatlichen Politik anmeldet. In diesem Fall kann der Rat die Frage zur einstimmigen Beschlussfassung an die Staats- und Regierungschefs verweisen. Legt die Kommission dem Rat keinen Vorschlag vor und verhindert so die verstärkte Zusammenarbeit, muss sie dies gegenüber den beantragenden Mitgliedstaaten begründen.

(3) *Beitritt zu einer bestehenden verstärkten Zusammenarbeit (Abs. 3)*: Jeder Mitgliedstaat hat das Recht, sich einer verstärkten Zusammenarbeit anzuschließen.

(4) *Durchführung der Tätigkeiten im Rahmen der verstärkten Zusammenarbeit (Abs. 4)*: Zum Beschluss von Rechtsakten der verstärkten Zusammenarbeit gelten die üblichen Entscheidungsverfahren. An den Beratungen über die verstärkte Zusammenarbeit können alle Mitglieder des Rates teilnehmen, an der Beschlussfassung jedoch nur die Vertreter der Mitgliedstaaten, die an der verstärkten Zusammenarbeit teilnehmen. Die bei der verstärkten Zusammenarbeit anfallenden Kosten werden mit Ausnahme der Verwaltungskosten der Organe auf die teilnehmenden Staaten verteilt (Art. 44 Abs. 2 EUV).

Bezüglich der verstärkten Zusammenarbeit existieren keine Regelungen zum Austritt. Die verstärkte Zusammenarbeit kann auch nicht dadurch entstehen, dass ein Mitgliedstaat sich aus einer Gemeinschaftspolitik zurückzieht (*Opting out*), sondern ausschließlich durch weitere Integration. Wenn sich der verstärkten Zusammenarbeit alle Mitgliedstaaten angeschlossen haben, wechselt ihr Status: Sie wird Teil des gemeinschaftlichen Besitzstands.

Die verstärkte Zusammenarbeit ist aufgrund ihrer restriktiven Regelungen in der Form, wie sie der Amsterdamer Vertrag vorsieht, bislang nicht praktiziert worden.[22] Im Vertrag von Nizza wurde daher erstens die Mindestzahl teilnehmender Staaten dauerhaft auf acht festgelegt, so dass in Zukunft nicht mehr die Mitwirkung der Hälfte der Mitgliedstaaten notwendig ist (Europäischer Rat 2000, 12). Zweitens soll ein einzelner Mitgliedstaat künftig nicht mehr die Möglichkeit haben, ein Veto gegen die verstärkte Zusammenarbeit anderer Mitgliedstaaten einzulegen (ebd.,

---

[22] Weizsäcker/Dehaene/Simon (1999, 9f), Bertelsmann Europa-Kommission (2000, 26), Hrbek (2001, 25).

15). Drittens wurde der Anwendungsbereich des Verfahrens auf einzelne Fälle der GASP ausgeweitet (ebd., 18).

2.2 Mitgliedstaatlicher Föderalismus

Die derzeit 15 Mitgliedstaaten der Europäischen Union unterschieden sich zum Zeitpunkt ihres Beitritts in ihrer innerstaatlichen Organisationsstruktur und haben seither Veränderungen dieser Struktur vorgenommen. Dänemark, Finnland, Griechenland, Großbritannien, Irland, Luxemburg und Schweden waren zum Zeitpunkt ihres Beitritts unitarische, Frankreich, die Niederlande und Portugal unitarisch-dezentrale Staaten. Belgien, Italien und Spanien stellten zum Zeitpunkt ihres Beitritts regionalisierte Staaten dar, Österreich und Deutschland Bundesstaaten.[23] Im Folgenden werden für fünf Länder die innerstaatlichen föderalen oder dezentralen Strukturen untersucht. Die Auswahl der Länder berücksichtigt je einen zum Zeitpunkt seines Beitritts föderalen (Deutschland), regionalisierten (Spanien), unitarisch-dezentralen (Frankreich) und unitarischen Mitgliedstaat (Großbritannien). Hinzu kommt Belgien, das sich während seiner EU-Mitgliedschaft von einem regionalisierten zu einem föderalen Gemeinwesen wandelte und aufgrund der intensiven Beteiligung der subnationalen Jurisdiktionen an der Europapolitik Modellcharakter für einen Drei-Ebenen-Föderalismus haben könnte. Während Belgien und Spanien im Laufe der europäischen Integration Schritte der Föderalisierung (2.2.2) und Frankreich wie auch Großbritannien Schritte der Dezentralisierung vornahmen (2.2.3), war in Deutschland eine Unitarisierung zu beobachten (2.2.1). Deutschland spielt auch insofern eine Sonderrolle, als sein Föderalismus wie der europäische in einem Prozess der sukzessiven Staatsbildung entstanden ist.

2.2.1 Der deutsche Föderalismus

Zum Verständnis des deutschen Föderalismus wird – wie zuvor für die Europäische Union – im Folgenden eine Übersicht über seine Genese (2.2.1.1) und über die Kompetenzverteilung zwischen Zentralstaat und Gliedstaaten (2.2.1.2) sowie das Verfahren zu ihrer Veränderung gegeben (2.2.1.3).

2.2.1.1 Die Geschichte des deutschen Föderalismus

Wesentliche Elemente des deutschen Föderalismus sind nur aus der historischen Entwicklung verständlich. Sie wird in diesem Abschnitt in drei Phasen unterteilt: Eine erste Phase findet ihren Abschluss in der Gründung des Deutschen Reiches als monarchischem Bundesstaat (1), eine zweite in der Gründung der Bundesrepublik Deutschland als demokratischem Bundesstaat (2). Eine dritte, noch andauernde Phase ist durch die Verflechtung der föderalen Strukturen gekennzeichnet (3).

---

[23] Zur entsprechenden Einteilung der Mitgliedstaaten vgl. Bullmann/Engel (1994).

(1) Vom Deutschen Bund zur Reichsgründung

Der Deutsche Bund war das Ergebnis der Bemühungen um eine restaurative Neugestaltung in Deutschland nach den Befreiungskriegen (Dennewitz 1947, 119). Nach Art. 1 der Deutschen Bundesakte (DB) vom 8. Juni 1815 war er ein Staatenbund souveräner Fürsten. Sein Zweck lag vornehmlich in der Sicherung des *Status quo*, nicht in einer weitergehenden Föderalisierung (Schulze 1994, 74). Einziges Organ des Deutschen Bundes war die Bundesversammlung, die unter dem Vorsitz Österreichs tagte (Art. 4–6 DB). Weil wichtige Fragen im Plenum behandelt wurden, das nur mit Zweidrittel-Mehrheit beschließen konnte, war der Bund eher unbeweglich. Durch seine Unfähigkeit, dem deutschen Nationalbewusstsein, das sich im Laufe des 19. Jahrhunderts trotz des bestehenden Partikularismus entwickelte,[24] eine Bühne zu bieten, wurde der Deutsche Bund in den Augen der Nationalbewegung zu einem Symbol der Restauration.

Erfolgreicher war die wirtschaftliche Integration Deutschlands. Schon in Art. 19 DB war vorgesehen, „wegen des Handels und Verkehrs zwischen den verschiedenen Bundesstaaten ... in Berathung zu treten." Folge dieser Beratungen war der Zollvereinigungsvertrag vom 22. März 1833. Er vereinigte mit Wirkung zum 1. Januar 1834 fast alle deutschen Staaten außer Österreich zu einem Binnenmarkt mit einheitlichen Außenzöllen (Art. 6) und erreichte durch die zunehmende wirtschaftliche Integration im Zollvereinsgebiet eine Vorentscheidung für eine kleindeutsche Lösung.[25] In der föderalen Reichsverfassung der Frankfurter Nationalversammlung vom 28. März 1849 wurde denn auch der föderative Zusammenschluss ohne Österreich der Beibehaltung der staatenbündischen Struktur vorgezogen.[26] Diese Verfassung trat zwar nie in Kraft. Das in ihr entwickelte Föderalismusmodell eines föderalen Rechtsstaats, das die legislative Kompetenz auf ein Zweikammer-System aus Staatenhaus (jeweils hälftig besetzt mit Regierungs- und Parlamentsvertretern der Mitgliedstaaten) und Volkshaus übertrug, wurde jedoch Grundlage späterer Verfassungsverhandlungen, schon bei Preußens Vorstoß im selben Jahr zur Gründung der Erfurter Union, aber auch 1867 und 1919.

Nach der Auflösung des Deutschen Bundes 1866 schlossen sich die deutschen Staaten nördlich des Mains unter preußischer Führung am 26. Juli 1867 zum Norddeutschen Bund zusammen. Die Verfassung sah in Art. 79 den Anschluss der süddeutschen Staaten vor, der im November 1870 vertraglich vollzogen wurde. Die Verfassung wurde in „Reichsverfassung" (RV) umbenannt, inhaltlich aber nicht

---

[24] Nipperdey (1986, 72), Langwiesche (1989, 632), Brandt (1978, 59).

[25] Hahn (1984). Wadle (1984). Zur preußischen Hegemonialstellung im Zollverein Hahn (1984a).

[26] Nipperdey (1986, 73). Zwar war Österreich noch *pro forma* als Mitgliedstaat vorgesehen (§ 87), man hatte allerdings die Zusammensetzung des Staatenhauses auch gleich für den Fall geregelt, dass Österreich nicht teilnehmen würde (§ 87 a. E.).

verändert.[27] Die Gesetzgebung unterlag zwei Organen, dem Bundesrat und dem Reichstag (Art. 5 RV). Schon die unterschiedliche Formulierung im Vergleich zu § 84 des Verfassungsentwurfs von 1849 zeigt den strukturellen Unterschied: Nicht der Reichstag hatte zwei Kammern, sondern der Bundesrat bestand neben dem Reichstag. Zudem saßen im Bundesrat nur Vertreter der Regierungen, keine Parlamentarier. Dies war darauf zurückzuführen, dass die Verfassungsinitiative im Unterschied zur Verfassung von 1849 von den beteiligten Regierungen, nicht von einer Volksvertretung ausging.

Entscheidendes Merkmal der Reichsverfassung war jedoch die Rolle des Reichskanzlers. Er wurde vom Kaiser ernannt, der das Präsidium des Bundes führte, und war auch nur diesem verantwortlich. Eine vom Parlament kontrollierte Reichsregierung war in der Verfassung nicht vorgesehen. Auf den Reichskanzler, der gleichzeitig preußischer Ministerpräsident war, liefen alle Entscheidungen zurück, die sich aber formell stets als Beschlüsse des Bundesrates darstellten, dem der Reichskanzler vorsaß (Art. 15). Politische Entscheidungen wurde dort gefällt, nicht im Reichstag. Der parlamentarische Einfluss wurde auf diese Weise gering gehalten. Das deutsche Reich ist das einzige Beispiel eines Bundesstaates aus Monarchien.[28]

(2) Vom monarchischen zum demokratischen Bundesstaat

Nach 1871 weiteten sich die Reichskompetenzen auf zunächst nicht vorgesehene Gebiete aus, neben der Wirtschafts- und Rechtsordnung vor allem auf die Sozial- und Kolonialverwaltung.[29] Der Finanzbedarf des Reichs nahm ständig zu, vor allem durch die Militärausgaben. Das stärkte die Rolle des Reichstags, weil dieser gemäß Art. 69 den Haushalt beschließen musste und somit Einfluss auf die Regierungspolitik nehmen konnte. Wie schon der Deutsche Bund war auch das Reich, das als eigene Einnahmen nur Zölle, Verbrauchsteuern und Einkünfte aus dem Post- und Telegraphenwesen (Art. 70) und Anleihen hatte, finanziell abhängig von den Beiträgen der Staaten, die nach der Bevölkerungszahl festgelegt wurden. Zwar enthielt Art. 70 die sogenannte Miquelsche Klausel „so lange Reichssteuern nicht eingeführt sind". Zur Einführung solcher Steuern kam es wegen des Widerstandes der Einzelstaaten jedoch erst unter dem Druck des Ersten Weltkriegs (Boldt 1990, 325).

---

[27] Schon während des Bestehens des Norddeutschen Bundes waren die süddeutschen Staaten durch einen Zollverbund mit dem Norden verbunden. Ein Zollbundesrat und ein Zollparlament erweiterten die Institutionen des Norddeutschen Bundes um die Staaten des Südens und bereiteten deren Anschluss vor.

[28] Zur Bedeutung dieser Kombination Binder (1971, 180–189), zur Rolle der preußischen Hegemonie beispielsweise Kühne (1993).

[29] Nipperdey (1986, 86), Flemming (1980, 86f). Eine Auflistung der einzelnen Rechtsgebiete, die im Reich vereinheitlicht wurden, findet sich bei Flemming (1980, 71, Fußnote 2).

Mit der Weimarer Reichsverfassung vom 11. August 1919 (WRV) wurde dann ein weiterer Schritt in Richtung Unitarismus vollzogen, der über die Fortschreibung der faktischen Stärkung des Reichs im Verlauf des Ersten Weltkriegs hinausging.[30] Der Grund für diese Veränderungen lag vor allem darin, dass die Formulierung der neuen Verfassung nun von einer unitarischen Institution, der verfassungsgebenden Versammlung, und nicht von einer föderativen Struktur wie dem Bundesrat vorgenommen wurde. Zwei Ergebnisse des Verfassungsgebungsprozesses machen die Tendenz zum Einheitsstaat deutlich: Erstens avancierte der Reichstag zum entscheidenden Gremium gegenüber dem Reichsrat, er konnte dessen Beschlüsse jetzt mit Zweidrittel-Mehrheit zurückweisen. Das Reich war also auf die Zustimmung der Länder nicht mehr angewiesen. Zweitens bedeutete die neue Finanzverfassung praktisch eine Umkehrung der bisherigen Verhältnisse. Art. 8 WRV weist dem Reich pauschal die Kompetenz über die Erhebung von Abgaben zu, faktisch wurden die Länder vom Reich finanziell abhängig.

Art. 6–11 WRV listen die Reichskompetenzen detailliert auf. Der Großteil der Gesetzgebung lag in der Hand des Reichs, während sich die Länder um deren Ausführung (unter Aufsicht des Reichs) und die Justiz zu kümmern hatten. Neben der Kompetenzaufteilung nach einzelnen Politikbereichen bestand somit auch eine Arbeitsteilung, nach der das Reich stärker die legislativen und die Länder mehr die exekutiven Aufgaben wahrnahmen. Diese spezifische Form der vertikalen Gewaltenteilung prägt den deutschen Föderalismus bis heute. Sie widerspricht dem institutionell-funktionalen Föderalismus-Verständnis, das von unabhängigen, jeweils mit allen drei Gewalten ausgestatteten Ebenen ausgeht.[31]

Die Erzbergersche Finanz- und Steuerreform von 1919 etablierte eine einheitliche Reichsfinanzverwaltung und einen Steuerverbund zwischen Reich und Ländern, die das Trennsteuersystem des Kaiserreichs und die Matrikularbeiträge der Bundesstaaten ersetzten. Neben einigen kleineren Steuern wurden vor allem die ertragreichen Steuerarten wie Einkommen- und Körperschaft- sowie Umsatzsteuer dem Reich zugewiesen, das Anteile der Steuereinnahmen nach dem Prinzip des örtlichen Aufkommens an die Länder überwies. Die daraus entstehenden Finanzkraftunterschiede zwischen den Ländern wurden bereits damals durch einen Länderfinanzausgleich und Ergänzungsanteile vom Reich verringert (Renzsch 1991, 21).

---

[30] Huber (1987, 50). Die Unitarisierungstendenz wird schon in der Wortwahl deutlich: Die vormaligen „Staaten" werden nun als „Länder" bezeichnet. Trotzdem wurde die Weimarer Reichsverfassung als Kompromiss aus unitaristischen und föderalistischen Elementen gelobt (Nawiasky 1921, 160).

[31] In der Rechts- und Politikwissenschaft wird diese Form der vertikalen Gewaltenteilung auch als „funktionale Aufgabenteilung" bezeichnet. Als „funktionale Aufgabenteilung" wird im Folgenden jedoch die vertikale Kompetenzverteilung bezüglich einzelner Politikbereiche bezeichnet.

Im Nationalsozialismus wurde die föderale Struktur des Deutschen Reichs faktisch aufgelöst. Zur Diktatur passte die vertikale ebenso wenig wie die horizontale Gewaltenteilung. Das Deutsche Reich wurde unter Hitler zum Einheitsstaat (Hidien 1999, 319–346). Das kam unter anderem darin zum Ausdruck, dass 1934 die teilstaatliche Staatsbürgerschaft, die bis dahin neben der deutschen Staatsbürgerschaft bestand, abgeschafft und durch ein einheitliches deutsches Staatsbürgerschaftsrecht ersetzt wurde. Die Finanzordnung der Weimarer Republik wurde zum reinen Finanzzuweisungssystem umgestaltet (Renzsch 1991, 21).

Die Neuordnung Deutschlands nach dem Zweiten Weltkrieg führte in Bezug auf die föderale Struktur zu unterschiedlichen Entwicklungen: Im Osten Deutschlands wurden gemäß der Ideologie des demokratischen Zentralismus 1952 die Länder aufgelöst und durch 14 Bezirke ersetzt. Ost-Berlin hatte, ebenso wie West-Berlin, einen Sonderstatus. Im Westen Deutschlands nahmen die Alliierten deutlich Einfluss auf die staatliche Struktur. Die Zerschlagung Preußens[32] und die von den Westmächten durchgesetzte Dezentralisierung der Finanzkompetenzen im Vergleich zur Weimarer Republik – die Bundesländer verfügten nun über eigene Steuereinnahmen – spiegeln insbesondere amerikanische Vorstellungen von Föderalismus wider (Laufer/Münch 1998, 70–74, 82). Zugleich gab es jedoch auch in Deutschland in Wissenschaft und Politik Befürworter eines stärker föderalen Staatsaufbaus. Die im Grundgesetz festgelegte föderale Struktur reflektiert mit ihrer Mischung aus unitarischen und föderativen Elementen die Kompromisse zwischen Befürwortern und Gegnern föderaler Strukturen im Parlamentarischen Rat sowie zwischen diesem und den Alliierten.

Eines der am heftigsten diskutierten Elemente der föderalen Ordnung war die zweite Kammer, in der schließlich das Bundesrats-Modell dem Senats-Modell vorgezogen wurde. Damit war den Landesregierungen die bundespolitische Mitwirkung garantiert, was den bundesdeutschen Föderalismus entscheidend prägen sollte. Die Stimmenverteilung im Bundesrat orientiert sich an der Größe der Länder. Durch die geringe Differenzierung erhalten allerdings die kleinen Bundesländer ein überdurchschnittliches Gewicht.

Ebenfalls strittig war die Finanzverfassung, bei der eine Kompromiss-Lösung zwischen Trenn- und Verbundsteuersystem gefunden wurde. Die Finanzverwaltung wurde zwischen beiden föderalen Ebenen aufgeteilt, wobei ein Bereich der sogenannten Mischverwaltung entstand, bei dem die Oberfinanzdirektionen sowohl der Bundes- als auch der jeweiligen Landesregierung unterstehen, was beide Ebenen zu einer engen Kooperation zwingt. Die Umsatzsteuereinnahmen wurden dem Bund,

---

[32]Vollzogen durch das Alliierte Kontrollgesetz Nr. 46 vom 25. Februar 1947 (Laufer/Münch 1998, 77). Blankart (2001, 223) vergleicht diese Zerschlagung mit der Anti-Kartell-Politik der Besatzungsmächte, die sowohl die politische als auch die wirtschaftliche Macht in Deutschland dezentralisieren wollten.

die Einkommen- und Körperschaftsteuereinnahmen den Ländern zugesprochen. *De facto* wurde jedoch das heikle Thema Finanzverfassung vertagt. Art. 107 GG (Fassung von 1949) beauftragte den Bundesgesetzgeber, die „endgültige Verteilung der der konkurrierenden Gesetzgebung unterliegenden Steuern auf Bund und Länder" bis Ende 1952 vorzunehmen. Die Regelungen des Art. 106 GG (Fassung von 1949) sollten nur provisorisch gelten.

(3) Vom Föderalismus des Parlamentarischen Rats zum „kooperativen Föderalismus"[33]

Die föderale Ordnung der Bundesrepublik unterlag in der Folgezeit mehreren Veränderungen. Sie verstärkten die im Grundgesetz angelegten kooperativen Elemente. Schon bald nach Verabschiedung des Grundgesetzes wurde die festgelegte Aufgabentrennung durch die Definition gemeinsamer Aufgabenbereiche umgangen (Kronberger Kreis 2000, 35). Bezüglich einer wichtigen Kompetenzabgrenzung, nämlich der Kompetenz zum Abschluss von Verträgen mit auswärtigen Staaten, kam es 1957 zum sogenannten Lindauer Abkommen, nach welchem bei internationalen Abkommen, die Länderkompetenzen betreffen (z. B. Kulturabkommen), der Bund die Länderinteressen berücksichtigt, u.a. indem er die sogenannte Ständige Vertragskommission der Länder frühzeitig von den Verhandlungen informiert. Die ursprünglich vorgesehene Neugliederung der Länder unter wirtschaftlichen und strukturpolitischen Gesichtspunkten (Art. 29 Abs. 1 GG) wurde 1976 angesichts der politischen Unmöglichkeit, eine solche Neugliederung herbeizuführen, in eine Kann-Vorschrift umgewandelt.[34]

Der Bund nutzte die Inanspruchnahmeregelung (Art. 106 GG), nach der er „zur Deckung seiner durch andere Einkünfte nicht gedeckten Ausgaben" auf Teile der Einnahmen aus der Einkommen- und Körperschaftsteuer zurückgreifen konnte, die eigentlich den Ländern zustanden. Mit dieser Regelung sollte trotz Trennsystem eine Flexibilität der Einnahmeverteilung erreicht werden. Das Finanzreformgesetz, das statt, wie von der Verfassung zunächst gefordert, 1952 erst 1955 zustande kam, schrieb diesen Zustand in Form des kleinen Steuerverbundes von Bund und Ländern bezüglich der Einkommen- und Körperschaftsteuer fest. Danach standen dem Bund bis 1958 ein Drittel, ab 1958 35 % des Aufkommens zu (Hidien 1999, 421). Daneben wurde eine Revisionsklausel vereinbart. Nach dieser ist die Verteilung des Aufkommens zu revidieren, „wenn sich das Verhältnis zwischen den Einnahmen und Ausgaben des Bundes und das Verhältnis zwischen den Einnahmen und Aus-

---

[33] Zum kooperativen Föderalismus siehe Kewenig (1968), Kunze (1968), Hesse (1970), Kisker (1971; 1977).

[34] Bis heute ist die Diskussion um die Neugliederung nicht verstummt. Vgl. Sachverständigenrat (1992, 212–218), Thiel (1993), Ottnad/Linnartz (1997), Hesse (1998), Schultze (1998, 211), Arnim (1999), Lehmbruch (2000).

gaben der Länder unterschiedlich entwickelt und in der Haushaltswirtschaft des Bundes oder der Länder ein so erheblicher Fehlbedarf entsteht, dass eine entsprechende Berichtigung des Beteiligungsverhältnisses zugunsten des Bundes oder zugunsten der Länder geboten ist." (Art. 106 Abs. 4 GG). So waren häufige Anpassungen der Finanzverfassung vorprogrammiert.

Bereits wenige Jahre später kam es, motiviert vor allem durch die Zunahme der Zuschüsse des Bundes an die Länder, welche die selbständige Haushaltswirtschaft der Länder untergruben, zur Einberufung der Troeger-Kommission[35], die eine umfassende Finanzreform vorbereiten sollte. Die Finanzreform von 1969 veränderte die Finanzverfassung in folgenden Punkten:

- Die Mischfinanzierung wurde auf eine verfassungsrechtliche Grundlage gestellt, was zugleich eine Einschränkung der Möglichkeiten des Bundes bedeutete, die Länder über den „goldenen Zügel" der Mischfinanzierung nach seinem Gutdünken zu steuern. Nach Art. 91a GG sind die Verbesserung der regionalen Wirtschaftsstruktur, die Verbesserung der Agrarstruktur und des Küstenschutzes sowie der Ausbau und Neubau von Hochschulen einschließlich Hochschulkliniken Gemeinschaftsaufgaben von Bund und Ländern. Finanzmittel für Investitionen können nach Art. 104a Abs. 4 GG für sozialen Wohnungsbau, den Ausbau von Verkehrswegen der Gemeinden und für Stadtsanierung und -entwicklung gewährt werden. Abs. 3 sieht bei Geldleistungsgesetzen die vollständige oder teilweise Finanzierung durch den Bund vor.[36] Zudem trägt der Bund nach Abs. 2 die Zweckausgaben im Rahmen der Bundesauftragsverwaltung durch die Länder.

- Das bereits 1958 und 1961 angehobene Mindestausgleichsniveau im Länderfinanzausgleich wurde von 91 auf 95 Prozent erhöht.

- Im großen Steuerverbund sank der Länderanteil an der Einkommen- und Körperschaftsteuer weiter. Dafür erhielten die Länder einen Anteil an der Umsatzsteuer. Auch die Gemeinden wurden über einen Anteil an der Einkommensteuer und durch die Gewerbesteuerumlage am Steuerverbund beteiligt. Die Folge war, dass der Anteil der Steuern, deren Aufkommen nur einer einzigen Ebene zustand, vernachlässigbar klein wurde. Das 1949 partiell vorhandene Trennsteuersystem war nicht mehr zu erkennen.

---

[35] Kommission für die Finanzreform (1966).

[36] Beispiele hierfür sind das Bundesausbildungsförderungsgesetz, das Wohngeldgesetz und das Bundeserziehungsgeldgesetz.

– Außerdem ging man bei der Zerlegung der Einkommensteuer vom Betriebs-stättenprinzip zum Wohnsitzprinzip über, was die Finanzkraft der einzelnen Länder zum Teil deutlich verschob.[37]

Neben den im Rahmen der Finanzreform von 1969 eingerichteten Gemeinschafts-aufgaben und Mischfinanzierungen zwischen den föderalen Ebenen nahm auch die Bedeutung der verschiedenen Bund-Länder-Ausschüsse und -Einrichtungen, der Besprechungen des Bundeskanzlers mit den Regierungschefs der Länder und der horizontalen Zusammenarbeit zwischen den Ländern zu. Die Ständige Konferenz der Kultusminister als am stärksten institutionalisierte Form der horizontalen Zu-sammenarbeit, Innenministerkonferenzen und Ministerpräsidentenkonferenzen sind Beispiele dafür, dass es auch dort, wo die Länder eigenständige Kompetenzen be-halten hatten, zu einer weitreichenden Harmonisierung kam. Die vertikale und die horizontale Kooperation ergänzten sich zunehmend.

Mit der Wiedervereinigung entstanden im Osten Deutschlands wieder die 1952 abgeschafften Länder. Der extreme Wohlstandsunterschied, die nach der Wäh-rungsunion kollabierende ostdeutsche Wirtschaft und der Nachholbedarf bei öffent-lichen Investitionen, insbesondere im Bereich der Verkehrs- und Kommunikations-infrastruktur, machten die sofortige Einbeziehung der ostdeutschen Länder in die bestehenden Steuerverbund- und Finanzausgleichssysteme indiskutabel. Statt des-sen wurden ihnen bis zur Eingliederung in einen reformierten Finanzausgleich 1995 über den Fonds „Deutsche Einheit" nach Einwohnerzahl Transfers zuteil (Peffekoven 1994, 281). Verschiedene Sonderregelungen für die neuen Länder und die dadurch ausgelösten Ausgleichsmaßnahmen im Westen erhöhten ab 1995 die Rolle des Bundes bei der Finanzierung der Länder. Sie führten zu einer politisch gewollten „Übernivellierung" im Finanzausgleich durch die nach Umsatzsteuer-Vorwegausgleich, Länderfinanzausgleich im engeren Sinne und die Fehlbetrags-Bundesergänzungszuweisungen zusätzlich vorgenommenen Sonder-Bundesergän-zungszuweisungen.[38]

Ein großer Teil der Förderung der neuen Bundesländer wurde über Sonderab-schreibungen und andere steuermindernde Investitionsfördermaßnahmen vorge-nommen und musste daher von diesen in Form geringerer Steuereinnahmen teil-weise selbst aufgebracht werden (Färber 1999, 40). Die Wirtschaftsförderung des Bundes verstärkte so die Haushaltsschwierigkeiten der neuen Länder und sorgte für ein verstärktes Ungleichgewicht in den Länderhaushalten zwischen Ost und West,

---

[37] Bremen wechselte beispielsweise vom Status des Geberlandes zu dem des Nehmerlandes im Länderfinanzausgleich (Freie Hansestadt Bremen 1998, 4).

[38] Deubel (1999, 68). Ausführlich zu den Wirkungen der deutschen Wiedervereinigung auf die Finanzverfassung Wissenschaftlicher Beirat (1992, Kapitel VII), Littmann (1993), Bösinger (1999), Münch (2000).

das über den horizontalen und vertikalen Länderfinanzausgleich verringert werden musste.

Das Bundesverfassungsgericht verpflichtete den Bund angesichts der Haushalts-probleme im Saarland und in Bremen zu Sonder-Bundesergänzungszuweisungen an diese Länder.[39] Erstmals in der Geschichte der Bundesrepublik wurde damit der Grundsatz des „bündischen Einstehen[s] füreinander" über den der Unabhängigkeit der Haushaltsführung von Bund und Ländern gestellt. Dabei wurde nicht berück-sichtigt, dass die Haushaltsnotlagen nicht auf (Natur-)Katastrophen zurückzuführen waren, sondern durchaus vermeidbar gewesen wären (Föttinger 1998, 126–130).

Ein weiteres Urteil des Bundesverfassungsgerichts[40], das auf eine Klage Baden-Württembergs und Bayerns zurückging, verpflichtete den Gesetzgeber zum Erlass eines Maßstäbegesetzes bis spätestens Ende 2002. In diesem sollten die unbe-stimmten Rechtsbegriffe im Steuerverteilungs- und Ausgleichssystem des Grund-gesetzes konkretisiert und auf diesem Wege Kriterien eines rationalen Finanzaus-gleichs aufgestellt werden. Auf dieser Grundlage soll dann bis Ende 2004 ein neues Finanzausgleichsgesetz verabschiedet werden. Die Intention des Gerichts, durch diese Zweiteilung des Gesetzgebungsprozesses das periodisch wiederkehrende Feilschen um die Einnahmen zugunsten einer langfristig angelegten Konzeption zu ersetzen, erfüllte sich kaum.[41] Die Beratungen über das Maßstäbegesetz, das am 12. September 2001 im Bundesgesetzblatt veröffentlicht wurde, fanden unter dem Ein-druck der zeitnah stattfindenden Verhandlungen zum Solidarpakt II und den nach-folgenden Finanzausgleichsverhandlungen statt. Teilbereiche waren bereits als Gegenleistung zur Zustimmung einzelner Bundesländer zur Steuerreform 2000 vorab vereinbart worden. Eine tiefgreifende Reform der föderalen Finanzverfas-sung, wie sie der Intention des Verfassungsgerichts entsprach, konnte unter diesen Bedingungen nicht erreicht werden.

2.2.1.2 Die Kompetenzverteilung im deutschen Föderalismus

Sowohl der Bund als auch die Länder besitzen eigene Staatlichkeit und alle not-wendigen staatlichen Institutionen: Legislative, Exekutive, Gerichtsbarkeit[42]. Nach Art. 28 Abs. 1 GG muss „die verfassungsmäßige Ordnung in den Ländern ... den

---

[39] BVerfGE 86, 148 vom 27. Mai 1992.

[40] BVerfGE 101, 158 vom 11.November 1999.

[41] Nur im Bereich der Einwohnerwertung kam es zu einer systematischen Untersuchung durch das Bundesamt für Bauwesen und Raumordnung, die Eingang in das Gesetz fand. Vgl. die Zusam-menfassung derselben (Eltges/Zarth/Jakubowski 2001) sowie Zimmermann (2001). Kritisch zur Umsetzung der Verfassungsgerichtsvorstellung Ossenbühl (2000), Peffekoven (2001). Für eine Rezeption der juristischen Diskussion des Verfassungsgerichtsurteils vgl. Geske (2001).

[42]Lediglich Schleswig-Holstein hat keine eigene Verfassungsgerichtsbarkeit, sondern verweist auf das Bundesverfassungsgericht (Art. 44 Landesverfassung Schleswig-Holstein).

Grundsätzen des republikanischen, demokratischen und sozialen Rechtsstaates im Sinne des Grundgesetzes entsprechen". Dies sicherzustellen obliegt dem Bund (Abs. 3). Der Grundsatz „Bundesrecht bricht Landesrecht" gilt jedoch nach Art. 31 GG nicht nur für das Verfassungsrecht, sondern für jede Rechtsnorm. Erfüllt ein Land seine Bundespflichten nicht, kann unter bestimmten Voraussetzungen die Bundestreue auch mit Gewalt durchgesetzt werden (Bundeszwang nach Art. 37 GG).[43]

Nach Art. 30 GG werden die staatlichen Aufgaben grundsätzlich von den Ländern wahrgenommen. Als ausschließliche Bundeskompetenzen werden in Art. 73 GG einzelne Politikbereiche genannt wie zum Beispiel die währungspolitische Kompetenz (Art. 73 Nr. 4 GG). Nach Art. 74 und 74a GG unterliegen andere Politikbereiche wie das Arbeitsrecht (Art. 74 Abs. 1, Nr. 12 GG) der konkurrierenden Gesetzgebung von Bund oder Ländern. Das bedeutet, dass die Länder nur insoweit zur Gesetzgebung befugt sind, als der Bund nicht bereits gesetzgeberisch tätig geworden ist. Art. 75 GG ermächtigt den Bund in weiteren Politikbereichen – so beim Hochschulrecht nach Abs. 1 Nr. 1a – zur Rahmengesetzgebung. Die spezifische gesetzliche Regelung innerhalb der Bundesrahmengesetze ist dann den Ländern vorbehalten. Die langen Aufzählungen in den entsprechenden Artikeln lassen erahnen, dass nur noch wenige Rechtsmaterien der Landesgesetzgebung unterliegen.

Viel stärker als die Aufgabenteilung nach Politikbereichen charakterisiert allerdings die spezifische vertikale Gewaltenteilung – Gesetzgebungskompetenzen beim Bund und Verwaltungskompetenzen bei den Ländern – den bundesdeutschen Föderalismus. Sie wurde seit der Reichseinigung 1870 beibehalten (2.2.1.1) und hat sich unter dem Einfluss der europäischen Integration noch verstärkt: Während beide Ebenen Gesetzgebungskompetenzen abgaben, übernahmen die Bundesländer zusätzlich die Verwaltungsaufgaben, die sich aus den europäischen Normen ergaben, z.B. in der Landwirtschaftspolitik.

Zu den Aufgaben des Bundes gehören die Sozialversicherungen. Sie werden als Parafisci bezeichnet, weil sie aufgrund der Pflichtmitgliedschaft und der Zwangsfinanzierung über Abgaben praktisch mit staatlichen Kompetenzen ausgestattet, aber als Selbstverwaltungsorgane konzipiert sind. Die Versicherungen werden aus zweckgebundenen, lohnabhängigen Beiträgen und nicht aus dem Bundeshaushalt finanziert. Allerdings gibt es teilweise Zuschüsse aus dem Bundeshaushalt für versicherungsfremde Leistungen oder zur Deckung eines Defizits. Während die legislative Kompetenz und die Rechtsaufsicht dem Parlament zusteht, werden der Haushalt sowie die Spezifika der Leistungserstellung von unabhängigen und direkt gewählten Fachparlamenten entschieden (Rzesnik 1998, 101f; 2001, 124). Die

---

[43]Das Bundesverfassungsgericht hat in diesem Zusammenhang den „Grundsatz der Bundestreue" entwickelt, der allen Beteiligten ein „bundesfreundliches" Verhalten auferlegt. BVerfGE 1, 315 vom 21.5.1952.

Wahlen zu diesen Parlamenten zeichnen sich allerdings durch eine extrem niedrige Wahlbeteiligung aus (Bundeswahlbeauftragter 2000, 23–25).

Grundsätzlich sieht die Finanzverfassung die Haushaltsautonomie von Bund und Ländern vor (Art. 109 GG). Den Gliedstaaten kommt im deutschen Verfassungsrecht allerdings praktisch kein Steuerfindungsrecht und keine Steuergesetzgebungskompetenz zu. Alle relevanten Steuern werden durch Bundesgesetz festgelegt, das der Zustimmung des Bundesrates bedarf, so dass die Steuergesetzgebung weitgehend in Kooperation zwischen den föderalen Ebenen erfolgt. Nach Art. 104a, Abs. 1 GG finanzieren Bund und Länder gesondert ihre Aufgaben. Ausnahmen bestehen

- nach Abs. 2 bei Bundesgesetzen, die von den Ländern als eigene Angelegenheit vollzogen werden (Art. 83 GG),

- nach Abs. 3 bei Geldleistungsgesetzen des Bundes,

- nach Abs. 4 bei Bundesinvestitionshilfen.

In diesen Fällen beteiligt sich der Bund an der Finanzierung von Landesaufgaben.

Als besonders entscheidend für die Entwicklung des deutschen Föderalismus sollte sich die Gesetzgebungskompetenz zur „Herstellung gleichwertiger Lebensverhältnisse im Bundesgebiet" (Art. 72 GG) erweisen. Denn diese Norm fordert den Bund zum Ausgleich zwischen den Ländern auf, ohne dass die Art der „Gleichwertigkeit" präzisiert wäre. Damit wird, ähnlich wie in Art. 2 EUV („Stärkung des wirtschaftlichen und sozialen Zusammenhalts"), nicht nur eine Verfahrens-, sondern auch eine Ergebnisgleichheit angestrebt, die einen finanziellen Ausgleich zwischen den Gebietskörperschaften erforderlich macht.

Beim Finanzausgleich ist zwischen primärem und sekundärem Finanzausgleich zu unterscheiden. Der primäre Finanzausgleich regelt die Zuordnung der Steuereinnahmen auf die Gebietskörperschaften. In vertikaler Hinsicht ist die Ertragskompetenz für jede Steuer festzulegen. Für die aufkommensstarken Steuern Umsatzsteuer und Einkommen-/Körperschaftsteuer teilen sich Bund und Länder die Ertragskompetenz. Kleinere Steuern wie die Mineralölsteuer, die Ökosteuer, die Tabaksteuer (Bund) oder die Kraftfahrzeugsteuer (Land) stehen nur einer Ebene zu. In horizontaler Hinsicht ist festzulegen, welchem Land welche Erträge zustehen. Während sich die Zerlegung der Einkommen-/Körperschaftsteuer nach dem Prinzip des örtlichen Aufkommens richtet, wird die Umsatzsteuer – mit Ausnahme des Umsatzsteuer-Vorwegausgleichs – nach der Einwohnerzahl verteilt. Beim Prinzip des örtlichen Aufkommens ist nach § 1 Abs. 1 Zerlegungsgesetz in Deutschland für die Einkommensteuer der Wohnort – und nicht etwa der Ort der Arbeitsstelle – maßgeblich. Die Körperschaftsteuer wird gemäß § 2 Zerlegungsgesetz nach dem Verhältnis der Lohnsumme den Bundesländern zugeteilt, in denen sich Betriebsstätten der Körperschaft befinden.

Der sekundäre Finanzausgleich – hier als Länderfinanzausgleich im weiteren Sinne bezeichnet – bezieht sich auf die Umverteilung der finanziellen Ressourcen, die den Gebietskörperschaften nach dem primären Finanzausgleich zustehen. Er umfasst[44]

- den Umsatzsteuer-Vorwegausgleich,

- den Länderfinanzausgleich im engeren Sinne,

- die Bundesergänzungszuweisungen und

- die Sonder-Bundesergänzungszuweisungen.

Die Bundesergänzungszuweisungen (zum Ausgleich des Fehlbetrags, für Hafenlasten, politische Führung in kleinen Ländern, Haushaltsnotlagen sowie die Übergangs-Bundesergänzungszuweisungen für die alten Länder) bilden einen vertikalen Aufsatz auf den horizontalen Länderfinanzausgleich.[45]

2.2.1.3 Verfahren zur Änderung der Kompetenzverteilung

Die Kompetenzverteilung zwischen Bund und Ländern ist im Grundgesetz festgelegt. Für Änderungen dieser Kompetenzverteilung ist daher das Verfahren zur Änderung des Grundgesetzes nach Art. 79 GG einschlägig. Danach ist ein Gesetz erforderlich, das der Zustimmung von zwei Dritteln der Mitglieder des Bundestags und zwei Dritteln der Stimmen des Bundesrats bedarf. Diese Bestimmung gilt auch für die Veränderung der Finanzverfassung, soweit sie im Grundgesetz festgelegt ist. Einzelheiten des Finanzausgleichs werden dagegen mit einfachem Bundesgesetz geregelt, das der Zustimmung des Bundesrats bedarf.

Grundlegende Bestandteile des Grundgesetzes wie „die Gliederung des Bundes in Länder, die grundsätzliche Mitwirkung der Länder bei der Gesetzgebung oder die in den Artikeln 1 und 20 [GG] niedergelegten Grundsätze" können nach Art. 79 Abs. 3 GG selbst durch ein solches Gesetz nicht geändert werden. Die föderale Ordnung Deutschlands unterliegt damit einer „Ewigkeitsgarantie".

---

[44] Zu den derzeitigen Finanzbeziehungen zwischen Bund und Ländern siehe Bundesministerium der Finanzen (2000).

[45] Die umfangreiche ökonomische und juristische Literatur zum Länderfinanzausgleich in Deutschland spiegelt den nicht ab-, sondern eher zunehmenden Reformbedarf dieses Systems wider. Reformvorschläge von ökonomischer Seite finden sich unter anderem in Buhl/Pfingsten (1986), Bartsch/Probst (1988), Huber/Lichtblau (1997; 1998), Ottnad/Linnartz (1997, Kapitel 7), Lichtblau (1999), Scherf (2001). Ökonomische Analysen der Anreiz- und Verteilungswirkungen sowie der verschiedenen Reformprozesse nehmen unter anderem der Wissenschaftliche Beirat (1992), Färber (1993), Loeffelholz (1993), Homburg (1994; 1996), Peffekoven (1994), Krahwinkel/Grobosch (1998), Vesper (1998), Bösinger (1999), Döring (1999), Ebert/Meyer (1999), Färber/Sauckel (2000), Kronberger Kreis (2000), Pitlik/Schmid (2000) vor. Von juristischer Seite sind Beiträge von Henke/Schuppert (1993), Korioth (1997), Hidien (1998) zu nennen.

2.2.2 Föderalisierung in Belgien und Spanien

Die Staatsorganisation Belgiens und Spaniens hat sich in den letzten Jahrzehnten wesentlich gewandelt. Während die Föderalisierung in Belgien zu einer symmetrischen Kompetenzverteilung führte (2.2.2.1), entstand in Spanien ein asymmetrisches Föderalsystem (2.2.2.2).

2.2.2.1 Symmetrische Föderalisierung in Belgien

Bis 1970 war Belgien ein unitarischer Staat mit einer dezentralisierten Verwaltungsstruktur aus neun Provinzen.[46] Die Bildung der flämischen, französischen und deutschen (Sprach-)Gemeinschaft als erstem Föderalisierungsschritt basierte auf Sprachgesetzen in den 30er und 60er Jahren sowie einer Verfassungsänderung von 1970, die für einige Gemeinden in der Gegend von Brüssel die Zweisprachigkeit vorsah. In einer Serie von Reformen, angefangen mit der Bildung der flämischen und der wallonischen Region 1974, über die Gründung der Region Brüssel 1988 und dem Sint Michiels-Akkord im September 1992, wurde Belgien in wenigen Jahrzehnten in einen föderalen Staat (Art. 1 der belgischen Verfassung) umgewandelt.

Die zuvor gesamtbelgischen Parteien trennten sich seit den 60er Jahren in voneinander unabhängige flämische und französische Parteien (Delperée 1993, 135). Nur in Brüssel und einigen deutsch-französischen Gemeinden können auch Kandidaten der anderen Sprachgruppe gewählt werden. Ansonsten besteht eine für föderale Systeme einzigartige Konstellation, in der keine Partei über die Interessen ihrer Sprachgruppe hinaus sich dem gesamten Gemeinwesen verantwortlich fühlt (Delmartino 1996, 139).

Die belgischen Bürger bilden auf der dritten Ebene überlappende Jurisdiktionen, die in keiner hierarchischen Beziehung zueinander stehen: die nicht-territorialen Sprachgemeinschaften und die territorialen Regionen. Statt *einer* dritten Ebene bestehen *zwei* mit klar getrennten Kompetenzen. Allerdings kann die Organisation in mehrere Jurisdiktionen den bipolaren Charakter der belgischen Föderation kaum verschleiern (Delmartino 1996, 137f; Hanf 1999, 102–104). So wurden auf flämischer Seite wegen der weitgehenden geografischen Übereinstimmung von flämischer Gemeinschaft und flämischer Region die Kompetenzen der Region von Anfang an von der flämischen Gemeinschaft ausgeübt. Die juristische Unterscheidung wurde jedoch nicht aufgegeben. Denn die Territorien sind nicht völlig kongruent. Auf der französischen Seite zeichnet sich aufgrund der finanziellen Schwierigkeiten der Gemeinschaft deren Auflösung und die Übertragung ihrer Kompetenzen an

---

[46] Die Provinzen bestehen als Verwaltungseinheiten nach wie vor. Die Entwicklung der Gemeinschaften und Regionen führte allerdings zur Zweiteilung der Provinz Brabant in einen flämischen und einen wallonischen Teil. Die Provinzkompetenzen der früheren Provinzhauptstadt Brüssel wurden der Region Brüssel zugewiesen (Delmartino 1996, 130f).

die Region ab (Delmartino 1996, 121). Die Bipolarität des belgischen Föderalismus wird auch in der Parität zwischen französisch-sprachigen und flämisch-sprachigen Belgiern im Ministerrat, im Repräsentantenhaus, im Senat und in der Rechtsprechung deutlich (Hanf 1999, 129f).

Sowohl die Kompetenzen der Regionen als auch der Gemeinschaften wurden seit ihrer Gründung erweitert. Die Sprachgemeinschaften haben inzwischen die Kompetenz in den Bereichen Kultur und Erziehung sowie teilweise in der Gesundheitspolitik. Die Regionen verfügen über umfangreiche Kompetenzen in den Bereichen Wirtschaft (soweit nicht essentielle Bereiche der monetären und ökonomischen Einheit des Landes betroffen sind), Landwirtschaft, Umwelt, Stadt- und Regionalplanung, Verkehr. Diese Kompetenzen umfassen auch das Recht, internationale Verträge in diesen Politikbereichen abzuschließen (Monar 1994, 123–125). Entsprechend sind die Gemeinschaften und Regionen international mit eigenem Personal vertreten (Delmartino 2000, 145). Die föderale Ebene hat allerdings das Recht zu intervenieren, wenn die Kohärenz belgischer Außenpolitik gefährdet ist. Dies ist beispielsweise dann der Fall, wenn das Abkommen mit einem Staat geschlossen werden soll, den der belgische Staat nicht anerkennt (Delmartino 1996, 124).

Residualkompetenzen fallen im Unterschied zu anderen Föderalstaaten grundsätzlich der föderalen Ebene zu. Das belgische Föderalsystem zeichnet sich dabei durch eine ziemlich präzise Abgrenzung von Zuständigkeiten aus, die wenig konkurrierende Kompetenzen kennt; legislative und exekutive Funktion in einem Politikfeld sind grundsätzlich auf derselben Ebene angesiedelt. Eine Hierarchie der Rechtssysteme (Bundesrecht bricht Landesrecht) ist daher entbehrlich (Hanf 1999, 106f). Ein Schiedsgericht löst Kompetenzstreitigkeiten, indem es Gesetze, die gegen die geltende Kompetenzordnung verstoßen, annulliert.

Bis 1980 erhielten die belgischen Gemeinschaften und Regionen einen festen Gesamtbetrag aus dem Staatshaushalt zur Deckung ihrer Ausgaben. Seither bekommen die Regionen die auf ihrem Territorium vereinnahmten Bundessteuern (insbesondere die Einkommensteuer, seit 1989 auch die Umweltsteuern) teilweise ersetzt und können Steuern auf Vermögen und Erbschaften sowie einige kleinere Steuern erheben. Die belgischen Gemeinschaften sind zwar nach wie vor weitgehend von Globalzuweisungen aus dem Staatshaushalt abhängig. Sie können jedoch in den einsprachigen Gebieten Steuern erheben.[47]

---

[47] Die mangelnde Steuererhebungskompetenz der französischen Gemeinschaft ist auf diesen Sachverhalt zurückzuführen. 20 % der französischsprachigen Belgier wohnen im zweisprachigen Brüssel, wo eine differenzierte Besteuerung der beiden Sprachgruppen als nicht realisierbar gilt (Delmartino 1996, 129).

2.2.2.2 Asymmetrische Föderalisierung in Spanien

Die demokratische Verfassung von 1978 legte kein konkretes System der Staatsorganisation fest, sondern Verfahren für einen Dezentralisierungsprozess der Nationalitäten und Regionen innerhalb des Rahmens einer spanischen Nation. Dieses sogenannte „dispositive Prinzip"[48], das in Art. 143 Abs. 1 der spanischen Verfassung niedergelegt ist, wird der Tatsache gerecht, dass in den Jahrhunderten staatlicher Einheit unterschiedliche Rechts- und politische Systeme koexistierten und auch die republikanische Verfassung von 1931 Autonomiestatuten für Katalonien, Galizien und das Baskenland vorsah. Die anderen 14 *Comunidades Autónomas* erlangten politische Autonomie in den Jahren nach der Verabschiedung der Verfassung, indem das spanische Parlament die in den Regionen erarbeiteten Autonomiestatute verabschiedete. Die *Comunidades Autónomas* verfügen somit weder über eine volle Verfassungsautonomie, noch können die Statute ohne die Zustimmung der jeweiligen *Comunidad Autónoma* geändert werden (López Guerra 1996, 147). In der Regel ist sowohl die Zustimmung des regionalen als auch des zentralen Parlaments erforderlich. Die Kompetenz-Kompetenz liegt damit bei beiden Ebenen gemeinsam.

Die *Acuerdos Autonómicos* von 1981 legen die grundlegende Verfassungsstruktur der *Comunidades Autónomas* fest, u.a. ein direkt gewähltes Parlament, ein diesem verantwortlicher Regierungschef und ein Gerichtshof. Die Zentralregierung unterhält zwar in jeder *Comunidad Autónoma* einen Repräsentanten. Dieser ist jedoch lediglich für die dortigen Abteilungen der Zentralverwaltung zuständig und hat keine Weisungsbefugnisse gegenüber der Regionalregierung. Staatliches Gesetz und das Recht der *Comunidad Autónoma* sind gleichgestellt. Nur über das Verfassungsgericht kann die Zentralregierung gegen regionale Gesetze vorgehen. Die *Comunidades Autónomas* haben nach Ansicht des spanischen Verfassungsgerichts Staatscharakter. Der spanische Autonomienstaat kann daher als Bundesstaat bezeichnet werden (Wendland 1997; Hanf 1999, 148, 166f).

Der Maximalumfang der regionalen Kompetenzen ist in Art. 149 Abs. 1 der spanischen Verfassung festgelegt, während der genaue Umfang der jeweiligen Kompetenzen kontinuierlichen Veränderungen unterliegt. Die spanischen *Comunidades Autónomas* unterschieden sich anfangs deutlich in ihrer Kompetenzausstattung: Die sogenannten historischen Regionen erhielten durch die Verfassung von 1978 umfangreichere Kompetenzen als die anderen. Nach und nach wurden die Unterschiede jedoch durch die Ausweitung der Kompetenzen in den nicht historischen Regionen deutlich reduziert. Zwischen 1978 und 1994 wurden 1184 Verwaltungseinheiten vom Zentralstaat an die Regionen übertragen (López Guerra 1996, 152). Schon 1994 gab es mehr Angestellte bei den Regionen als beim Zentralstaat. Danach wur-

---

[48] Dazu näher Corcuera Atienza (1996, 161).

den noch große Teile des personalintensiven Bildungswesens an die nicht-historischen Regionen übergeben (ebd., 153).

Die *Acuerdos Autonómicos* von 1992 und die Reformen der Autonomiestatute 1994 sehen im Wesentlichen gleiche Kompetenzen für die einzelnen *Comunidades Autónomas* vor. Trotzdem kann der spanische Föderalismus auch heute noch als asymmetrisch bezeichnet werden.[49] Unterschiede bestehen in den Kompetenzen für Sozialhilfe, Bildung, Verbraucherschutz, Umweltschutz und Industriepolitik. Die Polizei ist in den meisten spanischen *Comunidades Autónomas* der Zentralregierung unterstellt, nicht aber im Baskenland, in Navarra und in Katalonien. Katalonien hat daneben justizielle Kompetenzen, außerdem die ausschließliche Zuständigkeit im Kulturbereich und kann das eigene Zivilrecht fortentwickeln (Aja Fernández/González Beilfuss 1996, 211f).

Diese strukturelle Unterschiedlichkeit wird auch im Parteiensystem deutlich. Während sich in den meisten *Comunidades Autónomas* die zentralstaatliche Parteienstruktur widerspiegelt, erhalten insbesondere im Baskenland und Katalonien regionale Parteien stärkere Unterstützung als die regionalen Organisationen der spanischen Parteien.

Die Steuererhebungskompetenzen liegen im Wesentlichen beim Zentralstaat. Die *Comunidades Autónomas* erhalten von ihm einen Anteil an den Steuereinnahmen sowie gebundene Haushaltszuweisungen; beides wird in Verhandlungen für jeweils fünf Jahre festgelegt (Held 1994, 208). Seit 1994 bleiben 15% des Einkommensteueraufkommens in der jeweiligen *Comunidad Autónoma*. Daneben besteht ein *Fondo Interterritorial de Compensación*, der einen Ausgleich zwischen ärmeren und reicheren *Comunidades Autónomas* schafft. Auch hierbei handelt es sich um zweckgebundene Mittel (Lopéz Pina 1993, 39f). Ursprünglich hatten – aus historischen Gründen – nur Navarra und Baskenland eigene Steuern (López Guerra 1996, 153). In jüngerer Zeit haben auch die Kanarischen Inseln eigene Steuerkompetenzen durchgesetzt (Barrios 2000, 312).

Einige der genannten Unterschiede in der Kompetenzausstattung sind auf sogenannte „unterschiedliche Tatbestände" (*hechos diferenciales*) zurückzuführen, d.h. auf eine andere Sprache, auf die Insellage, auf historische Rechte (Hanf 1999, 146). Zudem bemühen sich die *Comunidades Autónomas*, sich solche Kompetenzen anzueignen, die der Zentralstaat noch nicht wahrgenommen hat. Man kann daher von einer „kompetitive[n] Ausgestaltung der Kompetenzordnung" sprechen (Barrios 2000, 318). Das Verfassungsgericht, das zur Lösung der extrem häufigen Kompe-

---

[49] Corcuera Atienza (1996, 161) beschreibt den spanischen Weg als „diversidad en la diversidad" im Unterschied zur „igualdad en la diversidad" in klassischen Föderalstaaten.

tenzstreitigkeiten angerufen wurde, kann daher als der eigentliche Ort der Kompetenz-Kompetenz gelten.[50]

Grundsätzlich gilt ähnlich wie im deutschen Föderalismus, dass die *Comunidades Autónomas* für die Durchführung staatlicher Gesetze zuständig sind. Dieses Prinzip ist jedoch in vielen Fällen durchbrochen, so dass regionale und zentralstaatliche Verwaltung in verschiedenen Politikbereichen koexistieren (Agranoff 1994, 79).

Die Komplexität des Föderalsystems, aber auch einige Querschnittsklauseln der spanischen Verfassung wie die Zuständigkeit für die Wahrung der wirtschaftlichen Einheit oder das Recht zum Erlassen von Harmonisierungsgesetzen (Art. 150 Abs. 3 der spanischen Verfassung) garantieren dem Zentralstaat insgesamt eine stärkere Rolle als in Belgien (Hanf 1999, 156).

Das Baskenland ist insofern eine Ausnahme, als es aus drei Territorien (Alava, Vizcaya und Guipuzcao) gebildet wurde, die bis 1876 einzeln eine fiskalische (*Conciertos económicos*) und juristische Sonderstellung (*Fueros*) innerhalb Spaniens hatten. Jede Provinz trieb selbst ihre Steuern ein und führte einen mit dem Zentralstaat ausgehandelten Teil der Einnahmen (*Cupo*) an diesen ab. Alava behielt dieses Sonderrecht sogar während der Franco-Zeit. Das Autonomiestatut versuchte nun zum einen, diese Rechte für die gesamte baskische *Comunidad Autónoma* gegenüber dem Zentralstaat festzuschreiben, zum anderen aber die Selbstregierung mit ihren spezifischen Institutionen in den einzelnen historischen Provinzen aufrechtzuerhalten. Beispielsweise sind trotz ihrer unterschiedlichen Größe die einzelnen Provinzen im Regionalparlament gleich stark vertreten (López Guerra 1996, 149). Das Baskenland bildet damit so etwas wie eine Konföderation in der spanischen Föderation, wobei die Kompetenzen zwischen Provinzen und *Comunidades Autónomas* im Autonomiestatut aufgeteilt werden. Ein baskisches Gesetz von 1983 verlagerte weitere Kompetenzen auf die Ebene der *Territorios Históricos*. Der spanische Staat selbst nahm diese baskische Besonderheit in sein Kommunalgesetz auf (Corcuera Atienza 1996, 169).

Der Brutto-Gesamtbetrag (*Cupo bruto*), den das Baskenland nach Madrid überweist, wird nach den Ausgaben berechnet, die der spanische Staat für die auf dem baskischen Territorium ausgeübten Kompetenzen aufwendet, multipliziert mit einem in Verhandlungen festgelegten Anteil des Baskenlandes am spanischen Bruttoinlandsprodukt von 6,24%. Davon wird ein baskischer Anteil an den Einnahmen des Staates abgezogen, die – wie Zölle und Monopolgewinne – nicht von den Provinzen eingezogen werden (López Pina 1993). Da der tatsächliche Anteil des Baskenlandes am spanischen Bruttoinlandsprodukt höher als 6,24% liegt, ist das Bas-

---

[50] Allein zwischen 1984 und 1989 wurden 259 Rechtsstreitigkeiten zwischen Katalonien und der Zentralregierung vor das Verfassungsgericht gebracht (Aja Fernández/González Beilfuss 1996, 212). Siehe auch Alberti (1996, 136–138).

kenland bevorzugt. Kritisch ist diese Sonderregelung deshalb zu sehen, weil eine relativ reiche *Comunidad Autónoma* dadurch in geringerem Maße zur Finanzierung zentralstaatlicher Aufgaben beiträgt als andere (López Guerra 1996, 154). Das Steuererhebungsrecht steht im Baskenland – mit Ausnahme der Zölle – nur einer Ebene, nämlich den *Territorios Históricos* zu.[51] Eine paritätisch besetzte Kommission aus Provinzen und *Comunidad Autónoma* bestimmt, welchen Beitrag jede Provinz für den an den Staat abzuführenden Betrag zu leisten hat. Sie verteilt auch die Einnahmen zwischen den *Territorios* und der *Comunidad* nach von dieser Kommission festgelegten Kriterien (Corcuera Atienza 1996, 173f).

2.2.3 Dezentralisierung in Frankreich und Großbritannien

Frankreich und Großbritannien können nach wie vor nicht als Bundesstaaten bezeichnet werden. In Bezug auf diese Länder kann deshalb nicht von „doppeltem Föderalismus" gesprochen werden. Die Dezentralisierung in beiden Ländern stellt jedoch möglicherweise eine Vorstufe eines föderalen Systems dar. Interessant für die vorliegende Untersuchung sind insbesondere die Unterschiede zwischen der symmetrischen Dezentralisierung in Frankreich (2.2.3.1) und der asymmetrischen in Großbritannien (2.2.3.2).

2.2.3.1 Symmetrische Dezentralisierung in Frankreich

Mit der Dezentralisierung während der letzten beiden Jahrzehnte hat sich Frankreich vom unitarisch-zentralistischen zum unitarisch-dezentralen Staat gewandelt. 1982 wurden in Frankreich per Gesetz die Regionen, die seit den 50er Jahren neben den aus napoleonischer Zeit stammenden *Départements* als rein administrative Einheiten bestanden, zu vollwertigen Gebietskörperschaften erhoben.[52] Die Exekutivfunktion in der Region sollte nicht mehr im Rahmen der Staatsaufsicht (*tutelle*) ein Präfekt der Zentralregierung, sondern ein gewählter Regionalpräsident ausüben (Brücher 1997, 3). 1986 fand die erste Direktwahl zu den Regionalparlamenten statt. Die Reform von 1982 stellt den Versuch dar, eine aus zentralstaatlicher Sicht als effizient erscheinende Regionalisierung durchzuführen, ohne das Ideal der Unteilbarkeit der Republik (Art. 2 der französischen Verfassung von 1958) aufzugeben. Diese Unteilbarkeit wird vom Verfassungsrat (*Conseil constitutionel*)

---

[51] Sie müssen dabei die grundlegenden Steuerrechtsnormen des Zentralstaates beachten, damit es keine wesentlichen Unterschiede im Steuersystem zwischen Baskenland und anderen Teilen Spaniens gibt. Freibeträge, Abschreibungsmöglichkeiten, etc. können jedoch festgelegt werden. Ein zusätzliches Aufkommen durch intensive Steuerprüfung kommt jedoch allein den Provinzen zu (Corcuera Atienza 1996, 170f).

[52] Schon 1969 wollte de Gaulle den in den 60er Jahren sich verstärkenden Regionalbewegungen – in der Bretagne, im französischen Baskenland, vor allem aber in Korsika – durch die Gründung von Regionen entgegenkommen. Das Projekt scheiterte aber aus politischen Gründen und verzögerte so die Dezentralisierung bis zum Amtsantritt der sozialistischen Regierung.

strikt ausgelegt: Die Formulierung „le peuple corse, composante du peuple français" führte 1991 zur Verfassungswidrigkeit des zweiten Korsika-Statuts, weil die
Verfassung nur ein aus allen Bürgern zusammengesetztes französisches Volk ken-
ne. Eine Föderalisierung Frankreichs oder ein Europa der Regionen ist daher im
Rahmen der geltenden Verfassung ausgeschlossen.[53] In Frankreich wird vielmehr
das Modell der regionalen Dezentralisierung als Gegenentwurf zum klassischen
Föderalismus gesehen (Marcou 1996, 172). Die Regionenbildung folgte daher auch
eher funktionalen als landsmannschaftlichen oder historischen Gesichtspunkten und
fand ohne lokale Beteiligung statt (Brücher 1997, 4).

Die französischen Regionen haben Kompetenzen im Bildungswesen, in der regionalen Wirtschafts-, Tourismus-, Müll- und Verkehrspolitik, in der Raumplanung
sowie die generelle Kompetenz, die Angelegenheiten auf ihrem Territorium zu
regeln. Darüber hinaus können sich die Regionen auch in kulturellen, wissenschaft-
lichen und sozialen Fragen engagieren. Ein bedeutendes Instrument regionaler Politik sind die Transfers an andere Gebietskörperschaften, also an *Départements* und
Kommunen (Marcou 1996, 182). Die von der Verfassung geforderte Einheitlichkeit
des Rechts lässt gesetzgeberische Kompetenzen der Regionen (beispielsweise in
Bezug auf das Kommunalrecht) nicht zu, sondern nur Verordnungen, Regionalplä-
ne und -programme auf der Grundlage staatlicher Gesetze (Hertzog 1996, 248f).

Die Einnahmen der französischen Regionen bestehen weitgehend aus Zuweisungen
des Zentralstaats. Etwa ein Viertel sind jedoch Einnahmen aus regionalen direkten
Steuern, für die die Regionen die Sätze festlegen können. Dabei greifen die Regionen auf dieselbe Steuerbasis zu wie die Kommunen und *Départements*. Ein weiteres Viertel kommt aus indirekten Steuern (u.a. einer Kfz-Steuer). Angesichts der
relativ schmalen finanziellen Basis der Regionen sind für die Regionalpolitik die
Fünf-Jahres-Verträge mit dem Zentralstaat, die auch die finanzielle Beteiligung des
Zentralstaats festlegen, wichtiger als die eigenen Einnahmen (Marcou 1996, 179f).

Da die Regionen durch einfaches Gesetz geschaffen und mit ihren Kompetenzen
ausgestattet wurden, können sie auch durch einfaches Gesetz aufgelöst oder ihre
Kompetenzen verändert werden. Die Regionalisierung in Frankreich ist damit nicht
verfassungsrechtlich abgesichert. Da die Regionen in gleicher Art vom Zentralstaat
abhängig sind wie die Kommunen oder *Départements*, besteht keine Hierarchie
zwischen den subnationalen staatlichen Ebenen. Der Zentralstaat entscheidet über
Kompetenzabgrenzungen zwischen *Départements* und Regionen.

---

[53] Ausnahmen von der Unteilbarkeit bestehen insofern, als den Übersee-*Départements* in Art. 73–
76 der Verfassung ein Sonderstatus zugestanden wird (Hertzog 1996, 245).

2.2.3.2 Asymmetrische Dezentralisierung in Großbritannien

Großbritannien galt lange als das dem föderalen Gedanken am stärksten abgeneigte Land Europas, obwohl bereits der offizielle Landesname „United Kingdom" auf die Vereinigung verschiedener Nationen verweist, die eine lange föderative Tradition in Großbritannien begründet hat (Burgess 1995). Schottland hatte durch den Vertrag von 1707 sein eigenständiges Rechts- und Erziehungssystem ebenso wenig aufgegeben wie seinen Patriotismus. Wales, das schon 1536 zu England kam, war institutionell weniger deutlich als eigenständiger Landesteil zu erkennen, wohl aber durch die eigene Sprache.[54]

Beide Landesteile sind im britischen Parlament überrepräsentiert. Bis 1999 vertrat je ein *Secretary of State* aus den Reihen ihrer Abgeordneten die Landesteile im Kabinett. Diese verfügten über administrative Kompetenzen und hatten – insbesondere im Fall Schottlands – die Aufgabe, die britische Gesetzgebung den regionalen Besonderheiten anzupassen. Schon in den 70er Jahren war von der Regierung Wilson eine Verlagerung von Regierungsaufgaben auf die lokale und regionale Ebene (*Devolution*) vorgesehen (Peacock 1977). Unter anderem war die Einführung einer gewählten Versammlung und Regierung in Schottland geplant, was jedoch in den Referenden nicht die notwendigen Mehrheiten erzielte (Keating 1994, 227). Die konservativen Regierungen Thatcher und Major schafften die seit den 60er Jahren in Großbritannien bestehenden *Regional Planning Councils*, die *Metropolitan Counties* und das *Greater London Council* ab, so dass nicht nur die Föderalisierung unterblieb, sondern auch eine stärkere Zentralisierung erfolgte. Auch die intendierte Stärkung lokaler Finanzautonomie (u.a. durch die Einführung einer Kopfsteuer 1989) führte zum gegenteiligen Ergebnis: Die Bedeutung der lokalen Regierungen nahm ab, ihre Finanzautonomie wurde eingeschränkt (Potter 1997, 342f). Erst unter der Labour-Regierung kam es 1999 zu einer Abkehr von der Zentralisierungstendenz.

Diese Wende ist darauf zurückzuführen, dass die Labour Party eine Antwort auf regionalistische Forderungen insbesondere in Schottland finden wollte, um die entsprechenden Wählergruppen einzubinden. Infolge der Missachtung regionaler Wirkungen der zentralen Wirtschaftspolitik in Schottland und Wales stützte sich die konservative Regierungsmehrheit in den neunziger Jahren ausschließlich auf englische Wähler.[55] Es lag also nahe, die Opposition gegen die Konservativen durch das Versprechen einzubinden, Kompetenzen an schottische Institutionen abzugeben. Eine allgemeine Dezentralisierung oder Föderalisierung war eindeutig

---

[54] Auf die Sonderrolle Nordirlands, die sich aus dem gewalttätigen Konflikt ergibt, wird im Folgenden nicht eingegangen. Sie verstärkt die Asymmetrie des britischen Systems. Dazu Burgess (1995, 83–130).

[55] Das führte dazu, dass sogar der Schottland-Minister aus den Reihen der englischen Parlamentsabgeordneten gestellt werden musste.

2 Doppelter Föderalismus in Europa

nicht vorgesehen (Laffin/Thomas 1999). Deutlich wird dieser parteipolitische Hintergrund der britischen Dezentralisierung an der Ungleichbehandlung zwischen Schottland, Wales und England. In Schottland, wo die *Labour Party* fürchten musste, dass die Oppositionsstimmen an die *Scottish National Party* gingen, bekam das Regionalparlament die umfangreichsten Kompetenzen zugesprochen. Wales hingegen, wo die regionalistische Bewegung wesentlich schwächer war, erhielt nur eine kleine Versammlung mit eingeschränkten Kompetenzen. England wurde mit Ausnahme der Wiedergründung des *Greater London Council* und einzelner abhängiger regionaler Behörden im Jahr 2000 von der Dezentralisierung ausgespart (Jeffery 2000, 176).

In der Kompetenzverteilung wird die Asymmetrie der britischen *Devolution* deutlich. Dem schottischen Parlament kommt die Kompetenz zur Rechtsetzung in denjenigen Gesetzesmaterien zu, die nicht ausdrücklich dem britischen Parlament vorbehalten sind. Diese Reservatkompetenzen des Zentralstaates umfassen u.a. die Auswärtigen Angelegenheiten, die Verteidigung, die Konjunkturpolitik und die Sozialversicherung. Schottland bleiben damit beispielsweise umfangreiche Kompetenzen im Zivil- und Strafrecht. In Wales hingegen kann das regionale Parlament nur über solche Angelegenheiten entscheiden, die ihm ausdrücklich zugewiesen wurden. Praktisch ist seine Arbeit auf die Umsetzung britischer Gesetze beschränkt – eine Aufgabe, die früher der *Welsh Secretary of State* wahrnahm (Laffin/Thomas 1999, 94). Dazu gehören ausgabenintensive Bereiche wie der Gesundheitsdienst, Bildung, Sozialpolitik, regionale Wirtschaftspolitik und die Aufsicht über die Kommunen.

Die Steuerkompetenzen kommen in Großbritannien im Wesentlichen dem Zentralstaat zu. Lediglich Schottland hat die Kompetenz zu einem kleinen Aufschlag auf die britische Einkommensteuer erhalten. Für die Finanzierung der Regionen sind daher die (ungebundenen) Zuweisungen der britischen Regierung entscheidend. Insgesamt erhalten Schottland und Wales einen überdurchschnittlich hohen Anteil der Staatsausgaben, was auch schon vor der *Devolution* der Fall war (Keating 1994, 226). Damit Veränderungen im Bedarf nicht zu kontinuierlichen Nachverhandlungen über die Höhe der Zuweisungen führen, wurde die sogenannte Barnett-Formel eingeführt.[56] Erhöhen sich die Ausgaben der britischen Regierung in England für solche Bereiche, die von den Regionen Schottland und Wales selbständig wahrgenommen werden, dann erhöht sich auch die ungebundene Zuweisung um einen bestimmten Prozentsatz der Ausgaben für England, der sich an den Bevölkerungsverhältnissen orientiert. Außerdem wurde ein Konnexitätsprinzip festgelegt, nach dem die britische Regierung für Ausgabensteigerungen in Schottland oder Wales

---

[56] Die Barnett-Formel ist nach dem früheren britischen *Chief Secretary of the Treasury* Joel Barnett benannt.

aufkommen muss, wenn diese auf britische Gesetze zurückzuführen sind (Laffin/Thomas 1999, 101).

Veränderungen der Kompetenzen können vom britischen Parlament vorgenommen werden. Eine Beschränkung dieses Rechts durch eine föderale Verfassung hätte der britischen Verfassungsdoktrin der parlamentarischen Souveränität widersprochen. Die *Devolution* selbst ist jedoch durch die Referenden von 1997 so stark legitimiert worden, dass eine Rücknahme durch das Parlament als unmöglich gilt (Jeffery 2000, 176).

2.3 Die Rolle der Dritten Ebene in Europa

Mit der europäischen, der mitgliedstaatlichen und der regionalen Ebene, die teils mit, teils ohne Staatscharakter wesentliche staatliche Aufgaben übernimmt, ist in Europa ein Drei-Ebenen-System entstanden. Nach der Untersuchung des Verhältnisses zwischen europäischer und mitgliedstaatlicher Ebene (2.1) sowie zwischen mitgliedstaatlicher und regionaler Ebene (2.2) stellt sich nun die Frage, in welchem Verhältnis europäische und regionale Ebene zueinander stehen. Zu ihrer Beantwortung ist zu differenzieren: Während der ersten Jahrzehnte der europäischen Integration ignorierte die europäische Politik die Regionen (2.3.1). Ausgehend von dieser Situation kam es jedoch in der Folgezeit zu einer zunehmenden, teilweise auch vertraglich verankerten Beteiligung der Regionen. Diese wird im Folgenden für die europäische Ebene (2.3.2) und für die Beteiligung an der mitgliedstaatlichen Europapolitik (2.3.3) dargestellt.

2.3.1 Die Regionenblindheit des EG-Vertrags

Im EWG-Vertrag als internationalem Vertrag zwischen den Mitgliedstaaten wurde deren regionale oder föderale Gliederung nicht erwähnt. Lediglich von „Gebieten" war die Rede (Art. 39 Abs. 2a, Art. 80 Abs. 2, Art. 49 lit. d EWGV). Die in Art. 2 formulierte Aufgabe, für eine „harmonische Entwicklung des Wirtschaftslebens innerhalb der Gemeinschaft" zu sorgen, enthält keinen regionalpolitischen Bezug. Der EWG-Vertrag ist daher als „blind" gegenüber Ländern oder Regionen bezeichnet worden (Knemeyer 1990, 449; Siedentopf 1991, 241).[57] Vereinzelt wurde in Korrespondenz zu Art. 5 EWGV (Gemeinschaftstreue), der die Mitgliedstaaten verpflichtet, der Gemeinschaft die Erfüllung ihrer Aufgaben zu erleichtern, geschlossen, die Gemeinschaft habe auch auf die innerstaatlichen Verfassungen der Mitgliedstaaten Rücksicht zu nehmen (Hailbronner 1990, 152). Eingriffe in die regionale oder föderale Struktur der Mitgliedstaaten wären demnach unzulässig. Die überwiegende Interpretation des Art. 5 EWGV lehnt jedoch eine Verpflichtung der Gemeinschaft auf die Berücksichtigung der inneren Struktur der Mitgliedstaaten ab (Dornhöfer 1995, 191).

---

[57] Entsprechendes gilt für die Kommunen. Vgl. Seele (1991).

Das in der Einheitlichen Europäischen Akte zunächst für den Umweltschutz (Art. 130r EWGV), dann im Vertrag von Maastricht allgemein eingeführte Subsidiaritätsprinzip geht nicht auf die Regionen ein, sondern bezieht sich nur auf das Verhältnis zwischen europäischer und mitgliedstaatlicher Ebene. Seine Bedeutung für die Regionen ist daher als gering einzuschätzen.[58]

Trotz der Regionenblindheit der Verträge greift die Union insofern auf die Regionen zurück, als diese verpflichtet sind, Gemeinschaftsrecht anzuwenden und legislativ und exekutiv umzusetzen, sofern ihnen diese Aufgabe nach nationalem Recht zukommt. Wird eine EU-Richtlinie von einer subnationalen Gebietskörperschaft nicht umgesetzt, wird jedoch nicht diese, sondern der betreffende Mitgliedstaat vor dem Europäischen Gerichtshof verklagt, obwohl er nach der inländischen Verfassungsordnung nicht tätig werden kann (Ress 1986, 551). Ein ähnliches Problem ergibt sich bei der Defizitkontrolle nach Art. 104 EGV und dem darauf aufbauenden Stabilitätspakt.[59] Ist die überhöhte Verschuldung eines Mitgliedstaates auf die Finanzpolitik der Regionen zurückzuführen, treffen die Sanktionsmechanismen der Gemeinschaft dennoch die Regierung des Mitgliedstaats.[60] Die innerstaatliche Pflicht der Regionen zur Umsetzung des EU-Rechts und die europarechtliche Verantwortung der Nationalstaaten stehen in einem systematischen Spannungsverhältnis, das aus der mangelnden Anerkennung der Regionen resultiert (Kerremans 2000, 485). Diese Feststellung gilt auch umgekehrt für die Möglichkeit der Regionen, ihre innerstaatlichen Rechte im europäischen Rahmen durchzusetzen. Zwar hat der Europäische Gerichtshof den Gebietskörperschaften als juristischen Personen grundsätzlich eine Klagebefugnis eingeräumt. Voraussetzung ist allerdings die unmittelbare und individuelle Betroffenheit von einer europäischen Norm.[61] Dies ist bei Eingriffen in die Gesetzgebungshoheit in der Regel nicht der Fall. Die Regionen sind also privaten Unternehmen und natürlichen Personen gleichgestellt.[62]

Am deutlichsten wird die Überlagerung von Kompetenzen der Europäischen Union und der Regionen bzw. Länder bei der Regionalpolitik, die zu den ureigenen Kom-

---

[58] Dornhöfer (1995, 198), Hailbronner (1990, 158). Entsprechend lautet eine Forderung von Regionalpolitikern, das Subsidiaritätsprinzip auch auf die subnationalen Gebietskörperschaften anzuwenden (vgl. 2.3.2.1; 2.3.3.1 (3)). Dies würde eine Anerkennung des Drei-Ebenen-Föderalismus durch die Europäische Union implizieren.

[59] Entschließung des Rates über den Stabilitäts- und Wachstumspakt vom 17.6.1997 (ABl. C 236 vom 2.8.1997).

[60] Aus diesem Grund wurde in Deutschland ein nationaler Stabilitätspakt zwischen Bund und Ländern vereinbart. Vgl. Vesper (2002), Schwarze/Snelting (2002).

[61] Vgl. EuGH vom 8.3.1988, Rs. 62 und 72/87.

[62] Es wird daher gefordert, zumindest diejenigen Regionen, „die mit Legislativbefugnissen ausgestattet sind", mit einem Klagerecht auszustatten. So Ausschuss der Regionen (2000, 9–11), Europäische Kommission (2000, 21f), Bundesrat (2000, 42), Regierung von Belgien (2000, 2f).

petenzen der Regionen und Länder gehört. 1975 wurde im Zuge der Norderweiterung der Europäische Fonds für regionale Entwicklung (EFRF) eingerichtet. Er sollte zum Ausgleich der wichtigsten regionalen Ungleichgewichte beitragen und sich an der Entwicklung und Umstellung der Regionen beteiligen, um den wirtschaftlichen und sozialen Zusammenhalt in der Gemeinschaft zu fördern.[63]

Allerdings fehlte 1975 zum einen die vertragliche Grundlage für die damit verbundenen regionalpolitischen Aktivitäten der Gemeinschaft, so dass diese auf die Vertragsabrundungskompetenz gestützt werden mussten (2.1.2.1). Zum anderen war eine direkte Kontaktaufnahme zwischen Gemeinschaftsorganen und regionalen Körperschaften zunächst nicht möglich. Erst mit der Einheitlichen Europäischen Akte wurde der Fonds für regionale Entwicklung vertraglich verankert und seine Aufgaben definiert (Art. 130b bzw. 130c EWGV). Damit wurde auch festgelegt, dass der Ausgleich in der räumlichen Entwicklung nicht mehr zwischen Staaten, sondern zwischen Regionen anzustreben sei (Brücher 1997, 3). Die Kommission nahm zur Durchführung ihrer Politik des wirtschaftlichen und sozialen Zusammenhalts zunehmend direkt mit den subnationalen Verwaltungseinheiten Kontakt auf. Besonders gefördert wurden die Grenzregionen und die transnationale regionale Zusammenarbeit.

Neben der Kontrolle wettbewerbsbeschränkenden Handelns von Unternehmen kommt der Europäischen Gemeinschaft nach Art. 87–89 EGV auch die Aufsicht über wettbewerbsbeschränkende Maßnahmen der Mitgliedstaaten zu, die sogenannte Beihilfenkontrolle. Der Beihilfenbegriff des europäischen Rechts ist dabei weit gefasst. Jede Gewährung eines wirtschaftlichen Vorteils durch den Staat (Europäische Kommission 1999, 75), d.h. auch „unentgeltliche Vorteile", „Vergünstigungen" oder „Maßnahmen, die in verschiedener Form die Belastung vermindern, die ein Unternehmen normalerweise zu tragen hat",[64] gelten als Beihilfe. Dabei wird nicht zwischen privaten und öffentlichen Unternehmen differenziert. Unerheblich ist nach Art. 87 Abs. 1 EGV auch, ob die Beihilfe auf Maßnahmen mitgliedstaatlicher Regierungen, subnationaler Gebietskörperschaften oder anderer staatlicher Organe beruht. Die Regionalförderung der Bundesländer und die Gemeinschaftsaufgabe „Verbesserung der regionalen Wirtschaftsstruktur" unterliegen somit der Beihilfenkontrolle. Schließlich geht es in beiden Fällen ausdrücklich darum, durch gezielte Maßnahmen wie Verringerung der Investitionskosten regionale Ungleichgewichte in Wohlstandsniveau und Wirtschaftskraft abzubauen. Das beinhaltet in der Regel die Gewährung wirtschaftlicher Vorteile, falls Investitionen in struktur-

---

[63] Art. 1 der Verordnung über den Europäischen Fonds für regionale Entwicklung (Verordnung Nr. 1261/99, ABl. L 161/43 vom 26.6.1999).

[64] So der EuGH in den Urteilen vom 22.3.1977, Rs. 78/76, vom 2.6. 1974, Rs. 173/73 (Familienzulage im Textilsektor), bzw. vom 23.2.1961, Rs. 30/59.

schwachen Gebieten getätigt werden. Die zu fördernden Gebiete werden dabei von den Ländern bzw. im Gesetz über die Gemeinschaftsaufgabe festgelegt.

Die Gemeinschaftsorgane können u.a. für sektorale und regionale Entwicklungs-beihilfen Ausnahmen vom Beihilfenverbot gewähren (Art. 87 Abs. 3 lit. c EGV):[65] Die Festlegung der Gebiete, in denen Beihilfen gewährt werden dürfen, nehmen Kommission und Akteure der Mitgliedstaaten vor.[66] Von einem gemeinschaftswei-ten Fördergebietsbevölkerungsplafond (also dem Anteil der Unionsbevölkerung in Fördergebieten) werden die bereits im Rahmen der europäischen Strukturfonds geförderten Gebiete abgezogen. Sodann wird die verbleibende Höchstgrenze für Fördergebiete nach den Maßstäben Pro-Kopf-Bruttoinlandsprodukt und Arbeitslo-sigkeit auf die Mitgliedstaaten aufgeteilt. Den Akteuren in den Mitgliedstaaten bleibt es überlassen, anhand von höchstens fünf objektiven und relevanten Indika-toren die konkreten Fördergebiete zu bestimmen. Die Förderung ist zudem in ihrer Höhe beschränkt.

Durch diese europäische Regelung bestimmt die wirtschaftliche Lage eines Mit-gliedstaates die Höhe der Beihilfen, die im Rahmen der mitgliedstaatlichen Regio-nalförderung vergeben werden dürfen. Reiche Mitgliedstaaten können weniger den interregionalen Ausgleich fördern als arme Mitgliedstaaten. Die Bevölkerungs-obergrenze führt dazu, dass andere Regionen aus der Förderung herausfallen, wenn eine neue Region in die Förderung aufgenommen wird. Dies verhindert zum einen eine langfristig angelegte Förderpolitik, zum anderen bestimmen damit Einflussfak-toren, die unabhängig vom absoluten oder relativen Wohlstand einer Region sind, über die Fördermöglichkeit (Ehring 1992, 30). Außerdem verändert die europa-rechtlich vorgeschriebene innerstaatliche Abstimmung bezüglich der Fördergebiete die Kompetenzverteilung zwischen den Mitgliedstaaten und den subnationalen Gebietskörperschaften bezüglich der Wirtschaftsförderpolitik.

Die europäische Beihilfenpolitik greift damit tief in die mitgliedstaatliche Regio-nalpolitik ein (Hrbek/Weyand 1994, 82–86), ohne dass die Regionen bei ihrer For-mulierung wesentlich hätten mitwirken können oder auch nur die Möglichkeit hät-ten, gegen eine Kompetenzüberschreitung der europäischen oder mitgliedstaatli-chen Ebene zu klagen. Im bundesdeutschen Recht wäre eine solche Rahmenord-nung nur unter Mitwirkung der Länder möglich gewesen.

---

[65] Weitere Ausnahmen sind die Legalausnahmen nach Art. 87 Abs. 2 EGV sowie weitere fakulta-tive Ausnahmen nach Art. 87 Abs. 3 EGV. Außerdem finden sich einzelne Ausnahmetatbestände in der Agrarpolitik (Art. 36 EGV), für bestimmte Dienstleistungen (Art. 86 EGV), für Ausfuhren in Drittländer (Art. 132 EGV), in der Verkehrspolitik (Art. 73 EGV), nach Art. 95 EGKSV und für den Umweltschutz (Art. 174 Abs. 2 EGV).

[66] Leitlinie für staatliche Beihilfen mit regionaler Zielsetzung (ABl. C 74/9 vom 10.3.1998).

Im Zuge der Vertiefung der europäischen Integration wurde der Widerspruch zwischen der Regionenblindheit der Verträge und dem Eingriff der europäischen Rechtsetzung in die Kompetenzen, die den Regionen gemäß den Verfassungen der Mitgliedstaaten oder ihren eigenen Statuten zukamen, immer deutlicher. Neben der Wirtschaftsförderung ergeben sich Kompetenzüberschneidungen vor allem in den Bereichen Kultur, Erziehung, Bildung, Ausbildung, Rundfunk, in der Gesundheitspolitik, in der Forschungspolitik, im öffentlichen Dienstrecht und bei Verwaltungsbefugnissen, die nach dem Komitologieverfahren (2.1.2.2 (2)) die Kommission ausüben soll (Hrbek 1992, 11).

2.3.2 Berücksichtigung subnationaler Jurisdiktionen auf europäischer Ebene

Auf verschiedenen Ebenen wurden seit den 80er Jahren Gegentendenzen sichtbar, die den Regionen zunehmend einen Platz im europäischen Haus sicherten. Zum einen wurden die Regionen selbst aktiv (2.3.2.1), zum zweiten unterstützte das Parlament die Regionen mit der Gemeinschaftscharta der Regionalisierung (2.3.2.2). Zum dritten erkennt seit dem Vertrag von Maastricht der EG-Vertrag die subnationale Ebene insofern an, als sowohl der Ausschuss der Regionen eingerichtet (2.3.2.3) als auch die Möglichkeit der Mitwirkung subnationaler Jurisdiktionen im Rat geschaffen wurde (2.3.2.4). Ihren vorläufigen Abschluss fand diese Entwicklung in der Einfügung von Art. 6 Abs. 3 EUV durch den Vertrag von Amsterdam. Dieser verpflichtet die Union, „die nationale Identität der Mitgliedstaaten" zu achten. Ohne die Regionen oder den föderativen Staatsaufbau einiger Mitgliedstaaten explizit zu nennen – damit scheinbar die Regionenblindheit der Verträge beibehaltend – schützt dieser Artikel insbesondere die innerstaatliche regionale oder föderale Struktur der Mitgliedstaaten (Geiger 2000, 30f).

2.3.2.1 Eigenständige Aktivitäten der Regionen

Bereits 1976 hatte sich ein beratender Ausschuss der lokalen und regionalen Gebietskörperschaften auf europäischer Ebene gegründet. Er war weder offiziell anerkannt, noch konnte er die Rolle der subnationalen Gebietskörperschaften wesentlich stärken.

Im Rahmen der „Versammlung der Regionen Europas", die 1985 als „Rat der Regionen Europas" gegründet wurde, versuchen die europäischen Regionen ihre Standpunkte zu vertreten. Obwohl diese Versammlung auch Regionen aus europäischen Staaten aufnimmt, die nicht Mitglieder der Europäischen Union sind, besteht ihr wichtigstes Anliegen doch darin, „die Vertretung der Regionen bei den europäischen Institutionen zu verstärken",[67] und zwar sowohl in innerstaatlichen als auch in europäischen Entscheidungsprozessen. Daneben bietet sie eine Plattform für

---

[67] So das entsprechende, in der Satzung festgelegte Ziel. Zitiert nach Hrbek (1996, 18).

konkrete Kooperationsprojekte zwischen einzelnen Mitgliedsregionen (Schmitt-Egner 2000). Diese doppelte Zielsetzung – Stärkung der Regionen und konkrete Vorteile durch interregionale Kooperation – verfolgen auch die sogenannten Euro-Regionen, mit denen durch staatliche Grenzen geteilte Wirtschafts- und Naturräume ihre gemeinsamen Interessen ohne den Umweg über die nationalstaatlichen Bürokratien zu verfolgen suchen,[68] sowie die sogenannten „Vier Motoren Europas" Baden-Württemberg, Katalonien, die Lombardei und Rhônes-Alpes (Knodt 2000).

Das zunehmende Selbstbewusstsein der regionalen Ebene bringt das Leitbild eines „Europa der Regionen" zum Ausdruck. Dies war der Titel einer 1989 vom bayerischen Ministerpräsidenten initiierten Konferenz von Regionalvertretern aus der Europäischen Gemeinschaft, der bewusst dem Leitbild de Gaulles vom „Europa der Vaterländer"[69] entgegengesetzt worden war. Eingeladen waren nur Vertreter solcher Regionen, die zumindest einen gewissen Autonomiestatus vorweisen konnten. Ziel der Konferenz war, die Bedeutung der regionalen Ebene hervorzuheben und das Subsidiaritätsprinzip als generelles Ordnungsprinzip für Europa zu propagieren (Knemeyer 1990, 450f). In der Abschlusserklärung der Konferenz[70] wurde ein dreistufiger Aufbau der künftigen Europäischen Union gefordert, wobei die regionale Ebene auf der europäischen Mitwirkungsrechte und ein eigenständiges Klagerecht vor dem Europäischen Gerichtshof haben sollte. Ihren sichtbarsten Erfolg hatte die Konferenz in der Einführung des Ausschusses der Regionen (2.3.2.3).

Neben gemeinsamen Aktivitäten versuchten die Regionen individuell auf europäischer Ebene präsent zu sein. Im Laufe der 80er Jahre richteten viele Regionen Verbindungsbüros bei der Kommission ein, die im Wesentlichen die Rolle von Lobby-Einrichtungen einnahmen. Die deutschen Bundesländer unterhielten zudem den gemeinsamen Länderbeobachter, der den Informationsfluss von Brüssel zu den Ländern sichern sollte.[71] Zusätzlich kam es innerhalb der Regionalregierungen zu einer systematischen Europa-Orientierung, da immer mehr Bereiche der regionalen Politik europapolitische Bezüge aufwiesen. Das führte neben der Einrichtung von

---

[68] Beispiele sind die Euro-Region Saar-Lor-Lux, die das Saarland, die französische Region Lorraine und Luxemburg umfasst, die Euro-Region Pyrenäen, an der auf spanischer Seite Katalonien, auf französischer Seite die Regionen Midi-Pyrénées und Languedoc-Roussillon teilnehmen, sowie EUREGIO, ein Zusammenschluss von lokalen Gebietskörperschaften an der deutsch-niederländischen Grenze. Hierzu Hrbek/Weyand (1994, 60f, 64–68).

[69] Der Begriff wurde im Rahmen der „Politik des leeren Stuhls" 1965 geprägt, mit der sich Frankreich gegen den vereinbarten Übergang zur Mehrheitsabstimmung im Bereich der Landwirtschaftspolitik wehrte, die eine partielle Aufgabe der eigenen Souveränität impliziert hätte. Der Luxemburger Kompromiss vom 29. Januar 1966 sah in Abweichung vom EWG-Vertrag immer dann Einstimmigkeit in der Beschlussfassung vor, wenn ein Staat die Beschlusslage als von sehr wichtigem Interesse für sich ansah und aus diesem Grund eine einstimmige Einigung verlangte.

[70] Abgedruckt in Knemeyer (1990, 453f).

[71] Zur Rolle des Länderbeobachters ausführlich Stöger (1988).

Europa-Referaten in den einzelnen Ministerien und Europa-Ausschüssen in den Parlamenten dazu, dass von den Regionalregierungen – mit unterschiedlichem Rang – europapolitische Beauftragte ernannt wurden, die diese Querschnittsfunktion leisten sollten. In Deutschland wurde diese europapolitische Aufgabe vor allem den Landesvertretungen beim Bund zugewiesen.

Die genannten europapolitischen Initiativen der Regionen wurden teilweise als Neben-Außenpolitik kritisiert (Hrbek 1992, 16) und in einzelnen Fällen sogar von den nationalen Regierungen mit Hinweis auf deren außenpolitische Kompetenz behindert (Morata 1995, 125). Dies überzeichnet jedoch ihre Bedeutung.

2.3.2.2 Die Gemeinschaftscharta der Regionalisierung

Mit der Gemeinschaftscharta der Regionalisierung vom 18. Februar 1988[72] richtete das Europäische Parlament einen Appell an die Mitgliedsländer, auf ihrem Hoheitsgebiet Regionen zu schaffen bzw. bestehende Regionen beizubehalten. Regionen verfügen nach Art. 3 Abs. 3 der Charta über eine eigene Rechtspersönlichkeit. Reine Verwaltungsbezirke fallen damit nicht unter den Regionenbegriff der Charta. Die Regionen sollen zwischen den Mitgliedstaaten und den kommunalen Gebietskörperschaften angesiedelt sein. Regionen sind somit als Gebietsteile der Nationalstaaten definiert (Hrbek 1996, 14). Ihre institutionelle Ordnung soll nach Art. 5 Abs. 1 der Charta auf Regionalstatuten beruhen, die von den Regionen selbst erarbeitet werden, jedoch der Zustimmung der Zentralregierung bedürfen. Autonome Verfassungen sind für die Regionen nicht vorgesehen. Die Verfassungsautonomie der deutschen Bundesländer, die nur durch die Homogenitätsschranke des Art. 28 Abs. 1 GG eingeschränkt wird, geht daher über den Regionenbegriff der Regionalcharta hinaus (Dörnhöfer 1995, 201). Als institutionelle Mindestausstattung sind eine gewählte Versammlung und eine eigene Exekutive vorgesehen, die von der staatlichen Verwaltung unabhängig ist. Auch finanziell sollen die Regionen eigenständig sein. Dies schließt das Steuererhebungsrecht ein (Art. 18). Allerdings fallen nach Art. 20 Abs. 3 der Charta auch staatliche Zuweisungen unter die eigenen Einnahmen.

Keine Festlegung trifft die Charta darüber, ob eine Region auch über legislative Kompetenzen verfügen muss. Nach Art. 11 Abs. 2 kann es daher Regionen mit und Regionen ohne Gesetzgebungsbefugnisse geben. Ebenso wenig sieht die Charta vor, dass auf regionaler Ebene eine Judikative besteht. Die Existenz aller drei Gewalten ist danach zwar möglich, aber keineswegs konstitutiv für eine Region.

Aus Art. 15 und 24 der Charta wird deutlich, dass keine Unterordnung unter den Zentralstaat vorgesehen ist. Vielmehr deutet die Charta die Möglichkeit an, dass Konflikte zwischen den Ebenen durch ein unabhängiges Gericht gelöst werden, vor

---

[72] ABl. C 326/289 vom 19.12.1988.

dem beide Seiten als Gleichberechtigte erscheinen (Art. 15). Außerdem ist eine Mitwirkung an Entscheidungen des Zentralstaats, die regionale Belange berühren, vorgesehen, auch wenn eine zweite Kammer nicht vorgeschrieben wird (Art. 24).

Die Charta der Regionalisierung liefert damit für eine rechtliche Einordnung der „Regionen" nur wenig Anhaltspunkte, weil sie versucht, sowohl Regionen mit allen drei Gewalten als auch von der zentralstaatlichen Ebene abhängige Regionen ohne Judikative und ohne Gesetzgebungskompetenzen zu umfassen. Sowohl föderale Gliedstaaten als auch kommunal-strukturierte Verwaltungsregionen fallen damit unter den Regionenbegriff der Charta (Dörnhöfer 1995, 206). Dementsprechend zurückhaltend nahmen die deutschen Bundesländer die Charta auf, weil sie bei einer einheitlichen Definition von Regionen auf der Grundlage der Charta eher mit einer Einschränkung als mit einer Ausweitung ihrer Eigenständigkeit rechnen mussten.[73]

2.3.2.3 Der Ausschuss der Regionen

1988 setzte die Kommission einen Beirat der regionalen und lokalen Gebietskörperschaften ein, der sie in regionalen Fragen beraten sollte. Dieser stellte die erste, wenn auch vertraglich nicht legitimierte Vertretung subnationaler Gebietskörperschaften auf europäischer Ebene dar. Vier Jahre später wurde mit dem Vertrag von Maastricht der Ausschuss der Regionen als beratende Institution begründet.[74] Je nach Sachverhalt stehen ihm obligatorische, fakultative oder akzessorische Anhörungsrechte zu (Art. 265 EGV). Der Ausschuss hat außerdem das Recht, sich mit jedem weiteren Thema zu befassen, wenn er das für zweckmäßig hält.

Im Entscheidungsprozess der Europäischen Union spielt der Ausschuss damit eine untergeordnete, wenn nicht gar eine zu vernachlässigende Rolle. Denn seine Beschlüsse haben nicht einmal aufschiebende Wirkung. Der Ausschuss der Regionen stellt damit eher eine offiziell unterstützte Lobby als ein parlamentarisches Gremium dar. Entscheidender als die Anhörungsrechte dürfte der institutionalisierte Zugang der Regional- und Kommunalvertreter zu Informationen und zu Entscheidungsträgern in Brüssel sein. Regionale oder gar kommunale Besonderheiten sind über den Ausschuss der Regionen nicht zu vermitteln, sondern insbesondere europaweit und national bestehende Probleme von Regionalregierungen und -parlamenten. Dafür spricht auch, dass sich die Delegierten im Ausschuss nicht nach parteipolitischer Orientierung, sondern nach nationaler Herkunft zusammengeschlossen haben (Gray 1996, 272).

---

[73] Vgl. Entschließung des Bundesrats zur „Gemeinschaftscharta der Regionalisierung" des Europäischen Parlaments vom 16. Februar 1990, Bundesrats-Drucksache 279/89, abgedruckt in Bauer (1992, 18–22). Siehe auch Jeffery (1996, 74).

[74] Allgemein zum Ausschuss der Regionen Hrbek/Weyand (1994, 125–153), Tomuschat (1995) mit diversen Beiträgen, Hrbek (2000).

Die 222 Delegierten und 222 Stellvertreter werden auf Vorschlag der Mitgliedstaaten durch einstimmigen Beschluss des Rates auf vier Jahre bestimmt (Art. 263 EGV). Anders als der Name vermuten lässt, sind im Ausschuss der Regionen regionale und lokale Gebietskörperschaften repräsentiert, wobei die Aufteilung den Mitgliedstaaten überlassen bleibt. Die 24 deutschen Delegierten werden beispielsweise durch den Vorsitzenden der Ministerpräsidentenkonferenz nach Regeln benannt, die auf ein Abkommen zwischen den Ministerpräsidenten zurückgehen. Danach stellen die kommunalen Spitzenverbände drei Delegierte, die fünf großen Bundesländer je zwei, die kleinen Bundesländer je einen Delegierten.[75] Die Delegierten müssen nicht zwangsläufig gewählte Mandatsträger sein. Im Fall Deutschlands handelt es sich teilweise um Staatssekretäre und damit um Vertreter der Exekutive.

Forderungen, den Ausschuss der Regionen zum vollwertigen EU-Organ aufzuwerten, ihm ein Klagerecht zur Wahrung seiner Befugnisse zuzugestehen und als Delegierte nur Mandatsträger zuzulassen,[76] wurden bisher nicht verwirklicht.

2.3.2.4 Mitwirkung der subnationalen Jurisdiktionen im Ministerrat nach Art. 203 EGV

Die Mitwirkung subnationaler Jurisdiktionen im Ministerrat ist seit dem Vertrag von Maastricht vorgesehen. Vorher war es lediglich möglich, Vertreter subnationaler Gebietskörperschaften in die nationalen Verhandlungsdelegationen zu berufen. In diesem – noch heute praktizierten Fall – haben sie jedoch weder Rede- noch Stimmrecht. Sie können lediglich Informationen aus den Ratsverhandlungen weiterleiten. Die Berücksichtigung der Interessen subnationaler Jurisdiktionen lag daher vor der Vertragsänderung von Maastricht im Ermessen des nationalstaatlichen Vertreters im Rat.

Art. 203 EGV gestattet nun die Vertretung der Mitgliedstaaten durch einen Vertreter „auf Ministerebene, der befugt ist, für die Regierung des Mitgliedstaates verbindlich zu handeln." Damit sind auch Minister subnationaler Regierungen zugelassen. Genutzt wurde dieses Verfahren bislang von Belgien, Deutschland und Österreich (Kerremans 2000, 500).

Die Erfordernis, für die nationale Regierung verbindlich handeln zu können, macht eine innerstaatliche Koordination notwendig. Schließlich kann ein Landesminister nicht ohne vorherige Rücksprache die Interessen aller Länder und des Bundes im Ministerrat vertreten. Die Mitwirkung bezieht sich somit auf die Vertretung der

---

[75] Hrbek/Weyand (1994, 197f). Zu den entsprechenden Verfahren in den anderen Mitgliedstaaten vergleiche Ameln (1995).

[76] So Ausschuss der Regionen (2000, 9–11), Europäische Kommission (2000, 21f), Bundesrat (2000, 42), Regierung von Belgien (2000, 2f).

zuvor abgestimmten Position des Mitgliedstaates. Konnte innerstaatlich keine gemeinsame Position erzielt werden, reduziert sich die Mitwirkung auf die physische Präsenz eines Landesministers bei den Verhandlungen. Die Mitwirkungsmöglichkeiten gehen dann nicht wesentlich über die Teilnahme an der Verhandlungsdelegation hinaus.

Jedenfalls unmöglich ist bei der Mitwirkung der Regionen nach Art. 203 EGV die Berücksichtigung regionaler Besonderheiten. Nur einheitliche Regionalinteressen können in die Verhandlungen einfließen.

2.3.3 Die Beteiligung der Regionen an der mitgliedstaatlichen Europapolitik

Die deutschen Bundesländer hatten durch die Regionenblindheit des Gemeinschaftsrechts und Art. 24 GG zunächst selbst in den Politikbereichen ausschließlicher Länderzuständigkeit nur minimale Möglichkeiten der Einflussnahme auf die deutsche Europapolitik. Sie konnten ihren Einfluss jedoch systematisch ausweiten (2.3.3.1). Gerade in diesem Prozess wurde deutlich, dass die deutschen Bundesländer ein großes Interesse daran haben, dass sich in anderen Ländern „die Regionen zu eigenstaatlichen politischen Körperschaften entwickeln" (Teufel 1992, 6). Unterstützung kam insbesondere von den belgischen Gemeinschaften und Regionen (2.3.3.2) sowie von einzelnen subnationalen Gebietskörperschaften in Spanien (2.3.3.3). Bremsend wirkte dagegen die mangelnde Eigenständigkeit u.a. der Regionen in Frankreich (2.3.3.4) und Großbritannien (2.3.3.5). Die Beteiligung der Regionen an der Europapolitik dieser Staaten wird im Folgenden dargestellt.

2.3.3.1 Deutschland

Die Bundesregierung wirkt über den Ministerrat und über die Komitologie-Ausschüsse an der Gesetzgebung in der Europäischen Union mit (2.1.2.2 (2)). Diese Mitwirkung erfolgt auch in den Bereichen, in denen im innerstaatlichen Verhältnis nicht der Bund, sondern die Länder zuständig wären. Durch die Verlagerung von Gesetzgebungskompetenzen auf die Europäische Union erhält der Bund somit Entscheidungsbefugnisse, über die er innerstaatlich nicht verfügen würde, weil das Gemeinschaftsrecht auf die innerstaatlichen Gegebenheiten keine Rücksicht nimmt (2.3.1).

Diese Regionenblindheit des EG-Vertrags war jedoch nur möglich, weil das Grundgesetz ursprünglich keine Mitwirkung der Bundesländer bei der in der Präambel geforderten Verwirklichung der Einheit Europas vorsah.[77] Das Bundes-

---

[77] Ein ähnliches Problem, das von Anfang der Bundesrepublik an für völkerrechtliche Verträge im Bereich der Länderkompetenzen bestand, wurde mit dem sogenannten Lindauer Abkommen gelöst (2.2.1.1 (3)). Da Rechtsakte der Europäischen Union keine völkerrechtlichen Verträge

staatsprinzip und die Aufforderung zur europäischen Integration standen in der Verfassung unverbunden nebeneinander. Art. 24 GG gestattete mit einfachem Bundesgesetz die Übertragung von Hoheitsrechten auf zwischenstaatliche Einrichtungen, wozu die Europäische Gemeinschaft zählte. Es waren nicht einmal die für Verfassungsänderungen vorgeschriebenen Mehrheiten vorgesehen. Art. 24 GG galt daher als „offene Flanke des deutschen Föderalismus" (Teufel 1992, 5). Ziel der Verfassungsgeber war es, die Integrationsfähigkeit der Bundesrepublik zu sichern. Die Verlagerung von Länderkompetenzen wurde dabei in Kauf genommen (Tomuschat 1988, 25). Dies war umso problematischer, als auch die Ewigkeitsgarantie für die föderale Ordnung Deutschlands in Art. 79 Abs. 3 GG keinen geeigneten Schutz vor Kompetenzverlagerungen zu Lasten der Länder bot. Denn dazu hätte bei jedem einzelnen Eingriff in die Länderkompetenzen nachgewiesen werden müssen, dass gerade dieser die Eigenstaatlichkeit der Länder bedrohte (Hailbronner 1990, 150).

Die Vorstöße der Länder, sich schon im Zusammenhang mit den Gründungsverträgen Mitwirkungsrechte zu sichern, scheiterten weitgehend (Bullmann/Engel 1994, 287). Art. 2 des Gesetzes zur Ratifizierung der Römischen Verträge sah lediglich vor, dass die Bundesregierung Bundestag und Bundesrat über EWG-Angelegenheiten unterrichten sollte, und räumte dem Bundesrat die Möglichkeit zu einer Stellungnahme ein (sogenanntes Zuleitungsverfahren). Die Informationspflicht ging allerdings nicht über die generelle Unterrichtungspflicht nach Art. 53 GG hinaus. Die Stellungnahmen mussten nicht berücksichtigt werden. Das war zunächst auch unproblematisch, weil die europäische Integration in den ersten Jahren als „negative Integration" vor allem die Realisierung der Zollunion voran trieb, so dass die Kompetenzen der Länder nur in geringem Umfang von der Rechtsetzung auf europäischer Ebene berührt wurden. Außerdem wurden europäische Angelegenheiten im Rahmen der etablierten Bund/Länder-Koordination behandelt. So war bei der Zusammenstellung der deutschen Delegationen die Berücksichtigung der Länder üblich (Hrbek 1992, 13).

Die Beteiligung der Bundesländer an der Europapolitik wurde in der Folgezeit dreimal erweitert: 1979 durch das Länderbeteiligungsverfahren (1), 1986 durch das Bundesratsverfahren (2) sowie 1992 im Rahmen der Ratifizierung des Maastricht-Vertrags (3).

(1) Länderbeteiligungsverfahren

1979 kam es auf Druck der Länder zu einer Erweiterung der Mitwirkungsmöglichkeiten. Das sogenannte Länderbeteiligungsverfahren garantierte eine Beteiligung der Länder an solchen europäischen Maßnahmen, die ausschließliche Zuständigkeiten der Länder betrafen oder deren „wesentliche Interessen" berührten. Die Länder

---

darstellen, ist dieses Abkommen auf die Frage der Mitwirkung der Länder an der Europapolitik nicht anwendbar (Ress 1986, 558).

sollten in den Fachkonferenzen der Landesminister Stellungnahmen erarbeiten und der Bundesregierung übermitteln. Diese verpflichtete sich, die Stellungnahmen zu berücksichtigen und in Bereichen ausschließlicher Länderkompetenzen nur aus zwingenden Gründen von der Position der Länder abzuweichen (Bullmann/Engel 1994, 288). Aufgrund des Einstimmigkeitsprinzips in den Fachministerkonferenzen konnten im Unterschied zum vorhergehenden Zuleitungsverfahren, das auf mehrheitlichen Entscheidungen des Bundesrats basierte, jedoch nur konsensfähige gemeinsame Positionen der Länder eingebracht werden. Eine Beteiligung der Landesparlamente war nicht vorgesehen.

(2) Bundesratsverfahren

Die Übertragung wesentlicher Länder-Kompetenzen auf die Europäische Union im Rahmen der Einheitlichen Europäischen Akte machte die Zustimmung des Bundesrats erforderlich. Die Bundesländer nutzten diese Situation, um ihren Einfluss auf die Europapolitik auszubauen. Das Gesetz zur Einheitlichen Europäischen Akte sah in Art. 2 folgende Elemente der Länderbeteiligung vor:[78] Erstens sollte grundsätzlich jede Beteiligung der Länder an der Europapolitik über den Bundesrat erfolgen – daher der Name Bundesratsverfahren –, obwohl ihm als Bundesorgan in Bereichen ausschließlicher Länderzuständigkeiten im Binnenverhältnis die Mitwirkung versagt ist.

Zweitens darf die Bundesregierung in Bereichen, die sich auf ausschließliche Länderzuständigkeiten beziehen oder wesentliche Interessen der Länder berühren, nur bei unabweisbaren außen- oder integrationspolitischen Gründen von der Stellungnahme des Bundesrates abweichen und ist diesbezüglich dem Bundesrat rechenschaftspflichtig. Dabei handelt es sich um Bereiche, in denen Bundesgesetze der Zustimmung des Bundesrates bedürfen. In allen anderen Bereichen ist die Bundesregierung nicht verpflichtet, sich nach der Bundesratsstellungnahme zu richten. Die komplexe innerstaatliche Kompetenzverteilung wurde damit auf die Dichotomie Bundesratsverfahren – kein Bundesratsverfahren reduziert, um für die europapolitischen Entscheidungsprozesse eine handhabbare Regel zu finden.

Drittens muss die Bundesregierung, so weit dies möglich ist, vom Bundesrat beauftragte Ländervertreter zu Beratungsgremien der Kommission und des Rates hinzuziehen. Das Verfahren, das wegen der Vermischung von Bundes- und Landeszuständigkeiten beim Bundesrat als verfassungsrechtlich bedenklich eingestuft wurde (Bullmann/Engel 1994, 289), stellte einen Kompromiss aus der Notwendigkeit europapolitischer Handlungsfähigkeit des Gesamtstaates und dem Ziel der Länder dar, die bestehende föderale Machtbalance zu erhalten. In Entsprechung zum Euro-

---

[78] Verfassungsrechtliche Bedenken wurden gegen die Tatsache erhoben, dass durch einfaches Bundesgesetz Organzuständigkeiten geregelt und damit Verfassungsbestimmungen geändert wurden (Tomuschat 1988, 35f; Morawitz 1988, 54f).

pa-Ausschuss des Bundestags (Art. 45 GG), der die Kompetenzen des Gesamtgremiums in dringlichen oder geheimen Angelegenheiten wahrnimmt, richtete der Bundesrat eine „Kammer für Vorlagen der Europäischen Gemeinschaft" ein, deren Beschlüsse als Beschlüsse des Bundesratsplenums gelten. Auch beim Bundesratsverfahren ist eine Mitwirkung der Länderparlamente nicht vorgesehen. Der Zwang zur Formulierung einer für alle Länder konsensfähigen Position entfiel nun zwar durch das Bundesratsverfahren wieder, was durchaus kritisiert wurde (Teufel 1992, 5). Ein Schutz partikularer Interessen durch ein einzelnes Bundesland war jedoch auch nach 1986 nicht möglich.

(3) Verfahren nach Art. 23 GG

Mit den „Zehn Münchner Thesen zur Europapolitik"[79] gaben die Ministerpräsidenten 1987 den Anstoß zu einer intensiven Debatte über die Zukunft des deutschen Föderalismus in der Europäischen Union. Die Thesen wurden später zu vier Forderungen der Länder konkretisiert, welche die Bundesregierung in die Verhandlungen auf europäischer Ebene einbrachte, um die Zustimmung des Bundesrates zum Maastricht-Vertrag zu sichern: (1) Das Subsidiaritätsprinzip sollte Eingang in das europäische Vertragswerk finden, (2) die Vertretung der Nationalstaaten im Ministerrat sollte auch Fachministern der subnationalen Gebietskörperschaften möglich sein, (3) eine Vertretung dieser Gebietskörperschaften durch ein eigenes Unionsorgan sollte sichergestellt und (4) ihnen ein Klagerecht beim Europäischen Gerichtshof gegen Verletzungen ihrer Rechte eingeräumt werden. Mit Ausnahme der letzten fanden sich alle Forderungen im Vertrag von Maastricht wieder (2.1.1). Zusätzlich sicherten sich die Länder im Zuge der Ratifizierung die verfassungsrechtliche Verankerung ihrer europapolitischen Mitwirkung. Bezüglich der Verlagerung von Kompetenzen an die Europäische Union ersetzte der neue Art. 23 GG die Bestimmungen des Art. 24 GG, der für sonstige internationale Organisationen beibehalten wurde.

Art. 23 GG sieht folgendes vor: Erstens ist eine Verlagerung von Kompetenzen nur bei einer Zwei-Drittel-Mehrheit im Bundesrat und im Bundestag möglich, was der verfassungsändernden Mehrheit entspricht. Zweitens enthält Art. 23 Abs. 1 GG die sogenannte Struktursicherungsklausel, nach der die Mitwirkung Deutschlands in der Europäischen Union von deren demokratischem, rechtsstaatlichem, sozialem und föderalem Charakter abhängt. Menschenrechte und Subsidiaritätsprinzip müssen in der Union gewährleistet sein. Die fundamentalen und mit der „Ewigkeitsgarantie" des Art. 79 Abs. 3 GG geschützten Prinzipien wurden somit auch in Bezug auf die Europäische Union geschützt. Art. 23 GG kodifiziert damit die Aussagen

---

[79] Beschluss der Ministerpräsidentenkonferenz vom 21./23. Oktober 1987, abgedruckt in Bauer (1992, 13–17).

der Solange-Rechtsprechung des Verfassungsgerichts.[80] Drittens sichert Art. 23 GG Informations- und Mitwirkungsrechte der Länder, insofern sie nach der innerdeutschen Kompetenzverteilung zuständig wären. Dies gilt auch für die Vertretung der Bundesrepublik im Ministerrat der Europäischen Union. In der Praxis überträgt allerdings der Bund nur in wenigen Fällen die Verhandlungsführung den Ländern; auch eine regelmäßige Teilnahme an den Fachministerräten versucht der Bund zu verhindern (Schönfelder 2000, 77).

Insgesamt wird mit der Verfassungsänderung die Europapolitik statt der Außenpolitik der Innenpolitik zugeordnet, die Länder erhalten dadurch ihre ursprünglichen verfassungsmäßigen Kompetenzen zurück (Jeffery 1996a, 258, 264). Allerdings sind auch die in Art. 23 GG verankerten Länderrechte Kollektivrechte, die eine länderspezifische Interessenwahrnehmung nicht ermöglichen. Eine effektive Mitwirkung an der deutschen Europapolitik ist den Ländern daher nur dann möglich, wenn sie „mit einer Stimme" sprechen.[81] Die zunehmende Politisierung der Europapolitik mindert daher den Einfluss auf die tagespolitischen Entscheidungen, den sich die Länder mühsam erstritten haben (Engel 2000, 60). Denn übereinstimmende Interessen zwischen den Ländern sind insbesondere dann zu erwarten, wenn es um den Schutz der Länderkompetenzen geht, d.h. um Fragen der Kompetenzverlagerung. Da die Länder innerdeutsch nur kollektive Beteiligungsrechte haben, stellen die Verbindungsbüros in Brüssel die einzige Möglichkeit für die einzelnen Landesregierungen dar, für ihre spezifischen Interessen zu werben.

2.3.3.2 Belgien

Die subnationalen Jurisdiktionen Belgiens nehmen über den Senat Einfluss auf die föderale Politik. Außerdem besteht ein Vermittlungsausschuss des Senats mit doppelter Parität, d.h. flämisch-französisch und föderal-subnational. Die Senatoren werden teils direkt gewählt, teils von den Räten der Gemeinschaften ernannt. Verfassungsänderungen und Veränderungen der Verfassungsgesetze (*Lois spéciales*), die wesentliche Elemente des belgischen Föderalismus enthalten, bedürfen einer Zweidrittel-Mehrheit im Senat (Hanf 1999, 99f). Internationale Abkommen wie EU-Vertragsänderungen bedürfen hingegen der Zustimmung des föderalen und der subnationalen Parlamente. Insofern ist die Hürde für Kompetenzverlagerungen auf die europäische Ebene höher als für innerbelgische Kompetenzverlagerungen (Delmartino 1996, 136). Das Recht der Regionen und Gemeinschaften, im Rahmen ihrer Kompetenzen auch international tätig zu werden, zieht zudem eine aktive Rolle derselben in der belgischen Europapolitik nach sich.

---

[80] BVerfGE 37, 271 vom 29.5. 1974 (Solange I) bzw. BVerfGE 73, 339 vom 22.10. 1986 (Solange II).

[81] Jeffery (1996, 72), Engel (2000, 49). Dazu auch Mentler (2000).

Die zentrale Institution für die Koordination der belgischen Europapolitik ist das sogenannte *Comité de concertation*, das nach der doppelten Parität von Ebenen und Sprachgruppen besetzt ist. Es entscheidet einstimmig. 1989 gründete das *Comité de concertation* 15 interministerielle Konferenzen für einzelne Themenfelder, die aus den jeweiligen Fachministern bestehen. Diese können rechtskräftige Entscheidungen treffen (Hooghe, 1995, 143). Arbeitsgruppen und Fachkommissionen bereiten diese Entscheidungen vor. Weiterhin spielt die Direktion „Europäische Integration und Koordination" im Außenministerium (kurz: P.11) ein wichtige Rolle in der Vorbereitung der belgischen Position im Ministerrat oder bei den Regierungskonferenzen. Wird dort keine einvernehmliche Lösung erzielt, enthält sich Belgien im Ministerrat seiner Stimme, weil die Stimmen eines Mitgliedstaates nach Art. 203 EGV nicht geteilt abgegeben werden können. Sobald die Verhandlungen im Rat eine Abkehr von der vorher zwischen den Regionen abgestimmten Verhandlungsposition erfordern, muss der Vertreter der belgischen Regionen um Verhandlungsaufschub bitten, um telefonisch eine neue Position zu vereinbaren (Kerremans 2000, 501f).

Eine Schwierigkeit besteht darin, dass die thematische Zuordnung im europäischen Ministerrat nicht der Kompetenzverteilung im belgischen Föderalismus entspricht, so dass häufig in einem Ministerrat Zuständigkeiten beider Ebenen berührt werden. Da nicht sämtliche möglichen Verhandlungsverläufe antizipiert werden können, ist die vorherige inhaltliche Abstimmung im P.11 nicht ausreichend, um die innerstaatliche Kompetenzverteilung auf europäischer Ebene angemessen zu berücksichtigen. In Belgien ist daher ein Vertretungssystem entwickelt worden, das für jeden Fachministerrat die Vertretung Belgiens festlegt. Es unterscheidet vier Kategorien (ebd., 486–488):

– Kategorie A umfasst die Räte, in denen ausschließlich föderale Kompetenzen berührt sind. In diesem Fall wird Belgien durch den föderalen Minister im Rat vertreten.

– In Räten der Kategorie B, die Themen mit überwiegend föderaler Zuständigkeit behandeln, wird Belgiens föderaler Minister von einem regionalen Vertreter ohne Stimmrecht begleitet. In der Praxis delegieren die regionalen Minister diese Aufgabe an Beamte (ebd., 500).

– Räte der Kategorie C sind für solche Themen zuständig, die überwiegend regionale oder sprachgemeinschaftliche Kompetenzen berühren. Hierfür wird der regionale Minister durch einen föderalen Vertreter ohne Stimmrecht begleitet.

– Im Kompetenzbereich D – Räte mit Themen ausschließlich regionaler Kompetenz – schließlich wird Belgien nur durch die Regionen oder Gemeinschaften vertreten. Untereinander haben die Regionen und Gemeinschaften ein halbjährliches Rotationsverfahren für die von ihnen zu entsendenden

Vertreter festgelegt. Dieses Rotationsverfahren führt dazu, dass jede Region erhebliche Ressourcen aufwenden muss, um die im Rat diskutierten Themen zu verfolgen, damit ihr Vertreter bei Übernahme der Verhandlungen auf dem Laufenden ist (ebd., 503).

Für besondere Verhandlungen wie Regierungskonferenzen werden im Einzelfall Regelungen getroffen. Bei der Regierungskonferenz 1996 war beispielsweise Belgien mit einem föderalen und einem regionalen Außenminister vertreten und gab zwei Stellungnahmen ab (ebd., 489).

In Art. 169 der Verfassung sind Vorkehrungen für den Fall getroffen worden, dass der belgische Staat vor dem Europäischen Gerichtshof wegen der mangelnden Umsetzung von europäischem Recht durch Regionen oder Gemeinschaften verurteilt wird. In dieser Situation kann der Gesamtstaat anstelle des betroffenen Teilstaats handeln (Delmartino 2000, 146).

Belgien hat mit diesen Regelungen weitestgehend versucht, die innerbelgische Kompetenzverteilung auf die Europapolitik wirken zu lassen. Für Belgien ist damit ein Drei-Ebenen-Föderalismus verwirklicht. Er erschwert zwar die Formulierung der belgischen Europapolitik. Gleichzeitig begrenzt er jedoch wirksam die Rückwirkung der europäischen Integration auf die innerbelgische Kompetenzverteilung.

2.3.3.3 Spanien

Innerstaatlich gibt es in Spanien drei Möglichkeiten für die dritte Ebene, an den Entscheidungen des Zentralstaats mitzuwirken:

(1) *Senat*: Etwa ein Fünftel der Mitglieder des Senats wird von den Parlamenten der *Comunidades Autónomas* ernannt. Sie sind jedoch nicht an Entscheidungen der regionalen Parlamente gebunden. Entscheidungen des spanischen Senats haben sich in der Vergangenheit eher an parteipolitischen als an regionalen Kriterien orientiert. Bei verfassungsändernden Gesetzen kann schon eine Senatsminderheit eine Volksabstimmung erzwingen.

(2) *Gesetzesinitiative*: Die Parlamente der *Comunidades Autónomas* haben die Möglichkeit zur Gesetzesinitiative im zentralstaatlichen Parlament. Da dieses jedoch nicht an die ursprüngliche Fassung gebunden ist, riskieren die regionalen Parlamente, dass ihre eigene Vorlage so umgestaltet wird, dass sie den von ihnen verfolgten Interessen widerspricht.[82]

(3) *Ständiger Senatsausschuss*: 1994 wurde ein ständiger Senatsausschuss zur Vertretung der *Comunidades Autónomas* eingerichtet, der auch deren Recht auf Gesetzesinitiative ausüben darf. Er besitzt ansonsten jedoch lediglich Anhörungsrechte.

---

[82] 1985 rief Katalonien sogar wegen eines Gesetzes das Verfassungsgericht an, das auf einer von Katalonien selbst eingebrachten Gesetzesinitiative beruhte (Alberti 1996, 134).

Alle drei Möglichkeiten werden als wenig wirksam eingeschätzt (Alberti 1996, 134; Hanf 1999, 163f). In der Praxis verläuft die innerstaatliche Koordination über bi- oder multilaterale Vereinbarungen und Fachministerkonferenzen (Wendland 1997, 198–200). Ein einheitlicher Rechtsrahmen für die Zusammenarbeit der verschiedenen Ebenen besteht nicht, was die Einflussmöglichkeiten der regionalen Ebene schwächt (Hanf 1999, 158). Wichtigstes Instrument zur Durchsetzung regionaler Interessen sind daher die Verfassungsklagen.

Für internationale Vereinbarungen ist nach Art. 149 Abs. 1 Nr. 3 der spanischen Verfassung ausschließlich der Zentralstaat zuständig. Dies schließt die Übertragung von Kompetenzen der *Comunidades Autónomas* auf die europäische Ebene mit ein. Diese ausschließliche Zuständigkeit wird allerdings nicht so interpretiert, dass der Zentralstaat auch in den Bereichen international tätig werden könnte, die den *Comunidades Autónomas* vorbehalten sind (Montoro Chiner 1988, 167). Einzelne Autonomiestatute gestatten der betreffenden *Comunidad Autónoma* den Abschluss internationaler Vereinbarungen und den eigenständigen Vollzug europäischer Richtlinien, andere verpflichten zumindest den Zentralstaat, nachträglich die *Comunidad Autónoma* über internationale Verhandlungen zu informieren (ebd., 165f).

Zur Sicherung des Informationsflusses zwischen Zentralstaat und Regionen in der Europapolitik wurde eine Kommission aus Vertretern der Zentral- und der Regionalregierungen gegründet. Außerdem konnten die Regionen Beobachter zur spanischen EU-Vertretung entsenden (Morata 1995, 121f). Die asymmetrische Kompetenzverteilung innerhalb Spaniens (Jiménez Blanco 1992, 62) und die Tatsache, dass kein horizontaler Koordinationsmechanismus besteht (Morata 1995, 118) erschweren jedoch die Nutzung dieser Einflussmöglichkeiten durch die Regionen. Insbesondere Katalonien und das Baskenland versuchen, im Alleingang unter Umgehung des Zentralstaates auf europäischer Ebene aktiv zu werden. Insgesamt gewann der Zentralstaat durch die EU-Mitgliedschaft Entscheidungskompetenzen, während den Regionen eher die Ausführungskompetenzen zukamen (ebd., 115). Spanien entwickelte sich so auf die spezifische vertikale Gewaltenteilung zu, die den deutschen Föderalismus kennzeichnet.

2.3.3.4 Frankreich

Die Umsetzung der europäischen Regionalpolitik liegt in Frankreich teils in den Händen der Regionen, teils wird sie von den Präfekten als den regionalen Repräsentanten des Zentralstaats vorgenommen, denen insbesondere die Verwaltung der Regionalfondsmittel zukommt (Balme 1995, 181). Letzteres hat dazu geführt, dass die europäische Regionalpolitik eher einen zentralisierenden als einen dezentralisierenden Einfluss auf die innerfranzösische Kompetenzverteilung hatte (Brücher 1997, 7). Insgesamt hat die Existenz der europäischen Ebene das Verhältnis zwischen den Ebenen im französischen Staat weniger hierarchisch werden lassen. Immer mehr Fragen werden in Verhandlungen zwischen den Ebenen geklärt (Balme 1995, 186f).

In der Formulierung der französischen Europapolitik ist der formelle Einfluss der Regionen vernachlässigbar. Ein wichtiger informeller Mechanismus zur Mitwirkung der dritten Ebene ist in Frankreich trotz der Einschränkung auf maximal zwei Mandate immer noch die Mandatshäufung. Da die meisten zentralstaatlichen Amtsträger über ein zusätzliches Mandat als Bürgermeister, Abgeordneter in Regionalparlamenten o.ä. verfügen, ist der Informationsfluss zwischen den Ebenen und die Berücksichtigung lokaler und regionaler Belange gesichert (Balme 1995, 183; Brücher 1997, 2, 7).

Die französischen Regionen haben mangels direkter Einflussmöglichkeiten auf die Europapolitik über zwei Kanäle ihren Einfluss zu stärken versucht: Zum einen eröffneten sie Verbindungsbüros in Brüssel, zum anderen nahmen sie direkt Kontakt zu anderen europäischen Regionen auf, was unter anderem zur Beteiligung von Rhône-Alpes an den „Vier Motoren" und zur Bildung von Euro-Regionen führte. Auf diese Weise wurde auch der Anspruch untermauert, die Regionen – und nicht etwa die *Départements* – seien die Adressaten der europäischen Regionalpolitik (Kohler-Koch 1996, 219). Nach wie vor bedürfen solche außenpolitischen Initiativen jedoch der Autorisierung durch den Zentralstaat.

2.3.3.5 Großbritannien

Die Integration Großbritanniens in die Europäische Gemeinschaft fand beim Referendum 1975 außerhalb Englands deutlich weniger Unterstützung als in England selbst, fürchtete man doch im größeren Binnenmarkt an den Rand gedrängt zu werden (Gowland/Turner 2000, 210). Erst später wurde Europa als Chance gesehen, so z.B. von der *Scottish Labour Party*, die eine Unabhängigkeit Schottlands innerhalb der Europäischen Gemeinschaft befürwortete (Keating 1994, 229–231).

Nach britischem Recht ist die Außenpolitik dem Zentralstaat vorbehalten. Obwohl das Prinzip der „europäischen Innenpolitik" im Rahmen der Diskussion, die der *Devolution* vorausging, grundsätzlich akzeptiert wurde, sehen die *Devolution*-Gesetze selbst nur geringe Mitwirkungsmöglichkeiten der Regionen vor (Jeffery 2000, 180). Dem schottischen Büro in Brüssel kommt daher nicht der Status einer eigenständigen diplomatischen Vertretung zu. Eine Vereinbarung zwischen den Regierungen Großbritanniens, Schottlands und Wales' regelt die europapolitische Zusammenarbeit. Wie in Spanien steht auch in England die asymmetrische Kompetenzverteilung der gemeinsamen Einflussnahme der Regionen auf die Europapolitik entgegen. Für Großbritannien ist daher das Modell des Europas der Vaterländer trotz umfangreicher Kompetenzverlagerungen auf die Regionen noch weitgehend zutreffend.

2.4 Die Problematik des doppelten Föderalismus

Das langjährige Ringen um die Rolle der dritten Ebene in der Europäischen Union zeigt die Komplexität eines Drei-Ebenen-Systems, vor der bereits 1927 der Staatsrechtler Kelsen warnte. In diesem Zusammenhang ist auf die These der „doppelten Politikverflechtung" einzugehen, die in der Politikwissenschaft vorgetragen wurde (2.4.1). Anschließend werden Alternativen zum doppelten Föderalismus vorgestellt (2.4.2) und die Fragen, die diese Arbeit beantworten will, präzisiert (2.4.3).

2.4.1 Die These der „doppelten Politikverflechtung"

In der Politikwissenschaft ist im Zusammenhang mit der Frage der Zuständigkeitsverteilung im deutschen Föderalismus ein Stagnationszustand beschrieben worden, der als „Politikverflechtung" bezeichnet wurde (Scharpf/Reissert/Schnabel 1976; Scharpf 1985; 1989). Die Analyse wurde dann auf die Europäische Union übertragen (Scharpf 1985) und der Schluss gezogen, die Überlagerung der beiden Stagnationszustände ergebe eine „doppelte Politikverflechtung". Nachfolgend wird zunächst die ursprüngliche These der Politikverflechtung in Deutschland vorgestellt (2.4.1.1), dann ihre Übertragung auf Europa (2.4.1.2) und auf den doppelten Föderalismus (2.4.1.3) bewertet.

2.4.1.1 Politikverflechtung im deutschen Föderalismus

Politikverflechtung bezeichnet eine „zwei oder mehr Ebenen verbindende Entscheidungsstruktur, die aus ihrer institutionellen Logik heraus systematisch ineffiziente und problem-unangemessene Entscheidungen erzeugt, und die zugleich unfähig ist, die institutionellen Bedingungen ihrer Entscheidungslogik zu verändern – weder in Richtung auf mehr Integration noch in Richtung auf Desintegration." (Scharpf 1985, 350). Drei Voraussetzungen werden dafür genannt, dass dieser Zustand eintritt (Benz 1998, 561f):

(1) *Die Akteure auf der föderalen Ebene sind Vertreter der gliedstaatlichen Exekutiven, die Parlamenten verantwortlich sind und damit dem Parteienwettbewerb unterliegen.* Die Grundlage für die Erfüllung dieser Bedingung wurde im monarchischen Bundesstaat des Deutschen Reiches gelegt. Da in der Monarchie natürlicherweise die Fürsten ihre Territorien nach außen bzw. im föderalen Staatswesen vertraten, wurde mit dem Bundesrat eine Institution geschaffen, die die Verknüpfung der Ebenen über die Exekutive der Länder vornimmt (2.2.1.1 (1)). Damit ist – was im Zeitalter der Monarchie unproblematisch schien – die Auflösung der Gewaltenteilung bereits vorgenommen. Denn Vertreter der Exekutive bilden als zweite Kammer einen Teil der Legislative. Diese Föderalismusstruktur wurde in Deutschland für den demokratischen Bundesstaat beibehalten (2.2.1.1 (2)).

(2) *Keiner der formal gleichberechtigten Verhandlungspartner nimmt eine hegemoniale Stellung ein.* Mit der Zerschlagung Preußens durch die Alliierten nach dem Zweiten Weltkrieg wurde dessen Hegemonialstellung unter den Ländern beendet.

Damit wurden aber auch – was damals kaum bedacht wurde – die Kräfteverhältnisse zwischen Bundes- und Landesebene neu gestaltet. Der Bundesrat als Kollektivorgan der Länder wurde angesichts des ähnlichen Gewichts seiner Mitglieder wichtiger und entwickelte sich aufgrund der Zustimmungspflichtigkeit einer immer größeren Anzahl von Bundesgesetzen zum gleichberechtigten Gegenüber des Bundestags (Lehmbruch 1998, 91f). Sowohl in Bezug auf die Stellung der einzelnen Länder zueinander als auch auf das Bund-Länder-Verhältnis zeichnet sich der deutsche Föderalismus daher durch ein ausgewogenes Kräfteverhältnis aus.

(3) *Die Beteiligten sind zur Einigung gezwungen.*[83] Diese Voraussetzung war zu Beginn der Bundesrepublik noch nicht erfüllt, sondern ist erst im Laufe der Nachkriegszeit entstanden. Nachdem gleichzeitig die Bundeskompetenzen und die Mitspracherechte des Bundesrates zugenommen hatten, konnte praktisch keine größere politische Reform ohne eine Mitwirkung beider Ebenen erfolgen. Die Wurzeln dieser Entwicklung sind im „provisorischen Finanzausgleichskompromiß" (Hidien 1999, 378) bei der Formulierung des Grundgesetzes zu sehen (2.2.1.1 (2)). Da die Aufteilung der Steuerkompetenzen nicht der Aufgabenverteilung zwischen den Ebenen entsprach, waren bereits bei Inkrafttreten des Grundgesetzes Verhandlungen zwischen Bund und Ländern über die Verteilung der Steuereinnahmen notwendig. Diese führten zu den Steuerverbünden 1955 und 1969. Wollte nach der Finanzreform von 1969 eine Bundesregierung überhaupt handlungsfähig sein, war sie zu Kompromissen mit den Landesregierungen gezwungen. Dies implizierte 1969–1982, 1990–1998 und seit 1999 aufgrund der Bundesratsmehrheit der Bundestagsopposition auch einen Kompromiss zwischen verschiedenen Parteien.

Die grundsätzlich nicht zu bestreitende Notwendigkeit der verschiedenen Ebenen zur Kooperation wird durch die Politikverflechtung zum Strukturelement des föderalen Systems. Dies bedeutet eine geringere Entscheidungsautonomie jeder einzelnen Ebene (Scharpf 1985, 325) und in der Folge eine „strukturelle Unfähigkeit der deutschen Politik, ernsthaft gewollte Veränderung auch politisch durchzusetzen" (Scharpf 1989, 125).

Die vertikale Gewaltenteilung wird reduziert. Kompetenzen sind nicht mehr eindeutig der einen oder anderen Ebene zugeordnet, sondern werden in Verfahren, an denen Länder und Bund beteiligt sind, wahrgenommen. Steuereinnahmen kommen nicht einer Ebene zu, sondern werden zwischen verschiedenen Ebenen aufgeteilt. Die gemeinsamen Ausgabeprogramme werden von Bund-Länder-Institutionen durchgeführt, die nicht parlamentarisch kontrolliert sind.

Nutznießer der horizontalen und vertikalen Politikverflechtung sind vor allem die Landesregierungen, somit die Exekutiven. Sie konnten ihre Kompetenzen im Rahmen der Länder-Länder-Kooperationen und der Mitwirkung an der Bundesgesetz-

---

[83] Scharpf (1992, 62–64) spricht von „Zwangsverhandlungen".

gebung mittels des Bundesrates ausweiten. In der Funktion als Bundesgesetzgeber sind sie der demokratischen Kontrolle der Landesparlamente weitgehend entzogen, da sie bei der Ausübung des Bundesratsmandates unabhängig sind. Für die Länderebene führt das zu einer „Entparlamentarisierung" (Böckenförde 1980, 186) und somit zu einer Reduzierung der horizontalen Gewaltenteilung zwischen Legislative und Exekutive. Viele Entscheidungen werden in den Verhandlungsrunden der Ressortvertreter von Bundes- und Landesebene oder der Länder getroffen. Die Parlamente werden dabei aus der Entscheidungsfindung gedrängt (Beyme 1998). Ihnen bleibt häufig nur, die in den Verhandlungsrunden getroffenen Entscheidungen zu ratifizieren.

2.4.1.2 Politikverflechtung im europäischen Föderalismus

Auf der europäischen Ebenen liegen die Voraussetzungen für die Politikverflechtung derzeit nur teilweise vor:

(1) *Die Akteure auf der Gemeinschaftsebene sind Vertreter der mitgliedstaatlichen Exekutiven, die Parlamenten verantwortlich sind und damit dem Parteienwettbewerb unterliegen.* In der Europäischen Union liegt trotz der Ausweitung der Parlamentskompetenzen in den Verträgen von Maastricht und Amsterdam die politische Macht nach wie vor bei den Regierungen der Mitgliedstaaten (2.1.2.2 (2)). Das gilt sowohl für Änderungen im Vertragsrecht, die vom Europäischen Rat beschlossen werden, als auch in Bezug auf das Sekundärrecht, bei dem der Ministerrat das zentrale Organ der Gesetzgebung ist. Die europäische Politik ist damit von Entscheidungen durch Vertreter der mitgliedstaatlichen Exekutiven geprägt.

(2) *Keiner der formal gleichberechtigten Verhandlungspartner nimmt eine hegemoniale Stellung ein.* In der Europäischen Union wirken die Regierungen der Mitgliedstaaten als Mitglieder des Europäischen Rats, als Mitglieder des Ministerrats oder in ihrer Eigenschaft als mitgliedstaatliche Regierungen an Entscheidungen auf europäischer Ebene mit (2.1.2.2 (2)). Außer bei Beschlüssen des Ministerrats, die der qualifizierten Mehrheit unterliegen, sind stets alle Mitgliedstaaten gleichrangig. Bei der Stimmengewichtung für die qualifizierte Mehrheit sind die großen Staaten systematisch unterrepräsentiert (Gerken/Märkt/Schick/Renner 2002, 301f), so dass die kleineren Mitgliedstaaten nicht überstimmt werden können. Außerdem gibt es keinen Mitgliedstaat, der den anderen deutlich an Fläche, Bevölkerungszahl und Wirtschaftskraft überlegen wäre. Deutschland als bevölkerungsreichster und wirtschaftsstärkster Mitgliedstaat erreicht nicht einmal ein Viertel der Gesamtbevölkerung und hat eine kleinere Fläche als Frankreich, Spanien und Schweden. Durch die Vergrößerung der Union ist außerdem die Bedeutung Deutschlands zunehmend geringer geworden. Diese Entwicklung wird sich in den nächsten Erweiterungsrunden fortsetzen.

(3) *Die Beteiligten sind zur Einigung gezwungen.* Diese Voraussetzung war in der Anfangsphase der Europäischen Union nicht gegeben, obwohl fast alle Entschei-

dungen nach dem Konsensprinzip getroffen wurden. Denn als funktionaler Staatenverbund wurde die Europäische Gemeinschaft nur in den Bereichen tätig, in denen eine Einigung erzielt werden konnte. Eine umfassende Notwendigkeit zur Einigung bestand nicht. Konfligierende Interessen wurden häufig durch weitere Integration überwunden.[84] Erst im Laufe der Zeit entstanden durch selbstgesetzte Ziele oder frühere Fehler Situationen, die zu einer Entscheidung zwangen. Die letzten Vertragsänderungen in Amsterdam und Nizza wurden beispielsweise damit begründet, dass die Union nur durch institutionelle Änderungen die Aufnahme neuer Mitglieder verkraften kann. Ein Zwang, neue Mitglieder aufzunehmen, besteht allerdings nicht. Die Kopplung beider Punkte – vertiefte Integration und Erweiterung – stellt vielmehr in sich bereits einen politischen Kompromiss dar.

Die von Scharpf benannten Voraussetzung für Politikverflechtung sind in der Europäischen Union derzeit noch nicht in gleichem Maße erfüllt wie in Deutschland. Es ist daher eine stärkere institutionelle Dynamik zu erwarten, als von Scharpf prognostiziert (Benz 1998, 562). Gleichwohl besteht die Gefahr, dass mit zunehmender Kompetenzübertragung auf die Gemeinschaft eine Politikverflechtung eintritt. Diese Befürchtung wird insbesondere für die Zeit nach den nächsten Beitritten geäußert, wenn sich statt derzeit 15 dann über 20 mitgliedstaatliche Regierungen koordinieren müssen. Denn die Beschlüsse von Amsterdam und Nizza haben diesbezüglich keine entscheidenden institutionellen Verbesserungen gebracht (Hrbek 2001). Die Europäische Union befindet sich damit bereits jetzt auf einem Entwicklungspfad, der nach der Theorie der Politikverflechtung zu Zentralisierung und Stagnation führen kann.

2.4.1.3 Doppelte Politikverflechtung durch die Mitwirkung der Regionen an der mitgliedstaatlichen Europapolitik?

„Doppelte Politikverflechtung" (Hrbek 1986; Scharpf 1994) kann grundsätzlich zwei verschiedene, sich möglicherweise ergänzende Ausprägungen haben: Erstens kann neben die Mitwirkung der mitgliedstaatlichen Regierungen an der europäischen Politik die Mitwirkung der Regionalregierungen treten. Die Einrichtung des Ausschusses der Regionen ist ein erster Schritt in diese Richtung. Allerdings ist er bislang von der Mitwirkung an politischen Entscheidungen ausgeschlossen und hat nur beratende Funktion. Zur Politikverflechtung als einer *Entscheidungs*struktur, die einen Stagnationszustand auslöst, kann der Ausschuss der Regionen deshalb nicht beitragen.

Zweitens kann sich die „doppelte Politikverflechtung" auf die Situation beziehen, in der Regionen das Recht haben, an der Europapolitik der Mitgliedstaaten mitzu-

---

[84] Dies bringt das Bild vom Fahrrad zum Ausdruck, das im Hinblick auf die europäische Integration häufig verwendet wurde: Sobald keine Vorwärtsbewegung (zunehmende Integration) erfolgt, fällt das Fahrrad um (funktioniert die Politikgestaltung in Europa nicht).

wirken, und die gemeinsam gefundene europapolitische Position in den Rat der europäischen Union eingebracht wird. Da es sich hierbei um die Mitwirkungen an Entscheidungen geht, könnte sich aus dieser Konstellation eine Politikverflechtung ergeben.

Der mit dem Begriff „doppelte Politikverflechtung" gemeinte Stagnationszustand ist allerdings auch in diesem Zusammenhang derzeit nicht zu befürchten, wie sich bei näherer Betrachtung zeigt. Denn der so bezeichnete Zustand betrifft nicht die gesamte Union: In Spanien, Frankreich und Großbritannien hat die dritte Ebene praktische keine Möglichkeiten zur Mitwirkung an der mitgliedstaatlichen Europapolitik (2.3.3.3–2.3.3.5). In Deutschland hat sich dagegen, obwohl das ursprünglich weder im Grundgesetz noch in den europäischen Verträgen vorgesehen war, aus der Interaktion zwischen der innerdeutschen Entwicklung zum kooperativen Föderalismus und der Vertiefung der europäischen Integration die Konstellation entwickelt, dass die Bundesländer über das Bundesratsverfahren an der Europapolitik mitwirken. Außer in Deutschland besteht ein solcher innerstaatlicher Koordinationsmechanismus für die Europapolitik zwischen den Ebenen, der als „Politikverflechtung" charakterisiert werden könnte, nur in Belgien. Es hieße Deutschlands und Belgiens Rolle überschätzen, wenn man aus den Verfahren zur Formulierung der deutschen (Europa-)Politik einen Stagnationszustand für die gesamte Union ableiten wollte. Schließlich stehen Stimmenthaltungen, wie sie regelmäßig aus der Uneinigkeit zwischen Zentralstaat und Regionen hervorgehen (2.3.3.2), nach Art. 205 Abs. 3 EGV einstimmigen Beschlüssen nicht entgegen. Die dritte Bedingung für die Politikverflechtung – der Einigungszwang – ist dann zwar auf jeder einzelnen Ebene gegeben, nicht aber zugleich auf beiden Ebenen. Eine Verständigung über drei Ebenen ist nicht erforderlich. Misslingt die europapolitische Verständigung der deutschen oder belgischen Akteure, lähmt das die europäische Entscheidungsfindung nicht. In Deutschland ist die Bundesregierung außerdem nur bei Vertragsänderungen an die Vorgaben des Bundesrates gebunden.

Entsprechend diesen Überlegungen ist in der Regel mit „doppelter Politikverflechtung" auch nicht, wie die Übertragung der Politikverflechtungsthese auf den doppelten Föderalismus nahe legen würde, ein europaweiter Stagnationszustand gemeint. Problematisiert wird vielmehr zum einen eine geringere deutsche Verhandlungsstärke im Rat als Konsequenz der kontinuierlichen Abstimmung zwischen Bund und Ländern[85] und zum anderen eine mangelnde Anpassungsfähigkeit Deutschlands an Veränderungen, die von der europäischen Politik angestoßen werden (Scharpf 1994, 134f). Dies macht sich insbesondere bei der Umsetzung europäischer Richtlinien in deutsches Recht oder bei der Einhaltung der Defizitkriterien des Stabilitätspakts bemerkbar. Präziser ist daher statt von „doppelter Politikverflechtung" von der Ausweitung der innerdeutschen Politikverflechtung auf die

---

[85] Scharpf (1994, 108, 115), Schönfelder (2000, 76).

deutsche Europapolitik und auf die deutsche Umsetzung europäischer Politik zu sprechen. Dies beschreibt auch die tatsächliche rechtliche Entwicklung: Das Bundesratsverfahren, das die Mitwirkung der Länder über den Bundesrat vorsieht und als Kern der deutschen Politikverflechtung zu gelten hat, wurde 1986 zunächst für die europapolitischen Entscheidungen (2.3.3.1 (2)), ab 1992 auch für die Vertragsänderungen maßgeblich (2.3.3.1 (3)).

Während die Rückwirkungen auf Europa relativ gering sind, erhöht der innerdeutsche Abstimmungsmechanismus vor allem die Kosten der deutschen EU-Mitgliedschaft. Am deutlichsten wird dies, wenn der Bund für Verzögerungen in der Umsetzung von EU-Recht, die ihre Ursache in der deutschen Politikverflechtung haben, mit Sanktionen belegt wird. Aber auch die große Zahl an Personal, das die Länder zusätzlich zu den Beamten des Bundes für die Europapolitik abstellen müssen, weist auf hohe Kosten der doppelten Präsenz in Brüssel hin.[86] Der „Alptraum der innerstaatlichen Koordination" (Scharpf 1994, 94) ist damit vor allem ein deutscher und nicht ein europäischer Alptraum; die „systematische Suche nach interferenz-minierenden Regelungstechniken" (ebd., 128) muss daher aus eigenem Interesse vor allem innerhalb Deutschlands erfolgen.

Für Belgien ergeben sich Probleme aufgrund des doppelten Föderalismus nur in Bezug auf die aufwändige Formulierung der Europapolitik, nicht aber bei der Umsetzung europäischer Normen (2.3.3.2): Erstens kann der Zentralstaat die Umsetzung europarechtlicher Vorgaben durch die subnationalen Jurisdiktionen erzwingen. Zweitens zeichnet sich der innerbelgische Föderalismus durch eine klare Kompetenzverteilung aus, so dass die Zusammenarbeit beider Ebenen bei der Umsetzung europäischer Normen die Ausnahme bleibt.

Allen in Abschnitt 2.3 betrachteten europäischen Staaten gemeinsam ist die Tatsache, dass die europäische Integration wesentliche Rückwirkungen auf das innerstaatliche Kräfteverhältnis zwischen Mitgliedstaat und Regionen hat. Es ist daher zu fragen, ob die bestehende Struktur eines doppelten Föderalismus sinnvoll ist oder ob sie die Kosten beider Föderalstrukturen im Vergleich zu alternativen staatlichen Strukturen unnötig erhöht.

2.4.2 Alternativen zum doppelten Föderalismus

Der eingangs zitierte Staatsrechtler Kelsen stellte für den Fall des Anschlusses Österreichs an das Deutsche Reich zwei Alternativen zu der von ihm als ungeeignet bewerteten Überlagerung zweier föderaler Strukturen vor: Entweder wandelt sich Österreich in einen Einheitsstaat um oder die einzelnen österreichischen Länder

---

[86] Nach Menz (2000, 70) sind 300 Ländermitarbeiter neben den Beamten des Bundes in Brüsseler Gremien tätig. Die Länderbüros in Brüssel beschäftigen weitere 100 Mitarbeiter. Nach Schönfelder (2000, 79) gibt es circa 400 Bundesratsbeauftragte, die regelmäßig an circa 300 EU-Gremien teilnehmen; der Bundesrat berät durchschnittlich jährlich etwa 200 EU-Vorlagen.

werden vom Deutschen Reich als neue Gliedstaaten aufgenommen.[87] Ersteres entspricht in Grundzügen der Verwirklichung eines Europas der Vaterländer (1), zweites einem Europa der Regionen (2). In der europäischen Diskussion wurden daneben eine Angleichung der Strukturen auf der dritten Ebene im Sinne eines konsequenten Mehrebenen-Systems (3), eine Funktionalisierung des europäischen Föderalismus (4) und die flexible oder differenzierte Integration, die einen asymmetrischen Föderalismus impliziert (5), vorgeschlagen. Diese Alternativen zum doppelten Föderalismus werden im Folgenden diskutiert.

(1) Europa der Vaterländer

In der ersten von Kelsen genannten Alternative würden die österreichischen Länder als Gliedstaaten verschwinden. Dies entspricht im europäischen Kontext der Abschaffung des Föderalismus in den Mitgliedstaaten. Kelsen sieht hier innenpolitische Schwierigkeiten, weil die österreichischen Landesregierungen zu große Macht hätten, als dass sie einer Auflösung zustimmen würden. Diese Einschätzung ist, was Deutschland betrifft, insbesondere aufgrund der Ewigkeitsgarantie des deutschen Föderalismus (Art. 79 Abs. 3 GG) realistisch. In Deutschland könnte allenfalls mit einer völlig neuen Verfassung, die an die Stelle des Grundgesetzes träte, die Föderalstruktur abgeschafft werden. Ähnliche rechtliche Schwierigkeiten ergäben sich in Spanien und Belgien, wo die Föderalisierung umgekehrt werden müsste. Eine der Fragen, die diese Arbeit beantworten soll, ist, ob eine solche Abschaffung des mitgliedstaatlichen Föderalismus sinnvoll ist.

(2) Europa der Regionen

In der zweiten von Kelsen genannten Alternative würde die österreichische Bundesebene verschwinden. Dies ist nach Kelsen (1927, 335) nicht wünschenswert, weil die Länder zu klein und ohne historische Verwurzelung seien. Deshalb würde sich ein Zusammenschluss der kleinen österreichischen Länder zu größeren Bundesländern oder ein Anschluss einzelner Länder an einen deutschen Gliedstaat – etwa Bayern – anbieten. Dafür fehlt den Ländern jedoch die Kompetenz zum Abschluss eines Staatsvertrages bzw. zu einer so weit gehenden Verfassungsänderung.

Die Möglichkeit eines Anschlusses einzelner Länder kommt der Vorstellung eines „Europas der Regionen" nahe, dessen Gliedstaaten sich aus den jetzigen subnationalen Gebietskörperschaften und nicht aus den Nationalstaaten rekrutieren. Europa hätte dann mehr und kleinere Mitgliedstaaten. Das 1989 auf der gleichnamigen Konferenz entwickelte Leitbild vom „Europa der Regionen" (2.3.2.1) stellt allerdings nicht auf die Vorstellung einer regionenbasierten Union ab. In dieser Konstellation würde mit über 200 Regionen die Bedeutung regionaler

---

[87] Beim tatsächlich erfolgten Anschluss Österreichs 1938 stellte die föderale Struktur Deutschlands insofern kein Problem mehr dar, als sie durch die Nationalsozialisten bereits völlig aufgelöst worden war.

tellation würde mit über 200 Regionen die Bedeutung regionaler Regierungschefs wesentlich reduziert. Ein solches „Europa der Regionen" widerspräche also gerade den Interessen machtbewusster Ministerpräsidenten. Gedacht war eher an vielfältige Kooperationen auf regionaler Ebene unter Umgehung der Nationalstaaten (Hrbek 1996, 13f).

Die von Kelsen für die österreichischen Länder vorgetragenen Bedenken gelten teilweise auch für die Regionen Europas und sprechen somit gegen ein regionenbasiertes europäisches Föderalsystem: Ein „Europa der Regionen" würde der historischen Entwicklung in Europa nicht gerecht. Schließlich vollzog sich die europäische Integration als Kooperationsprojekt von Nationalstaaten. Vielen europäischen Regionen fehlt zur Mitgliedschaft in der Europäischen Union der Staatscharakter. Unabhängig von dieser rechtlichen Problematik, die durch Verfassungsänderungen überwunden werden könnte, stellt sich jedoch die Frage, ob ein solches Europa der Regionen, dessen Mitgliedstaaten sich in ihrer Größe in geringerem Maße unterschieden als die derzeitigen, nicht eine geeignete staatliche Struktur für Europa darstellen würde.

(3) Mehrebenen-Föderalismus

Angesichts der von ihm aus juristischen Erwägungen abgeleiteten Ungeeignetheit der beiden genannten Alternativen schlägt Kelsen (1927, 336) einen Mittelweg vor. Österreich schließt sich als Bundesstaat dem deutschen Reich an, „ohne dass die Verfassung des Deutschen Reiches mit der Komplikation eines Bundesstaates im Bundesstaate belastet wird." Im Unterschied zur herrschenden strikten Teilung der Staatsformen Staatenbund, Bundesstaat, Einheitsstaat seien diese lediglich „verschiedene Abstufungen von Dezentralisationstypen" (ebd., 337). Österreich müsse also lediglich seinen Mechanismus der Dezentralisation modifizieren. Kelsen verweist in seinen Vorschlägen darauf, dass auch der deutsche Gliedstaat Preußen selbst föderal organisiert war, was keine Probleme für das Deutsche Reich verursachte. Die preußischen Stimmen im Bundesrat wurden zur Hälfte von Vertretern der preußischen Provinzen wahrgenommen. Kelsen schlug vor, dass der österreichische Bundesrat als Kollektivorgan der Länder über die Hälfte der österreichischen Stimmen im Bundesrat des Deutschen Reiches verfügen solle (ebd., 349). Einzig die Verfassungsautonomie der österreichischen Länder sei aufzugeben (ebd., 340) und – der derzeitigen belgischen Regelung vergleichbar – eine Weisungsbefugnis des österreichischen Bundes gegenüber den Ländern in den Materien einzurichten, bei denen Österreich der Reichsaufsicht unterliegt (ebd., 342).

Dieser Kompromissvorschlag entspricht – übertragen auf die europapolitische Diskussion – im Wesentlichen dem heute vorherrschenden doppelten Föderalismus: Einige europäische Mitgliedstaaten sind intern föderal organisiert, andere unitarisch; das föderale System ist insofern asymmetrisch, als es teilweise aus zwei, teilweise aus drei Ebenen besteht. Eine partielle Berücksichtigung der internen föderalen Ordnung der Mitgliedstaaten auf europäischer Ebene ist möglich, soll aber insgesamt die Funktionsweise der übergeordneten europäischen Föderalstruktur nicht stören. Eine etwas weitergehende Vorstellung eines Drei-Ebenen-Föderalismus ist in der Gemeinschaftscharta der Regionalisierung enthalten und durch den Ausschuss der Regionen partiell verwirklicht: In ihrer verfassungsrechtlichen Stellung und ihren Kompetenzen weitgehend einheitliche Regionen übernehmen einen Teil der staatlichen Aufgaben und haben Mitwirkungsrecht auf europäischer Ebene. Indem die Rolle der Regionen europaeinheitlich geregelt würde, käme es zu einem symmetrischen Drei-Ebenen-Föderalismus, wie ihn der Ausschuss der Regionen (2000, 10) fordert. Die Mitgliedstaaten müssten hierfür ihre internen Strukturen angleichen: Frankreich und Großbritannien müssten der Dezentralisierung die Föderalisierung folgen lassen, die deutschen Bundesländer würden im europäischen Rahmen ihre Sonderstellung verlieren.

Die Umsetzung eines solchen Drei-Ebenen-Systems würde also rechtliche Anpassungen sowohl auf europäischer als auch auf nationalstaatlicher Ebene erfordern. Das Subsidiaritätsprinzip müsste auch auf die regionale Ebene Anwendung finden. Eine verbindliche europarechtliche Regelung bezüglich der internen Struktur der Mitgliedstaaten wäre nach gegenwärtiger Rechtslage (Art. 6 Abs. 1 EUV) jedoch nicht zulässig (Dörnhöfer 1995, 246). Eine neue europäische Verfassung müsste daher europaweit die Rolle und die Kompetenzen der dritten Ebene festschreiben. Die nationalstaatlichen Verfassungen hingegen müssten konsequenter als bisher Rechte und Pflichten der EU-Mitgliedschaft zwischen den Ebenen aufteilen, beispielsweise in Bezug auf die Defizitkontrolle nach Art. 104 EGV bzw. den Stabilitätspakt. Frankreich müsste zudem durch die Übertragung von legislativen Kompetenzen auf die Regionen von der Vorgabe seiner Verfassung abrücken, dass auf dem gesamten Staatsgebiet einheitliches Recht gilt. Falls eine Partizipation der Regionen an den Entscheidungen auf europäischer Ebene gewünscht wäre, würde sie entweder, Kelsens Idee entsprechend, durch Stimmenteilung an der Vertretung des Nationalstaates auf europäischer Ebene oder durch eine Aufwertung des Ausschusses der Regionen erfolgen.

(4) Funktionalisierung

Vertreter des funktionalen Föderalismus[88] propagieren die Vorstellung, dass ein Netz sich überlappender funktionaler Jurisdiktionen das hierarchische System multifunktionaler Regierungen ablösen sollte. Das Konzept des funktionalen Föderalismus ist am konkretesten im FOCJ-Konzept[89] dargestellt worden.

---

[88] U.a. Casella/Frey (1992), Straubhaar (1995).

[89] Frey (1997; 2001), Frey/Eichenberger (1995; 1999; 2000). Der Begriff FOCJ (Einzahl: FOCUS) steht für „functional overlapping competing jurisdictions".

Im Konzept der FOCJ sind zwei unterschiedliche Ansätze zu unterscheiden (Vanberg 2000b): Zum einen besteht die Vorstellung, dass mehrere Bürger zusammen eine Jurisdiktion gründen oder einzelne Bürger sich individuell einer bestehenden Jurisdiktion anschließen können. Dieser Ansatz sei als individueller FOCJ-Ansatz bezeichnet (Frey/Eichenberger 1999, 28). Der Jurisdiktionenwechsel ist damit nicht auf die „geografische Abwanderung beschränkt", die stets hohe Kosten verursacht. Ohne physisch seinen Wohnort zu wechseln, kann der Bürger sich einer neuen funktionalen Jurisdiktion anschließen. Die FOCJ-Idee soll auf diese Weise eine Alternative zum staatlichen Gebietsmonopol darstellen (Frey/Eichenberger 2000, 332). Beispielsweise würden sich manche sportlich interessierten Bewohner einer Stadt zu einem Schwimmbad-FOCUS zusammenschließen, statt die städtischen Bäder zu nutzen.

Zum anderen wird den Kommunen die Möglichkeit zugewiesen, untereinander FOCJ zu gründen. Der Beschluss hierzu erfolgt direkt-demokratisch (Frey 1997, 13). Dieser Ansatz sei als kollektiver FOCJ-Ansatz bezeichnet. Dabei sind zwei Formen von Jurisdiktionenwechsel möglich. Entweder entscheidet die Bürgerschaft in einem Referendum gemeinsam, dass ihre Kommune in einen anderen FOCUS wechseln soll, oder der einzelne Bürger verlässt die Kommune und damit die FOCJ, in denen diese Mitglied ist.

Nach der Vorstellung von Frey/Eichenberger (1999, 28) entscheiden die Mitglieder einer Kommune selbst, für welche Politikfelder der individuelle und für welche der kollektive Ansatz Gültigkeit hat. Eine Zentralregierung, in dem für die Europäische Union formulierten Konzept also die europäische Ebene,[90] stellt eine Wettbewerbsordnung für den Wettbewerb zwischen den funktionalen Jurisdiktionen bereit. Diese Wettbewerbsordnung sichert insbesondere die Freiheit, FOCJ zu gründen und bestehenden FOCJ beizutreten. Ebenfalls zentral soll die Umverteilung vorgenommen werden.

Das FOCJ-Konzept enthält zwei Aussagen, die im Verlauf dieser Arbeit überprüft werden sollen: Erstens formuliert es die Hypothese, eine Funktionalisierung des europäischen Föderalismus sei wünschenswert, weil sie die Vorzüge des Tiebout-Wettbewerbs (Tiebout 1956) und der fiskalischen Äquivalenz (Olson 1969) vereine.[91] Voraussetzung dafür ist, dass für jedes Kollektivgut mit spezifischem Wirkungsbereich eine eigenständige staatliche Institution besteht (Olson 1969, 483).[92]

---

[90] In einer praxisnäheren Variante können FOCJ aus allen bestehenden föderalen Gebietskörperschaften herausgelöst werden (Frey/Eichenberger 1999, 32). FOCJ ersetzen dann nicht den herkömmlichen Föderalismus, sondern ergänzen ihn.

[91] Zum Tiebout-Wettbewerb siehe 4.2.2, zur fiskalischen Äquivalenz 4.1.2.

[92] Olson (1969, 486) selbst schränkt diese Aussage für den Fall ein, dass Komplementaritäten in der Bereitstellung mehrerer Güter durch dieselbe Regierung Kostensenkungen ermöglichen. Vgl. 6.1.2.3.

Diese Aussage ist eine Optimalitätsaussage. Zweitens enthält das FOCJ-Konzept die Behauptung, dass sich bei freier FOCJ-Wahl eine entsprechende funktionale Ordnung, bei der die Geografie der Problemlösungen der Geografie der Probleme angepasst ist, etabliert. Diese Aussage bezieht sich auf die erwarteten Ergebnisse föderaler Dynamik.

Für die europäische Integration sind neben dem FOCJ-Konzept auch andere Vorschläge unterbreitet worden, die auf eine Funktionalisierung setzen, allerdings nicht durch die freie Wahl von funktionalen Jurisdiktionen, sondern durch eine Funktionalisierung der Institutionen innerhalb der bestehenden föderalen Struktur. Dieser Ansatz sei hier als „funktionaler Parlamentarismus" bezeichnet, weil es nicht um die Funktionalisierung der Jurisdiktion, sondern lediglich um die Funktionalisierung der Volksvertretungen geht.

Der funktionale Parlamentarismus ist bisher nicht als solcher systematisch erfasst worden. Am deutlichsten findet sich die Idee bei Teutemann (1992) und bei Kruse (1998).[93] Teutemann (1992) schlägt anstelle einer einzigen Europäischen Gemeinschaft die Bildung einer Union aus fünf allokativen Gemeinschaften, einer distributiven und einer Stabilisierungsgemeinschaft vor. Jede Jurisdiktion soll über eigene Steuererhebungskompetenzen und Haushaltsführung verfügen. Die jeweiligen Parlamente sind zur Senkung der Transaktionskosten simultan zu wählen (ebd., 188). Sie bestimmen dann einen „Ältestenrat" oder „Vermittlungsausschuss mit Richtlinienkompetenz". Dieser soll in Konfliktfällen vermitteln und die Kompetenzverteilung vornehmen (ebd., 197). Kruse (1998) schlägt vor, für jeden Politikbereich ein direkt gewähltes Fachparlament zu schaffen, um das „Legitimationsmonopol des Parlaments" zu brechen (ebd., 94). Diesen Fachparlamenten würden alle Gesetzgebungs- und Entscheidungskompetenzen im entsprechenden Politikbereich übertragen. Dieser von ihm als „extrem" bezeichneten Variante stellt er eine „moderate" Variante zur Seite: Dabei würden neben dem Gesamtparlament Fachgremien direkt gewählt.

Vergleicht man den funktionalen Parlamentarismus mit der derzeit in den Nationalstaaten existierenden Kompetenzverteilung, wird deutlich, dass der Vorschlag bei weitem nicht so radikal ist, wie er anmutet. Mit den nach funktionalen Kriterien gegliederten Parlamentsausschüssen bestehen bereits Einzweck-Parlamente. Sie sind in der Regel für die Mittelverwendung und Rechtsetzung in ihrem Bereich zuständig und ungefähr auf die Aufteilung der Regierung in Ministerien abgestimmt.[94] Die Ministerien können als Einzweck-Regierungen bezeichnet werden.

---

[93] Vgl. auch Frey/Eichenberger (1999, 8), die es als Vorteil der FOCJ bezeichnen, dass sich der politische Markt für Spezialisten und „Funktionalparteien" öffnen würde.

[94] Ausnahmen bestehen im Deutschen Bundestag vor allem bei Querschnittsthemen wie Tourismus, Sport oder Angelegenheiten der Neuen Länder.

Entsprechend bezeichnet Kruse (1998, 113) seine Fachgremien bezüglich ihrer Funktionen, Kompetenzen und sachlicher Abgrenzungen als „Mittelding" zwischen den Fachparlamenten der extremen Variante und den heutigen Parlamentsausschüssen. Der die Kompetenzverteilung vornehmende Ältestenrat bei Teutemann entspricht dem Parlamentsplenum und dem von ihm gewählten Regierungschef. Allerdings wird im Unterschied zu Teutemanns Vorschlag, bei dem die Einzweck-Gremien direkt gewählt werden und einen übergreifenden Vermittlungsausschuss bestimmen, derzeit das übergreifende Gremium direkt gewählt, während die Einzweck-Gremien aus diesem übergreifenden Gremium hervorgehen. Neben der Aufhebung des Nonaffektationsprinzips[95] impliziert Teutemanns Vorschlag vor allem die Verlagerung der Direktwahl vom übergeordneten Gremium auf die Einzweck-Gremien.

Es stellt sich die Frage, ob die Funktionalisierung gemäß dem FOCJ-Konzept oder eine Funktionalisierung der Institutionen eine Verbesserung gegenüber dem derzeitigen System wäre.

(5) Asymmetrie durch flexible Kompetenzverlagerungen

Drèze (1993) diskutiert angesichts der politischen, ethnischen bzw. religiösen Konflikte im Baskenland, in Korsika, in Belgien und in Nordirland die Frage, ob diese Regionen nicht als Europa-Regionen aus ihrem Nationalstaat ausscheren und sich in Bezug auf die derzeit vom Nationalstaat ausgeübten Regierungsfunktionen direkt der Europäischen Union unterstellen könnten. Sie würden dabei sozusagen eine föderale Ebene überspringen und „post-national entities" bilden (ebd., 270). Europa-Regionen bestünden innerhalb eines Europas der Nationen.[96]

Der Vorschlag, Regionen direkt der europäischen Ebene zu unterstellen, weist auf ein allgemeineres Verfahren der Zuordnung von Kompetenzen in einem Mehrebenen-Föderalismus hin, wie es von Gerken/Märkt/Schick/Renner (2002) zunächst für das Verhältnis zwischen Europäischer Union und Mitgliedstaaten konzipiert wurde. Die Bürger der einzelnen Regionen und Mitgliedstaaten können danach in Volksabstimmungen die Wahl vornehmen, welche föderale Ebene eine bestimmte politische Aufgabe erfüllen soll. Kompetenzverlagerungen zwischen föderalen Ebenen sind also nicht unerwünschte Korrekturen, sondern Teil eines iterativen Prozesses, der die föderale Aufgabenteilung hervorbringt. Sie bedürfen stets eines Referendums. Dies führt zu einer kontinuierlichen intraföderalen Dynamik, die mit einer asymmetrischen Kompetenzverteilung in der Europäischen Union einherge-

---

[95] Dazu 3.2.2.

[96] Drèze analysiert vor allem die Bestimmungen, die notwendig wären, um eine solche Sezession gerecht zu gestalten. Hierzu 8.2.3.

hen würde, wie sie der Vorschlag von Drèze impliziert, falls auch einzelstaatliche Kompetenzverlagerungen gestattet sind.

Die Vorschläge von Drèze (1993) und Gerken/Märkt/Schick/Renner (2002) können als Fortentwicklungen der (neo-)funktionalistischen Integrationstheorie[97] verstanden werden. Diese Theorie führt den Zusammenschluss von Staaten zu Staatengemeinschaften auf Konflikte internationaler Reichweite in einzelnen Politikbereichen zurück, die durch die Integration überwunden werden können. In der politischen Diskussion fand diese Theorie in verschiedenen Konzepten „flexibler Integration" ihren Niederschlag. Diese sahen vor, die europäische Integration dadurch zu erleichtern, dass jeweils ein Teil der Mitgliedstaaten bereits Politikbereiche gemeinsam regelt, die von den anderen Staaten noch auf nationalstaatlicher Ebene gelöst werden. Die Ansätze unterscheiden sich danach, inwiefern am Ziel festgehalten wird, dass die nicht beteiligten Staaten später aufschließen, so dass es wiederum zu einer symmetrischen Kompetenzverteilung kommt, und inwiefern die nicht beteiligten Staaten einer vertieften Integration eines Teils der Mitgliedstaaten zustimmen müssen:[98]

(1) Das Konzept der „abgestuften Integration" geht auf eine Rede Willy Brandts (1974) und den Tindemans-Bericht (Tindemans 1975) zurück. Es wurde auch als „Europa der zwei Geschwindigkeiten" bezeichnet. Die Integrationsziele werden dabei von allen Staaten gemeinsam festgelegt, ebenso die zeitlich differenzierte Teilnahme an der Integration. Durch gemeinschaftliche und einzelstaatliche Maßnahmen soll baldmöglichst die symmetrische Kompetenzverteilung wiedererlangt werden.

(2) Das Konzept der „differenzierten Integration" (Scharrer 1977; 1984) legt die Entscheidung über eine verzögerte Teilnahme an einzelnen Integrationsschritten stärker in die Hände der Mitgliedstaaten, um diesen nicht nur aus objektiven ökonomischen, sondern auch aus politischen oder anderen Gründen eine verzögerte Integration zu ermöglichen. Das Ziel einer symmetrischen Kompetenzverteilung wird dabei nicht aufgegeben.

(3) Den Begriff „Europa à la carte" prägte Dahrendorf (1973; 1979). Die Vorstellung, dass die Mitgliedstaaten sich nach einer Übergangszeit wieder auf eine symmetrische Kompetenzverteilung einigen, wird bei diesem Konzept aufgegeben. Eine gemeinsame Zielformulierung unterbleibt.

---

[97] Grundlegend für den Funktionalismus ist Mitrany (1943/1966), für den Neofunktionalismus Haas (1958; 1961).

[98] Ausführlicher zu den einzelnen Konzepten differenzierter Integration Forgó (1996) sowie Gerken/Märkt/Schick/Renner (2002, 182–185).

(4) Das „Europa der variablen Geometrie" geht auf einen Vorschlag von Delors zurück.[99] Es lässt einerseits den Staaten, die eine vertiefte Integration im kleineren Kreis beginnen wollen, wesentlich freiere Hand als das Konzept der „differenzierten Integration", weil eine Abstimmung mit den Staaten, die nicht teilnehmen wollen, entfällt. Andererseits verlangt es im Unterschied zum „Europa à la carte" eine vorherige Feststellung im Rat, dass ein gemeinsamer Integrationsschritt nicht konsensfähig ist. Außerdem muss den nicht teilnehmenden Staaten der spätere Anschluss möglich sein. Die variable Geometrie führt zu einer Unterscheidung zwischen obligatorischen und fakultativen Politikbereichen (Forgó 1996, 13). Im Verfahren der verstärkten Zusammenarbeit (2.1.2.3 (2)) ist ein solches Modell differenzierter Integration realisiert worden. In jüngerer Zeit wurden entsprechende Vorschläge vor allem von französischer Seite vorgetragen.[100]

Der Ansatz von Gerken/Märkt/Schick/Renner (2002) geht insofern über die bisherige Diskussion hinaus, als im Unterschied zur Integrationstheorie, die nur die Verlagerung auf die europäische Ebene thematisierte, ausdrücklich auch die Rückverlagerung von Kompetenzen auf die mitgliedstaatliche Ebene zu gleichen Bedingungen möglich sein soll wie die Verlagerung auf die europäische Ebene. Nicht mehr der Integrationsprozess steht dabei im Vordergrund, sondern die Dynamik eines bestehenden föderalen Systems. Drèze (1993) hingegen erweitert den Gedanken der differenzierten Integration auf die regionale Ebene und wird so dem sich entwickelnden Mehrebenen-System Europas gerecht. Führt man beide Ansätze zusammen, ergibt sich ein flexibles, asymmetrisches Mehrebenen-System in der Europäischen Union, dessen politische Akteure in einem „Wettbewerb um Kompetenzen" (Schick 2002) über mehrere Ebenen stehen. Eine Frage, die im Lauf dieser Arbeit beantwortet werden soll, ist, ob und – wenn ja – unter welchen Bedingungen ein solches asymmetrisches Mehrebenen-System eine geeignete staatliche Struktur für Europa darstellen könnte.

2.4.3 Präzisierung der Fragestellung und Überblick über die nachfolgende Untersuchung

Im vorigen Abschnitt wurden Fragestellungen für diese Arbeit formuliert:

- Sind Europa der Vaterländer bzw. Europa der Regionen geeignete Alternativen zum derzeitigen doppelten Föderalismus in Europa?

---

[99] Ähnlich auch das Papier der Unionsabgeordneten Lamers und Schäuble von 1994, das den Begriff „Kerneuropa" verwendet. Dazu Ehlermann (1997, 366–368).

[100] U.a. Jacques Chirac: „Mit Deutschland und Frankreich eine „Avantgarde-Gruppe" bilden." (Frankfurter Allgemeine Zeitung vom 28. Juni 2000, S. 10f).

- Ermöglicht die Funktionalisierung der Jurisdiktionen im Sinne des FOCJ-Konzepts bzw. des Parlamentarismus eine geeignete Staatsorganisation?
- Stellt der systematische Ausbau der Europäischen Union zu einem Drei-Ebenen-System eine Verbesserung gegenüber der jetzigen Situation dar?
- Ist die bisher schon beobachtbare Dynamik des europäischen Föderalsystems eine Eigenschaft, die beibehalten werden sollte?
- Ist die Asymmetrie, die in Spanien und Großbritannien, aber auch auf europäischer Ebene beobachtet werden kann, eine Chance oder eine Gefahr für den europäischen Föderalismus?

Diese Fragen bilden – nach der Erarbeitung der methodischen Grundlagen in Kapitel 3 – die Struktur der folgenden Arbeit:

Kapitel 4) *Größe und damit auch Anzahl der Jurisdiktionen einer Ebene*: Im Europa der Vaterländer sind neben der europäischen Ebene wenige, große Jurisdiktionen mit umfassenden Kompetenzen vorgesehen, während das Europa der Regionen viele und deshalb auch kleinere Jurisdiktionen mit umfassenden Kompetenzen vorsieht. Kapitel 4 analysiert den Einfluß, den die Anzahl der Gliedstaaten innerhalb einer Föderation hat. Eine solche territoriale Aufteilung der Staatsgewalt erlaubt zum einen die relative Bewertung der Politik eines Staates durch den Vergleich mit anderen Staaten. Zum anderen bringt sie den Jurisdiktionenwettbewerb als Anreiz- und Entdeckungsverfahren hervor.

Kapitel 5) *Aufgabenumfang jeder einzelnen Jurisdiktion*: Der Vorschlag des Funktionalismus zielt auf eine Vervielfältigung der Jurisdiktionenzahl bzw. der Zahl der Regierungen. Mehrere Regierungen sind für dasselbe Territorium zuständig, jedoch mit unterschiedlichen Kompetenzen. Im Extremfall, wie ihn das FOCJ-Modell vorsieht, wird jedes öffentliche Gut von einer separaten Regierung bereitgestellt. Kapitel 5 untersucht, ob eine solche funktionale Aufteilung der Regierungsmacht auf mehrere Parallelregierungen Effizienzvorteile bringt.

Kapitel 6) *Anzahl der föderalen Ebenen*: Europa der Vaterländer und Europa der Regionen verwirklichen einen Zwei-Ebenen-Föderalismus. Im Unterschied dazu besteht derzeit ein asymmetrisches System aus teils zwei, teils drei oder gar (im Baskenland) vier föderalen Ebenen. Dieses könnte in ein einheitliches Drei-Ebenen-System überführt oder – wie es das Konzept der asymmetrischen Kompetenzverlagerung vorsieht – beibehalten werden. Kapitel 6 faßt als Untersuchung föderaler Staaten die Erkenntnisse von Kapitel 4 und 5 zusammen: Mehrere Staaten teilen sich ein Territorium (territoriale Aufteilung der Staatlichkeit) und mehrere Jurisdiktionen sind parallel für ein Gebiet verantwortlich (funktionale Aufteilung der staatlichen Kompetenzen). Es wird untersucht, welche Anzahl föderaler Ebenen optimal ist.

Kapitel 7) *Flexibilität des föderalen Arrangements*: Das FOCJ-Konzept und der Vorschlag der asymmetrischen Kompetenzverlagerung propagieren keine statische, sondern eine dynamische Föderalstruktur und sehen gerade darin ein Modell für den europäischen Föderalismus. Sowohl das Konzept des Europas der Regionen wie das Konzept des Europas der Vaterländer hingegen nehmen die klassische Kompetenzaufteilung im Rahmen einer bundesstaatlichen Verfassung als Vorbild, die nur in seltenen Fällen geändert werden soll. Kapitel 7 erweitert daher die Untersuchung um eine Eigenschaft föderaler Systeme, die insbesondere dann von Bedeutung ist, wenn – wie in Europa – mehr als zwei föderale Ebenen bestehen: die Dynamik der föderalen Ordnung, also die Frage der Veränderung der vertikalen Kompetenzverteilung.

Kapitel 8) *Symmetrie des föderalen Systems*: Das Europa der Vaterländer und das Europa der Regionen setzen ebenso wie die Vorstellung eines konsequent durchgeführten Drei-Ebenen-Systems auf eine symmetrische Kompetenzverteilung. Die Verwirklichung des FOCJ-Konzeptes und die Dynamisierung des europäischen Föderalsystems hingegen würden die vorhandenen asymmetrischen Elemente verstärken. Kapitel 8 untersucht die Asymmetrie föderaler Ordnungen in Bezug auf die Größe und auf die Kompetenzverteilung der Gliedstaaten.

Jedes dieser Kapitel endet mit einem zusammenfassenden Fazit. Kapital 9 zieht dann Schlussfolgerungen für die Reform des europäischen und insbesondere des deutschen Föderalismus.

3 Der Staat als politische Genossenschaft

3.1 Der Ansatz der Verfassungsökonomik

Die Fragen, die diese Arbeit beantworten will, haben zum Ziel zu prüfen, welche institutionellen Arrangements für die staatliche Leistungserstellung in Europa geeignet sind. Sie können nur beantwortet werden, wenn ein einheitlicher Maßstab für die Geeignetheit einer Verfassungsordnung angelegt wird. Gewählt wird dafür der Maßstab der konsensfähigen Interessen der Bürger, wie ihn die Verfassungsökonomik entwickelt hat.

Der verfassungsökonomische Ansatz zeichnet sich vor allem durch zwei Charakteristika aus. Erstens unterscheidet er zwischen Handelnsordnung und Regelordnung und legt dabei seinen Schwerpunkt auf die Analyse der Regeln. Zweitens handelt es sich um einen individualistischen Ansatz. Anhand dieser Eigenschaften wird im Folgenden die Verfassungsökonomik vorgestellt, zunächst die Unterscheidung von Handelnsordnung und Regelordnung (3.1.1) und die verfassungsökonomische Erklärung der Entstehung von Regeln (3.1.2), dann der Individualismus als Methode (3.1.3) und als normative Grundlage der Verfassungsökonomik (3.1.4).

3.1.1 Handelnsordnung und Regelordnung

Grundlegend für die Verfassungsökonomik (*Constitutional Economics*)[1] ist die Unterscheidung zwischen den Wahlhandlungen innerhalb gegebener Regeln und den Wahlhandlungen zwischen verschiedenen Regeln.[2] Die Wahlhandlungen zwischen verschiedenen Regelsystemen ergeben eine Regelordnung, die Wahlhandlungen der individuellen Akteure innerhalb gegebener Regeln eine Handelnsordnung (Hayek 1967/1969). Die Regelordnung schließt bestimmte Wahlhandlungen für die Individuen aus, eröffnet andere und verändert die Vorteilhaftigkeit der einzelnen Handlungsoptionen. Sie macht einen Teil der Rahmenbedingungen aus, unter denen die handelnden Personen für sie vorteilhafte Ergebnisse zu erzielen suchen. Die Regelordnung hat damit entscheidenden Einfluss auf die Wahlhandlungen und somit auf die aus diesen Wahlhandlungen resultierende Handelnsordnung, ohne sie zu determinieren.

Die Verfassungsökonomik unterscheidet also – in der Sprache des Spiels ausgedrückt[3] – zwischen den Spielzügen als Wahlhandlungen innerhalb gegebener Re-

---

[1] Grundlegend sind die Arbeiten von James M. Buchanan. Einen Überblick über den Forschungsansatz geben Buchanan (1986/1987; 1990; 1991) und Vanberg (1998; 1998a).

[2] In der Terminologie von Buchanan (1990, 2f) „choice within constraints" bzw. "choice among constraints".

[3] Diese Analogie findet sich bereits bei Knight (1947).

geln einerseits und der Veränderung der Spielregeln andererseits. Ökonomische Forschung blendet häufig die Wahlhandlungen zwischen verschiedenen Regelsystemen aus, indem sie den institutionellen Rahmen als gegeben betrachtet. Die mikroökonomische Analyse beispielsweise untersucht Wahlhandlungen von Käufern und Verkäufern auf Gütermärkten, ohne die institutionellen Voraussetzungen dieser Wahlhandlungen (z.B. Eigentumsrechte, Gewährleistungspflichten, Geldverfassung) zu thematisieren. Entsprechendes gilt auch für die ökonomische Analyse der Politik, wie sie der *Public-Choice*-Ansatz[4] vornimmt. Werden die Wahlhandlungen von Wählern auf politischen Märkten untersucht, wird in der Regel die institutionelle Grundlage als gegeben angenommen. Dies ist insofern plausibel, als die häufigeren Wahlhandlungen von Menschen sich auf Handlungen innerhalb von gegebenen Regelsystemen beziehen. In selteneren Fällen geht es um die Wahl der Regelsysteme selbst, auf die die verfassungsökonomische Analyse ihren Schwerpunkt legt.

Das Forschungsprogramm der Verfassungsökonomik kann als die Untersuchung der Funktionseigenschaften verschiedener Regelsysteme beschrieben werden. In der Sprache des Spiels bedeutet das, die Auswirkungen verschiedener Regeln auf den Spielverlauf zu untersuchen und herauszuarbeiten, welche Regeln zu einem für alle Beteiligten attraktiven Spiel führen. Gesucht werden im Unterschied zur traditionellen Theorie der Wirtschaftspolitik nicht Handlungsanweisungen für eine optimale Politik, sondern Regeln, die im politischen Prozess eine – im Sinne der Bürger – gute Politik überhaupt erst ermöglichen (Buchanan 1993).

Diese Vorgehensweise ist nicht nur auf eine wissenschaftliche Spezialisierung zurückzuführen. Sie entspringt der Untersuchung der Rolle von Regeln im Leben jedes einzelnen Menschen und vor allem in der Koordination der Handlungen vieler Menschen in einer freiheitlichen Gesellschaft.[5] Diese Analyse zeigt zum einen, dass Menschen Regeln als standardisierte Problemlösungsmuster brauchen. Zum anderen wird deutlich, dass gewünschte Ergebnisse in komplexen Systemen, wie sie freiheitliche Gesellschaften darstellen, nur über eine Veränderung der Rahmenbedingungen erzielbar sind (Vining 1984). Das Interesse der Menschen richtet sich zwar stärker auf bestimmte, konkret erfahrbare Ergebnisse als auf abstrakte Regeln. Da diese Ergebnisse durch die Regelsetzung und nur durch diese beeinflusst werden können, ergibt sich jedoch ein mittelbares Interesse an den Regeln. Diese wer-

---

[4] Einen Überblick über das Forschungsprogramm der *Public Choice* geben Buchanan (1978/1991) und Mueller (1979; 1989).

[5] Vgl. hierzu Brennan/Buchanan (1985/1993), Vanberg (1988/1994; 1993/1994), Heiner (1989; 1990) sowie grundlegend Hayek (u.a. 1967/1969).

den allerdings nicht als solche verglichen, sondern nach den Ergebnissen, die bei ihrer Gültigkeit – im Sinne von Muster-Voraussagen[6] – zu erwarten sind.

Zum Zeitpunkt der Entscheidung über Regeln sind deren Wirkungen auf die Handelnsordnung meistens nicht mit Sicherheit vorauszusehen. Die Präferenzen der Bürger bezüglich der Regelsetzung sind aus diesem Grund nicht nur von den zugrundeliegenden Ergebnis-Interessen bestimmt, sondern auch von Vorstellungen darüber, welche Regeln das gewünschte Ergebnis hervorbringen werden. Bei den Bürgerinteressen bezüglich der Regelsetzung ist folglich zwischen Interessen- und Theorie-Komponente zu unterscheiden (Vanberg/Buchanan 1989/1994). Die Interessen-Komponente der Präferenzen bezieht sich auf das gewünschte Ergebnis, die Theorie-Komponente auf die Vorstellung, welche Regeln zu welchen Ergebnissen führen. Wenn die Bürger falsch informiert sind, besteht ein Widerspruch zwischen ihren Interessen und den Regeln, die sie unterstützen. Sie setzen sich dann für Regeln ein, deren Ergebnisse sie ablehnen.

Die Unterscheidung zwischen Handelsebene und Regelebene ist situationsabhängig. Zu den Ergebnissen des politischen Prozesses gehören die Regeln, die den Ordnungsrahmen für das wirtschaftliche Handeln der Individuen ausmachen. Insofern kann der Freiburger Ordoliberalismus als Wirtschaftsverfassungsökonomik bezeichnet werden, da er in der (Wirtschafts-)Ordnungspolitik als der Gestaltung der Regeln für das Wirtschaftsleben das richtige Instrument sah, um die gewünschte „funktionsfähige und menschenwürdige Ordnung der Wirtschaft" (Eucken 1940/1989, 239) hervorzubringen. Die Verfassungsökonomik sucht entsprechend eine Verbesserung der Politik durch die Gestaltung der Regeln für den politischen Prozess zu erreichen. Statt von Handelns- und Regelebene ist daher für das Untersuchungsfeld der Verfassungsökonomik präziser von „subkonstitutioneller" und „konstitutioneller Ebene" (Vanberg 1996, 9–13) zu sprechen.

3.1.2 Die Entstehung von Regeln

Das Wissensproblem stellt ein Grundproblem wirtschaftlicher Ordnung dar (Hayek 1937/48; 1948). Analytisch können zwei Teilprobleme unterschieden werden. Zum einen besteht die Herausforderung, das dezentral, in den Köpfen einzelner Menschen vorhandene Wissen nutzbar zu machen für diejenigen, die dieses Wissen für ökonomische oder politische Entscheidungen brauchen. Es handelt sich hierbei um ein Koordinationsproblem. Zum anderen ist aufgrund der Begrenztheit von Wissen die Entstehung neuer Problemlösungsstrategien wertvoll. Den zweiten Teil des Wissensproblems bildet daher die Notwendigkeit, Anreize dafür zu setzen, dass

---

[6] Nach der Theorie komplexer Phänomene können nicht konkrete Zustände, sondern nur bestimmte Muster der sich spontan entwickelnden Ordnung vorhergesagt werden (Hayek 1973/1982, 63f). Zur Wissensproblematik ausführlicher 3.1.2.

neues Wissen erzeugt und zur Verfügung gestellt wird. Hierbei handelt es sich um ein Problem der Knappheit.

Hayek zeigt in seinen Arbeiten zum „Wettbewerb als Entdeckungsverfahren" (u.a. Hayek 1968/1969), dass wettbewerbliche Arrangements entscheidend zur Lösung beider Elemente des Wissensproblems beitragen. Grundlegend für seine Argumentation ist die Vorstellung der spontanen Ordnung (Hayek 1967/1969). Hayek bezieht sie sowohl auf die Handelnsordnung als auch auf die Regelordnung. Erstere entsteht durch die regelgeleitete Interaktion der Individuen. Letztere bildet den Regelrahmen für die Handelnsordnung und entsteht selbst in einem Prozess kultureller Evolution, der wichtige Ähnlichkeiten zum biologischen Evolutionsprozess aufweist. Beide Ordnungen gründen auf dem Zusammenwirken von Variation und Selektion:

- *Variation*: Wie sich innerhalb von Arten Unterschiede zwischen den Einzelnen ergeben, so weichen auch Menschengruppen in ihren Handlungsmustern, also in den Regelordnungen, die sie in ihren Handlungen leiten, voneinander ab.

- *Selektion*: Manche Varianten sind besser als andere zum Überleben geeignet. Die Einzelexemplare einer Spezies, die länger überleben und sich besser ernähren können, werden mehr Nachkommen erzeugen, so dass ihre Charakteristika Verbreitung finden, während schlechter angepasste Einzelne sich weniger ausbreiten, so dass ihre ungeeigneten Charakteristika in Zukunft weniger häufig vorkommen werden. Entsprechend werden Gruppen mit Regeln, die ein besseres Potenzial zur Lösung von Problemen aufweisen, erfolgreicher sein als Gruppen mit ungeeigneten Regeln.

Das Zusammenwirken von Variation und Selektion führt dazu, dass die Fähigkeiten zur Problemlösung in einer Population zunehmen. Dies geschieht, ohne dass die Einzelnen, die an diesem Prozess beteiligt sind, notwendigerweise verstehen müssten, wie das Problem genau beschaffen ist. Ebenso wenig wie zur Herausbildung von Tarnung im Tierreich die einzelnen Tiere „verstehen" mussten, dass es gut ist, die gleiche Farbe und Musterung aufzuweisen wie die Umgebung, ist es für die Verbreitung geeigneter Regeln notwendig, dass die Menschen ihre Vorteilhaftigkeit intellektuell erfassen.

Es bestehen allerdings Unterschiede zwischen Artenselektion und kultureller Evolution. Zum einen handelt es sich bei kultureller Evolution nicht um genetische Veränderungen, sondern um explizite oder implizite Regeln, die sich wesentlich schneller anpassen als das genetische Material (Vanberg 1986a/1994, 78f). Zum zweiten erfolgt die Selektion nicht unbedingt durch den Untergang der Gruppe mit den schlechteren Regeln. Häufiger verbreiten sich geeignete Regeln durch Imitation. Zum dritten kann eine „Effizienz" der durch kulturelle Evolution hervorgebrachten Regeln zwar insofern argumentiert werden, dass das Wissen verschiedenster Akteure in die Regelbildung eingeflossen ist. Es kann jedoch nicht angenommen werden, dass der spontane, evolutionäre Prozess der Regelbildung systematisch geeignete Regeln für das Zusammenleben der Menschen generiert (ebd., 80). Denn bei der individuellen Selektion von Regeln müssen Verhaltensweisen, die für das Individuum vorteilhaft sind, nicht unbedingt auch für die Gruppe wünschenswerte Ergebnisse bringen. Insbesondere bei Freifahrer-Verhalten und bei Gefangenendilemma-Situationen[7] unterscheiden sich individuelle und soziale Vorteilhaftigkeit (ebd., 85–93). Daraus folgt, dass in menschlichen Gruppen Mechanismen nötig sind, um die Regelordnung an die veränderten Umstände in Raum und Zeit sowie an veränderte Präferenzen der Bürger anzupassen (Vanberg 1981).

3.1.3 Methodologischer Individualismus

Der methodologische Individualismus[8] kann als konstitutiv für die Wirtschaftswissenschaft insgesamt gelten. Er geht davon aus, dass gesellschaftliche Phänomene aus dem eigeninteressierten (3.1.3.1) und rationalen (3.1.3.2) Handeln der Individuen erklärbar sind. Kollektives Handeln wird daher auf individuelles Handeln zurückgeführt (3.1.3.3).

3.1.3.1 Eigeninteressiertes Handeln

Alle Menschen werden im methodologischen Individualismus grundsätzlich als eigeninteressiert angenommen. Diese Vorstellung ist u.a. in Form der Nutzenmaximierungs-Annahme für operationalisiert worden. Weder ist jedoch die Eigennutzorientierung notwendigerweise mit einer Maximierung verbunden (Simon 1957; 1959), noch muss sie sich auf ökonomische Größen wie Einkommen, Vermögen oder handelbare Güter beschränken (Etzioni 1988/1994, 59–79).

In der Theorie der Wirtschaftspolitik wird überwiegend aus einer wohlfahrtsökonomischen Betrachtungsweise[9] argumentiert. Ein wohlwollender Diktator setzt die ermittelte optimale Politik in seinem Gemeinwesen um, das sich – gemäß der Annahme des methodologischen Individualismus – aus eigeninteressierten ökonomischen Akteuren zusammensetzt. Damit werden die Eigeninteressen der politischen Akteure ausgeblendet. So entsteht in der traditionellen ökonomischen Theorie eine

---

[7] Das sind solche Situationen, in denen die individuelle Wahl der vorteilhafteren Strategie zu einer für alle Beteiligten suboptimalen Lösung führt. Diese kann nur verlassen werden, wenn bindende Vereinbarungen, d.h. in der Regel staatlich durchsetzbare Verträge, möglich sind. Vgl. 3.2.1.

[8] Der Begriff geht nach Gerken (1999, 77) auf Schumpeter (1908) zurück. Die Forderung, in der wirtschaftswissenschaftlichen Forschung eine individualistische Perspektive einzunehmen, findet sich bereits bei Wicksell (1896, 82). Nach Märkt (2002) enthält bereits John Stuart Mills „System der Logik" von 1843 entsprechende Ansätze.

[9] Zur Kritik am wohlfahrtsökonomischen Ansatz Buchanan (1954a/1987; 1959/1987). Speziell zur wohlfahrtsökonomischen Handelstheorie Gerken (1999, 77–88), zur wohlfahrtsökonomischen Steuerwettbewerbstheorie Gerken/Märkt/Schick (2000, 175–195).

widersprüchliche Annahmenstruktur (Brennan/Buchanan 1983, 54): Während man den ökonomischen Akteuren Nutzenmaximierung unterstellt, wird bei politischen Akteuren davon ausgegangen, dass sie völlig von eigenen Interessen abstrahieren und nur das als ökonomisch rational erkannte umzusetzen trachten. Entsprechend wird in der Öffentlichkeit die Erwartung geweckt, ökonomisch optimale Lösungen könnten problemlos umgesetzt werden, wenn die Politiker nur „wollten".[10] Politikern wird irrationales Verhalten vorgeworfen bzw. ein Widerspruch zwischen ökonomischer und politischer Rationalität postuliert. Die Irrationalität liegt jedoch nicht bei den Politikern, sondern in der Inkonsistenz der Annahmen ökonomischer Forschung (Vanberg 1996).

Der *Public-Choice*-Ansatz hat die Vorstellung der Eigennutzorientierung konsequenterweise auf politische Akteure übertragen.[11] Der verfassungsökonomische Ansatz stellt insofern einen Teilbereich des *Public-Choice*-Ansatzes dar, als er diese Methode auf die Analyse von Entscheidungen über Regeln anwendet. Im Unterschied zur wohlfahrtsökonomischen Vorstellung, nach der es Aufgabe von Politikern ist, den Wohlstand der Bürger zu mehren, wird im *Public-Choice*-Ansatz deutlich, dass politische Ämter angestrebt werden, weil mit ihnen eigene Interessen verfolgt werden können. Ein politisches Amt ist also gerade wegen der Möglichkeiten interessant, damit Ziele zu verfolgen, die von der Aufgabe abweichen, welche die Wohlfahrtsökonomik der Politik zuschreibt.[12] Diese Möglichkeiten umfassen zum einen die Erzielung von Renten. Politiker können diesbezüglich als Einnahmenmaximierer angenommen werden. Eine Form der Operationalisierung stellt die Leviathan-Annahme bei Brennan/Buchanan (1980) dar. Sie geht davon aus, dass politische Akteure die Steuereinnahmen maximieren wollen. Dies stellt eine einseitige Vorstellung von der Motivation politischer Akteure dar, die zu analytischen Zwecken hilfreich sein kann, die Realität jedoch nur unzureichend beschreibt.

Denn zum anderen gehört zur Verfolgung eigener Ziele in politischen Ämtern die Möglichkeit, eigene Vorstellungen bezüglich einer guten gesellschaftlichen Ordnung, einer gerechten Verteilung der Güter etc. umzusetzen. Politiker können in diesem Sinne als Paternalisten angenommen werden, die versuchen, das von ihnen

---

[10] Vgl. hierzu die Diskussion zwischen James Buchanan und Richard Musgrave (1999).

[11] Dieses Übergreifen der Wirtschaftswissenschaft auf die Erklärung von Phänomenen, die ursprünglich zum Untersuchungsbereich anderer Sozialwissenschaften gehörten, wird als „ökonomischer Imperialismus" kritisiert (Swedberg 1991, 14). Aus der wirtschaftswissenschaftlichen Perspektive ist es jedoch zwingend, den Widerspruch zwischen der Annahme eigeninteressierten Verhaltens bei wirtschaftlichen Akteuren und der Annahme benevolenten Handelns bei den politischen Akteuren zu überwinden, um zu geeigneten Politikempfehlungen zu gelangen.

[12] Vgl. Breton (1996, 48–57), der das Maß der Zustimmung zur Politik als die Abweichung von einem optimalen Ergebnis definiert. Dieses optimale Ergebnis ist bei Breton dasjenige, das zustande käme, wenn nach dem von Wicksell (1896) vorgeschlagenen Verfahren abgestimmt würde. Dazu 3.2.2.

als richtig Erkannte für andere umzusetzen. Immer dann, wenn die Vorstellungen eines Politikers den Interessen der Bürger widersprechen, ist politische Macht zur Realisierung entsprechender paternalistischer Ziele erforderlich. Aufgrund dieser Überlegung wurde das Zwischenziel Wiederwahl als Zielgröße für Politiker angenommen (u.a. Kirsch 1987; Gerken 1999a). Dieses Ziel ist allen anderen potenziellen Zielen politischer Akteure, die nur in einem politischen Amt verwirklicht werden können, vorgelagert.

Mit Brennan/Hamlin (1994, 353) kann – zusammenfassend – die Zielfunktion politischer Akteure als erwartete Rente des politischen Amtes formuliert werden, wobei „Rente" nicht monetär definiert sein muss. Die erwartete Rente ergibt sich dabei als Produkt aus der (Wieder-)Wahlwahrscheinlichkeit und der bei (Wieder-)Wahl zu erzielenden Renten.

3.1.3.2 Rationalität

Entscheidend für die ökonomische Analyse ist neben der Eigennutzannahme die Annahme über die Rationalität der Akteure. Im Unterschied zum methodologischen Individualismus der traditionellen Ökonomik ist die Verfassungsökonomik nicht auf das Menschenbild des *Homo oeconomicus* beschränkt. Dieses schreibt dem Menschen die Fähigkeit zu, seinen Nutzen zu maximieren und sich dabei in jeder einzelnen Handlung so zu entscheiden, wie es ein allwissender Beobachter als optimal erachten würde. Das für menschliche Gesellschaften konstitutive Wissensproblem wird so als gelöst angenommen. Realistischerweise kann sich jedoch die Rationalität menschlichen Handelns nur auf die für den Handelnden verfügbaren begrenzten Informationen beziehen.

Die Verfassungsökonomik nimmt die Bedeutung von Regeln für menschliches Handeln wahr (3.1.2). Menschliches Verhalten bei der Verfolgung der eigenen Interessen wird als „adaptive rule-following" (Vanberg 1993/1994) beschrieben. Nicht in jeder einzelnen Entscheidung kann das Individuum seinen Nutzen maximieren. Dies würde angesichts der beschränkten individuellen Rationalität die menschlichen Fähigkeiten überfordern. Vielmehr folgen Menschen Entscheidungsregeln, die sie bei nachhaltig negativen Ergebnissen an veränderte Umstände anpassen. Umgekehrt sorgen als positiv wahrgenommene Ergebnisse der Regelbefolgung, die als „Belohnung" für die Regelbefolgung interpretiert werden, für eine Beibehaltung der Regel.

3.1.3.3 Die Erklärung kollektiven Handelns

Zur ökonomischen Analyse kollektiven Handelns auf der Grundlage des methodologischen Individualismus bedarf es einer Theorie, die in der Lage ist, die Handlungen kollektiver Akteure auf das Eigeninteresse von Individuen zurückzuführen. Denn werden organische Auffassungen von kollektiven Akteuren abgelehnt (Buchanan 1966/1987, 223), muss der Übergang von individuellen Akteuren zu kollektiven Handlungseinheiten erklärt werden (Coleman 1975, 85f).[13] Dies gilt insbesondere auch für die organische Konzeption des Staates, die davon ausgeht, es gebe ein „öffentliches Interesse", das von den Interessen der Individuen, die in diesem Staat leben, losgelöst ist. Wird eine solche Sichtweise verneint, muss staatliches Handeln als Ergebnis des Handelns einzelner Personen interpretiert werden.

Eine Erklärung für kollektives Handeln liefert die Theorie der Clubgüter, die auf Buchanan (1965/1987) zurückgeht. Sie geht von der Überlegung aus, dass es Güter gibt, bei denen keine vollständige Rivalität im Konsum vorliegt. Vielmehr können sie von mehreren Personen genutzt werden, wobei jedoch der individuelle Nutzen mit der Zahl der Nutzer abnimmt. Im Unterschied zu rein privaten Gütern bestehen bei solchen Gütern, die als Clubgüter bezeichnet werden, Größenvorteile im Konsum.[14]

Innerhalb eines Clubs kann jeweils nur dieselbe Menge des Clubgutes genutzt werden. Geht man davon aus, dass die Präferenzen der Bürger bezüglich dieses Gutes differieren, weicht die konsumierte Menge von der von jedem Einzelnen präferierten Menge ab. Der Beitritt zu einem Club wird daher nur dann vollzogen, wenn damit gerechnet werden kann, dass der Vorteil der gemeinsamen Nutzung des Clubgutes größer ist als der Nachteil der daraus entsteht, dass das Bündel aus Finanzierungsbeitrag und konsumierter Menge von der optimalen Kombination abweicht. Da aber eine Nutzung eines solchen Clubgutes für das Individuum allein nicht vorteilhaft ist, stellt sich nur die Alternative: Nutzung unter nicht-optimalen Bedingungen oder keine Nutzung. Eine Nutzung unter optimalen Bedingungen kann nicht gewählt werden. Für viele Güter wird sich aus diesem Kalkül heraus für Menschen, die ähnliche Interessen haben, die Gründung von Clubs als sinnvoll erweisen. Diese Interessenübereinstimmung kann insbesondere darin begründet sein, dass die Individuen räumlich eng zusammenwohnen. Die Theorie der Clubgüter geht davon aus, dass diejenigen von der Nutzung ausgeschlossen werden können, die keinen Finanzierungsbeitrag leisten. Umgekehrt können Mitglieder, denen die Mitgliedschaft nicht den erwünschten Nutzen stiftet, austreten.[15]

Eine zweite Erklärung für gemeinschaftliches Handeln liefert die Transaktionskostentheorie[16], die auf Coase (1937) zurückgeht. Transaktionskosten sind die (Informations- und Kommunikations-)Kosten, die im Zusammenhang mit der Bestimmung, Übertragung und Durchsetzung von Verfügungsrechten entstehen (Picot/Dietl 1990, 178). Sie wurden aufgrund ihrer Allgegenwärtigkeit auch als

---

[13] Zur Rationalität von Kollektiven vgl. Buchanans (1954a/1987) Kritik an Arrow (1951).

[14] Ein typisches Beispiel ist ein Schwimmbad, bei dem – ab einer gewissen Menge an Badenden – der Nutzen durch jeden weiteren Schwimmer abnimmt.

[15] Zur Problematik der Nicht-Ausschließbarkeit siehe 3.2.2.

[16] Vgl. Williamson (1975; 1979; 1985).

„cost of running the economic system" bezeichnet (Arrow 1969, 48). Ihre Höhe hängt davon ab, inwieweit bestimmte Verhaltensannahmen und Umweltfaktoren aufeinandertreffen. Beschränkte Rationalität der Akteure (3.1.3.2) erzeugt nur bei komplexen und unsicheren Situationen erhöhte Transaktionskosten, die den Abschluss bilateraler Verträge unattraktiv machen. Ebenso führt opportunistisches Verhalten[17] erst im Verbund mit der Spezifität[18] von Investitionen zu sogenannten *Hold-up*-Problemen, die ein Zustandekommen von Verträgen erschweren. Weitere Einflussgrößen sind die Informationsverteilung, die sozialen und technologischen Rahmenbedingungen der Transaktion sowie die Häufigkeit, mit der dieselbe Transaktion vorgenommen wird. Hierarchische Organisationen verfügen über Anreiz-, Kontroll- und Sanktionsmechanismen oder stellen durch gemeinsamen Ressourcenbesitz eine Kongruenz der Interessen her, so dass sie in den genannten Problemfeldern die Transaktionskosten senken können. Im Unterschied zur Clubgütertheorie, die auf die Bereitstellungseffizienz abstellt, geht es bei der Transaktionskostentheorie um die Koordinationseffizienz. Diese kann gemeinsames ökonomisches Handeln auch dann vorteilhaft machen, wenn weder in der Produktion noch im Konsum Größenvorteile bestehen.

Sowohl die Theorie der Clubgüter als auch die Transaktionskostentheorie stellen damit auf Vorteile der „Ressourcenzusammenlegung" ab (Coleman 1974/79; Vanberg 1979). Mehrere Personen bringen aufgrund der individuellen Vorteilhaftigkeit einen Teil ihrer „Ressourcen" in einen Pool ein, der einer gemeinsamen Disposition unterliegt. Zweck dieses Pools kann die gemeinsame Bereitstellung nicht-rivaler Güter ebenso sein wie die Überwindung von Transaktionskosten marktlicher Verträge. Im Unterschied zum marktlichen Tausch, der in der Regel ein bilateraler Tausch ist, geht es bei der Ressourcenzusammenlegung um multilaterale Tauschvorgänge. Das dahinterstehende Kalkül, durch den Tauschvorgang die eigenen Interessen zu verfolgen, unterscheidet sich dabei nicht.

Die Vorstellung der „Ressourcenzusammenlegung" ist nicht auf ökonomische Ressourcen im engeren Sinne beschränkt. Alle übertragbaren, aber auch alle personengebundenen Mittel und Fähigkeiten können in einen solchen Pool eingebracht werden (Vanberg 1979, 100). Damit öffnet sich das Modell auch zur Analyse des Staates als „Pool", in den die Bürger sich und einen Teil ihrer Ressourcen einbringen. Die Bürgerschaft ist in dieser Vorstellung nicht Ausdruck einer Abhängigkeit von einem übergeordneten Wesen, sondern steht für die Mitgliedschaft in einem Club, der auf einem multilateralen Tausch basiert. Der Staat kann dann als „politi-

---

[17] Opportunistisches Verhalten bedeutet, dass Individuen strategisch handeln und ihre eigenen Interessen unter Umständen auch dann verfolgen, wenn es dem anderen zum Nachteil gereicht oder wenn dabei Normen übertreten werden (Williamson 1985, 47–50).

[18] Spezifische Investitionen zeichnen sich dadurch aus, dass sie nur in der geplanten Verwendung (den erwarteten) Nutzen stiften. Dazu Williamson (1979, 238–244).

sche Genossenschaft" (Gierke 1868/1954) interpretiert werden.[19] Denn die Bürger sind – entsprechend dem Genossenschaftsgedanken – zugleich Leistungsersteller und Leistungsverwerter.

3.1.4 Normativer Individualismus

Die normative Grundlage der Verfassungsökonomik stellt sowohl für die Handelnsebene als auch für die Regelebene auf die freiwillige Zustimmung der Betroffenen ab. Im ersten Fall ist die Freiwilligkeit des Tausches entscheidend (3.1.4.1), im zweiten Fall die freiwillige Zustimmung zur Regelordnung (3.1.4.2). Für die Bewertung staatlicher Handlungen entwickelt die Verfassungsökonomik den Maßstab der Bürgersouveränität (3.1.4.3). Dieser ist allerdings bei föderalen Systemen nicht eindeutig (3.1.4.4).

3.1.4.1 Der freiwillige Tausch als Effizienzkriterium der Verfassungsökonomik

Zur Bewertung von konkreten Zuständen oder Regeln sind grundsätzlich gesellschaftsexterne oder -interne Kriterien denkbar (Vanberg 1981, 28f). Gesellschaftsexterne Kriterien wie göttliche Gebote, wissenschaftliche Vorgaben oder historische Gesetze nehmen keinen Bezug auf die Bewertung durch die Menschen, die in der betreffenden Gesellschaft leben. Die Verfassungsökonomik stellt hingegen auf gesellschaftsinterne Kriterien ab. Unter diesen ist zwischen kollektivistischen und individualistischen Kriterien zu unterscheiden. Nach sozialistischen, nationalistischen oder wohlfahrtsökonomischen Vorstellungen ist das Wohlergehen des Kollektivs wichtiger als das Wohlergehen des Einzelnen. Demgegenüber nimmt die Verfassungsökonomik als individualistischer Ansatz Bezug auf die Interessen des einzelnen Mitglieds der Gesellschaft („normativer Individualismus", Popper 1958/1992, 107f). Dem liegt die Annahme zugrunde, allein der einzelne Mensch könne Quelle von Werturteilen sein (Buchanan/Tullock 1962/65, 11–15).

Diese Annahme impliziert, dass zunächst nur der Einzelne selbst diese Werturteile kennt („strikter Subjektivismus"; Vanberg 2000, 261). Nur die Wahlhandlungen der Individuen, die ihrer subjektiven Bewertung verschiedener Handlungsalternativen entspringen, geben Auskunft über diese subjektive Bewertung. Sobald von wissenschaftlicher Seite eine Interpretation (Buchanan 1984/1986, 263f) oder Aggregation (Buchanan 1964, 215) der Einzelinteressen vorgenommen wird, definieren externe, wissenschaftliche Überlegungen, was gut für den Einzelnen ist. Die Verfassungsökonomik lehnt daher das wirtschaftspolitische Effizienzkriterium der Wohlfahrtsökonomik, die Soziale Wohlfahrtsfunktion, ab. Einziger normativer Referenzmaßstab sind die Präferenzen der Individuen. Diese sind jedoch nur den In-

---

[19] Ähnlich auch Rawls (1971/1975, 105), der demokratische Gemeinwesen als „Unternehmen der Zusammenarbeit zum gegenseitigen Vorteil" bezeichnet.

dividuen selbst, nicht aber dem Wissenschaftler bekannt und werden ausschließlich durch die Wahlhandlungen der Individuen offenbart.

Angesichts dieser Tatsache, dass allein die Individuen Kenntnis über ihre Interessen haben, stellt sich die Frage, wie Bewertungen über gesellschaftliche Zustände oder über Regeln möglich sind. Anders – ökonomischer – formuliert lautet diese Frage, was als effizient anzusehen ist, wenn das wohlfahrtstheoretische Effizienzkriterium abgelehnt wird.

Die Verfassungsökonomik bedient sich ebenfalls eines Effizienzkriteriums. Im Unterschied zum wohlfahrtsökonomischen bewertet dieses Effizienzkriterium jedoch nicht Zustände, sondern Prozesse. Effizient ist ein Marktergebnis dann, wenn die Tauschprozesse, die zu diesem Ergebnis geführt haben, im Interesse der beteiligten Individuen waren. Dies ist dann anzunehmen, wenn die Individuen sich freiwillig zum Tausch entschlossen haben, weil sie erkannt haben, dass durch denselben wechselseitige Vorteile („mutual gains"; Buchanan 1964, 218) erzielt werden können. Diese Überlegung hat nicht nur für die Handelns-, sondern auch für die Regelebene Gültigkeit. Wenn die Entscheidungsverfahren, die zu gesetzlichen Regelungen führen, im Interesse der Individuen sind, können die kollektiv vereinbarten Gesetze als freiwilliger Tausch von Rechten interpretiert werden. Diese Gesetze können dann als effizient gelten.

Für die Verfassungsökonomik als politikberatendem Ansatz bedeutet dieses Effizienzkriterium, ausgehend von der bestehenden Verteilung von Einkommen und Rechtspositionen Reformvorschläge zu entwickeln, die alle Beteiligten besser stellen. Dies folgt zum einen aus der pragmatischen Einsicht, dass nur konsensfähige Veränderungen gegenüber dem *Status quo*, niemals aber Optimalentwürfe politisch umgesetzt werden können.[20] Buchanan (1984/86, 271) gab der Verfassungsökonomik daher auf den Weg, bei der Suche nach Tauschvorteilen vom *Status quo* auszugehen, um Relevanz für aktuelle politische Entscheidungen zu haben. Denn jede politische Reform beginne im „here and now" (Buchanan 1995, 23). Zum anderen kann aus methodologischen Gründen allein der *Status quo* unter der Vielzahl historisch realisierter oder theoretisch denkbarer Zustände als Ausgangspunkt herangezogen werden (Märkt 2002).

Sind alle Beteiligten in einer Situation A im Vergleich zu einer Situation B besser oder zumindest nicht schlechter gestellt, wird in der Wohlfahrtsökonomik die Veränderung von A nach B als Pareto-Verbesserung bezeichnet. Die Suche nach Tauschgewinnen in der Verfassungsökonomik ist ebenfalls eine Suche nach Pareto-Verbesserungen. Allerdings wird in der Wohlfahrtsökonomik auf den als bekannt angenommenen individuellen Nutzen abgestellt, während die Verfassungsökonomik aufgrund der subjektivistischen Herangehensweise die Zustimmung des Ein-

---

[20] Zur Kritik an konstruktivistischen Entwürfen Hayek (1973/1982, 24–26; 1976/1982, 17–23).

zelnen zu einer Veränderung zugrundelegt, die in seiner Wahl zwischen verschiedenen Alternativen zum Ausdruck kommt (Vanberg 2000, 255). Die Verfassungsökonomik überlässt so die Bewertung eines Vorgangs den Betroffenen selbst. Marktergebnisse sind nicht deshalb effizient, weil sie den gesamtgesellschaftlichen Nutzen maximieren, sondern weil sie durch freiwillige Tauschvorgänge realisiert wurden.

Indem in der Verfassungsökonomik auf den Prozess der Auswahl durch die Individuen abgestellt wird, spielen die Regeln, die diesen Prozess leiten eine entscheidende Rolle. Verbesserungen der Ergebnisse sollen über die Veränderung des Prozesses erzielt werden. Das Kriterium der (Pareto-)Superiorität bekommt so auf einer höheren Ebene – der Regelordnung – Bedeutung. Solche Regeln sind superior, die einen besseren Prozess hervorbringen. Dem Kriterium, nach dem Regeln in der Verfassungsökonomik als superior betrachtet werden können, gilt der folgende Abschnitt.

3.1.4.2 Verfassungsökonomik als vertragstheoretischer Ansatz

Untersuchungsgegenstand der Verfassungsökonomik sind nicht Tauschprozesse auf Märkten, bei denen in der Regel jeweils zwei Personen einem Tausch zustimmen und ihn vollziehen, sondern Regeln, die für mehr als zwei Personen Gültigkeit haben. Das Bewertungskriterium bleibt jedoch erhalten: Gesellschaftliche Regeln sind dann „effizient", wenn sie mit der freiwilligen Zustimmung aller Betroffenen zustande kamen, d.h. wenn sie einstimmig beschlossen wurden. Ebenso wie beim marktlichen Tausch geht es auch hier um die Erzielung von wechselseitigen Tauschgewinnen. Der Tausch besteht in der gemeinsamen Unterwerfung unter bestimmte Regeln, getauscht werden also in diesem Fall von Ressourcenzusammenlegung nicht finanzielle, sondern rechtliche Ressourcen. Tauschgewinne ergeben sich immer wieder von Neuem, wenn eine Anpassung der Regelordnung an veränderte Umstände oder veränderte konstitutionelle Präferenzen ansteht. Eine neue Regel ist dann besser als eine bestehende Regel und sollte eingeführt werden, wenn alle Individuen sie gegenüber der bestehenden bevorzugen. Staatliches Handeln wird so auf die individuellen Wahlhandlungen der Bürger zurückgeführt. Die Verfassungsökonomik baut damit auf den vertragstheoretischen Ansätzen von Thomas Hobbes (1651/1995), John Locke (1690/1998), Jean-Jacques Rousseau (1762/1993) und Immanuel Kant (1793/1968) auf.

Ein Gesellschaftsvertrag ist bezogen auf Jurisdiktionen jedoch zunächst nur ein gedankliches Konstrukt, mit dem die historische Genese von Staaten beschrieben, aber auch die Wünschbarkeit von Regeln hinterfragt werden kann. Tatsächlich finden sich die Mitglieder einer Jurisdiktion in der Regel nicht zur Unterzeichnung eines Gesellschaftsvertrags zusammen, weil die Transaktionskosten hierfür zu hoch wären.[21] Für die Verfassungsökonomik als vertragstheoretischen Ansatz stellt sich vor diesem Hintergrund die Frage, wie ein „Gesellschaftsvertrag" zwischen den Bürgern einer Jurisdiktion legitimiert werden kann. Zwei Vorstellungen sind zu unterscheiden, die hypothetische (1) und die faktische Zustimmung (2).

(1) Hypothetische Zustimmung

Eine Möglichkeit besteht darin, dass man sich mit der hypothetischen Zustimmung zu einem Gesellschaftsvertrag begnügt. Gesellschaftliche Regeln werden dann als legitim bezeichnet, wenn denkbar ist, dass die von ihnen betroffenen Individuen einen Vertrag geschlossen haben könnten, der solche Regeln vorsieht.[22] Insbesondere Ordnungen, die Einzelne privilegieren oder diskriminieren, sind mit dieser Argumentation auszuschließen. Es stellt sich jedoch das Problem, dass hypothetische Gesellschaftsverträge in starkem Maße von den Annahmen über die Wünsche der Bürger und von den Bedingungen, unter denen der Gesellschaftsvertrag geschlossen wird, abhängen. So wurde beispielsweise die Konstruktion des „veil of ignorance" (Rawls 1971/1975), der die unterschiedlichen Interessen der Bürger verdeckt, von Vertretern des Kommunitarismus wegen des ihr zugrundliegenden Menschenbildes kritisiert (u.a. Sandel 1982). Die Frage der Legitimation wird bei der hypothetischen Zustimmung verlagert: Da die einzelnen Regeln logisch aus einem Set von Annahmen über Präferenzen und Bedingungen des Vertragschlusses entwickelt werden, können sie nur Legitimation entfalten, wenn die zugrundeliegenden Annahmen allgemein geteilt werden.

(2) Faktische Zustimmung

Eine zweite Möglichkeit liegt im alleinigen Rekurs auf die faktische Zustimmung. Diese kann auf zwei verschiedene Arten erfolgen. Zum einen können die Individuen explizit in Form einer Volksabstimmung befragt werden, ob sie bestimmten Regeln zustimmen wollen. Eine einstimmige Entscheidung über konkrete Regeln dürfte jedoch, wie bereits festgestellt, bei großen Gruppen aufgrund der Transaktionskosten unrealistisch sein. Außerdem verändern sich sowohl die gesellschaftlichen Umstände und die Präferenzen der Menschen als auch – durch Zu- und Abwanderung, Geburt oder Tod – die Zusammensetzung der relevanten Kollektive

---

[21] Der Begriff „Gesellschaftsvertrag" wird daher meist in Bezug auf Gesellschaften wie der Gesellschaft bürgerlichen Rechts, Gesellschaften mit beschränkter Haftung oder Kommanditgesellschaften verwendet, die wenige Teilnehmer haben. Diese äußern einzeln ihre Zustimmung zum entsprechenden Gesellschaftsvertrag durch ihre Unterschrift.

[22] So auch schon Kant (1793/1968, 297), der mit der Zustimmungsfähigkeit und nicht mit der tatsächlichen Zustimmung argumentiert, wenn er schreibt, der ursprüngliche Kontrakt sei eine „bloße Idee der Vernunft, die aber ihre unbezweifelte (praktische) Realität hat: nämlich jeden Gesetzgeber zu verbinden, dass er seine Gesetze so gebe, als sie aus dem vereinigten Willen eines ganzes Volkes haben entspringen können."

kontinuierlich. Aus der vormaligen Zustimmung kann daher nicht auf die jetzige Zustimmung geschlossen werden. Theoretisch müsste daher täglich neu die Zustimmung zu allen in einer Gesellschaft gültigen Regeln eingeholt werden. Das Konzept der „freien Ordnungswahl" (Nozick 1974/1992, Teil 3; Vanberg 1996, 27) rekurriert u.a. aufgrund dieser Schwierigkeiten nicht auf die faktische Zustimmung im Rahmen von kollektiven expliziten Abstimmungen über Regeln, sondern auf die faktische implizite Zustimmung, die durch eine individuelle Entscheidung zum Ausdruck kommt. Wählen Individuen die Ordnung, unter der sie leben wollen, kann von tatsächlicher Zustimmung gesprochen werden. Sie erfolgt nicht als explizite Zustimmung zu einer Verfassung. Vielmehr kann die Zustimmung aus der Zuwanderung in eine Jurisdiktion und aus dem Unterbleiben der Abwanderung aus einer Jurisdiktion abgeleitet werden. Ein Einwanderer, der sich unter die Jurisdiktion seiner Wahlheimat begibt, unterwirft sich freiwillig den dort geltenden Regeln. Ebenso kann der Verbleib der Bürger in ihrem Land als implizite Zustimmung zu den dort geltenden Regeln angesehen werden. Die Zustimmung gilt in diesem Fall allen in einer Gesellschaft gültigen Regeln.

Allerdings sind bei der Ordnungswahl durch Wanderung die Mobilitätskosten zu berücksichtigen. Ist die Auswanderung verboten, die Einwanderung in andere Länder praktisch unmöglich oder sind die Mobilitätskosten im Vergleich zu den finanziellen Möglichkeiten eines Individuums hoch, kann der Verbleib nicht als Zustimmung gewertet werden. Ebenso wenig kann bei einem Flüchtling, der nur in einem einzigen Land Aufnahme findet, die Einreise als Zustimmung zur dortigen Verfassung interpretiert werden.[23] Der Grad der anzunehmenden Zustimmung ist demnach von der Freiwilligkeit der Entscheidung abhängig. Diese wiederum kann als Funktion der Zwangsvermeidungskosten dargestellt werden, also der Kosten, die ein Individuum tragen muss, um sich dem Geltungsbereich einer von ihm unerwünschten Regel zu entziehen. Statt als Dichotomie stellt sich bei dieser Sicht der Unterschied zwischen Zwang und Freiwilligkeit als ein gradueller dar. Je geringer die Restriktionen, denen das Individuum bei seiner Entscheidung über Wanderung oder Verbleib unterliegt, desto freiwilliger ist die Unterwerfung unter die Regelordnung einer Jurisdiktion. Politische Systeme, die mit geringen Kosten den Wechsel von einer Jurisdiktion in die andere ermöglichen, verfügen daher über eine größere Legitimation als Systeme, die Wanderung erschweren.

Zwei Einwänden sieht sich das Modell der freien Ordnungswahl zur Legitimierung von Regeln gegenüber.[24] Zum einen hat die Senkung der Mobilitätskosten nicht nur

---

[23] Zur Unterscheidung zwischen faktischer und freiwilliger Zustimmung siehe Vanberg (1986/1994).

[24] Das Konzept hat, wie der Titel von Nozicks Buch deutlich macht, utopischen Charakter. Vanberg (1999, 236) bezeichnet es als „conceptual benchmark".

den Vorteil der freien Ordnungswahl, sondern verursacht auch Kosten. Beispielsweise können bei Migration bestimmte Sozialversicherungssysteme, kulturell homogene Gesellschaften, etc. nicht bestehen. Ob die Bürger den Nutzen freier Ordnungswahl höher bewerten als die Kosten in Form nicht realisierbarer Politikoptionen, bleibt daher innerhalb des Modells freier Ordnungswahl eine offene Frage. Anders ausgedrückt ist die Mobilität als Grundlage der faktischen Zustimmung wiederum von der Zustimmung der Bürgerschaft abhängig. Die Legitimation von Verfassungen als territorial gebundenen Regelsystemen (*rights of places*) über die individuelle Wahl aufgrund persönlicher Wanderungsfreiheit (*rights of persons*) endet daher in einem infiniten Regress.[25] Auf einer höheren Ebene kann die Entscheidung, ob Individuen in einer offenen Welt mit niedrigen Mobilitätskosten leben wollen oder lieber in einer Welt ohne Migration, nur mit Rekurs auf einen hypothetischen Vertrag gelöst werden.

Zum anderen verlässt die Verfassungsökonomik mit dem Modell freier Ordnungswahl das „demokratische" Kriterium der Einstimmigkeit und der gleichen Gewichtung der Stimmen, das üblicherweise im Verfassungsvertrag vorausgesetzt wird. Ärmere Menschen werden sich stärkeren Restriktionen bei der Wanderung ausgesetzt sehen: erstens, weil sie in den Einwanderungsländern unerwünschter sind, zweitens, weil die Kosten der Wanderung im Verhältnis zu ihren finanziellen Ressourcen höher sind.[26] Statt einer gleichen Gewichtung der Stimmen, wie sie Buchanan (1990, 15) als grundlegend für die Verfassungsökonomik ansieht, entsteht eine progressive Stimmengewichtung: Reiche Menschen haben gewichtigere Stimmen bzw. mehr Stimmen als arme Menschen. Eine solches System würde innerhalb demokratischer Länder für Abstimmungen im Allgemeinen nicht akzeptiert.[27]

Die Verfassungsökonomik bedient sich – um die Schwächen sowohl der hypothetischen als auch der faktischen Zustimmung wissend – beider Arten von Verträgen. Der hypothetische Vertrag dient verfassungsökonomischer Forschung zur Ableitung von Politikempfehlungen, die im Sinne einer Hypothese zunächst als allgemein zustimmungsfähig angenommen werden. Der Wissenschaftler unterstellt bei der Formulierung der Hypothese Präferenzen der Bürger. Diese Hypothese kann solange Gültigkeit beanspruchen, als sie nicht mittels faktischer Ablehnung durch die Bürger widerlegt wurde. Eine solche Falsifizierung ist insbesondere dann zu erwarten, wenn die unterstellten Präferenzen deutlich von den wahren Präferenzen der Bürger der relevanten Jurisdiktion abweichen. Legitimationsgrundlage bleibt

---

[25] Zur Unterscheidung zwischen „rights of places" und „rights of persons" Kincaid (1995, 260). Ausführlicher 4.1.1.

[26] Letzteres zeigt sich insbesondere in Ländern wie Kanada oder der Schweiz, die eine einmalige Aufnahmegebühr verlangen.

[27] So fordert Art. 38 Abs. 1 GG die „gleiche" Wahl. Ein am Steueraufkommen ausgerichtetes Drei-Klassen-Wahlrecht, wie es in Preußen bis 1918 bestand, wird damit ausgeschlossen.

damit in der Verfassungsökonomik allein die faktische und einstimmige Zustimmung der Betroffenen.

Zwischen hypothetischer und faktischer Zustimmung besteht allerdings kein grundsätzlicher, sondern lediglich ein gradueller Unterschied. Wenn Verfassungsregeln für eine lange Frist und für eine unbekannte Zahl von künftigen Entscheidungen getroffen werden, handeln Individuen unter der Ungewissheit, um welche konkreten Entscheidungen es gehen wird, ob sie in einer Mehrheits- oder Minderheitsposition sein werden. Die eigene Betroffenheit von der zu beschließenden Regel ist den Individuen nicht bekannt, weil sie ihre Interessen nicht für alle künftigen Fälle kennen, über die sie zum Zeitpunkt der Entscheidung beschließen. Auch bei faktischer Zustimmung handeln Menschen unter einem Schleier, dem Schleier der Ungewissheit („veil of uncertainty", Buchanan/Tullock 1962/1965).

Die auf den vertragstheoretischen Ansatz Buchanans rekurrierende Verfassungsökonomik ist auch als normative Verfassungsökonomik im Unterschied zu einer positiven Verfassungsökonomik bezeichnet worden (Voigt 1997; 1998). Das wirft die Frage auf, in welcher Weise die Verfassungsökonomik und damit auch die vorliegende Arbeit Wertaussagen trifft und inwiefern es sich bei ihren Ergebnissen um überprüfbare Aussagen handelt.

Als pragmatischem, anwendungsorientiertem Ansatz geht es der Verfassungsökonomik darum, Politikempfehlung zu generieren. Solche Politikempfehlungen enthalten nach Buchanan (1959/1987, 5–7) zwei Elemente, die Annahme über die Präferenzen der Bürger und die Aussage, wie diesen durch eine Regelwahl entsprochen werden kann. Die Hypothese über die Bürgerpräferenzen ist falsifizierbar, wenn die konstitutionellen Präferenzen der Bürger im Rahmen der freien Ordnungswahl oder in einer Konsentscheidung aufgedeckt werden. Dieses Element ist daher bis zur Aufdeckung nicht werturteilsgebunden, sondern eine vorläufige Hypothese. Das zweite Element enthält wissenschaftliche Aussagen über Wirkungszusammenhänge. Diese formulieren Prognosen, wie die Einführung bestimmter Regeln die Handelnsordnung verändern wird. Solche Prognosen sind sowohl empirisch als auch theoretisch falsifizierbar. Sie enthalten somit keine Werturteile.

Beide Elemente verfassungsökonomischer Sollens-Aussagen sind damit werturteilsfrei. Zusammengenommen ergeben sie, aufgrund des hypothetischen Charakters des ersten Elements keinen kategorischen, sondern lediglich einen hypothetischen Imperativ (Vanberg 1998, 70). Die Normativität der Verfassungsökonomik beschränkt sich damit auf die Normativität von Empfehlungen.

3.1.4.3 Bürgerinteressen als Steuerungsgröße des politischen Systems

Gesellschaftliche Systeme ziehen nach vertragstheoretischer Vorstellung ihre Legitimation grundsätzlich aus der freiwilligen Zustimmung der Gesellschaftsmitglieder. Der Staat als politische Genossenschaft ist wie die Unternehmensform Genossenschaft eine mitgliederbestimmte Vereinigung. Zweck dieser Vereinigung ist die Förderung der Interessen ihrer Mitglieder. Die Interessen anderer Standortnutzer werden nur insofern relevant, als eine Orientierung an denselben das Wohl der Bürger als Standorteigner mehrt. Dieses Postulat wird in Analogie zur Vorstellung der Konsumentensouveränität als „Bürgersouveränität" bezeichnet (Vanberg 2000c, 89). Wie in einer Marktwirtschaft grundsätzlich die Interessen der Konsumenten die Steuerungsgröße für die Produktion darstellen, so sollen im politischen Bereich die Interessen der Bürger die Steuerungsgröße für politische Entscheidungen sein.

Bürgersouveränität und Konsumentensouveränität können nicht gleichgesetzt werden. Bürger haben, erstens, außer ihren Interessen als Konsumenten noch andere Interessen, sei es als Produzenten oder – außerhalb des wirtschaftlichen Bereichs – in ihrer Eigenschaft als Bürger (ebd., 94f). Diese Interessen konfligieren in vielen Fällen.[28] Nur der Bürger selbst kann durch seine individuelle Bewertung der einzelnen Aspekte die daraus resultierenden Zielkonflikte lösen.

Bürgersouveränität unterscheidet sich, zweitens, insofern von Konsumentensouveränität, als letztere auf die Wahlmöglichkeiten des Einzelnen abstellt. Ist der Einzelne bereit, einen entsprechenden Preis zu zahlen, wird er in der Regel einen Anbieter finden, der das Produkt erstellen und verkaufen wird. Bürgersouveränität als Konzept für die Steuerungsfähigkeit von Gemeinwesen als politischen Genossenschaften impliziert im Unterschied hierzu in der Regel kollektive Wahlmöglichkeiten. Weil Interessengegensätze ein konstitutives Element menschlicher Gesellschaften sind, kann nicht jeder individuelle Wunsch in Kollektiven Berücksichtigung finden. Nach vertragstheoretischer Auffassung, die Einstimmigkeit für Entscheidungen im politischen Gemeinwesen vorsieht, können und sollen nur solche Interessen umgesetzt werden, die im Interesse aller sind.

Das führt zu der Frage, welche Interessen in einem politischen Gemeinwesen konsensfähig sein können. Schließlich hat jeder einzelne Bürger ein Interesse daran, anders als über die Erbringung von Leistungen für andere, also beispielsweise durch steuerfinanzierte Transfers oder entsprechende Regulierungen, Einkommen zu erzielen. Diese Nicht-Leistungseinkommen werden gemeinhin als Renten be-

---

[28] So mag die Ansiedlung einer Chemiefabrik für den Bürger als Konsumenten keine Veränderung bringen. Als Arbeitnehmer erhöht sie seine Chancen auf dem lokalen Arbeitsmarkt, während sie ihm als Bürger aufgrund der Umweltverschmutzung möglicherweise Nachteile bringt.

zeichnet, der Versuch, solche Renten zu erzielen, als „rent-seeking"[29]. Entsprechend enthalten viele Gesetze und Verordnungen Umverteilungselemente, so dass einige von ihrer Existenz profitieren, andere jedoch belastet werden. Ein Konsens dürfte daher nur in wenigen Fällen möglich sein. Dieses Diktum gilt jedoch nur für die subkonstitutionelle Ebene. Auf konstitutioneller Ebene ist durchaus ein Konsens über Regeln denkbar, wie an folgender Situation – einem Gefangenendilemma – deutlich wird (Abb. 3.1).

	B erzielt Rente	B erzielt keine Rente
A erzielt Rente	D ; D	B ; S
A erzielt keine Rente	S ; B	Z ; Z

Abb. 3.1: Gefangenendilemma-Situation.

Nimmt man an, dass eine Gesellschaft, die jedem Bürger Sonderrechte einräumt, weniger produktiv ist als eine Wettbewerbsgesellschaft, so ergeben sich die oben eingetragenen Auszahlungen mit B > Z > D > S. Für jeden Einzelnen oder jede organisierbare Gruppe[30] ist es rational, *Rent-seeking* zu betreiben, wodurch ein suboptimales Ergebnis „D;D" erzielt wird. Innerhalb des „Spiels" ist keine Verbesserung möglich, weil die subkonstitutionellen Interessen nach Einkommenserzielung gegeneinander gerichtet sind. Es bestünde allerdings ein konsensfähiges Interesse, eine Regel zu beschließen, die dem Staat von vornherein die Einräumung von Privilegien untersagt. Damit sind nur noch die Optionen „D;D" und „Z;Z" wählbar, so dass das individuelle Kalkül in diesem neuen Spiel zu dem für alle Seiten besseren Ergebnis „Z;Z" führt. Auf der Regelebene lässt sich folglich Konsens über die Einführung einer Nicht-Privilegierungsregel erzielen.

Verfassungsökonomik sucht nach solchen Regeln, die im konsensfähigen konstitutionellen Interesse der Bürger liegen. So wurde von Buchanan/Congleton (1998) beispielsweise ein Vorschlag für eine Steuerverfassung gemacht. Diese setzt nicht bei den einzelnen Regelungen des Steuerrechts an, für die widerstreitende Interessen bestehen, sondern bei den Elementen einer Steuerverfassung, die Diskriminierungen und die Erzielung von Renten über das Steuersystem ausschließt. Eine solche Steuerverfassung könnte im konsensfähigen konstitutionellen Interesse der Bürger liegen. Gleiches gilt – allgemeiner – für die Festlegung grundlegender, für alle Individuen in gleicher Weise geltender Freiheitsrechte, die durch den Staat

---

[29] Zum Unterschied zwischen „rent-seeking" und „profit-seeking" Buchanan (1980).

[30] Die Darstellung kann sowohl für das individuelle Kalkül als auch für die gemeinsamen Interessen organisierter Individuen verwendet werden. Im ersten Fall steht A für einen einzelnen Bürger, B für die Gesamtheit aller anderen Bürger. Im zweiten Fall sind A und B zwei überschneidungsfreie gesellschaftliche Gruppen, beispielsweise Arbeitende und Arbeitslose.

nicht außer Kraft gesetzt werden können (Gerken 1999, 135–196). Eine solche Festlegung verhindert generell Ungleichbehandlungen durch den Staat und reduziert damit auch das *Rent-seeking*-Verhalten durch Interessengruppen.

Bürgersouveränität erfordert demzufolge Verfassungsregeln, die der Umsetzung der konsensfähigen konstitutionellen Interessen der Bürger dienlich sind.

3.1.4.4 Die relevante Bürgerschaft

Die Föderalismus-Forschung stellt für den verfassungsökonomischen Ansatz eine ganz spezifische Herausforderung dar: Sobald mehrere Ebenen staatlichen Handelns betrachtet werden, stellt sich die Frage, nach den Interessen *welcher* Bürgergruppe sich die Politik zu richten hat. Es bestehen mehrere Verfassungen, mit denen sich Bürger zu verschiedenen Gemeinwesen konstituiert haben. Beispielsweise ist ein Stuttgarter Bürger sowohl durch die Landesverfassung Baden-Württembergs als auch durch das Grundgesetz, als auch durch eine möglicherweise nun entstehende europäische Verfassung als Bürger mehrfach Ausgangspunkt von eigenständigen politischen Gemeinwesen. Hinzu kommen weitere Jurisdiktionen ohne Staatsqualität.

Nach Vanberg (2000a, 368) ist in Mehrebenensystemen die Jurisdiktion, auf die Fragen der Verfassungsordnung anzuwenden sind, abhängig von der Fragestellung. Bestehen z.B. Externalitäten, sollte es eher die übergeordnete Ebene sein, damit die Externalitäten internalisiert werden. Damit bleibt jedoch offen, wer die Entscheidung darüber fällt, welche Externalitäten dazu führen, dass eine höhere Ebene relevant ist. Schließlich sind einerseits bei Berücksichtigung aller Externalitäten grundsätzlich alle Entscheidungen auf kontinentaler oder globaler Ebene zu treffen; andererseits kann den Individuen oder Kommunen die freie Wahl der Problemlösungsgruppe nicht überlassen werden.[31] Buchanan (1990, 15) gibt daher unumwunden zu, die Verfassungsökonomik als Ansatz sei "vulnerable to address the issue of defining membership in the community of persons over whom the postulates are to be applied".

Das Bild der politischen Gemeinschaft als einer „Genossenschaft", das der verfassungsökonomischen Vorstellung der Bürgersouveränität zugrunde liegt (3.1.4.3), kommt bei föderal organisierten Gemeinwesen an seine Grenze. Denn föderal organisierte Genossenschaften, im Sinne von mehrstufig organisierten, jeweils von Einzelpersonen getragenen Produktionsgemeinschaften gibt es in der Wirklichkeit nicht und kann es auch nicht geben. Kapitalgesellschaften erlauben eine mehrstufige Organisation, bei der jeweils die Eigentumsrechte als Anteile am Kapitalstock berechnet werden. Die Genossenschaft als Personengesellschaft beruht jedoch auf den sie konstituierenden Menschen. Eine neu zu gründende Genossenschaft kann

---

[31] Vgl. 4.1.2.

daher weder Tochtergenossenschaft noch Muttergenossenschaft einer anderen sein. Jeweils sind es die einzelnen Menschen, die sie konstituieren.

Möglich sind hingegen Genossenschaften als Produktionsgemeinschaften, die von mehreren Genossenschaften getragen werden. Mitglieder der umfassenden Genossenschaften sind die kleineren Genossenschaften, nicht deren Mitglieder.[32] So können zwar Genossenschaften im Sinne einer Übereinstimmung von Erzeugern und Verwertern ein mehrstufiges pyramidales System bilden. Mitglieder der oberen Ebene sind dann aber nicht mehr die Bürger selbst, sondern Zusammenschlüsse derselben. Übertragen auf den Staat bedeutet eine Ausrichtung an den Interessen der Eigner der Genossenschaft für die föderale Ebene eine aus Sicht des methodologischen Individualismus problematische Orientierung an den Interessen kollektiver Akteure.

Apolte (1999, 187) differenziert in diesem Zusammenhang zwischen zwei Modellen, die er mit „Basistheorie" und „Pyramidentheorie" bezeichnet:

(1) *Basistheorie*: In diesem Modell sind die Bürger jeweils Mitglieder jeden politischen Gemeinwesens der föderalen Struktur, dem sie angehören. Ein Bürger von Stuttgart ist damit Mitglied der Genossenschaften „Baden-Württemberg", „Bundesrepublik Deutschland" und „Europa". Jede Gebietskörperschaft ist damit direkt von ihrer Basis, den sie konstituierenden Bürgern, legitimiert. Keine der Ebenen hat nach dieser Theorie Vorrang vor den anderen. Nach Apolte ist allein die Basistheorie mit einem individualistischen Ansatz vereinbar.

(2) *Pyramidentheorie*: In diesem Modell sind die Bürger Mitglieder nur der untersten Gebietskörperschaft, in unserem Beispiel also der Genossenschaft „Baden-Württemberg" bzw. bei Einbeziehung der Kommunen der Genossenschaft „Stuttgart". Alle übergeordneten Gebietskörperschaften leiten ihre Legitimation aus der Delegation von Kompetenzen und Aufgaben ab, die diese kleinsten politischen Einheiten vornehmen. Die Pyramidentheorie gibt der Verfassung der unteren Einheiten den Vorrang vor den bei evolutiven Bundesstaaten historisch nachgelagerten Verfassungen der oberen Einheiten. Sie entspricht dem „bottom-up"-Ansatz bei Kerber (1998) und Seliger (1999) und kann zur Legitimation eines Subsidiaritätsprinzips dienen, dessen Reichweite auf alle föderalen Ebenen ausgedehnt ist.

Für die verfassungsökonomische Föderalismus-Forschung und insbesondere bei der hier verfolgten Fragestellung, ob Föderalismus auf mehreren Ebenen vorteilhaft ist, liegt in der Unterscheidung zwischen beiden Modellen eine wesentliche Herausforderung. Im Rahmen des Basismodells wäre den Bürgern der deutschen Bundesländer die Frage zu stellen, ob sie sich nach wie vor als politische Genossenschaft or-

---

[32] Beispielsweise existieren im genossenschaftlichen Bankensystem Girozentralen, die als Genossenschaft der Mitgliedsbanken organisiert sind. Genossen sind dann juristische statt natürlicher Personen.

ganisieren wollen oder ob nicht die Länder überflüssig seien. Im Rahmen des Pyramidenmodells käme den Bürgern der Gemeinden die Entscheidung zu, ob sie die Länder als übergemeindlichen Zusammenschluss auflösen wollen. Vor dem Hintergrund der deutschen Verfassungswirklichkeit wiederum müssen die Bürger des Gesamtstaates als relevante Adressaten angesehen werden. Denn aufgrund der Ewigkeitsgarantie des Grundgesetzes für die föderale Struktur Deutschlands könnten nur die deutschen Bürger gemeinsam, indem sie sich eine neue Verfassung geben, diese Struktur aufheben.

Die Frage, ob eine sukzessive Legitimation von unten nach oben vorgenommen werden kann (Pyramidentheorie) oder ob stets die Bürger selbst eine Jurisdiktionengründung vornehmen müssen (Basistheorie), kann nicht generell gelöst werden. Letztlich rekurrieren beide Theorien auf die Zustimmung der Bürger des Gesamtstaates, die im ersten Fall regional verfasst sind, im anderen Fall nicht. Es handelt sich daher nicht um ein Problem der Legitimation, sondern der Entscheidungsregeln und der Delegation. Regelmäßig weisen föderale Staaten auf der oberen Ebene die direkte Repräsentation der Bürger des Gesamtstaates und die indirekte Repräsentation als Bürgerschaften der Teilstaaten auf.[33] In beiden Fällen ist die normative Bezugsgröße für politisches Handeln die Bürgerschaft, die durch ein Wahlverfahren den politischen Handlungsauftrag gegeben hat. Ob diese Bürgerschaft nach teilstaatlicher oder nach gesamtstaatlicher Repräsentation entscheiden soll, ist eine dem Föderalismus immanente Fragestellung (King 1993), die sich weniger nach der Legitimation als nach der Verwirklichung der Bürgersouveränität entscheiden sollte.[34]

Geht man mit Buchanan vom Ist-Zustand aus (3.1.4.1), dann muss die Verteilung der Kompetenzen auf mehrere Ebenen als Tatsache föderaler Staaten akzeptiert werden. Verfassungsökonomik orientiert sich dann an den Bürgerschaften aller Ebenen und fragt nach den konsensfähigen konstitutionellen Interessen der Bürger, die diese verschiedenen Bürgerschaften konstituieren. Sie nimmt also denselben Bürger in mehrfacher Hinsicht wahr: als Bürger einer Region, als Bürger eines Nationalstaats und als Bürger Europas.

Verfassungsökonomik vermeidet dann den Fehler der Fiskalföderalismus-Theorie, sich nur an der (derzeit) obersten Ebene zu orientieren, ebenso wie den Fehler mancher *Public-Choice*-Autoren, nur der unterster Ebene Legitimation zuzusprechen und alle anderen Ebenen bereits als Kartelle zu interpretieren.[35] Sie berück-

---

[33] Zur Dualität der Legitimationsbasis in der EU Lepsius (1993, 265–269).

[34] Beispielsweise ist die Frage, ob eine von den Landesregierungen beschickte Ländervertretung bei Bundesgesetzen mitwirken sollte, keine Frage der basistheoretischen oder pyramidentheoretischen Legitimation, sondern der geeigneten Entscheidungsfindung auf Bundesebene.

[35] U.a. Blankart (1999), Kerber (1998), Vaubel (2001), Seliger (1999, 277–285).

sichtigt explizit die Mehrebenen-Struktur, die durch die verfassungsmäßige Konstitution der Bürgerschaften auf mehreren Ebenen entsteht. Das bedeutet zugleich, für die normativen Aussagen die Verfasstheit der Bürger in mehreren Entscheidungsgruppen nutzbar zu machen.

3.2 Die Rolle des Staates

Das gemeinsame Handeln von Individuen kann als Ressourcenzusammenlegung zur Erzielung multilateraler Tauschvorteile interpretiert werden. Solche Tauschvorteile sind insbesondere dann zu erwarten, wenn Güter die Eigenschaften von Clubgütern haben oder wenn eine Senkung der Transaktionskosten ermöglicht wird (3.1.3.3). Angesichts der Möglichkeit des multilateralen Tauschs, der zur Bildung nicht-staatlicher kollektiver Akteure führt, stellt sich die Frage, wozu es des Staates als eines – aufgrund seiner Territorialität und seines Gewaltmonopols – besonderen Clubs bedarf. Zwei Gründe können angeführt werden: die Notwendigkeit der Definition von Verfügungsrechten und der Durchsetzung von Verträgen (3.2.1) sowie die Produktion von öffentlichen Gütern (3.2.2). Eine besondere Rolle spielt die Umverteilung, die auf beide genannten Gründe zurückgeführt werden kann (3.2.3).

3.2.1 Rechtsschutzstaat

Voraussetzung für die wechselseitige Besserstellung durch bilateralen oder multilateralen Tausch ist die Existenz von grundlegenden Verhaltensregeln und die Definition von Verfügungsrechten (*Property rights*).[36] Verhaltensregeln beschränken das Verhalten jedes Einzelnen. Sie schließen Handlungsoptionen wie Diebstahl oder Raub aus, die zu einer unproduktiven Interaktion der Individuen führen würden, und erlauben so allen Beteiligten eine Besserstellung gegenüber einem regellosen Naturzustand. Der Einzelne ist beispielsweise bereit, das Eigentum der anderen zu respektieren, wenn diese das seine achten. Tauschgewinne bestehen insofern, als die Eigentumssicherheit Investitionen und damit ökonomische Entwicklung zulässt.

Darüber hinaus definieren Verfügungsrechte, welche Transaktionen ein Individuum im Rahmen seines Eigentumsrechts tätigen darf und welche nicht. Erst wenn dies feststeht, d.h. wenn klar ist, ob ein Akteur die entsprechenden Verfügungsrechte innehat, kann sich ein potenzieller Tauschpartner auf einen bilateralen oder multilateralen Tausch einlassen. Ein konstitutionelles Regelsystem stellt folglich die Grundlage für „postkonstitutionelle Verträge" dar (Buchanan 1975).

Nach Coase (1960) ist bereits die Definition der Verfügungsrechte ausreichend für allokative Effizienz. Auch Externalitäten können dann in Verhandlungen abgebaut werden, wenn die Verfügungsrechte eindeutig definiert sind (Mueller 1989, 25–

---

[36] Zur Theorie der Verfügungsrechte vgl. Schüller (1985) sowie diverse Beiträge in Schüller (1983).

35). Eine staatliche Intervention, wie sie Pigou (1920/1932) zur Internalisierung externer Effekte forderte, ist nicht erforderlich. Voraussetzung ist nach Coase allerdings, dass keine Transaktions- und Verhandlungskosten bestehen. Andernfalls könnten Tauschgewinne ungenutzt bleiben.

Diese Voraussetzung gilt allerdings nicht, wenn man davon ausgeht, dass Bewertungen nur von den Individuen selbst vorgenommen werden können (Buchanan 1984/1987, 155). Aus subjektivistischer Sicht bestehen genau dann keine Möglichkeiten zur Effizienzverbesserung mehr, wenn alle im gültigen Set von Verfügungsrechten bestehenden Tauschgewinne realisiert sind. Kosten der Informationsbeschaffung sowie die Existenz von Freifahrer-Verhalten in großen Gruppen und strategischem Verhalten in kleinen Gruppen können nur dann zu einem „ineffizienten" Ergebnis führen, wenn sich die Bürger durch eine gemeinsame Veränderung der Regeln besser stellen könnten. Insofern gleicht die Feststellung, Transaktionskosten verhinderten ein effizienteres Ergebnis, der Hypothese, durch eine Veränderung der Verfügungsrechte, also durch einen gesellschaftsweiten multilateralen Tausch, lasse sich eine kollektive Besserstellung erzielen (ebd., 157).[37] Im Unterschied zur Analyse von Coase hat nämlich die Veränderung der Verfügungsrechte gegenüber der Ausgangssituation nicht nur Umverteilungseffekte, sondern generiert Wohlstandseffekte. Diese realisieren sich durch neue Möglichkeiten der individuellen Besserstellung in bilateralem oder multilateralem Tausch.

Eine solche gemeinsame Besserstellung zur Senkung von Transaktionskosten bzw. in Form einer verbesserter Regelordnung stellt die Übertragung von Vertragsdurchsetzungskompetenzen an den Staat dar. Die Vertragsdurchsetzung wird erforderlich, weil das gemeinsame Interesse an dem Bestehen bestimmter Regeln ein mögliches individuelles Interesse an der Übertretung derselben nicht ausschließt (Vanberg 1988/1994, 21–23).[38] Nur in kleinen Gruppen mit häufiger Interaktion kann eine Dilemma-überwindende Norm auch ohne eine unabhängige Institution durchgesetzt werden (Mueller 1989, 14). Die Übertragung der Rechtsdurchsetzung an dafür spezialisierte und mit einem Gewaltmonopol ausgestattete Akteure entlastet den Einzelnen von der Aufgabe, die Einhaltung von bilateralen oder multilateralen Tauschverträgen selbst durchzusetzen. Sie erlaubt den Individuen Tauschverträge auch mit solchen Akteuren zu schließen, mit denen sie weder ein hierarchisches noch ein Vertrauensverhältnis verbindet.

---

[37] Im Folgenden wird aufgrund ihrer weiten Verbreitung der Terminologie der Transaktionskostenökonomik gefolgt, obwohl die subjektivistische Postition Buchanans geteilt wird.

[38] Allgemeiner formuliert kann weder von den konstitutionellen auf die subkonstitutionellen Interessen geschlossen werden noch umgekehrt von den subkonstitutionellen auf die konstitutionellen, was insbesondere auch die Legitimierung von Regeln durch ihre Nutzung ausschließt (Vanberg 2000a, 373f).

Wird jedoch der Staat mit der notwendigen Macht versehen, vor Gewalt zu schützen, hat er auch ausreichende Macht, um selbst Gewalt zu üben. Als ein zentrales Problem der Verfassungsgebung ist daher die Balance zwischen dem staatlichen Potenzial zum Schutz individueller Rechte und dem staatlichen Potenzial zur Verletzung derselben zu sehen. Rechtsstaatlichkeit bedeutet daher immer, dass staatliche Akteure selbst durch Recht gebunden sind, so dass sie zwar Gewalt über Individuen ausüben können, nie jedoch über die Bürgerschaft insgesamt.

Die Rechtssetzung, d.h. die Zuordnung von Rechtspositionen auf einzelne Individuen, und die Durchsetzung der vergebenen Rechtspositionen sowie der bilateral oder multilateral geschlossenen Verträge können als die Hauptaufgaben des Rechtsschutzstaates („protective state"; Buchanan 1975, 68–70) gelten.[39] Sie erreichen weitgehende „Besitzsicherheit" und „Tauschsicherheit" innerhalb eines Rechtsraumes (Schmidt-Trenz 1990, 167). In demokratischen Gemeinwesen nehmen die Bürger (oder ihre Vertreter) die Definition der Verfügungsrechte vor und grenzen so die individuellen Freiheitsrechte gegeneinander ab. Der Rechtsraum einheitlicher Verfügungsrechte definiert damit zugleich eine Jurisdiktion, in der gemeinsam verbindliche Beschlüsse gefasst werden.

3.2.2 Leistungsstaat

Bei der Definition öffentlicher Güter ist zu unterscheiden zwischen Gütern, die öffentlich bereitgestellt werden, und Gütern, die nach der ökonomischen Theorie als öffentlich gelten. Denn Regierungen stellen auch – im Sinne der ökonomischen Theorie – private Güter wie Verkehrsdienstleitungen bereit; und private Akteure produzieren – im Sinne der ökonomischen Theorie – öffentliche Güter wie z.B. Blumen im Vorgarten. Öffentliche Güter im Sinne der ökonomischen Theorie sind solche, bei denen die Ausschließbarkeit potenzieller Nutzer für bestimmte Gruppen von Menschen nicht gegeben ist. Vielfach wird auch das Kriterium der Rivalität im Konsum herangezogen.[40] Für die Frage, ob ein Gut im Marktprozess bereitgestellt werden kann, ist jedoch lediglich das Kriterium der Ausschließbarkeit relevant (Gerken 1999, 27f). Denn die mangelnde Ausschließbarkeit hindert Produzenten daran, einen Finanzierungsbeitrag von den Nutzern einzufordern. Die Produktion unterbleibt, weil mit einer freiwilligen Zahlung des Finanzierungsbeitrags in der Regel nicht gerechnet werden kann, da der Einzelne ein Interesse hat, als Freifahrer

---

[39] Sie stellen im Sinne von Samuelson (1954) öffentliche Güter dar, da der individuelle Nutzen aus der Definition und Durchsetzung individueller Rechtspositionen nicht mit dem Zutritt einer weiteren Person abnimmt. Die Unterscheidung in Rechtsschutz- und Leistungsstaat bleibt – wegen vielfältiger Unterschiede im Hinblick auf die Fragestellung dieser Arbeit – trotzdem sinnvoll.

[40] So Samuelson (1954, 387), dessen Argumentation zur Grundlage für einen Großteil der Theorie öffentlicher Güter wurde. Vgl. auch Mueller (1989, 11), der die Nicht-Rivalität als Anreiz zur gemeinsamen Produktion ansieht. Dies gilt aber auch für die gemeinsame Produktion in privaten Clubs (3.1.3.3).

das Gut kostenlos zu nutzen. Ist Ausschließbarkeit gegeben, kann ein Produzent die Rivalität selbst erzeugen, indem er nur bestimmte Menschen zur Nutzung zulässt.

Die mangelnde Ausschließbarkeit hat aber nicht nur auf der Produktionsseite Relevanz. Sie führt auch dazu, dass bei öffentlichen Gütern nicht jedes Individuum selbst eine Nachfrageentscheidung treffen kann. Innerhalb des Nutzenkreises wird stets dieselbe Menge konsumiert. Öffentliche Güter stellen insofern eine Extremform von Gütern mit Externalitäten dar. Damit ist das individuelle Nutzenkalkül der mikroökonomischen Theorie durchbrochen. Für beinahe jeden Konsumenten eines öffentlichen Gutes wird die bereitgestellte Kombination aus Preis und Menge nicht optimal sein, selbst wenn in einem optimalen kollektiven Verfahren entschieden wird. Für öffentliche Güter gilt daher das Zweite Gossensche Gesetz in der Regel nicht. Dieses sagt aus, dass ein Individuum im Optimum bezüglich der Nutzung einer weiteren Geldeinheit indifferent ist, weil der Grenznutzen des Geldes im Optimum über alle Güter gleich groß ist.

Ob Individuen von der Nutzung eines Gutes ausgeschlossen werden können, ist abhängig davon, welche Verfügungsrechte die Mitglieder einer Jurisdiktion beschlossen haben, und damit vom Rechtssystem.[41] Dieses legt auch fest, mit welchem Verfahren Verfügungsrechte verändert oder aufgehoben werden können. Das beinhaltet die Entscheidung, mit welchem Verfahren das Recht zur Bereitstellung bestimmter Güter und zur Erhebung der dazu erforderlichen Finanzierungsbeiträge auf den Staat übertragen werden kann. Mit einem solchen Verfahren können die Mitglieder einer Jurisdiktion die staatliche Bereitstellung auch solcher Güter beschließen, bei denen Nutzer zu geringfügigen Kosten ausgeschlossen werden könnten. Die Unterscheidung zwischen öffentlichen Gütern im Sinne der ökonomischen Theorie und öffentlich bereitgestellten Güter ist daher auf eine kollektive Entscheidung der Mitglieder einer Jurisdiktion zurückzuführen.

Die Bürger werden bei der Definition der individuellen Verfügungsrechte die Möglichkeit, Nutzer auszuschließen, immer dann unterbinden und das Recht zur Bereitstellung (ausschließlich) dem Staat zuweisen, wenn sie sich davon eine individuelle Besserstellung versprechen. Die Aussage, ein Gut habe den Charakter eines öffentlichen Gutes, kann daher als Hypothese dafür angesehen werden, dass es im gemeinsamen Interesse der Bürger liegt, die Bereitstellung durch den Staat vorzunehmen.[42] Umgekehrt gleicht die Behauptung, ein bestimmtes vom Staat bereitgestelltes Gut sei eigentlich ein privates Gut, der Hypothese, die Menschen

---

[41] Können individuelle Verfügungsrechte an Straßen nicht erworben werden, sind Straßen beispielsweise öffentliche Güter.

[42] Vgl. Buchanan (1984/1987). Wie im Falle der Transaktionskosten wird auch hier die traditionelle Terminologie aufrechterhalten, obwohl eine subjektivistische Interpretation es verbieten würde, von „öffentlichen Gütern" als einer objektiv bestimmbaren Gruppe von Gütern zu sprechen.

könnten sich dadurch besser stellen, dass sie den Ausschluss von potenziellen Nutzern zulassen und dem Staat das (ausschließliche) Recht zur Bereitstellung dieses Gutes entziehen.

Der Leistungsstaat basiert damit nicht nur auf dem Rechtsschutzstaat, er wird aufgrund der jeweils innerhalb eines Rechtsschutzstaates zu klärenden Frage, welche Güter öffentliche sind, eine Teilmenge von ihm sein (Schmidt-Trenz 1990, 200). Mit anderen Worten werden nicht Jurisdiktionen gegründet, um exogen definierte öffentliche Güter bereitzustellen. Vielmehr gestattet die Existenz von Jurisdiktionen die öffentliche Bereitstellung von Gütern, wenn dies im Interesse derjenigen ist, die innerhalb einer Jurisdiktion solche Entscheidungen zu treffen befugt sind. Welche Güter öffentliche Güter sind, hängt daher nicht nur von den Eigenschaften dieser Güter, sondern insbesondere von der Meinungsbildung innerhalb der bereitstellenden Jurisdiktion ab.

Die traditionelle Finanzwissenschaft geht davon aus, dass eine bestimmte Menge an öffentlichen Gütern vom Staat bereitgestellt werden muss.[43] Steuern sind dann in erster Linie ein Instrument des Staates, um sich die dazu notwendigen Einnahmen zu beschaffen. Ziel der Besteuerung ist es, den vorgegebenen Bedarf an Einnahmen durch die Belastung von Bürgern, Produktionsfaktoren, Transaktionen usw. mit möglichst geringen allokativen Verzerrungen, zu erzielen.[44] Dabei spielen sowohl die Leistungsfähigkeit des Einzelnen[45], die in der Höhe seines Konsums, seines Vermögens oder seines Einkommens zum Ausdruck kommt, als auch die Elastizitäten der Bemessungsgrundlagen in Bezug auf den Steuersatz eine Rolle.[46]

Diese Betrachtungsweise nimmt, da nur das gesellschaftliche Gesamtergebnis betrachtet wird, wenig Rücksicht darauf, wem die Güter, die mit den Steuern finanziert werden, nutzen. Ob der Einzelne die staatlich bereitgestellten Leistungen höher bewertet als den durch die Steuerzahlung empfundenen Verlust, bleibt unberücksichtigt. Steuern haben in diesem Fall lediglich eine fiskalische Funktion. Ausfluss dieser Vorstellung ist das Nonaffektationsprinzip nach §3 Abgabenordnung. Es definiert Steuern als „Geldleistungen, die nicht eine Gegenleistung für eine besondere Leistung darstellen [..] und zur Erzielung von Einnahmen allen auferlegt werden[..]."

Einen anderen Ansatz wählt Knut Wicksell (1896). Er geht vom Individuum aus, das durch die staatlichen Leistungen eine Nutzensteigerung, aber gleichzeitig durch

---

[43] Zum Folgenden siehe Schick/Märkt (2002, 28f).

[44] Allgemein Stiglitz/Boskin (1977), Richter/Wiegard (1993), zur optimalen indirekten Besteuerung Diamond/Mirrlees (1971; 1971a), zur optimalen direkten Besteuerung Mirrlees (1971).

[45] Dazu Gerken/Märkt/Schick (2000, 6–8).

[46] Deren Höhe variiert mit der Mobilität der Bemessungsgrundlagen. Vgl. hierzu den Überblick in Althammer (1994).

3 Der Staat als politische Genossenschaft

seinen Finanzierungsbeitrag für diese staatlichen Leistungen eine Nutzenminderung erfährt. Für jede staatliche Leistung lassen sich folglich individuelle „Nettopositionen" ermitteln. Wicksell (ebd., 110–124) schlägt nun vor, der Staat solle grundsätzlich nur solche öffentlichen Leistungen bereitstellen, die jedem einzelnen Bürger einen Nettovorteil bringen. Da die Einzelnen in unterschiedlicher Höhe Nutzen aus der öffentlichen Leistung ziehen, muss zu diesem Zweck der Steuerbeitrag so gestaltet werden, dass jedem Individuum ein Nettovorteil bleibt. Gelingt es dem Staat nicht, eine Aufteilung der Finanzierungsbeiträge vorzuschlagen, der alle Betroffenen zustimmen können, sollte die entsprechende Leistung nicht erbracht werden.

Die Steuer bekommt bei Wicksells Ansatz dieselbe Funktion wie der Preis im Markt. Denn sie ermöglicht die Steuerung der Leistungserstellung durch die Nachfrager. Die fiskalische Funktion der Steuer rückt bei Wicksell im Verhältnis zur allokativen in den Hintergrund. Es kommt zu einer Äquivalenzbesteuerung, bei der sich individueller Nutzen und individueller Steuerpreis entsprechen. Staatlicher Zwang in Form der kollektiven Entscheidung, wie viel der Einzelne zur Finanzierung öffentlicher Güter von seinem individuellen Vermögen abgeben muss, wird so überflüssig. Der Staat nutzt seine hoheitliche Macht ausschließlich dazu, die eingegangenen Selbstverpflichtungen der Bürger und Standortnutzer durchzusetzen und so ein Freifahrer-Verhalten zu unterbinden.[47]

Im Unterschied zur traditionellen finanzwissenschaftlichen Vorstellung ist daher bei Wicksell der Staat lediglich als Rechtsschutzstaat zur Definition des Verfahrens und zur Durchsetzung der Selbstverpflichtungen erforderlich.[48] Vor diesem Hintergrund ist nicht ersichtlich, warum die Bereitstellung selbst noch in der Hand des Staates liegen soll. Wenn die Selbstverpflichtungen der Individuen staatlich durchgesetzt werden, kann auch ein Privater öffentliche Güter bereitstellen, weil das Problem der Ausschließbarkeit überwunden wird. Angesichts der Möglichkeit, auf das staatliche Gewaltmonopol zur Durchsetzung von Verträgen zurückzugreifen, wird jedoch im Allgemeinen eine andere Strategie zur gemeinsamen Besserstellung verfolgt: Jeder, der einer Jurisdiktion angehört, wird zwangsweise Mitglied des entsprechenden staatlichen Clubs zur Produktion eines öffentlichen Gutes. Zwei Gründe sprechen dafür:

Die staatliche Bereitstellung kann erstens aufgrund strategischen Verhaltens von Vorteil sein: Jeder Einzelne hat ein Interesse, seine wirkliche Zahlungsbereitschaft zu verbergen, damit er zu einem möglichst geringen Beitrag in den Genuss des öffentlichen Gutes kommt. Er wird auch dann noch sein Veto einlegen, wenn ein Vorschlag für ihn bereits einen Nettovorteil erbringt. Denn die Vetoposition kann dazu genutzt werden, den eigenen Anteil am Tauschgewinn zu vergrößern (Bucha-

---

[47] Zum Verfahren siehe Blankart (1995) und Märkt (2001).

[48] Ähnlich auch Buchanan (1965/1987, 219).

nan/Tullock 1962/1965, Kapitel 8). Es kann daher im Interesse der Bürger sein, an die Stelle einer individuellen Befragung, welchen Finanzierungsbeitrag der Einzelne zu leisten bereit ist, ein kollektives Entscheidungsverfahren zu setzen, bei dem über Art und Menge öffentlicher Güter abgestimmt wird, nachdem die Aufteilung der Finanzierungsbeiträge auf die Einzelnen festliegt.[49] Die staatliche Bereitstellung dient bei dieser Argumentation ausschließlich der Senkung der Transaktionskosten. Wie beim Rechtsschutzstaat ist vor der Abstimmung die Definition der relevanten Gruppe erforderlich, deren Mitglieder einstimmig einem Finanzierungsvorschlag zustimmen müssen. Die Überwindung des strategischen Verhaltens erfordert daher – wie die Einigung auf Verfügungsrechte und ihre Durchsetzung – die Bildung einer Jurisdiktion abstimmungsberechtigter Bürger.

Zweitens bestimmt aufgrund der mangelnden Ausschließbarkeit jeder Produzent die Konsummenge aller Bürger. Eine Nutzung kollektiver Entscheidungsverfahren in bestehenden Jurisdiktionen kann daher im Interesse der Bürger liegen, um die Abweichung von der individuell optimalen Konsummenge gering zu halten, die dadurch entstehen kann, dass einzelne Gruppen von Bürgern, die untereinander die Finanzierungsfrage geklärt haben, die Bereitstellung vornehmen.

3.2.3 Sozialstaat

Ein Großteil der beobachtbaren Staatsaktivitäten ist – explizit oder implizit – redistributiver Natur.[50] Bei *expliziter* Redistribution werden bei einem Teil der Bevölkerung Steuern erhoben, um die Einnahmen in Form von Transfers einer anderen Bevölkerungsgruppe zukommen zu lassen. Werden vom Staat überwiegend solche Güter bereitgestellt, die besonders von ärmeren Bürgern genutzt, im Wesentlichen aber von reicheren Bürger finanziert werden, kommt es zur *impliziten* Umverteilung. Implizite Umverteilung ist dann unvermeidbar, wenn die Finanzierung öffentlicher Güter unabhängig von der Nutzung beschlossen wird, wenn also keine Äquivalenzfinanzierung erfolgt. Unterschiede bestehen jedoch im Umfang dieser Umverteilung (Gerken/Märkt/Schick 2000, 10–13): Können alle Bürger das öffentliche Gut in gleicher Weise nutzen, bewirkt beispielsweise eine progressive Besteuerung eine stärkere Umverteilung als eine proportionale Besteuerung.

---

[49] Dies entspricht in etwa der Vorstellung bei Lindahl (1919). Vgl. Mueller (1989, 43–48). Eine solche generelle Regel kann auch die Festlegung auf die Entgeltfinanzierung öffentlicher Güter sein, die nur in wenigen Ausnahmen durch allgemeine Steuern zu ergänzen wäre (Grossekettler 1999, 17f).

[50] Teilweise ist der Staat sogar als ausschließlich umverteilend dargestellt worden (Aranson/Ordeshook 1981; Meltzer/Richard 1978; 1981; Peltzman 1980; Tullock 1967; Stigler 1971; Becker 1983). Dies würde jedoch – im Widerspruch zu der vorstehenden Analyse des Staats als transaktionskostensenkendem Rechtsschutz- und Leistungsstaat – implizieren, dass staatliche Aktivität grundsätzlich ein Nullsummenspiel sei (Breton 1996, 6).

Umverteilung kann zum einen auf mangelnde Bürgersouveränität zurückgeführt werden. Umverteilung ist in diesem Falle Ausbeutung, also ein Funktionsfehler des Staates, weil manchen Bürgern zwangsweise etwas weggenommen wird, um es anderen zu geben. Sie hat dann bestenfalls den Charakter eines Nullsummenspiels. Zum anderen bestehen jedoch für die Reicheren Gründe, ein bestimmtes Niveau an Umverteilung aus ihrem eigenen Interesse und deshalb freiwillig zu finanzieren und die Organisation der Umverteilung in die Hand des Staates zu legen. Insofern kann Umverteilung eine Pareto-Verbesserung bedeuten. Für eine solche konsensfähige Umverteilung gibt es folgende Motive:

(1) *Umverteilung als Einkommensversicherung*: Sind die Individuen unsicher über ihre künftige Einkommensposition, ist eine Einkommensversicherung individuell rational. Eine solche kann nicht nur für einen hypothetischen Urzustand konzipiert werden, sondern auch als langfristig angelegtes quasi-konstitutionelles Arrangement (Buchanan/Tullock 1962/1965, 192–195). Denn längerfristig müssen auch aktuell nicht Bedürftige damit rechnen, dass sie selbst oder ihnen nahestehende Menschen hilfsbedürftig werden. Bei einer solchen Einkommensversicherung kommt es *ex post* zur Umverteilung von den Reicheren zu den Ärmeren.[51] Für die Reicheren besteht dann ein Interesse, den Versicherungsvertrag nicht einzuhalten. Der Vertrag kommt daher nur zustande, wenn der Staat die Vertragseinhaltung garantiert. In verstärkter Form gilt dies für intergenerationelle Umverteilung. Die Investition in die Ausbildung der eigenen Kinder als Gegenleistung für die Versorgung im Alter ist für die Elterngeneration riskant. Denn für die Eltern gibt es im Alter keine Möglichkeit, die Einhaltung dieses intergenerationellen Umverteilungsvertrags zu erzwingen.[52] Staatliche Umverteilung erlaubt damit einen Generationenvertrag, der innerfamiliär nicht durchzusetzen wäre (Becker/Murphy 1988). Er stellt Geber und Nehmer besser.

(2) *Umverteilung als Tauschobjekt*: Um einen konstitutionellen Vertrag zu schließen, der Eigentumsrechte sichert, kann eine Umverteilung von Vermögen erforderlich sein (Buchanan 1975, 63f). Transfers bezwecken in diesem Fall die Verständigung über Verfügungsrechte. Da erst diese die Realisierung von Kooperationsgewinnen ermöglicht, handelt es sich nicht um Umverteilung im Sinne eines Nullsummen-Spiels, bei dem einem etwas genommen wird, um es einem anderen zu geben, sondern um einen Tausch zur wechselseitigen Besserstellung (Homann/Pies 1996). Diese Überlegung gilt auch postkonstitutionell: Geltendes Recht kann leichter durchgesetzt werden, wenn potenzielle Rechtsübertreter durch Umverteilung an den Vorzügen des geltenden Rechtssystems teilhaben (Eaton/White 1991). Das erklärt auch, warum es häufig nicht die „Ärmsten" sind, die von der

---

[51] Mueller (1998, 174). Ähnlich auch Harsanyi (1953; 1955) und Rawls (1971/1975).

[52] Vgl. die eindrückliche Schilderung in „La Terre" (Zola 1887/1994).

Umverteilung profitieren, sondern die Gruppen, die am meisten Unruhe stiften könnten (Breton 1996, 318–320). Umverteilung ist in diesem Sinne als Gegenleistung für rechtliche und politische Sicherheit zu interpretieren.

(3) *Nutzeninterdependenz*: Wenn das Geben selbst oder zumindest seine Wirkung Nutzen stiftet, ist Umverteilung auch bei Sicherheit rational. Eine solche Nutzeninterdependenz ist – mikroökonomisch ausgedrückt – dann gegeben, wenn die ökonomische Position des Nehmenden oder dessen Nutzenfunktion ein Element in der Nutzenfunktion des Gebenden ist. Dies wird insbesondere bei extrem armen Hilfeempfängern der Fall sein. Diese Begründung von Umverteilung kann allein jedoch nicht erklären, warum es dabei des Staates bedarf (Buchanan 1974/1977, 59f). Wer wegen des eigenen Nutzens gibt, wird dies auch ohne staatliche Intervention tun. Immer dann, wenn der Nutzen aus der Umverteilung nicht nur dem Gebenden und dem Nehmenden, sondern auch anderen Gesellschaftsmitgliedern zu Gute kommt, besteht jedoch die Gefahr des Freifahrer-Verhaltens. Ist der Nutzen der Umverteilung auch erzielbar, wenn man nicht selbst für die Besserstellung der ärmeren Menschen sorgt, sondern andere dies tun, erhält Umverteilung den Charakter eines öffentlichen Gutes. Die staatliche Bereitstellung kann dann für alle vorteilhaft sein.

Der Staat in seiner Eigenschaft als Sozialstaat kann folglich sowohl als Rechtsschutzstaat interpretiert werden, soweit er langfristige Versicherungsverträge durchsetzt (1) oder vereinbarte Rechtspositionen schützt (2), als auch als Leistungsstaat, soweit er das öffentliche Gut „Umverteilung" (3) bereitstellt.

3.3 Die Organisation des Staates

Rechtsschutz, Leistungserstellung und Umverteilung erfordern kollektives Handeln. Die dazu notwendige Entscheidungsfindung und -umsetzung innerhalb einer Jurisdiktion verursacht Kosten (3.3.1). Diese können insbesondere durch zwei Maßnahmen gesenkt werden: durch den Übergang von einstimmigen zu Mehrheitsentscheidungen (3.3.2) und durch Delegation (3.3.3). Obwohl in den meisten Demokratien beide Elemente zugleich auftreten, ist dies nicht zwingend. Direktdemokratische Mehrheitsentscheidungen sind ebenso möglich wie Konsensbeschlüsse in Repräsentativorganen.

3.3.1 Verwaltungs- und Koordinationskosten

Die ökonomische Theorie hat lange von den Organisationskosten staatlicher Systeme abstrahiert. Es ist das Verdienst von Breton/Scott (1978), solche Organisationskosten systematisch in die Analyse staatlicher Systeme einbezogen zu haben. Nach Breton/Scott (ebd., 7f, 31–33) ist zu unterscheiden zwischen Verwaltungskosten und Koordinationskosten.[53] Verwaltungskosten fallen innerhalb einer einzelnen Institution eines staatlichen Systems an und umfassen alle Kosten der Einrichtung und Unterhaltung eines Regierungsapparates wie die Kosten der Regierungsorganisation, der Bauten für die Regierung, Kontrollaktivitäten, etc. Unter die Verwaltungskosten subsumieren Breton/Scott aber auch die Kosten von Aktivitäten der Regierung, die Bürgerpräferenzen und geeignete Politikinstrumente ermitteln sollen, d.h. alle Kosten, die zur Überwindung des Wissensproblems anfallen. Diese Kosten der Präferenzerhebung steigen mit der Heterogenität der Bevölkerung, die allgemein als mit der Jurisdiktionengröße positiv korreliert angenommen wird.

Immer dann, wenn die staatlichen Aufgaben auf mehr als eine einzelne staatliche Institution übertragen werden, entsteht Koordinationsbedarf, der in Form von Zeit und Geld für Verhandlungen oder für gemeinsam unterhaltene Einrichtungen wie Schiedsstellen Ressourcen bindet. Diese Koordinationskosten werden mit der Anzahl der zu koordinierenden Institutionen und mit dem Heterogenitätsgrad zwischen denselben steigen.

Letztlich sind die Koordinationskosten das Pendant zu den Verwaltungskosten. Die Konflikte, die innerhalb eines Staates durch die unterschiedlichen Präferenzen der Bürger auftauchen, können entweder innerhalb einer einzelnen Institution als Verwaltungskosten oder zwischen den verschiedenen Institutionen als Koordinationskosten anfallen. Beide Kostenkategorien entwickeln sich also in der Regel bei Veränderungen der Organisationsstruktur gegenläufig, ohne dass *a priori* eine Aussage über die relative Stärke beider Effekte getroffen werden könnte.[54] Im Interesse der Bürger ist es, durch eine geeignete Organisation des Staates diese Kosten zu reduzieren, damit nicht die Kosten staatlicher Organisation die Vorteile des Transaktionskosten reduzierenden Arrangements Staat aufzehren.

Im Ausgangspunkt der Staatengründung entscheiden im Idealfall alle Bürger gemeinsam über Rechtsetzung, Leistungserstellung und Umverteilung in ihrer Jurisdiktion. Die Verwaltungskosten sind in diesem Fall identisch mit den Kosten der Koordination zwischen den Bürgern. Im Folgenden wird deutlich, wie eine Senkung dieser Kosten möglich ist. Dabei ist stets zu berücksichtigen, dass eine Senkung der Organisationskosten Rückwirkungen auf die Bürgerorientierung der Politik hat. Zwei grundlegende Bürgerinteressen, die in einem unauflöslichen Spannungsverhältnis stehen, kennzeichnen daher die folgende Diskussion des europäischen Mehrebenen-Föderalismus: das Interesse, die Summe der Verwaltungs-

---

[53] Daneben spielen bei Breton/Scott die Kosten der Steuerung politischer Systeme – *Signalling*- und Mobilitätskosten – eine Rolle, die bei den Bürgern selbst anfallen. Sie werden in späteren Abschnitten berücksichtigt.

[54] Willkürlich ist die Annahme bei Sauerland (1997, 171), dass die Summe beider Kostenkategorien mit höherer Dezentralisierung ansteigt, und die daraus folgende Ableitung eines optimalen Zentralisierungsgrades (ebd., 173f).

und Koordinationskosten zu senken, und das Interesse, Bürgersouveränität bestmöglich zu verwirklichen.[55]

3.3.2 Vor- und Nachteile von Entscheidungen unter Einstimmigkeit

Nach Wicksell (1896) sichert die Einstimmigkeitserfordernis, dass jede einzelne
Entscheidung eine Pareto-Verbesserung bewirkt. Zwei Argumente weisen jedoch
darauf hin, dass es im Interesse einer Gruppe sein kann, eine geringere Anforderung an eine Entscheidung zu legen. Zum einen ist der Aufwand, über Art und
Menge öffentlicher Güter zu befinden, in großen heterogenen Gruppen hoch (Black
1958, 147; Buchanan/Tullock 1962/1965, Kapitel 6). Zum anderen kann – wie erwähnt – Einstimmigkeit zu strategischem Verhalten führen (3.2.2). Wicksell selbst
hat daher seinen Vorschlag als nur bedingt praxisrelevant bezeichnet und Entscheidungen mit geringerem Zustimmungsquorum empfohlen (Märkt 2001, 206).

Buchanan/Tullock (1962/1965, 63–72) analysieren vor diesem Hintergrund die
Vorteilhaftigkeit unterschiedlicher Entscheidungsregeln bei gegebener Gruppengröße. Die Funktion D = f(q) stellt die Entscheidungskosten (*decision-making cost*)
dar. Für q = 1 (Einstimmigkeit), sind diese Kosten sehr hoch, für kleines q gehen
sie gegen Null.[56] Sie fallen vor der Entscheidung an.

Der Nachteil eines geringeren Quorums besteht in der Möglichkeit, dass der Einzelne, wenn er überstimmt wurde, externe Kosten der Abstimmung (*external cost*)
zu tragen hat. Denn ein Abweichen von der Einstimmigkeitsregel ermöglicht un-
freiwillige Umverteilung (Mueller 1998, 178f). Dies ist umso wahrscheinlicher, je
geringer das Quorum. Die Funktion der externen Kosten C = f (q) fällt daher in q.
Diese externen Kosten fallen nach der Entscheidung an, falls das Entscheidungser-
gebnis von dem vom Einzelnen gewünschten Ergebnis abweicht. Man könnte daher
auch von erwarteten Präferenzabweichungskosten sprechen. Diese sind von der
Stellung des Individuums in der Gesellschaft abhängig. Menschen, die einer Minderheit angehören, werden höhere externe Kosten antizipieren als Menschen, die

---

[55] Breton/Scott (1978, 71) nehmen an, dass die Regierungen ihre Koordinationsaktivitäten erweitern, wenn die Bürger stärkeren Druck ausüben. Diese und weitere Annahmen führen zu Reakti-
onsfunktionen zwischen Bürgern und Regierungen, die ein Gleichgewicht hervorbringen, in dem
die Bürger kein Interesse an einer Ausweitung ihrer Steuerungsaktivitäten und die Regierungen
keinen Anreiz zur Ausweitung ihrer Verwaltungs- und Koordinationsaktivitäten haben. Die Vorstellung beruht allerdings auf der Annahme, dass „die Jurisdiktionen beziehungsweise deren Entscheidungsträger das Ziel haben, die Präferenzen der Bürger zu erfüllen" (Sauerland 1997, 175f).
Das in Abschnitt 3.3.3 zu diskutierende Grundproblem von Delegation wird damit wegdefiniert.
Diesem Ansatz von Breton/Scott wird daher in dieser Arbeit nicht gefolgt. Vielmehr werden Effi-
zienzerwägungen und Bürgerorientierung separat diskutiert.

[56] Alternativ lässt sich D als Funktion der Anzahl derer, die zustimmen müssen, formulieren. Diese Darstellung wählen Buchanan/Tullock. Für gegebene Gruppengröße N ergibt sich kein Unterschied in der Darstellung.

erwarten, dass die meisten Entscheidungen nahe an ihren Präferenzen liegen werden. Die Präferenzabweichungskosten werden außerdem für verschiedene Entscheidungen differieren (Mueller 1989, 54).

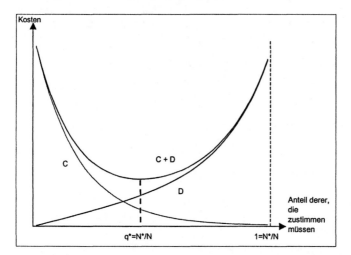

Abb. 3.2: Optimales Abstimmungsquorum (nach Buchanan/Tullock 1962/1965, 65, 70f).

Das optimale Quorum q*, das sich im Minimum der Funktion D + C ergibt (Abb. 3.2), ist daher nur für jedes Individuum und jede spezifische Entscheidung formulierbar und wird sich im Zeitablauf kontinuierlich verändern. Insbesondere ist es denkbar, dass für Entscheidungen über Umverteilung ein höheres Quorum verlangt wird. Grundsätzlich kann aber auch für Entscheidungen über das öffentliche Gut „Umverteilung" argumentiert werden, dass die Einstimmigkeit auf die Verfahrensebene verlagert wird, so dass „produktive Regeln der Umverteilung" (Märkt 2001, 204) vereinbart werden, die nicht für jeden einzelnen Transfer einstimmige Entscheidungen vorsehen.

Des Weiteren kann durch diese Analyse erklärt werden, warum grundlegende Freiheitsrechte Verfassungsrang erhalten und durch Mehrheitsentscheidungen nicht aufgehoben werden können. Da die Veränderung grundlegender individueller Freiheitsrechte in hohem Maße die Gefahr der Unterdrückung Einzelner durch eine Mehrheit birgt (hohe externe Kosten) und eine Anpassung der Grundrechte nur in seltenen Fällen erforderlich ist (geringe Entscheidungskosten), schneiden sich die Kurven für Grundrechtsfragen bei einem höheren Quorum als für tagespolitische Entscheidungen.

3.3.3 Vor- und Nachteile von Delegation

Das zweite kostensenkende Verfahren neben der Einführung von Mehrheitsentscheidungen ist die Delegation von Entscheidungen. Sie kann auf unterschiedliche Weise vorgenommen werden (3.3.3.1). In jedem Fall führt sie zum Prinzipal-Agenten-Problem (3.3.3.2). Dieses besteht in verschärfter Weise für Entscheidungen über Regeln für den politischen Prozess (3.3.3.3).

3.3.3.1 Verhandlungs- und Konkurrenzdemokratie

Die bisherigen Ausführungen gingen von einer direkten Demokratie aus. Bei direkt-demokratischen Verfahren erfolgt eine Wahl zwischen konkreten Politikalternativen. Verhandlungen und Abstimmungen führen zu einer Entscheidung der Bürger selbst. In der Realität wird jedoch die Mehrzahl der Entscheidungen von Repräsentativorganen vorgenommen. Vorteile einer solchen Delegation auf gewählte Vertreter liegen in der Absenkung der Entscheidungskosten (Buchanan/Tullock 1962/1965, 213). So können wenige Delegierte schneller Beschlüsse fassen, haben die Zeit, sich intensiv mit der Materie auseinander zu setzen und sind weniger von kurzfristigen Stimmungen beeinflusst (Gerken/Schick 2002). Wie in vielen anderen Bereichen ergeben sich daher auch in Bezug auf politische Entscheidungen Vorteile der Arbeitsteilung.

Allerdings besteht bei repräsentativ-demokratischen Verfahren, bei denen die Bürger ihre Vertreter für künftige politische Entscheidungen wählen, kein direkter Zusammenhang mehr zwischen Stimmabgabe und Politikalternative. Je nach dem, nach welchen Regeln die Repräsentanten bestimmt werden, mit welchem Abstimmungsquorum diese entscheiden können, wie groß die repräsentative Versammlung ist (Repräsentationsgrad) und welche Gruppen der Bevölkerung die Auswahl vornehmen (Repräsentationsbasis) ergeben sich unterschiedlichen Formen der repräsentativen Demokratie (Buchanan/Tullock 1962/1965, 213).[57] Für die folgende Untersuchung wesentlich ist die Unterscheidung zwischen Verhandlungs- und Konkurrenzdemokratie.

Ist im Parlament ein – mehr oder weniger getreues – Abbild der Bevölkerung vertreten (Tullock 1967/1972, Kapitel 10), entscheiden die Repräsentanten durch Verhandlungen und Abstimmungen in derselben Weise, wie es die Bürger in kleineren Gemeinwesen selbst tun, einstimmig oder per Mehrheitsbeschluss. Wichtigste Aufgabe des Wahlverfahrens ist es in diesem Modell, die Anzahl der an der Entscheidung Beteiligten zu reduzieren, ohne dabei eine Selektion bezüglich der Präferenzen vorzunehmen. Die Wähler entscheiden also über diejenigen, die für sie

---

[57] Nach Buchanan/Tullock (1962/1965, 216f) ist beispielsweise der Repräsentationsgrad in kleineren Jurisdiktionen höher; denn das Parlament umfasst stets eine ähnliche Anzahl von Abgeordneten. Die Entscheidungs- und Präferenzabweichungskosten sind in großen Jurisdiktionen höher.

verhandeln sollen (Verhandlungsdemokratie). Entsprechend ist die Rolle des einzelnen Delegierten entscheidend. Parteien spielen eine untergeordnete Rolle. Alternativ kann bei der politischen Wahl selbst zwischen Politikprogrammen ausgewählt werden. Parteien als politische Unternehmer präsentieren Parteiprogramme, die festlegen, welche Bündel öffentlicher Güter zu welchem (Steuer-)Preis angeboten werden sollen, falls die Wähler dieser Partei die Regierungsgewalt übertragen. Grundprinzip ist bei diesem Modell die Konkurrenz zwischen den Parteien (Konkurrenzdemokratie). Als Vergleich für diese Konkurrenzbeziehung bietet sich allerdings weniger der kontinuierliche unternehmerische Wettbewerb zwischen verschiedenen Anbietern auf atomistischen Märkten („competition in the field") an als eine in regelmäßigen Abständen veranstaltete Auktion für die monopolistische Bereitstellung von Leistungen („competition for the field"); denn die Parteien als politische Unternehmer erhalten für eine bestimmte Zeit das Recht, stellvertretend für die Bürger politische Entscheidungen zu treffen (Wohlgemuth 2001, 285). Dadurch wird ein temporäres Monopol geschaffen, um das vor Beginn der Frist ein Wettbewerb organisiert wird. Es kommt zur „alternierenden Machtverteilung" (Lehmbruch 1998, 21). Entsprechend spielen die Parteien eine wichtigere Rolle als bei der Verhandlungsdemokratie. Dies kann bis zum Fraktionszwang gehen, der dem einzelnen Delegierten keine Entscheidungsfreiheit belässt und ihn damit zur Zählgröße degradiert. Anders als bei der Verhandlungsdemokratie, bei der jederzeit ein partieller Austausch von Delegierten denkbar ist,[58] spielen bei der Konkurrenzdemokratie zudem die Legislaturperiode und ihre Länge eine wichtige Rolle.

Zur Konkurrenz zwischen den Parteien in Form eines politischen Wettbewerbs um die besten Politikvorschläge kommt es nur, wenn im Repräsentativorgan per Mehrheitsbeschluss entschieden wird. Konsensentscheidungen, wie sie in manchen Verfassungen für Änderungen von Verfassungsartikeln vorgesehen sind, stellen insofern in der Konkurrenzdemokratie einen – verhandlungsdemokratischen – Fremdkörper dar, als sie die Konkurrenten zur Zusammenarbeit im Parlament zwingen. Zwar sind der Konkurrenzdemokratie Verhandlungen über tagespolitische Fragen nicht fremd. Sie finden jedoch nicht im Parlament statt, sondern innerhalb der Parteien bzw., wenn Koalitionen nötig sind, zwischen den Koalitionsparteien.

In der Verhandlungsdemokratie wird vor allem ein Parlament gewählt, in der Konkurrenzdemokratie vor allem eine Regierung.[59] In beiden Fällen werden die Präferenzen der Bürger zur Steuerungsgröße für den politischen Prozess. In der Verhandlungsdemokratie entspricht die Verteilung der Präferenzen im Parlament

---

[58] So wird im amerikanischen Senat alle zwei Jahre ein Drittel der Senatoren neu gewählt. Im deutschen Bundesrat verändern sich die Mehrheitsverhältnisse in unregelmäßigen Abständen in Abhängigkeit von der Regierungsbildung in den Ländern.

[59] Blankart/Mueller (2001, 5f) kennzeichnen daher erstere überspitzend als „parlamentarische Demokratie ohne Regierung", letztere als „Regierung ohne Parlament".

weitgehend denen in der Bevölkerung. Die Verhandlungsergebnisse führen daher idealerweise zu einer Umsetzung des Bürgerwillens. In der Konkurrenzdemokratie haben die politischen Unternehmer ein mittelbares Interesse, Programme anzubieten, die den Präferenzen der Bürger entsprechen. Denn sie können ihre eigenen Ziele nur erreichen, wenn sie von den Bürgern gewählt werden (3.1.3.1). In bipolaren Parteiensystemen, die häufig das Ergebnis der Konkurrenzdemokratie sind, kommt es zu einem Wettbewerb um den Medianwähler.

In der Realität sind beide Systeme selten in Reinform zu beobachten. Verfassungsbestimmungen und spezifische Wahlverfahren führen zu Mischsystemen, die wesentliche Nachteile gegenüber den Reinformen der Verhandlungsdemokratie oder der Konkurrenzdemokratie aufweisen (Blankart/Mueller 2001, 9f): Wenn in der Konkurrenzdemokratie nicht eine einzige Partei das Recht zur Umsetzung ihrer Politikvorschläge erhält, wenn sich in der Verhandlungsdemokratie feste Koalitionen bilden oder wenn mehrere Gremien gewählt werden, die gemeinsam für politische Entscheidungen verantwortlich sind,

- besteht die Gefahr einer verkürzten Meinungsbildung durch Verhandlungen in kleinen Koalitionszirkeln und Vermittlungsausschüssen;

- werden die Wähler durch die Kompromissbildung zwischen verschiedenen Parteien oder zwischen verschiedenen Gremien verwirrt, weil die Politikergebnisse von den Parteiprogrammen abweichen;

- wird strategisches Wahlverhalten aufgrund der möglichen Koalitionsbildungen oder aufgrund der Wechselwirkung auf ein weiteres Gremium rational;

- drohen instabile Regierungen durch wechselnde Mehrheiten bei Minderheitsregierungen oder durch gegensätzliche Mehrheiten, wenn mehrere Gremien gemeinsam entscheiden müssen.

3.3.3.2 Das Prinzipal-Agenten-Problem bei politischen Entscheidungen

Durch die Beauftragung von Personen, die im Namen der Bürger Entscheidungen vornehmen, entsteht bei eigeninteressierten Beauftragten das sogenannte Prinzipal-Agenten-Problem. Es führt dazu, dass es nicht in jedem Fall im Interesse der Bürger ist, eine Aufgabe auf gewählte Repräsentanten zu delegieren. Vielmehr ist eine geeignete Mischung aus direkt- und repräsentativ-demokratischen Formen der Entscheidungsfindung zu suchen. Denn es besteht die Gefahr, dass die Politiker als Agenten Ziele verfolgen, die denen der Bürger als Prinzipale widersprechen.[60] Dies

---

[60] Einen Anhaltspunkt für die Bedeutung des Prinzipal-Agenten-Problems liefern Pommerehne/Scheider (1982), indem sie den Umfang der Staatstätigkeit in direkt-demokratischen und repräsentativ-demokratischen Schweizer Gemeinden vergleichen. Weitere empirische Belege für die höhere Effizienz direkt-demokratischer Verfahren führt Kirchgässner (2001, 164–167) an.

ist möglich, weil erstens die Agenten als staatliche Akteure über Macht verfügen, die sie in ihrem eigenen Interesse einsetzen können, und weil zweitens durch die Delegation Informationsasymmetrien zugunsten der Agenten entstehen (Persson/-Roland/Tabellini 1997, 1165f). Diese bestehen darin, dass die Agenten einen Wissensvorsprung gegenüber den Prinzipalen haben (*hidden information*) und die Prinzipale die Handlungen der Prinzipale nicht im Einzelnen nachvollziehen können (*hidden action*).[61]

Politiker[62] werden versuchen, möglichst viel in ihrem Sinne und zu ihren Gunsten zu gestalten (3.1.3.1). Der Verfassung kommt die Aufgabe zu, die Eigeninteressen der Politiker für die Interessen der Bürger nutzbar zu machen. Die Verfassungsordnung zur Verwirklichung der Bürgersouveränität entspricht damit der Wettbewerbsordnung für den marktlichen Bereich, die eine Ausrichtung wirtschaftlichen Handelns an den Konsumenteninteressen, also Konsumentensouveräntität, sicherstellen soll. Vergleichbar der Wettbewerbsordnung im marktlichen Wettbewerb beschränkt die konstitutionelle Ordnung die Handlungsoptionen der Akteure und verändert ihre Vorteilhaftigkeit.

Verfassungen legen dazu die Kompetenzen der Politiker, d.h. ihre Gestaltungs- und Mitwirkungsrechte, fest und bestimmen die ihnen aufgrund von Wahlperioden zur Verfügung stehende Zeit. Dies gilt nicht nur für Regierungspolitiker, sondern auch für die Politiker der Oppositionsparteien, denn auch diese verfügen über Gestaltungs- und Mitwirkungsrechte (Breton 1996, 17). Gleichwohl sind die Rechte für die Opposition im Vergleich zu denen der Regierung begrenzt. Außer der eigenen Kompetenzausstattung und der anderer Politiker stellen auch Volksabstimmungen oder gerichtlich durchsetzbare Grundrechte Restriktionen für die Politiker dar. Insgesamt kann die konstitutionelle Ordnung, die den Rahmen für den politischen Prozess darstellt, weil sie die Gestaltungs- und Mitwirkungsrechte der einzelnen Akteure definiert, als Restriktionenset für Politiker bezeichnet werden.

Die Restriktionen setzen idealerweise die Anreize so, dass solche Handlungen für Politiker vorteilhaft sind, die den Bürgerinteressen entsprechen. Die Verteilung von Gestaltungs- und Mitwirkungsrechten im politischen Prozess dient damit der Überwindung der Prinzipal-Agenten-Problematik. Die Restriktionen für das Handeln von Politikern sind jedoch in Bezug auf ihre Fähigkeit, die Rentenerzeugung zu unterbinden, d.h. das Politikerhandeln an den Bürgerinteressen auszurichten, in den jeweiligen Verfassungen von unterschiedlicher Qualität. Manchen Verfassungsordnungen gelingt es, durch geeignete Regeln das Interesse der Akteure dahin

---

[61] Grundlegend zu Informationsasymmetrien Akerlof (1970).

[62] Ausführlich ist auch die Rolle der Bürokratie untersucht worden (vgl. Tullock 1967/1972 sowie Mueller 1987 mit weiteren Nachweisen). Auf die Problematik einer weiteren Delegation an eine nicht gewählte Administration wird im Folgenden nicht eingegangen.

zu lenken, dass sie sich am „Gemeinwohl" orientieren. Andere Verfassungen ge statten Mandatsträgern, unter Missachtung der Bürgerinteressen persönliche Ziele zu realisieren. Die unterschiedliche Qualität politischen Handelns ist dabei auf die Unterschiede in den einzelnen Regeln zurückzuführen. Während beispielsweise einige Länder Volksabstimmungen vorsehen, existiert diese Institution in anderen Ländern nicht. Auch die Wahlmodi unterscheiden sich. Während einige Länder das Verhältniswahlrecht oder das Mehrheitswahlrecht anwenden, bestehen in anderen Ländern Mischsysteme.

Die Aufgabe, die sich der Verfassungsökonomik stellt, ist es daher, Regelsysteme daraufhin zu untersuchen, welche von ihnen trotz der Delegation auf wenige Entscheidungsträger und trotz des Verzichts auf Einstimmigkeit eine Orientierung an den Interessen der Bürger ermöglichen. Insbesondere wird daher bei der Verfassungsgebung darauf zu achten sein, die Handlungsoptionen der Agenten einzuschränken („limiting constitution"[63]), damit diese die ihnen übertragene Macht nicht gegen die Interessen einiger oder aller Bürger einsetzen können. Allerdings darf diese Beschränkung nicht so weit gehen, dass kollektives Handeln zur Realisierung gemeinsamer Vorteile unmöglich wird. Denn gerade zu diesem Zweck besteht das politische Gemeinwesen (3.2). Die Verfassung muss daher die Agenten mit ausreichenden Handlungsmöglichkeiten ausstatten („enabling constitution"). Die Verfassungen inhärente Mischung von beschränkenden und ermöglichenden Elementen versucht einen Ausgleich zwischen zwei Risiken (Vanberg 1997, 256): Je stärker die Handlungsmöglichkeiten der Politiker beschränkt werden, desto größer wird die Wahrscheinlichkeit dafür, dass die Politiker eine Möglichkeit, das Wohl aller Bürger zu mehren, nicht wahrnehmen können (Fehler erster Art). Je geringer die Begrenzung, desto größer wird die Wahrscheinlichkeit dafür, dass die Politiker Handlungen vornehmen, die den Bürgerinteressen widersprechen (Fehler zweiter Art). Jedes Verfassungsarrangement kann als vorzugswürdig gelten, das im Vergleich zu einem anderen beide Risiken reduziert.

3.3.3.3 Das Prinzipal-Agenten-Problem bei der Regelwahl

Die Regelsetzung für politische Akteure verwirklicht die Vorstellung, dass die Regierenden selbst nicht über dem Recht stehen (Althusius 1603/1614/1991, 213). Sie können während oder nach ihrer Amtszeit zur Rechenschaft gezogen werden, wenn sie gegen geltendes Recht verstoßen haben.[64] Dieses kann nur von der Bürgerschaft in ihrer Gesamtheit verändert werden. Das Regelwerk für politische Entscheidun-

---

[63] Vgl. Vanberg (2000, 269).

[64] Darin liegt auch eine Begründung, warum Restriktionen bezüglich des passiven Wahlrechts bestehen, die Eichenberger (2000) thematisiert: Politiker, die Staatsbürger sind, können von der Bürgerschaft leichter zur Verantwortung gezogen werden, weil sie demselben Rechtssystem unterliegen.

gen bildet einen Teil dieses geltenden Rechts, das über den politischen Entscheidern steht. Es stellt angesichts der Gefahr externer Kosten (3.3.2) und angesichts der Prinzipal-Agenten-Problematik (3.3.3.2) einen – notwendigerweise unvollkommenen – Ersatz für die einstimmige Entscheidung der betroffenen Bürger dar.[65]

Auch bezüglich der Wahl von Regeln bestehen jedoch Delegationsvorteile. Schließlich handelt es sich bei der Festlegung von Restriktionen für den politischen Prozess um komplexe Entscheidungen. In der Realität wird deshalb die Aufgabe, die Restriktionen zu gestalten, ebenfalls von Repräsentanten vorgenommen. Politiker sind nicht nur zur Rechtsetzung, Leistungserstellung und Umverteilung aktiv, sondern auch bei der Gestaltung der institutionellen Ordnung. Auch dabei werden sie sich jedoch nicht allein von Gemeinwohlerwägungen, sondern auch von ihren eigenen Interessen leiten lassen. Es wäre eine äußerst widersprüchliche Annahme, dass Politiker zwar im politischen Prozess, nicht aber bei der Verfassungsgebung eigeninteressiert handeln. Denn die Regelgestaltung gibt eigeninteressierten Politikern die Gelegenheit, für die Zukunft die Möglichkeiten zur Realisierung ihrer eigenen Interessen zu erweitern.[66]

Weil der Ausgang von Wahlen ungewiss ist, entspricht es dabei einer rationalen, weil risikominimierenden Strategie für die Regierungspolitiker, der Opposition Mitspracherechte einzuräumen, obwohl dies für die Regierung eine Restriktion darstellt. Denn diese Strategie sichert selbst bei einer Wahlniederlage noch relevante Einflussmöglichkeiten. Die Einführung von qualifizierten Mehrheiten beispielsweise sichert die Macht der jeweiligen Oppositionspartei und erlaubt so auch nach einer verlorenen Wahl die Verfolgung eigener Interessen. Dieses Kalkül erklärt auch, warum Verfassungen viele *Checks and balances* beinhalten, bei denen verschiedenen Machtzentren Kompetenzen eingeräumt werden, jedoch mit Ausnahme einzelner Grundrechte wenige *absolute* Grenzen für staatliches Handeln, wie sie beispielsweise von Brennan/Buchanan (1980) und Buchanan/Congleton (1998) vorgeschlagen wurden.

Eine Verfassungsordnung wird also in der Regel nicht die Restriktionen enthalten, die im Sinne der Bürger wären. Hieran wird deutlich, dass die Kopplung von Verfassungspolitik und Tagespolitik bei denselben Institutionen ein *Agency*-Problem erzeugt.[67] Das Prinzipal-Agenten-Problem tritt in Bezug auf die Restriktionen des

---

[65] Je niedriger das Abstimmungsquorum und je geringer die Beteiligung der Bürger desto stärker muss daher die Beschränkung der politischen Akteure sein (Pitlik 1997, 14). Zur Interdependenz zwischen (direkter) Demokratie und Rechtsstaatsprinzip Kirchgässner (2001).

[66] Beispielsweise kann der Bau einer Mauer die Mobilität der Bürger einschränken und die Veränderung der Verfassung die Unterdrückung der Opposition legitimieren und so die Möglichkeit schaffen, nach eigenem Gutdünken zu walten.

[67] Kruse (1998, 104). Entsprechend wurden Systeme mit zwei unabhängigen Kammern vorgeschlagen, deren eine sich auf generelle Regelsetzung und Verfassungspolitik, die andere auf

Agentenhandelns sogar in verschärfter Form auf (Blankart 1992, 512), weil mit der verfehlten Regelordnung die Anreize für Politiker, bei tagespolitischen Entscheidungen die Bürgerinteressen umzusetzen, abnehmen.

3.4 Möglichkeiten der Steuerung des politischen Systems durch die Bürger

Nach Hirschman (1970) gibt es zwei Arten von Nachfrager-Reaktionen auf Qualitätsverschlechterungen in Unternehmen und staatlichen Institutionen, also auf eine sich vergrößernde Abweichung zwischen deren Leistungserstellung und den eigenen Präferenzen:

- „Voice" bezeichnet den Widerspruch, d.h. die Kritik gegenüber der betreffenden Institution. Dazu gehört bei politischen Organisationen die Wahlentscheidung der Bürger. Deren Wirksamkeit für die Steuerung des politischen Systems wird im folgenden Abschnitt für die tagespolitischen Entscheidungen (3.4.1) und für die Regelwahl (3.4.2) diskutiert.

- „Exit" bezeichnet die Abwanderung zu einer anderen Institution. Dies ist nur möglich, wenn es andere Institutionen gibt, die ein besseres Angebot bereitstellen. Betrachtet man nur einen einzelnen, geschlossenen Staat, ist also *Exit* als Reaktion auf unzureichende staatliche Leistungserstellung unmöglich.[68]

3.4.1 Steuerung der politischen Entscheidungen

Traditionell wurde in der *Public-Choice*-Literatur die politische Wahl als Nachfrage-Äußerung für Rechtsschutz und öffentliche Güter interpretiert (Mueller 2001, 74). Es besteht jedoch eine Reihe von Unterschieden zwischen der Präferenzoffenbarung im politischen Prozess und der Präferenzoffenbarung auf Märkten (Buchanan 1954/1987):

(1) *Sicherheit bezüglich des Ergebnisses*: Während bei der marktlichen Nachfrage die Auswahl vom Einzelnen autonom vorgenommen wird, kann sich der politische Wähler des Gesamtergebnisses nicht sicher sein, sobald die Entscheidungsgewalt delegiert wird oder Mehrheitsbeschlüsse möglich sind. Gemäß dem Medianwählertheorem[69] entscheidet in einem Kollektiv der Medianwähler über den Ausgang der Wahl. Wer der Medianwähler ist und welche Präferenzen er hat, äußert sich erst im Wahlausgang selbst. Zudem ist die Wahlbeteiligung entscheidend. Liegt sie unter

---

das politische Management spezialisiert. Vgl. Mueller (1996, 314–319), Kruse (1998, 114–116), Vaubel (2000). Der Gedanke geht auf Hayek (1979/1982, 111–117) zurück.

[68] Die *Exit*-Möglichkeit wird daher erst in Kapitel 4 aufgegriffen.

[69] Black (1948). Zur Erweiterung auf mehrdimensionale Entscheidungen siehe Mueller (1989, 73f).

100 %, weichen die in der Wahl ermittelten Medianwählerpräferenzen von denen des tatsächlichen Medianbürgers ab.

(2) *Wissen um die Wirkung auf das Gesamte*: Während im Markt die Wirkung auf das Gesamtsystem unintendiert erfolgt (Ferguson 1767/1966, 122) und der Einzelne in der Regel die gesellschaftlichen Folgen seiner Handlungen nicht wahrnimmt, handelt der politische Wähler im Wissen darum, dass er eine Wahl für die gesamte Jurisdiktion trifft.

(3) *Verantwortungsgefühl:* Bei der kollektiven Wahl ist aufgrund der genannten Unterschiede das Verantwortungsgefühl für die Folgen der Entscheidung geringer als bei der persönlichen marktlichen Nachfrage. Wähler sind, weil sie das Risiko der Fehlentscheidung mit den anderen Bürgern teilen, risikofreudiger als Käufer und treffen häufig uninformierte Entscheidungen. Dies gilt nicht nur aufgrund des grundsätzlichen Wissensmangels, sondern insbesondere deshalb, weil es für den Einzelnen rational ist, sich nur in geringem Maße über die verschiedenen Wahlmöglichkeiten und ihre Implikationen zu informieren („rational ignorance"; Downs 1957, 207–219). Denn der Nutzen einer informierten Entscheidung kommt dem ganzen Gemeinwesen zu, während die Kosten der Information allein auf dem Individuum lasten. Zudem wissen die Bürger, dass eine Entscheidung auch dann getroffen wird, wenn sie selbst sich nicht an der Entscheidungsfindung beteiligen. Bei rationaler Abwägung überwiegen die Kosten des Wählens den erwarteten Nutzen, weil die Wahrscheinlichkeit, dass eine einzelne Stimme den Wahlausgang beeinflusst, insbesondere in großen Kollektiven extrem gering ist. Die Tatsache, dass Menschen wählen gehen, ist daher eher auf Pflichtgefühl und positive Externalitäten des Wählens als auf ein rationales Kalkül über den Nutzen der individuellen Stimmabgabe zurückzuführen (Etzioni 1988/1994, 125–127).

(4) *Ausschließbarkeit von Alternativen:* Während sich die verschiedenen Alternativen bei der politischen Wahl ausschließen, können im Markt in der Regel die Ressourcen auf verschiedene zur Wahl stehende Alternativen aufgeteilt werden. Gleichzeitig steht die Option, sich für keine der angebotenen Alternativen zu entscheiden, bei politischen Wahlen nicht zur Verfügung. Die Wahlenthaltung des Einzelnen führt nur dazu, dass seine Meinung nicht berücksichtigt wird, eine Entscheidung wird dennoch getroffen.

(5) *Überstimmbarkeit:* Bei Mehrheitsbeschlüssen werden regelmäßig viele Wähler überstimmt. Das ist dann der Fall, wenn die Partei, für die sie gestimmt haben, keine Mehrheit erlangt und ihr Wahlprogramm nicht verwirklichen kann, wenn sie an einem Quorum scheitert und nicht im Parlament repräsentiert ist, oder – bei direktdemokratischen Abstimmungen – für all diejenigen, die eine unterlegene Alternative unterstützt haben. Im Markt kann ein Nachfrager nur dann überstimmt werden, wenn Externalitäten oder Unteilbarkeiten von Gütern vorliegen, die eine Berücksichtigung seiner Nachfrage zum Marktpreis nicht erlauben.

Die traditionelle Vorstellung, die der Stimmentscheidung eine ähnliche Funktion zuweist wie einer Kaufentscheidung, nämlich *vor* dem Konsum zwischen unterschiedlichen Gütern auszuwählen, ist von einer realistischeren Vorstellung abgelöst worden. Sie geht vom Prinzipal-Agenten-Problem aus. Delegierte können mit der ihnen für eine bestimmte Zeit übertragenen Macht auch eigene Interessen verfolgen und brauchen, weil Altruismus nicht generell angenommen werden kann, *nach* den Wahlen einen Anreiz, politische Entscheidungen im Interesse der Bürger zu treffen. Wahlen haben vor diesem Hintergrund nicht nur die Funktion, bestimmte Parteiprogramme oder bestimmte Vertreter für die kommende Wahlperiode auszuwählen. Sie stellen zusätzlich im Sinne des *Voice*-Konzepts von Hirschman eine Bewertung der Leistungen der bisherigen gewählten Vertreter dar. In dieser Sichtweise, die als „retrospective voting"[70] bezeichnet wird, reagieren die Wähler auf die vergangene *Performance* der Politiker. Nicht nur das Wahlverhalten im Markt, sondern auch das politische Wahlverhalten wird als adaptiv angenommen (Mueller 2001, 75). Nehmen die Wähler eine Qualitätsverschlechterung der politischen Leistung im Sinne einer größeren Abweichung der politischen Entscheidungen von ihren Präferenzen wahr, bestrafen sie die Regierungspolitiker bei der nächsten Wahl, indem sie ihre Stimme einer anderen Partei geben.[71]

Retrospective voting stellt angesichts des Prinzipal-Agenten-Problems eine sinnvolle Wählerstrategie dar. Denn es setzt Anreize für Politiker, sich nach dem Erfolg im Wettbewerb „for the field" (Konkurrenzdemokratie) bzw. bei den Verhandlungen im Parlament (Verhandlungsdemokratie) an den Interessen der Bürger zu orientieren. Politiker streben in der Regel die weitere Ausübung ihres Amtes an, da politische Ämter mit der Möglichkeit verbunden sind, eigene Interessen zu verfolgen (3.1.3.1).[72] Sie werden sich daher, wenn sie eine nachträgliche Bewertung der Bürger am nächsten Wahltag erwarten, darum bemühen, ihre Politik an den Bürgerinteressen auszurichten, damit sie auch in der folgenden Legislaturperiode diese Vorteile realisieren können. Angesichts der Tatsache, dass die Delegation von Macht an Politiker immer einen unvollständigen Vertrag darstellt, weil nicht für alle künftigen Situationen konkrete „Belohnungen" bestimmt werden, kann nur dieses implizite Anreizschema über „career concerns" eine Orientierung an den Bürgerin-

---

[70] Ausführlich dazu Fiorina (1981; 1997), Hibbs (1987). Das Konzept findet sich bereits bei Barro (1973).

[71] Dabei ist eine Qualitätsverschlechterung nicht mit einer Abkehr vom Parteiprogramm gleichzusetzen. Schließlich ist es gerade auch einer der Vorteile repräsentativer Systeme im Vergleich zu Rätesystemen, dass Delegierte auf neue Erkenntnisse und Phänomene reagieren können.

[72] Das Interesse, dass die eigene Partei an der Macht bleibt, kann im Fall von Wiederwahl-Restriktionen oder altersbedingtem Ausscheiden das persönliche Interesse am Verbleib im Amt ersetzen.

teressen sicherstellen (Tirole 1994). Wahlen schaffen damit die Voraussetzungen dafür, dass sich die Politiker darum bemühen, diese Interessen zu ermitteln.

Die Steuerung des politischen Prozesses mittels *Retrospective voting* bleibt allerdings zum einen deshalb unvollkommen, weil die Wähler ein kurzes Gedächtnis haben (Paldam 1997, 346). Zum anderen bestehen Informationsasymmetrien zu Lasten der Wähler. Diese machen eine wirkliche Bewertung des Handelns einer Regierung unmöglich. Denn weder können die Bürger die tatsächlichen Handlungen der Regierung beobachten (*hidden action*), noch können die Bürger bewerten, inwieweit ein unerwünschtes Politikergebnis auf ungünstige Umwelteinflüsse oder auf ungeeignete politische Maßnahmen zurückzuführen ist (*hidden information*).

3.4.2 Steuerung der Regelwahl

Politischer Wettbewerb stellt einen Anreiz für Politiker dar, sich an den Bürgerinteressen zu orientieren (3.4.1). Entscheidend ist dafür die Existenz mehrerer Kandidaten oder Parteien beim politischen Wettbewerb um Wählerstimmen. Der *Voice*-Prozess stellt somit eine Möglichkeit dar, das Prinzipal-Agenten-Problem innerhalb gegebener Regeln zu mildern.

Auch für das Prinzipal-Agenten-Problem bezüglich der Regelsetzung könnte der *Voice*-Prozess entsprechendes leisten. Diese Möglichkeit erweist sich jedoch als ineffektiv. Die meisten Verfassungen sehen für Verfassungsänderungen große parlamentarische Mehrheiten vor. Diese sind in der Regel nur von mehreren Parteien gemeinsam zu erzielen. Die Wahl von Parteien oder Kandidaten, die für Volksabstimmungen eintreten, verändert beispielsweise die Chancen für eine Realisierung dieses Vorschlags nicht, es sei denn, die Wahl ist zu einer Art Plebiszit über die Frage der Volksabstimmung geworden, so dass sich auch andere Parteien zu einer Veränderung ihrer Position genötigt fühlen. Dies ist jedoch selten der Fall. Verfassungsänderungen spielen im politischen Meinungsstreit eine geringe Rolle. Anders ausgedrückt: Die Tatsache, dass grundlegende Verfassungsentscheidungen nur mit über 50%-igen Mehrheiten zu erzielen sind, ist zwar aus einem „calculus of consent" (Buchanan/Tullock 1962/65) heraus plausibel. Schließlich sollen sie den politischen Wettbewerb regeln und nicht von einem Wettbewerber allein verändert werden können. Verfassungsänderungen werden deshalb auch in konkurrenzdemokratischen Systemen nach dem verhandlungsdemokratischen Modell vorgenommen. Diese „Inkongruenz" (Lehmbruch 1998, 19) führt zu einer unvollkommenen Steuerung des politischen Systems durch die Bürger (3.3.3.1). Denn die entsprechenden Entscheidungen sind so dem politischen Wettbewerb weitgehend entzogen. Beim *Retrospective voting* kann kein Unterschied zwischen Opposition und Regierung festgestellt werden. Auch der Vergleich mit Politikern anderer Jurisdiktionen kann nur in eine generelle Unzufriedenheit münden, aber nicht die Qualität des politischen Wettbewerbs verbessern. Die vorteilhaften Wirkungen des Wettbewerbs – die Kontrolle von Macht, das Setzen von Anreizen und die Generierung von Wissen – sind bezüglich der Auswahl der Restriktionen für die Politiker in geringerem Maße zu erwarten als bezüglich der Auswahl von Handlungsoptionen innerhalb dieser Restriktionen. Die Wahlentscheidung innerhalb einer politischen Ordnung wirkt sich daher nur bedingt auf die Veränderung dieser Ordnung aus.[73]

3.5 Fazit

Die Verfassungsökonomik, die die methodologische und normative Basis dieser Arbeit bildet, zeichnet sich als wissenschaftlicher Ansatz durch die Unterscheidung von Regelordnung und Handelnsordnung sowie durch den methodologischen und normativen Individualismus aus. Letzteres bedeutet für die Analyse des Staates, dass zur Bewertung politischer Entscheidungen stets auf die Interessen der Bürger der entsprechenden Jurisdiktion abzustellen ist. Wünschenswert im Sinne der Verfassungsökonomik ist eine Ordnung, die den Interessen der in ihr lebenden Menschen entspricht. Angesichts des Prinzipal-Agenten-Problems, das durch die Delegation von Entscheidungsmacht entsteht, bedeutet das, dass die Verfassungsordnung zur Überwindung dieses Problems beitragen soll, indem sie die Handlungen der politischen Akteure an den Interessen der Bürger ausrichtet.

Diese Ausrichtung auf die Bürgerinteressen hat Implikationen für das Selbstverständnis der Verfassungsökonomik. Während die Wohlfahrtsökonomik sich an die „Politik" wendet, wenn sie gemeinwohlsteigernde Politikvorschläge unterbreitet, differenziert die Verfassungsökonomik zwischen der Politikerberatung und der Bürgerberatung (Cassel 2001; Pitlik 2001). Adressaten verfassungsökonomischer Forschung sind grundsätzlich die Bürger, denen als Eignern des Gemeinwesens allein die Bewertung unterschiedlicher politischer Vorschläge zukommt. Auf ihre freiwillige Einigung über Regeln des Zusammenlebens und die Zusammenlegung der notwendigen Ressourcen gründet sich die Legitimation des Rechtsstaats; ihre Entscheidung, welche Güter öffentlich angeboten werden sollen, determiniert die Aufgaben des Leistungsstaats; ihre Zustimmung legitimiert die umverteilenden Eingriffe des Sozialstaats.

Im föderalen Staat wendet sich die Verfassungsökonomik an den Bürger als Eigner mehrerer Gemeinwesen und berücksichtigt so die Mehrebenen-Struktur auch normativ. Von der normativen Fragestellung zu unterscheiden ist die Untersuchung, welche Entscheidungsverfahren die Bürgerorientierung des föderalen Gemeinwesens garantieren. Hierbei ist sowohl die direkte Repräsentation auf föderaler Ebene als auch die indirekte Repräsentation über die Gliedstaaten denkbar.

---

[73] Darüber hinaus entfaltet die tagespolitische Entscheidung auch keine normative Kraft für die Verfassungsgestaltung, weil von der Nutzung einer Institution nicht auf die Befürwortung derselben geschlossen werden kann (Vanberg 1999, 235).

Vor dem Hintergrund der genannten Überlegungen kann die eingangs gestellte Frage, ob der doppelte Föderalismus in Europa wünschenswert ist und wie er gegebenenfalls zu verändern wäre, neu formuliert werden: Entspricht das System des doppelten Föderalismus, wie es in Europa historisch gewachsen ist, den konsensfähigen konstitutionellen Interessen der europäischen Bürger oder bestehen – beispielsweise durch den Übergang auf ein „Europa der Regionen" oder durch eine Funktionalisierung des europäischen Föderalismus – Möglichkeiten zur Verbesserung für alle Beteiligten?

Dazu ist aus verfassungsökonomischer Perspektive außer auf die Organisationskosten eines europäischen Mehrebenen-Systems, auf die Kelsen mit seiner Warnung vor einem „heillosen Durcheinander" hinwies, auf die Bürgerorientierung der Politik in einem solchen System abzustellen und zu fragen: Erlaubt ein Mehrebenen-System den Bürgern in besserer oder in schlechterer Weise als die genannten Alternativen, Einfluss auf die politischen Entscheidungen zu nehmen? Dabei ist zwischen dem Einfluss auf die tagespolitischen Entscheidungen einerseits und auf die Verfassungsgebung andererseits zu unterscheiden.

Innerhalb einer einzelnen, nicht föderal organisierten Jurisdiktion erweist sich der politische Wettbewerb um Wählerstimmen jedenfalls selbst bei nachträglicher Bewertung der Politiker durch die Bürger als unzureichendes Steuerungsinstrument (3.4.1), insbesondere wenn die Delegation Elemente der Konkurrenz- und der Verhandlungsdemokratie vermischt (3.3.3.1). Noch problematischer ist die Steuerung der Regelsetzung: Im politischen Wettbewerb kommen die Bürgerinteressen hinsichtlich der Verfassungsgebung nicht in geeigneter Weise zum Ausdruck (3.4.2).

Es stellt sich angesichts der begrenzten Möglichkeiten der Bürger, auf die Restriktionen für politisches Handeln Einfluss zu nehmen, die Frage, ob diese erweitert werden könnten. Sicherlich könnte man argumentieren, die Bürger sollten selbst diese Restriktionen festlegen. Dies würde bedeuten, dass die Bürger Verfassungsentwürfe formulieren und ständig an der Veränderung der Verfassung mitwirken. Auch wäre es möglich, die politischen Entscheidungen selbst den Bürgern vorzulegen. Das Prinzipal-Agenten-Problem, das dadurch entsteht, dass die Delegation von Entscheidungsmacht Vorteile bringt, würde dadurch nicht gelöst. Verfassungen sind komplexe Gebilde. Kleine Gremien werden in der Regel wesentlich besser in der Lage sein, eine konsistente Verfassung zu beschließen und politische Entscheidungen zu treffen. Präziser ist also die Frage zu formulieren, ob es einen Mechanismus gibt, der der Politik Anreize setzt, selbst die Restriktionen so zu verändern, wie es den Interessen der Bürger entspricht. In besonderer Weise ist daher in den folgenden Kapiteln nach Verbesserungen für die Steuerung der Regelsetzung zu suchen, die sich aus der territorialen und/oder funktionalen Aufteilung des Staates ergeben könnten.

Im nun folgenden Kapitel 4 wird untersucht, ob bei einer Vielzahl von Jurisdiktionen zusätzliche Steuerungsmöglichkeiten für die Bürger bestehen. Ist das der Fall, ist ein Regierungssystem, das aus vielen kleinen Jurisdiktionen besteht, einem Regierungssystem aus wenigen großen Jurisdiktionen vorzuziehen.

4 Territoriale Aufteilung der Staatsgewalt: Größe und Anzahl der Staaten

4.1 Effizienzwirkungen der territorialen Aufteilung

Die verschiedenen Konzeptionen für Europa unterscheiden sich unter anderem in der horizontalen Aufteilung des Territoriums in unterschiedliche Jurisdiktionen, d.h. in der Anzahl der Jurisdiktionen auf einer Ebene.[1] Während die Vorstellung vom Europa der Regionen von vielen kleinen, territorial definierten Jurisdiktionen ausgeht, impliziert das Konzept des Europas der Vaterländer weniger und größere Jurisdiktionen. Das FOCJ-Konzept schlägt eine Abkehr von der territorialen Definition vor. Im Folgenden werden Vor- und Nachteile der territorialen Aufteilung für die drei staatlichen Aufgaben Rechtsschutz (4.1.1), Bereitstellung öffentlicher Leistungen (4.1.2) und Umverteilung (4.1.3) diskutiert und die Kriterien für die Bestimmung der geeigneten Jurisdiktionengröße dargelegt.

4.1.1 Rechtsschutzstaat

Die vertragstheoretische Vorstellung, nach der sich alle Gesellschaftsmitglieder im Naturzustand auf einen Rechtsstaat einigen (3.1.4.2), umgeht ein wichtiges Problem: Recht bedarf grundsätzlich eines eindeutigen Gültigkeitsbereichs. Dieser kann entweder personal oder räumlich definiert sein. Im Fall der räumlichen Definition ist die Gültigkeit eines Rechtssystems geografisch begrenzt. Innerhalb der Grenzen hat das Recht uneingeschränkt Gültigkeit, außerhalb in der Regel nicht. Die Nationalstaaten als einheitliche Rechtsräume greifen auf diese Definition von Recht zurück. Im Fall der personalen Definition gilt Recht für eine bestimmte, nicht-territorial definierte Personengruppe. Das Rechtssystem orientiert sich dann beispielsweise an der Staatsangehörigkeit der Person statt an ihrem Aufenthaltsort.

Zentraler Vorteil der personalen Rechtsraumdefinition ist nach Tullock (1994, 48) die geringe Wahrscheinlichkeit rechtsrauminterner Konflikte. Denn Bevölkerungsgruppen, die ähnliche Präferenzen haben, finden sich nicht unbedingt in derselben territorialen Einheit, sondern in sozialen Gruppen wie Religionsgemeinschaften oder Vereinen. Werden diesen Gruppen rechtsstaatliche Aufgaben übertragen, um ethnische und religiöse Konflikte zu vermeiden, wird das geografische Monopol des Staates zugunsten paralleler, sozial definierter Rechtssysteme aufgelöst (ebd., 39f).[2]

---

[1] In einem gegebenen Territorium sind Größe und Anzahl negativ korreliert. Inhaltlich ist in manchen Abschnitten die Größe, in anderen die Anzahl relevant. Während bei Entscheidungsverfahren beispielsweise die Größe, nicht aber die Anzahl der Jurisdiktionen eine Rolle spielt, kommt es umgekehrt beim Jurisdiktionenwettbewerb auf die Anzahl und weniger auf die Größe an.

[2] Tullock bezeichnet seinen Ansatz daher als „soziologischen Föderalismus". Frey (1997, 59) hält dies zu Recht für „eine etwas unglückliche Bezeichnung".

Räumliche und personale Definition schließen sich nicht kategorisch aus[3], stehen aber grundsätzlich in einem Spannungsfeld, wenn es etwa als Folge offener Grenzen Ausländer im Inland und Inländer im Ausland gibt. Dieses Spannungsverhältnis zwischen „rights of places" and „rights of persons" (Kincaid 1995, 260) führt zu der Frage, welche Rechtsraumdefinition vorzugswürdig ist. Dabei ist auf die Kontroll- und Kommunikationskosten abzustellen (Schmidt-Trenz 1990, 209).

Die Kontrollkosten sind dann niedriger, wenn es weniger Berührungspunkte zwischen Individuen verschiedener Rechtsräume gibt. Die personale Definition führt dazu, dass sich regelmäßig Individuen unterschiedlicher Rechtsräume begegnen. Auch Tullock sieht es daher als Aufgabe eines territorial definierten Staates an, ein Rechtssystem für die Interaktion zwischen Menschen unterschiedlicher sozialer Gruppen bereitzustellen, falls diese Gruppen nicht untereinander Vereinbarungen für diese Fälle getroffen haben. Wird beispielsweise das Strafrecht von den religiösen Gruppen entschieden, muss für die Fälle, in denen Täter und Opfer unterschiedlichen Gruppen und damit unterschiedlichen Rechtssystemen angehören, ein „fallback law" (Tullock 1994, 47) geschaffen werden. Außerdem muss für den Fall der Nichtbeachtung des personal definierten Rechts die Möglichkeit bestehen, durch das staatliche, territorial definierte Gewaltmonopol Rechtspositionen durchzusetzen (ebd., 45). Sowohl in der Rechtssetzung als auch in der Rechtsdurchsetzung wird daher auf die territoriale Staatlichkeit zurückgegriffen. Hinzu kommt, dass die höhere Flexibilität personaler Rechtsräume nur dann besteht, wenn der Wechsel von einem Rechtsraum zum anderen problemlos möglich ist. Eine solche Wahlfreiheit wird nur eine mehrere soziale Gruppen umfassende, territorial definierte Wettbewerbsordnung sichern können (Kerber 2001a, 181f).

Nun führt allerdings bei Mobilität auch die geografische Definition zu einem Aufeinandertreffen von Individuen unterschiedlicher Rechtsräume. Im Unterschied zur personalen Definition ist jedoch, auch ohne einen Gegenüber zu kennen, stets klar, welches Recht gilt, weil die Grenze der Rechtsräume als geografische Grenze sichtbar ist (Schmidt-Trenz 1990, 210). Dies führt zu einer Reduzierung der Kommunikationskosten: Die Handlungen anderer Menschen können vor dem Hintergrund der Rechtsordnung leichter interpretiert werden, eine Anpassung an das Rechtssystem wird erleichtert. Die Rechtssicherheit gilt daher als entscheidendes Argument für eine territoriale Definition von Recht, weil für jede Handlung der zugehörige Rechtsraum definiert ist.

---

[3] Beispielsweise gilt das US-amerikanische Recht extraterritorial für die eigenen Bürger. Während innerhalb der US-amerikanischen Grenzen der territorialen Definition gefolgt wird, so dass auch Ausländer dort an das amerikanische Recht gebunden sind, gilt außerhalb der Grenzen die personale Definition. Kriterium ist die Staatsangehörigkeit der Betroffenen. Weitere Beispiele führt Tullock (1994, 40–43) an, so die nebeneinander bestehenden Rechtssysteme von Staat und Kirche im Mittelalter und die doppelte Gerichtsbarkeit in England und den USA.

Eine territoriale Rechtsraumdefinition ist also Grundlage und Voraussetzung für eine personale Rechtsraumdefinition, die auch die freie Wahl zwischen unterschiedlichen Rechtsformen einschließen kann. Diese freie Wahl ist dann unproblematisch, wenn Menschen bewusst ein Rechtsverhältnis eingehen und die Zuordnung zum Rechtsraum von den Beteiligten aktiv vorgenommen werden kann.[4] Ebenso unproblematisch ist die Wahl verschiedener rechtlicher Gestaltungsformen, sofern betroffene Dritte erkennen können, welche Gestaltungsform gewählt wurde.[5] Die Notwendigkeit territorialer Rechtsraumdefinition ergibt sich damit zum einen aus der Möglichkeit, dass Individuen unintendiert aufeinandertreffen. Zum anderen und vor allem ist der territoriale Bezug durch die Notwendigkeit zur Durchsetzung des Rechts gegeben. Denn die Rechtsdurchsetzung scheitert, wenn der Regelverstoß außerhalb der Rechtsraumgrenzen begangen wird oder der Regelübertreter dort Zuflucht sucht. Da der territoriale Rechtsraumwechsel in der Regel mit hohen Kosten verbunden ist und territoriale Grenzen relativ leicht kontrolliert werden können, ist die Rechtsdurchsetzung in territorial definierten Rechtsräumen leichter als in personal definierten. Regelmäßig werden Jurisdiktionen, denen die Definition von Verfügungsrechten und die Durchsetzung von Verträgen übertragen wird, aus diesen Gründen territorial definiert. Ein territoriales Machtmonopol gilt als Voraussetzung für territoriale und nicht-territoriale Rechtssetzung (Eichenberger 2001).

Wirkliche Rechtssicherheit besteht allerdings auch bei territorialer Rechtsraumdefinition nur, wenn entweder die Grenzen des Rechtsraumes oder die rechtsraumintern definierten Verfügungsrechte global anerkannt werden.[6] Dies ist jedenfalls dann der Fall, wenn ein globaler Rechtsschutzstaat besteht, in dem die personale und die territoriale Definition zusammenfallen. Größenvorteile beim Rechtsschutzstaat bestehen jedoch nicht nur in Form der Vorteilhaftigkeit globaler Rechtssicherheit, sondern gelten auch in der marginalen Betrachtung. Für jeden einzelnen Menschen ist es von Interesse, dass die Normen, an die er sich selbst halten muss, für möglichst viele Menschen Gültigkeit haben. Denn der Tauschgewinn, der mit der eigenen Beschränkung der Handlungsoptionen erzielt werden kann, ist umso größer, je mehr Menschen sich zu einer entsprechenden Beschränkung ihrer Handlungsoptionen bereit finden, je größer also die eigene Jurisdiktion. Diese Größenvorteile werden allerdings dadurch begrenzt, dass innerhalb eines entsprechenden Rechtsraums eine Einigung über die entsprechenden Verfügungsrechte herbeige-

---

[4] Beispielsweise sind Gerichtsstandvereinbarungen in privatrechtlichen Verträgen gängige Praxis.

[5] So gestattet das Gesellschaftsrecht eine Wahl der Rechtsformen, die in die Namensbezeichnung eingeht, so dass Menschen, die mit der Gesellschaft Verträge schließen, über die Rechtsform und damit insbesondere über die Haftungsregelung informiert sind.

[6] Andernfalls besteht die Gefahr konfligierender Rechtsnormen, wie sie aufgrund der „effects doctrine" zwischen amerikanischem und europäischem Wettbewerbsrecht auftreten. Dazu Kerber (2001a, 182).

führt werden muss. Regelmäßig werden daher Jurisdiktionen gebildet, deren Größe weit hinter dem globalen, umfassenden Rechtsraum zurückbleibt. Zwischen diesen Jurisdiktionen entsteht durch unterschiedlich abgegrenzte Verfügungsrechte Koordinationsbedarf (Gerken/Märkt/Schick/Renner 2002, 163).

4.1.2 Der Leistungsstaat

Die Theorie der Clubgüter (3.1.3.3) liefert nicht nur eine Erklärung dafür, warum Menschen Güter gemeinsam nutzen. Die Überlegung, dass der individuelle Nutzen, den ein Gut stiftet, mit der Zahl der Nutzer variiert, gibt auch Hinweise auf die optimale Größe eines solchen Clubs. Ein höherer Nutzen durch zusätzliche Mitglieder ist immer dann zu erwarten, wenn mit zunehmender Zahl an Nutzern der Finanzierungsbeitrag des Einzelnen sinkt. Höhere Kosten verursacht ein zusätzliches Mitglied entweder in Form erhöhter Bereitstellungskosten oder als Nutzenentgang bei den bisherigen Nutzern. Man spricht von Überfüllungskosten. Jedenfalls unerheblich sind bei der Frage der optimalen Jurisdiktionengröße Größenvorteile in der Produktion. Denn grundsätzlich kann die Produktion durch private Anbieter erfolgen. Die Größenvorteile in der Produktion können unabhängig von der Größe der bereitstellenden Jurisdiktionen realisiert werden (Ostrom/Tiebout/Warren 1961, 834; Tullock 1969, 19).

Für die Clubmitglieder besteht ein *Trade-off* zwischen höherer Beitragszahlung einerseits und durch andere Mitglieder verursachte Überfüllungskosten andererseits. Mitglieder werden folglich solange zugelassen, wie die zusätzliche Beitragszahlung die Kostensteigerung durch das zusätzliche Mitglied kompensiert. Die Optimalgröße eines solchen Clubs lässt sich damit eindeutig bestimmen.[7] Aus individualistischer Perspektive ergeben sich dabei zwei Probleme:

– Die Tatsache, dass die Überfüllungskosten subjektiver Natur sind, zeigt, dass eine optimale Größe nur als Ergebnis eines kollektiven Entscheidungsprozesses bestimmt werden kann, nicht als objektive Optimalgröße. Denn die Individuen werden in ihrer Einschätzung der Überfüllungskosten differieren.

– Die optimale Größe ändert sich kontinuierlich. Denn die Bewertung, wann ein Club „voll" ist, ist eine subjektive, über die Zeit veränderliche Größe. Ein Club müsste daher ständig seine Mitgliederzahl an die veränderten Präferenzen seiner Mitglieder anpassen.

Die optimale Größe von Jurisdiktionen als leistungsstaatlichen Clubs unterliegt ebenfalls einer solchen Abwägung zwischen erhöhtem Finanzierungsbeitrag der zusätzlichen Nutzer und den Kosten durch die geteilte Nutzung öffentlicher Güter.

---

[7] Dieses Grundmodell wurde verschiedentlich erweitert. Beispielsweise wurde die Möglichkeit unterschiedlicher Nutzungsintensität berücksichtigt. Vgl. die Übersicht in Munduch/Nitschke (1988).

Dies liefert auch bezüglich des Leistungsstaats eine Erklärung dafür, warum sich Menschen statt in einem Weltstaat in einer Vielzahl von Staaten organisieren (Mc-Guire 1974).

Entsprechend dem Prinzip fiskalischer Äquivalenz (Olson 1969) ist der Zuschnitt von Jurisdiktionen so zu wählen, dass Externalitäten vermieden werden, indem der Rand des Nutzenkreises des öffentlichen Gutes und die Jurisdiktionengrenze übereinstimmen. Mit der Internalisierung aller Nutzenwirkungen wird eine Anpassung der Geografie der kollektiven Problemlösung an die „Geografie der Probleme" erreicht (Frey/Eichenberger 2000, 335). Die objektive Abgrenzung der Reichweite des Nutzens ist jedoch beim Prinzip der fiskalischen Äquivalenz unmöglich. Denn es stellt zur Bestimmung der optimalen Jurisdiktionengröße im Wesentlichen auf die Eigenschaften der Güter ab. Die Optimalbedingungen ändern sich aber mit der Wahl der Instrumente, mit denen das entsprechende öffentliche Gut bereitgestellt wird (Thöni 1986, 38).[8] Wird aus diesem Grund fiskalische Äquivalenz nicht aufgaben-, sondern maßnahmenspezifisch definiert, ist die Umsetzung des Prinzips für ein politisches Gemeinwesen problematisch, weil bei der Frage des Jurisdiktionenzuschnitts zugleich auch die konkrete politische Lösung mitberücksichtigt werden muss. Außerdem sind im Extremfall in Form eines „Option value" (Oates 1977, 13) auch diejenigen von einem öffentlichen Gut betroffen, die zwar derzeit keinen unmittelbaren Nutzen von ihm haben, aber möglicherweise in einiger Zeit sich in der relevanten Jurisdiktion aufhalten wollen. Die Option auf die Nutzung stiftet so bereits Nutzen.

Sollen alle Externalitäten internalisiert werden, wäre grundsätzlich stets der Kontinent oder gar die ganze Welt die optimale Jurisdiktionengröße (Tullock 1969, 19). Realistischerweise kann es daher nur um die Internalisierung Pareto-relevanter Externalitäten gehen (Bish 1971, 19–25). Welche Externalitäten zu internalisieren sind, kann folglich nur mit Rekurs auf die subjektiven Bewertungen der Individuen entschieden werden. In der Regel wird außerdem die optimale Jurisdiktionengröße nach dem Prinzip fiskalischer Äquivalenz von der optimalen Mitgliederzahl abweichen, die aus der Theorie der Clubgüter resultiert (Theiler 1977, 69). Nur zufällig kann die Internalisierung der Nutzenwirkungen dieselbe optimale Jurisdiktionengröße ergeben wie die Orientierung an der Rivalität in der Nutzung.

Vor diesem Hintergrund sieht das individuelle FOCJ-Konzept eine individuelle Wahl der Jurisdiktion vor. Bürger sollen selbst neue Jurisdiktionen gründen bzw. sich bestehenden anschließen können. Diese Konzeption, die zu einer personalen Definition leistungsstaatlicher Jurisdiktionen führt, scheitert jedoch an der man-

---

[8] Wenn das öffentliche Gut Bildung persönlich und vor Ort bereitgestellt wird, ist die Reichweite lokal. Wird Bildung jedoch über verschiedene Fernsehprogramme und Internetangebote vermittelt, ist von einer nationalen Reichweite auszugehen, so dass eine nationalstaatliche Bereitstellung sinnvoll wäre.

gelnden Ausschließbarkeit von Nutzern, die keinen Finanzierungsbeitrag leisten. Geht man davon aus, dass die fraglichen, von einer Jurisdiktion bereitzustellenden Güter in irgendeiner Weise „öffentlich" sind oder Externalitäten verursachen, weil in dem zugrundeliegenden Rechtsstaat die Verfügungsrechte den Ausschluss der Nutzer nicht gestatten, so wird in diesem Konzept fiskalische Äquivalenz nicht erreicht. Ein Einzelner, der aufgrund mangelnder Ausschließbarkeit von dem betreffenden Gut profitiert, hat keinen Anreiz, sich dem FOCUS anzuschließen. Denn dann müsste er einen Finanzierungsbeitrag für dieses Gut zahlen, das er bisher ohne Finanzierungsbeitrag nutzen kann. Umgekehrt haben Externe, die für die Mitglieder eines FOCUS eine negative Externalität produzieren (zu denken wäre beispielsweise an die Gewässerverunreinigung, die einem Strandbad-FOCUS schadet), kein Interesse, diesem FOCUS beizutreten, der sie zu einer zumindest partiellen Aufgabe dieses Verhaltens zwingen würde. Bei öffentlichen Gütern muss deshalb territorial definiert werden, wer einen Finanzierungsbeitrag leisten muss, um Freifahrer-Verhalten zu unterbinden.

Die Anpassung der Geografie der Problemlösung an die Geografie der Probleme vollzieht sich folglich bei öffentlichen Gütern dadurch, dass eine Gruppe von Menschen in Folge der Gründung einer Jurisdiktion einen multilateralen Tausch vereinbaren kann, der eine gemeinsame Besserstellung durch ein öffentliches Gut vorsieht. Aufgrund des territorialen Bezugs der Jurisdiktion kann sich kein Bürger seinem Finanzierungsbeitrag entziehen. Die Frage der „relevant community" (Sideras 2001, 13), also der relevanten Problemlösungseinheit, ist bei öffentlichen Gütern nur territorial lösbar. Die individuelle FOCJ-Variante ist daher ausschließlich für private Güter denkbar (Vanberg 2000b, 373f).

Entsprechendes gilt für die kollektive FOCJ-Variante, bei der nicht einzelne Bürger, sondern nur Gemeinden Jurisdiktionen gründen und sich bestehenden anschließen können: Die Bürger einer Umlandgemeinde haben kein Interesse daran, sich an den Kosten für die zentralräumlichen Aufgaben der nahen Großstadt zu beteiligen, und werden daher dem entsprechenden FOCUS nicht beitreten. Die Bürger einer Industriegemeinde mit starken Emissionen haben kein Interesse, dem Tourismus-FOCUS flussabwärts beizutreten, der sie zur Reinhaltung des Wassers verpflichten würde.

Weder die individuelle noch die kollektive Variante werden daher bei nichtprivaten Gütern zur Anpassung der Geografie der Problemlösung an die Geografie der Probleme führen.[9] Nur insofern, als öffentliche Güter lokal begrenzt nutzbar sind (Frey/Eichenberger 1999, 42) und die kollektive FOCJ-Variante realisiert wird, besteht fiskalische Äquivalenz. Dies allerdings auch nur dann, wenn die

---

[9] Eine Ausnahme besteht nur, wenn die Emittenten negativer externer Effekte für die Einstellung der Emission kompensiert werden. Dies kann jedoch auch ohne die Gründung einer gemeinsamen Jurisdiktion erfolgen.

Kommune selbst das entsprechende Gut bereitstellt und keinem übergeordneten FOCUS beitritt. Denn sonst wäre der Nutzenkreis des öffentlichen Gutes kleiner als das Territorium des FOCUS. In keinem Fall gelingt also die Kombination aus fiskalischer Äquivalenz und freier Jurisdiktionenwahl, die von den Autoren intendiert wird, außer bei privaten Gütern. Für private Güter hingegen stellt sich die Frage, ob nicht die Privatisierung einer FOCJ-Lösung vorzuziehen wäre (Apolte 1999, 91–93).

Die Frage, welche Reichweite die öffentlichen Güter haben, ist damit ebenso wie die Frage, welche Güter öffentlicher Art sind (3.2.2), nur durch eine kollektive politische Entscheidung der Bürger zu beantworten. Um eine Entscheidung über die geeignete Größe der Jurisdiktion zu ermöglichen, ist es daher notwendig, dass die Bürger in gemeinsamer Entscheidung festlegen, in welcher Jurisdiktion für eine bestimmte Zeit eine Bereitstellung erfolgen soll. Auf ein entsprechendes Verfahren wird zurückzukommen sein (7.2.3).

4.1.3 Der Sozialstaat

Die Gefahr des Freifahrer-Verhaltens ist bei Umverteilung in noch größerem Maße gegeben als bei anderen öffentlichen Gütern. Zwar können bei expliziter Umverteilung Menschen ausgeschlossen werden. Dies ist allerdings nicht im Interesse der reicheren Menschen, die in derselben Jurisdiktion wohnen, wenn mit der Umverteilung intendiert ist, Rechtssicherheit und sozialen Frieden vor Ort sicherzustellen, oder wenn sie zur Erzeugung positiver Externalitäten mit der Bereitstellung von anderen öffentlichen Gütern verbunden wird. Umverteilung ist also insofern territorial gebunden, als sie der Durchsetzung einer territorial definierten Rechtsordnung dient oder mit territorial bereitgestellten öffentlichen Gütern verbunden ist.

Wie bei jedem öffentlichen Gut ist die geeignete Jurisdiktionengröße auch beim öffentlichen Gut Umverteilung nur vor dem Hintergrund der Bürgerpräferenzen bestimmbar (Pauly 1973; Breton/Scott 1978, 16f). Fühlen sich Bürger insbesondere durch die Armut in einem militärisch starken Nachbarstaat bedroht, wird die Gruppe derer, die in die Umverteilung einbezogen werden sollen, anders definiert werden, als wenn es allein um den sozialen Frieden und die Abwendung von Armut in der unmittelbaren persönlichen Umgebung des Gebenden geht. Da diesbezüglich die subjektiven Bewertungen der Bürger differieren, kann die geeignete Jurisdiktionengröße für den Sozialstaat nur in einer kollektiven Entscheidung bestimmt werden. Wird Umverteilung dadurch vorgenommen, dass alle Bürger trotz unterschiedlich hoher Finanzierungsbeiträge dieselben öffentlichen Güter nutzen können (implizite Umverteilung), ist der Sozialstaat jedenfalls mit dem Territorium des Leistungsstaates identisch.

4.2 Bürgerorientierung bei territorialer Aufteilung

Bei territorialer Aufteilung der Staatsgewalt verändert sich die Bürgerorientierung der Politik. Für die Darstellung dieser Veränderungen wird im Folgenden auf die bereits zitierte Einteilung Hirschmans in *Voice* (4.2.1) und *Exit* (4.2.2) zurückgegriffen. Beide Möglichkeiten, auf Veränderungen im Rechtschutz, bei der Bereitstellung öffentlicher Leistungen oder bei der Umverteilung zu reagieren, stehen in Wechselwirkung (4.2.3).

4.2.1 Voice

Die territoriale Aufteilung der Staatsgewalt scheint für politischen Entscheidungen keine Relevanz zu haben, da Abstimmungen immer innerhalb von vorgegebenen Jurisdiktionen stattfinden und Wahlen in der Regel zwischen Kandidaten stattfinden, die der betreffenden Jurisdiktion angehören.[10] Allerdings senkt die territoriale Aufteilung die Entscheidungskosten bei direkt-demokratischen Verfahren (4.2.1.1) und erlaubt einen Vergleich zwischen den Politikern verschiedener Jurisdiktionen (4.2.1.2).

4.2.1.1 Direkt-demokratische Entscheidung

Für größere Gruppen steigen bei demselben Quorum die Entscheidungskosten an, weil eine größere *Anzahl* von Menschen zustimmen muss (Buchanan/Tullock 1962/1965, 112). Denn die Kosten der Entscheidungsfindung sind nicht vom Anteil an der Gesamtgruppe, sondern insbesondere von der Anzahl der beteiligten Menschen abhängig. Der Anstieg wird umso deutlicher sein, je stärker die hinzukommenden Menschen in ihren Präferenzen von den bisherigen Jurisdiktionsmitgliedern abweichen (Sauerland 1997, 154–158). Die Aufteilung in mehrere kleine Jurisdiktionen reduziert folglich die Kosten direkt-demokratischer Entscheidungen.[11]

Ebenso wie für jeden einzelnen Bürger das optimale Entscheidungsquorum differiert (3.3.2), fällt auch die Bewertung, welche die optimale Größe der Jurisdiktion sei, für die einzelnen Bürger unterschiedlich aus. Denn die genannten Kriterien für die Jurisdiktionengröße werden subjektiv unterschiedlich bewertet. Die Festlegung einer optimalen Gruppengröße ist daher eine kollektive Entscheidung, in der unterschiedliche Vorstellungen koordiniert werden. Dazu muss jedoch wiederum eine bestimmte Gruppe von Personen bestimmt werden, innerhalb derer die Entscheidung getroffen wird. Ausgangspunkt von Entscheidungen über Jurisdiktionengrö-

---

[10] Die Abkehr von dieser Regel schlägt Eichenberger (2000) vor. Im Folgenden wird jedoch von der Möglichkeit, externe Kandidaten zuzulassen, abstrahiert.

[11] Zusätzlich senkt die Möglichkeit der Abwanderung die externen Kosten von Mehrheitsentscheidungen (Buchanan/Tullock 1962/65, 114f), weil von einer politischen Entscheidung negativ Betroffene die Jurisdiktion verlassen können. Dazu 4.2.2.

ßen können daher nur bestehende Jurisdiktionen sein. Als optimale Jurisdiktionengrößen müssen daher diejenigen gelten, von denen aus sich die Bürger der verschiedenen Jurisdiktionen bei gegebenen Entscheidungsverfahren nicht auf eine Veränderung der territorialen Aufteilung einigen können. Um optimale Jurisdiktionengrößen für die verschiedenen Regierungsaufgaben zu erreichen, ist aus diesem Grund nicht ein globaler Gesamtentwurf von Gebietsgrenzen, sondern ein Verfahren notwendig, das die entsprechenden Präferenzen der Bürger in geeigneter Weise zum Ausdruck bringt.[12]

4.2.1.2 Repräsentativ-demokratische Verfahren

In Unternehmen sind die absoluten Leistungen eines Einzelnen häufig schwer zu bewerten, weil sein „Input" selbst nicht gemessen und der „Output" aufgrund einer Vielzahl von exogenen Einflüssen zur Bewertung der Arbeitsleistung nicht herangezogen werden kann.[13] Für die Unternehmensleitung besteht insofern ein Problem asymmetrischer Information, das dazu führt, dass eine Kontrolle der Mitarbeiter nicht gewährleistet ist. Diese können dann beispielsweise zu Lasten des Unternehmensziels ihren Arbeitseinsatz verringern, ohne dass ihnen das nachgewiesen werden könnte. Durch die Ergebnisunterschiede bei Mitarbeitern mit vergleichbaren Tätigkeiten wird jedoch die relative Leistung des Einzelnen im Verhältnis zu seinen Kollegen sichtbar. Sind alle den gleichen externen Einflüssen ausgesetzt, kann zwar nicht die absolute Höhe des individuellen Bemühens ermittelt werden, wohl aber können Vorgesetzte eine Rangordnung feststellen. Stehen die Beteiligten in einem Konkurrenzverhältnis, weil sich die Unternehmensleitung für die Vergabe knapper Ressourcen (Prämien, Beförderung o.ä.) an dieser Rangordnung orientiert, kommt es zu einem wettbewerblichen Verhalten der Beschäftigen. Obwohl der Einsatz des Einzelnen nicht beobachtet werden kann, besteht für jeden ein Anreiz, im Sinne des Unternehmensziels zu handeln. Dieses wettbewerbliche Verhalten, bei dem durch den Vergleich zwischen Gleichrangigen Informationen aufgedeckt

---

[12] Nach Krohm (1973), der in einer wohlfahrtsökonomischen Analyse Annexionen von Umlandgemeinden durch Zentralorte betrachtet, sollte ein Gebiet dann von einer Jurisdiktion zur anderen wechseln, wenn die aggregierten Nettovorteile der Bürger beim Wechsel größer sind als beim Verbleib in der bisherigen Jurisdiktion. Dabei ist auf die Bürger in beiden beteiligten Jurisdiktionen abzustellen, in dem das Gebiet abtretenden Landkreis und in der annektierenden Stadt. Durch kontinuierliches Wechseln könnte sich so eine unter Allokationsgesichtspunkten optimale Aufteilung eines Staates in lokale Jurisdiktionen ergeben. Dabei ist zu berücksichtigen, dass interterritoriale Wohlfahrtsunterschiede eine Wanderung auslösen, so dass die ursprünglich vorgenommene Aufteilung teilweise wieder verändert wird.

[13] Beispielsweise kann das Engagement eines Außendienstmitarbeiters (Input), weil es außer Haus stattfindet, von der Unternehmensleitung nicht beobachtet werden. Die Verkaufsergebnisse (Output) hängen jedoch nicht nur von diesem Engagement, sondern auch von der Produktqualität o.ä. ab, lassen also keinen direkten Rückschluss auf den Input zu.

werden, wird als „rank-order tournament" oder „yardstick competition"[14] bezeichnet. Die Ergebnisse sind im Hinblick auf die Messung der Leistung des Einzelnen umso exakter, je gleichmäßiger die externen Einflüsse auf alle Beteiligten wirken.

Diese Konzeption kann auf den staatlichen Bereich übertragen werden (Salmon 1987). Auch dort besteht eine asymmetrische Informationsverteilung. Der Input, d.h. das Bemühen der Politiker kann nicht gemessen werden; der Output, d.h. Politikergebnisse wie Inflation, Arbeitslosigkeit oder Wirtschaftswachstum eignen sich aufgrund vielfältiger exogener Einflüsse nicht für eine Leistungsbewertung. Eine absolute Leistungsbewertung im Rahmen eines *Retrospective voting* muss daher scheitern (3.4.1). Der relative Leistungsvergleich zwischen verschiedenen Regierungen im Sinne eines Rangordnungswettbewerbs gibt Politikern hingegen einen Anreiz, sich stärker als vergleichbare Politiker an den Bürgerinteressen zu orientieren. Denn die Bürger sind in der Lage, die Politikergebnisse verschiedener Regierungen angesichts ähnlicher exogener Einflüsse zu vergleichen und Rückschlüsse auf die Leistungen der Politiker zu ziehen. Beispielsweise werden konjunkturelle Einflüsse bei einem Vergleich mehrerer Regierungen, deren Staaten sich in derselben konjunkturellen Situation befinden, irrelevant. Auch wenn die Regierungen, deren Leistungen verglichen werden, nicht auf denselben „Märkten" tätig sind, entsteht so wettbewerbliches Verhalten (Salmon 1987, 31). Dieser Wettbewerb kann das Prinzipal-Agenten-Problem entschärfen, das durch die asymmetrischer Informationsverteilung zwischen Politikern und Wählern entsteht (Wrede 2001). Relative Leistungsbewertung stellt somit in Verbindung mit dem politischen Wettbewerb eine Möglichkeit dar, das Handeln der Politiker an den Interessen der Bürger auszurichten.[15]

Die Wirksamkeit des Prozesses ist allerdings vom politischen Wettbewerb abhängig, und zwar konkret davon, ob die Bürger eine solche Bewertung zur Grundlage ihrer Wahlentscheidung machen. Dies ist nur dann der Fall, wenn sich die Bürger bei der Bewertung der Politiker tatsächlich an der relativen Leistung im Vergleich mit anderen Politikern oder Parteien orientieren, die ähnlichen Problemen ausgesetzt sind.[16] Dies liegt zwar im Interesse der Bürger insgesamt. Die Problematik der

---

[14] Das Konzept geht auf Baiman/Demski (1980) und Holmström (1982) zurück.

[15] Für einen formalen Nachweise siehe Wrede (2001).

[16] Die empirischen Untersuchungen sind uneindeutig. Besley/Case (1995, 25) führen die Tatsache, dass dieselbe politische Maßnahme (z.B. Erhöhung der Steuern) in manchen Situationen zur Abwahl einer Regierung führt, in anderen nicht, darauf zurück, ob die Regierungen in Nachbarstaaten ähnliche Maßnahmen vornehmen oder nicht. Dies spricht für interjurisdiktionelle Leistungsvergleiche als Entscheidungskriterium bei Wahlen. Umgekehrt kann jedoch nachgewiesen werden, dass für die Chancen einer deutschen Regierung, wiedergewählt zu werden, die aktuelle ökonomische und damit auch konjunkturelle Situation am Wahltag maßgeblich ist, nicht der relative Vergleich mit der ökonomischen Situation in anderen Ländern (Heinemann 2002).

„rational ignorance" liegt jedoch bei der relativen Leistungsbewertung in gleicher Weise vor wie bei der absoluten. Sie ist sogar insofern von größerer Bedeutung, als Wissen nicht nur über die Umstände in der eigenen, sondern auch in fremden Jurisdiktionen erforderlich ist.

Der Ansatz des Rangordnungswettbewerbs wurde von Breton (1990, 17; 1996, 233–235) zur Konzeption des „Wettbewerbs um Zustimmung" weiterentwickelt.[17] Die Zustimmung für eine Regierung ist dabei abhängig von der Höhe des Nutzenverlusts, den die Individuen durch das Handeln der Regierung gegenüber einer optimalen Bereitstellung öffentlicher und privater Güter erleiden. Je höher der Nutzenverlust, desto geringer fällt die Zustimmung zu einer Regierung aus. Dieser Zustimmung bedürfen die Regierungen bei Breton als Quelle ihrer Legitimität, um Repression zu vermeiden, die hohe Kosten verursacht.

Die Zustimmung zu einer Regierung ist dabei von ihren eigenen Handlungen, aber auch von den Handlungen anderer Regierungen abhängig, die den Bürgern alternative Politikoptionen aufzeigen. Die Rangordnung zwischen Regierungen verschiedener Jurisdiktionen hat so einen Einfluss auf die Zustimmung, die sie erhalten können. Die Wirkung des resultierenden Wettbewerbs um Zustimmung ist umso höher,

- je informierter die Bürger über die Politik in anderen Jurisdiktionen sind,
- je ähnlicher exogene Schocks auf die Jurisdiktionen der verglichenen Regierungen wirken und
- je größer die Bürgergruppen in den Jurisdiktionen der verglichenen Regierungen sind, die ähnliche Präferenzen haben (Breton 1996, 234).

Außerdem nimmt die Qualität der relativen Bewertung mit der Anzahl der Regierungen zu, deren Leistungen vergleichbar sind. Eine große Anzahl von Jurisdiktionen ist daher mit Hinblick auf den Wettbewerb um Zustimmung im Interesse der Bürger.

---

[17] Breton geht in seiner Monographie „Competitive Governments" (1996) noch weiter und stellt jedes Regierungshandeln als wettbewerblich dar. Machtzentren innerhalb von Regierungen, also einzelne Ministerien, Gerichte, Zentralbanken, Parlamentsfraktionen, etc. oder die sie repräsentierenden Personen stehen, so Breton (ebd., 13–17), in einem Wettbewerb um Zustimmung. Breton unterscheidet dabei gewählte und nicht-gewählte Machtzentren. Während letztere – wie das Bundesverfassungsgericht oder die Europäische Zentralbank – ausschließlich um die Zustimmung der Bürger konkurrieren, kommt bei gewählten Machtzentren noch der Wettbewerb um Stimmen hinzu. Dieser vollzieht sich im Unterschied zum kontinuierlichen Wettbewerb um Zustimmung nur zu bestimmten (regelmäßig wiederkehrenden) Zeitpunkten. Die Analyse des Wettbewerbs zwischen verschiedener Machtzentren innerhalb einer Regierung wird im Folgenden nicht aufgegriffen.

Breton (ebd., 49) geht davon aus, dass die Wahrscheinlichkeit, gewählt zu werden, proportional zur Zustimmung ist.[18] Anders als dieser ist der Wettbewerb um Zustimmung jedoch weitgehend unabhängig von der konkreten Rahmenordnung.[19] Während die Wählerstimmen die Ausübung bestimmter, in der Verfassung mit konkreten Kompetenzen ausgestatteter Ämter ermöglichen, wird einzelnen Politikern in vielen Fällen die Legitimation, im Namen der Bürger zu handeln, auch dann zuteil, wenn die Verfassung ihnen diese Kompetenz nicht einräumt. Dies kann dazu führen, dass Verfassungsübertretungen solcher Politiker, die durch ihr konkretes Handeln die Zustimmung der Bürger erlangt haben, als legitim erachtet werden. Umgekehrt können manche verfassungsmäßigen Kompetenzen mangels Zustimmung nicht ausgeübt werden. Zwischen Regelordnung und Zustimmung besteht insofern ein Spannungsverhältnis. Es ermöglicht den Politikern, Zustimmung auch in Bereichen zu erwerben, in denen ihnen die Verfassung keine Kompetenzen einräumt, und damit mangelnde Zustimmung in den Bereichen ihrer eigentlichen Kompetenz auszugleichen.

4.2.2 Exit

Die Existenz mehrerer Jurisdiktionen eröffnet für mobile Bürger und Standortnutzer Wahlmöglichkeiten, die zu einem Wettbewerbsprozess führen, der als Jurisdiktionenwettbewerb bezeichnet wird. Diese Konzeption wird im Folgenden vorgestellt (4.2.2.1) und auf ihre Implikationen für die Steuerung politischer Entscheidungen untersucht (4.2.2.2).[20] Eine große Anzahl kleiner Jurisdiktionen erlaubt den Bürgern und Standortnutzern vielfältige Wahlmöglichkeiten und führt zu einem intensiven Jurisdiktionenwettbewerb (4.2.2.3).

---

[18] Für nicht-gewählte Machtzentren kann der Wettbewerb um Zustimmung unabhängig von intrinsischen Motivationen erklären, warum es zumindest partiell zu einer Orientierung an den Bürgerinteressen kommt (vgl. Fn 18). Dies öffnet den Weg für eine systematische Erforschung der Frage, für welche Politikbereiche gewählte Institution, für welche Politikbereiche nicht-gewählte Institutionen die – im langfristigen Interesse der Bürger – besseren Ergebnisse bringen dürften. Insgesamt muss diese Frage noch als ungelöst bezeichnet werden. Lediglich in Bezug auf die Unabhängigkeit der Zentralbank ist der Unterschied zwischen politischer und unpolitischer Steuerung bislang systematisch thematisiert worden (u.a. Prüßmann 2000, 92–124).

[19] Dieser Aspekt wird bei Breton aufgrund der mangelnden Berücksichtigung der Rahmenordnung für die verschiedenen Wettbewerbsprozesse nicht deutlich.

[20] Die große wissenschaftliche Diskussion um die Vorteilhaftigkeit des Jurisdiktionenwettbewerbs, die sich an der „race to the bottom"-These von Sinn (1990; 1994; 1995; 1996) entzündete, wird dabei nur partiell rezipiert. Befürworter und Gegner eines Jurisdiktionenwettbewerbs unterschieden sich in dieser Debatte vor allem in der Annahme über die Vorteilhaftigkeit des *Status quo* (Wohlgemuth 2001a, 12). Bewertungen dieser Art können jedoch von wissenschaftlicher Seite nicht vorgenommen werden, sondern sind den Bürgern zu überlassen (3.1.4.1).

4.2.2.1 Jurisdiktionenwettbewerb

In seinem Aufsatz „A Pure Theory of Local Expenditures" widerlegte Tiebout (1956) die These Samuelsons (1954), dass für öffentliche Güter eine Präferenzoffenbarung über wettbewerbliche Mechanismen unmöglich sei. In Tiebouts Modell suchen sich die Bürger diejenige Jurisdiktion als Wohnort aus, deren Bündel aus öffentlichen Gütern und Steuerzahlungen ihnen am besten zusagt. Zielgröße ist dabei der Nettovorteil aus der staatlichen Güterbereitstellung, also der nach Abzug des Finanzierungsbeitrags verbleibende Nettonutzen der öffentlichen Güter („fiscal residuum"; Buchanan 1950). Die Maximierung dieser Zielgröße durch mobile Bürger führt zu einem Selektionsverfahren wie beim marktlichen Wettbewerb. Ähnlich wie Konsumenten verschiedene Güter vergleichen, um dann nach dem von ihnen präferierten Gut zu greifen, können Bürger zwischen verschiedenen Jurisdiktionen auswählen. Wie bei marktlichen Wettbewerbsprozessen hat diese Selektionsmöglichkeit Rückwirkungen auf die Anbieter. Da die Größe der Jurisdiktion in Bezug auf die Einwohnerzahl von Ergebnissen der Wanderung der Bürger abhängt, kann eine optimale Jurisdiktionengröße nur bei einem geeigneten Angebot an öffentlichen Gütern erzielt werden.

Im Verlauf des Wanderungsprozesses bilden sich aufgrund der Nutzenmaximierung der wandernden Bürger Jurisdiktionen heraus, deren Einwohnerschaft im Hinblick auf die Interessen ihrer Bürger bezüglich öffentlicher Leistungen homogen ist. Im Unterschied zur Wahl zwischen Kandidaten für öffentliche Ämter oder Alternativen bei Referenden bezeichnet man diesen Wahlvorgang als „Abstimmung mit den Füßen" („voting by foot").

Das entstehende Gleichgewicht ist allerdings nur dann Pareto-optimal, wenn eine Reihe von Annahmen erfüllt ist. Diese schränken die Realitätsnähe des Modells ein:[21]

- *Mobilitätskosten*: Für die Bürger fallen keine Wanderungskosten an. Es besteht also perfekte Mobilität.

- *Information*: Die Konsumenten haben perfekte Information über die Politik der Jurisdiktionen.

- *Große Zahl*: Die Konsumenten können unter einer großen Zahl von konkurrierenden Jurisdiktionen auswählen.

- *Einkommen*: Die Konsumenten leben von Dividendeneinkommen. Das Arbeitsplatzangebot in den verschiedenen Jurisdiktionen spielt daher keine Rolle. Einzige Motivation für den Wohnortwechsel sind folglich Preis und Qualität der öffentlichen Güter.

---

[21] Außerdem werden Anpassungen der Wechselkurse nicht berücksichtigt.

- *Steuern*: Die öffentlichen Güter werden über nicht-verzerrende Kopfsteuern finanziert.
- *Größenvorteile*: Es bestehen keine Größenvorteile in der Bereitstellung der öffentlichen Güter.
- *Rivalität*: Bei den öffentlichen Gütern handelt es sich um lokale öffentliche Güter, die nur innerhalb der jeweiligen Jurisdiktion Nutzen stiften, nicht um nationale öffentliche Güter wie bei Samuelson.[22] Damit existiert eine optimale Jurisdiktionengröße. Wird diese nicht erreicht, wandern Bürger ab, weil sich entweder die Qualität der Güter verschlechtert oder die Steuerpreise erhöhen. Bei Überschreitung der optimalen Größe führt die Abwanderung zu dieser hin, bei Unterschreitung hingegen kommt es zur Entvölkerung der Jurisdiktion.[23]

Die Vorstellung des Tiebout-Wettbewerbs ist auf die Wanderung von Faktoren übertragen worden (u.a. Oates/Schwab 1988; 1991). Schließlich kann bei offenen Volkswirtschaften eine Jurisdiktion zur Einkommenserzielung genutzt werden, ohne dass der Eigentümer Bürger der entsprechenden Jurisdiktion wird und selbst seinen Wohnsitz verlagert. Eine Verlagerung von Vermögenswerten genügt. Konkret handelt es sich bei diesem Standortwettbewerb meist um den Zu- oder Abfluss von mobilem Kapital[24] in Form von Direktinvestitionen, Portfolioinvestitionen, Steuerbemessungsgrundlagen oder steuerlich relevanten Unternehmensteilen (Gerken/Märkt/Schick 2000, 136–140). Am zugrundeliegenden Selektionsprozess zwischen Jurisdiktionen ändert sich dadurch grundsätzlich nichts.

Das Tiebout-Modell ist – unter anderem aufgrund dieser Erweiterung – zu einem grundlegenden Bestandteil der ökonomischen Föderalismus-Theorie geworden. Die ihm zugrundeliegende Vorstellung, die Bürger könnten das Angebot öffentlicher Güter durch Wanderung oder durch die Verlagerung von Faktoren so steuern, dass eine effiziente Allokation erreicht wird, ist gleichfalls umstritten.[25] Außer auf mo-

---

[22] Tiebout nahm damit wesentliche Elemente der von Buchanan (1965/1987) entwickelten Theorie der Clubgüter vorweg. Bei Tiebout ist die Öffentlichkeit der Güter durch Skaleneffekte in der Produktion, bei Buchanan durch Externalitäten im Konsum verursacht. Vgl. McGuire (1974, 114).

[23] Wie dies in der Realität funktionieren soll, bleibt offen (Miller/Miranda/Roque 1995, 26). Eingemeindungen könnten den Ersatz für das für Kommunen unmögliche Ausscheiden aus dem Markt bieten (Sauerland 1997, 63). In der fiskalföderalistischen Literatur werden zur Vermeidung der Entvölkerung horizontale Ausgleichszahlung vorgeschlagen. Vgl. 6.1.2.2.

[24] Der Wettbewerb um hochqualifizierte Arbeitskräfte liegt im Schnittbereich zwischen Tiebout- und Standortwettbewerb; er wird hier ersterem zugeordnet.

[25] Brennan/Buchanan (1983, 60) bezeichnen die Effizienzsteigerung durch die freie Mobilität von steuerzahlenden Nutzern öffentlicher Güter im Tiebout-Modell als „greatly overstated".

delltheoretische Kritikpunkte[26] beziehen sich die Einwände vor allem auf folgende Voraussetzungen, die für die Verwirklichung von Bürgersouveränität entscheidend sind: die kostenfreie Mobilität (1) und die Finanzierung öffentlicher Güter über unverzerrende Steuern (2). Diese Voraussetzungen sind für den Standortwettbewerb in stärkerem Maße erfüllt als für die Wanderung von Bürgern, wie sie das ursprüngliche Tiebout-Modell vorsieht. In der Föderalismus-Literatur wird aufgrund dessen inzwischen die Wanderung von Standortnutzern stärker thematisiert als die Wanderung von Bürgern.

(1) Mobilitätskosten

Die traditionelle mikroökonomische Migrationstheorie interpretiert die Wanderungsentscheidung als Ergebnis einer individuellen Abwägung von Vor- und Nachteilen einzelner Standorte.[27] Wenn der Barwert des Bleibens für ein Individuum kleiner ist als der Barwert der Abwanderung, wandert es aus. Der Barwert wird wesentlich beeinflusst durch den Lebensstandard an unterschiedlichen Orten und die individuelle Erwartung, diesen Standard auch persönlich realisieren zu können.

Diese Ansätze überschätzen die tatsächlich beobachtbare Mobilität (Straubhaar 2000, 14). Die Unterschiede im Pro-Kopf-Einkommen prognostizieren eine massive Wanderungsbewegung zwischen armen und reichen Ländern, die in diesem Maße nicht beobachtbar ist. Neuere Ansätze berücksichtigen daher nicht nur die Kosten des Ortswechsels, also die Migrationskosten im engeren Sinne, sondern auch sonstige Vorteile der Immobilität wie das Verbleiben in der eigenen sozioökonomischen Gruppe, die Vermeidung von Wanderungsrisiken, etc. Der „Wert der Immobilität" besteht nach Straubhaar (2000, 15–21) darin, ortsspezifisches *Know-how* bei der Einkommenserzielung und bei der Einkommensverwendung zu nutzen. Ersteres bezieht sich im Wesentlichen auf die individuelle Kenntnis des

---

[26] Pestieau (1977) weist die Ineffizienz der Abstimmung mit den Füßen anhand eines Portfolio-Ansatzes nach, bei dem Konsumenten ihre Lebenszeit so auf verschiedene Kommunen verteilen wie Investoren Kapital auf verschiedene Anlagemöglichkeiten. Bewley (1981) kritisiert anhand einer formalen Gleichgewichtsanalyse, dass die Annahmen die lokalen öffentlichen Güter zu privaten Gütern werden lassen. Tiebouts Modell stelle in seiner engen Form keine Weiterentwicklung gegenüber einem allgemeinen Gleichgewichtsmodell für wettbewerbliche Gütermärkte dar, während in seiner weiten Form kein Gleichgewicht existiere bzw. dieses, falls es existiert, nicht optimal sei. Die Kommunen und ihre Regierungen spielten lediglich eine formale Rolle, da sie kein Land besitzen und keinen Einfluss auf die Nutzenfunktionen haben. Ähnlich auch Gordon (1983). Buchanan/Goetz (1972) weisen darauf hin, dass wegen der räumlichen Dimension der Jurisdiktionen und mangels privater Eigentümerschaft an denselben keine effiziente Allokation erreicht werde. Für eine zusammenfassende Darstellung der theoretischen Diskussion zum Tiebout-Modell vgl. Blankart/Borck (2000, 12–29).

[27] So die sogenannten Harris-Todaro-Migrationsmodelle, die auf Todaro (1969) und Harris/Todaro (1970) beruhen.

Arbeitsmarkts vor Ort. Gesellschaftsspezifische, ortsspezifische und firmenspezifische *Insider*-Vorteile auf dem Arbeitsmarkt gehen bei Wanderung verloren. Das erklärt, warum Menschen insbesondere dann umziehen, wenn sie bereits eine Arbeitsstelle an einem anderen Standort gefunden haben. Der Wert der Immobilität entspricht damit dem Wert standortspezifischer Investitionen.

Hinsichtlich des ortsspezifischen *Know-how* bei der Einkommensverwendung unterscheidet Straubhaar (2000, 20) zwischen gesellschaftsspezifischen Insidervorteilen einerseits und ortsspezifischen Insidervorteilen andererseits. Erstere beziehen sich auf die soziale Anerkennung und den Wert sozialer Netzwerke. Letztere entstehen aus der Kenntnis lokaler Konsumangebote und -formen privater und öffentlicher Art. Außerdem trügen nationalstaatliche Regulierungen und die Bindung an nationale Versicherungs- und Transfersysteme dazu bei, dass dem Verbleiben in einer Jurisdiktion ein eigener Wert zukommt. Diese Analyse zeigt, dass staatliche Aktivitäten den Wert der Immobilität erhöhen können, also im weitesten Sinne „Mobilitätskosten" erzeugen. Denn der Nutzen, an einem Standort zu leben, lässt sich in Kosten der Abwanderung umdefinieren (Sauerland 1997, 142).

Für die Frage, welche Kosten bei der Nutzung des Tiebout-Mechanismus anfallen,[28] soll daher im Folgenden differenziert werden zwischen

- den Kosten des Ortswechsels (Wanderungskosten),
- den Kosten des Jurisdiktionenwechsels (Wechselkosten), also des Wechsels der Anbieter öffentlicher Güter, und
- den sonstigen Mobilitätskosten.

Wanderungskosten werden durch den Ortswechsel eines Bürgers oder durch die Verlagerung von Ressourcen verursacht. Dazu gehören beispielsweise die Kosten der Suche nach einer neuen Wohnung, die Umzugsfirma, etc. Diese Kosten entstehen nur, weil eine physische Distanz überwunden wird, und nehmen daher mit wachsender Distanz zu (Sauerland 1997, 145). Es besteht daher in der Literatur Konsens, dass eine Wanderung von Bürgern aufgrund öffentlicher Leistungen eher zwischen Kommunen in Ballungsräumen zu beobachten sein dürfte als zwischen Nationalstaaten,[29] weil die Wanderungskosten zwischen Kommunen deutlich ge-

---

[28] In diesem Zusammenhang werden Mobilitätskosten im Allgemeinen definiert als die Kosten, die wanderungsbedingt beim Wandernden anfallen. Kosten, die bei den Verbleibenden, und Kosten, die bei den Bürgern des Einwanderungslandes anfallen, stellen externe Kosten der Wanderung dar; vgl. (2).

[29] So Oates (1977, 4), Olson (1986, 124). Schon Tiebout selbst wendete in Ostrom/Tiebout/Warren (1961) seine Theorie auf die Frage an, ob für Ballungsräume eine zentrale oder mehrere dezentrale Regierungen geeigneter seien. Vgl. auch die Untersuchung anhand einer Befragung tatsächlicher Wohnortwechsler innerhalb des Großraums Milwaukee in Percy/Hawkins/Maier (1995), sowie die empirischen Untersuchungen für die Schweiz in Feld (1999). Einen Überblick

ringer sind als zwischen Nationalstaaten. Häufig beschränkt sich der Wettbewerb auf benachbarte Jurisdiktionen (ebd., 163). Je kleiner die Jurisdiktionen und je größer deshalb ihre Anzahl, desto geringer sind im Durchschnitt die Wanderungskosten.[30]

Die Wechselkosten enthalten alle diejenigen Nachteile, die ein Bürger davon hat, wenn er eine Jurisdiktion verlässt, also die ortsbezogenen Anbieter öffentlicher Güter wechselt. Beispielsweise entwerten sich staatliche Qualifikationsnachweise, die nur in dieser Jurisdiktion Gültigkeit haben, oder Ansprüche auf Leistungen aus den sozialen Sicherungssystemen. Diese Kosten stellen Opportunitätskosten dar. Sie sind umso so höher, je umfangreicher der Katalog öffentlicher Leistungen ist, der bei einem Ortswechsel verändert wird. Außerdem kann bei jedem einzelnen öffentlichen Gut die Bereitstellung mehr oder weniger mobilitätsfreundlich ausgestaltet sein.[31] Auf Gütermärkten spielen Wechselkosten keine Rolle, da zum Kauf eines Gutes nicht gleichzeitig der Anbieterwechsel bei anderen Gütern erforderlich ist. Für den Wechsel fallen lediglich Suchkosten und die Entwertung anbieter-spezifischer Investitionen als Opportunitätskosten an. Während die Wanderungskosten eine Folge davon sind, dass – wie bei privaten Dienstleistungen – Anbieter und Nachfrager am gleichen Ort zusammentreffen müssen, entstehen Wechselkosten durch den räumlichen Charakter öffentlicher Güter. Entsprechend kann ein Vorteil nicht-territorialer staatlicher Organisation darin bestehen, dass die Mobilität zwischen Jurisdiktionen ohne Wohnortwechsel möglich ist (Tullock 1994, 48). Nicht das Konzept des Jurisdiktionenwettbewerbs zwischen territorialen Jurisdiktionen, sondern das individuelle FOCJ-Modell mit Jurisdiktionen ohne räumlichen Charakter muss daher als die eigentliche – für öffentliche Güter allerdings nicht durchführbare (4.1.2) – Umsetzung von Tiebouts Modell gelten.

Die sonstigen Mobilitätskosten entstehen dadurch, dass exogen vorgegebene oder privat erzeugte Standortfaktoren wie Kultur, Natur und informelle Netzwerke nicht

---

über die empirischen Untersuchungen zum Tiebout-Modell geben Dowding/John/Biggs (1994) und Feld/Kirchgässner (1998).

[30] Für die Bewohner an der Grenze eines Nationalstaates ist die räumliche Distanz zum Nachbarstaat nicht größer als zur Nachbarstadt. In Bezug auf das Verhältnis von Jurisdiktionengröße und Kosten des Ortswechsels sind daher immer die Durchschnittskosten über alle Einwohner zu betrachten.

[31] Deutlich wird die Rolle der Wechselkosten am Wanderarbeitnehmer-Sozialrecht in Europa. Die einzelnen sozialen Sicherungssysteme in der Europäischen Union sind so ausgestaltet, dass eine Wanderung von einem Mitgliedstaat zum anderen zum Verlust von Sozialversicherungsansprüchen führen kann. Erst durch europäische Kollisionsnormen wurden die Wechselkosten für die Arbeitnehmer gesenkt. Das Wanderarbeitnehmer-Sozialrecht (beginnend mit der Wanderarbeitnehmer-Verordnung Nr. 1408/71, ABl. L 149 vom 5.7.1971) stellt sicher, dass kein Arbeitnehmer durch den Jurisdiktionenwechsel schlechter gestellt wird. Entsprechendes gilt für die gegenseitige Anerkennung von Diplomen und anderen Bildungs- und Qualitätsnachweisen. Ähnliche Normen für die soziale Grundsicherung stehen dagegen noch aus (Märkt/Schick 2001).

mehr genutzt werden können.[32] Da sie nicht von der Bereitstellung öffentlicher Güter abhängen, werden sie im Folgenden nicht weiter berücksichtigt.

Die Kosten des Standortwettbewerbs sind deutlich geringer als die Kosten des Tiebout-Wettbewerbs. Zum einen müssen Standortnutzer lediglich einen Teil ihrer Ressourcen in eine andere Jurisdiktion verlagern, während Bürger ihren Wohnsitz wechseln müssen. Zum anderen ist durch den Abbau der Kapitalverkehrskontrollen und die Entwicklungen in der Informations- und Kommunikationstechnologie der Transfer von Kapital zwischen Jurisdiktionen inzwischen zu sehr geringen Kosten möglich. Auch der Informationsgrad über die Vorteilhaftigkeit von Investitionen an bestimmten Standorten dürfte bei Kapitalanlegern und hochqualifizierten Arbeitskräften höher sein als bei Bürgern. Durch die starke Abhängigkeit der einzelnen Länder von den Kapitalmärkten sind auch die politischen Risiken (wie z.B. die Gefahr der Verstaatlichung von Unternehmen) zurückgegangen. Kapital ist daher international in hohem Maße mobil. Allerdings bestehen zwischen verschiedenen Standortnutzern, ja selbst für verschiedene Formen von Kapital unterschiedlich hohe Mobilitätskosten. Direktinvestitionen sind in der Regel immobiler als Portfolioinvestitionen.

(2) Finanzierung der öffentlichen Güter

Die Annahme nicht verzerrender Kopfsteuern im Tiebout-Modell ist wirklichkeitsfern. In der Realität werden öffentliche Güter in der Regel aus dem allgemeinen Steueraufkommen finanziert. Dies führt zu einem Wohlfahrtsverlust, weil es zum einen zu einer Übernutzung öffentlicher Güter kommt, wenn Zusatzkosten der individuellen Nutzung nicht vom Nutzer getragen werden, bzw. zu einer Unternutzung, wenn positive Externalitäten der Nutzung nicht internalisiert werden. Zum anderen verursacht die Finanzierung aus dem allgemeinen Steueraufkommen eine Verzerrung auf dem Markt, auf dem das Steuerobjekt gehandelt wird. Werden beispielsweise einzelne Güter besteuert (spezifische Verbrauchsteuern), sinkt die Nachfrage nach diesen. Bei allgemeiner Einkommensbesteuerung kommt es zur Steuervermeidung durch Schwarzarbeit und zur Verzerrung der Konsum-Einkommens-Entscheidung. Außerdem wandern diejenigen Bürger ab, für die sich ein Nettonachteil aus der staatlichen Bereitstellung öffentlicher Güter ergibt, bzw. deren Nettovorteil in einer anderen Jurisdiktion größer ist.

Jurisdiktionen, die im Wettbewerb stehen, werden daher allgemeine Steuern so weit wie möglich vermeiden und Finanzierungsformen suchen, die einer Äquivalenzfinanzierung nahe kommen (Blankart 1999a, 8). Die Annahme einer nichtverzerrender Finanzierung öffentlicher Güter im Tiebout-Modell ist also insofern unschädlich, als zwar nicht *a priori* von einem solchen Finanzierungssystem aus-

---

[32] Maße kultureller Distanz versuchen diesen Teil der sonstigen Mobilitätskosten zu erfassen. Vgl. Hofstede (1980; 1991).

gegangen werden kann, ein Tiebout-Wettbewerb jedoch systematisch eine Annäherung an ein solches hervorbringen wird. Nutzerspezifische Abgaben und Entgelte werden dabei eine größere Rolle spielen, allgemeine Steuern nur für wenige Aufgaben wie die Umverteilung herangezogen (Grossekettler 1999, 17).

Entsprechende Überlegungen gelten für den Standortwettbewerb. Dieser Wettbewerb macht es unmöglich, Standortnutzer über ihr eigenes Interesse hinaus an der Finanzierung von öffentlichen Gütern zu beteiligen. Insbesondere eine Beteiligung an der expliziten oder impliziten Umverteilung wird unmöglich.[33] Aufgrund der höheren Intensität wird sich noch schneller als beim Tiebout-Wettbewerb eine nutzenäquivalente Besteuerung mobiler Standortnutzer ergeben.[34] Bei Arbeitslosigkeit am Standort kann sogar eine Subventionierung der mobilen Standortnutzer durch die Bürger im Interesse letzterer sein (Siebert 1996, 8). Es liegt dabei in der Natur des Standortwettbewerbs, dass die Steuerpolitik einer Jurisdiktion horizontale Externalitäten auf die Steuereinnahmen der anderen Jurisdiktionen erzeugt.

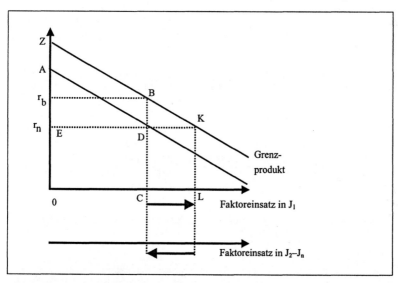

Abb. 4.1: Horizontale Externalitäten.

---

[33] Zur wohlfahrtsökonomischen Analyse der Verteilungsimplikationen im Steuerwettbewerb vgl. Gerken/Märkt/Schick (2000, 185f).

[34] Beispielsweise dürfte im Steuerwettbewerb deutlich werden, dass der Gewinn eines Unternehmens kein geeignetes Maß für die Nutzung eines Standortes ist (Blankart 1999a, 14).

Dies wird deutlich an Abbildung 4.1. Nach rechts wird der Einsatz mobilen Kapitals innerhalb einer Jurisdiktion J_1, nach oben die Rendite abgetragen. Im Ausgangspunkt D, dem Schnittpunkt zwischen der Grenzproduktivitätskurve des Kapitals und der international gegebenen Netto-Rendite r_n, verweilt Kapital der Menge 0C im Inland, das für die Inländer nach Abzug der Kapitalrendite ein verfügbares Sozialprodukt von AED erwirtschaftet. Eine produktive Innovation der betrachteten Jurisdiktion J_1 führt zu einer Verlagerung der Grenzproduktkurve nach außen. Insgesamt wird dann in dieser Jurisdiktion Kapital im Umfang von 0L eingesetzt und ein verfügbares Sozialprodukt von ZEK generiert. So entsteht ein zusätzliches Sozialprodukt in Höhe des Trapezes ZADK. Die Steuerbemessungsgrundlage für die Regierung steigt an, so dass eine Finanzierung des öffentlichen Gutes möglich ist.

Wird der weltweit verfügbare Kapitalstock als gegeben angenommen,[35] muss jedoch dem Kapitalzufluss in Jurisdiktion J_1 ein Abfluss in anderen Jurisdiktionen entsprechen, so dass es dort zum umgekehrten Phänomen, nämlich einer Reduzierung des Kapitaleinsatzes und einem sinkenden Sozialprodukt kommt. Die Steuerbemessungsgrundlage zur Finanzierung öffentlicher Güter nimmt dort ab. Die Jurisdiktionen $J_2–J_n$ erfahren negative horizontale Externalitäten aufgrund des zusätzlichen Angebots an öffentlichen Gütern in der betrachteten Jurisdiktion J_1.

Dies entspricht dem Phänomen auf Gütermärkten, dass ein innovativer Anbieter bisherige Anbieter durch ein besseres Angebot verdrängen kann. Zu unproduktiven Externalitäten im Sinne eines Gefangenendilemmas kommt es jedoch dann, wenn das Austauschprinzip (Gerken/Märkt/Schick 2000, 14f) nicht verwirklicht ist.[36] Nach diesem Prinzip muss jede Jurisdiktion in der Lage sein, von den Nutzern ihrer öffentlichen Güter einen Finanzierungsbeitrag einzufordern.[37] Ist das Austauschprinzip verletzt, können sich Individuen besser stellen, indem sie von den öffentlichen Gütern einer Jurisdiktion profitieren, ohne dieser anzugehören und diese öffentlichen Güter zu finanzieren. Das Kalkül der einzelnen Akteure im Wettbewerb führt dann zu einer für alle Beteiligten unerwünschten Situation. Das ist beispielsweise dann der Fall, wenn sich die Jurisdiktionen gegenseitig die Durchsetzung des Steueranspruchs unmöglich machen, indem sie sich steuerlich relevante Informa-

---

[35] Diese in der wohlfahrtsökonomischen Theorie des Steuerwettbewerbs übliche Annahme ist zweifelhaft. Zu einer ausführlichen Kritik dieser Theorie vgl. Gerken/Märkt/Schick (2000, 175–195).

[36] Der Wissenschaftliche Beirat (1982, 33) spricht bei der Untersuchung der Gemeindefinanzen vom „Prinzip des Interessenausgleichs". Danach sollen die Interessen der Ortsansässigen mit den Interessen der vor Ort Produzierenden dadurch zum Ausgleich gebracht werden, dass letztere ersteren einen Ausgleich für Beeinträchtigungen der Lebensqualität zahlen, die durch die Anwesenheit von produzierendem Gewerbe entsteht.

[37] Das Austauschprinzip macht also keine Aussage über die Höhe des Finanzierungsbeitrags, sondern nur über die Gruppe derer, die zur Zahlung herangezogen werden können (Schick 2000, 368).

tionen vorenthalten. Es kommt dann zu „Über-Kreuz-Anlagen", wie sie zwischen Deutschland und Luxemburg zu beobachten sind, bei denen die Bürger ihr Kapital jeweils im Nachbarland anlegen, um die inländische Steuerpflicht zu umgehen (Wissenschaftlicher Beirat 1999, 45). In diesem Fall können nur Regeln für die beteiligten Staaten zur Durchsetzung des Austauschprinzips führen und einen produktiven Wettbewerbsprozess sicherstellen. Die Vorteilhaftigkeit des Jurisdiktionenwettbewerbs ist damit ebenso von der Existenz einer geeigneten Wettbewerbsordnung abhängig (Kerber 1998a, 203f) wie die jedes anderen Wettbewerbsprozesses.[38] Ebenso wenig wie innerhalb von Jurisdiktionen die Durchsetzung einer solchen Ordnungsvereinbarung in der Regel dadurch erfolgen kann, dass es im Interesse der jeweiligen Akteure ist, sich an die Vereinbarungen zu halten, gelingt dies beim Wettbewerb zwischen Jurisdiktionen. Vielmehr bedarf es einer übergeordnete Ebene, die mit Durchsetzungskompetenzen ausgestattet ist, weil Regelbefolgungs- und Regelgeltungsinteresse regelmäßig voneinander abweichen (3.2.1).

4.2.2.2 Jurisdiktionenwettbewerb als Anreiz- und Entdeckungsverfahren

Dem Jurisdiktionenwettbewerb wird zum einen die Eigenschaft zugeschrieben, als Anreizverfahren Rechtsschutz und Leistungserstellung stärker an den Bürgerinteressen auszurichten, indem er die staatliche Macht begrenzt (1). Zum anderen sei der er als Entdeckungsverfahren in der Lage, Wissen über geeignete Problemlösungen zu generieren (2). Diese Thesen sind im Folgenden zu prüfen.

(1) Kontrolle staatlicher Macht

Der Übergang von der Einstimmigkeit zu Mehrheitsentscheidungen (3.3.2) ermöglicht dem Staat die Ungleichbehandlung der Bürger. Diese Möglichkeit zu Privilegierungen oder Diskriminierungen bei der Besteuerung, bei den staatlichen Ausgaben und bei der Regelsetzung fordert heraus, dass sich Individuen darum bemühen, Ungleichbehandlungen zu ihren Gunsten zu erreichen. Somit besteht die Gefahr, dass der Staat aufgrund solchen *Rent-seeking*-Verhaltens die Funktionsvoraussetzungen der Wettbewerbswirtschaft außer Kraft setzt, obwohl dies den konsensfähigen konstitutionellen Interessen der Bürger widerspricht. Denn die für die wirtschaftliche Entwicklung essentielle Stärke des Staates, die Regeln des marktlichen Wettbewerbs durchzusetzen, versetzt ihn zugleich in die Lage, sie für eigene Zwecke außer Kraft zu setzen. Dies gilt sowohl für die negativen Anreize, wenn der Markt ökonomisches Versagen bestraft, als auch für die positiven Anreize, mit denen ökonomischer Erfolg belohnt wird (Qian/Weingast 1997, 84):

---

[38] Hayek (1944, 232): „[T]here must be a power which can restrain the different nations from action harmful to their neighbors, a set of rules which defines what a state may do, and an authority capable of enforcing these rules." Zur Frage der Notwendigkeit einer Wettbewerbsordnung für den Jurisdiktionenwettbewerb auch Gerken (1999a, 75–80).

Negative Anreize des Marktprozesses werden dann unwirksam, wenn der Einzelne nicht mehr die ökonomischen Folgen seines Handelns tragen muss. Das geschieht z.b., wenn der Staat nicht mehr wettbewerbsfähige Unternehmen künstlich am Leben erhält. Notwendig für eine Vermeidung solcher staatlicher Handlungen ist eine glaubwürdige Selbstbindung des Staates, die durch die Institutionalisierung der Demokratie allein nicht gewährleistet wird; vielmehr müssen wirtschaftliche und politische Rechte dadurch garantiert werden, dass Mehrheitsentscheidungen institutionell begrenzt werden (Weingast 1993, 288f).

Positive Anreize werden dann genommen, wenn der Staat durch konfiskatorische Besteuerung der Einkommen und Vermögen die Leistungsbereitschaft der Staatsbürger untergräbt (ebd., 286). In ihrem Buch „The Power to Tax" thematisieren Brennan/Buchanan (1980) den Missbrauch der Steuergewalt des Staates zur Verfolgung der Eigeninteressen der politischen Akteure bzw. zum *Rent-seeking* von Interessengruppen. Der Staat wird zur Hervorhebung dieses Missbrauchspotenzials als steuermaximierender Leviathan modelliert. Der Steuerwettbewerb als Jurisdiktionenwettbewerb mit den Parametern des Steuerrechts dient dann als (vollständiger) Ersatz für konstitutionelle Beschränkungen der Steuergewalt.[39] Denn die Abwanderungsmöglichkeit von Bürgern und Standortnutzern stellt eine wesentliche Schranke für Ungleichbehandlungen durch den Staat dar. Wenn die Diskriminierten abwandern, wird Diskriminierung unmöglich. Im Jurisdiktionenwettbewerb leiden daher solche Jurisdiktionen unter Abwanderung, in denen in großem Maße Ungleichbehandlungen erfolgen.

Die These, dass die staatlichen Eingriffe in die Ökonomie bei Steuerwettbewerb zwischen vielen Jurisdiktionen geringer sein müssten (ebd., 185), wird empirisch nicht durchgängig bestätigt. Föderalstaaten mit Wettbewerb auf der dezentralen Ebene und zentralisierte Staaten unterscheiden sich nicht systematisch in der Größe des staatlichen Sektors (Oates 1972, 210f). Allerdings zeigen verschiedene Studien, dass auf lokaler Ebene, wo der interjurisdiktionelle Wettbewerb intensiver ist, die Staatsquote bei kommunaler Bereitstellung tatsächlich geringer ist als bei regionaler.[40] Insofern bestätigt sich die schon für das Tiebout-Modell getroffene Aussage, dass der Wettbewerb zwischen Jurisdiktionen vor allem auf lokaler Ebene seine Wirkung entfalten kann.

Außer über die Besteuerung können Renten auch – indirekter – dadurch erzielt werden, dass auf die Regelsetzung für den unternehmerischen Wettbewerb Einfluss

---

[39] Diese können insbesondere in einem Verbot der ungleichen Besteuerung bestehen, was weitgehend die Bedienung von Partikularinteressen über die Besteuerung verhindert (Buchanan/Congleton 1998).

[40] U.a. Marlow (1988). Vgl. die Übersicht über die entsprechenden empirischen Untersuchungen in Oates (1989).

genommen wird.[41] Für die Unternehmen ist eine Regulierung dann optimal, wenn sie sowohl als Anbieter auf geschützten Märkten hohe Preise fordern als auch als Nachfrager auf Märkten mit hoher Wettbewerbsintensität von niedrigen Einkaufspreisen profitieren können. Diese Anforderung kann offensichtlich nicht für alle Unternehmen in gleicher Weise erfüllt werden.

Im Jurisdiktionenwettbewerb wird nun die Wettbewerbsordnung eines Staates zu einer Standorteigenschaft, die wie Steuersystem und Angebot an öffentlichen Gütern dem Wettbewerb ausgesetzt ist. Unternehmen suchen sich Standorte aus, die ihren Bedürfnissen bestmöglich entsprechen. Eine Überregulierung, die hohe Kosten für die Unternehmen verursacht und den unternehmerischen Wettbewerb einschränkt, oder eine extreme Unterregulierung, die die notwendige Rechtssicherheit vermissen lässt, sind wegen der *Exit*-Option der Betroffenen nicht möglich. Regulierungswettbewerb trägt damit auch zur Machtkontrolle bei. Regulierungen, die Sonderinteressen bedienen sollen, können von Bürgern und Standortnutzern umgangen werden und geraten damit unter Druck. Der Regulierungswettbewerb stellt somit im Bereich des Rechtsschutzstaates ein Instrument der Machtkontrolle dar.

Die territoriale Aufteilung der Staatsgewalt, wie sie für föderale Systeme charakteristisch ist, schützt somit die positiven und negativen Anreize, die für eine Marktwirtschaft unentbehrlich sind, und erhält so den marktlichen Wettbewerb („market-preserving federalism"; Weingast 1995).

(2) Wissensgenerierung

Existieren mehrere Jurisdiktionen, besteht, wie im Rahmen des sogenannten „Laboratory Federalism"-Ansatzes[42] herausgearbeitet wurde, die Möglichkeit, aus verschiedenen Alternativen zu wählen. Die von Hayek (1968/1969) für den unternehmerischen Wettbewerb herausgearbeitete Eigenschaft des Wettbewerbs als Entdeckungsverfahren (3.1.2) kann dabei auf den staatlichen Bereich übertragen werden. Im Wettbewerb der dezentralen Einheiten um Bürger und Faktoren werden diejenigen Jurisdiktionen Erfolg haben, deren rechtliche Normen und öffentliche Güter den Interessen der Betroffenen entsprechen. Innovationen werden belohnt, so

---

[41] Stigler (1971). In der wohlfahrtsökonomischen Literatur wird den Regeln, unter denen Wettbewerb stattfindet, wenig oder keine Bedeutung beigemessen. Dies kann – neben der nachfolgend diskutierten Ausblendung des Wissensproblems – als das charakteristische Defizit der neoklassischen Wettbewerbstheorie angesehen werden; Regulierungen sind in der Föderalismus- und Staatenwettbewerbsliteratur als „öffentliche Güter" klassifiziert und im Rahmen der Allokationstheorie unter diese subsumiert worden (Mussler/Wohlgemuth 1995, 12f). Die evolutorische Theorie des Wettbewerbs hingegen stellt den institutionellen Rahmen ins Zentrum ihrer Wettbewerbsanalyse. Für einen Überblick Kerber (1994).

[42] Vgl. Vihanto (1992), Vanberg/Kerber (1994), Mussler/Wohlgemuth (1995).

dass ein Anreiz besteht, nach solchen Innovationen zu suchen. Andere Jurisdiktionen werden diese innovativen Lösungen imitieren. Wie beim marktlichen Kauf wird dabei Wissen darüber erzeugt, welche Güter von den Bürgern erwünscht sind. Wandern mehr Bürger aus einer Jurisdiktion ab als zu, kann die Regierung derselben, können aber auch alle anderen Regierungen daraus schließen, dass das angebotene Bündel aus staatlich durchgesetzten Regeln, öffentlichen Leistungen und Steuern keine Nachfrage findet. Umgekehrt können Regierungen aus einer Nettozuwanderung zu einer Jurisdiktion schließen, dass die politischen Aktivitäten der zuständigen Regierung mehr Zustimmung erfahren als in anderen Jurisdiktionen. Das verstreute Wissen über die Interessen der Bürger und über politische Maßnahmen, die diesen entsprechen, wird durch „institutionelle Arbitrage" (Mussler/Wohlgemuth 1995, 15) aufgedeckt.

Auch in jedem einzelnen Staat besteht die Möglichkeit der Wissensgenerierung durch Experimente. Sind sich die Bürger über den Erfolg verschiedener Politikvorschläge nicht sicher, kann zunächst die eine Partei für eine Legislaturperiode, dann die andere in der nächsten Legislaturperiode ihre Vorschläge verwirklichen. Im Unterschied zu solchen „konsekutiven Experimenten" in jedem einzelnen Staat bietet die Existenz mehrerer Staaten jedoch die Möglichkeit zu „parallelen Experimenten" (Vanberg 1994, 30f). Das erleichtert den Vergleich der Ergebnisse und vermehrt die gewonnene Information. Anders ausgedrückt erlaubt die Existenz mehrerer Jurisdiktionen sowohl die Imitation erfolgreicher Experimente, die außerhalb des Systems stattfanden (externes Lernen), als auch solcher Experimente, die innerhalb des Systems Erfolg hatten (internes Lernen).[43] Ersteres hat den Vorzug der zeitlichen, zweites den Vorzug der räumlichen und institutionellen Identität.

Der Vorzug der Wissensgenerierung durch parallele Experimente ist allerdings nicht vom Jurisdiktionenwettbewerb abhängig, wie die Vertreter des *Laboratory Federalism* darstellen, sondern allein von der Existenz mehrerer Jurisdiktionen. Auch ohne Mobilität der Bürger oder Standortnutzer kann durch den Wettbewerb um Zustimmung externes Lernen erfolgen (4.2.1.2). Der Jurisdiktionenwettbewerb schafft lediglich durch die Abwanderung bzw. ihre Androhung einen – neben dem politischen Wettbewerb – zusätzlichen Anreiz zur Nutzung dieses Wissens.

4.2.2.3 Die optimale Jurisdiktionengröße

Die Signale, die von der Jurisdiktionenwahl ausgehen, müssen, damit der *Exit*-Mechanismus nicht nur eine individuelle Verbesserung für die Wandernden bringt, sondern auch generell die Bürgerorientierung verstärkt, die Veränderungswünsche der Bürger in geeigneter Weise an die Entscheidungsträger in der Jurisdiktion

---

[43] Zur Unterscheidung von „externem" und „internem" Lernen vgl. Reformkommission Soziale Marktwirtschaft (1998, 4).

übermitteln. Das bedeutet, dass die Signale mehr oder weniger eindeutig sein müssen und keine unerwünschten Nebeneffekte in Form von Externalitäten generieren. Wissen die Entscheidungsträger nicht, warum eine Abwanderung eintritt, werden sie möglicherweise ungeeignete Maßnahmen zur Verbesserung der Lage treffen. Diese Thematik der Umsetzung der generellen Veränderungsanreize für die Jurisdiktion in spezifische Handlungsanreize für die Entscheidungsträger ist bisher für den Tiebout-Wettbewerb kaum thematisiert worden (Kerber 2000a, 78, Fn 23).

Bei Tiebout sind die Kommunen auch ohne internen politischen Wettbewerb zu einer an den Präferenzen der Bürger orientierten Bereitstellung öffentlicher Güter gezwungen. Tiebout (1956, 420) geht von „city managers", also von Verwaltern aus, die für die Bürgerschaft entscheiden. Er abstrahiert also vom politischen Prozess als alternativem Mechanismus der Präferenzaufdeckung und von der Frage, warum diese Politiker im Interesse der Bürger handeln sollten. Ein globales Optimum kann beim Tiebout-Wettbewerb jedoch nur erreicht werden, wenn entweder, wie im Annahmenset von Tiebout, von einer unendlich großen Zahl von Jurisdiktionen ausgegangen wird, oder wenn bei endlicher Anzahl von Jurisdiktionen durch einen internen Selektionsprozess optimale Angebote generiert werden (Hamlin 1985, 190). Findet eine Auswahl unter ungeeigneten Angeboten statt, ist das Ergebnis lediglich lokal optimal.

In der Realität ist die Annahme einer unendlich großen Zahl von Jurisdiktionen offenkundig verletzt. Das führt dazu, dass selbst bei optimalem Tiebout-Prozess kein globales Optimum erreicht wird. Ausbeutungspotenziale bleiben außerdem dadurch bestehen, dass Bürger und Standortnutzer nicht die Wahl haben, keine Jurisdiktion aufzusuchen (Gerken 1999a, 41). Es bedarf daher sowohl der Beschränkung der staatlichen Gewalt (Brennan/Buchanan 1980, 172) als auch der Anreizmechanismen innerhalb der Jurisdiktionen, um optimale Angebote hervorzubringen. Eindeutig löst jedoch eine größere Zahl und damit eine geringere Größe der Jurisdiktionen eine höhere Wettbewerbsintensität beim Tiebout-Wettbewerb aus und macht bestimmte Beschränkungen der staatlichen Gewalt entbehrlich.

In dem Maße, wie Standortnutzer gleichzeitig Eigenschaften mehrerer Jurisdiktionen nutzen können, erhält die Vielfalt an Alternativen eine noch größere Bedeutung.[44] Im Unterschied zum Bürger, der am Wohnort vollständig anwesend ist und daher die Leistungen der kommunalen und der regionalen Regierung immer als Bündel bezieht, können Standortnutzer bis zu einem gewissen Grad Standorteigenschaften separieren.

Juristischen Personen kann die Erhöhung der Zahl der Jurisdiktionen Vorteile bringen. Denn diese haben die Möglichkeit, spezifische Vorteile unterschiedlicher

---

[44] So auch Breton (1996, 192), der dies allerdings darauf zurückführt, dass Kapital und Technologie keine Präferenzen für Güter und Dienstleistungen haben und fungibel sind.

Standorte zu kombinieren (Porter 1986, 18). Je höher die Anzahl der Jurisdiktionen, desto mehr spezifische Standortprofile können partiell genutzt werden. Die Anzahl der Standortkombinationen steigt dadurch überproportional.

Bei *natürlichen* Personen spielen zunehmend migrationssubstituierende Mobilitätsformen eine Rolle: Menschen arbeiten für die Dauer eines Projektes in einer anderen Jurisdiktion, ohne ihren Wohnort zu verlagern. Neue Technologien ermöglichen eine Art „funktionaler Mobilität bei räumlicher Immobilität" (Straubhaar 2000, 27), bei der auch die Bürger eine Separierung der Standorteigenschaften vornehmen können. Der Ort des Hauptwohnsitzes, der Ort der Ferienwohnung, der Schulort der Kinder und der Ort des Einkaufens fallen immer häufiger auseinander. Insofern gilt für Personen in begrenztem Maße dieselbe Beobachtung wie für Unternehmen. Während jedoch für den Bürger im allgemeinen die Anzahl der Handlungsoptionen proportional mit der Anzahl der potenziellen Wohnorte zunimmt, wächst sie für Standortnutzer überproportional. Der Standortwettbewerb wirkt, z.B. bei der Reduzierung von Ausbeutungsspielräumen, damit für die mobilen Standortnutzer deutlich effektiver.

In noch stärkerem Maße als der Tiebout-Wettbewerb wird daher der Standortwettbewerb durch die Erhöhung der Anzahl der Jurisdiktionen intensiviert.

4.2.3 Voice, Exit und Bürgersouveränität

Dem Jurisdiktionenwettbewerb wird die Eigenschaft zugesprochen, Anreize für die Orientierung an den Bürgerinteressen zu schaffen (4.2.2.2 (1)). Gleichzeitig bedarf der Jurisdiktionenwettbewerb bei endlicher Jurisdiktionenzahl des jurisdiktioneninternen *Voice*-Prozesses (4.2.2.3). Daher ist in Bezug auf die Möglichkeiten der Steuerung des Gemeinwesens durch die Bürger argumentiert worden, die Kombination aus *Exit* und *Voice* stärke die Macht der Bürger gegenüber ihrer Regierung (Dye 1990, 17; Kincaid 1991, 98). Allerdings stehen beide Prozesse in vielfältiger Wechselwirkung. Unterschiede ergeben sich zwischen dem Tiebout-Wettbewerb als Wanderung der Bürger (4.2.3.1) und dem Standortwettbewerb als Jurisdiktionenwahl von Standortnutzern (4.2.3.2).

4.2.3.1 Die Wechselwirkung von *Voice* und Tiebout-Wettbewerb

Die Nutzung der Mechanismen *Voice* und *Exit* verursacht den Bürgern Kosten. Im Fall der *Voice*-Option sind die Kosten der Information, die Kosten der politischen Organisation in Interessengruppen und Parteien sowie die Kosten der direkten Beeinflussung von Politikern zu berücksichtigen.[45] Da die *Voice*-Option nur kollektiv

---

[45] Die *Signalling*-Kosten bei Breton/Scott (1978; 1980) umfassen alle Kosten der Aufdeckung von Präferenzen und schließen auch solche Kosten ein, die entstehen, wenn die Bürger bei unzureichender staatlicher Leistungserstellung anstelle des Staates tätig werden. Die Kosten des *Voice*-Prozesses werden in dieser Arbeit folglich enger gefasst als bei Breton/Scott.

ausgeübt werden kann, ist die Durchsetzung von Bürgerinteressen im politischen Prozess ein öffentliches Gut. Die Kosten des kollektiven Handelns fallen nur bei denjenigen an, die eine Entscheidung herbeiführen, während alle Bürger die Folgen der Entscheidung tragen. Die Aussichten auf Erfolg sind zudem bei politischen Initiativen wegen des kollektiven Charakters unsicherer als bei einer individuellen Wahlentscheidung (Kirsch 1997, 49f).

Im Fall der *Exit*-Option handelt es sich neben den Mobilitätskosten, die beim Wandernden anfallen, um externe Kosten der Abwanderung. Während sich der einzelne, abwandernde Bürger besser stellt, können für die Zurückbleibenden Nachteile durch seine Abwanderung entstehen. Dies ist insbesondere dann der Fall, wenn der Einzelne als Nettozahler zur impliziten oder expliziten Umverteilung beigetragen hat oder wenn durch seine Abwanderung die Größe der Jurisdiktion unter den optimalen Wert sinkt. Ist die Jurisdiktion investiv tätig geworden, besteht die Gefahr, dass mit einer größeren Personenzahl kalkuliert wurde. Die verbleibenden Bürger müssen dann die Kosten der Überinvestition tragen.[46] Das kann dazu führen, dass sich für zunehmend mehr Bürger ein Verbleiben in der Jurisdiktion als nachteilig erweist. Es kommt zu einem kumulativen Abwanderungsprozess, der möglicherweise mit der Auflösung der Jurisdiktion endet. Jedenfalls können sich interkollektive Konflikte verstärken, wenn Wanderungsbewegungen die Wohlfahrtsunterschiede zwischen Jurisdiktionen vergrößern. Kritiker des Jurisdiktionenwettbewerb weisen daher auf seine möglicherweise unerwünschten Verteilungswirkungen hin.[47] Unabhängig von diesen kann der Jurisdiktionenwettbewerb nach herrschender Meinung auch dann, wenn Externalitäten vorliegen oder der Nutzenkreis eines öffentlichen Gutes größer ist als das Territorium der einzelnen Jurisdiktion, nicht als effizient bezeichnet werden (Mueller 1989, 158). Konsens besteht auch bezüglich weiterer möglicher Wettbewerbsversagenstatbestände (Kerber 2000a, 90).

Ebenso wie es im Interesse der Bürger liegt, den politischen Prozess zu beschränken, indem das Handeln der Politiker Restriktionen unterworfen wird, liegt es daher auch im Interesse der Bürger, die *Exit*-Option Beschränkungen zu unterwerfen. Dies kann entweder in der einzelnen Jurisdiktion durch die Erhebung von Ein- und Austrittsgebühren oder interjurisdiktionell durch die Vereinbarung eines Finanzausgleichs erfolgen (Mueller 1989, 162). Beide Maßnahmen, erstere durch die Erhöhung der Wanderungskosten, zweitere durch die Dämpfung der Wirkung auf die einzelne Jurisdiktion, schränken jedoch die Wirksamkeit des *Exit*-Mechanismus entscheidend ein. Damit besteht ein intrapersoneller Zielkonflikt zwischen dem

---

[46] Dies ist insbesondere in den neuen Bundesländern zu beobachten, wo massive Abwanderungsprozesse teilweise zu einer deutlichen Steigerung der lokalen Gebühren geführt haben, weil die Investitionskosten für überdimensionierte Einrichtungen wie Kläranlagen von den Zurückbleibenden zu tragen sind.

[47] U.a. Pestieau (1977, 184f), Sinn (1996), Donahue (1997).

individuellen Interesse der Bürger, zu geringen Kosten auswandern zu können, und dem Interesse qua Bürger an einem stabilen Wettbewerbsprozess (Kincaid 1992). Individuelle Institutionenwahl im Austauschprozeß (*Exit*) und kollektive Institutionenwahl im Parallelprozeß (*Voice*) stehen in einem unüberbrückbaren Spannungsverhältnis (Wohlgemuth 2001a, 9).

Die *Exit*-Option schränkt zum einen die Handlungsoptionen des Kollektivs ein. Diejenigen, die sonst – überstimmt – die Mehrheitsentscheidung mittragen müssten, können nun auswandern. Damit werden zwar die Wahlmöglichkeiten für die Bürgerschaft nicht beschnitten, die Opportunitätskosten bestimmter Entscheidungen steigen jedoch an, wenn damit gerechnet werden muss, dass diejenigen, die durch die Entscheidungen benachteiligt werden, auswandern. Der Jurisdiktionenwettbewerb begrenzt daher die Handlungsmöglichkeiten der Politik (Scharpf 1998). Zum zweiten kann, wer einmal sein *Exit*-Recht ausgeübt hat, sein Wahlrecht in der Regel nicht mehr ausüben.[48] *Exit* bleibt damit eine Option, wenn Unzufriedenheit im *Voice*-Mechanismus geäußert wurde, nicht aber umgekehrt (Hannowsky/Renner 1998, 92–94). Das führt dazu, dass Politiker bei einer Politik, die den Interessen einer relevanten Bevölkerungsgruppe widerspricht, sogar mit steigender prozentualer Zustimmung rechnen können, wenn einige der Benachteiligten abgewandert sind (Besley/Case 1995, 39). Zum dritten wird aufgrund der Abwanderungsmöglichkeit die Nutzung des demokratischen Prozesses für die Einzelnen uninteressant, die Wahlbeteiligung dürfte daher abnehmen. Im Extremfall unendlich vieler Jurisdiktionen wird es für die Bürger, weil die Jurisdiktionen in Bezug auf die Präferenzen der Individuen homogen sind, rational, auf teure demokratische Institutionen zu verzichten (Buchanan/Tullock 1962/1965, 100).[49] Auch ein Wettbewerb um Zustimmung ist bei homogenen Jurisdiktionen nicht mehr möglich, weil dafür ähnliche Präferenzen in den zu vergleichenden Jurisdiktionen erforderlich sind (Breton 1996, 234).

Umgekehrt schwächt die *Voice*-Option die individuellen Wahlmöglichkeiten im Rahmen des *Exit*-Mechanismus. Denn jede lokale Differenzierung erhöht die Exit-Kosten (Vanberg 1997, 263), d.h. die Opportunitätskosten der Abwanderung. Im Extremfall könnten die Bürger ein Wanderungsverbot beschließen. Nicht haltbar ist

---

[48] Im Einzelnen ist das vom Wahlrecht abhängig. Innerhalb Deutschlands steht einem Neubürger bereits nach drei Monaten am neuen Wohnort das Wahlrecht für Kommunal- und Landtagswahlen zu. Das Wahlrecht am alten Wohnort entfällt sofort. Einem nach Frankreich ausgewanderten Deutschen bleibt in Frankreich die Mitwirkung an Parlaments- und Präsidentschaftswahlen verwehrt. Er behält jedoch sein Wahlrecht zum Deutschen Bundestag. Diese Regelungen, die zu einem Auseinanderfallen von Einwohnerschaft und Bürgerschaft führen, sind aus verfassungsökonomischer Sicht bedenklich.

[49] Ähnlich auch Frey (1970), der bei einem Vergleich von vollständiger Konkurrenz und reiner Demokratie darauf hinweist, dass bei Identität der Parteiprogramme im Gleichgewicht die Wahlbeteiligung Null sein könnte.

daher die optimistische Sicht, dass die Existenz vieler kleiner Jurisdiktionen sowohl den *Exit*-, als auch den *Voice*-Mechanismus stärkt (Sauerland 1997, 159). Lokale Autonomie kann im Extremfall sogar dazu führen, dass der Jurisdiktionenwettbewerb aufgrund von Kapitalverkehrskontrollen, Ausreisebestimmungen und Ein- oder Austrittsgebühren völlig aufgehoben wird. *Voice*- und *Exit*-Mechanismus sind daher weitgehend als substitutiv anzusehen.[50] Die Verfassungsordnung einer Jurisdiktion legt mit der Regelsetzung für den politischen Prozess und der Bestimmung grundlegender Freiheitsrechte die relative Bedeutung der Mechanismen *Voice* und *Exit* fest.

Inwieweit Einschränkungen des *Exit*- und des *Voice*-Mechanismus notwendig sind, damit sich ein Gemeinwesen in optimaler Weise an den Bürgerinteressen orientiert, kann aufgrund der aufgezeigten Wechselwirkungen zwischen beiden Mechanismen nur in einem institutionellen Lernprozess herausgefunden werden, der sich wiederum an den konstitutionellen Interessen der Bürger ausrichten sollte. Das macht deutlich, dass der Tiebout-Prozess in verfassungsökonomischer Perspektive jedenfalls von der Zustimmung der Bürger abhängt.

Der Tiebout-Wettbewerb selbst könnte Teil dieses institutionellen Lernprozesses bezüglich einer geeigneten Verfassungsordnung sein und so das Wissens- und Delegationsproblem bei der Regelwahl überwinden helfen. Dies ist die Vorstellung des Modells der „freien Ordnungswahl" (3.1.4.2): Bürger, die der Verfassungsordnung eines anderen Landes eher zutrauen, die Politiker an der Verfolgung ihrer Eigeninteressen zu Lasten der Bürger zu hindern, können ihren Wohnsitz dorthin verlegen. Im Unterschied zur Einflussnahme auf den politischen Prozess handelt es sich hierbei um individuelle, nicht um kollektive Entscheidungen. Die individuelle Ordnungswahl führt dazu, dass alle Bürger – durch ihr Dableiben oder durch ihren Zuzug – die Verfassungsordnung legitimieren. Diese Legitimation fehlt bei Kollektiventscheidungen wie Abstimmungen über eine Verfassung, soweit sie nicht einstimmig erfolgen.

In der Realität sind jedoch die Mobilitätskosten für den Wechsel zwischen Jurisdiktionen zu berücksichtigen. Im Fall von restriktiven Einreise- und/oder Ausreisevor-

---

[50] Hirschman (1993) selbst weist in der Analyse der Wende in der ehemaligen DDR auf eine mögliche Komplementarität von *Exit* und *Voice* hin. Dies trifft jedoch zum einen nur in außergewöhnlichen historischen Situationen zu: „In some momentous constellations, ..., exit can cooperate with voice, voice can emerge from exit, and exit can reinforce voice." (ebd., 202). Zum zweiten führte diese Kombination aus massiver Abwanderung und Kritik zum Zusammenbruch der Organisation DDR und lässt keine Möglichkeit zur Reaktion auf die Bürgerwünsche, indem die Organisation selbst verbessert wird. Dies unterstreicht die Bedeutung der dritten Reaktionsmöglichkeit „Loyalty", also der Duldung von Qualitätsverschlechterungen aufgrund der Kosten der anderen Reaktionen oder aufgrund der Hoffnung auf positive Veränderungen. Die Duldung, die durch Verantwortungsgefühl und Interesse für die Institution ausgelöst wird (Hirschman 1970, 98f), verhindert destruktive Abwanderungsprozesse.

schriften müssen sie als prohibitiv gelten. Nicht umsonst begrenzen gerade Diktaturen die Ausreisefreiheit. Schließlich stellt die „Abstimmung mit den Füßen" eine Restriktion für das Handeln der Politiker dar. Ein positiver Einfluss des Tiebout-Wettbewerbs auf die Verfassungsordnung einer Jurisdiktion kann daher nur erwartet werden, wenn diese Verfassung ihren Bürgern die Auswanderung und Ausländern die Einwanderung zu geringen Kosten gestattet.

4.2.3.2 Die Wechselwirkung von *Voice* und Standortwettbewerb

In Bezug auf die *Exit*-Option der mobilen Standortnutzer, die selbst nicht Bürger sind, verstärkt sich das festgestellte Spannungsverhältnis zwischen *Exit* und *Voice*. Das liegt zum einen daran, dass die *Exit*-Kosten in der Regel für die Standortnutzer deutlich geringer sind als für die Bürger. Der Standortwettbewerb reduziert daher in noch stärkerem Maße die Gestaltungsmöglichkeiten der Politik als der Tiebout-Wettbewerb. Insofern damit auch den Interessen der Bürger entsprochen wird, erhöht auch der Standortwettbewerb die Bürgersouveränität (Vanberg 2000c). Im Standortwettbewerb werden folglich tendenziell solche Bürgerinteressen geschützt, die identisch oder komplementär zu denen mobiler Standortnutzer sind. Geht man grundsätzlich von einer Komplementarität der Faktoren aus, besteht auch für Bürger, die vor allem über Einkünfte aus immobilen Faktoren verfügen, in ihrer Eigenschaft als Produzenten kein Interesse, die *Exit*-Option zu begrenzen. Im Einzelfall ist diese Komplementarität jedoch nicht immer gegeben. In Bezug auf die Interessen *qua* Bürger (3.1.4.3) ist eine Interessenkongruenz jedenfalls zu bezweifeln. Diesem inhärenten Konflikt zwischen Bürgern und Standortnutzern steht nicht entgegen, dass alle Bürger auch Standortnutzer und viele der Standortnutzer auch Bürger sind. Die Zielkonflikte bestehen dann intrapersonell.

Zum zweiten besteht, soweit die Standortnutzer nicht Bürger sind, ein Konflikt um die Verteilung der Standortrente. Die Eigner mobiler Ressourcen versuchen, durch optimale Allokation derselben ihre „Standortrente" zu optimieren. Die Bürger haben hingegen kein Interesse daran, die lokale Wertschöpfung mit den externen Nutzern zu teilen (Gerken/Märkt/Schick 2000, 185f).

Zum dritten erfolgt, wenn die Standortnutzer nicht Bürger sind, eine Einflussnahme auf die Leistungserstellung einer Jurisdiktion nicht durch die Beteiligung an Wahlen, sondern durch die Übermittlung von Informationen und durch die Erzeugung von politischem Druck in Form des Lobbyismus. Der Standortwettbewerb erhöht den Anreiz für Politiker, mobile Standortnutzer zu privilegieren, und verändert so die relative Machtposition der Interessenverbände (Gerken 1999a, 36–40). Inwieweit dies zugunsten der Bürgersouveränität wirkt oder nicht, ist von deren spezifischen Interessen abhängig. Es gibt jedoch keinen Anlass anzunehmen, die Partikularinteressen mobiler Standortnutzer seien den konsensfähigen konstitutionellen Interessen der Bürger näher als die Partikularinteressen der immobilen Standortnutzer. Eine Verschärfung der Prinzipal-Agenten-Thematik durch den Standortwettbewerb kann daher nicht *a priori* ausgeschlossen werden. Dies gilt auch dann, wenn man davon ausgeht, der Standortwettbewerb sei wesentlich dadurch motiviert, dass sich Regierungspolitiker verschiedener Jurisdiktionen zur Sicherung ihrer Wiederwahl um die Attraktion von mobilem Kapital bemühten (Gerken 1999a, 7f; Gerken/Märkt/Schick 2000, 135f). Denn die Politiker sind jeweils nur an der Erlangung der Mehrheit interessiert. Selbst wenn man die Möglichkeit der Bürger hinzunimmt, aus Jurisdiktionen, die mobile Standortnutzer privilegieren, abzuwandern, muss davon ausgegangen werden, dass im Standortwettbewerb die Bürger benachteiligt werden, weil in jeder Jurisdiktion der durch die Standortnutzer erzeugte Wettbewerbsdruck stärker ist als der durch die Bürger generierte.

Es besteht somit ein immanentes Spannungsverhältnis zwischen Standortwettbewerb und Bürgersouveränität. Eine Verfassungsordnung legt daher nicht nur die relative Bedeutung von *Voice* und *Exit*, sondern zugleich auch das Kräfteverhältnis zwischen externen Standortnutzern und Bürgern fest. Eine Jurisdiktion wird nur dann bürgersouverän sein, wenn die Verfassungsordnung den Einfluss der externen Standortnutzer auf die politischen Entscheidungen in einer Jurisdiktion beschränkt.

Da die Verfassung das Kräfteverhältnis zwischen mobilen Standortnutzern und Bürgern festlegt, gehen vom Standortwettbewerb systematisch Anreize aus, bei der Verfassungsgebung Bürgersouveränität nicht zu verwirklichen. Denn mobile Standortnutzer haben insbesondere dann Chancen, ihre spezifischen Interessen durchzusetzen, wenn Politiker und Bürokraten über große Spielräume zur Abweichung von den konsensfähigen Interessen der Bürger verfügen, also gerade dann, wenn die Steuerung des politischen Prozesses nur unzureichend funktioniert. Während der Standortwettbewerb daher z.B. Wissen über geeignete Steuersysteme und Arbeitsmarktregulierungen generieren kann, ist er für eine Wahl zwischen Verfassungen ungeeignet.[51] Die Wahl der Verfassungsordnung als die Wahl der Kompetenzen der Politiker und damit der Verfahren, mit denen eine Bürgerschaft politische Entscheidungen trifft, kann im Lichte des verfassungsökonomischen Postulats der Bürgersouveränität daher nicht von den Standortnutzern vorgenommen werden. Die Wahl der Verfassungsordnung haben die Bürger daher als Eigner der Jurisdiktion in einem Verfahren zu treffen, in dem ihre Interessen nicht von denen der Standortnutzer überlagert werden.

4.3 Fazit

Nach der vorstehenden Analyse ist die territoriale Organisation des Staates der personalen Jurisdiktionenbildung, wie sie der individuelle FOCJ-Ansatz vorsieht, vor-

---

[51] Als Beispiel mögen Chile oder China gelten, in denen lange Jahre eine wirtschaftliche Öffnung und ein autokratisches politisches System gleichzeitig bestanden. Besser als demokratische Regierungen, die häufig wechseln und zumindest vor Wahlen auf die Interessen der Bürger eingehen müssen, können Diktaturen langfristig eine Privilegierung ausländischer Investoren sicherstellen.

zuziehen, da nur die territoriale Organisation wirksam Rechtssicherheit schafft und das Freifahrer-Verhalten bei öffentlichen Gütern unterbindet. Güter, für welche die Verfügungsrechte erlauben, von Nutzern einen Finanzierungsbeitrag einzufordern, können hingegen auch privat bereitgestellt werden. Indem das FOCJ-Konzept für Güter, bei denen der Ausschluss von Nutzern auch ohne eine territoriale Jurisdiktion möglich ist, eine demokratische Verfasstheit der Nutzer und ihre direktdemokratische Mitbestimmung bei der Erstellung des Angebots vorschlägt, propagiert es eher den Genossenschaftsgedanken, als dass es einen realistischen Vorschlag zur institutionellen Verfasstheit des Staates macht.

Die territoriale Aufteilung des Staates in mehrere Jurisdiktionen reduziert gegenüber einem globalen Staat die Organisationskosten sowohl in Bezug auf den Rechtsschutz- als auch auf den Leistungsstaat. Zudem befürworten die Bürger Umverteilung meist nur innerhalb einer begrenzten Gruppe. Die optimale Größe der Jurisdiktionen kann jedoch nicht objektiv abgeleitet, sondern nur unter Bezug auf die Präferenzen der Individuen ermittelt werden.

Weitere Vorteile territorialer Aufteilung bestehen bezüglich der Bürgerorientierung: Bei territorialer Aufteilung des Staates in viele kleine Jurisdiktionen sinken zum einen die Kosten der Entscheidungsfindung. Die Bürger haben daher ein Interesse, politische Entscheidungen in kleinen Gruppen vorzunehmen. Zum anderen entstehen zwei verschiedene Wettbewerbsprozesse: Wettbewerb um Zustimmung und Jurisdiktionenwettbewerb. Der Wettbewerb um Zustimmung baut die Informationsasymmetrien zu Lasten der Bürger teilweise ab und erlaubt eine verbesserte Bewertung der Leistung politischer Akteure. Er gibt den Politikern einer Jurisdiktion einen Anreiz, besser die Bürgerinteressen umzusetzen als vergleichbare Politiker in anderen Jurisdiktionen. Ähnliches gilt für den Jurisdiktionenwettbewerb. Er schränkt die Macht der Regierungen ein, dem *Rent-seeking* nachzugeben und einzelne Interessengruppen zu privilegieren, und schützt damit die marktwirtschaftliche Ordnung. Zudem generiert er Wissen über geeignete Lösungen für politische Probleme. Seine unbestreitbaren positiven Wirkungen werden in der entsprechenden Literatur jedoch häufig überschätzt: Zum einen schwächen Mobilitätskosten seine Wirkung ab und führen dazu, dass verstärkt die spezifischen Interessen mobiler Standortnutzer und nicht die konsensfähigen Interessen der – im allgemeinen weniger mobilen – Bürger Steuerungsgröße für die Politik werden. Zum anderen generiert auch die relative Bewertung der Politikerleistung im Wettbewerb um Zustimmung Wissen. Denn dieser Wettbewerb schafft für Politiker einen Anreiz, erfolgreiche Politikansätze zu imitieren. Dabei vermeidet er die Bevorzugung der Standortnutzer gegenüber den Bürgern.

Insgesamt verbessert die territoriale Aufteilung des Staates die Bürgerorientierung der Politik. Die Vorteilhaftigkeit des *Exit*-Prozesses zwischen vielen kleinen Jurisdiktionen ist jedoch in hohem Maße davon abhängig, ob eine geeignete Rahmenordnung für diesen Prozess besteht, die die Interessen der Bürger gegenüber den

Interessen der Politiker bzw. gegenüber den Interessen der Standortnutzer schützt und eine geeignete Balance zwischen *Voice* und *Exit* festlegt. Eine solche Rahmenordnung kann sich systematisch nicht aus den genannten Prozessen entwickeln.

Die Verfassungsordnung einer Jurisdiktion legt die relative Bedeutung der Mechanismen *Exit* und *Voice* fest und bestimmt den Einfluss von externen Standortnutzern auf die Politik in ihrer Jurisdiktion. In welcher Weise das geschieht, beeinflusst entscheidend die Verwirklichung von Bürgersouveränität. Allerdings übersteigt die Aufgabe, für einen geeigneten Wettbewerbsprozess zu sorgen, die Fähigkeiten einer einzelnen Jurisdiktion. Für den Jurisdiktionenwettbewerb ist eine übergreifende Wettbewerbsordnung ebenso erforderlich wie bei jedem anderen Wettbewerbsprozess. Ihre Aufgabe ist es, für eine Beschränkung der Handlungsoptionen der jeweiligen Jurisdiktionen und der wandernden Bürger und Standortnutzer zu sorgen, um den Wettbewerbsprozess für alle Beteiligten zu einem produktiven Prozess zu machen. Ein solcher Ordnungsrahmen kann jedoch nicht aus dem Wettbewerb heraus entstehen, weil jeder Versuch der unilateralen Einführung von Regeln selbst Wirkungen im Jurisdiktionenwettbewerb hervorruft. Damit besteht bezüglich der Wettbewerbsordnung eine Dilemma-Situation: Auch wenn für alle Jurisdiktionen ein Ordnungsrahmen wünschenswert wäre, besteht für jede einzelne Jurisdiktion ein Nachteil, wenn sie sich auf einen solchen verpflichtet, weil sie ihre eigenen Handlungsoptionen einschränken würde.[52] Weder aus dem *Exit*-Mechanismus des Jurisdiktionenwettbewerbs noch aus dem nur innerhalb von Staaten definierten *Voice*-Mechanismus, sondern nur durch interjurisdiktionelle Vereinbarungen kann daher ein Ordnungsrahmen für den Jurisdiktionenwettbewerb entstehen. Selbst dann, wenn auf diesem Wege ein Konsens über einen Ordnungsrahmen erzielt wird, bleibt die Durchsetzung desselben fraglich, weil staatliche Macht auf das staatliche Territorium begrenzt bleiben muss, wenn kriegerische Auseinandersetzungen vermieden werden sollen.

Die territoriale Aufteilung der Staatsgewalt gibt damit nur eine partielle Antwort auf die in 3.5 gestellt Frage, welche Mechanismen zu einer Verstärkung der Bürgerorientierung beitragen können. Wie innerhalb einer einzelnen Jurisdiktion wird auch durch die interjurisdiktionellen Wettbewerbsprozesse die Regelwahl weniger an den Bürgerinteressen ausgerichtet als die tagespolitischen Entscheidungen. Einen geeigneten Mechanismus, der die Bürgerorientierung bei der Wahl der Restriktionen für den politischen Prozess sicherstellt, erzeugt die territoriale Aufteilung nicht.

---

[52] Insofern besteht ein Unterschied zu internationalen Gütermärkten, wo sich aus dem individuellen Interesse der einzelnen Händler mit der *Lex Mercatoria* ein internationales Normengerüst herausgebildet hat.

5 Funktionale Aufteilung der Staatsgewalt: Anzahl der Jurisdiktionen auf einem Territorium

5.1 Effizienzwirkungen der funktionalen Aufteilung

Sowohl das FOCJ-Konzept als auch der funktionale Parlamentarismus schlagen für die Europäische Union eine Funktionalisierung vor. Durch die funktionale Aufteilung der staatlichen Aufgabenerstellung bzw. durch die Funktionalisierung der demokratischen Institutionen soll Europa effizienter und bürgerorientierter werden.

In der Realität existieren sowohl funktionale als auch multifunktionale Jurisdiktionen. Erstere sind auf ein einziges öffentliches Gut spezialisiert, während letztere mehrere öffentliche Güter bereitstellen. Dabei hängen in der Regel funktionale Jurisdiktionen von multifunktionalen ab, zu deren Aufgaben dann die Kontrolle der funktionalen Körperschaften gehört. Im Folgenden werden die Vor- und Nachteile der Bündelung mehrerer staatlicher Aufgaben für den Rechtsschutzstaat (5.1.1), den Leistungsstaat (5.1.2) und den Sozialstaat (5.1.3) dargelegt.

5.1.1 Rechtsschutzstaat

Für die Vorteilhaftigkeit der Kompetenzbündelung kommt es auf die Summe der Verwaltungs- und Koordinationskosten über alle Jurisdiktionen an. Die Verwaltungskosten sind in einer funktionalen Jurisdiktion geringer als in einer multifunktionalen. Koordinationskosten entstehen durch den Koordinationsbedarf zwischen den verschiedenen Regierungen eines staatlichen Systems. Dabei ist zu differenzieren zwischen horizontaler und vertikaler Koordination. Horizontale Koordination findet zwischen Jurisdiktionen mit gleichen Kompetenzen statt. Die Kosten hierfür nehmen mit zunehmender Jurisdiktionengröße ab und sind bei globalen Jurisdiktionen Null. Die vertikale Koordination vollzieht sich zwischen Jurisdiktionen, die für verschiedene Funktionen zuständig sind. Werden alle Aufgaben von einer Allzweckjurisdiktion erfüllt, entfallen diese Kosten.

Mit der Bündelung staatlicher Aufgaben fällt der Koordinationsbedarf intern an, die Verwaltungskosten steigen. Die Summe der Verwaltungs- und Koordinationskosten wird bei multifunktionalen Jurisdiktionen folglich dann geringer sein als bei mehreren funktionalen, wenn Verbundvorteile vorliegen. Für die Frage, ob für die Bürger Vorteile darin bestehen, mehrere eigenständige Jurisdiktionen für den Rechtsschutz zu unterhalten, beispielsweise in Form separater Jurisdiktionen für einzelne Rechtsbereiche, ist folglich auf die Verbundvorteile abzustellen. Dazu ist zwischen Verbundvorteilen bei horizontaler Koordination, d.h. zwischen verschiedenen Jurisdiktionen mit gleichen Kompetenzen, aber unterschiedlichen Territorien (5.1.1.1), und Verbundvorteilen bei vertikaler Koordination zwischen Jurisdiktionen unterschiedlicher Kompetenzen auf demselben Territorium (5.1.1.2) zu unterscheiden.

5.1.1.1 Verbundvorteile bezüglich der horizontalen Koordination

Negative externe Effekte machen nicht an territorialen Grenzen halt. Das ist dann unproblematisch, wenn die Eigentumsrechte auf beiden Seiten der Grenze in gleicher Weise definiert werden. Konflikte zwischen verschiedenen Rechtsräumen entstehen dann, wenn die Eigentumsrechte in verschiedenen Jurisdiktionen unterschiedlich abgegrenzt werden (Gerken/Märkt/Schick/Renner 2002, 163–166). Im Interesse der Bürger ist es, die Kosten solcher rechtsraumexterner Konflikte zu minimieren. Dazu sind Verhandlungen mit den Nachbarjurisdiktionen erforderlich, denn die internen Verfügungsrechte können nicht extraterritorial durchgesetzt werden. Es stellt sich die Frage, ob sich diese Verhandlungen bei multi-funktionalen Jurisdiktionen erfolgreicher und zu geringeren Kosten vollziehen als bei funktionalen Jurisdiktionen.

Breton (1970/1977) weist in einem Zwei-Jurisdiktionen-Modell nach, dass Verhandlungen zur Internalisierung von *Spillovers* zwischen Jurisdiktionen eine hohe Wahrscheinlichkeit haben fehlzuschlagen, weil die Veränderung der Nutzenverteilung innerhalb der einzelnen Jurisdiktionen, die aus der Internalisierung folgt, zur Ablehnung der interjurisdiktionellen Vereinbarungen führen kann. Erst wenn über mehrere verschiedenartige *Spillovers* verhandelt wird, werden Tauschgewinne möglich. Mit der Anzahl der *Spillovers* nehmen so die Aussichten auf einen beidseitig vorteilhaften Austausch zu (ebd., 141). Das bedeutet nichts anderes, als dass die Effizienz in Bezug auf die Internalisierung von *Spillovers* in einem System aus multifunktionalen Einheiten höher ist als in einem System aus funktionalen Einheiten. Dies gilt allgemeiner: Verhandlungen zur Lösung interjurisdiktioneller Konflikte werden durch die Bündelung verschiedener Themen effizienter. Denn Stimmentausch ist bei Einstimmigkeit, wie sie intergouvernementale Verhandlungen auszeichnet, effizient.[1] Es bestehen also Verbundvorteile bei der Lösung externer Konflikte von Jurisdiktionen gleicher Funktionen. Beispielsweise kann eine flussaufwärts liegende Kommune dann auf eine Einschränkung von Gewässeremissionen verpflichtet werden (4.1.2), wenn in anderen Politikbereichen Gegenleistungen erbracht werden können.

5.1.1.2 Verbundvorteile bezüglich der vertikalen Koordination

Die funktionale Organisation eines Gemeinwesens scheint eine Antwort auf die in 3.3.3.2 angesprochene Frage zu geben, welche Verfassung sowohl den Fehler erster Art, dass Entscheidungen zum Wohle der Bürger nicht getroffen werden können, als auch den Fehler zweiter Art, dass Entscheidungen gegen das Wohl der Bürger getroffen werden, minimiert. Denn die Verteilung staatlicher Macht auf mehrere Jurisdiktionen stellt gleichzeitig eine Erweiterung und eine Begrenzung staatlicher

---

[1] Tullock (1959). Vgl. 5.2.1.1.

Handlungsmöglichkeiten dar. Die Zuweisung der Handlungsmöglichkeit an eine Jurisdiktion schafft dort Möglichkeiten kollektiven Handelns, reduziert aber gleichzeitig die Handlungsmöglichkeiten der anderen Jurisdiktionen. Die Kompetenzen einer Regierung wirken so als Begrenzung der Macht der anderen Regierungen.[2] Beide Risiken werden so scheinbar gleichzeitig reduziert.

Tatsächlich führt jedoch auch diese Machtbeschränkung dazu, dass für Politiker die Möglichkeit, im Interesse der Bürgerschaft zu handeln, eingeschränkt wird. Das wird deutlich, wenn man den Extremfall funktionaler Jurisdiktionen, die jeweils nur eine einzelne Aufgabe zugewiesen bekommen, betrachtet. Solche unifunktionalen Jurisdiktionen können nicht in der gleichen Weise wie multifunktionale Jurisdiktionen Lösungen für ein neu aufgetretenes Problem anbieten und agieren in Katastrophenfälle aufgrund von vertikalem Koordinationsbedarf schwerfälliger.[3] Bestehen unterschiedliche Rechtsschutz-Jurisdiktionen auf einem Territorium, können zudem Konflikte zwischen Verfügungsrechten auftreten, die auf unterschiedliche Rechtsbereiche zurückzuführen sind. Beispielsweise kann die Erweiterung eines Hauses nach dem Baurecht genehmigt sein, nicht aber nach dem Umweltrecht. Notwendig ist daher ein zugrundeliegendes gemeinsames Rechtssystem, das die Zuordnung zu und die Bewertung zwischen den einzelnen Rechtsmaterien regelt. Das Rechtssystem als System der Zuweisung von Verfügungsrechten hat seine Hauptfunktion in der Abwägung von Rechtsgütern. Eine Aufgliederung nach Bereichen ist daher nur in eigens legitimierten Ausnahmefällen möglich. Bezüglich der Rechtssetzung bestehen somit Verbundvorteile, die für eine fast vollständige Monopolisierung der Rechtssetzung auf einem Territorium bei einer Jurisdiktion sprechen.

Die wichtigsten Verbundvorteile beim Rechtsschutzstaat liegen jedoch im Bereich der Rechtsdurchsetzung. Kompetenzstreitigkeiten zwischen verschiedenen, mit dem Recht zur Gewaltanwendung ausgestatteten Jurisdiktionen bergen zum einen die Gefahr mangelhafter Rechtsdurchsetzung, zum anderen die Gefahr von Bürgerkriegen. Dieselben Gründe, die zu einer territorialen Definition des Rechtsraums führen (4.1.1), sprechen damit auch für ein Gewaltmonopol bei nur einer Jurisdik-

---

[2] In den Worten Hayeks (1960, 185): „It is not merely that the separate authorities will, through mutual jealousy, prevent one another from exceeding their authority. More important is the fact that certain kinds of coercion require the joint and co-ordinated use of different powers or the employment of several means, and, if these means are in separate hands, nobody can exercise those kinds of coercion."

[3] Beispielsweise erfordert die Regulierung des Internets steuerrechtliche, handelsrechtliche und privatrechtliche Kompetenzen. Außerdem sind Fragen der inneren Sicherheit und des Kinder- und Jugendschutzes tangiert.

tion. Aufgrund dieser Verbundvorteile ist der (Rechtsschutz-)Staat auch als „natürliches Monopol" (Tullock 1965, 464) bezeichnet worden.[4]

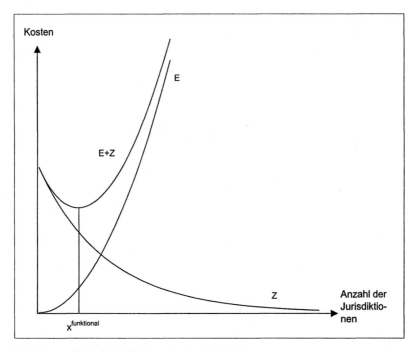

Abb. 5.1: Anzahl der Jurisdiktionen im Rechtsschutzstaat.

Je höher die Anzahl der Jurisdiktionen, desto geringer sind die Möglichkeiten jeder einzelnen Regierung, aber aufgrund der zersplitterten Kompetenzen auch des Gesamtstaates, sie zum Wohle der Bürger einzusetzen. Dies gilt auch für die horizontale Koordination mit anderen Jurisdiktionen gleicher Kompetenzen. Der Fehler erster Art nimmt daher mit zunehmender Anzahl der Jurisdiktionen zu (Kurve E in Abb. 5.1). Die Verbundvorteile bei der Durchsetzung geltenden Rechts führen dazu, dass der Fehler erster Art schon bei zwei Jurisdiktionen auf einem Territorium extrem stark gegenüber der Situation mit nur einer Jurisdiktion ansteigt. Trotz der

---

[4] Ein solches Gewaltmonopol besteht dabei nicht notwendigerweise in der alleinigen Kompetenz im Bereich der Rechtssetzung und -durchsetzung, wohl aber in der Kompetenz, rechtsstaatlich relevante Bereiche umfassend zu kontrollieren. So unterliegen beispielsweise die rechtsstaatlichen Kompetenzen der Kammern im Bereich des Prüfungswesens oder (früher) der Technischen Überwachungsvereine einer staatlichen Aufsicht. Der Staat könnte jederzeit die entsprechenden Kompetenzen von einer staatlichen Einrichtung wahrnehmen lassen.

Vorteile der Gewaltenteilung werden nur wenige Jurisdiktionen, möglicherweise gar nur eine einzige mit der Rechtssetzung betraut.

Je umfassender die Kompetenzen einer Regierung, desto größer sind die Möglichkeiten und die Gefahren des Machtmissbrauchs. Je mehr Jurisdiktionen vorhanden sind, desto geringer wird dieses Problem. Der Fehler zweiter Art nimmt daher mit zunehmender Anzahl der Jurisdiktionen ab (Kurve Z). Die optimale Zahl rechtsstaatlicher Jurisdiktionen x* besteht dann, wenn die Summe E+Z ihr Minimum erreicht.

Die Kostenkurve des Fehlers erster Art wird umso höher liegen und steiler verlaufen, desto unklarer die Kompetenzabgrenzung ist und desto weniger leicht sie geändert werden kann. Denn in diesen Fällen kann auf neu eintretende Bedürfnisse von staatlicher Seite nur unter hohem Koordinationsaufwand reagiert werden. Die Kostenkurve des Fehlers zweiter Art wird umso höher liegen und umso flacher verlaufen, desto schwerer es für die Bürger ist, die Macht der Politiker zu begrenzen, z.B. indem sie die Kompetenzverteilung und die Regelsetzung für das Handeln der politischen Akteure ändern. Je eindeutiger die Kompetenzabgrenzung und je leichter sie an die Präferenzen der Bürger angepasst werden kann, desto geringer sind folglich die Kosten des Rechtsstaates E+Z und desto eher liegt die Existenz von mehreren Jurisdiktionen im Interesse der Bürger.

5.1.2 Leistungsstaat

Wie beim Rechtsschutzstaat ist auch beim Leistungsstaat auf Verbundvorteile abzustellen. Fallen Verbundvorteile bei der *Produktion* öffentlicher Güter an, sind sie für die Frage der Multifunktionalität von Jurisdiktionen unerheblich. Denn bei privater Produktion können auch funktionale Jurisdiktionen von Verbundvorteilen in der Produktion profitieren (4.1.2). Es könnten jedoch Verbundvorteile in der *Bereitstellung* mehrerer Güter durch dieselbe Regierung bestehen (Olson 1969, 486), beispielsweise durch die intensivere Nutzung jurisdiktionenspezifischer Einrichtungen. Bestimmte Aufgaben wie die Erstellung eines Haushalts oder die Rechnungsprüfung müssen dann nicht mehrfach geleistet werden. Dies gilt allgemeiner auch für die Nutzung demokratischer Institutionen.

Außerdem liegen zusätzliche Verbundvorteile systematisch dann vor, wenn mehrere Regierungen für die Erstellung eines *einzelnen* öffentlichen Gutes zusammenwirken müssen. Dies ist dann der Fall, wenn aufgrund ungeeigneter Kompetenzaufteilung oder spezifischer Anforderungen des öffentlichen Gutes die Kompetenzen mehrerer Regierungen auf einem Territorium erforderlich sind, um ein bestimmtes Gut bereitzustellen. Die Aktivitäten einer Regierung erzeugen dann Externalitäten in der Zielfunktion der anderen Regierungen (Brennan/Hamlin 1994, 361). Das ist nicht nur dann der Fall, wenn mehrere funktionale Jurisdiktionen für dasselbe Territorium zuständig sind und für bestimmte Aufgaben zusammenarbeiten müssen, sondern insbesondere auch dann, wenn eine Regierung für die Gesetzgebung und eine andere für die Durchführung zuständig ist (ebd., 367).

Eine besondere Rolle spielen die Verbundvorteile bei der Finanzierung öffentlicher Güter. Bei Wicksells Vorschlag muss für jedes öffentliche Gut, das der Staat bereitstellt, ein neuer Finanzierungsmodus gefunden und das strategische Verhalten der Bürger bei den Finanzierungsverhandlungen überwunden werden. Die Koordinationskosten sinken, wenn die einzelnen zu finanzierenden „Leistungen" breit definiert werden (Grossekettler 1999, 9), so dass ganze Gütergruppen mit einem Verteilungsschlüssel finanziert werden. Dieser sollte so definiert sein, dass die durchschnittliche Zahlungsbereitschaft der Bürger zum Ausdruck kommt (Blankart 1995, 450). Das Kalkül des Einzelnen, ob er aus der staatlichen Bereitstellung einen Nettovorteil hat, bezieht sich dann nicht auf das einzelne Gut, sondern auf ein Güterbündel.

Weitere Einsparungen von Entscheidungskosten sind dann möglich, wenn bereits im Voraus ein Finanzierungsschlüssel für bestimmte Güter vereinbart wird, wenn also eine oder mehrere Bemessungsgrundlagen festgelegt werden, die als Verteilungsschlüssel für eine Vielzahl künftiger öffentlicher Güter dienen (Märkt 2001, 208f). Die Frage, ob ein bestimmtes Gut bereitgestellt werden soll, kann dann vor dem Hintergrund der festgelegten Lastenverteilung erfolgen.[5] Damit ergeben sich Verbundvorteile bei der Bereitstellung öffentlicher Güter. Sind die entsprechenden Bemessungsgrundlagen definiert, können zusätzliche Güter zu geringen Entscheidungs- und Verwaltungskosten bereitgestellt werden.

Bei funktionalen Jurisdiktionen können die genannten Verbundvorteile, die bei der Bereitstellung und Finanzierung öffentlicher Güter bestehen, nicht realisiert werden. Die Verwaltungs- und Koordinationskosten sind maximal. Mit zunehmender Bündelung von Aufgaben bei wenigen Jurisdiktionen nehmen die Verwaltungs- und Koordinationskosten ab. Übernimmt eine einzige Jurisdiktion die Bereitstellung aller öffentlichen Güter, können die Verbundvorteile voll genutzt werden. Kurve V in Abbildung 5.2 markiert die Opportunitätskosten nicht genutzter Verbundvorteile. Sie fällt folglich mit zunehmender Anzahl von Kompetenzen je Jurisdiktion.

In multifunktionalen Jurisdiktionen wird jedoch in horizontaler und vertikaler Richtung von der Äquivalenzfinanzierung öffentlicher Güter, wie sie Wicksells Vorschlag ursprünglich implizierte, abgewichen. Die Bereitstellung öffentlicher Güter wird daher externe Kosten für die Bürger verursachen.

Werden verschiedene Aufgaben von einer Jurisdiktion übernommen, kann nicht für jede einzelne Aufgabe die optimale Jurisdiktionengröße erreicht werden. Vielmehr

---

[5] Das entspricht dem von Lindahl (1919) vorgeschlagenen Verfahren.

ist eine Optimierung über alle vorzunehmenden Aufgaben erforderlich.[6] Die Vorstellungen der Bürger, in welcher Jurisdiktionengröße Größenvorteile im Konsum oder Transaktionskostenpotenziale durch Ressourcenzusammenlegung realisiert werden sollen, können bei Güterbündelung nicht für jedes einzelne Gut umgesetzt werden. Insbesondere nutzen, wenn die Jurisdiktionengröße von der Größe abweicht, die in Bezug auf die fiskalische Äquivalenz optimal wäre, vermehrt solche Menschen die von der Jurisdiktion bereitgestellten öffentlichen Güter, die von der Jurisdiktion nicht zur Finanzierung herangezogen werden können. Das Austauschprinzip ist verletzt (4.2.2.1 (3)). Eine Äquivalenzfinanzierung öffentlicher Güter kann auch bei optimalem Steuerrecht in der Jurisdiktion nicht verwirklicht werden. Eine funktionale Aufteilung leistungsstaatlicher Aufgaben auf mehrere gebietsgleiche Jurisdiktionen löst dieses Problem indes nicht. Unabhängig von der Anzahl der Jurisdiktionen wird von der optimalen Jurisdiktionengröße bei fast allen öffentlichen Gütern abgewichen. Die Kurve Ä in Abbildung 5.2, die die Kosten der Abweichung von der Äquivalenzfinanzierung markiert, hat daher auch bei funktionalen Jurisdiktionen einen positiven Wert.

Unabhängig davon, ob zunächst die Güterbündel definiert oder zunächst die Finanzierungsschlüssel festgelegt werden, wird durch die Nutzung der Verbundvorteile bei leistungsstaatlichen Aufgaben die Verbindung zwischen Einnahmen- und Ausgabenseite durchbrochen, so dass eine Einzelbewertung öffentlicher Leistungen unmöglich wird. Die Gesamtbewertung kann dabei Nettonachteile für einzelne öffentliche Güter überdecken (3.2.2). Durch die Bündelung bei der Finanzierung kann sich der Finanzierungsbeitrag der Bürger nicht mehr an ihrem güterspezifischen Nutzenzuwachs orientieren, wie er beim Wicksell-Verfahren in einer Zustimmung zu einem bestimmten Finanzierungsmodus für ein konkretes öffentliches Gut zum Ausdruck gebracht würde. Das Austauschprinzip ist verletzt, weil eine Jurisdiktion keine spezifische Gegenleistung zu den einzelnen von ihr bereitgestellten Gütern einfordern kann. Äquivalenzfinanzierung im Sinne einer am Zusatznutzen des Einzelnen orientierten Besteuerung wird unmöglich. Zunächst werden solche Güter zu Bündeln zusammengefasst, die ein ähnliches Nutzenprofil aufweisen, d.h. bei denen die Lastenverteilung, auf die sich die Bürger im Wicksell-Verfahren geeinigt hätten, ähnlich gewesen wäre. Mit zunehmender Bündelung werden jedoch auch solche Güter zu Bündeln zusammengefasst, deren Nutzenprofil stark voneinander abweicht. Die Abweichung von der Äquivalenzfinanzierung nimmt daher mit zunehmender Anzahl von Kompetenzen je Jurisdiktion zu. Kurve Ä in Abbildung 5.2 steigt daher an. Denn in Einzelfällen, insbesondere wenn die Zuordnung der

---

[6] Dabei ist zu beachten, dass die Jurisdiktion, der die Bereitstellung zukommt, die Möglichkeit hat, diese Bereitstellung an kleinere, territorial oder personal definierte Administrationseinheiten zu übertragen. Die tatsächliche Jurisdiktionengröße stellt somit lediglich eine obere Grenze für die Bereitstellung dar.

Nutzen eindeutig möglich ist, ist eine Finanzierung über zweckgebundene Abgaben zu einem spezifischen Verteilungsschlüssel sinnvoll.

Wie auf der Ausgabenseite ist es auch auf der Finanzierungsseite möglich, Verbundvorteile zu nutzen, ohne dass die Funktionen bei derselben Regierung angesiedelt sind. Anstatt dass jede einzelne funktionale Jurisdiktion ihre Besteuerung selbst festlegt (Trennsteuersystem), können den einzelnen Jurisdiktionen bestimmte Bemessungsgrundlagen (gebundenes Trennsteuersystem) oder Anteile am Steueraufkommen zugewiesen werden (Verbundsteuersystem). Wie innerhalb von multifunktionalen Jurisdiktionen nimmt auch diesbezüglich mit der Bündelung die Äquivalenzfinanzierung ab; die externen Kosten öffentlicher Bereitstellung steigen.[7] Die optimale Anzahl an leistungsstaatlichen Kompetenzen bestimmt sich aus den Kosten der Kompetenzenbündelung in Form der Abweichung von der Äquivalenzfinanzierung einerseits und in Form ungenutzter Verbundvorteile in der Bereitstellung öffentlicher Güter andererseits. Die optimale Anzahl an Kompetenzen ergibt sich im Minimum der Kurve V+Ä ($x^{funktional}$).

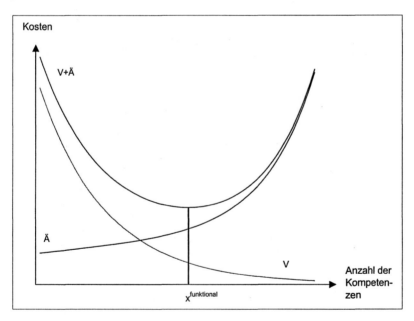

Abb. 5.2: Anzahl der Kompetenzen im Leistungsstaat.

---

[7] Ausführlicher zu Trennsteuersystem, gebundenem Trennsteuersystem und Verbundsteuersystem 6.1.2.2.

Für den Leistungsstaat ergibt sich damit eine Anzahl an Kompetenzen, die zwischen der Einzweck- und der Universaljurisdiktion liegt.[8] Die Optimalitätsaussage im FOCJ-Konzept, nach der für jedes Gut eine eigenständige Jurisdiktion gegründet werden sollte, ist somit nicht haltbar. Denn der Zugewinn an fiskalischer Äquivalenz wird ab einem bestimmten Funktionalisierungsgrad durch den Verlust an Verbundvorteilen überkompensiert. Eine generelle Vorteilhaftigkeit von Einzweck-Jurisdiktionen kann nicht nachgewiesen werden.[9] Auch das Nonaffektationsprinzip, das zu einer vollständigen Bündelung aller öffentlicher Güter einer Jurisdiktion führt, indem es Einnahmen- und Ausgabenseite vollständig trennt, kann nicht aus einem Optimalitätskalkül der Bürger abgeleitet werden.

Nun kann man argumentieren, dass die einzelnen Bürger (individuelles FOCJ-Konzept) bzw. die kommunalen Bürgerschaften (kollektives FOCJ-Konzept), denen die Entscheidung zur Neugründung von FOCJ überlassen bleibt, solche Kosten bei ihrer Entscheidung berücksichtigen werden. Realistischerweise werden sich dann nach Tullock (1969) gerade nicht funktionale Jurisdiktionen mit Spezialparlamenten ergeben, sondern ein Nebeneinander aus verschiedenen multifunktionalen Jurisdiktionen, die jeweils weder nur eine noch alle Kompetenzen wahrnehmen.[10] In solchen multifunktionalen Jurisdiktionen wird jedoch aufgrund der Bündelung das Austauschprinzip nicht umgesetzt. Fiskalische Äquivalenz kann daher bei FOCJ-Freiheit selbst dann nicht realisiert werden, wenn von Freifahrer-Verhalten abstrahiert wird.

Eine weitere Schlussfolgerung kann gezogen werden: Je umfangreicher in einem Gebiet die Staatsaufgaben sind, desto mehr Jurisdiktionen sollte es geben. Werden dem Staat nur wenige leistungsstaatliche Kompetenzen übertragen ($x<x^*$), so ist es optimal, alle Staatsaufgaben von einer Jurisdiktion erfüllen zu lassen. Bei umfangreicher leistungsstaatlicher Tätigkeit ($x>x^*$) wird eine Aufteilung in mehrere Jurisdiktionen sinnvoll. So wie es auf Gütermärkten bei wachsender Marktgröße zu vertikaler Desintegration kommt (Stigler 1951), führt im leistungsstaatlichen Bereich eine wachsende Staatstätigkeit zu vertikaler, d.h. funktionaler Aufgabenteilung. Im Unterschied zum Rechtsschutzstaat, wo aufgrund der gegenseitigen Machtbegrenzung die Anzahl der Jurisdiktionen relevant ist, verändern sich Kosten und Nutzen der Bündelung im Leistungsstaat mit der Anzahl der Kompetenzen je Jurisdiktion.

---

[8] Die hier vorgenommene Analyse abstrahiert dabei von den spezifischen Verbundvorteilen, die bei der Kopplung bestimmter Funktionen auftreten.

[9] Tatsächlich zeigen mehrere Studien in den USA, dass lokale funktionale Regierungen zu einem größeren Staatssektor führen als multifunktionale Regierungen (Oates 1989, 582).

[10] Die Probleme der Multifunktionalität bei der Steuerung der Jurisdiktionen durch die Bürger (Bündelung von Entscheidungen beim Voice-Mechanismus und Wechselkosten beim Exit-Mechanismus) sind somit auch dann zu erwarten, wenn eine Freiheit zur Bildung von FOCJ eingeführt wird.

5.1.3 Sozialstaat

Für die Frage, ob die funktionale Aufteilung der Umverteilungsaufgabe auf mehrere Jurisdiktionen sinnvoll ist, muss auf Verbundvorteile im Sozialstaat selbst und zwischen diesem und Rechtsschutz- und Leistungsstaat abgestellt werden. Im Sozialstaat selbst sprechen Verbundvorteile für eine vollständige Bündelung bei einer einzigen Jurisdiktion. Denn versuchen mehrere, für denselben Standort zuständige Jurisdiktionen, unterschiedliche redistributive Vorstellungen zu realisieren, kommt es zu widersprüchlicher Politik, bei der keine Jurisdiktion ihr Ziel erreicht (Tresch 1981, 596). Bedürftige werden mehrfach oder gar nicht gefördert, wenn die Maßnahmen nicht genau aufeinander abgestimmt sind. Außerdem werden für die Regierungen der einzelnen Jurisdiktionen Anreize geschaffen, Bedürftige auf das jeweils andere System zu verweisen. Ineffiziente „Verschiebebahnhöfe" zwischen den Umverteilungssystemen entstehen.[11] Sind dieselben Menschen in einem Verteilungssystem Zahler und in einem anderen Empfänger von Umverteilung, potenzieren sich die Effizienzverluste durch die Umverteilungsmaßnahmen. Außerdem nimmt der Verwaltungsaufwand zu, wenn mehrere Jurisdiktionen für den Einzelnen prüfen, ob er der Unterstützung bedarf. Folge differenzierter Umverteilungsentscheidungen in den einzelnen Jurisdiktionen ist daher nicht ein differenzierteres Umverteilungsergebnis, das den Interessen der Bürger stärker entspricht, sondern ein ganz anderes Verteilungsergebnis, das im Ergebnis diesen Interessen möglicherweise sogar widerspricht und mit einem wesentlich höheren Effizienzverlust erkauft wird, als wenn dasselbe Ergebnis von einer einzigen Jurisdiktion verwirklicht worden wäre.

Sofern Umverteilung als Voraussetzung für die Rechtsdurchsetzung angenommen wird, bezieht sich der Vorteil von Umverteilung auf die Durchsetzung aller Rechtsnormen. Die Argumentation, dass Verbundvorteile für einen monopolistischen Rechtsstaat sprechen (4.1.1), kann dann auf den Sozialstaat übertragen werden.

Sofern Umverteilung als öffentliches Gut interpretiert wird, bestehen Verbundvorteile, wenn Umverteilung an die Bereitstellung anderer öffentlicher Güter gekoppelt wird. Dies ist immer dann der Fall, wenn sich eine Einigung über das Ausmaß der Umverteilung leichter im Zusammenhang mit der Bereitstellung spezifischer öffentlicher Güter (implizite Umverteilung) als in Form eines einzigen Transfers (explizite Umverteilung) erzielen und die entsprechende Umverteilung leichter durchführen lässt. Teilweise ist die öffentliche Bereitstellung bestimmter Güter sogar vor allem durch die damit bezweckte Umverteilung begründet.[12]

---

[11] Zum sogenannten Drehtür-Effekt zwischen Sozialämtern und Arbeitsämtern Feist/Schöb (1999).

[12] So könnten große Teile der Sozialversicherung dann privatwirtschaftlich angeboten werden, wenn auf die darin enthaltenen Umverteilungselemente verzichtet würde (Apolte 1999, 165). In diesem Fall muss die hier nicht zu diskutierende Frage gestellt werden, ob die erwarteten positi-

Eine leichtere Verständigung über implizite Umverteilung ist zum einen darauf zurückzuführen, dass für die implizite Umverteilung über öffentliche Leistungen keine einheitliche Gerechtigkeitsvorstellung in einem Gemeinwesen vorliegen muss. Erforderlich sind lediglich spezifische Gerechtigkeitsvorstellungen in einzelnen Politikbereichen im Sinne eines „gleiche Leistungen für alle".[13] Diese beziehen sich dann nicht notwendigerweise auf die Umverteilung von Reich zu Arm, sondern können auch andere Zielgrößen für Umverteilung festlegen (von Gesund zu Krank, von Stadt zu Land, von Kinderlosen zu Kinderreichen, etc.).

Zum anderen ist es für diejenigen, die für die Finanzierung von Umverteilung aufkommen, rational, diese mit einer Zweckbindung für solche öffentlichen Güter zu verbinden, bei denen positive Externalitäten erwartet werden. Während sich beim reinen Transfer, bei dem die Verwendung des Geldes nicht kontrolliert werden kann, die positiven Wirkungen auf die Vermeidung allgemeiner armutsbedingter negativer Externalitäten beschränken, kann die Zweckbindung z.B. an Bildungs- oder Gesundheitsleistungen zusätzlich spezifische positive Externalitäten generieren. Zwar wäre der Nutzen für die Empfänger höher, wenn die Umverteilung nicht zweckgebunden wäre. Für eine konsensfähige Umverteilung ist indes die freiwillige Zustimmung der Gebenden ausschlaggebend.

Diese Vorteile der gemeinsamen Bereitstellung von Umverteilung und anderen öffentlichen Gütern erklären, warum ein Großteil der beobachtbaren Umverteilung impliziter und nicht expliziter Natur ist, sozialstaatliche Funktionen also im Verbund mit leistungsstaatlichen erfüllt werden.

5.2 Bürgerorientierung bei funktionaler Aufteilung

Für multifunktionale Jurisdiktionen verschärft sich möglicherweise das Prinzipal-Agenten-Problem. Denn der Aufgabenumfang der Prinzipale nimmt zu. Im Folgenden wird untersucht, wie sich die Steuerungsmöglichkeiten der Bürger im Rahmen des *Voice*- (5.2.1) und des *Exit*-Mechanismus (5.2.2) verändern, wenn einer Jurisdiktion mehrere staatliche Aufgaben übertragen werden. Schränkt die Aufgabenbündelung die Steuerungsmöglichkeiten ein, sind im Lichte des Ideals der Bürgersouveränität Jurisdiktionen mit wenigen Aufgaben vorteilhaft.

5.2.1 Voice

Bei direkt-demokratischen Entscheidungen wird in der Regel auch in multifunktionalen Jurisdiktionen über jede Einzelfrage separat abgestimmt. Denn die Entschei-

---

ven externen Effekte nicht besser bei privater Bereitstellung mit expliziter, zweckgebundener Umverteilung und entsprechender Regelsetzung erzielt werden könnten.

[13] Die Zustimmung dürfte bei der Frage, ob im Rahmen der Krankenversicherung alle die gleichen Leistungen bekommen sollen, höher ausfallen als bei der Frage, ob ein Transfer an bestimmte Bürger erfolgen solle.

dungskosten hängen von der Häufigkeit der Abstimmungstermine, nicht von der Anzahl der Einzelfragen ab. Eine Bündelung mehrerer Entscheidungen zu einem Abstimmungstermin erschwert den gesellschaftlichen Diskussionsprozess, der zur Effizienz direkt-demokratischer Verfahren entscheidend beiträgt (Kirchgässner 2001, 166). Für die Frage, für wie viele Funktionen eine Jurisdiktion zuständig sein sollte, scheinen direkt-demokratische Verfahren keine Rolle zu spielen. Zu untersuchen ist jedoch die Rolle des Stimmentauschs (5.2.1.1).

Auch hinsichtlich des Wettbewerbs um Zustimmung scheint es zunächst keinen Unterschied zwischen funktionalen und multifunktionalen Jurisdiktionen zu geben. Die Bürger können jeweils die konkrete Politik in einzelnen Politikfeldern vergleichen. Die Bündelung von Entscheidungen, die von der Politik vorgenommen wird, kann der Bürger bei seiner relativen Leistungsbewertung berücksichtigen, er muss es aber nicht tun. Triebfeder dieses Wettbewerbs ist jedoch der politische Wettbewerb. Denn entscheidend für die Wirksamkeit des Wettbewerbs um Zustimmung ist, inwiefern die Politiker von einer positiven Bewertung der Bürger abhängig sind (4.2.1.2). Auch für den Wettbewerb um Zustimmung haben daher die nachfolgenden Aussagen zum Wettbewerb um Wählerstimmen in multifunktionalen Jurisdiktionen (5.2.1.2) Bedeutung.

5.2.1.1 Direkt-demokratische Entscheidungen

In seiner Untersuchung über Kollektiventscheidungen geht Arrow (1951) von verschiedenen vernünftigen Anforderungen an eine Soziale Wohlfahrtsfunktion aus und zeigt, dass diese nicht konsistent sind. Eine Bedingung Arrows für die Ableitung einer Sozialen Wohlfahrtsfunktion, die Unabhängigkeit von irrelevanten Alternativen, ist dann nicht erfüllt, wenn unterschiedliche Intensitäten der Präferenzen berücksichtigt werden (Coleman 1966). Intensitätsunterschiede können entweder interpersonell oder intrapersonell auftreten. Interpersonelle Intensitätsunterschieden bestehen dann, wenn Individuum A der Entscheidung „x_1 oder x_2" eine größere oder geringere Bedeutung beimisst als Individuum B. Intrapersonelle Intensitätsunterschiede können einerseits auf die Rangordnung von Alternativen bei einer einzelnen Entscheidung zurückgeführt werden. Sie bestehen dann beispielsweise darin, dass ein Individuum x_1 der Alternative x_2 und x_2 der Alternative x_3 vorzieht. Damit ist die Intensität bei der Entscheidung x_1 gegen x_3 höher als bei der Entscheidung x_1 gegen x_2. Andererseits können Intensitätsunterschiede mit der Bewertung von verschiedenen Fragen zu tun haben. Wenn ein Individuum x_1 der Alternative x_2 und y_1 der Alternative y_2 vorzieht, werden an der Präferenzaussage bezüglich der Alternativen (x_2, y_1) und (x_1, y_2) Intensitätsunterschiede sichtbar: Wird (x_2, y_1) der Alternative (x_1, y_2) vorgezogen, dann ist die Präferenzintensität bei der Frage „x_1 oder x_2" kleiner als bei der Frage „y_1 oder y_2".

An dieser Darstellung intrapersoneller Präferenzunterschiede wird deutlich, dass Präferenzintensitäten mit der Abstimmung über Politikbündel zusammenhängen.

Dieser Zusammenhang kann auf zwei Arten bedeutsam werden: als expliziter oder als impliziter Stimmentausch.

(1) *Expliziter Stimmentausch*: Werden Abstimmungen nacheinander vorgenommen, deckt expliziter Stimmentausch[14] unterschiedliche Präferenzintensitäten zwischen den Abstimmenden auf. Denn für den Einzelnen ist es rational, seine Stimmrechte in Angelegenheiten, die ihm unwichtiger sind, gegen Stimmrechte in Angelegenheiten, die ihm wichtig sind, zu tauschen. Für jeden einzelnen am Stimmentausch beteiligten Akteur ergeben sich Tauschgewinne, sonst würde der Tausch nicht vorgenommen.

(2) *Impliziter Stimmentausch*: Die Bündelung von Themen zu einer einzelnen Entscheidung legt intrapersonelle Präferenzintensitäten offen (Buchanan/Tullock 1962/1965, 132). Denn der Einzelne gewichtet die Themen innerhalb des Themenbündels nach der Bedeutung, die sie für ihn haben. Statt zur Preisbildung auf einem Markt für Stimmrechte kommt es so zu einer intrapersonellen Preisbildung. Man spricht von implizitem Stimmen"tausch". Diejenigen, die über die Zusammensetzung der Bündel entscheiden, können sich dabei die unterschiedlichen Präferenzintensitäten zu Nutze machen, indem sie Minderheiten mit starken Präferenzen bei bestimmten Themen nachgeben, die der Mehrheit weniger wichtig sind.

Zur Beantwortung der Frage, ob multifunktionale Jurisdiktionen in stärkerem Maße Bürgersouveränität garantieren als funktionale, ist nun zu prüfen, ob expliziter und impliziter Stimmentausch nicht nur für jeden einzelnen Tauschvorgang, sondern auch im Gesamtergebnis den Interessen der Bürger entsprechen. Dazu ist zwischen Handelnsebene (1) und Regelebene (2) zu unterscheiden.

(1) Handelnsebene

Generell wäre zu erwarten, dass der freiwillige Tausch von Stimmrechten ebenso wie freiwillige Tauschvorgänge auf Gütermärkten zu einer Effizienzsteigerung führt. Nach dem Stimmentauschparadoxon ist jedoch mit Wohlfahrtseinbußen zu rechnen (Riker/Brams 1973), weil jeder Stimmentausch über die Veränderung der Kollektiventscheidung externe Effekte auf unbeteiligte Dritte verursacht. Tullock (1959) weist nach, dass die Möglichkeit zum Stimmentausch bei Mehrheitsentscheidungen zu einer Erhöhung der Staatsausgaben führt, weil wechselnde Koalitionen sich stets zu Lasten der Minderheit auf zusätzliche öffentliche Aufgaben einigen können, indem sie einen Teil der Finanzierung auf die Minderheit abwälzen. Zu vergleichen wäre der Stimmentausch demnach nicht mit einem normalen Gütertausch, sondern mit einem Gütertausch, der negative Externalitäten verursacht (Schwartz 1975). Eine Pareto-Verbesserung stellt ein solcher Tausch definitionsgemäß nicht dar. Das zeigt, dass die Effizienzwirkungen von Stimmentausch von

---

[14] Buchanan/Tullock (1962/1965, 134f) sprechen von „einfachem" Stimmentausch.

der Entscheidungsregel abhängig sind. Da sich bei Einstimmigkeit jeder Beteiligte durch seine Veto-Position gegen negative Externalitäten schützen kann, führt bei Entscheidungen unter Einstimmigkeit anders als bei Mehrheitswahlen Stimmentausch grundsätzlich zu einer Effizienzsteigerung. Bei tagespolitischen Abstimmungen wird jedoch im Unterschied zu Verfassungsfragen und interjurisdiktionellen Vereinbarungen, die nach dem Einstimmigkeitsprinzip entschieden werden (3.3.2), meist nach einer Mehrheitsregel verfahren. Stimmentausch ist dann nicht im Interesse der Bürger.

Das gilt auch für den impliziten Stimmentausch: Bei öffentlichen Gütern ist in der Regel das 2. Gossensche Gesetz verletzt (3.2.2). Der Grenznutzen des Geldes ist für jedes öffentliche Gut unterschiedlich hoch. Damit bestehen Abweichungen vom individuellen Konsumoptimum (Präferenzabweichungskosten). Werden nun mehrere Entscheidungen zu einer Gesamtentscheidung zusammengefasst, nehmen diese Präferenzabweichungskosten zu.

Definiert man die Präferenzabweichungskosten als Abstand des Vektors x der konsumierten Preis-Mengen-Kombinationen der öffentlichen Güter vom Vektor x^*, der die präferenzoptimalen Mengen öffentlicher Güter im n-dimensionalen Raum abbildet, so sind die Präferenzabweichungskosten $\sqrt{\sum_{i=1}^{n}(x_i^* - x_i)^2}$ mit Bündelung immer dann höher als ohne Bündelung, wenn es mindestens ein Vektorelement a gibt, für das $(x_a^* - x_a) > (x_a^* - x_a^l)$ mit x^l einem beliebigen anderen wählbaren Güterbündel. Dies bedeutet, dass die Bündelung immer dann zu höheren Präferenzabweichungskosten führt, wenn bezüglich mindestens eines Gutes aus dem Bündel ein anderes als das gewählte Güterbündel besser den Präferenzen entspricht, d.h. wenn das gewählte Güterbündel nicht auch bei freier Zusammenstellung der Einzelkomponenten gewählt worden wäre. Davon kann in der Regel ausgegangen werden, insbesondere bei öffentlichen Gütern, bei denen das bereitgestellte Angebot immer das Ergebnis kollektiver Entscheidungsprozesse ist. In der Regel wird also Güterbündelung zu höheren Präferenzabweichungskosten führen als die Wahl einzelner Güter.

Diese Aussage gilt nicht nur bezüglich des Ob einer Bündelung, sondern lässt sich nach der Anzahl der gebündelten Güter differenzieren. Für jedes zusätzliche Gut im Bündel erhöhen sich die Präferenzabweichungskosten, falls nicht zufällig die optimale Variante des zusätzlichen Gutes a in dem Güterbündel angeboten wird, das bereits vorher als das beste Bündel ausgewählt worden ist. Jedes Gut, das zusätzlich in die Bündelung aufgenommen wird, reduziert die Anzahl der möglichen Kombinationen und erhöht damit in der Regel die Präferenzabweichungskosten.

Zu den Kosten der Bündelung von Themen zählt daher die geringere Präferenzübermittlung (Tullock 1969, 23f). Die einzelne Wählerstimme hat in multifunktionalen Jurisdiktionen einen geringeren Informationsgehalt. Je mehr Güter im Bündel angeboten werden, desto mehr verlieren Unterschiede in den persönlichen Präferenzen bei der Wahlentscheidung an Bedeutung. Statt dessen wird die Vermögens- oder Einkommensposition für die Nachfrage nach Gütern entscheidend.[15] Als Ergebnis kann somit festgehalten werden, dass die Möglichkeit zum Stimmentausch bei tagespolitischen Entscheidungen generell als Nachteil angesehen werden muss. Bei geeigneten Abstimmungsregeln, die externe Effekte verhindern, kann Stimmentausch jedoch vorteilhaft sein.

(2) Regelebene

Für Entscheidungen auf der Regelebene sieht die Verfassungsökonomik als vertragstheoretischer Ansatz Einstimmigkeit vor (3.1.4.1). In der Realität sind hohe Zustimmungsquoren üblich. Die vorstehende Analyse zeigte, dass in diesem Fall Stimmentausch generell vorteilhaft ist. Spezifische Vorteile ergeben sich in multifunktionalen Jurisdiktionen, weil die Stabilität der Entscheidungen größer ist (1) und die Einigung auf Mehrheitsregeln leichter fällt (2).

(1) *Stabilität von Entscheidungen*: Ausgehend von der Instabilität von Mehrheitsentscheidungen, die unter dem Stichwort Condorcet-Paradox oder Abstimmungsparadox in die Literatur eingegangen sind,[16] wurde untersucht, ob Stimmentausch die Stabilität von Kollektiventscheidungen erhöhen kann. Coleman (1966) zieht eine Analogie zum Gütermarkt. Er geht dabei von der Vorstellung aus, jede Stimme habe einen ökonomischen Wert. Da sich auf ökonomischen Märkten mit der Zahl der Tauschmöglichkeiten die Stabilität des Ergebnisses erhöht, gelte das auch für den Markt, auf dem Stimmrechte gehandelt werden. Während bei wenigen Teilnehmern mit zyklischen Tauschvorgängen gerechnet werden müsse, entstehe bei vielen Teilnehmern eine Art Marktpreis für jede Stimme. Da das Wahlergebnis ein öffentliches Gut ist, führt jedoch die Marktanalogie nicht weiter, weil bei öffentlichen Gütern nicht mit einer Aufdeckung der wahren Präferenzen gerechnet werden kann. Die in der Realität beobachtbare Stabilität von kollektiven Entscheidungen ist daher nicht auf die punktuellen Tauschmöglichkeiten in einem Markt für Stimmrechte, sondern auf wiederkehrende Tauschsituationen im Zeitablauf zurückzuführen (Bernholz 1978). Wiederkehrende Tauschsituationen führen zur Bildung von Koalitionen, die über mehrere Abstimmungen zusammenarbeiten und so die Stabilität kollektiver Entscheidungen sicherstellen. Nicht die Zunahme der Teilnehmerzahl, die vor allem zu höheren Transaktionskosten und unvollständigem Stimmen-

---

[15] Buchanan (1964/1987, 364) verteidigt mit dieser Argumentation die Verwendung eines *Equalpreference*-Modells. Tatsächlich können die unterschiedlichen Ausgabenquoten der US-Bundesstaaten im Wesentlichen durch Unterschiede im durchschnittlichen Pro-Kopf-Einkommen erklärt werden (Dye 1990, 52).

[16] Vgl. auch die grundlegende Arbeit von Black (1958).

tausch führt (Zain 1979, 146–148), sondern die Zunahme der aufeinanderfolgenden Abstimmungen über unterschiedliche Themen bringt die Stabilität hervor.[17]

(2) *Einigung über Mehrheitsentscheidungen*: Vereinbarungen über Abstimmungsregeln, die von der Einstimmigkeit abweichen, sind bei Gültigkeit für verschiedene Themen leichter zu erzielen, weil der Einzelne erwarten kann, je nach Thema mal in der Mehrheits- und mal in der Minderheitsposition zu sein. In manchen Fällen wird er also Emittent, in anderen Rezipient von externen Effekten durch Mehrheitsentscheidungen sein. Für funktionale Jurisdiktionen hingegen kann der Einzelne seine eigene Position besser voraussehen, so dass eine Einigung auf Regeln für den politischen Prozess wesentlich schwieriger wird. Der „Schleier der Unwissenheit" (Buchanan/Tullock 1962/1965) ist folglich bei multifunktionalen Jurisdiktionen dichter als bei funktionalen, weil eine größere Unsicherheit über die eigene Betroffenheit durch die Abstimmungsregeln besteht. Wie bei einer Versicherung reduziert die Vielzahl der Einzelfälle das Gesamtrisiko, wenn die Einzelfälle nicht korreliert sind. So ist zwar für jede einzelne tagespolitische Entscheidung die zu erwartende Präferenzabweichung in multifunktionalen Jurisdiktionen höher als in funktionalen. Über alle Entscheidungen, die mit einer Mehrheitsregel gefällt werden, kann der Einzelne jedoch mit niedrigeren externen Kosten rechnen, wenn keine Korrelation zwischen den Entscheidungen zu erwarten ist. Selbst die problematische Einigung auf Abstimmungsregeln für Umverteilung kann dann leichter erfolgen, wenn Umverteilung als eines von verschiedenen öffentlichen Gütern angesehen wird. Denn auch wenn sich der Einzelne darüber im Klaren ist, dass die mehrheitliche Entscheidung über Umverteilungsfragen nie zu dem Ergebnis führen wird, das er wünscht, könnte sich die Zustimmung zu Mehrheitsabstimmungen für ihn als sinnvoll erweisen, wenn er so bei anderen öffentlichen Gütern, die für ihn von Bedeutung sind, leichter die Zustimmung erhalten kann.[18]

Grundsätzlich sinkt mit der Vielzahl der Themen, für die eine Jurisdiktion zuständig ist, die Summe der erwarteten externen Kosten tagespolitischer Entscheidungen, die nach einer Mehrheitsregel getroffen werden. Das optimale Abstimmungsquorum sinkt. Stabilität und Konsensfähigkeit von Regelordnungen sind folglich wesentlich auf den Stimmentausch in multifunktionalen Jurisdiktionen zurückzuführen. Eine „Korrelation" der Abstimmungsergebnisse, die gegen eine Bündelung spricht, ist in zwei Fällen zu erwarten:

– Der Einzelne gehört einer Bevölkerungsgruppe an, deren Präferenzen über eine Vielzahl von Themen systematisch von den Präferenzen der Bevölke-

---

[17] Alternativ kann die immer neue Bildung von Koalitionen unter Bruch bisheriger Vereinbarungen (*Cycling*) durch *Agenda-Setting* verhindert werden (McKelvey 1976).

[18] Die Bündelung mehrerer Fragen ersetzt insofern die langfristige Orientierung durch „verfassungsmäßige Umverteilung" (Buchanan 1974/1977, 61–64).

rungsmehrheit abweichen. Auf diesen Fall wird zurückzukommen sein (6.2.1.1).

- Die Politiker als *Agenda-Setter* können die Bündelung der Abstimmungen nutzen, um ihre eigenen Interessen zu Lasten der Bevölkerung zu fördern. Hier ergibt sich somit ein spezifisches Prinzipal-Agenten-Problem, wie es generell bei den im Folgenden diskutierten repräsentativ-demokratischen Verfahren zum Tragen kommt.[19]

5.2.1.2 Repräsentativ-demokratische Entscheidungen

Für repräsentativ-demokratische Entscheidungen ergeben sich grundsätzlich Vorteile der Bündelung von verschiedenen Politikbereichen bei einem Entscheidungsgremium. Sie bestehen zum einen in der geringeren Häufigkeit der Wahl, zum anderen in der mehrfachen Anwendung von Entscheidungsregeln und Kontrollmechanismen. Diesen Verbundvorteilen in multifunktionalen Jurisdiktionen steht der Nachteil entgegen, dass viele Politikbereiche für die Wahlentscheidung „quantitativ irrelevant" werden (Kruse 1998, 101). Eine wirksame Kontrolle der Agenten ist wegen des großen Delegationsumfangs nicht mehr möglich. Die Parteien können in größerem Umfang gegen die Präferenzen der Bürger verstoßen, indem sie ihre Rolle als *Agenda-Setter* nutzen und ein Politikbündel anbieten, das jeweils intensive Präferenzen verschiedener Minderheiten anspricht. Dann entscheidet nicht die Mehrheit darüber, was im Interesse des Gemeinwohls liegt, sondern eine kleine Zahl von politischen Akteuren sucht eine Gruppe von Minderheiten, deren Summe die Mehrheit ergibt. Erst wenn die Opposition nicht nur bei einzelnen Themen, sondern bezüglich der Gesamtheit aller Politikbereiche größere Zustimmung findet, wird die Regierung abgewählt. Die für die Bürgerorientierung eines Gemeinwesens wesentliche Frage der Regelgestaltung für den politischen Prozess kann so beispielsweise von den Parteien in den Hintergrund gedrängt werden. Die politische Klasse kann ihre Macht und Privilegien weitgehend selbst festlegen, weil im Parteienwettbewerb andere Themen in den Vordergrund gestellt werden. Außerdem bestehen große Eintrittsbarrieren für neue Parteien, weil sie ein Programm für alle Themen präsentieren müssen.

Tullock (1969) geht aufgrund dieser Überlegungen davon aus, dass der Verlauf der Kontrollkostenfunktion K u-förmig ist. Die Kontrollkosten sind hoch, wenn für jedes Gut eine separate Jurisdiktion besteht, weil der Bürger für jede Jurisdiktion separat Informationen über die Qualität der Politik sammeln und Entscheidungen treffen muss. Sie sind ebenfalls hoch, wenn der Bürger nur die Aufgabenerfüllung

---

[19] Eine Lösung besteht darin, dass – wie in der Schweiz – die Bürger nachträglich Parlamentsentscheidungen ablehnen können. Stimmentausch im Parlament zu Lasten der Bürger wird dann eine riskante Verhaltensweise.

konkurrierender Parteien über viele Güter zusammen überwachen kann. Ein Minimum ist also bei partieller Bündelung erreicht ($x^{funktional}$).

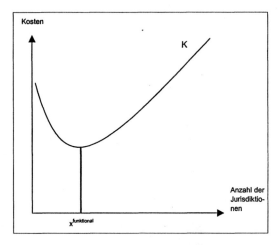

Abb. 5.3: Kontrollkosten (nach Tullock 1969, 27).

Die Vorstellung im funktionalen Parlamentarismus, weder Einzweck- noch Universalparlamente, sondern mehrere multifunktionale Parlamente entsprächen einer optimalen Steuerung des politischen Prozesses, baut auf dieser Überlegung von Tullock auf.

Neben der Auswirkung auf die Kontrollmöglichkeiten der Bürger ist jedoch eine weitere Implikation zu beachten. In multifunktionalen Jurisdiktionen erfolgt die Abstimmung zwischen den Politikbereichen innerhalb der Parteien und Fraktionen und damit auch innerhalb einer Regierung, die um ein geschlossenes Auftreten gegenüber den Wählern bemüht ist. Regierungschef und Fraktionsvorsitzende haben grundsätzlich ein Interesse, die Egoismen der Ministerien und Fachpolitiker zu zügeln und an einer allgemeinen Mehrheit auszurichten. Umgekehrt kommt bei Einzweckparlamenten und -regierungen dem Vermittlungsausschuss die Aufgabe zu, die Fachinteressen kompatibel zu machen, während die Politiker jeder einzelnen Institution sich über Interessenkonflikte profilieren können. Die Erfahrung mit hierarchisch gleichrangigen Institutionen, die sich über Vermittlungsausschüsse koordinieren, legt nahe, die Quelle für die Schwerfälligkeit politischer Prozesse und für ungeeignete Formelkompromisse dort zu suchen.[20] Die Funktionalisierung ersetzt

---

[20] So schätzen Steuerberater den deutschen Vermittlungsausschuss, bei dem in letzter Minute Kompromisse zwischen Bundestag und Bundesrat gefunden werden müssen, die dann ohne weitere Anhörungen von Experten Gesetz werden, als Verursacher vieler Ungenauigkeiten und Steuer-

daher die Konkurrenzdemokratie mit der ihr eigenen Konsensbildung innerhalb der Parteien durch interjurisdiktionelle Verhandlungen, die in geringerem Maße vom Parteienwettbewerb geprägt und befriedet werden. Insgesamt bedeutet die Funktionalisierung daher vor allem eine Verlagerung von der intrajurisdiktionellen Konkurrenzdemokratie zur interjurisdiktionellen Verhandlungsdemokratie. Nicht nachvollziehbar ist daher die Hoffnung von Tullock (1994, 59), durch eine Funktionalisierung weniger Stimmentausch zu erreichen. Das Konsensprinzip schützt zwar vor einem „Überstimmtwerden" im Stimmentausch bei interjurisdiktionellen Verhandlungen. Gleichwohl kann eine interjurisdiktionelle Vereinbarung Minderheitspositionen in der eigenen Jurisdiktion missachten. Der Verbesserung der Prinzipal-Agenten-Beziehung innerhalb funktionaler Jurisdiktionen steht daher die Gefahr entgegen, dass sich die Bürgerpräferenzen in Verhandlungen mit anderen funktionalen Jurisdiktionen nicht durchsetzen lassen. Ob ein multiparlamentarisches oder ein multifunktionales System überlegen ist, entscheidet sich daher vor allem daran, ob man die Kontrolle der Agenten bei Entscheidungen innerhalb einzelner Politikbereiche oder bei der vertikalen Koordination zwischen verschiedenen Politikbereichen für wesentlicher hält.[21]

Die Ergebnisse der politökonomischen Theorie der internationalen Organisation[22] lassen den Schluss zu, dass die Ergebnisse von Verhandlungen zwischen Jurisdiktionen in geringerem Maße an den Interessen der Bürger orientiert sind als die Entscheidungen innerhalb einer Jurisdiktion. Denn Verhandlungen mit anderen Jurisdiktionen sind im Wesentlichen Aufgabe der Exekutive, die vom Bürger in parlamentarischen Systemen nur indirekt über die Legislative kontrolliert werden kann. Zudem führt die Kombination von konkurrenzdemokratischen und verhandlungsdemokratischen Verfahren, wie sie der funktionale Parlamentarismus vorsieht, generell zu einer geringeren Bürgerorientierung (3.3.3.1). Denn es ist für Außenstehende anders als im parlamentarischen System schwer einsehbar, ob das Verhandlungsergebnis eine Folge mangelnder Zugeständnisse der Gegenseite oder geringen Interesses der eigenen Politiker ist.

---

schlupflöcher. Der Gesetzgebungsprozess zum Unfunded Mandate Act zeigt für die USA, wie lange sich Gesetzgebungsprozesse durch die Koordination zwischen Senat und Repräsentantenhaus ziehen (Tolley/Wallin 1995).

[21] Der funktionale Parlamentarismus geht in diesem Zusammenhang nicht von der traditionellen Vorstellung des Politikers als eines Generalvertreters aus, der den verschiedenen Spezialisten sucht, sondern lässt die Bürger selbst Spezialisten auswählen. Deutlich wird das an der angeführten Analogie des Einkaufens im Supermarkt bzw. des Restaurants, die auf Tullock (1969) zurückgeht. Dort weiss der Bürger, was er will, eine Bündelung nimmt ihm Entscheidungsfreiheit. Vergleicht man jedoch mit einem Bereich, in dem der normale Bürger eine Vorstellung vom Gesamtprodukt (Beispiel: Auto), nicht aber von den Einzelteilen und ihrer Interaktion hat, wird der traditionelle Parlamentarismus verständlich. Die Generalistenwahl ist dann keine Einschränkung der Entscheidungsfreiheit, sondern effizient.

[22] Dazu ausführlicher 7.2.1.2.

5.2.2 Exit

Durch den Zusammenschluss von funktionalen Jurisdiktionen zu multifunktionalen sinkt die Jurisdiktionenzahl. Das legt den Schluss nahe, dass damit auch die Ausbeutungsmöglichkeiten durch den Staat steigen, die Politik sich also weniger an den Interessen der Bürger orientiert. Die Wahlmöglichkeiten der Bürger und Standortnutzer sind jedoch unabhängig davon, ob die öffentlichen Güter an einem Standort von einer oder von mehreren Jurisdiktionen bereitgestellt werden (5.2.2.1). Ebensowenig ändern sich die Mobilitätskosten (5.2.2.2). Für die Kontrolle staatlichen Handelns ergeben sich durch die funktionale Aufteilung neue Schwierigkeiten (5.2.2.3). In Bezug auf die Generierung von Wissen unterscheiden sich funktionale und multifunktionale Jurisdiktionen nicht (5.2.2.4).

5.2.2.1 Zur Irrelevanz der funktionalen Aufteilung für den Jurisdiktionenwettbewerb

Selbst wenn bei der Bereitstellung öffentlicher Güter so weit als möglich eine funktionale Differenzierung vorgenommen wird, nutzen bestimmte Menschengruppen aufgrund ihrer räumlichen Nähe dieselben öffentlichen Güter. Stets wird der Nutzenkreis verschiedener öffentlicher Güter sich an den einzelnen Orten überlappen, unabhängig davon, ob dies von einer allzuständigen Regierung oder von je einer Regierung pro öffentlichem Gut angeboten wird. Verlässt ein Bürger einen Ort und sucht einen anderen auf, wird er für alle Güter, deren Nutzenkreis nicht beide Orte umfasst, den Anbieter wechseln. Die Bündelung von Gütern an einem Standort ist charakteristisch für die Bereitstellung öffentlicher Güter,[23] weil ihre Finanzierung nur in territorial abgegrenzten Jurisdiktionen durchgesetzt werden kann (4.1.2). Die Wahlmöglichkeiten im Jurisdiktionenwettbewerb sind damit unabhängig von der funktionalen Aufteilung staatlicher Aufgaben und damit von der Anzahl der Jurisdiktionen an jedem Standort. Für den Jurisdiktionenwettbewerb ist damit allein die territoriale Aufteilung relevant, denn sie bestimmt die Anzahl der Jurisdiktionen, die sich in Bezug auf das Angebot an öffentlichen Gütern unterscheiden.

5.2.2.2 Mobilitätskosten bei multifunktionalen Jurisdiktionen

Beim Tiebout-Wettbewerb entstehen in der Regel wesentlich höhere Mobilitätskosten als auf Gütermärkten. Sie sind beim Wechsel zwischen größeren Jurisdiktionen höher als beim Wechsel zwischen kleineren Jurisdiktionen (4.2.2.1 (1)). Bezüglich der Migrationskosten ist dies auf die größere Entfernung zurückzuführen. Bezüg-

---

[23] Auch auf privaten Gütermärkten werden zwar häufig Güterbündel angeboten. Zu denken ist beispielsweise an Wellness-Clubs, die Fitness-Kurse, Schwimmbad-Nutzung, und Kraftsport im Bündel anbieten. Allerdings ist in diesen Fällen der Markteintritt neuer Anbieter nicht ausgeschlossen. Jedes Gut kann in der Regel bei anderen Anbietern auch einzeln konsumiert werden. Außerdem besteht im Unterschied zur Wahl eines Staates immer die Möglichkeit, keinen der Anbieter zu wählen.

lich der Wechselkosten kommt es jedoch in der Regel nicht auf die Entfernung, sondern auf die Menge der Güter an, bezüglich derer der Anbieter gewechselt wird. Der Einzelne kann bei einem öffentlichen Gut nur dann den Anbieter wechseln, wenn er die bereitstellende Jurisdiktion verlässt. Mit dem Wohn- oder Standortwechsel nimmt er auch einen Anbieterwechsel bei allen anderen öffentlichen Gütern in Kauf. Verschlechtert sich die Qualität eines einzelnen Gutes x_1, wird ein Bürger erst dann die Jurisdiktion wechseln, wenn insgesamt der Nutzen eines Wechsels größer ist als dessen Kosten. Die Qualität aller anderen Güter x_2 bis x_n stellt für den Entscheider Opportunitätskosten dar.[24] Denn er müsste, um eine bessere Qualität von Gut x_1 zu haben, auch einen Wechsel bei den Gütern x_2 bis x_n in Kauf nehmen. Die Vorteilhaftigkeit von Standorten ist daher immer eine Vorteilhaftigkeit von Güterbündeln.[25] Die modelltechnische Zusammenfassung verschiedener öffentlicher Güter zu einem Güterbündel, wie sie in Modellen des Jurisdiktionenwettbewerbs vorgenommen wird, ist vor diesem Hintergrund zwar realitätsnah, verdeckt aber eine grundsätzliche Problematik, die mit dieser Bündelung zusammenhängt: Die Kosten des Anbieterwechsels, die für die Frage entscheidend sind, ob ein Wettbewerbsprozess wirksam wird und wie effizient sein Ergebnis ist, differieren zwischen privaten und öffentlichen Gütern insbesondere aufgrund der Bündelung öffentlicher Güter.

Je umfangreicher die standortspezifischen Güterbündel sind, desto höher sind *ceteris paribus* die Wechselkosten bei einer Wanderung zwischen Jurisdiktionen. Überlässt der Staat das Angebot bisher öffentlich bereitgestellter Güter privaten Unternehmen oder nicht-territorialen Jurisdiktionen, ist deshalb mit einer Effizienzsteigerung im Jurisdiktionenwettbewerb zu rechnen. Eine funktionale Aufteilung der Bereitstellung auf mehrere Jurisdiktionen erzielt diese Wirkung nicht.

5.2.2.3 Kontrolle staatlicher Macht

In der Tradition des Tiebout-Modells befasste sich die ökonomische Föderalismus-Forschung vor allem mit dem horizontalen Wettbewerb zwischen gleichartigen Jurisdiktionen und den dabei entstehenden horizontalen Externalitäten. Das Äquivalenz-Prinzip bezieht sich daher auf die horizontalen Externalitäten zwischen Jurisdiktionen. Jurisdiktionenwettbewerb, so wurde deutlich, führt zur Kontrolle staatlichen Handelns. Insbesondere schränkt der Steuerwettbewerb die Ausbeutungsmöglichkeiten einnahmenmaximierender Politiker ein (4.2.2.2 (1)). Erst in

---

[24] Wie hoch die Wechselkosten sind, hängt folglich von der subjektiven Bewertung der entsprechenden, staatlich bereitgestellten Güter ab.

[25] Dies gilt auch bezüglich der sonstigen Mobilitätskosten, die u.a. aufgrund des Vorhandenseins natürlicher Standortvorteile entstehen. Beispielsweise dürften Freiburger Professoren, die eine hohe Wertschätzung für den Schwarzwald haben, auch bei schlechterer Ausstattung im Vergleich zu einer anderen Universität in Freiburg bleiben.

jüngerer Zeit wurden auch die vertikale Konkurrenzsituation zwischen Jurisdiktionen und die dabei auftretenden Externalitäten intensiver untersucht.

Da sich die Nutzenreichweiten der öffentlichen Güter überlappen, kommt es zu Wechselwirkungen zwischen der Bereitstellung durch verschiedene Jurisdiktionen, die für dasselbe Territorium zuständig sind. Dies wird in Abbildung 5.4 deutlich, die Abbildung 4.1 entspricht. Nach rechts wird wiederum der Einsatz mobilen Kapitals an einem Standort, nach oben die Rendite abgetragen. Im Ausgangspunkt D, dem Schnittpunkt zwischen der Grenzproduktivitätskurve des Kapitals und der international gegebenen Netto-Rendite r_n, verweilt Kapital der Menge 0C am Standort, das für die Inländer nach Abzug der Kapitalrendite ein verfügbares Sozialprodukt von AED erwirtschaftet.

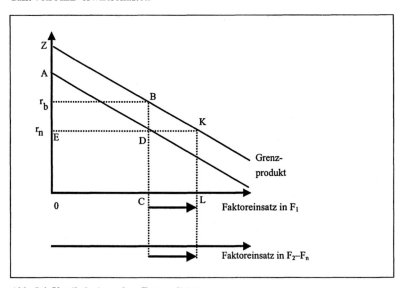

Abb. 5.4: Vertikale Ausgaben-Externalitäten.

Ein innovatives öffentliches Gut einer funktionalen Jurisdiktion F_1 führt nun zu einer Verlagerung der Grenzproduktkurve nach außen. Insgesamt wird dann am betrachteten Standort Kapital im Umfang von 0L eingesetzt und – über die Kapitalrendite hinaus – ein verfügbares Sozialprodukt von ZEK generiert. Durch die Innovation entsteht so ein zusätzliches verfügbares Sozialprodukt in Höhe des Trapezes ZADK. Alle Jurisdiktionen F_2-F_n, die für denselben Standort zuständig sind wie die Jurisdiktion F_1 und deren Steuereinnahmen mit dem Sozialprodukt korreliert sind, erfahren aufgrund der Innovation von F_1 positive vertikale Ausgaben-Externalitäten. Denn sie erhalten bei unveränderten Steuersätzen und unverändertem Angebot an öffentlichen Gütern zusätzliche Einnahmen.

Umgekehrtes gilt für Steuererhöhungen: Die Steuerbemessungsgrundlagen der verschiedenen Jurisdiktionen eines Standorts überschneiden sich zwangsläufig (Wrede 1997a, 494). Aus dieser Überschneidung ergibt sich ein Allmende-Problem, weil verschiedene Akteure auf eine endliche Ressource zugreifen, ohne dass eine Quotierung oder eine Rückkopplung durch den Preismechanismus erfolgen könnte. Erhöht eine Jurisdiktion an einem Standort die Steuern, wandert Kapital vom Standort ab. Sie generiert damit negative vertikale Einnahmen-Externalitäten für alle anderen Jurisdiktionen am Standort. Denn mit dem Abfluss von Kapital und der daraus folgenden Abnahme des Inlandsprodukts sinkt die Steuerbemessungsgrundlage für alle Regierungen, die auf dem Territorium der innovativen Jurisdiktion liegen.

Unter der Leviathan-Annahme führt das genannte Allmende-Problem zu überhöhten Steuersätzen, so dass sich die Ökonomie auf dem absteigenden Ast einer Laffer-Kurve befinden würde.[26] Die vertikale Konkurrenzsituation zwischen den Jurisdiktionen erhöht die Ausbeutung der Bürger, statt sie – wie der horizontale Jurisdiktionenwettbewerb – abzusenken. Dies ist darauf zurückzuführen, dass beim vertikalen Wettbewerb die Möglichkeit zum Marktein- oder -austritt fehlt (Migué 1997, 247). Im Unterschied zum unternehmerischen Wettbewerb oder zum horizontalen Jurisdiktionenwettbewerb ist die Konkurrenzbeziehung zwischen den Ebenen unproduktiv, weil ein zusätzlicher Anbieter keinen Wohlfahrtszuwachs, sondern im Gegenteil eine Wohlfahrtsminderung bringt.[27] Eine Vereinbarung zwischen den verschiedenen Jurisdiktionen, die geringere Steuersätze festschreibt, oder ein Zusammenschluss zu multifunktionalen Jurisdiktionen könnte im Vergleich zu dieser Situation bei geringerem *Excess burden* höhere Steuereinnahmen erzielen und die Ausbeutung der Bürger reduzieren.[28] Dies wird an Abbildung 5.5 deutlich, bei der von nur zwei Jurisdiktionen mit derselben Steuerbemessungsgrundlage aus-

---

[26] Keen (1997). Das Phänomen, dass sich eine Ökonomie auf der ineffizienten Seite der Laffer-Kurve befindet, kann aufgrund des kurzen Zeithorizonts der politischen Akteure auch bei einer einzelnen Regierung entstehen (Buchanan/Lee 1982/1987). Denn kurzfristig ist die Steuerbasis wesentlich stärker ausbeutbar als langfristig, weil bei hoher Abschöpfung durch den Staat der Aufbau des Kapitalstocks in Form von Investitionen geringer ausfällt. Wrede (1999) unterscheidet daher zwischen „fiscal stock externalities", bei denen die Externalität über die Veränderung der Steuerbasis in der Zeit wirkt, und „fiscal flow externalities", die aus dem gleichzeitigen gemeinsamen Zugriff auf eine Steuerbasis resultieren. Über die Zeit können in der dynamischen „stock"-Analyse selbst unterschiedliche Steuerbasen wie Vermögen und Einkommen verknüpft sein.

[27] Migué stellt bei seiner Analyse nicht die Einnahmen-, sondern die Ausgabenseite in den Vordergrund. Sein Ergebnis lautet daher nicht, dass es zu exzessiver Besteuerung, sondern dass es zu einem Überangebot an öffentlichen Gütern kommt. Er liefert damit eine Erklärung für die höhere Ausgabenquote der oberen Ebene in föderalen Systemen, die nicht auf der Kartellhypothese beruht. Vgl. Kapitel 7.2.1.2.

[28] Insofern ist der Vergleich mit dem Allmende-Problem verwirrend, denn im Folgenden wird es nicht aus der Perspektive des Bauern, sondern aus der Perspektive des Grases untersucht. Vgl. Wrede (1999, 179).

gegangen wird. Beide produzieren unterschiedliche Güter – Feuerschutz und Grün-flächenpflege. Die Linien FF' und GG' bezeichnen die Reaktionsfunktion der Feu-erwehr-Jurisdiktion bzw. der Grünflächenpflege-Jurisdiktion. Ihr Schnittpunkt A stellt den Gleichgewichtssteuersatz dar, während die Punkte G und F die Steuersät-ze bezeichnen, die Feuerwehr- bzw. Grünflächenpflege-Jurisdiktion wählen wür-den, wenn sie jeweils die einzige Jurisdiktion mit Steuerkompetenz wären. Alle möglichen Steueraufteilungen bei Kooperation oder Fusion der beiden Regierungen (Kollusionsfall) liegen damit auf der gestrichelten Linie GF.

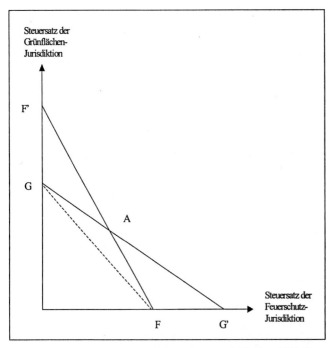

Abb. 5.5: Vertikale Einnahmen-Externalitäten (nach Flowers 1988, 71).

Aus der Grafik wird ersichtlich, dass die Steuersätze bei Kollusion jedenfalls nied-riger wären als bei vertikalem Steuerwettbewerb. Der Abstand zwischen GF und A markiert die Abweichung.[29] Nimmt nun die Anzahl der Jurisdiktionen zu, die auf dieselbe Steuerbemessungsgrundlage zugreifen, erhöht sich der Vektorabstand im mehrdimensionalen Raum entsprechend. Die Effizienzverluste nehmen also bei

---

[29] Einen empirischen Nachweis für vertikale Externalitäten bei der Besteuerung von Mineralöl und Zigaretten in den USA erbringen Besley/Rosen (1998).

gleichen oder ähnlichen Steuerbemessungsgrundlagen mit der Anzahl der funktionalen Einheiten zu.

Vergleicht man die voranstehende Überlegung mit der Situation auf Gütermärkten, wird deutlich, dass auch dort wechselseitige Abhängigkeiten zwischen den Wettbewerbsprozessen auf vertikal miteinander verbundenen Märkten auftreten (Kerber 1991, 331). Eine Monopolsituation auf einem Gütermarkt erzeugt beispielsweise aufgrund der Angebotsverknappung pekuniäre externe Effekte in den Märkten anderer Güter. Bei Komplementarität zwischen den Gütern handelt es sich um negative, bei Substitutionalität um positive pekuniäre Effekte. Letztlich greifen alle Produzenten unabhängig von der Angebotsstruktur auf dem betreffenden Gütermarkt auf dieselbe „Bemessungsgrundlage" zurück und generieren so vertikale Einnahmen-Externalitäten. Diese gemeinsame „Bemessungsgrundlage" ist das verfügbare Einkommen der Konsumenten. Dies gilt auch für die Anbieter öffentlicher Jurisdiktionen. Die Tatsache, dass letztlich fast alle steuerlichen Bemessungsgrundlagen ökonomisch verknüpft sind, bedeutet lediglich, dass sie auf das verfügbare Einkommen der Bürger oder die Brutto-Rendite der Standortnutzer zugreifen.

Treten negative vertikale Externalitäten auf, liegt es bei monopolistischer Marktstruktur im Interesse der Konsumenten, statt auf jedem der verbundenen Märkten unabhängigen Monopolunternehmen nur einem einzigen multifunktionalen Monopolunternehmen gegenüberzustehen. Denn in diesem Fall werden die vertikalen Externalitäten internalisiert; die Monopolmacht wird so insgesamt begrenzt. Die Konsumentenrente ist höher als im Vergleichsfall. Eine solche vertikale komplementäre Verbindung bei monopolistischer Marktstruktur ist im Fall mehrerer Jurisdiktionen auf demselben Territorium systematisch gegeben. Denn die zunehmende Nachfrage nach den Leistungen einer funktionalen Jurisdiktion führt zu einer Zuwanderung von Bürgern oder Standortnutzern und erhöht so automatisch die Nachfrage nach den Leistungen der anderen funktionalen Jurisdiktionen auf demselben Territorium. Es besteht folglich ein Interesse der Bürger, dass öffentliche Güter eines Standorts von derselben multifunktionalen Jurisdiktion oder zumindest von nur wenigen multifunktionalen Jurisdiktionen bereitgestellt werden. Denn je stärker die Bereitstellung öffentlicher Güter an einem Standort aufgeteilt wird, desto stärker sind bei gegebener Finanzierungsstruktur die vertikalen Externalitäten.

Der Umfang der vertikalen Externalitäten hängt vom Steuerrecht ab. Bei Äquivalenzbesteuerung, wie sie im Tiebout-Modell unterstellt wurde, kommen die zusätzlichen Einnahmen der Jurisdiktion zu Gute, die auch die Ausgaben getätigt hat. Negative vertikale Einnahmen-Externalitäten und positive vertikale Ausgaben-Externalitäten gleichen sich dann genau aus. Anders ausgedrückt kommt es für die Entstehung der Ausgaben-Externalitäten darauf an, ob das öffentliche Gut, das eine Jurisdiktion bereitstellt, nur mit der Bemessungsgrundlage ihrer eigenen Steuereinnahmen komplementär verknüpft ist oder auch mit der Bemessungsgrundlage der Steuereinnahmen anderer Jurisdiktionen (Wrede 1997, 594). Wie beim horizontalen Wettbewerb muss das *Fiscal residuum* aus Einnahmen und Ausgaben betrachtet werden. Nur wenn in einer einzelnen Jurisdiktion die staatliche Aktivität deutlich von den Bürgerinteressen abweicht, also ein Nettovor- oder -nachteil durch die Tätigkeit der Jurisdiktion besteht, werden auch relevante vertikale Externalitäten für die anderen Jurisdiktionen erzeugt. Statt einer Monopolisierung (Wrede 2002, 149) könnte zur Vermeidung von vertikalen Externalitäten folglich auch die Äquivalenzfinanzierung durchgesetzt werden. Eine solche einzuführen besteht im Interesse funktionaler Jurisdiktionen, soweit sie einem intensiven horizontalen Wettbewerb ausgesetzt sind (4.2.2.1 (2)).[30] Bei fehlendem horizontalen Wettbewerb muss die Äquivalenzfinanzierung regulativ durchgesetzt werden, weil sie ein öffentliches Gut der sich überlappenden Jurisdiktionen darstellt.

5.2.2.4 Generierung von Wissen

Die Steuerungswirkung des Tiebout-Prozesses hängt nicht allein von den Mobilitätskosten ab, sondern auch von den Reaktionen der Anbieter. Auch wenn – wie im Folgenden – von den Mobilitätskosten abstrahiert wird, scheitert möglicherweise eine Präferenzoffenbarung (Neumann 1971, 504). Dabei ist es unerheblich, ob es sich um eine oder mehrere bereitstellende Regierungen handelt.

Werden alle Güter durch eine Regierung bereitgestellt, bleibt bei einer Abwanderung von mobilen Faktoren oder Bürgern unklar, worauf diese zurückzuführen ist. Denn der Jurisdiktionenwettbewerb sendet „stark interpretationsbedürftige Signale" (Wohlgemuth 2001a, 9). Die Abwanderung sagt nur aus, dass mindestens ein Konkurrenzstandort ein besseres Angebot für die speziellen Bedürfnisse der Abwandernden aufweist. Welche spezifischen Charakteristika eines Standortes zur Wanderung geführt haben, bleibt den Entscheidungsträgern verborgen. Die Regierungen müssen sich selbst darum bemühen, die Bewertung ihrer einzelnen Leistungen durch die Bürger und Standortnutzer zu ermitteln. Eine der wichtigsten Funktionen des Jurisdiktionenwettbewerbs, die Aufdeckung von Wissen (4.2.2.2 (2)), wird daher bei der Bereitstellung mehrerer Güter durch eine Regierung nicht erfüllt.

Das entspricht der Situation auf Gütermärkten: Ein Unternehmen weiß, wenn die Kunden ausbleiben, nicht, welche der vielen Eigenschaften des von ihm angebotenen Gutes es ändern müsste. Entsprechend wissen die einzelnen Abteilungen eines Unternehmens zunächst nicht, in wessen Zuständigkeit der Grund der mangelnden Nachfrage fällt. Sie können nur durch Kundenbefragungen oder durch den Vergleich mit den Produkten anderer Anbieter Wissen darüber erlangen, warum Kunden abgewandert sind. Übertragen auf die Steuerungsmöglichkeiten des politischen Prozesses bedeutet das, dass der politische Wettbewerb und der Wettbewerb um Zustimmung umso wichtiger werden, je diffuser die Signale des Jurisdiktionen-

---

[30] Darauf ist zurückzukommen (6.2.2.3).

wettbewerbs sind. Je geringer die Anzahl der Jurisdiktionen (4.2.2.3) und je höher die Anzahl der öffentlicher Güter an einem Standort, desto entscheidender wird der *Voice*-Mechanismus für die Bürgerorientierung eines Gemeinwesens.

Die Aufteilung der Bereitstellung öffentlicher Güter für einen Standort auf mehrere Jurisdiktionen löst dieses Problem indes nicht. Ursächlich sind vertikale Ausgabe-Externalitäten. Haben mehrere Jurisdiktionen an einem Standort Art und Menge der von ihnen angebotenen öffentlichen Güter verändert, bleibt für die Regierungen unbekannt, welche Veränderung den zu beobachtenden Zu- oder Abfluss von Kapital ausgelöst hat. Wandern Bürger zu oder ab, wissen die anbietenden Regierungen aufgrund der zwangsläufigen Bündelung öffentlicher Güter nicht, warum sie das tun. Wissen über wünschenswerte Standorteigenschaften wird folglich bei geteilter Zuständigkeit ebenso wenig generiert wie bei einer multifunktionalen Jurisdiktion. Weil die funktionalen Jurisdiktionen die Vorteile der verbesserten Bereitstellung öffentlicher Güter nicht voll vereinnahmen können, besteht zudem die Gefahr, dass die Anreize für die Politiker, im Interesse von Bürgern und Standortnutzern Innovationen durchzuführen, zu gering sind (Dahlby 1996). Nur bei Äquivalenzfinanzierung der öffentlichen Güter wird dieses Anreizproblem überwunden.

Zusätzlich besteht die Gefahr, dass Leistungen einer funktionalen Jurisdiktion, die den Interessen der Bürger entsprechen, sich im Jurisdiktionenwettbewerb nicht durchsetzen, wenn andere Jurisdiktionen auf demselben Standort ihr Angebot nicht an den Bürgerinteressen ausrichten. Dieser Situation entspricht auf dem Gütermarkt beispielsweise die Konstellation, dass eine aus Sicht der Konsumenten überlegene Produktinnovation sich deshalb nicht durchsetzt, weil die Handelsunternehmen, die sie vermarkten, einen schlechten Kunden-Service bieten. Im Gütermarkt kann ein Produzent versuchen, sein Produkt über ein effizientes Handelsunternehmen oder in direktem Kontakt zum Kunden zu platzieren. Es ergibt sich somit sowohl ein Wettbewerb der Handelsunternehmen um die besten Produkte als auch der Produzenten um die besten Handelsunternehmen. Innerhalb der vertikalen Interdependenz kommt der jeweiligen Marktgegenseite die „Schiedsrichterrolle" zu (Kerber 1991, 336). Der horizontale Wettbewerb baut so, wenn auf keiner Marktseite die Konzentration zu hoch ist, die vertikalen Externalitäten ab. Diese wichtige Funktion entfällt aufgrund der räumlichen Bindung öffentlicher Güter bei Jurisdiktionen, die für denselben Standort zuständig sind.

Bezüglich der Wissensgenerierung erbringt die Aufteilung der leistungsstaatlichen Aufgaben auf mehrere Jurisdiktionen keine Verbesserung. Für die Bürger besteht im Hinblick auf den Jurisdiktionenwettbewerb folglich kein Interesse an einer funktionalen Aufteilung der leistungsstaatlichen Aufgaben.[31]

---

[31] Dieses Ergebnis ist vorläufiger Natur. Vgl. 6.2.2.4.

5.3 Fazit

Während beim Rechtsschutzstaat trotz der erwünschten Gewaltenteilung eine starke Konzentration der Funktionen auf wenige Jurisdiktionen im Interesse der Bürger liegt, um ein konsistentes Rechtssystem zu erhalten und Konflikte zwischen verschiedenen, mit der Rechtsdurchsetzung betrauten Agenten zu verhindern, ist im Leistungsstaat und im Sozialstaat eine Monopolisierung der Kompetenzen bei einer Jurisdiktion nicht effizient. Verbundvorteile innerhalb des Leistungsstaats und innerhalb des Sozialstaats, aber auch zwischen beiden staatlichen Aufgaben machen jedoch eine weitgehende Bündelung staatlicher Aufgaben wünschenswert. Die Trennung der sozialstaatlichen von allen anderen staatlichen Funktionen, wie sie sowohl im FOCJ-Konzept in Form einer zentralen Umverteilungsjurisdiktion als auch im funktionalen Parlamentarismus durch die Ausgliederung der redistributiven Aufgaben in ein spezielles Fachparlament vorgesehen ist, liegt daher nicht im konsensfähigen Interesse der Bürger. Vielmehr besteht ein Interesse an einer partiellen funktionalen Aufteilung staatlicher Aufgaben auf wenige multifunktionale Jurisdiktionen. Deren Anzahl steigt mit dem Gesamtumfang staatlicher Aufgaben. Die Optimalitätsaussage des FOCJ-Ansatzes, wonach die vollständige Funktionalisierung staatlicher Leistungserstellung optimal sei, ist demnach nicht haltbar.

Die Steuerungsmechanismen *Voice* und *Exit* werden durch die Bündelung in unterschiedlichem Maße beeinflusst. Für die Wahlmöglichkeiten der Bürger und für die Mobilitätskosten ergibt sich bei der *Exit*-Option keine Veränderung durch die Aufteilung staatlicher Leistungserstellung auf mehrere Jurisdiktionen. Die Ergebnisse des Jurisdiktionenwettbewerbs bleiben unabhängig von der Anzahl funktionaler Jurisdiktionen interpretationsbedürftig, weil unklar ist, welche der verschiedenen an einem Standort angebotenen öffentlichen Güter ursächlich für Zu- oder Abwanderung sind. Durch die Aufteilung auf mehrere Jurisdiktionen an einem Standort, wie sie das FOCJ-Konzept impliziert, wird kein zusätzlicher horizontaler Wettbewerb erzeugt. Vielmehr wird derselbe Wettbewerb für mehrere Jurisdiktionen genutzt.[32] Die vom horizontalen Jurisdiktionenwettbewerb ausgehenden Signale bleiben selbst bei funktionalen Jurisdiktionen diffus. Auch in vertikaler Richtung ergibt sich kein zusätzlicher Wettbewerb. Vielmehr können sogar vertikale Externalitäten zwischen den verschiedenen Anbietern zu einer gesteigerten Ausbeutung der Bürger führen.

Je geringer insgesamt die Anzahl der territorial-gebunden bereitgestellten Güter, desto aussagekräftiger werden die Ergebnisse des Jurisdiktionenwettbewerbs: Die Präferenzoffenbarung wird wirksamer, die vertikalen Externalitäten nehmen ab; die Kosten des Jurisdiktionenwechsels sinken. Dies spricht dafür, tatsächlich nur sol-

---

[32] Als Vergleich könnte das Bild eines Flusses dienen, der auf mehrere kleine, statt ein großes Mühlrad gelenkt wird. Die erzeugte Energie steigt dadurch nicht an.

che Güter öffentlich bereitzustellen, für die nur territoriale Jurisdiktionen das Freifahrer-Verhalten unterbinden können.

Für den *Voice*-Mechanismus ist eine partielle funktionale Aufteilung des Staates
optimal. Sie erlaubt eine Reduzierung der erwarteten externen Kosten tagespolitischer Entscheidungen und senkt so das Zustimmungsquorum. Außerdem sorgt sie
für die Stabilität der Regelordnung. In repräsentativen Demokratien minimiert die
partielle funktionale Aufteilung des Staates die Kontrollkosten der Bürger und erlaubt eine bessere Steuerung des politischen Prozesses. Weder die vollständige
Funktionalisierung der demokratischen Institutionen noch die Bündelung aller Entscheidungen in einer Allzweckjurisdiktion entsprechen daher den Interessen der
Bürger.

Das Konzept des parlamentarischen Funktionalismus vertritt die Vorstellung, dass
eine vollständige Funktionalisierung wünschenswert sei und schlägt für die Realität
eine Verfassungsordnung vor, die eine partielle Funktionalisierung der politischen
Institutionen festschreibt. Teutemann (1992, 185) geht davon aus, dass durch die
Bündelung in sieben europäische Jurisdiktionen die vertikalen Externalitäten weitgehend internalisiert seien. Bei der konkreten Aufteilung werden jedoch die Verbundvorteile zwischen Rechtsschutz-, Leistungs- und Sozialstaat nicht ausreichend
berücksichtigt. Überzeugender ist diesbezüglich der FOCJ-Ansatz, der den Bürgern
die Entscheidung über die Gründung funktionaler Jurisdiktionen selbst überlassen
will. Er nimmt so die Bedeutung der Kompetenzverteilung als Teil der Restriktionen politischen Handelns wahr. Die FOCJ-Freiheit dürfte allerdings nur in den selteneren Fällen tatsächlich funktionale Jurisdiktionen hervorbringen, weil eine vollständige Funktionalisierung in der Regel nicht im Interesse der Bürger liegt. Die
Prognose des FOCJ-Ansatzes zur föderalen Dynamik muss daher als widerlegt gelten. Die Erfahrungen in Belgien, wo die gebietsähnlichen Regionen und Gemeinschaften ihre Kompetenzen gemeinsam ausüben (2.2.2.1), bestätigen diese theoretischen Überlegungen.

Das FOCJ-Konzept stellt insbesondere dann eine Verbesserung der Steuerungsmöglichkeiten durch die Bürger dar, wenn aus politischen Gründen eine Privatisierung ausgeschlossen ist oder wenn bereits funktionale Jurisdiktionen bestehen, die
nicht demokratisch kontrolliert werden. Durch die internen demokratischen Verfahren wird eine genossenschaftliche Mitbestimmung auch in diesen Fällen ermöglicht. Statt zu mehr Markt im staatlichen Bereich führt die Umsetzung des FOCJ-
Konzepts dann zu mehr Demokratie, beispielsweise bei Zusammenschlüssen von
Jurisdiktionen (Zweckverbänden, internationalen Organisationen, etc.). Statt der
Stärkung der *Exit*-Option, die dem FOCJ-Konzept scheinbar zugrunde liegt, würde
seine Umsetzung eine Stärkung der *Voice*-Option hervorbringen. Der Kern des
FOCJ-Konzeptes liegt damit nicht in der Umsetzung fiskalischer Äquivalenz, son-
dern in der Verstärkung der politischen Kontrolle.

6 Territoriale und funktionale Aufteilung der Staatsgewalt: Föderalismus

6.1 Effizienzwirkungen des Föderalismus

Werden die staatlichen Aufgaben sowohl territorial als auch funktional aufgeteilt, entsteht eine hierarchische Anordnung – ein föderales System. Um vor dem Hintergrund des derzeitigen doppelten Föderalismus in der Europäischen Union bewerten zu können, ob ein föderales System mit zwei Ebenen (Europa der Vaterländer, Europa der Regionen) oder mit drei Ebenen im Interesse der Bürger ist, wird im Folgenden die föderale Aufteilung staatlicher Aufgaben untersucht und die Frage gestellt, welche Anzahl föderaler Ebenen optimal ist.[1] Da die Vor- und Nachteile der territorialen (4.1) und der funktionalen Aufteilung staatlicher Aufgaben (5.1) auch im föderalen System bestehen, wird vor allem auf die Unterschiede zwischen Funktionalisierung und Föderalisierung eingegangen, die sich im Rechtsschutzstaat (6.1.1), im Leistungsstaat (6.1.2) und im Sozialstaat (6.1.3) ergeben.

6.1.1 Rechtsschutzstaat

Bei den Kosten des Regierungssystems kann zwischen Verwaltungs- und Koordinationskosten unterschieden werden (3.3.1). Ihre Summe ist dann am geringsten, wenn Verbundvorteile genutzt werden können. Zur Bestimmung der geeigneten Ebenenzahl (6.1.1.3) ist zwischen Verbundvorteilen in horizontaler (6.1.1.1) und vertikaler Richtung (6.1.1.2) zu unterscheiden.

6.1.1.1 Verbundvorteile bezüglich der horizontalen Koordination

Die Bürger sehen sich, weil ein globaler Rechtsschutzstaat aufgrund der genannten Überlegungen nicht zustande kommt (4.1.1), außerhalb ihrer Jurisdiktion einem rechtsfreien Raum gegenüber, der demjenigen Anarchiezustand entspricht, den Hobbes für die Individuen in einer Situation ohne Staat skizzierte.[2] Die Eigentumsrechte der Jurisdiktion, d.h. ihre Grenzen und damit die Eigentumsrechte ihrer Bürger sind nicht geschützt. Rechtsinstitute eines Staates haben zunächst nur innerhalb dieses Staates Gültigkeit. Die einzelnen in Jurisdiktionen organisierten Bürgerschaften haben daher – entsprechend den Individuen in einem Hobbes'schen Urzustand – ein Interesse an jurisdiktionenübergreifenden Vereinbarungen über grundlegende Verhaltensregeln und Verfügungsrechte, also an einer Selbstbindung auf einer höheren Ebene. Denn erst die externe Sicherung der Jurisdiktion und die

---

[1] Zur Erleichterung der Darstellung wird bei der Unterscheidung mehrerer Ebenen der untersten Ebene der Rang 1, der zweituntersten Ebene Rang 2 und der drittuntersten Ebene Rang 3 etc. zugeteilt.

[2] Vanberg (1995, 197f). Schmidt-Trenz (1990, 168f) spricht von einem „Naturzustand 2. Grades".

extraterritoriale Akzeptanz ihrer Normen im Rahmen einer übergreifenden Rechtsordnung bringt den vollen Wert der intern vereinbarten Verfügungsrechte zum Tragen.[3]

Die Vereinbarung einer übergreifenden Rechtsordnung schafft darüber hinaus die Grundlage für die Realisierung bilateraler und multilateraler Tauschvorteile zwischen den Staaten. Denn grundsätzlich sind Jurisdiktionen in gleicher Weise wie Individuen in der Lage, durch Verhandlungen Tauschvorteile zu erzielen (Mueller 1996, 81), beispielsweise durch die Vereinbarung und Durchsetzung einer Wettbewerbsordnung für den Jurisdiktionenwettbewerb (4.2.2.1 (2)). Eine umfassende Jurisdiktion hat mit der Wettbewerbsordnung die Möglichkeit, in das Spannungsverhältnis zwischen individueller Jurisdiktionenwahl und kollektiver Institutionenwahl (4.2.3.1) einzugreifen, indem sie die Gliedstaaten auf eine die wirtschaftlichen Freiheiten nicht (ungebührlich) beschränkende Politik verpflichtet.[4]

Die Überlegung, dass Rechtssetzung durch eine übergeordnete Ebene vorteilhaft ist, hat ihre Gültigkeit, bis eine alle Jurisdiktionen umfassende globale Ordnung entsteht (Hayek 1944, 234), die den intern vereinbarten Verfügungsrechten auch gegenüber jurisdiktionenexternen Individuen und Gruppen Gültigkeit verschafft.[5] Dabei wird das Regelwerk stets weniger dicht, je umfassender die Ebene ist, weil mit zunehmender Größe der Jurisdiktion immer weniger Regeln konsensfähig sein werden (ebd., 237).

Die Überlagerung von mindestens zwei staatlichen Regelebenen wird als Föderalismus bezeichnet. Föderalismus zeichnet sich damit durch die hierarchisch geordnete Koexistenz von Staatlichkeit auf mehreren Ebenen aus. Die sukzessive Gründung von immer umfassenderen Rechtsordnungen bis hin zur Weltebene impliziert dann eine Vielzahl von föderalen Ebenen, wobei die Rechtssetzung auf einer Ebene im Rahmen der umfassenderen Rechtsordnung einem Regulierungswettbewerb ausgesetzt ist. Es entsteht eine „Hierarchie von Wettbewerbsregeln", bei der die Regeln einer Ebene den wettbewerblichen Bedingungen auf der nächsten Ebene ausgesetzt sind (Vanberg 1995, 191, 193). Die Staaten finden sich dadurch zunehmend in der Rolle von Wettbewerbern wieder (Kerber 1998), und zwar auf unterschiedlichen Ebenen mit den jeweils ihnen im Rahmen der Verfassung zugesprochenen Kompetenzen.

---

[3] Die Frage, ob eine solche übergeordnete Ebene territorial definiert sein soll, stellt sich aufgrund der territorialen Organisation der sie begründenden Jurisdiktionen nicht. Indem die Verfügungsrechte für territorial definierte Jurisdiktionen bestimmt werden, sind sie selbst territorial definiert.

[4] So die „commerce clause"-Vorschriften zur Sicherung der zwischenstaatlichen wirtschaftlichen Freiheit in Australien und den USA. Dazu Saunders (1995, 73) bzw. Vaubel (1992, 52f).

[5] Vanberg (1995, 198) hat diesen Prozess der Entstehung einer Hierarchie von Wettbewerbsebenen als „Zivilisation" bezeichnet. Sukzessive werde die Hobbes'sche Anarchie durch übereinandergelagerte Regelvereinbarungen zurückgedrängt.

Die Frage, welche Anzahl von Ebenen geeignet wäre, ist in diesem Zusammenhang bislang nicht thematisiert worden. Wettbewerbliche Föderalismus-Ansätze in der Tradition des Markterhaltungsföderalismus und des Leviathan-Ansatzes (4.2.2.2 (1)) sowie des *Laboratory Federalism* (4.2.2.2 (2)) gehen in der Regel von zwei Regierungsebenen aus, deren untere aus mehreren im Wettbewerb stehenden Jurisdiktionen besteht. Tatsächlich ist die Anzahl der Ebenen im Rahmen der Rechtsetzung dann unentscheidend, wenn sich eine systematische Hierarchie von Normen ergibt, wie sie auch innerhalb von einzelstaatlichen Rechtssystemen besteht. Da der Zweck der Regelordnungen in den umfassenderen Jurisdiktionen gerade darin besteht, die Handlungsoptionen von Jurisdiktionen auf der untergeordneten Ebene zu beschränken, kann diese Beschränkung nicht als Nachteil einer größeren Ebenenzahl bezeichnet werden.

Dass durch die Koexistenz von Staatlichkeit innerhalb des Gesamtstaates unterschiedliches Recht gilt, ist dabei intendiert. Schließlich gilt es als Vorteil föderaler Staaten, dass sich unterschiedliche Gegebenheiten und Wünsche vor Ort in unterschiedlichen Regelungen widerspiegeln können (Mueller 1996, 90; Kerber 2001a, 182), ohne dass die Aufteilung von Kompetenzen zwischen den Ebenen zur Widersprüchlichkeit der Rechtssetzung oder zu Konflikten zwischen den Akteuren führt, die mit der Gewalt zur Rechtsdurchsetzung betraut sind (4.1.1). Die Teilung von Staatlichkeit innerhalb einer Hierarchie von Jurisdiktionen impliziert für jeden einzelnen Standort immer noch eine eindeutige Rechtslage, wenn die Hierarchie der Normen verschiedener Ebenen geklärt ist. Trotz der Verbundvorteile im Rechtsschutzstaat wird eine funktionale Aufteilung der rechtsstaatlichen Kompetenzen wünschenswert, weil die hierarchische Ordnung entscheidende Vorteile in der horizontalen Koordination bietet. Die wettbewerbliche Koordination unter einer gemeinsamen Regelordnung bleibt auch bei einer großen Zahl zu koordinierender Einheiten und vielfältigen Koordinierungsaufgaben einfach.

Dies gilt auch bei mehreren Ebenen: Wird in einem doppelten Föderalismus die Jurisdiktion von Rang 2 bei der horizontalen Koordination zwischen den Jurisdiktionen von Rang 1 tätig, die sich auf ihrem Gebiet befinden, kann dies gegenüber einem einfachen Föderalismus aus vielen kleinen Jurisdiktionen von Rang 1 zur Senkung der Koordinationskosten führen. Externalitäten der Rang-1-Jurisdiktionen, die in ihrer Wirkung auf die umfassende Jurisdiktion von Rang 2 beschränkt sind, können dann in einem bestehenden Rechtsraum mit etablierten Entscheidungsstrukturen gelöst werden. Andererseits erhöhen sich die Koordinationskosten zwischen Jurisdiktionen von Rang 1 durch die Existenz von Rang 2, sofern sie verschiedenen Jurisdiktionen von Rang 2 angehören (King 1984, 71) und sofern sie – wie im Folgenden ausgeführt – für die vertikale Koordination eine gemeinsame Position finden müssen.

6.1.1.2 Verbundvorteile bezüglich der vertikalen Koordination

Bezüglich der funktionalen Aufteilung rechtsstaatlicher Aufgaben besteht ein *Trade-off* zwischen den Verbundvorteilen, die durch die Einsparung von Koordinationskosten entstehen, und dem Vorteil der Gewaltenteilung (5.1.1.2).

In einer Föderation entsteht Koordinationsbedarf zum einen zwischen den Jurisdiktionen verschiedenen Ranges, zum anderen zwischen Jurisdiktionen gleichen Ranges, wenn sie sich – wie die deutschen Bundesländer oder die belgischen Regionen – für die Verhandlungen mit einer übergeordneten Jurisdiktion koordinieren. Diese Kosten sind abhängig von der Organisation des föderalen Systems. Verbundsysteme erzeugen wesentlich höhere Koordinationskosten als Trennsysteme.[6] Sie steigen mit zunehmender Ebenenzahl stark an (King 1984, 71).[7] Trennsysteme hingegen reduzieren die Koordinationskosten. Die Koordinationskosten mit Jurisdiktionen gleichen Ranges entfallen ganz. Lediglich die Koordination mit Jurisdiktionen unterschiedlichen Ranges ist erforderlich. Die Kosten dafür steigen bei geeigneter Kompetenzabgrenzung in geringerem Maße mit der Ebenenzahl an als beim Verbundsystem.

Die machtbegrenzende Funktion des Föderalismus wird in der ökonomischen Literatur häufig vor allem im Wettbewerb zwischen den dezentralen Einheiten gesehen, wie er auch zwischen unverbundenen Staaten besteht (4.2.2).[8] Die zentrale Ebene bleibt bei dieser Fokussierung auf den horizontalen Wettbewerb häufig im Hintergrund und wird nur als „deus ex machina" dann herangezogen, wenn es Ineffizienzen im horizontalen Wettbewerb zu überwinden gilt (Keen 1997, 4). Nach der politischen Theorie des Föderalismus ist jedoch aufgrund der vertikalen Gewaltenteilung die Aufteilung von Kompetenzen auf mehrere Ebenen selbst dann sinnvoll, wenn der Jurisdiktionenwettbewerb unterbunden ist. Diese Föderalismus-Theorie geht zurück auf die Diskussion um die US-amerikanische Verfassung von 1789, insbesondere auf die „Federalist Articles" von Alexander Hamilton, James Madison und John Jay (1787/88/1993). Madison stellt in *Paper* 51 neben der horizontalen Gewaltenteilung insbesondere die vertikale als eine Möglichkeit heraus, die Gefahr zu begrenzen, die mit der Prinzipal-Agenten-Problematik verbunden ist (ebd., 321). Sollte auf einer staatlichen Ebene die Macht usurpiert werden, besteht eine zweite staatliche Ebene, um die individuelle Freiheit zu sichern. Dieses Argument wurde sowohl für die Kontrolle der dezentralen Einheiten durch die Zentral-

---

[6] Zum Unterschied von Verbund- und Trennsystem ausführlicher 6.2.1.2.

[7] Dies wird beispielsweise im deutschen und belgischen Föderalismus deutlich, wo die subnationalen Gebietskörperschaften erhebliche Ressourcen für ihre Europapolitik mobilisieren müssen (2.3.3.1 bzw. 2.3.3.2).

[8] Eine Ausnahme stellt der Ansatz des markterhaltenden Föderalismus dar, der die Beschränkung des Instrumentariums jeder einzelnen Ebene als eine wichtige Funktion für die Machtkontrolle herausarbeitet (Weingast 1993, 291).

regierung als auch umgekehrt für die Möglichkeit des Widerstands einzelner Teilstaaten gegen eine Diktatur auf zentraler Ebene formuliert. Voraussetzung für die Machtbegrenzung durch vertikale Gewaltenteilung ist dabei die getrennte politische Organisation auf zentraler und dezentraler Ebene.

Diese Voraussetzung ist nicht in jedem föderalen Systemen gegeben. Kompetenzen werden häufig nicht geteilt, sondern gemeinsam wahrgenommen. Statt wirkungsvoller *Checks and balances* – nun jedoch zwischen föderalen Ebenen und nicht zwischen Machtzentren einer Ebene (3.3.3.3) – kommt es beim Verbundsystem zu einem Miteinander der Akteure. Dieses widerspricht dem Gedanken der Gewaltenteilung (Hamilton/Madison/Jay 1787/88/1993, 302f). Die vertikale Gewaltenteilung, die als eine der Vorteile föderaler Systeme gilt, kommt in einem solchen System aufgrund der mangelnden Eigenständigkeit der einzelnen Ebenen nicht zum Tragen. Nur in föderalen Trennsystemen stellen die Kompetenzen anderer föderaler Ebenen Beschränkungen für das Handeln der Politiker einer staatlichen Ebene dar und ergänzen so die Restriktionen in der Verfassung der jeweiligen Ebene.

6.1.1.3 Die optimale Anzahl der Ebenen im Rechtsschutzstaat

Für die optimale Anzahl der Ebenen im föderalen Staat ergibt sich dasselbe Kalkül wie für die Anzahl der Jurisdiktionen auf einer Ebene (5.1.1.2). Allerdings ist in föderalen Gemeinwesen aufgrund der möglichen Überlagerung von gleichrangigen und hierarchisch gegliederten Jurisdiktionen für denselben Standort zu unterscheiden zwischen der funktionalen Aufteilung von Kompetenzen auf einer Ebene und der föderalen Aufteilung von Kompetenzen zwischen verschiedenen Ebenen. Beide Formen der Aufteilung rechtsstaatlicher Aufgaben sind auf dieselben Überlegungen – Vor- und Nachteile bei horizontaler und vertikaler Koordination – zurückzuführen und daher in Bezug auf diese Kriterien als substitutiv anzusehen. Die föderale Aufteilung von Rechtsschutzkompetenzen auf mehrere Ebenen stellt so einen Ersatz für die funktionale Aufteilung auf einer Ebene dar.

Die Möglichkeit, auf den Zentralstaat zurückzugreifen, um die horizontale Koordination zu erleichtern, senkt die Kosten zusätzlicher föderaler Ebenen. Dies gilt insbesondere für die Durchsetzung einer geeigneten Wettbewerbsordnung für den Jurisdiktionenwettbewerb zwischen den Gliedstaaten einer föderalen Systems. Im Vergleich zu Abbildung 5.1 kommt es daher beim Trennsystem zu einer Rechts-Verschiebung der Kurve des Fehlers erster Art ($E(\text{Trenn})$). Der Fehler zweiter Art, in dem sich die gewaltenteilende Wirkung widerspiegelt, ist bei funktionalen und föderaler Aufteilung der Staatsgewalt gleich groß (Z). Die Verteilung der rechtsstaatlichen Kompetenzen auf hierarchisch gegliederte Jurisdiktionen ist daher der Verteilung auf gleichrangige Jurisdiktionen vorzuziehen. Sie erlaubt außerdem eine größere Anzahl Ebenen ($x^T > x^*$). Die Verflechtung der föderalen Ebenen im Verbundsystem erhöht jedoch die Kosten der vertikalen Koordination. Dabei ist eine Links-Verschiebung der Kurve des Fehlers erster Art denkbar, weil die Koordination nicht nur in vertikaler, sondern auch in horizontaler Richtung aufwändiger wird (E(Verbund)). Eine föderale Aufgabenteilung ist dann der funktionalen unterlegen. Eine geringere Ebenenzahl ist hier optimal ($x^V < x^*$). Die Frage der optimalen Jurisdiktionenzahl ist folglich abhängig von der Art der Kompetenzverteilung und der Form der vertikalen Koordination.

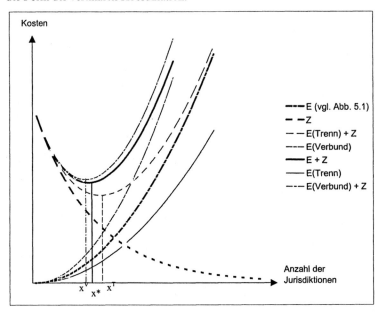

Abb. 6.1: Die optimale Ebenenzahl im Rechtsschutzstaat.

6.1.2 Leistungsstaat

Der Fiskalföderalismus[9] befasst sich mit der Frage, auf welcher Ebene die einzelnen staatlichen Aufgaben bestmöglich zu erfüllen und wie die zur Erfüllung dieser Aufgaben notwendigen Finanzmittel auf die Ebenen aufzuteilen sind. Referenzpunkt ist dabei stets ein gesamtgesellschaftliches Wohlfahrtsoptimum, wie es von einem allwissenden Zentralplaner verwirklicht würde. Die Fragestellung kann daher auch – spezifischer – formuliert werden: Bedeutet dezentrale Entscheidungskompetenz einen Wohlfahrtsverlust?

---

[9] Der Fiskalföderalismus (*Fiscal Federalism*) ist nicht als einheitliche Theorie anzusehen, sondern umfasst verschiedene Ansätze. Auf diese Unterschiede soll hier jedoch nur insoweit eingegangen werden, als sie für die Frage des Mehrebenen-Föderalismus eine Rolle spielen.

Erreicht eine Ökonomie bei dezentraler Entscheidungskompetenz das Wohlfahrts-optimum, das bei zentraler Kompetenz erreicht würde, ist eine Dezentralisierung unschädlich. Erreicht eine föderalisierte Ökonomie dieses Optimum nicht, sollte – so die Politikempfehlung im Fiskalföderalismus – die entsprechende Kompetenz auf der zentralen Ebene wahrgenommen werden. In Abhängigkeit von den zu erfül-lenden staatlichen Aufgaben lauten die Antworten unterschiedlich. Daher kann gefolgert werden, dass die Aufteilung von Kompetenzen auf zentrale und dezentra-le Einheiten aus ökonomischer Perspektive die optimale Regierungsform darstellt (Oates 1972, vi). Zu berücksichtigen sind außer den Aussagen zur Allokation (6.1.2.1) die Aussagen des Fiskalföderalismus zur Finanzierung der Staatstätigkeit (6.1.2.2) und zur optimalen Anzahl der Ebenen (6.1.2.3).

6.1.2.1 Allokation

Die Aussagen des Fiskalföderalismus zur Allokation bauen auf der Theorie der Clubgüter (3.1.3.3) auf. Hat eine Jurisdiktion ihre im Sinne dieser Theorie optimale Größe (4.1.2) noch nicht erreicht, kann sie versuchen, ihre Mitgliederzahl durch die Attraktion neuer Bürger zu erhöhen oder durch Abwanderung zu verringern. Diese Variation der Mitgliederzahl durch Wanderung liegt dem Tiebout-Prozess (4.2.2.1) zugrunde, der allerdings vom individuellen Nutzenkalkül des Wandernden und nicht von dem der bisherigen Clubmitglieder ausgeht. Alternativ dazu kann die Jurisdiktion die Bereitstellung des entsprechenden Clubguts an kleinere Jurisdik-tionen (Dezentralisierung) oder an Zusammenschlüsse bestehender Jurisdiktionen (Zentralisierung) abgeben, wenn sie selbst die optimale Jurisdiktionengröße ver-fehlt. Diese Idee, eine Jurisdiktion zu unterteilen oder mehrere zu verbinden, um optimale Jurisdiktionengrößen zu erreichen, bildet die Grundlage der Allokations-theorie des Fiskalföderalismus. Im Unterschied zum Tiebout-Modell, in dem die Jurisdiktionengrenzen festliegen und die Bürger wandern, geht diese Theorie von flexiblen Jurisdiktionengrenzen aus. Die Grenzen werden so gezogen, dass sie be-stehende Gruppen mit ähnlichen Präferenzen umfassen. Beide Konzepte ergänzen sich (Olson 1986, 124): Das Tiebout-Modell ist geeignet im Falle niedriger Wande-rungskosten und bestehender Jurisdiktionengrenzen, die Fiskalföderalismustheorie im Falle hoher Wanderungskosten und flexibler Jurisdiktionengrenzen.[10]

Ziel beider Verfahren ist die Realisierung fiskalischer Äquivalenz (4.1.2). Da öf-fentliche Güter unterschiedliche Nutzungsreichweiten aufweisen, kann nur eine föderale Ordnung dem Kriterium der fiskalischen Äquivalenz gerecht werden. Die historisch gewachsenen Grenzen der einzelnen Jurisdiktionen einer Ebene entspre-chen jedoch in der Regel nicht den Reichweiten der bereitgestellten öffentlichen

---

[10] Aufgrund der Interdependenz von Bürgerwanderung und Jurisdiktionenzuschnitt kann jedoch nur bei differenzieller Besteuerung, die politisch unerwünscht und praktisch kaum verwirklichbar ist, ein stabiles und optimales Gleichgewicht erreicht werden (Krohm 1973, 42).

Güter. Mit einem „perfect mapping" (Breton 1965), das interjurisdiktionelle Externalitäten vollständig vermeidet, ist daher bei gewachsenen Jurisdiktionen nicht zu rechnen. Die Allokation ist in dieser Situation nur dann optimal, wenn durch einen interregionalen Finanzausgleich korrigierend eingegriffen wird. Externalitäten sind jedoch in der Regel nicht messbar, da sie subjektive Nutzeneinbußen oder -gewinne darstellen (Kirsch 1978, 25–41). Eine optimale Allokation ist daher auch mit Hilfe von Ausgleichzahlungen nicht sicherzustellen. Deutlich wird an dieser Frage, dass die Definition fiskalischer Äquivalenz vom Willensbildungsprozess in der Jurisdiktion abstrahiert und auf exogen messbare Größen abstellt.

Diesen Fehler korrigiert das Korrespondenzprinzip (Oates 1972) insofern, als es fordert, dass die bereitzustellende Menge an öffentlichen Gütern von den Menschen zu entscheiden ist, die aus diesen Gütern Nutzen ziehen und zu ihrer Finanzierung beitragen. Der Kreis der Nutzer, Zahler und Entscheider soll also übereinstimmen.[11] Diese Aussage leitet Oates aus dem sogenannten Dezentralitätstheorem ab, nach dem bei regional unterschiedlichen Präferenzen eine dezentrale Bereitstellung und Finanzierung öffentlicher Güter zu einem Gleichgewicht führt, das Paretoeffizient ist. Allerdings ist auch eine zentrale Regierung in der Lage, in ihrem Güterangebot regional zu differenzieren. Die Frage ist nur, ob eine Regierung die regional differenzierte Bereitstellung öffentlicher Güter aus politischen oder verfassungsrechtlichen Gründen vornehmen kann und wie regional unterschiedliche Präferenzen identifiziert werden können (Oates 1999, 1123).

Der Fiskalföderalismus scheint die Vorteile des Föderalismus herauszuarbeiten. Tatsächlich sprechen seine Argumente in vielen Fällen eher für einen unitarischen Staat. Dies ist vor allem auf die fehlende Unterscheidung zwischen staatsrechtlicher Föderalisierung und administrativer Dezentralisierung zurückzuführen (Beer 1977, 21–24). Denn eine Dezentralisierung nach dem Kriterium der fiskalischen Äquivalenz ist nur bei einem zentralen und allwissenden Planer durchführbar (Breton 1996, 185), wie ihn die Wohlfahrtsökonomie annimmt. Die angesprochenen notwendigen Veränderungen des föderativen Systems können wesentlich leichter vollzogen werden, wenn es sich lediglich um eine administrative Reorganisation innerhalb eines unitarischen Staates handelt. Der Gebietszuschnitt von Jurisdiktionen, die über eine eigene Staatlichkeit verfügen, kann – wie beispielsweise die deutsche Diskussion um den Neuzuschnitt der Bundesländer (2.2.1.1 (3)) und die geplante Fusion von Berlin und Brandenburg zeigen – nur unter großen Schwierigkeiten an ein neues Optimum angepasst werden.

---

[11] Das Korrespondenzprinzip steht damit in Widerspruch zum verfassungsökonomischen Konzept der Bürgerorientierung, weil zu den entscheidungsberechtigten Nutzern beim Korrespondenzprinzip auch die Standortnutzer gehören, die nicht Bürger der Jurisdiktion sind. Vgl. auch Apolte (1999, 55).

Das Prinzip der fiskalischen Äquivalenz spricht also aus der Perspektive bestehender unitarischer Staaten gerade gegen Föderalismus und für Dezentralisierung. Auch aus der Perspektive kleiner Jurisdiktionen bietet die Analyse des Fiskalföderalismus nicht unbedingt Argumente für einen föderalen Zusammenschluss. Prinzipiell lassen sich die durch Externalitäten oder Skalenerträge verursachten Ineffizienzen auch durch eine Verhandlungslösung vermeiden: Ein allokativer Finanzausgleich oder die Gründung von (kommunalen) Zweckverbänden können die Internalisierung externer Effekte erreichen. Skalenerträge in der Produktion können dadurch genutzt werden, dass die Kommunen nur die Bereitstellung übernehmen, die Produktion aber einem privaten Anbieter überlassen, der dann mehrere Kommunen beliefern und so die notwendige Betriebsgröße erzielen kann (4.1.2). Die Rechtfertigung für die Zentralisierung von staatlichen Aufgaben liegt also weder in den Skalenerträgen noch in den Externalitäten, sondern in den Transaktionskosten bei der Koordination mehrerer dezentraler Einheiten. Diese werden im Fiskalföderalismus nicht berücksichtigt.

6.1.2.2 Finanzierung der Staatätigkeit

Bei der Finanzierung der Staatätigkeit wird im Fiskalföderalismus unterschiedlich argumentiert.[12] Aus der Theorie der Allokation ergibt sich ein Trennsteuersystem (1), aus den Überlegungen zur optimalen Allokation der Steuererhebungskompetenzen ein gebundenes Trennsteuersystem (2) bzw. ein Verbundsteuersystem (3).[13]

(1) Trennsteuersystem

Beim Trennsteuersystem hat jede Jurisdiktion das Recht, zur Finanzierung der von ihr bereitgestellten öffentlichen Güter eigene Gebühren und Steuern zu erheben. Das Austauschprinzip ist somit verwirklicht. Jede Jurisdiktion kann die Finanzierungsbeiträge für die einzelnen Güter so gestalten, dass es zur Äquivalenzfinanzierung kommt. Auch wenn auf jeder einzelnen föderalen Ebene Verbundvorteile bei der Steuererhebung (5.1.2) genutzt werden und deshalb das Ideal Wicksells, nach dem für jedes einzelne Gut eine separate Finanzierungsregel gefunden werden sollte (3.2.2), nicht umgesetzt wird, ergibt sich beim Trennsteuersystem eine partielle Äquivalenzfinanzierung, und zwar in Bezug auf das föderale System: Da jede Ebene sich unabhängig finanziert, werden auch die jeweiligen Güterbündel der einzel-

---

[12] Im Bereich der Finanzierung ist außerdem auf die generell der zentralen Ebene zugewiesene Aufgabe des Ausgleichs von Nutzen-*Spillovers* durch horizontalen Finanzausgleich hinzuweisen. Im Idealfall stellt dieser Finanzausgleich jedoch lediglich eine Kompensation dar, die begünstigte Jurisdiktionen den geschädigten zahlen, und ergibt für die dezentralen Einheiten insgesamt keine zusätzlichen Einnahmen. Häufig werden Nutzen-*Spillovers* allerdings auch durch Zuweisungen der übergeordneten Ebene ausgeglichen.

[13] Zur Unterscheidung von Trennsteuersystem und Verbundsteuersystem ausführlicher Lenk/Schneider (2000), Lenk/Mathes/Hirschfeld (2000).

nen Ebenen separat finanziert. Die Bürger können nachvollziehen, welche öffentlichen Güter sie mit welchen Steuern finanzieren, so dass für jede Ebene ein Steuerpreis den von der entsprechenden Jurisdiktion bereitgestellten Gütern gegenüber steht. Indem auf jeder Ebene separat die Opportunitätskosten der Bereitstellung öffentlicher Güter ermittelt werden können, wird in Föderationen „vertikales Kostenbewusstsein" erzielt (Schick/Märkt 2002, 29). Selbst wenn in jeder einzelnen Jurisdiktion das Nonaffektationsprinzip Gültigkeit hat, können die Bürger feststellen, ob sie in Bezug auf die Leistungen einer föderalen Ebene einen Nettovorteil oder -nachteil haben. Die funktionale Aufteilung der staatlichen Aufgaben bringt somit eine partielle, nämlich vertikale Äquivalenz bei der Besteuerung hervor.[14] Für unendlich viele föderale Ebenen, d.h. bei vollständiger Funktionalisierung des Leistungsstaates, entspricht die vertikale Äquivalenz dem Wicksellschen Ideal, jedes Gut separat durch Steuern zu finanzieren.

(2) Gebundenes Trennsteuersystem

Steht bei den allokationstheoretischen Aussagen des Fiskalföderalismus die Ausgabenseite des Staates im Vordergrund, wird in der jüngeren Steuerwettbewerbs-Literatur, ebenfalls auf Grundlage des Tiebout-Modells, im Wesentlichen auf die Einnahmenseite abgestellt. Deutlich wird dabei, dass eine sehr mobile Steuerbasis sich der Besteuerung entziehen wird, insbesondere der mobile Faktor Kapital.[15] Dessen Besteuerung sollte daher auf zentraler Ebene erfolgen, während die Jurisdiktionen der unteren Ebene immobile Steuerbemessungsgrundlagen wie Boden oder Arbeit belasten sollten; progressive Einkommensteuern, die zu Umverteilung oder Stabilisierung geeignet sind, sollten zentral erhoben werden, ebenso Steuern mit geografisch stark streuendem Aufkommen (McLure 1983, xiii). Werden mehr als zwei Ebenen betrachtet, werden den Gemeinden im Allgemeinen Grundsteuern und Lohnsummensteuern, den Regionen die direkten Steuern auf Einkommen, Umsatzsteuern nach dem Bestimmungslandprinzip und Steuern auf natürliche Ressourcen sowie der zentralen Ebene die Zölle, Ausgabensteuern und progressive Einkommensteuern zugewiesen.[16] Gebühren können auf allen drei Ebenen erhoben werden (Musgrave 1983/2000, 299). Folgt man diesen Überlegungen, ergibt sich ein gebundenes Trennsteuersystem. Die einzelnen Ebenen sind für die Gesetzgebung bestimmter Steuern zuständig und erhalten auch das Aufkommen aus diesen.

---

[14] Das Zweite Gossensche Gesetz kann jedoch trotzdem zwischen den Ebenen nicht verwirklicht sein. Das wäre nur der Fall, wenn sowohl auf jeder Ebene eine vollständige Ausrichtung an den Präferenzen des Medianwählers erfolgen würde als auch dieser in jeder Jurisdiktion der Föderation identisch wäre. Siehe auch 7.2.3.1.

[15] So auch schon Hayek (1939/48, 260).

[16] Die Einkommensteuer kann sowohl wegen der Radizierbarkeit den Regionen als auch wegen ihrer höheren Volatilität der zentralen Ebene zugewiesen werden. Umgekehrtes gilt für die Umsatzsteuer. Vgl. Grossekettler (1999, 16).

Allerdings besteht im Föderalsystem eine Festlegung, welche Ebene welche Steuern erheben darf. Das Steuerfindungsrecht ist also der Föderation insgesamt vorbehalten. Damit werden vertikale Einnahmen-Externalitäten, die durch den gemeinsamen Zugriff auf dieselben Steuerobjekte entstehen (5.2.2.3), begrenzt, falls nicht ein Zuschlagssystem explizit den Zugriff auf dieselbe Bemessungsgrundlage vorsieht (*base sharing*). Völlig vermieden werden können sie allerdings selbst bei juristisch unterschiedlichen Bemessungsgrundlagen nicht, weil auch diese in der Regel ökonomisch nicht vollkommen überschneidungsfrei sind.[17]

Beim gebundenen Trennsteuersystem besteht außerdem die Gefahr, dass es zu einer Verletzung des Austauschprinzips kommt, wenn die Bemessungsgrundlagen nicht auf die spezifischen Güterbündel der einzelnen Ebenen abgestimmt sind. Ist einer Ebene beispielsweise ausschließlich die Einkommensteuer nach dem Wohnortprinzip zugewiesen, können die Jurisdiktionen dieser Ebene diejenigen, die nicht auf ihrem Territorium wohnhaft sind, aber dort wirtschaftlich tätig sind, nicht zur Finanzierung von gewerblicher Infrastruktur heranziehen.[18]

Besonders deutlich wird die Verletzung des Austauschprinzips bei der sogenannten „vertical fiscal imbalance", bei der eine, typischerweise die zentrale Ebene mehr Ressourcen zur Verfügung hat, als sie aufgrund der Aufgabenaufteilung benötigt, während die Finanzierung der Aufgaben in den anderen Jurisdiktionen nicht gesichert ist. Wenn sich die Mobilität der Steuerbasen verändert, kann ein solches Ungleichgewicht selbst bei „optimaler" Verteilung der Steuerobjekte entstehen. Neben dem horizontalen Finanzausgleich zur Korrektur von Externalitäten ist daher ein Ausgleich dieser *Fiscal imbalance* durch Zuweisungen (*grants*) geboten.[19] Diese Zuweisungen von der zentralen an die dezentrale Ebene haben jedoch erstens den als *Flypaper*-Effekt[20] bezeichneten Nachteil, dass mit der Erhöhung der Anzahl der

---

[17] Die ökonomische Basis der kommunalen Gewerbesteuer und der Körperschaft- bzw. Einkommensteuer ist beispielsweise weitgehend identisch.

[18] Das gilt beispielsweise für die deutschen Kommunen in Bezug auf freiberuflich tätige Pendler. Sie können weder über die Gewerbesteuer noch über die Einkommensteuer zur Finanzierung kommunaler öffentlicher Güter herangezogen werden. Dazu Schick (2000, 369).

[19] Eine umfangreiche Fiskalföderalismus-Literatur widmet sich der Diskussion eines Systems optimaler Zuweisungen: Unter anderen Buchanan (1952), Breton (1965), Gramlich (1977), Wildasin (1984), Brennan/Pincus (1990; 1998), Dahlby (1996), Musgrave/Musgrave (1973/84, 545–554), Musgrave (1997), Mieskowski/Musgrave (1999).

[20] Technisch handelt es sich beim Nachweis des *Flypaper*-Effekts um einen Vergleich der Ausgabenelastizität einer Jurisdiktion bezüglich eigener Einnahmen mit der Ausgabenelastizität bezüglich empfangener Zuweisungen. Ist letztere höher, schließt man auf einen verschwenderischen Umgang mit „fremdem" Geld, weil die Bereitschaft der Bürger zur Finanzierung öffentlicher Ausgaben durch das zusätzliche Einkommen ihrer Jurisdiktion nicht überproportional steigen dürfte. Hierzu ausführlich Gramlich (1977), Fisher (1982), Barnett/Levaggi/Smith (1991), Hines/Thaler (1995). Kritisch Brennan/Pincus (1990; 1998).

Ebenen, durch die das Geld fließt, die Ineffizienzen zunehmen. Zweitens wird die Verantwortlichkeit der Ebenen verwischt: Die zentrale Ebene kann Einfluss auf das Ausgabeverhalten der empfangenden Gebietskörperschaften nehmen. Viele Zuweisungen werden zweckgebunden vergeben (*conditional grants*) oder von einer Kofinanzierung durch die Empfänger abhängig gemacht (*matching grants*). Dadurch verändern sich die relativen Preise öffentlicher Güter auf der dezentralen Ebene.

Vertikale Äquivalenz wird folglich im gebundenen Trennsystem nur selten erreicht. Allerdings kann auch bei Zuweisungen vertikales Kostenbewusstsein verwirklicht werden, indem die Zuweisungen separat finanziert oder zumindest im Rahmen der Steuererhebung separat ausgewiesen werden.[21] Die Bürger können dann bei ihrer Steuerzahlung an die zuweisende Jurisdiktion erkennen, welcher Anteil für die Finanzierung der öffentlichen Güter einer anderen Jurisdiktion erhoben wird. Das versetzt sie in die Lage zu beurteilen, in welchem Umfang sie zur Finanzierung der öffentlichen Güter einer Ebene auf Einkommen und damit auf private Güter verzichten müssen, und ermöglicht so eine rationale Diskussion über die Leistung der politischen Akteure einer Jurisdiktion. Jeder Einzelne kann sich so selbst der Gruppe der Nettozahler oder Nettoempfänger zuordnen und sich im politischen Prozess entsprechend artikulieren.

(3) Verbundsteuersystem

Bei der Durchsetzung des Steuerrechts bestehen Verbundvorteile für Bürger und Staat (Schick/Märkt 2002, 34): Die Bürger sparen eine aufwändige doppelte Erklärung ihrer Einkünfte, die Jurisdiktionen ersparen sich eine teure Steueradministration und die mehrfache Prüfung derselben Tatbestände. Vertikale Einnahmen-Externalitäten werden unterbunden. Die Erhebung der Steuern erfolgt deshalb häufig nicht eigenständig durch jede einzelne Ebene, sondern im Verbund. Den einzelnen Ebenen stehen von den gemeinsam erhobenen Steuern in Abhängigkeit von ihren Aufgaben und ihrer Größe bestimmte Anteile am Steueraufkommen zu (*revenue sharing*). Der Wettbewerb zwischen den jeweiligen Gebietskörperschaften vollzieht sich bei solchen Verbundsteuersystemen nur auf der Ausgabenseite; der Steuerwettbewerb ist auf die Ebene beschränkt, die die Steuern erhebt. Das Austauschprinzip ist in einem solchen System verletzt. Denn jede einzelne Jurisdiktion kann für die von ihr bereitgestellten öffentlichen Güter nicht die Finanzierungsbedingungen festlegen. Vertikales Kostenbewusstsein wird nur dann verwirklicht, wenn bei der Steuererhebung die Anteile der einzelnen Ebenen ausgewiesen werden.

---

[21] Vgl. den Vorschlag von Schick/Märkt (2002): Danach sollte auf dem Steuerbescheid der Anteil ausgewiesen werden, mit dem die Beitragszahlung an die Europäische Union finanziert wird. So könnte vertikales Kostenbewusstsein erreicht werden, ohne der europäischen Ebene Einnahmekompetenzen zuzusprechen.

In der Realität sind häufig Mischsysteme verwirklicht. Den einzelnen Ebenen ist dabei das Aufkommen, teilweise auch die Gesetzgebung für bestimmte Steuern zugewiesen. Das Aufkommen anderer Steuern steht mehreren Ebenen zu. Das Ideal eines vertikalen Kostenbewusstseins wird in solchen Mischsystemen ebenso verfehlt wie eine Umsetzung des Austauschprinzips. Steuerwettbewerb existiert nur in – verzerrten – Ansätzen.

6.1.2.3 Die optimale Zahl der Ebenen im Leistungsstaat

Der Frage, welche Anzahl föderaler Ebenen optimal ist, wurde in der fiskalföderalistischen Literatur eher geringe Aufmerksamkeit geschenkt.[22] In der Tradition des Tiebout-Modells wurden vor allem föderale Modelle mit zwei Ebenen diskutiert, obwohl die fiskalföderalistische Analyse der Allokation eine unendlich große Anzahl von Regierungsebenen impliziert (6.1.2.1). In ihren Politikempfehlungen greifen die Fiskalföderalismus-Autoren denn auch auf die historische Gliederung von Staatswesen zurück. Die föderale Gliederung in Nationalstaat, Regionen und Kommunen wird als Annäherung an eine optimale Aufteilung der Allokationsfunktion interpretiert, wenn nationale öffentliche Güter von der Zentralregierung, regionale öffentliche Güter von der Regionalregierung und lokale öffentliche Güter von der Gemeinde bereitgestellt werden.[23]

Die Aussagen zur Ebenenzahl bleiben jedoch ohne Berücksichtigung der Organisationskosten föderaler Systeme[24] willkürlich. Denn diese relativieren die Empfehlung, dass es in einer optimalen Föderation für jedes öffentliche Gut mit einem spezifischen Wirkungskreis auch eine besondere Bereitstellungskörperschaft geben sollte (Heinemann 1996, 122). Werden die Organisationskosten Null gesetzt, „there can be as many jurisdictions as there are public goods, only one jurisdiction, no jurisdiction at all, or any arbitrary number" (Breton/Scott 1978, 41). Entsprechend der Kritik von Coase (1960) an der neoklassischen Theorie, die keine Erklärung für die Existenz von Unternehmen liefern konnte, weil sie von Transaktionskosten abstrahierte, führt so die Berücksichtigung von Organisationskosten zur Kritik am

---

[22] King widmet in seiner Monographie „Fiscal Tiers: The Economics of Multi-Level Government" (1984) gerade einmal zwei Seiten der Frage der optimalen Anzahl der Ebenen. Olson (1969, 486) legt Gründe dar, die für eine Bündelung von Kompetenzen bei wenigen Jurisdiktionen sprechen. Bei Breton/Scott (1978, 23) wird die Frage der Ebenenzahl bei der Funktionalmatrix nicht berücksichtigt. In die Berechnung des Zentralisierungsindexes fließt sie mittelbar als Gewichtung ein.

[23] Dies ist auch darauf zurückzuführen, dass unter dem Begriff Föderalismus irreführender Weise nicht lediglich im staatsrechtlichen Sinne föderale – im Unterschied zu unitarischen – Staaten verstanden werden, sondern Staaten unterschiedlichen Aufbaus (6.1.2.1).

[24] Knorr (2000, 17) bezeichnet diese Kosten einprägsam als „Betriebs- beziehungsweise Unterhaltskosten föderal strukturierter Gemeinwesen".

Fiskalföderalismus, der die beobachtbaren föderalen Strukturen mit wenigen Ebenen nicht erklären kann.

Im Organisationskostenansatz von Breton/Scott (1978; 1980) werden explizit alle vorhandenen und potenziellen Regierungsebenen berücksichtigt. Breton/Scott (1978, 20) unterscheiden dabei – anders als der Fiskalföderalismus – zwischen Föderalisierung und Dezentralisierung. Deutlich wird im Organisationskostenansatz, dass weder eine vollständige Bündelung staatlicher Aktivität bei einer zentralen Regierung noch die vollständige Aufteilung, bei der für jedes öffentliche Gut eine Regierung besteht, optimal ist. Übernimmt eine zentrale Regierung alle leistungsstaatlichen Aufgaben, ist die Abweichung von der Äquivalenzfinanzierung maximal. In einer Situation des „perfect mapping", bei der jedes öffentliche Gut jeweils von einer eigenständigen Jurisdiktion bereitgestellt wird, werden Verbundvorteile nicht genutzt, so dass die Verwaltungskosten und die vertikalen Koordinationskosten hoch sind.

Die Berücksichtigung von Organisationskosten führt daher zu einer Bündelung von Kompetenzen bei wenigen Jurisdiktionen. Öffentliche Güter, die eher lokale Reichweiten haben, werden dann innerhalb einer Jurisdiktion von Rang 1, öffentliche Güter, die eher regionale Wirkung entfalten, innerhalb einer Jurisdiktion von Rang 2 und öffentliche Güter mit nationalem Nutzenkreis innerhalb einer Jurisdiktion von Rang 3 angeboten, usw. Die Bündelung wird solange vorgenommen, wie die Verbundvorteile die höheren Kosten durch die Abweichung von der Äquivalenzfinanzierung kompensieren. Das Endergebnis sukzessiver Bündelung wird dann möglicherweise mehrere Ebenen umfassen.

Im Organisationskostenansatz werden die Organisationskosten als objektive Größen behandelt. Das ist insoweit plausibel, als es sich um die Regierungskosten handelt. Die Kosten, die bei den Bürgern anfallen, insbesondere die Präferenzabweichungskosten und die Kosten der Nutzung von *Voice* und *Exit* sind jedoch subjektiv empfundene Kosten, die nicht gemessen oder gar aggregiert werden können. Im Folgenden wird daher gemäß dem verfassungsökonomischem Effizienzkriterium (3.1.4.1) auf die subjektive Bewertung durch die Individuen abgestellt.

Die Verbundvorteile variieren in föderalen Jurisdiktionen in gleichem Maße mit der Veränderung der Anzahl der Kompetenzen wie bei der funktionalen Aufteilung auf Jurisdiktionen gleicher Größe. Die Kurve V in Abbildung 6.2 entspricht daher der Kurve V in Abbildung 5.2.

Bezüglich der Äquivalenzfinanzierung ist zwischen horizontaler und vertikaler Richtung zu unterscheiden:

– Je größer die Zahl der Ebenen ist, desto stärker kann die Größe der Jurisdiktionen differenziert werden. Während bei einer einzelnen Ebene hohe Kosten der Abweichung von der jeweils optimalen Jurisdiktionengröße bei den einzelnen öffentlichen Gütern in Kauf genommen werden müssen, erlaubt ein

Zwei-Ebenen-System, dessen umfassendere Einheit größer als die optimale unitarische und dessen untere Einheiten kleiner als diese sind, bereits deutlich geringere Kosten. Entsprechend können bei weiterer vertikaler Entzerrung die untersten Jurisdiktionen sehr klein und die umfassendsten sehr groß sein. Mit zunehmender Ebenenzahl, d.h. mit geringerer Anzahl an Kompetenzen je Jurisdiktion gehen somit die Kosten der Abweichung von der optimalen Jurisdiktionengröße (5.1.2) gegen Null. Das Austauschprinzip kann dann realisiert werden. Bei geeignetem Steuerrecht ist eine Äquivalenzfinanzierung möglich.

– In wie weit Äquivalenzfinanzierung verwirklicht werden kann, hängt auch davon ab, ob Verbundvorteile in der Finanzierung genutzt werden, indem mehrere leistungsstaatlichen Aufgaben von einer Jurisdiktion bereitgestellt und durch eine einheitliche Steuererhebung finanziert werden. Selbst wenn auf jeder Ebene das Nonaffektationsprinzip gilt, ist jedoch durch die funktionale Aufteilung der Güterbereitstellung vertikale Äquivalenz gegeben. Diesbezüglich unterscheidet sich die föderale Aufteilung nicht von der funktionalen Aufteilung auf gleich große Jurisdiktionen. Für die vollständige Aufteilung der leistungsstaatlichen Aufgaben auf funktionale Jurisdiktionen wird das Wicksell-Ideal erreicht: die Abweichung von der Äquivalenzfinanzierung ist Null.

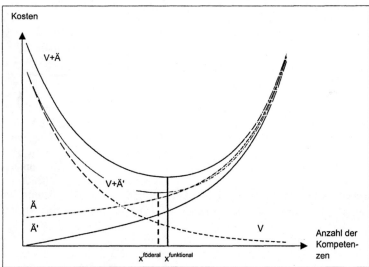

Abb. 6.2: Die optimale Ebenenzahl im Leistungsstaat.

Im Unterschied zu Abbildung 5.2 beginnt die Kurve Ä bei Null. Denn jede funktionale Jurisdiktion kann in einem föderalen System theoretisch die optimale Jurisdiktionengröße erreichen. Äquivalenzfinanzierung ist dann möglich. Für die zunehmende Bündelung leistungsstaatlicher Aufgaben ergeben sich Kosten für die Bürger durch die Abweichung von diesem Optimalpunkt. Für die vollständige Bündelung aller Aufgaben bei einer Jurisdiktion besteht kein Unterschied mehr zwischen föderaler und funktionaler Aufteilung. Die Kurven Ä und Ä' nähern sich deshalb an. Nicht nur beim Rechtsschutzstaat (6.1.1.3), sondern auch beim Leistungsstaat ergibt sich damit durch die hierarchische Gliederung eine entscheidende Kostensenkung gegenüber der funktionalen Aufteilung staatlicher Aufgabenerfüllung auf mehrere gleichgroße und gleichrangige Jurisdiktionen auf einer Ebene. Dies erlaubt bei territorialer und funktionaler Aufteilung im Föderalismus eine geringere Anzahl von Kompetenzen je Jurisdiktionen als bei rein funktionaler Aufteilung, d.h. eine höhere Jurisdiktionenzahl. Die optimale Anzahl an leistungsstaatlichen Kompetenzen im föderalen Staat liegt stets unter der bei funktionaler Aufteilung ($x^{föderal} < x^{funktional}$).

Aus der Analyse der Vor- und Nachteile der Aufgabenbündelung im Leistungsstaat wird zudem deutlich, dass in Gemeinwesen mit einem größeren Umfang staatlicher Leistungen eine Aufteilung der Bereitstellung auf mehrere Jurisdiktionen angezeigt ist. Während der Fiskalföderalismus sich für die Begründung der funktionalen Aufteilung der Staatsaufgaben im Wesentlichen an den unterschiedlichen Nutzenreichweiten öffentlicher Güter orientiert, steht in der verfassungsökonomische Analyse der geeignete Aufgabenumfang für eine Jurisdiktion im Vordergrund. Ist dieser überschritten, wird die Gründung einer weiteren Jurisdiktion vorteilhaft.

6.1.3 Sozialstaat

Können die Bürger ihren Wohnort wählen, so werden reiche Bürger Jurisdiktionen scheuen, die eine umfangreiche Umverteilung vornehmen, während arme Bürger sich gerade von solchen angezogen fühlen. Die sozialpolitisch motivierte Wanderung der Einzelnen verändert die Einnahmen bzw. Ausgaben der beteiligten Jurisdiktionen und verursacht somit fiskalische Externalitäten (Wildasin 1991, 761–765). Diese führen dazu, dass Umverteilung bei hoher Mobilität der Bürger unmöglich wird. Entweder ergibt sich, wenn es den Reichen gelingt, entsprechende Zuzugsbeschränkungen durchzusetzen, im Gleichgewicht ein Zustand, in dem Reiche und Arme in unterschiedlichen, in sich homogenen Jurisdiktionen leben (Ghettoisierung), oder Reiche und Arme leben in denselben Jurisdiktionen, die aber keine Umverteilung durchführen. Eine wesentliche Kritik am Tiebout-Wettbewerb ist daher der Vorwurf, er führe zu sozialer Segregation (4.2.3.1). Im Fiskalföderalismus wird aus dieser Überlegung der Schluss gezogen, dass Umverteilungsmaßnahmen von der zentralen Ebene durchzuführen sind, während die dezentralen Einheiten sich jeglicher Umverteilung enthalten, also auch ihre öffentlichen Güter nutzenäquivalent finanzieren sollten (Oates 1972, 150).[25] Nur dann wird die Wohnortwahl im Tiebout-Wettbewerb unabhängig von der Umverteilungspolitik sein, wie es die Annahmen des Tiebout-Modells vorsehen. Diese Argumentation ist jedoch in ihrer Absolutheit nicht haltbar.

Erstens werden reichere Bürger, wenn sie zur Umverteilung bereit sind, wenn es sich also um konsensfähige Sozialpolitik handelt (3.2.3), nicht abwandern. Lokale Umverteilung kann eines der erwünschten öffentlichen Güter einer Jurisdiktion sein. Zweifel bestehen auch bezüglich der Mobilität ärmerer Menschen, da gerade für Arme auch relativ niedrige Mobilitätskosten bereits prohibitiv sein können. Das Argument, je mobiler die Armen, desto eher sei eine Zentralisierung nötig (Brown/Oates 1987), wird vor diesem Hintergrund zu einem Argument für die Dezentralisierung. Empirische Untersuchungen zeigen, dass auch auf kommunaler oder regionaler Ebene Umverteilung vorgenommen wird.[26]

Zweitens können dezentrale Umverteilungssysteme „wanderungsneutral" ausgestaltet werden (Märkt/Schick 2001). Ein Anreiz, wegen Unterschieden in den Umverteilungsleistungen die Jurisdiktion zu wechseln, fehlt dann.

Drittens spricht der Anreiz zum Missbrauch von Sozialleistungen dafür, deren Verwaltung und Finanzierung dezentral vorzunehmen. Denn dezentrale Verwaltungen kennen die Probleme vor Ort. Sind sie auch für die Finanzierung zuständig, haben sie ein Interesse an einer entsprechenden Missbrauchskontrolle, die zentral nicht vorgenommen werden kann.

Viertens sprechen regionale Präferenzunterschiede für eine dezentrale Bereitstellung (Vaubel 1993a). Diese sind insbesondere auf die regional unterschiedliche Einkommenshöhe zurückzuführen. Denn generell kann Umverteilung als superiores Gut betrachtet werden.[27]

Schließlich bestehen Verbundvorteile zwischen Umverteilung und leistungs- bzw. rechtsstaatlicher Aufgabenerfüllung (5.1.3). Wird Umverteilung stets als implizite Umverteilung im Rahmen des Leistungsstaates vorgenommen, orientiert sich die Zahl der sozialstaatlich tätigen Ebenen an der Zahl der leistungsstaatlichen Ebenen. Ist Umverteilung zum Schutz der Rechtsordnung erforderlich oder dient sie dazu, Benachteiligte einer neuen Rechtssetzung zu kompensieren, orientiert sich die Ebe-

---

[25] Dasselbe Ergebnis ist auch denkbar, wenn die Gliedstaaten einheitliche Transferzahlungen vereinbaren (Wildasin 1991, 764). Buchanan (1974/1977, 60f) hält solche einheitlichen, aber positiven Transferzahlungen auch als Ergebnis der *Ex-post*-Harmonisierung im Tiebout-Wettbewerb für möglich.

[26] Pommerehne (1977). Einen Überblick über weitere empirische Nachweise geben Feld/Kirchgässner (1998, 67f).

[27] Entsprechend führen in den USA reichere Staaten mehr Umverteilung durch als ärmere Staaten (Dye 1990, 18).

nenzahl automatisch an der Zahl der Ebenen im Rechtsschutzstaat. Da einheitliche Rechtsräume und leistungsstaatliche Jurisdiktionen identitäts- und solidaritätsstiftend sind, wird sich die gewünschte Reichweite der Umverteilung an den bestehenden Jurisdiktionen orientieren. Die Gruppe, innerhalb derer über Rechtspositionen und öffentliche Güter entschieden wird, ist dann auch die Gruppe, innerhalb derer Umverteilung erfolgen soll.[28]

Die Bürger sind im föderalen Staat auch bei expliziter Umverteilung nicht gezwungen, sich zwischen zentraler und dezentraler Ebene zu entscheiden. Vielmehr kann die sozialstaatliche Funktion auf mehrere Ebenen verteilt werden. Die Regionen, die ein größeres Maß an Umverteilung befürworten, als zentral erfolgt, können zusätzliche Maßnahmen tätigen. Ein föderaler Sozialstaat kann daher die nach räumlicher Nähe differenzierten Gerechtigkeitsvorstellungen seiner Bürger besser umsetzen als ein unitarischer Staat (Pauly 1973).

Eine solche föderative Überlagerung von Umverteilungsmaßnahmen stellt freilich ein Problem dar, wenn mit diesen Maßnahmen unterschiedliche Ziele verfolgt werden. Versuchen mehrere föderale Ebenen, unterschiedliche redistributive Vorstellungen zu realisieren, kommt es zu widersprüchlicher Politik, bei der keine Ebene ihr Ziel erreicht (5.1.3). Im föderalen Staat lassen sich jedoch überlagerte Umverteilungssysteme besser aufeinander abstimmen als bei funktionaler Differenzierung, indem sich die oberen Ebenen jeweils auf die Umverteilung zwischen Jurisdiktionen (interjurisdiktionelle Umverteilung) beschränken und der untersten föderalen Ebene die interpersonelle Umverteilung überlassen (Tresch 1981, 596–600). Die interjurisdiktionelle Umverteilung dient dann dazu, die interpersonelle Umverteilung zu ermöglichen (Boadway 1992, 34). Die Bedürftigkeit der Betroffenen wird dann nur einmal ermittelt, „Verschiebebahnhöfe" werden vermieden. Der Effizienzverlust der Umverteilung wird so gegenüber der funktionalen Aufteilung des Sozialstaats wesentlich reduziert.

Voraussetzung dafür ist jedoch, dass die interjurisdiktionelle Umverteilung durch Zuweisungen der Zentralregierung oder durch von dieser durchgesetzte Ausgleichszahlungen zwischen den Gliedstaaten erfolgt (explizite interjurisdiktionelle Umverteilung). Alternativ könnte die übergeordnete Ebene auch zwischen Regionen umverteilen, indem sie interpersonelle Transfers vornimmt oder zentralstaatliche öffentliche Güter nicht äquivalent finanziert (implizite interjurisdiktionelle Umverteilung). Denn die zentralisierte Bereitstellung von öffentlichen Gütern hat

---

[28] Implizite interjurisdiktionelle Umverteilung kann außerdem auf die räumliche Konzentration bei der Produktion öffentlicher Güter zurückzuführen sein. Das Interesse der Politiker, einen möglichst großen Teil öffentlicher Aufträge in ihre Wahlkreise zu lenken, führt dabei sowohl zu einem unproduktiven Wettbewerb zwischen diesen als auch zu überhöhten öffentlichen Aufträgen (Arnold 1981). Vor allem aber entsprechen die Ergebnisse der daraus entstehenden interregionalen Umverteilung höchstens zufällig den Gerechtigkeitsvorstellungen der Bürger.

immer dann, wenn die Durchschnittshöhe der steuerlichen Bemessungsgrundlage zwischen den Regionen variiert, eine interregionale Umverteilung zur Folge. Zentralisierte interpersonelle Umverteilung impliziert interregionale Umverteilung, wenn der Einkommensdurchschnitt der Regionen differiert. In diesen Fällen käme es jedoch zu den unerwünschten Widersprüchen zwischen dezentraler und zentraler Umverteilung.

Mit zunehmender Ebenenzahl ist daher der föderale Sozialstaat so zu organisieren, daß alle Ebenen außer der untersten jeweils die Gerechtigkeitsvorstellungen ihrer Bürger durch differenzielle Zuweisungen an die Regionen oder durch horizontale Ausgleichssysteme, also durch interjurisdiktionelle Umverteilung verwirklichen. Nur die unterste Ebene nimmt interpersonelle Umverteilung vor. Bei diesem Vorgehen werden Widersprüche und Ineffizienzen bei der Umverteilung weitgehend vermieden. Es lässt sich theoretisch über eine unendliche Ebenenzahl verwirklichen. Im Gegensatz zur eingangs genannten fiskalföderalistischen Vorstellung wird hier folglich nicht der oberen, sondern der untersten Ebene die interpersonelle Umverteilung zugewiesen. Die sozialstaatlichen Aufgaben der oberen Ebenen beschränken sich auf die interjurisdiktionelle Umverteilung.

Die Umverteilung zwischen Jurisdiktionen kann wie die interpersonelle Umverteilung innerhalb einer Jurisdiktion als Versicherungssystem, als Tausch zum gegenseitigen Vorteil oder als gemeinsam produziertes öffentliches Gut interpretiert werden (3.2.3):

– Sowohl die überregionale interpersonelle als auch die interregionale Umverteilung stellen für die Bürger der beteiligten Jurisdiktionen eine Versicherung gegen künftige Einnahmeausfälle dar, die nur in einem Teil des Landes eintreten. Dies ist – aufgrund der größeren Risikostreuung – insbesondere bei regional unterschiedlicher Wirtschaftsstruktur und in Bezug auf Naturkatastrophen vorteilhaft.

– Die Kompensation von (vermeintlichen) Verlierern einer institutionellen Veränderung führt zu interpersoneller oder interregionaler Umverteilung in Bundesstaaten (Folkers 2002, 237–241). Da diese Kompensation erst die institutionelle Veränderung ermöglicht, stellt sie einen Tausch dar, der – in Abhängigkeit von der festgelegten Verteilungsregel – beiden Seiten Vorteile sichert (Döring 1999, 239).

– Schließlich kann die von der zentralen Ebene organisierte Umverteilung dazu dienen, ein Gefangenendilemma zwischen den Gliedstaaten zu überwinden. Denn sind die reicheren Gliedstaaten überzeugt, dass eine Umverteilung zugunsten der ärmeren Gliedstaaten ihnen zum Vorteil gereicht, dann besteht ebenso wie bei der interpersonellen Umverteilung innerhalb eines Staates ein Freifahrer-Problem, das durch die gesamtstaatliche Durchsetzung interregionaler Umverteilung überwunden werden kann.

6.2 Bürgerorientierung im Föderalismus

Bürgerorientierung bedeutet im föderalen System, dass sich die politischen Entscheidungen an den Interessen der Bürger in ihrer Eigenschaft als Eigner verschiedener politischer Genossenschaften orientieren (3.1.4.4). Die Wirkung von *Voice* (6.2.1) und *Exit* (6.2.2) unterliegt dabei spezifischen Bedingungen.

6.2.1 Voice

Für die direkt-demokratische Wahl zwischen Politikbündeln stellt die Existenz mehrerer Ebenen scheinbar keine Veränderung dar. Jeweils wird über konkrete Politikalternativen abgestimmt. Ein föderales System erlaubt jedoch im Unterschied zu einem unitarischen Abstimmungen in unterschiedlich großen Jurisdiktionen (6.2.1.1). Auch die repräsentativ-demokratischen Verfahren können Veränderungen unterliegen (6.2.1.2). Für die abschließend diskutierte Frage der optimalen Ebenenzahl ist relevant, ob diese Möglichkeiten föderaler Systeme tatsächlich ausgeschöpft werden (6.2.1.3).

6.2.1.1 Direkt-demokratische Entscheidungen

Im Unterschied zu unitarischen Staaten kann im föderalen Staat in Abhängigkeit von der zu entscheidenden Materie die Größe der Jurisdiktion, in der eine Entscheidung herbeigeführt wird, variiert werden. Eine Föderation zeichnet sich daher im Bezug auf den *Voice*-Mechanismus vor allem dadurch aus, dass sie unterschiedlich großen Menschengruppen die gemeinsame Entscheidungsfindung ermöglicht; je nach Problemlage können in unterschiedlich großen Gruppen kollektive Problemlösungen gesucht werden (Neumann 1971, 500). Föderalismus stellt damit eine Form der Staatsorganisation dar, die den Rahmen für unterschiedliche Problemlösungsgruppen bietet. Dies ist insofern von Vorteil, als die aus Sicht der Bürger optimale Jurisdiktionengröße zwischen verschiedenen Politikfeldern nicht nur wegen der spezifischen Charakteristika der jeweiligen öffentlichen Güter (4.1.2), sondern insbesondere auch wegen der notwendigen kollektiven Entscheidung und den damit verbundenen Entscheidungskosten differiert (4.2.1.1). Je nach Thematik wird man sich in unterschiedlich großen Gruppen zu vertretbaren Entscheidungskosten auf eine Problemlösung einigen.

Im Unterschied zu kleinen autonomen Staaten, die keiner Föderation angehören, können Gliedstaaten einer Föderation Probleme auch in größeren Gruppen lösen. Im Unterschied zu großen unitarischen Staaten kann in Föderalstaaten über kollektives Handeln auch in kleineren Gruppen entschieden werden. Dies ist besonders für territorial gruppierte Minderheiten relevant. Wenn regionale Besonderheiten dazu führen, dass die Interessen einer Gruppe häufig von den Interessen der gesamtstaatlichen Mehrheit abweichen, sind die erwarteten Abstimmungsergebnisse in verschiedenen Politikbereichen korreliert. Die Unterwerfung unter eine Mehrheitsregel erweist sich dann als ungünstig, weil die Mitglieder der regionalen Minderheit erwarten können, dass sie bei Abstimmungen überwiegend der unterlegenen Minderheit angehören werden (5.2.1.1). Der Stimmentausch auf der Regelebene, der zu abstrakten Entscheidungsregeln für eine Vielzahl von künftigen Entscheidungen führt, ist in diesem Fall nicht vorteilhaft. Ist eine Minderheit als dezentrale Jurisdiktion einer Föderation konstituiert, kann sie manche, für sie wesentliche Entscheidungen selbst treffen, andere im Rahmen des Gesamtstaates. Bei der Erfordernis doppelter Mehrheiten, nämlich in der Gesamtbevölkerung und in der Mehrheit der Teiljurisdiktionen,[29] wird vermieden, dass einzelne große oder mehrere kleine territorial organisierte Bevölkerungsgruppen überstimmt werden. Territorial gruppierte Minderheiten können so ihre kulturelle und politische Eigenständigkeit innerhalb eines größeren politischen Verbandes bewahren und sich in wichtigen Politikfeldern vor Mehrheitsentscheidungen schützen (Hamilton/Madison/Jay 1787/88/1993, 321–323).

Welche Gruppe jeweils für den Versuch der Problemlösung geeignet ist, kann nur in einem politischen Prozess ermittelt werden (4.2.1.1). Denn die optimale Jurisdiktionengröße differiert nicht nur bezüglich der einzelnen Politikfelder, sondern auch intersubjektiv. Im Föderalismus können jedoch Entscheidungen darüber getroffen werden, bei welchen Fragen eine Einigung im Gesamtstaat und bei welchen Fragen eine lokale Entscheidung erforderlich sein soll. Die Möglichkeit der funktionalen Aufteilung der Politikbereiche verringert dann die Abweichung von der für kollektive Entscheidungen optimalen Jurisdiktionengröße in jedem einzelnen Fall. Mit zunehmender Ebenenzahl sinken daher – analog zur Abweichung von der optimalen Jurisdiktionengröße für die Bereitstellung öffentlicher Güter (5.1.2; 6.1.2.3) – die Kosten der Abweichung von der optimalen Gruppengröße.

Entscheidungen in unterschiedlichen Gruppengrößen sind jedoch nur dann möglich, wenn innerhalb jeder einzelnen föderalen Einheit tatsächlich Entscheidungen getroffen werden können. Das ist zum einen dann nicht der Fall, wenn die dezentralen Jurisdiktionen untereinander Mechanismen der Politikkoordination vereinbart haben. Zum anderen verhindern vertikale Verflechtungen zwischen den Ebenen Entscheidungen in unterschiedlichen Gruppengrößen. Im Verbundsystem, bei dem Akteure verschiedener Ebenen zusammenwirken, entfällt daher ein entscheidendes Argument für einen mehrstufigen föderalen Aufbau. Wenn die Jurisdiktionen von Rang 1 nur gemeinsam agieren können, sind die Entscheidungsfindungskosten gleich hoch oder gar höher als bei einer Entscheidung derselben Frage im Rahmen der Jurisdiktion von Rang 2. Der Unterschied liegt daher für das Verbundsystem nur noch in der demokratischen Repräsentation, die im ersten Fall nach Jurisdiktio-

---

[29] Vgl. das Ständemehr und das Volksmehr in der Schweiz (Blankart 1992, 510). Ähnliche Regelungen existieren auch in Repräsentativorganen, so z.B. in den USA zwischen dem Repräsentantenhaus, das die Bevölkerungsverteilung berücksichtigt, und dem Senat, in den jeder Bundesstaat zwei Senatoren entsendet.

nen, im zweiten Fall individuell erfolgt. Die Möglichkeit, manche Fragen ausschließlich auf Rang 1 und andere auf Rang 2 zu entscheiden und damit in Jurisdiktionen unterschiedlicher Größe, wird nicht wahrgenommen.

6.2.1.2 Repräsentativ-demokratische Entscheidungen

Breton (1996, 226f) geht davon aus, dass bei einer größeren Zahl von Machtzentren
(Ministerien, Fraktionen, etc.), wie sie durch eine Erhöhung der Ebenenzahl entsteht, mehr Wettbewerb um Zustimmung herrsche, da sich diese Machtzentren mit
eigenständigen Positionen zu Wort melden und um Aufmerksamkeit und Zustimmung konkurrieren. Die Wicksell-Verbindung zwischen Gütern und Steuerpreis
werde – so Breton – dadurch in stärkerem Maße erreicht, d.h. die Abweichung von
einer optimalen staatlichen Allokation werde geringer als bei wenigen Machtzentren in unitarischen Staaten. Migué (1997, 237) kritisiert diese Vorstellung zu Recht
als „arithmetischen Blick" auf den Wettbewerb im Föderalismus. Denn bei geeigneter Kompetenzverteilung bringt ein Leistungsvergleich zwischen EU-Kommissar
und Dorfbürgermeister keine zusätzlichen Erkenntnisse. Bretons Vorstellung ist
auch insofern kritisch zu betrachten, als es in seinem Analyserahmen zur Herstellung der Wicksell-Verbindung zwischen Einnahmen und Ausgaben einer koordi-
nierten Budget-Entscheidung bedarf, damit die relative Bewertung der einzelnen
Ausgaben berücksichtigt werden kann (Breton 1996, 120). Gerade diese Entscheidung über ein Gesamtbudget findet jedoch in Föderationen nicht statt. Der Wettbewerb um Zustimmung hat folglich nur insofern für die Frage der optimalen Ebenenzahl Relevanz, als der ihm zugrunde liegende politische Wettbewerb um
Wählerstimmen Veränderungen unterliegt. Für diesen ist die getrennte Bewertung
der einzelnen politischen Akteure von Bedeutung, wie sie nur in einem föderalen
Trenn-, nicht in einem Verbundsystem verwirklicht ist:

(1) *Transparenz*: Politiker können nur dann sinnvoll bewertet werden, wenn ihre
Kompetenzen eindeutig definiert und den Wählern bekannt sind, so dass diese die
Verantwortung für beobachtbare Politikergebnisse zuordnen können. Dazu ist die
funktionale Aufteilung der Kompetenzen zwischen verschiedenen föderalen Ebenen deutlich zu machen. Sonst können Politiker die Verantwortung für das Scheitern politischer Vorhaben auf die Politiker einer anderen Ebene schieben und sich
den Erfolg von Politikergebnissen zuschreiben, zu denen sie keinen Beitrag geleistet haben. Außerdem müssen die Bürger wissen, mit welchen Steuern sie die Leistungen des Zentralstaates und mit welchen Steuern die der Gliedstaaten finanzieren.
Denn wenn undurchsichtige Finanzausgleichsregelungen die Kosten des Leistungs-
bündels jeder Ebene verschleiern, können die Bürger retrospektiv keine Bewertung
ihrer Nettoposition bezüglich der einzelnen Ebenen vornehmen (6.1.2.2). Welche
Wirkung das Regierungshandeln der verschiedenen Ebenen für die Einzelnen hat,
bleibt diesen verborgen. Je höher die Zahl der föderalen Ebenen, desto geringer
wird *ceteris paribus* die Transparenz der föderalen Ordnung.

(2) *Keine Interdependenz der Politik*: Die politischen Prozesse auf den verschiedenen Ebenen föderaler Staaten sind nicht unabhängig voneinander. Die politischen Parteien bilden in der Regel eine die föderalen Ebenen umgreifende Klammer.[30] Kann nun die bundesstaatliche Gewaltenteilung für den politischen Wettbewerb instrumentalisiert werden, entsteht ein grundsätzlicher Konflikt zwischen dem Parteienwettbewerb und der Notwendigkeit zu bundesstaatlicher Kooperation.[31] Die am Modell der Verhandlungsdemokratie orientierten Beziehungen zwischen den Ebenen vermischen sich mit dem am Modell der Konkurrenzdemokratie orientierten Parteienwettbewerb innerhalb einer Ebene; die Bürgerorientierung nimmt im Verhältnis zu rein konkurrenzdemokratisch oder rein verhandlungsdemokratisch organisierten Jurisdiktionen ab (3.3.3.1). Denn es ist möglich, dass selbst solche Entscheidungen, die eigentlich die Zustimmung der Opposition hätten, aus parteistrategischen Gründen verhindert werden.[32] Die Regierungspolitik zu bewerten, ist in einer solchen Situation unmöglich. Denn die getroffenen Entscheidungen spiegeln nur zum Teil die Intention der Regierungsparteien wider. Je höher die Zahl der Ebenen, desto größer werden *ceteris paribus* die Interdependenzen zwischen den Ebenen. Die Steuerungsfähigkeit des politischen Prozesses nimmt daher mit zunehmender Ebenenzahl ab.

Ist für den Bürger eine getrennte Bewertung der Leistungen der einzelnen Ebenen nicht möglich, kann er nur eine Gesamtbewertung des politischen Prozesses vornehmen. Man spricht dann von Verbundsystem. Die Bewertung politischer Akteure auf den verschiedenen Ebenen gleicht sich aufgrund der Unmöglichkeit zur Differenzierung an. Dies kann sich beispielsweise in einer hohen Korrelation der Wahlergebnisse zwischen den Ebenen ausdrücken. Entsprechen die Politikergebnisse insgesamt nicht den Vorstellungen der Bürger, können sie ihr Missfallen dadurch ausdrücken, dass in kommunalen oder regionalen Wahlen bzw. bei Wahlen zur zweiten Kammer die Partei gestärkt wird, die auf föderaler Ebenen in der Opposition ist (Chandler/Chandler 1987, 99f). Alle Wahlen werden so zu Testwahlen für die zentralstaatliche Regierung. Letztlich wird die gesamte Föderation in diesem Fall bezüglich des *Voice*-Prozesses zu einer einzigen multifunktionalen Jurisdiktion, in der zu unterschiedlichen Zeitpunkten Delegierte unterschiedlicher Ebenen neu gewählt werden. *De facto* wird dann in Regionalwahlen nicht die Regierung einer Region gewählt, sondern ein Teil der politischen Klasse ausgetauscht, die den

---

[30] Lehmbruch (1998, 83–89). Das gilt auch dort, wo – wie in Spanien, Belgien oder der Europäischen Union selbst – das Parteiensystem nicht föderationseinheitlich ist. Denn die Regionalparteien bzw. die nationalen Parteien sind im Föderationsparlament vertreten.

[31] Er stellt eine der wesentlichen Ursachen für die Politikverflechtung in Deutschland und der Europäischen Union dar (Scharpf 1989, 128).

[32] Der „Blockade"-Vorwurf gegenüber dem von der Oppositionspartei dominierten Bundesrat ist daher in Deutschland seit dem Kaiserreich erhoben worden (Lehmbruch 1998, 22, 66f).

Gesamtstaat regiert. Die Zugehörigkeit zu unterschiedlichen Ebenen ist dabei irrelevant, weil die Bürger die spezifischen Aufgaben der zu wählenden Politiker und ihre Einzelleistung nicht wahrnehmen. Indem die Wähler in ihrem Wahlverhalten die Politiker jeder Ebene für das gesamte staatliche Handeln verantwortlich machen, internalisieren sie die genannten Interdependenzen im politischen Prozess. Die mangelnde Beachtung der Kompetenzverteilung stellt damit, wenn vertikale Interdependenzen bestehen, eine rationale Wählerstrategie dar (Wrede 2002, 149). Sie verstärkt jedoch diese vertikalen Interdependenzen und macht die Zustimmung der Bürger zu einem öffentlichen Gut der politischen Klasse. Für jede einzelne Regierung lohnt sich eine Strategie individueller Profilierung auf Kosten konstruktiver Lösungen, die im Interesse der Bürger wären.

Vor allem aber werden bei verbundener Bewertung zwei entscheidende Vorteile föderaler Staatlichkeit nicht realisiert: Erstens kann die Aufteilung in mehrere multifunktionale Jurisdiktionen nicht zu einer besseren Kontrolle durch die Bürger führen, weil jede Wahl eine Abstimmung über sämtliche Politikbereiche darstellt (5.2.1.2). Zweitens wird die Entscheidungsfindung in unterschiedlich großen Gruppen (6.2.1.1) entwertet, weil die Bürger nicht nach Politikbereichen, die auf regionaler, und solchen, die auf nationaler Ebene entschieden werden, differenzieren. Die getrennte Bewertung der Politik auf verschiedenen Ebenen ist folglich vorzuziehen.

Um ein Trennsystem zu verwirklichen, ist insbesondere die „Inkongruenz" (Lehmbruch 1998, 19) zwischen verhandlungsdemokratischen Verfahren in vertikaler und konkurrenzdemokratischen Verfahren in horizontaler Richtung aufzulösen und das gesamte föderale System am konkurrenzdemokratischen Modell auszurichten. Dazu sind vor allem Verhandlungen zwischen den Jurisdiktionen und zentralstaatliche Gremien, die sich aus Vertretern der Gliedstaaten rekrutieren, zu vermeiden. Die Wähler und die Parteien selbst können dann Kandidaten für öffentliche Ämter im Zentralstaat nach ihrer Leistung in einzelnen Gliedstaaten bewerten. Nicht nur die Regierung des Zentralstaats, sondern auch die Opposition kann so einer retrospektiven Bewertung unterworfen werden, falls sie in mindestens einem der Gliedstaaten die Regierung stellt. Kleinere, neue und regionale Parteien haben zudem in föderalen Systemen eine größere Chance, politische Ideen durchzusetzen. Nicht zuletzt kann für die zentrale Ebene auf erfolgreiche Konzepte der regionalen Ebene zurückgegriffen werden, wie im Rahmen des *Laboratory-federalism*-Ansatzes herausgearbeitet wurde.[33] Durch diesen internen Lernprozess kann – anders als in unitarischen Staaten – die Zentralregierung ihre eigene Problemlösungsfähigkeit steigern.

---

[33] Als Beispiel könnte die deutsche Innovation „unabhängige Zentralbank" dienen, die in der Europäischen Union sowohl zunächst für die einzelstaatlichen Notenbanken als auch später für die Europäische Zentralbank übernommen wurde (Art. 101 EGV).

6.2.1.3 Die optimale Zahl der Ebenen

Mit zunehmender Ebenenzahl nimmt, wenn ein Trennsystem verwirklicht wird, einerseits die Abweichung von der gewünschten Gruppengröße ab (6.2.1.1). Die Kosten der Abweichung sinken (vgl. Kurve A; Abb. 6.3). Andererseits finden umso häufiger Wahlen statt, je größer die Anzahl der Ebenen ist. Dies verursacht für die Bürger Kosten. Die Bürger müssen zudem bei jedem Problem zunächst wissen, welche Ebene dafür zuständig ist. Die Bewertung und Kontrolle von Regierungen fällt den Bürgern schwerer, weil der Einfluss der einzelnen Regierungen auf das beobachtete Ergebnis schwer nachvollziehbar ist. Die Kosten der Kontrolle der Regierungen steigen daher für eine große Zahl an föderalen Ebenen an (King 1984, 71). Bei sehr geringer Ebenenzahl ist die Möglichkeit der Bürger eingeschränkt, die Bürgerpräferenzen in Wahlen zum Ausdruck zu bringen. Die Kontrolle durch die Bürger fällt schwerer, wenn bei Wahlen das gesamte staatliche Handeln und nicht nur die Leistung eines Teils bewertet werden muss. Ein geeignetes Mehrebenen-System mit eindeutiger und transparenter Zuständigkeitsverteilung erleichtert ein differenziertes Abstimmen, weil die jeweiligen Politikbündel kleiner sind. Die Kontrollkosten steigen damit auch an, wenn die Zahl der staatlichen Ebenen gegen eins geht. Die Kontrollkosten K haben folglich einen u-förmigen Verlauf. In Entsprechung zur Analyse für multifunktionale Jurisdiktionen (5.2.1.2) kann eine optimale Anzahl von Ebenen abgeleitet werden.

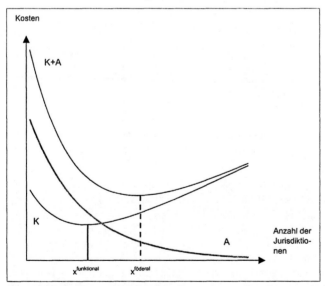

Abb. 6.3: Die optimale Ebenenzahl bei repräsentativer Demokratie.

An der Darstellung wird deutlich, dass die optimale Anzahl der Ebenen davon abhängt, ob der Vorteil differenzierter Gruppengrößen durch ein föderales System genutzt werden kann. Der Nutzen der föderalen Differenzierung ist begrenzt, wenn im Verbundsystem Abstimmungen nicht in unterschiedlichen Gruppengrößen vorgenommen werden können. Die Kosten des *Voice*-Prozesses entsprechen dann den Kontrollkosten bei funktionaler Aufteilung der staatlichen Aufgaben. Die optimale Anzahl an Jurisdiktionen liegt wie bei funktionaler Aufteilung bei $x^{funktional}$. Werden im Trennsystem differenzierte Entscheidungsverfahren genutzt, wird hingegen eine stärkere Aufteilung wünschenswert ($x^{föderal}$).

6.2.2 Exit

Der Tiebout-Wettbewerbsprozess ist als Wettbewerb zwischen Kommunen innerhalb eines Staates konzipiert worden, d.h. für eine föderale Ordnung aus zwei Ebenen, wobei die obere Ebene nicht als im Wettbewerb stehende Jurisdiktion untersucht wurde. Es stellt sich die Frage, wie sich ein solcher Wettbewerbsprozess bei mehr als zwei Ebenen darstellt und ob die ihm im Falle zweier Ebenen zugeschriebenen Eigenschaften – Kontrolle staatlicher Macht (6.2.2.3) und Generierung von Wissen (6.2.2.4) – Gültigkeit haben, wenn eine dreistufige föderale Ordnung besteht. Zur Beantwortung dieser Frage werden zunächst die Implikationen einer zusätzlichen Ebene für die Wahlmöglichkeiten der Akteure (6.2.2.1) und für die Kosten der Nutzung des *Exit*-Mechanismus (6.2.2.2) untersucht.

6.2.2.1 Zur bedingten Relevanz der Ebenenzahl

Grundlegend für den Jurisdiktionenwettbewerb ist die Anzahl unterschiedlicher Handlungsoptionen für die Nachfrager (4.2.2.1). Im Vergleich zum unitarischen Staat erhöhen sich im Zwei-Ebenen-Föderalismus für Bürger und Standortnutzer die Wahlmöglichkeiten. Sie können in einer Föderation die ihnen am Besten erscheinende regionale Mischung aus Steuerpreis und öffentlichen Gütern auswählen. Je größer die Anzahl der dezentralen Einheiten, desto eher wird jeder Bürger oder Standortnutzer ein ihm passendes Bündel öffentlicher Leistungen finden und desto stärker ist *ceteris paribus* insgesamt die Bürgersouveränität einer Föderation (4.2.2.3).

In einem mehrstufigen föderalen System finden nun solche horizontalen Wettbewerbsprozesse gleichzeitig auf allen Ebenen statt (Kerber 2001, 88f). Nun könnte argumentiert werden, die Zahl der Wahlmöglichkeiten nehme mit der Zahl der föderalen Ebenen zu. Unter der Voraussetzung, dass Bürger nur einen Wohnort und Standortnutzer nur einen Standort wählen können, ist jedoch in einem mehrstufigen föderalen System nur die Anzahl der kleinsten Jurisdiktionen entscheidend für die Gesamtzahl an Alternativen. Die Anzahl der Jurisdiktionen auf Rang 1 ist ursächlich für die Vielfältigkeit des Angebots und damit das entscheidende Kriterium für die Wirkung des Jurisdiktionenwettbewerbs.[34] Die Ebenenzahl ist nur insofern relevant, als eine höhere Ebenenzahl eine geringere Größe der kleinsten Jurisdiktionen ermöglicht (6.1.2.3). Dieser Vorteil nimmt mit zunehmender Anzahl der Ebenen zu. Die funktionale Entbündelung erlaubt bei einer Vielzahl von Ebenen extremere Jurisdiktionengrößen: Die Einheiten von Rang 1 werden extrem klein, während die ranghöchsten Einheiten extrem groß sein können. Die funktionale Aufteilung auf Jurisdiktionen identischer Größe hat, wie bereits dargelegt (5.2.2.1), keine Relevanz für den Jurisdiktionenwettbewerb.

6.2.2.2 Kosten des Jurisdiktionenwechsels

Ein Bürger kann grundsätzlich nur einen Wohnsitz einnehmen, muss also zwischen den verschiedenen Vor- und Nachteilen der einzelnen Jurisdiktionen abwägen. Das hat zur Folge, dass er nicht in jedem Politikbereich das in seinen Augen optimale Bündel öffentlicher Güter genießen kann. Breton (1996, 191f) stellt in diesem Zusammenhang die These auf, Tiebout-Wettbewerb auf mehreren Stufen unterliege einem „Mobilitätsdilemma" und könne nicht funktionieren.[35] Das sei darauf zurückzuführen, dass die für den einzelnen Bürger optimalen Bündel von Rang 1-Gütern sich nicht notwendigerweise in einer Jurisdiktion von Rang 1 finden, die Teil der Jurisdiktion von Rang 2 ist, deren Leistungsbündel vom Bürger als optimales Güterbündel für Rang 2-Güter eingeschätzt wird.[36] Bretons Argument besagt, dass die Existenz einer zusätzlichen Ebene ein (prohibitives) Wettbewerbshindernis für den Wettbewerb zwischen den Jurisdiktionen einer anderen Ebene darstellt. Denkbar wäre dann nur ein Jurisdiktionenwettbewerb zwischen den Jurisdiktionen von Rang 1, die derselben Jurisdiktion von Rang 2 angehören.

Interpretiert man Bretons These vom Mobilitätsdilemma vor dem Hintergrund der obigen Analyse der Mobilitätskosten, so stellen die positiven Eigenschaften des eigenen Bundeslandes Wechselkosten dar, sobald es um die Ordnungswahl zwischen bundesdeutschen Kommunen in unterschiedlichen Bundesländern geht. Ebenso kann die Existenz der Nationalstaaten als Wettbewerbshemmnis für den Wettbewerb zwischen den europäischen Regionen bezeichnet werden. Kosten des Anbieterwechsels stellen jedoch mitnichten eine absolute Unmöglichkeit für Wettbewerb dar. Solche Kosten bestehen in unterschiedlicher Höhe auch auf Güter-

---

[34] Hier ist die Annahme entscheidend, dass unter Föderation stets ein hierarchisches System von Jurisdiktionen verstanden wird. Wird von ihr abgesehen, bestehen unendlich viele Möglichkeiten der horizontalen Gruppierung und der vertikalen Kompetenzzuordnung zwischen sich überlappenden Jurisdiktionen. Dann kann jedoch nicht mehr von „mehrstufig" gesprochen werden, weil die „Stufen" nicht mehr definiert sind. Vgl. 6.1.1.1.

[35] Ähnlich schon Breton (1965, 181).

[36] So könnte einem europäischen Bürger die Mischung aus spanischer regionaler Kulturpolitik und deutscher Außenpolitik optimal erscheinen.

märkten. Will man die Unmöglichkeit eines Tiebout-Wettbewerbs auf mehreren Stufen nachweisen, müsste also argumentiert werden, dass die Existenz einer weiteren Ebene die Kosten des Jurisdiktionenwechsels so stark anhebt, dass sie prohibitiv werden. Dies ist nicht ersichtlich. Vielmehr ist in zweierlei Hinsicht zu differenzieren:

Erstens unterscheiden sich die Wechselkosten je Ebene. Beim Wechsel zwischen Nationalstaaten vollzieht sich ein Anbieterwechsel für das gesamte Bündel öffentlicher Güter, bei einem Wechsel zwischen Kommunen nur für eine Teilmenge. Da die Wechselkosten *ceteris paribus* mit der Anzahl der öffentlichen Güter steigen, für die ein Wechsel erfolgt (5.2.2.2), sind die Wechselkosten beim kommunalen Jurisdiktionenwettbewerb geringer als beim Wechsel zwischen Nationalstaaten, bei dem zusätzlich ein Wechsel der Anbieter regionaler und nationaler Güter in Kauf genommen werden muss.

Zweitens muss für den Tiebout-Wettbewerb auf Rang n zwischen der Wanderung innerhalb einer Jurisdiktion von Rang n+1 einerseits und zwischen diesen Jurisdiktionen andererseits unterschieden werden. Bezüglich der Wanderung zwischen Regionen innerhalb eines Nationalstaates dürften durch die Existenz dieses Staates die Wechselkosten sinken. Die innerhalb des Nationalstaates einheitliche Rechtsordnung, vergleichbare Qualifikationsnachweise, Gütesiegel und andere vom Nationalstaat bereitgestellte öffentliche Güter reduzieren die Wechselkosten für die Bürger. Nur hinsichtlich weniger, nämlich der regionalen Güter erfolgt beim Regionenwechsel gleichzeitig ein Anbieterwechsel.

Bezüglich der Wanderung zwischen Regionen verschiedener Nationalstaaten dürften die Wechselkosten tatsächlich steigen gegenüber der Situation ohne Nationalstaaten. Denn jede regionale Regelsetzung schränkt grundsätzlich die individuelle Wahl ein. Dies gilt jedoch auch bei multifunktionalen Jurisdiktionen derselben Ebene (5.2.2.2): Stets sind die Vorzüge der öffentlichen Güter eines Standorts Opportunitätskosten bei der Entscheidung bezüglich der Wahl eines anderen öffentlichen Gutes. Wird aus den erhöhten Wechselkosten geschlossen, ein zweistufiger Tiebout-Prozess sei unmöglich, wird zugleich die Unmöglichkeit des einstufigen Tiebout-Prozesses bei multifunktionalen Jurisdiktionen argumentiert.

Noch deutlicher ist die Unhaltbarkeit der These vom „Mobilitätsdilemma" bei Unternehmen, da diese aufgrund der möglichen Separierung von Standorteigenschaften grundsätzlich Vorteile aus einer stärkeren föderalen Differenzierung ziehen können. Mit der Zunahme der Ebenenzahl könnte bei dieser Sichtweise das Ungleichgewicht zwischen immobilen Bürgern und mobilen Unternehmen zunehmen, das bereits beim Standortwettbewerb zu beobachten ist. Während den Unternehmen die höhere Komplexität tendenziell zu Gute kommt, stellt sie für die Bürger eher einen Nachteil dar, weil die Wechselkosten steigen. Unternehmen, die in der Lage sind, Standorteigenschaften zu separieren, haben wesentlich geringere Wechselkosten. Unternehmen können beispielsweise Produktionsanlagen dort platzieren, wo die Umweltauflagen für sie geeignet sind, forschungsintensive Bereiche dort ansiedeln, wo die Forschungsförderung hoch ist, den Unternehmenssitz dort, wo das örtliche Ambiente angenehm ist. Andere Kriterien sind dann jeweils nachrangig. Bereits bei kleinen Veränderungen der Standorteigenschaften kommt es dann zu einer Verlagerung dieser Unternehmensteile, weil die Wechselkosten aufgrund der Dominanz eines Kriteriums gering sind. Bürger hingegen können nur einen Wohnort wählen. Ein in jeder Hinsicht optimales Bündel ist nicht möglich. Zur Abwanderung kommt es erst dann, wenn die Verschlechterung bei einer Wohnorteigenschaft die Wechselkosten übertrifft.

Für Bürger und Standortnutzer gilt: Je mehr Güter zentralisiert bereitgestellt werden, desto intensiver ist aufgrund der geringeren Wechselkosten der Wettbewerb zwischen den Gliedstaaten. Je weniger Güter zentral bereitgestellt werden, desto mehr Güter umfasst der Wettbewerb zwischen den Gliedstaaten, allerdings sind die Wechselkosten *ceteris paribus* höher. Für den Jurisdiktionenwettbewerb in Föderationen besteht damit bei gegebener Anzahl öffentlicher Güter ein *Trade-off* zwischen Wettbewerbsintensität und Güterintensität, also der Menge der Güter, für die dieser Wettbewerb stattfindet.

Es muss daher in jedem Fall bei der Frage, ob ein Gut zentral bereitgestellt werden soll, abgewogen werden zwischen dem Wohlfahrtsverlust durch die Ausschaltung des Wettbewerbs bei diesem Gut und dem Wohlfahrtsgewinn durch die Erleichterung des Wettbewerbs bei anderen Gütern (Gerken/Märkt/Schick/Renner 2002, 204f). Dies gilt beispielsweise bei der Rechtssetzung. Der a priori unbekannte Wohlfahrtsverlust einer Zentralisierung von Rechtsnormen besteht in der Unterbindung von produktiven Entdeckungen durch einen Regulierungswettbewerb bezüglich dieser Normen. Der *a priori* ebenfalls unbekannte Gewinn besteht in der Erleichterung des Jurisdiktionenwettbewerbs durch gesunkene Wechselkosten bezüglich anderer öffentlicher Güter.[37]

Ein anderer Fall, bei dem diese Unterscheidung eine wichtige und oft unterschätzte Rolle spielt, ist der Steuerwettbewerb. Werden die Steuereinnahmen zentral erhoben, ergibt sich eine höhere Wettbewerbsintensität bezüglich der Ausgabenseite. Findet dagegen Wettbewerb auch mit den Parametern des Steuerrechts statt, sinkt die Wettbewerbsintensität auf der Ausgabenseite. Die Vorteilhaftigkeit des Steuerwettbewerbs ist also insbesondere im Vergleich zu der Vorteilhaftigkeit einer höheren Wettbewerbsintensität auf der Ausgabenseite zu sehen (Shannon 1991). Die Begründung, durch den Steuerwettbewerb werde staatliche Besteuerungsmacht kontrolliert und Wissen über die richtige Höhe von Steuersätzen oder geeignete

---

[37] Wohlgemuth (2001a, 14) sieht die Gefahr, dass insbesondere aufgrund der personellen Übereinstimmung von Regulierern und Regulierten im Jurisdiktionenwettbewerb die potenziellen Gewinne des Jurisdiktionenwettbewerbs systematisch unterschätzt werden.

Bemessungsgrundlagen geschaffen, ist nicht ausreichend, weil die Kosten in Form geringerer Wettbewerbsintensität auf der Ausgabenseite nicht berücksichtigt werden. Entsprechend muss auch, wenn von einer allgemeinen Vorteilhaftigkeit von Steuerwettbewerb ausgegangen wird, die Frage beantwortet werden, ob es sich dabei lediglich um einen Wettbewerb um Steuersätze oder auch um einen Wettbewerb um Bemessungsgrundlagen handeln sollte.[38]

Der genannte *Trade-off* zwischen Wettbewerbsintensität und Güterintensität kann durch drei verschiedene Entwicklungen entschärft werden:

(1) Durch eine territoriale Aufteilung bestehender Jurisdiktionen erhöht sich – solange keine Externalitäten erzeugt werden – die Wettbewerbsintensität bei gleicher Güterintensität.

(2) Geringere Mobilitätskosten für Bürger und Standortnutzer führen ebenfalls zu einer höheren Wettbewerbsintensität bei gleicher Güterintensität.

(3) Geringere Wechselkosten können zu einer Verschiebung des *Trade-off* beitragen. Ursache dafür kann zum einen eine geringere absolute Anzahl öffentlicher Güter (5.2.2.2) sein, zum anderen der Erlass von übergeordneten Normen, die für Kollisionsfälle zwischen Jurisdiktionen Gültigkeit haben (Kollisionsnormen). Die Existenz einer übergeordneten Rechtsordnung kann durch solche Normen, ohne dass es zu einer zentralen Bereitstellung der entsprechenden öffentlichen Güter kommt, die Mobilität sichern.[39]

Diese drei Veränderungen, die zu einer Verschiebung des *Trade-off* führen können, zeigen auch, dass dieser *Trade-off* für den Standortwettbewerb wesentlich unproblematischer ist als für den Tiebout-Wettbewerb. Das ist darauf zurückzuführen, dass die Bürger

– in geringerem Maße von einer höheren Anzahl der Jurisdiktionen profitieren (4.2.2.3),

– höhere Mobilitätskosten in Kauf nehmen müssen (4.2.2.1 (1)) und

– häufig für die Wanderung von Personen die Kollisionsnormen weniger ausgeprägt sind als für die Wanderung von Standortnutzern.

---

[38] Daher ergibt sich bei Brennan/Buchanan (1980), die von Produktdifferenzierung abstrahieren, ein sehr intensiver Wettbewerb, der dem vollkommenen Preiswettbewerb entspricht, weil nur ein Gut – der Steuersatz – dem Wettbewerb ausgesetzt ist, während bei Tiebout aufgrund von Produktdifferenzierung und Äquivalenzbesteuerung Ausbeutungsspielraum verbleibt. Bei unendlicher großer Anzahl von Jurisdiktionen ergibt sich für beide Modelle vollkommener Wettbewerb. Vgl. auch Hamlin (1985).

[39] Nur in diesem Sinn kann eine Förderung von Mobilität (Dye 1990, 191) in Föderationen grundsätzlich im Interesse der Bürger sein. Die Senkung der Mobilitätskosten durch Zentralisierung der Rechtssetzung oder der Leistungserstellung hingegen führt zu einer Veränderung entlang des genannten *Trade-off*.

6.2.2.3 Kontrolle staatlicher Macht

In Föderationen liegen bezüglich der Einnahmenseite vertikale Externalitäten vor, weil mehrere Jurisdiktionen auf die gleiche oder auf ähnliche Steuerbemessungsgrundlagen zugreifen (5.2.2.3). Denn die Steuerbemessungsgrundlagen der verschiedenen föderalen Ebenen überschneiden sich selbst bei gebundenen Trennsystemen zumindest partiell. Im Unterschied zu verschiedenartigen funktionalen Jurisdiktionen gleichen Territoriums stehen jedoch die multifunktionalen Jurisdiktionen der unteren Ebene einer Föderation auch untereinander im Wettbewerb. Die Ineffizienzen durch vertikalen Steuerwettbewerb sind daher bezüglich dieser Ebene weniger ausgeprägt (Flowers 1988, 70–73). Ist auch die zentrale Ebene einer Föderation dem Jurisdiktionenwettbewerb ausgesetzt, gilt dies auch für die obere Ebene.[40] In föderalen Staaten wirken dann zwei entgegengesetzte Mechanismen: Die vertikalen negativen Einnahmen-Externalitäten führen zu einer Erhöhung der Steuererlast, der horizontale Steuerwettbewerb erzwingt infolge positiver horizontaler Externalitäten auf allen Ebenen ihre Absenkung (Wrede 1996). Ein Netto-Effekt kann dafür nicht ermittelt werden. Entscheidend ist, inwieweit die jeweiligen Ebenen die Möglichkeit haben, die Nutzer ihrer Leistungen zur Finanzierung heranzuziehen. Ist das Austauschprinzip verletzt, kann auch im Steuerwettbewerb keine Äquivalenzfinanzierung erreicht werden. Vertikale und horizontale Externalitäten sind dann unvermeidlich. Folglich ist bei der föderalen Finanzverfassung vor allem auf die Realisierung des Austauschprinzips zu achten. Im Jurisdiktionenwettbewerb kann sich dann eine annähernd äquivalente Finanzierung staatlicher Leistungen herausbilden. Da im gebundenen Trennsteuersystem das Austauschprinzip verletzt wird, ist das reine Trennsystem vorzuziehen.

Im Verbundsteuersystem werden die vertikalen Einnahmen-Externalitäten internalisiert. Ist die zentrale Ebene für die Besteuerung zuständig, ist nur sie dem Steuerwettbewerb ausgesetzt. Da auf dieser Ebene die Mobilitäts- und Wechselkosten am höchsten sind, ist die Kontrolle staatlichen Handelns durch den Steuerwettbewerb kaum gegeben. Ist die unterste Ebene für die Einnahmenerzielung im Föderalstaat zuständig und finanziert die darüberliegenden durch Zuweisungen, werden ebenfalls die vertikalen Externalitäten vermieden. Im Vergleich zur Besteuerung durch die oberste Ebene begrenzt jedoch der Steuerwettbewerb die Einnahmeerzielung wesentlich stärker, weil die Gliedstaaten auch untereinander dem Steuerwettbewerb ausgesetzt sind. Welche Ebene in einem Verbundsystem die Steuern einnehmen sollte, ist folglich danach zu entscheiden, wie stark der Steuerwettbewerb zur Kontrolle staatlicher Einnahmeerzielung wirken soll.

---

[40] Wrede (1997a, 505). Nur wenn dies modelltheoretisch berücksichtigt wird, kann der Unterschied zwischen dem Steuerwettbewerb innerhalb eines Bundesstaates und dem internationalen Steuerwettbewerb modelltheoretisch sichtbar gemacht werden (Keen 1997, 20–22).

Verbund- und Trennsteuersystem unterscheiden sich danach, ob nur eine Ebene dem Steuerwettbewerb ausgesetzt ist oder mehrere. Die Wirksamkeit des Steuerwettbewerbs ist jedoch lediglich von der Anzahl der beteiligten Jurisdiktionen, nicht von der Anzahl der Ebenen abhängig (6.2.2.1). Es kommt also für die Kontrolle staatlichen Handelns darauf an, ob das Zentralisierungsprofil beim Verbund- oder beim Trennsteuersystem größer ist. Liegen im Verbundsteuersystem sämtliche Steuerkompetenzen auf Rang 1, während sie im Trennsteuersystem auf die Jurisdiktionen von Rang 1, 2 und 3 verteilt sind, ist der steuerpolitische Zentralisierungsgrad in diesem spezifischen Fall für das Trennsteuersystem höher als für das Verbundsteuersystem. Der Übergang von einem Verbund- zu einem Trennsteuersystem intensiviert also nicht in jedem Fall den Steuerwettbewerb. Für das Trennsteuersystem spricht jedoch die vertikale Äquivalenz. Sie kann beim Verbundsteuersystem nur dadurch kompensiert werden, dass den Bürgern die Anteile der einzelnen Ebenen an den Steuereinnahmen transparent gemacht werden.

Je geringer die Anzahl der Kompetenzen in jeder Ebene, desto leichter können die Bürger und Standortnutzer auf der Grundlage der Steuerbelastung (Trennsteuersystem) bzw. der ausgewiesenen Einnahmenanteile (Verbundsteuersystem) den individuellen Nettonutzen kalkulieren, den die einzelnen Ebenen generieren. Das Wicksell-Ideal, dass die Bürger ihre individuelle Nettoposition wahrnehmen können, wird also leichter erreicht, wenn eine größere Ebenenzahl besteht.

6.2.2.4 Generierung von Wissen

In unitarischen multifunktionalen Staaten wissen Regierung und Bürgerschaft bei Abwanderung von Bürgern oder Standortnutzern nicht, welches öffentliche Gut oder welches Charakteristikum ihres Steuersystems sie verändern müssen, um für Standortnutzer attraktiv zu sein; bei funktionalen Jurisdiktionen bestehen vertikale Ausgaben-Externalitäten, die dazu führen, dass bei Abwanderung nicht klar ist, welche der Jurisdiktionen, die am Standort öffentliche Güter bereitstellen, für die Abwanderung verantwortlich ist (5.2.2.4). In Föderationen haben nun mehrere multifunktionale Jurisdiktionen begrenzte Verantwortung für denselben Standort. Es kommt damit sowohl zu vertikalen Externalitäten als auch zu der Ungewissheit, bei welcher Funktion Veränderungen vorzunehmen wären, um Bürger und Standortnutzer zu attrahieren.

Durch die hierarchische Anordnung mehrerer multifunktionaler Jurisdiktionen innerhalb einer Föderation verändert sich der Jurisdiktionenwettbewerb allerdings gegenüber der Situation im unitarischen Staat. Zwar können auch in einer Föderation die Jurisdiktionen aufgrund ihrer räumlichen Bindung nicht die jeweilige Marktgegenseite innerhalb der vertikalen Verbindung auswählen. Doch besteht in Form des horizontalen Wettbewerbs zwischen Jurisdiktionen von Rang n innerhalb einer föderalen Ebene von Rang n+1 ein Korrektiv für die vertikalen Ausgaben-Externalitäten, so dass die Handlungsanreize im Vergleich zur funktionalen Aufteilung verbessert werden. Bei den Jurisdiktionen der unteren Ebene wird Wissen darüber erzeugt, welche Problemlösungen vorzunehmen sind. Sind unterschiedliche Politikergebnisse auf dezentraler Ebene zu beobachten, ist die Verantwortung bei den Regierungen der dezentralen Jurisdiktionen zu suchen, aus denen Bürger und Standortnutzer abwandern. Erleiden alle dezentralen Jurisdiktionen Nachteile im Jurisdiktionenwettbewerb mit Drittstaaten, liegt die Verantwortung offensichtlich bei der zentraleren Ebene. Entweder entsprechen ihre Leistungen nicht den Bedürfnissen der Bürger und Standortnutzer oder die von ihr bereitgestellte Wettbewerbsordnung für den Jurisdiktionenwettbewerb ist ungeeignet. Die Wettbewerbsergebnisse lassen daher im Föderalstaat deutlicher als bei mehreren Jurisdiktionen gleicher Größe Rückschlüsse auf die Qualität der Regierungspolitik zu.[41] Die Gefahr kollektiver Verantwortungslosigkeit ist – bei Trennsystemen (6.2.1.2) – geringer. Auch die Gefahr, dass gute regionale Politikansätze aufgrund schlechter nationalstaatlicher Politik keine Chance haben, imitiert zu werden, nimmt ab. Denn im Vergleich zwischen den Regionen werden die Ergebnisse innovativer Politikansätze sichtbar.

Im Ergebnis ist daher für Föderationen eine effizientere Ressourcenallokation als für im horizontalen Wettbewerb stehende unitarische Staaten zu erwarten. Föderalisierung kann daher als eine geeignete Strategie im internationalen Jurisdiktionenwettbewerb gelten (Wrede 1997a, 513). Die optimale Ebenenzahl liegt im Hinblick auf den Jurisdiktionenwettbewerb im Föderalstaat höher als bei funktionaler Aufteilung der staatlichen Leistungserstellung.

6.3 Fazit

Föderalismus zeichnet sich durch die hierarchische Anordnung von Jurisdiktionen aus, die aus der Überlagerung von territorialer und funktionaler Aufteilung der Staatsgewalt entsteht. Verglichen mit der funktionalen Aufteilung der Staatsgewalt, wie sie in Kapitel 5 untersucht wurde, erlaubt die funktionale und territoriale Aufteilung staatlicher Aufgaben im Föderalismus eine stärkere Differenzierung: Sowohl im Rechtsstaat als auch im Leistungsstaat übersteigt die optimale Anzahl föderaler Ebenen die optimale Anzahl der Jurisdiktionen bei funktionaler Aufteilung. Im Rechtsstaat ist das vor allem auf die Rolle der zentralen föderalen Ebene bei der Durchsetzung einer Wettbewerbsordnung für den Jurisdiktionenwettbewerb zwischen den Gliedstaaten zurückzuführen, im Leistungsstaat auf die differenzierte Jurisdiktionengröße. Die Ebenenzahl für sozialstaatliche Aufgaben orientiert sich weitgehend an der von Rechts- und Leistungsstaat vorgegebenen föderalen Struktur. Dabei ist grundsätzlich bei einer großen Zahl föderaler Ebenen die explizite interregionale Umverteilung der impliziten vorzuziehen.

---

[41] Dies ist von Vertretern des *Laboratory federalism* herausgearbeitet worden. Vgl. 4.2.2.2 (2).

Im Fiskalföderalismus liegt die Begründung für die föderale Struktur eines Gemeinwesens in den unterschiedlichen Nutzenreichweiten. Die verfassungsökonomische Analyse betont demgegenüber den optimalen Aufgabenumfang einer Jurisdiktion. Ist dieser überschritten, bietet sich eine funktionale oder – besser – eine föderale Aufteilung von Aufgaben an. Das bedeutet zum einen, dass unterschiedlich große Gemeinwesen, beispielsweise die USA und die Schweiz, gleich viele föderale Ebenen haben, wenn der Umfang öffentlicher Leistungen ähnlich groß ist. Orientiert man sich – wie der Fiskalföderalismus – an den Nutzenreichweiten öffentlicher Güter, wäre entweder in den USA die föderale Differenzierung angesichts der Größe des Landes zu gering oder in der Schweiz angesichts der sehr geringen Größenunterschiede zwischen den Jurisdiktionen verschiedener Ebenen zu stark. Zum zweiten kann aus dieser Analyse der Schluss gezogen werden, dass ein Gemeinwesen, in dem in großem Umfang Güter öffentlich bereitgestellt werden, über mehr föderale Ebenen verfügen sollte, als ein Gemeinwesen, das stärker auf die private Bereitstellung setzt. Beispielsweise könnten die USA bei geringerer Staatsquote mit zwei föderalen Ebenen – Union und Bundesstaaten – auskommen, während in der Europäische Union teilweise drei Ebenen – Union, Mitgliedstaaten und Bundesländer bzw. Regionen – bestehen. Die staatliche Organisation im Baskenland zeigt in diesem Zusammenhang, dass die Ebenenzahl eines föderalen Systems bei entsprechender Abgrenzung der Kompetenzen nicht auf drei beschränkt sein muss (2.2.2.2).

Bei der Frage, welche staatliche Organisation eine bessere Ausrichtung der Politik an den Interessen der Bürger garantiert, spielt die Aufteilung der Kompetenzen eine wichtige Rolle. Die Aufteilung der Bereitstellung öffentlicher Güter auf mehrere funktionale Jurisdiktionen (funktionale Aufteilung) wirkt ausschließlich auf den *Voice*-Mechanismus (5.2.1). Für den Bürger verändert sich die Anzahl der für ihn zuständigen Regierungen und damit die Kontrollkosten. Unverändert ist jedoch ein Wohnortwechsel (Standortwechsel) und damit ein Wechsel der Anbieter mehrerer öffentlicher Güter erforderlich, wenn der Bürger (der Standortnutzer) bei einem Gut den Anbieter wechseln will (5.2.2).

Die Aufteilung der Bereitstellung öffentlicher Güter durch hierarchisch angeordnete Jurisdiktionen (föderale Aufteilung) verändert sowohl den *Voice*- als auch den *Exit*-Mechanismus. Bezüglich des *Voice*-Mechanismus lassen sich durch eine föderale Aufteilung staatlicher Aufgaben die Organisationskosten für die Bürger stärker senken als durch die funktionale Aufteilung, weil Entscheidungen in Jurisdiktionen unterschiedlicher Größe getroffen werden können (6.2.1.3). Bezüglich des *Exit*-Mechanismus ist zwischen der Bereitstellung auf höherer Ebene und der Bereitstellung auf niedrigerer föderaler Ebene zu unterscheiden. Die Verlagerung von Kompetenzen auf eine höherrangige Jurisdiktion erhöht die Wettbewerbsintensität im Jurisdiktionenwettbewerb zu Lasten der Güterintensität; umgekehrt erhöht eine Verlagerung von Kompetenzen auf niederrangige Jurisdiktionen die Güterintensität im Verhältnis zur Wettbewerbsintensität. Eine generell gültige Aussage, ob dies die Steuerungsmöglichkeiten für die Bürger verbessert, ist nicht möglich (6.2.2.2). Deutlich wird im Vergleich von *Voice* und *Exit*, dass die fast völlige Verengung der Föderalismus-Diskussion auf den institutionellen Wettbewerb nicht gerechtfertig ist (Apolte 1999, 168), weil die funktionale Aufteilung staatlicher Aufgaben die Bürgerorientierung gerade aufgrund des veränderten politischen Prozesses wesentlich verbessern kann.

Föderale und funktionale Aufteilung stehen in Wechselwirkung: Je geringer die Ebenenzahl, desto mehr Kompetenzen sind auf einer föderalen Ebene zu verteilen. Werden diese Kompetenzen innerhalb einer Ebene auf verschiedene Jurisdiktionen aufgeteilt, können trotz föderaler Aufteilung funktionale Jurisdiktionen bestehen. Dies bedeutet in Bezug auf den *Voice*-Mechanismus eine Wahlmöglichkeit zwischen funktionaler und föderaler Aufteilung: Je weniger Ebenen bestehen, desto stärker gilt das Argument des funktionalen Parlamentarismus, die Steuerung im *Voice*-Prozess sei durch eine funktionale Differenzierung auf der einzelnen Ebene zu verbessern. Umgekehrt ist bei funktionaler Aufteilung im Mehrebenen-Föderalismus das gewünschte Maß an funktionaler Ausdifferenzierung möglicherweise schon erreicht, so dass eine weitergehende Funktionalisierung auf jeder föderalen Ebene suboptimal wäre.

Im Vergleich beider Formen der Aufteilung staatlicher Aufgaben wird deutlich, dass die föderale jedenfalls der funktionalen vorzuziehen ist, wenn in einem Trennsystem eine getrennte Bewertung der politischen Leistung zu erwarten ist. Denn die föderale Aufgabenteilung erlaubt die Berücksichtigung unterschiedlicher Gruppengrößen und regionaler Minderheiten (6.2.1.1). In Verbundsystemen ist der Unterschied zwischen föderaler und funktionaler Aufteilung staatlicher Aufgaben in Bezug auf die Steuerungsmöglichkeiten marginal. Beide Aufteilungsarten erhöhen die Anzahl der gewählten Gremien. Eine wesentliche Verbesserung der Steuerung ist dadurch jedoch nicht zu erwarten (6.2.1.2). Weder werden regionale Minderheiten berücksichtigt noch werden unterschiedliche Gruppengrößen für Entscheidungen genutzt. Die möglichen Vorteile der Aufteilung staatlicher Aufgaben kommen sämtlich nicht oder nur eingeschränkt zur Geltung. Um ein Trennsystem zu verwirklichen, sind zum einen die Interdependenzen zwischen den politischen Entscheidungen der einzelnen Ebenen zu minimieren. Zum anderen sollte die Kompetenzverteilung und Aufgabenerfüllung transparent sein. Dies ist nicht zuletzt Aufgabe der föderalen Finanzverfassung. Bei einem Verbundsteuersystem, das vertikale Externalitäten verhindert, wird vertikales Kostenbewusstsein nur dann erreicht, wenn die Zuweisungen separat finanziert oder zumindest bei der Steuererhebung separat ausgewiesen werden. Transparenter ist das Trennsteuersystem. Es kann jedoch zu vertikalen Externalitäten führen, falls der horizontale Jurisdiktionenwettbewerb keine Äquivalenzbesteuerung erzwingt.

Der Ansatz des „funktionalen Föderalismus" vereint begrifflich funktionale und föderale Aufteilung. Tatsächlich kann er jedoch in Bezug auf die Rechtsetzung nicht als Föderalismus-Ansatz bezeichnet werden. Denn beim funktionalen Föderalismus handelt es sich um „overlapping jurisdictions without explicit ranking" (Casella/Frey 1992, 640), die dem leistungsstaatlichen Bereich zugeordnet sind und keine verbindliche Rechtsetzung vornehmen. Allein die umfassende Rechtssetzungsebene, innerhalb derer sich funktionale Jurisdiktionen bilden können, nimmt die Aufgabe des Rechtsschutzstaates wahr. Bezüglich der rechtsstaatlichen Kompetenzen besteht keine Koexistenz von Staatlichkeit; sie ist damit unitarisch und nicht föderal organisiert. Ein föderationsinterner Wettbewerb um Regeln kann nicht erfolgen. Kerber (2000a; 2001a) ergänzt vor diesem Hintergrund den funktionalen Föderalismus im Bereich der rechtsstaatlichen Kompetenzen, indem er eine freie Wahl des Rechtssystems bei jedem Vertrag vorsieht. Dies geht – wie Kerber selbst zugesteht – nur auf der Grundlage einer einheitlichen Metaordnung. Der Rechtsraum, auf den in Kerbers Konzeption letztlich zurückgegriffen wird, bleibt auch in diesem Ansatz einheitlich, territorial definiert und dem Wettbewerb enthoben. Allerdings entfällt bei diesem Wettbewerb um Regulierungen die Rechtfertigung für staatliches Handeln, weil die Regelsetzung nicht mehr innerhalb der Jurisdiktion verbindlich ist (Kerber 2000a, 91–95) und daher auch privat angeboten werden könnte. So entsteht gerade kein „Föderalismus des Rechts" als „hierarchische Mehr-Ebenen-Struktur staatlicher Einheiten" (ebd., 83), sondern ein unitarischer Staat, der sich des Wettbewerbs zwischen privaten oder staatlichen Standards bedient. Weil die unteren Ebenen keine Staatlichkeit mehr aufweisen, kann weder beim funktionalen Föderalismus noch beim „Föderalismus des Rechts" von Kerber von Föderalismus gesprochen werden.

Wenn in diesem Kapitel Föderalismus unter anderen deshalb als gegenüber dem Funktionalismus vorzugswürdiges Modell staatlicher Organisation dargestellt wurde, weil er die kollektive Problemlösung in unterschiedlich großen Gruppen ermöglicht, so lässt sich dieser Vorteil nur dann realisieren, wenn die Aufgabenverteilung zwischen den föderalen Ebenen dies zulässt. Ist für jeden Politikbereich festgelegt, welche Jurisdiktion über politische Alternativen zu befinden hat, dann kommt der genannte Vorteil nicht zum Tragen. Die zuweilen als lästiges, technisches Problem angesehene Frage der Kompetenzverteilung in einem föderalen System stellt folglich in ihrer Offenheit gerade einen zentralen Vorteil föderaler Systeme dar. Das führt zu der Frage, in welcher föderalen Verfassung die Bürgersouveränität auch bezüglich der Kompetenzverteilung und damit der Gestaltung der föderalen Struktur umgesetzt werden kann. Der föderalen Dynamik gilt daher das nächste Kapitel.

7 Dynamischer Föderalismus

7.1 Effizienzwirkungen föderaler Dynamik

Staatliche Strukturen verändern sich kontinuierlich. Der deutsche, der belgische und der spanische Föderalismus sowie die Dezentralisierung Frankreichs und Großbritanniens geben davon Zeugnis (2.2), ebenso die staatliche Struktur Europas, die sich über eine Reihe von Vertragsänderungen zu einer supranationalen Föderation entwickelt hat und der in Kürze weitere tiefgreifende Änderungen bevorstehen (2.1.1). Nicht zuletzt hat die Veränderung der staatlichen Struktur Europas Rückwirkungen auf die innerstaatlichen Strukturen gehabt, was insbesondere in Deutschland und in Belgien zu beobachten ist (2.3.3).

Manche der genannten Veränderungen werden vornehmlich positiv bewertet, so die „Einigung Europas", andere, wie die zunehmende Verflechtung im deutschen Föderalismus, überwiegend negativ. Dies wirft die Frage auf, ob die Veränderbarkeit föderaler Strukturen wünschenswert ist, ob also Föderalverfassungen die föderale Dynamik explizit vorsehen sollten. Vorteile einer flexiblen Föderalverfassung liegen – wie zu zeigen ist – in der Anpassungsfähigkeit an Veränderungen der Bürgerpräferenzen (7.1.1) und an Veränderungen im politischen Prozess sowie im Jurisdiktionenwettbewerb (7.1.2). Föderale Dynamik erlaubt zudem die Generierung neuen Wissens über geeignete föderale Strukturen (7.1.3).

7.1.1 Veränderungen der Präferenzen

Die Aufgaben des Staates als politischer Genossenschaft verändern sich mit den Bedürfnissen der Bürger als Mitglieder dieser Genossenschaft. Entsprechend liegt auch die Anpassung staatlicher Strukturen an diese veränderten Bedürfnisse im Interesse der Bürger. Grundsätzlich kann es daher als Vorteil betrachtet werden, wenn in föderalen Staaten die Aufgabenverteilung zwischen den föderalen Ebenen veränderbar ist. Dieser Vorteil föderaler Systeme wird im Folgenden für den Rechtsschutzstaat (7.1.1.1), den Leistungsstaat (7.1.1.2) und den Sozialstaat (7.1.1.3) untersucht.

7.1.1.1 Rechtsschutzstaat

Nach der Kontingenztheorie der Organisation[1] muss eine Organisation sich an ihre situativen Bedingungen anpassen. Veränderungen der Systemumwelt führen zu Veränderungen im Organisationsaufbau. Dies gilt in gleicher Weise für staatliche Organisationen und damit für Föderationen. Veränderungen der Entscheidungsfindungskosten und der mit Entscheidungen verbundenen externen Kosten machen grundsätzlich eine flexible Verfassung wünschenswert (Mueller 1996, 326; Pitlik

---

[1] Grundlegend Lawrence/Lorsch (1969/1986).

1997, 14). Auch die Frage, welches der geeignete territorial definierte Rechtsraum für einzelne Bereiche der Rechtssetzung sei, wird aufgrund von Veränderungen der Systemumwelt und der Bürgerpräferenzen im Zeitablauf unterschiedlich beantwortet. Dies ist darauf zurückzuführen, dass die Kostenstrukturen, die der Entscheidung über eine gemeinsame Bereitstellung in einer bestimmten Jurisdiktionengröße zugrunde liegen (4.2.1.1, 6.2.1.1), sich kontinuierlich verändern.

Ursächlich für Veränderungen der Systemumwelt sind zum einen technologische Entwicklungen (Pitlik 1997, 15). Insbesondere eine Ausweitung der Mobilität kann Rechtssetzung auf einer höheren Ebene wünschenswert erscheinen lassen. Umgekehrt können moderne Technologien die dezentrale Rechtsdurchsetzung erleichtern.

Zum zweiten bieten Veränderungen der Verwaltungs- und Koordinationskosten Anlass für eine Anpassung der Kompetenzverteilung.

Schließlich verändern sich die Bürgerpräferenzen aufgrund des Generationenwechsels, der demografischen und der Einkommensstruktur, der außenpolitischen Lage sowie durch die Lebenserfahrung der Einzelnen (ebd., 15f). Insbesondere passen sich die Bürgerpräferenzen an die föderale Struktur an. Föderalstaaten schaffen durch diesen Gewöhnungseffekt Anlass für ihre kontinuierliche Veränderung. Eine solche Reaktion der Bürgerpräferenzen auf die föderale Struktur ist vor allem dann zu beobachten, wenn eine zusätzliche föderale Ebene geschaffen wird. Argumente wie die Vorteilhaftigkeit eines großen Rechtsraumes, die bisher für die Rechtssetzung auf oberster Ebene sprachen, entfallen bei Schaffung eines umfassenderen Rechtsraumes. Wird die Hauptfunktion des Rechtsschutzstaates, die Definition und Durchsetzung grundlegender Rechtspositionen, von einer neuen Ebene wahrgenommen, reduziert sich die Funktion der bisherigen obersten Ebene möglicherweise auf die Kontrolle des Wettbewerbs zwischen den ihr untergeordneten Jurisdiktionen, wenn die Bürger innerhalb des umfassenden Rechtsraumes nun Differenzierungsmöglichkeiten durch kleineren Jurisdiktionen wahrnehmen wollen. Der Zusammenschluss von Nationalstaaten kann so interne Dezentralisierungspotenziale erschließen.[2] In diesem Fall würde die zusätzliche föderale Ebene zu einer Dezentralisierung im bisherigen föderalen Verband führen (Dezentralisierungsthese).

Umgekehrt kann die Existenz einer übergeordneten Ebene neues Vertrauen in die bisher unkontrollierbare oberste Ebene schaffen, weil die Politiker nun in ein umfassendes Regelsystem eingebunden sind, das ihnen zusätzliche Restriktionen auferlegt. Die Gewöhnung an ein Föderalsystem mit gliedstaaten-übergreifender Normsetzung (Breton 1987, 213f) kann zudem die Bereitschaft wachsen lassen, einen größeren Rechtsraum zu nutzen, um die Vorteile der Rechtssicherheit in ei-

---

[2] Hayek (1944, 234). So argumentiert Delmartino (1996, 141f), dass die Existenz der europäischen Ebene den Föderalisierungsprozess in Belgien erleichterte.

nem größeren Territorium genießen zu können.[3] In diesem Fall würde die zusätzliche föderale Ebene im bisherigen föderalen Verband eine Zentralisierung auslösen (Zentralisierungsthese).

In verschiedenen Rechtsbereichen wird sich eine jeweils spezifische Reaktion auf die Zunahme der föderalen Ebenen herausbilden. Der Nettoeffekt ist dabei *a priori* unklar.

Werden für eine Veränderung der föderalen Struktur Rechtssetzungskompetenzen zwischen verschiedenen Ebenen verlagert, bleibt die territoriale Einheitlichkeit gewahrt, die für die Rechtsordnung entscheidend ist. Die Verbundvorteile bei der Rechtssetzung und -durchsetzung können nach wie vor auf den einzelnen Ebenen realisiert werden. Verändert wird lediglich die konkrete Aufgabenbündelung bei den einzelnen Ebenen und die Größe des Rechtsraums. Werden Kompetenzen auf die höhere Ebene verlagert, wird in einem größeren Rechtsraum über Rechtsnormen entschieden, werden Kompetenzen auf eine niedrigere Ebene verlagert, in einem kleineren Rechtsraum.

7.1.1.2 Leistungsstaat

Veränderungen der Bürgerpräferenzen und der Systemumwelt lösen auch in der föderalen Struktur des Leistungsstaates Veränderungsbedarf aus. Schon die Entstehung von Föderationen ist häufig auf externe Bedrohungen und die Notwendigkeit gemeinsamer Verteidigungsanstrengungen zurückzuführen (Riker 1996, 12–19). Auch die Zentralisierungstendenz innerhalb von bestehenden Föderationen kann mit Kriegen, Wirtschaftskrisen, Umweltkrisen oder anderen wesentlichen Veränderungen der Systemumwelt erklärt werden.[4] Diese verändern die Nachfrage der Bürger nach bestimmten öffentlichen Gütern und damit den aus der Sicht der Bürger optimalen föderalen Aufbau. Nicht zuletzt macht eine starke Erweiterung der leistungsstaatlichen Aufgaben eine größere, eine Einschränkung dieser Aufgaben eine kleinere Ebenenzahl wünschenswert (6.1.2.3). Diese Veränderungen der Systemumwelt, die Anpassungsbedarf innerhalb der Föderation erzeugen, verlaufen „nicht gleichförmig und linear, sondern in Sprüngen und vermutlich in zyklischen Schwankungen zwischen Extremsituationen" (Benz 1985, 107).

---

[3] Langfristig spielt es, wenn man mit dem Gewöhnungseffekt argumentiert, keine Rolle, ob die Bereitstellung dezentral oder zentral erfolgt, weil die staatliche Bereitstellung die Präferenzen prägt (Breton 1987, 203). Allerdings darf nicht übersehen werden, dass die staatliche Bereitstellung bei der Bildung von Präferenzen nur ein Faktor unter vielen ist. Die Frage der geeigneten Ebene für die Bereitstellung von öffentlichen Gütern bleibt daher von Relevanz.

[4] Vgl. Peacock/Wiseman (1961/1969) für die Zentralisierungstendenz durch die Weltkriege in Großbritannien, Sandel (1996, 217–222) zur Zentralisierungstendenz in den USA als Antwort auf das Wachstum der Unternehmen, Vaubel (1992, 52f) für die Zentralisierungstendenz in den USA zur Zeit der Großen Depression.

Besondere Bedeutung hat in diesem Zusammenhang die Ressourcenverteilung innerhalb einer Föderation. Zum einen verändert sich mit der Nachfrage nach öffentlichen Gütern der Ressourcenbedarf der einzelnen Jurisdiktionen innerhalb der Föderation. Wesentlicher Anpassungsbedarf bei Veränderungen der Systemumwelt ist daher, soweit keine Äquivalenzfinanzierung vorgenommen wird, in der föderalen Finanzverfassung zu erwarten. Lediglich im reinen Trennsystem können die einzelnen Jurisdiktion autonom auf Veränderungen ihres Ressourcenbedarfs reagieren. In allen anderen Systemen ist eine Neuordnung der föderalen Finanzbeziehungen erforderlich.

Zum anderen führt eine exogene Änderung der Steuereinnahmen selbst zu Spannungen zwischen den Jurisdiktionen eines föderalen Systems, die über Veränderungen der föderalen Struktur oder durch Verlagerungen von Kompetenzen oder Ressourcen abgebaut werden (Benz 1985, 103–105). Solche Veränderungen der Ressourcenströme können unter anderem durch einen Wandel der Wirtschaftsstruktur erzeugt werden.

Eine föderalismusspezifische Form der Veränderung der Systemumwelt stellt die Schaffung einer neuen föderalen Ebene dar. Aufgrund der an sie abzuführenden oder von ihr zu erhebenden Steuern verändern sich die Finanzierungsbedingungen in der bisherigen Föderation. Gleichzeitig erweitert sich der relevante Rechtsraum, so dass sich möglicherweise die optimale Jurisdiktionengröße für die Bereitstellung von öffentlichen Gütern verändert. Wie beim Rechtsschutzstaat ist der Nettoeffekt zwischen Zentralisierung und Dezentralisierung unklar:

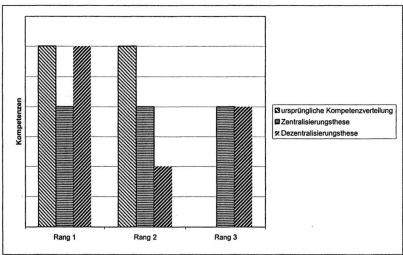

Abb. 7.1: Auswirkungen einer zusätzlichen föderalen Ebene auf die Kompetenzverteilung.

Geht man mit dem Fiskalföderalismus davon aus, dass jede Ebene unabhängig von der Anzahl der Kompetenzen die der Größe ihrer Jurisdiktionen entsprechenden öffentlichen Güter anbietet, haben Kompetenzverlagerungen von Rang 2 nach Rang 3 keinen Einfluss auf die Aufgabenverteilung zwischen Rang 1 und Rang 2. Die bisherige Föderation ist dann nach dem Eintritt in eine übergeordnete Föderalstruktur weniger zentralisiert als vorher (Dezentralisierungsthese). Geht man jedoch davon aus, dass jede Ebene ungefähr für die gleiche Zahl öffentlicher Güter zuständig sein soll (6.1.2.3), kommt es zu einer Verlagerung von Kompetenzen innerhalb der bisherigen Föderation: Da vor allem Aufgaben der bisher obersten föderalen Ebene (Beispiel: Rang 2) an die neue übergeordnete Föderation (Rang 3) abgegeben werden, sollte jene vermehrt Aufgaben der untersten föderalen Ebene (Rang 1) übernehmen, um die gleichmäßige Verteilung der Kompetenzen wiederherzustellen (Abb. 7.1). Als Reaktion auf die Integration in eine umfassende Föderation ergibt sich folglich ein interner Zentralisierungsbedarf. Dieser führt wiederum zu einer Gleichverteilung der Kompetenzen zwischen Rang 1 und Rang 2.

Eine weitere Veränderung der Systemumwelt stellt die technologische Entwicklung dar. Die Größenvorteile bei öffentlichen Gütern unterliegen technologiebedingt einem kontinuierlichen Wandel (Oates 1972, 225). Dies ist insofern für die föderale Ordnung unerheblich, als die Produktion nicht notwendigerweise von der Jurisdiktion selbst vorgenommen werden muss (4.1.2). Mit der Technologie ändert sich jedoch auch die Nutzenreichweite öffentlicher Güter und die Möglichkeit zum Ausschluss von Nutzern. Werden den einzelnen Ebenen einer Föderation aus diesem Grund maßnahmenspezifische Kompetenzen vergeben, dann kommt es zur Verflechtung der Ebenen, weil bei der Bereitstellung eines öffentlichen Gutes stets Kompetenzen mehrerer Ebenen erforderlich sind. Die Vorteile des Föderalismus können dann nicht realisiert werden. Wird im Lichte dieses Einwandes die Kompetenzverteilung nach Politikbereichen vorgenommen, kann diese nur für eine spezifische Art und Menge öffentlicher Güter in diesem Politikbereich allokationseffizient sein.[5] Mit der Veränderung der Bereitstellung werden dann Anpassungen der Föderalstruktur notwendig.

Der optimale Zuschnitt der Jurisdiktionen variiert auch mit der technologischen Entwicklung bei privaten Gütern. Besonders deutlich wird das an der Entwicklung der Mobilität der Menschen. Halten diese sich aufgrund gesunkener Mobilitätskosten zunehmend häufiger in anderen als ihren Wohnortgemeinden auf, nehmen die Externalitäten zu, weil lokale öffentliche Güter vermehrt auch von Ortsfremden genutzt werden können (Oates 1972, 223). Zusätzlich steigt der *Option value* an, weil die Wahrscheinlichkeit zunimmt, sich an anderen Orten als dem eigenen

---

[5] Umweltpolitische Kompetenzen in den 70er Jahren bezogen sich beispielsweise wesentlich auf die Reinhaltung von Flüssen und Seen durch Kläranlagen. Dies erfordert eine andere föderale Ebene als der Klimaschutz, der nun in der Umweltpolitik im Vordergrund steht.

Wohnort aufzuhalten. Dies könnte neben dem Gewöhnungseffekt (7.1.1.1) und dem Homogenitätsgrad innerhalb der Jurisdiktionen (Kirsch 1987, 28f) erklären, warum die Nachfrage nach zentral bereitgestellten öffentlichen Gütern vom bereits erreichten Zentralisierungsgrad einer Föderation abhängt: Je geringer die Mobilitätskosten aufgrund zentralstaatlicher Harmonisierung, desto stärker kommt es zu Externalitäten durch Mobilität und desto stärker steigt der *Option value*. Insofern könnte der Zusammenschluss von Staaten zu einer Wirtschaftsgemeinschaft eine nachfrageseitige Zentralisierungstendenz auslösen (Zentralisierungsthese).

Externalitäten als subjektiv wahrgenommene Auswirkungen des Handelns anderer (4.1.2), wandeln sich auch unabhängig von objektiv wahrnehmbaren Einflussfaktoren. Eine erhöhte Aufmerksamkeit für bestimmte Themen (*saliency*) verstärkt den Wunsch nach Internalisierung externer Effekte, die vorher hingenommen wurden (Kirsch 1978, 34). Die subjektiven Präferenzabweichungskosten als eine der Determinanten der optimalen Jurisdiktionengröße (4.2.1.1) sind damit kontinuierlichen Veränderungen unterworfen, die Rückwirkung auf die aus Sicht der Bürger optimale Föderalstruktur haben. Die Bürger haben folglich ein Interesse an einer Föderalverfassung, die es erlaubt, die föderale Aufgabenverteilung im Leistungsstaat zu verändern.

7.1.1.3 Sozialstaat

Sinkende Kosten der Informationsübertragung führen dazu, dass Menschen vom Schicksal anderer Menschen erfahren, die weiter entfernt wohnen, und sich ihnen verbunden fühlen. Bei sinkenden Mobilitätskosten nimmt das Interesse des Einzelnen zu, dass mit Umverteilungsmaßnahmen die Rechtsdurchsetzung auch an Orten, die in großer Entfernung vom eigenen Wohnort liegen, erleichtert wird (4.1.3). Außerdem kann es sein, dass sich mehrere Jurisdiktionen nur unter der Voraussetzung auf die Bildung einer neuen föderalen Ebene einigen können, dass die reicheren Staaten Transfers an die ärmeren Staaten aufbringen. Die Gründung von Wirtschaftsgemeinschaften oder anderen supranationalen Zusammenschlüssen, die in der Regel zu sinkenden Mobilitätskosten führt, kann daher sowohl zu dem Wunsch nach zunehmender Zentralisierung der sozialstaatlichen Aufgaben beitragen als auch diese Zentralisierung voraussetzen.

Die Bereitschaft zur Umverteilung nimmt außerdem mit höherem Einkommen zu (6.1.3). Infolge von Wirtschaftswachstum müsste daher die Umverteilungsfunktion, die vor allem der zentralen Ebene zugewiesen ist, für die Bürger an Bedeutung gewinnen. Plausibel ist jedenfalls, dass die Bedeutung der Umverteilung und die von den Bürgern gewünschte Reichweite dieser Umverteilung kontinuierlichen Veränderungen unterliegen. Diesen kann eine starre Föderalstruktur nicht gerecht werden.

Festzuhalten ist, dass Veränderungen der Bürgerpräferenzen bezüglich der Reichweite und des Umfangs an Umverteilung dafür sprechen, dass die sozialstaatlichen

Kompetenzen zwischen den Ebenen eines föderalen Systems verlagert werden können.

Welche Ebene sich für die *explizite* Umverteilung eignet, ist umstritten. Während im Fiskalföderalismus vor allem der zentralen Ebene diese Aufgabe zugewiesen wurde, sehen Ökonomen in der *Public-Choice*-Tradition die Umverteilungskompetenz als die Kompetenz an, bei der es am leichtesten zu einer Ausbeutung von Minderheiten und zu einer Prinzipal-Agenten-Problematik kommen kann (6.1.3). Generell wird eine stärkere Zentralisierung eine umfangreichere Umverteilung ermöglichen, die auch interregionale Umverteilung mit einschließt, während dezentralisierte Umverteilung interregionalen Ausgleich von der Zustimmung der Geber-Jurisdiktionen abhängig macht und interpersonelle Umverteilung aufgrund der Wanderungsmöglichkeiten erschwert. Je größer die ökonomischen Unterschiede zwischen den Regionen, desto stärker wird interpersonelle Umverteilung in der übergreifenden Jurisdiktion zur interregionalen.

Noch stärker lässt *implizite* Umverteilung im Zusammenhang mit der Bereitstellung öffentlicher Güter die Frage, auf welcher Ebene ein öffentliches Gut bereitgestellt wird, zu einer Frage der regionalen Umverteilung werden. Die reicheren Regionen werden, wenn nicht nutzenäquivalent finanziert wird, einen größeren Anteil an der Finanzierung von zentral bereitgestellten öffentlichen Gütern tragen als die ärmeren. Tendenziell sind bei einer monotonen Präferenzordnung jeweils diejenigen Bürger gegen eine Zentralisierung, deren Präferenzen näher am Median ihrer dezentralen Jurisdiktion liegen als am Median der umfassenden Jurisdiktion (Borck 1998, Kapitel 4). Das ist darauf zurückzuführen, dass diese Gruppen bei Zentralisierung eine im Vergleich zur dezentralen Bereitstellung größere Abweichung von ihrer eigenen Präferenz erwarten müssen. Ist die Präferenzordnung monoton in Bezug auf das Einkommen, werden daher die Reichen in reichen Regionen und die Armen in armen Regionen eine Zentralisierung ablehnen, während die Bevölkerungsgruppen, die nahe am Einkommensmedian der umfassenden Gebietskörperschaft liegen, einer Zentralisierung befürworten werden. Die Annahme, dass die Präferenzen in Bezug auf das Einkommen monoton verlaufen, ist umso plausibler, je größer das Güterbündel ist (5.2.1.1 (1)). Sie ist aber auch dann plausibel, wenn die Bereitstellung des öffentlichen Gutes in größerem Umfang unerwünschte implizite Umverteilung erwarten lässt. Die Kompetenzverlagerung im Leistungsstaat ist immer, wenn von Äquivalenzfinanzierung abgewichen wird, mit einer Veränderung der Einkommenssituation verbunden. Die Frage, auf welcher Ebene ein öffentliches Gut bereitgestellt werden sollte, kann daher stets in drei Teilfragen unterteilt werden:

Erstens ist zu klären, welcher Ebene bei Äquivalenzfinanzierung die Bereitstellungskompetenz zuzuweisen wäre. Diese Frage wird im Zeitablauf unterschiedlich beantwortet (7.1.1.2).

Zweitens sind die Umverteilungsfolgen einer Kompetenzverlagerung abzuschätzen; das Umverteilungsvolumen wird im Allgemeinen mit einer Zentralisierung zu- und mit einer Dezentralisierung abnehmen. Jedenfalls erlaubt eine Zentralisierung von leistungsstaatlichen Kompetenzen, dass zusätzlich zu interpersoneller implizit auch interregionale Umverteilung vorgenommen wird. Auch diese Bewertung der Umverteilung ist Veränderungen unterworfen.

Drittens stellt sich die Frage, ob die positiv oder negativ eingeschätzte implizite Umverteilung die Bewertung verändert, welche Ebene die entsprechende Bereitstellungskompetenz erhalten sollte. So kann die Begeisterung für die einheitliche Bereitstellung öffentlicher Güter im Gesamtstaat für die Bürger der reicheren Region dadurch geschmälert werden, dass sie selbst einen überproportionalen Finanzierungsanteil tragen müssten.

7.1.2 Veränderungen der Steuerungsmechanismen

Die Kompetenzzuweisung innerhalb föderaler Systeme hat Auswirkungen auf die Steuerungsmöglichkeiten des politischen Prozesses und damit zum einen auf die relativen Machtpositionen innerhalb der Bürgerschaft (4.2.3), zum anderen auf die konkret zu erwartenden Politikergebnisse. Die Verwirklichung von Bürgersouveränität ist daher wesentlich von der Ausgestaltung der föderalen Ordnung abhängig (6.3). Umgekehrt machen – wie zu zeigen ist – exogene Veränderungen der Steuerungsmechanismen *Voice* (7.1.2.1) und *Exit* (7.1.2.2) eine Anpassung der Kompetenzverteilung erforderlich, um Bürgersouveränität auch unter veränderten Umständen aufrechtzuerhalten.

7.1.2.1 Voice

Wesentliche Vorteile föderaler Systeme in Bezug auf den *Voice*-Mechanismus sind die Möglichkeit, in unterschiedlichen Gruppengrößen eine Einigung über öffentliche Güter herbeizuführen (6.2.1.1), und die Restriktionen für politisches Handeln, die von der vertikalen Gewaltenteilung ausgehen (6.1.1.2). Sie kommen nur bei föderaler Dynamik in vollem Umfang zum Tragen:

(1) Gruppengröße

Die Größe der Gruppen, innerhalb derer die Bürger sich auf bestimmte öffentliche Güter einigen wollen, ändert sich kontinuierlich. Wandelt sich die Zusammensetzung der Präferenzen innerhalb einer Jurisdiktion und werden andere Anforderungen an Rechtsschutz-, Leistungs- und Sozialstaat gestellt (7.1.1), ist auch die Einschätzung innerhalb eines föderalen Systems, auf welcher Ebene eine Frage zu entscheiden ist, Veränderungen unterworfen. Dies gilt insbesondere für die Theoriekomponente der Interessen. Aufgrund von Vergleichen mit erfolgreichen Innovationen in anderen Jurisdiktionen verändert sich die Einschätzung, was gute Problemlösungen sind. Entsprechend kann sich eine Homogenisierung der Präferenzen innerhalb einer Jurisdiktion ergeben, die zu einer Veränderung der Entscheidungs-vorbereitungskosten und der erwarteten externen Kosten einer Abstimmung führt.[6] Eine wichtige Rolle spielt auch die Identifikation der Bürger mit den verschiedenen Regierungsebenen durch ideologische, insbesondere nationalistische und regiona-listische Strömungen. Sie verändert die Legitimität, die den einzelnen Ebenen zu-teil wird. Während traditionell der höheren Ebene aufgrund ihrer Distanz zum Bür-ger weniger Legitimität zukommt (Wohlgemuth 2001a, 16), kann sich durch die Politik auf dieser Ebene oder durch ideologische Veränderungen eine neue Identi-fikation herausbilden.[7]

Der Vorteil föderaler Systeme, in verschiedenen Gruppengrößen Möglichkeiten zur gemeinsamen Besserstellung zu realisieren, ist nur dann gegeben, wenn durch die Verfassungsgebung selbst die Jurisdiktionen, innerhalb derer bestimmte Entschei-dungen getroffen werden, nicht unveränderlich festgelegt sind. Ein Föderalsystem ohne Dynamik begibt sich damit eines entscheidenden Vorteils föderaler Systeme. Dies wird immer dann deutlich, wenn nationalistische oder regionalistische Strö-mungen in starren föderalen Systemen auftreten. Die Anpassungsleistung an die Veränderung der optimalen Gruppengröße fällt föderalen Staaten, die zu einer nicht vorgesehenen Dynamik gezwungen werden, nicht leichter als unitarischen Staaten. Dieser Mangel an Dynamik wird mit zunehmender Ebenenzahl ausgeprägter, weil die Abweichung zwischen der von den Bürgern als optimal angesehenen Gruppen-größe und der von der Verfassung festgelegten größer sein kann als in Zwei-Ebenen-Systemen.

(2) Zusätzliche Restriktionen für politische Akteure

Föderale Systeme schaffen zusätzliche Restriktionen für politische Akteure. Die Möglichkeit, Kompetenzen zu verlagern, hat in diesem Zusammenhang zwei Vor-teile:

Erstens können bei einer variablen Kompetenzzuteilung die erforderlichen Kompe-tenzen bei einer Ebene gebündelt werden, wenn dem Staat neue Aufgaben zukom-men. Der grundlegende *Trade-off* bei Delegation zwischen dem Fehler erster Art, dass die Politiker mangels Kompetenzen nicht im Interesse der Bürger handeln

---

[6] Eine solche Veränderung der Einschätzung, welche Ebene am besten in der Lage sei, die Bür-gerinteressen umzusetzen, lag beispielsweise nach dem Ersten Weltkrieg vor, als sich die Bürger mit ihren Erwartungen und Anliegen eher an dem Zentralstaat als an die im Vergleich zur Vor-kriegssituation geschwächten Gliedstaaten wandten, was letztere weiter schwächte (Popitz 1927, 349).

[7] So ist durch das Kaiserhaus eine Identifikation mit dem Deutschen Reich geschaffen worden, die 1871 undenkbar gewesen wäre. Mit der Entstehung der Reichsämter erfolgte eine Verselbständi-gung der Zentralisierung; die Fürsten vermochten über den Bundesrat nicht, diese Entwicklung zu stoppen (vgl. 2.2.1.1 (1)). Ähnliches geschieht durch die Institutionen auf europäischer Ebene, nicht zuletzt durch die gemeinsame Währung.

können, und dem Fehler zweiter Art, dass sie ihre Handlungsmacht missbrauchen (5.1.1.2; 6.1.1.2), kann somit durch eine variable Kompetenzzuteilung abgemildert werden. Im Vergleich zu einem statischen Föderalsystem ist eine stärkere Gewaltenteilung und damit eine größere Zahl föderaler Ebenen möglich.

Zweitens können bei variabler Kompetenzverteilung die Unterschiede der föderalen Ebenen in der Bürgerorientierung genutzt werden. Denn die Bürgerorientierung des gesamten föderalen Systems wird verstärkt, wenn Kompetenzen vermehrt auf die föderale Ebene verlagert werden, bei der die verfassungsrechtlichen Restriktionen für politisches Handeln zu einer starken Bürgerorientierung der Politik führen. Die Bürger können so von der Unterschiedlichkeit der Restriktionen profitieren, indem mehr Kompetenzen auf der Ebene wahrgenommen werden, die eine bessere Steuerung des politischen Prozesses erlaubt, und weniger Kompetenzen auf einer Ebene, die aufgrund ungeeigneter Regelsetzung eine geringe Bürgerorientierung aufweist. Voraussetzung dafür ist, dass sich die Kompetenzverteilung an den konstitutionellen Interessen der Bürger orientiert.

Die Bewertung, wie viele Ebenen und Jurisdiktionen gebildet und mit welchen Kompetenzen sie ausgestattet werden sollten, hängt damit nicht zuletzt von der Verfassung der einzelnen Jurisdiktionen ab. Dezentralisierung ist vor diesem Hintergrund nicht grundsätzlich vorteilhaft, sondern dann, wenn die Bürgerorientierung auf der unteren Ebene höher ist.[8] Unter der Annahme im Organisationskostenansatz, dass alle Regierungen in gleichem Maße ihr Handeln an den Interessen der Bürger ausrichten und dass die Wahlmodi exogen gegeben sind (Breton/Scott 1978, 6 bzw. 31), kann folglich eine geeignete Föderalstruktur nicht abgeleitet werden. Denn die Kosten der Steuerung des politischen Prozesses, aber auch die Verwaltungs- und Koordinationskosten sind abhängig von den Entscheidungsverfahren innerhalb und zwischen den verschiedenen Jurisdiktionen einen Föderation (6.1.1.3, 6.2.1.3).

Ändern sich die Restriktionen für die politischen Akteure, wird möglicherweise eine Veränderung der Kompetenzverteilung wünschenswert. Dies gilt beispielsweise für die Kontrolle politischen Handelns durch die Medien. Wenn für die verschiedenen politischen Meinungen innerhalb einer Jurisdiktion Medien zur Verbreitung ihrer Ansichten nicht zur Verfügung stehen und wenn Informationen über die Aktivitäten der amtierenden und opponierenden Parteien nur schwer zugänglich sind, wird die Kontrolle der Politiker wesentlich erschwert. Veränderungen in der Medienlandschaft und damit bei den Kosten der Informationsbeschaffung verändern Lage und Form der Kontrollkosten-Kurve (5.2.1.2) und machen möglicherweise eine stärkere oder geringere Aufteilung staatlicher Aufgaben wünschenswert. Zudem besteht ein Interesse, Kompetenzen auf die Ebene zu verlagern,

---

[8] Formal dazu Seabright (1994/1996, 86).

auf der die Informationskosten am geringsten sind.[9] Denn politische Entscheidungsträger, über die kaum Informationen verfügbar sind, können keiner getrennten Bewertung unterzogen werden. Sie werden sich folglich vor allem über ihre Beteiligung an Aktivitäten anderer Ebenen (Zuschüsse für die untergeordnete Ebene, Mitspracherechte auf der übergeordnete Ebene) die Zustimmung der Bürger sichern.[10]

7.1.2.2 Exit

Bei Veränderungen im Jurisdiktionenwettbewerb haben die Bürger möglicherweise ein Interesse, Kompetenzen innerhalb des föderalen Systems zu verlagern. Drei Faktoren können Veränderungen im *Trade-off* zwischen Güterintensität und Wettbewerbsintensität und damit in Verlauf und Ergebnissen des Jurisdiktionenwettbewerbs hervorrufen (6.2.2.2):

(1) *Veränderung der Anzahl der Jurisdiktionen pro Ebene*: Treten zusätzliche Jurisdiktionen einer Föderation bei oder teilen sich bestehende Jurisdiktionen, intensiviert sich der Jurisdiktionenwettbewerb (4.2.2.3). Damit verschärfen sich die Handlungsrestriktionen für die Politiker der betroffenen Ebene; eine Neuaufteilung der Kompetenzen kann erforderlich werden.[11]

(2) *Veränderungen der Mobilitätskosten*: Technologischer Wandel oder politische Entscheidungen beeinflussen die Intensität des Jurisdiktionenwettbewerbs, wie beispielsweise am Steuerwettbewerb deutlich geworden ist. Während bis in die 80er Jahre des letzten Jahrhunderts Kapitalverkehrskontrollen einen Steuerwettbewerb um mobiles Kapital beinahe unmöglich machten, findet heute ein solcher aufgrund des Abbaus dieser Kontrollen, aber auch aufgrund von Entwicklungen in den Informations- und Kommunikationstechnologien mit wachsender Intensität statt. Mehrere, insbesondere kleine Staaten machen sich die Mobilität des Kapitals zunutze, um mit niedrigen Steuersätzen, geringer Regulierung und geringer Kon-

---

[9] Beispielsweise kann für die US-amerikanischen Bundesstaaten durch die hohe Verbreitung von lokalen und regionalen Zeitungen, Rundfunk- und Fernsehsendern von der Existenz einer weitgehend ebenenspezifischen Medienlandschaft ausgegangen werden. Für die Europäische Union ist eine solche Medienlandschaft, nicht zuletzt wegen der Sprachbarrieren, nicht in Sicht.

[10] Dies ist beispielsweise für den deutschen Föderalismus der Fall. Die Ministerpräsidenten sind wegen der geringen Verbreitung des Regionalfernsehens für viele Menschen im Wesentlichen nur dann wahrnehmbar, wenn sie bundespolitisch aktiv werden oder wenn sie lokale Projekte fördern, also gerade nicht ihre landespolitischen Aufgaben wahrnehmen.

[11] Die Wirkung von Erweiterungen auf die Kompetenzverteilung wird häufig unterschätzt. Beispielsweise hätte die Wiedervereinigung, bei der die Anzahl der Jurisdiktionen innerhalb Deutschlands um etwa 50% zunahm und sich folglich der Jurisdiktionenwettbewerb zwischen den Ländern stark veränderte, zu deutlichen Veränderungen in der Kompetenzverteilung zwischen Bund und Ländern führen müssen. Umfassender diskutiert wird die Frage für die Europäische Union bezüglich der Osterweiterung.

trolle zu gefragten Standorten für Banken, Versicherungen und Finanzierungsgesellschaften zu werden. Eine Regelordnung, die den Staaten bestimmte Maßnahmen untersagt, kann in dieser Situation vorteilhaft sein.[12] Eine Zunahme der Wettbewerbsintensität macht in diesem Fall eine Zentralisierung von Kompetenzen erforderlich. Außer für die Durchsetzung einer geeigneten Wettbewerbsordnung gilt dies auch für Umverteilungskompetenzen. Die Ungleichheit der Gliedstaaten, die im Jurisdiktionenwettbewerb möglicherweise verstärkt wird, kann den Wunsch nach interregionaler Umverteilung durch den Zentralstaat auslösen (Popitz 1927, 348). Schließlich geht das Aufkommen aus Steuern mit mobiler Bemessungsgrundlage bei steigender Wettbewerbsintensität zurück. Dies kann eine Neuverteilung der Finanzierungskompetenzen notwendig machen. Bei einer starren Kompetenzverteilung in föderalen Systemen können entsprechende Änderungen nicht vorgenommen werden.

(3) *Veränderung der Wechselkosten*: Durch Privatisierung oder Verstaatlichung verändert sich die Größe des Güterbündels und damit die Höhe der Wechselkosten. Dies gilt auch, wenn durch internationale funktionale Zusammenarbeit bestimmte Kompetenzbereiche von der obersten föderalen Ebene an eine internationale Institution abgegeben werden. Die subjektive Bewertung der Wechselkosten ist zudem kontinuierlichen Veränderungen unterworfen.

In Bezug auf den Jurisdiktionenwettbewerb kann eine optimale Verteilung der Kompetenzen daher nicht für alle Zeiten festgelegt werden. Anpassungen der Kompetenzverteilung liegen im Interesse der Bürger.

7.1.3 Wissensproblematik

Die Wissensproblematik kann in zwei Teilprobleme aufgegliedert werden, das Koordinationsproblem und das Knappheitsproblem (3.1.2).

In Bezug auf das Koordinationsproblem musste festgestellt werden, dass Wissen über geeignete politische Maßnahmen nur in begrenztem Maße verfügbar ist (3.1.2). Wenn nun in einem föderalen System die zentrale Ebene über das Wissen zur Berechnung der notwendigen horizontalen Transfers und vertikalen Zuweisungen verfügt, muss sie auch das Wissen über die Bereitstellung vor Ort haben und könnte daher selbst diese Bereitstellung übernehmen (Weldon 1966). Dies wird am Organisationskostenansatz von Breton/Scott (1978; 1980) deutlich, der von den

---

[12] Derzeit fehlt es auf internationaler Ebene, aber auch bei der Europäischen Union selbst, an entsprechenden Kompetenzen, um solche Regeln auch gegen die Interessen der Staaten, die von diesem unproduktiven Wettbewerb profitieren, einführen und durchsetzen zu können (Gerken/Märkt/Schick 2000, 80–91). Im Rahmen der Europäischen Union und der OECD sind in den letzten Jahren daher statt verbindlicher Rechtsetzung Verhaltenskodizes entstanden, um den Steuerwettbewerb zu einem produktiven Wettbewerbsprozess zu machen (Kommission der Europäischen Gemeinschaften 1997; OECD 1998; 2000).

verschiedenen Organisationsaktivitäten der Bürger ausgeht und die optimale föderale Struktur nach den Kosten dieser Aktivitäten bestimmt. Dadurch, dass „regulating one's own private economic behavior" und „organizing the private provision of public and non-private goods" als *Signalling*-Aktivitäten in das Kalkül einbezogen werden, nehmen Breton/Scott (1978, 32) Aktivitäten mit auf, die dann notwendig werden, wenn der Staat die gewünschten Güter nicht bereitstellt. Die Kosten dieser Aktivitäten sind jedoch abhängig vom konkreten Rechtssystem und den vorhandenen öffentlichen Gütern. Damit wird im Organisationskostenansatz nicht nur die föderale Struktur, sondern auch das Politikergebnis, das in dieser föderalen Struktur erzielt wird, bewertet. Aufgabe der verfassungsgebenden Versammlung – in Vertretung des allwissenden Planers der Wohlfahrtsökonomik – ist daher nicht mehr und nicht weniger, als die gesamte Tätigkeit der öffentlichen Hand zu koordinieren.

Der Organisationskostenansatz stößt hier an das grundsätzliche Problem, dass das Wissen über eine optimale föderale Ordnung das Wissen über die von den einzelnen Jurisdiktionen vorzunehmende Politik umfasst. Denn die optimale Kompetenzverteilung hängt außer von der Nutzenreichweite öffentlicher Güter von deren Art und Menge, von der gewählten Technologie der Bereitstellung (4.1.2) und damit von der gesamten staatlichen Tätigkeit in den beteiligten Jurisdiktionen ab. Ein optimales föderales Design kann nur bei Kenntnis der konkret vorzunehmenden Politik gefunden,[13] ein theoretisch optimaler Föderalismus nicht ermittelt werden.[14] Die Problematik mangelnden Wissens, die für die subkonstitutionelle Ebene konstatiert wurde, trifft daher für Verfassungsfragen in gleicher Weise zu.

In Bezug auf das intertemporale Problem der Generierung von neuem Wissen kann eine langfristige Festlegung einer bestimmten Kompetenzverteilung nur zufällig künftigen Gegebenheiten gerecht werden. Niemand kann in der langen Frist wissen, wie sich die politischen Ziele und Maßnahmen verändern werden, welches also längerfristig für eine bestimmte Kompetenz die richtige Ebene sein wird (Kerber 2000, 232). Mit der Veränderung der Präferenzen der Bürger, der Systemumwelt und der Steuerungsmöglichkeiten für die Bürger verändert sich der optimale Zuschnitt der Gebietskörperschaften und die optimale Verteilung der Kompetenzen. Daher wird eine statische Festlegung der Kompetenzverteilung und der Jurisdiktionsgrößen, wie sie in bundesstaatlichen Verfassungen vorgenommen wird, den Bürgerinteressen nicht gerecht. Im Unterschied zum unitarischen Staat besteht ein Vorteil des föderalen Staates gerade darin, dass er solche Strukturveränderungen als zusätzliche Problemlösungsstrategien zur Verfügung hat und so eine größere

---

[13] Nicht erstaunlich ist es daher auch, dass zwischen Verfassungsentscheidungen und Politikentscheidungen eine enge Verbindung besteht. Häufig sind Verfassungsdebatten gar „only lightly camouflaged debates over policy" (Dye 1990, 184). Dazu ausführlicher 7.2.1.1.

[14] Theiler (1977, 117). So später auch Breton (1987a, 289).

Problemlösungskapazität genießt (Benz 1985, 235). Dynamische Föderalstaaten werden damit dem intertemporalen Wissensproblem besser gerecht. Föderalismus ist aufgrund dieses Vorteils insgesamt als „dynamisches System" interpretiert worden (Benz 1985). Denn eine Föderation ohne Dynamik entbehrt eines wesentlichen Vorteils gegenüber einem nicht-föderalen Staat.

Es kann also in der Diskussion um Kompetenzverteilungen in Föderationen nicht darum gehen, optimale, d.h. allokationseffiziente Lösungen zu suchen, sondern zum einen um die Frage, unter welchen Bedingungen ein föderatives Staatswesen diese Problemlösungsfähigkeit, mithin die strukturelle Kompetenz, das Wissensproblem in Bezug auf staatliches Handeln zu mildern, bestmöglich nutzen kann, ohne seinen Bestand zu gefährden. Der „Lernfähigkeit" föderaler Staaten (Benz 1985, 250) kommt in dieser Sicht eine entscheidende Rolle zu, weil sie die Vorteilhaftigkeit föderaler Organisation wesentlich begründet. Ihre strukturelle Verankerung muss daher als zentrale Aufgabe der Verfassungsgebung aufgefasst werden.

Zum anderen geht es um die Frage, welches Verfahren das geeignete ist, um solche Kompetenzverteilungen hervorzubringen, die den Interessen der Bürger entsprechen. Diese zweite Frage geht insofern über die erste hinaus, als sie unter den verschiedenen möglichen Verfahren zur Fortentwicklung des föderalen Systems solche auswählt, die eine Orientierung an den Bürgerinteressen ermöglichen. Dieser Problematik gilt der folgende Abschnitt.

7.2 Bürgerorientierung der föderalen Dynamik

Veränderungen in föderalen Systemen können entweder durch Veränderungen in der Nachfrage nach öffentlichen Gütern oder angebotsseitig ausgelöst werden.[15] Im voranstehenden Abschnitt 7.1 wurden die Interessen der Bürger an Veränderungen der Föderalstruktur, also die Nachfrageseite, diskutiert. Diese können eine Tendenz zur Zentralisierung oder Dezentralisierung bewirken, die Ausdruck von Bürgersouveränität ist.[16] Angebotsseitig, also durch die Interessen der Politiker ausgelöste

---

[15] Breton (1996, 287f). Ähnlich auch Schulze/Ursprung (1999, 322f), die zwischen politischen und apolitischen Erklärungsansätzen unterscheiden.

[16] In der Tradition von Popitz (1927, 348), der eine „Anziehungskraft des größten Etats" feststellte und die Zentralisierungstendenz für „unvermeidbar" hielt, wurde in der Finanzwissenschaft versucht, Einflussgrößen herauszufinden, die eine „naturgesetzliche" Zentralisierung in Föderalstaaten verursachen könnten. Siehe Timm (1961/69), Albers (1964), Hansmeyer (1967). Für einen Überblick Kraus (1982), Meyer (1998). Die empirischen Analysen (u.a. Hansmeyer/Zimmermann 1984; Wallis/Oates 1988; Vaubel 1993; 1994; Blankart 1999), ob tatsächlich grundsätzlich der Haushalt des Zentralstaates im Verhältnis zu den Haushalten der Gliedstaaten wächst, sind uneindeutig. Sie stellen allerdings stets auf die Veränderung der Ausgabenanteile der verschiedenen föderalen Ebenen als Maß für die Zentralisierung ab (u.a. Breton/Scott 1978, 22–24). Die für die verfassungsökonomische Analyse relevante Verlagerung von Entscheidungskompetenzen kann so nicht überprüft werden.

Veränderungen der Föderalstruktur hingegen, sind Ausdruck mangelnder Bürgersouveränität. Im Folgenden wird für die föderale Dynamik untersucht, ob mit Hilfe der Mechanismen *Voice* (7.2.1) und *Exit* (7.2.2) eine Ausrichtung der Interessen der Politiker auf die Interessen der Bürger gelingt oder ob die Bürger selbst über Kompetenzverlagerungen entscheiden sollten (7.2.3).

7.2.1 Voice

Bei der Bestimmung der Mitglieder parlamentarischer Versammlungen spielt die Thematik der Restriktionenwahl eine geringe Rolle (3.4.2). Entsprechendes gilt für die vertikale Kompetenzverteilung, die ebenfalls eine Restriktion für Politiker darstellt. Sofern sie nicht von der entsprechenden Parlamentsmehrheit allein bestimmt werden kann, hat die Position der Parteien zur Kompetenzverteilung im politischen Wettbewerb meist eine untergeordnete Bedeutung. Umgekehrt beeinflusst jedoch der politische Wettbewerb die Interessen der politischen Akteure in Bezug auf die Kompetenzverteilung in einem föderalen System. Er führt dazu, dass der Tausch von Kompetenzen für die Politiker Vorteile bringt (7.2.1.1). In Abhängigkeit von der Kompetenz-Kompetenz und der Parteienstruktur kann es durch diesen Kompetenztausch zu Zentralisierung (7.2.1.2) oder Dezentralisierung (7.2.1.3) kommen.

7.2.1.1 Kompetenzentausch und Bürgersouveränität

Die Frage der Kompetenz-Kompetenz, also die Frage, wer die Kompetenz hat, die Kompetenzen zuzuweisen, stellt sich immer dann, wenn die bestehende Kompetenzordnung verändert werden soll oder wenn dem Staat eine neue Aufgabe zukommt und entschieden werden muss, welche Ebene diese übernehmen soll (Seliger 1999, 278f). Mit Breton/Scott (1980, 8) kann zwischen Föderationen mit Staatlichkeit auf einer („one-level-federations") und Föderationen mit Staatlichkeit auf zwei Ebenen („two-level-federations") unterschieden werden. Bei ersteren gehören alle Akteure, die an einer Kompetenzverlagerung mitwirken, derselben Föderationsebene an (1 und 2); bei Föderationen mit Staatlichkeit auf zwei Ebenen resultieren Anpassungen der Kompetenzverteilung stets aus der Interaktion zwischen beiden betroffenen staatlichen Ebenen (3–5):

(1) Kompetenz-Kompetenz der unteren Ebene

In Fall der Kompetenz-Kompetenz der unteren Ebene müssen sich mehrere Regierungen zu einer gemeinsamen Verlagerung von Kompetenzen verständigen. Dabei sind horizontale und vertikale Tauschprozesse von großer Bedeutung: Den Staaten mit geringerem Interesse an einer Kompetenzverlagerung gelingt es, sich Zugeständnisse von den Staaten, die ein größeres Interesse an der Einigung haben, durch Zugeständnisse in anderen Fragen abkaufen zu lassen (horizontaler Tausch). Regelmäßig kommt es daher zur Ausbeutung der Großen durch die Kleinen (Olson 1965/1971, 3): Die kleinen Gliedstaaten sind in den gemeinschaftlichen Organen überrepräsentiert, erhalten überdurchschnittlich hohe Zahlungen aus dem gemeinschaftlichen Budget oder tragen einen unterdurchschnittlich hohen Beitrag der Kosten.[17]

Eine wichtige Rolle spielen in diesem Zusammenhang finanzielle Kompensationen im Rahmen von Finanzausgleichssystemen (Homburg 1996). Gliedstaaten, die einer bestimmten Kompetenzverlagerung nicht zustimmen wollen, deren Zustimmung aber für die Verlagerung erforderlich ist, lassen sich diese Zustimmung „vergolden".[18] Die Verlagerung bestimmter Kompetenzen führt so zu einer Nachfrage nach Kompensationszahlungen. Verfügt die obere Ebene über finanzielle Ressourcen, kann auch die Zustimmung zur Kompetenzverlagerung gegen zentral bereitgestellte Ressourcen getauscht werden (vertikaler Tausch). Vertikale Zuweisungen werden deshalb in föderalen Systemen selten einseitig festgelegt, sondern meist zwischen den Ebenen ausgehandelt (Breton 1990, 16).

Die genannten Tauschprozesse sind dabei nicht auf Fragen der Verfassungsgebung beschränkt. Die Zustimmung zu einer Kompetenzverlagerung (konstitutionelle Entscheidung) kann durch die Zustimmung in einer tagespolitischen Frage (subkonstitutionelle Entscheidung) erkauft werden.

(2) Kompetenz-Kompetenz der oberen Ebene

Kann die ranghöhere Ebene die Kompetenzverteilung festlegen, erfolgt diese allein aufgrund der Vorteilhaftigkeit für die Politiker dieser Ebene. Die Mitglieder der zentralen Exekutive und Legislative einer Föderation haben grundsätzlich ein Interesse daran, ihre Macht, ihr Prestige und das von ihnen zu verwaltende Budget zu erweitern. Die obere Ebene kann auch dann Kompetenzverlagerungen (konstitutionelle Entscheidung) vornehmen, wenn die konkrete Politik der unteren Ebene (subkonstitutionelle Entscheidung) ihren Vorstellungen widerspricht. Verhandlungen sind nicht erforderlich, denn die Politiker der übergeordneten Ebene nehmen allein die Kompetenzaufteilung vor; Tauschprozesse unterbleiben.

Einen besonders umstrittenen Fall der Ausübung der Kompetenz-Kompetenz stellt die Auflösung von Jurisdiktionen und die partielle oder vollständige Übernahme der Regierungsverantwortung in einzelnen Jurisdiktionen der untergeordneten Ebene dar, wie sie vor allem bei überschuldeten Jurisdiktionen auftritt. Wird (partiell) die Finanzierung des Haushalts oder die Bedienung der Schulden von der höher-

---

[17] Vgl. für die Nettozahlungen und Kompensationszahlungen in der Europäischen Union Vaubel (1993a, 129 bzw. 1994, 174), für die Stimmengewichtung in den EU-Institutionen der Gerken/-Märkt/Schick/Renner (2002, 301f). Für die NATO kann entsprechendes nachgewiesen werden (Frey 1991, 14).

[18] Ein Beispiel ist der Kohäsionsfonds, mit dem sich die südlichen Staaten ihre Zustimmung zur Währungsunion und zur Osterweiterung erkauft haben. Er besteht selbst nach Einführung des Euro in diesen Ländern fort.

rangigen Jurisdiktion übernommen, kann die Finanzierung der örtlichen Leistungen einer Jurisdiktion auf Dritte übertragen werden.[19]

(3) Kompetenz-Kompetenz beider Ebenen I: Bilaterale Verhandlungen

Bilaterale Verhandlungen über die Kompetenzverteilung zwischen Ebenen, bei denen die zentrale Ebene mit jeder Jurisdiktion der untergeordneten Ebene einzeln verhandelt, stellen in der Realität die Ausnahme dar.[20] Die Verhandlungsführung ist bei bilateralen Verhandlungen sowohl auf Seiten der Zentralregierung als auch auf Seiten der Teilstaaten Aufgabe der Exekutive. Die Kompetenzen der jeweiligen Legislativen können daher durch die jeweilige Exekutive beschränkt oder erweitert werden. Die Exekutive wird durch die Verhandlungen über die Kompetenzverteilung wesentlich gestärkt.

Die Exekutivvertreter beider Ebenen haben ein Interesse an der Ausweitung ihrer politischen Gestaltungsmöglichkeiten. Veränderungen der Kompetenzverteilung lassen sich daher nur dann erzielen, wenn für die zu verlagernden Kompetenzen „Preise" gezahlt werden, sei es durch die Zustimmung zu tagespolitischen Entscheidungen, sei es durch finanzielle Zugeständnisse. In bilateralen Verhandlungen vollzieht sich so ein vertikaler Tauschprozess, bei dem konstitutionelle und subkonstitutionelle Fragen verknüpft werden.

Die bilateralen Verhandlungen führen dazu, dass jeder Teilstaat über einen spezifischen Kompetenzenkanon verfügt. Für die Gesetzgebung im Zentralstaat bedeutet das, dass manche Gesetze nur für bestimmte Teile des Gesamtstaates gelten, da in anderen die Regionalregierung für die Regelung des betreffenden Sachverhalts zuständig ist. Es handelt sich damit bei bilateraler Verhandlung notwendigerweise um ein asymmetrisches föderales System.

(4) Kompetenz-Kompetenz beider Ebenen II: Multilaterale Verhandlungen

Bei multilateralen Vereinbarungen über die Kompetenzverteilung müssen sowohl die zentrale Ebene als auch alle Jurisdiktionen der untergeordneten Ebene den Vereinbarungen zustimmen. Das macht die Verhandlungen zu einem komplexen Prozess. Da alle Teilnehmer – Vertreter der übergeordneten Ebene und die verschiedenen Vertreter der Gliedstaaten – ein Veto-Recht haben, können sie für Kompetenzverlagerungen zu ihren Lasten eine Gegenleistung erzwingen (horizontaler und vertikaler Tausch). Diese kann im Rahmen der Verfassungsverhandlun-

---

[19] Um entsprechende Fehlanreize im politischen Prozess zu vermeiden, verbietet beispielsweise Art. 103 EGV ausdrücklich die Übernahme von mitgliedstaatlichen Schulden durch die Union. Zu dieser Problematik Föttinger (1998). Allgemeiner zur Anreizproblematik bei Zwangsverwaltung durch die übergeordnete Regierung Berman (1995).

[20] Lediglich in Spanien sind sie aufgrund der spezifischen historischen Entwicklung des föderalen Systems die übliche Form der Kompetenzneuzuordnung (2.2.2.2).

gen erfolgen oder sich auf tagespolitische Entscheidungen beziehen. Auch hierbei sind – wie das kanadische Beispiel Quebec zeigt – in Abhängigkeit von der Verhandlungsstärke asymmetrische Ergebnisse denkbar.

In solchen multilateralen Verhandlungen kommen die Eigeninteressen der Politiker sowohl der zentralen als auch der dezentralen Jurisdiktionen zum Tragen. Dabei ist nicht damit zu rechnen, dass diese sich gegenseitig in den Verhandlungen aufheben. Vielmehr ist mit einer Einigung zu Lasten unbeteiligter Dritter zu rechnen. Dies sind insbesondere die nicht an den Verhandlungen beteiligten Ebenen.[21] Zudem werden sich die für Kompetenzen zu zahlenden Preise nicht auf die konstitutionelle Ebene beschränken, sondern auch Zugeständnisse in aktuellen tagespolitischen Entscheidungen einschließen.

Insgesamt ist jedoch mit wenig dynamischen föderalen Systemen zu rechnen. Denn in solchen multilateralen Verhandlungen der Exekutiven sind die Voraussetzungen erfüllt, die die politologische Theorie für die „Politikverflechtung" nennt (2.4.1.1): Vertreter der Exekutive (a), von denen keiner eine hegemoniale Stellung einnimmt (b), stehen unter Einigungszwang (c), wenn eine Reform des föderalen Systems Not tut.

(5) Kompetenz-Kompetenz beider Ebenen III: Verhandlungen in föderalen Gremien

Die meisten föderalen Systeme kennen eine Form der Vertretung der dezentralen Einheiten auf zentraler Ebene.[22] Die Vielfalt dieser Repräsentationsformen lässt sich reduzieren auf die Unterscheidung zwischen Bundesratsmodell und Senatsmodell. Das Bundesratsmodell bindet die Regierungen der dezentralen Jurisdiktionen in Entscheidungsprozesse auf föderaler Ebene ein, das Senatsmodell sieht parlamentarische Repräsentanten der Gliedstaaten vor. Diese können entweder direkt gewählt werden oder von den dezentralen Parlamenten delegiert werden.[23]

Da Bundesrat oder Senat in die Formulierung der Politik der föderalen Ebene eingebunden sind, ergeben sich Tauschprozesse zwischen der Tagespolitik und der Zuordnung der Kompetenzen, wenn diese Gremien Einfluss auf die Kompetenzverteilung haben. Beim Bundesratsmodell finden sich dieselben Probleme wie bei den

---

[21] Vaubel (1994a, 232). Im Falle der Europapolitik Deutschlands bis zur Einführung des neuen Art. 23 GG also beispielsweise die Bundesländer (2.3.3.1).

[22] In der politik- und in der rechtswissenschaftlichen Föderalismus-Diskussion wird dies sogar als konstitutives Merkmal föderaler Systeme angesehen (u.a. Hrbek 1992, 9). Eine Ausnahme bildet in gewisser Hinsicht Spanien, dessen Senat nur teilweise aus Repräsentanten der Provinzen besteht (2.2.2.2).

[23] Beispiele für ersteres sind der US-Senat seit 1913 sowie partiell der spanische Senat, Beispiele für zweites der US-Senat bis 1913, das EU-Parlament bis 1979, deutsche Regionalverbandsversammlungen, die Versammlung des Europarats etc.

multilateralen Verhandlungen, weil im Prinzip der Bundesrat bzw. ein im Konfliktfall einzusetzender Vermittlungsausschuss ein Forum für die Verhandlungen zwischen den Regierungen der beteiligten Ebenen darstellt. Das Bundesratsmodell führt damit zu vertikalen und horizontalen Tauschprozessen. Dem Senatsmodell wird im Allgemeinen eine größere Neutralität in Bezug auf die Kompetenzverteilung nachgesagt.[24] Allerdings sind auch hier Tauschprozesse zu beobachten. Entweder kann der Senat seine spezifischen Kompetenzen gegenüber dem föderalen Parlament ausweiten (horizontaler Tausch) oder einzelne, für eine Mehrheitsbildung entscheidende Senatoren werden durch die Begünstigung ihrer Wahlkreise „gekauft" (vertikaler Tausch). Wie bei multilateralen Verhandlungen zwischen den Regierungen zweier Ebenen ist zu befürchten, dass nicht repräsentierte Regierungsebenen systematisch geschwächt werden, wenn die Kompetenz-Kompetenz einem Organ zugewiesen wird, das zwei Ebenen verschränkt.

Zuordnung der Kompetenz-Kompetenz	Möglichkeit zum horizontalen Tausch	Möglichkeit zum vertikalen Tausch	Vermengung von konstitutionellen und subkonstitutionellen Fragen
Untere Ebene	▨	▨	▨
Obere Ebene			▨
Beide Ebenen: Bilateral		▨	▨
Beide Ebenen: Multilateral	▨	▨	▨
Beide Ebenen: Föderale Gremien	▨	▨	▨

Abb. 7.2: Tauschprozesse in Abhängigkeit von der Kompetenz-Kompetenz.

Unter den genannten Möglichkeiten der Zuordnung der Kompetenz-Kompetenz vermeiden nur die unilaterale Festlegung durch die obere Ebene und die bilaterale Verhandlung horizontale Tauschvorgänge bei der Kompetenzverlagerung (Abb. 7.2). Vertikaler Tausch kann nur bei unilateraler Kompetenz-Kompetenz der oberen Ebene vermieden werden. Die Vermengung von konstitutionellen Fragen der Kompetenzverteilung und subkonstitutionellen Fragen der Kompetenzausübung ist in allen fünf Fällen unvermeidbar.

---

[24] Breton (1987a, 303) propagiert für die kanadische Föderation einen Senat als Monitor des vertikalen Wettbewerbs, „by injecting an provincial dimension in the central government." Diese Aufgabe soll er allerdings zusammen mit dem föderalen Parlament wahrnehmen. Auch die European Constitutional Group (1993) schlägt einen Senat aus mitgliedstaatlichen Parlamentariern als Wächter der Kompetenzverteilung vor.

Nun könnte man argumentieren, diese Tauschprozesse seien produktiv. Nach Ansicht von Breton/Scott (1980, 43–50) ist der Markt für Kompetenzen und Ressourcen bei der Beteiligung von zwei staatlichen Ebenen sogar noch zu eng. Die verfassungsgebende bzw. -ändernde Versammlung solle daher über die Vertreter der ein oder zwei staatlichen Ebenen hinaus auf Gemeindevertreter, Oppositionsparteien etc. ausgeweitet werden. Aufgabe dieser Versammlung sei es, die Größe der Jurisdiktionen und die Verteilung der Aufgaben vorzunehmen.[25] Die Versammlung sei mit möglichst vielen Teilnehmern zu besetzen, damit sich in vielfältigen Tauschprozessen Preise für die einzelnen Kompetenzen herausbilden. In Analogie zum Tausch auf Gütermärkten erwarten Breton/Scott eine Verbesserung der föderalen Ordnung dadurch, dass sich bei vielen Beteiligten Wettbewerbspreise für die einzelnen Kompetenzen bilden. Die umfassende Versammlung werde, so Breton/Scott (1978, 101), dieselbe optimale föderale Struktur festlegen wie ein wohlmeinender Diktator.[26] Dieses optimale Ergebnis trete ein, „...if the institutional structure is such that governing parties must, to remain in office, meet the preferences for public policies of a large number of citizens" (ebd.). Die Tauschprozesse führen folglich deshalb zu einem optimalen Ergebnis, weil die Prinzipal-Agenten-Problematik als gelöst angenommen wird. Anders als in der Realität kann ein Tauschprozess zwischen Politikern dann per Definition keine negative Externalitäten für die Bürger generieren. Auch die notwendige Trennung der Verfassungsgebung von der Tagespolitik gelingt in Vorschlag von Breton/Scott, wie sie selbst einräumen (Breton/Scott 1980, 47), nicht.

Kirsch (1987) geht von der Annahme aus, dass Politiker Wählerstimmen erzielen wollen und dass dies um so leichter möglich ist, je weniger jurisdiktioneninterne Konflikte es gibt. Ziel der Politiker ist es daher, über Kompetenzen zu verfügen, bei denen einheitliche Vorstellungen in der eigenen Jurisdiktion bestehen. Da mit steigender Heterogenität von Gemeinwesen die jurisdiktioneninternen Konflikte zunehmen, besteht für Politiker ein Interesse, die Verlagerung von konfliktträchtigen Politikbereichen auf die homogenen kleinen Gebietskörperschaften zu betreiben. Zentrifugale Kräfte[27] entstehen daher durch den Versuch, intrakollektive Konflikte zu vermeiden. Die Politiker der kleinen Einheiten werden solche Politikbereiche, bei denen keine großen internen Spannungen zu erwarten sind, gerne

---

[25] In der Terminologie von Breton/Scott (1978) geht es präziser um die Festlegung der Funktionalmatrix, die für jede potenzielle Regierungsebene die Kompetenzen der Allokation, Distribution, Stabilisierung, Finanzierung und Rechtsetzung enthält. Breton/Scott (1980, 52) legen Wert auf die Feststellung, dass es sich bei dieser Festlegung um die Vereinbarung in einer konkreten Versammlung der jetzigen Regierungsmitglieder und Parlamentarier handelt und nicht um einen (hypothetischen) Sozialvertrag.

[26] Breton (1996, 188) selbst kritisierte seinen Vorschlag später, weil die komplexen Verhandlungsprozesse vernachlässigt worden seien, die in einem solchen Gremium stattfinden müssten.

[27] Die Begriffswahl geht auf Bryce (1901/1980) zurück.

annehmen. Denn es erlaubt ihnen, die Bedürfnisse bestimmter Wählergruppen zu befriedigen und ihre Machtbefugnisse auszuweiten, ohne andere Wählergruppen zu verärgern. Auf diese Weise werden in Verhandlungen Politikbereiche immer weiter dezentralisiert, bis – im Extremfall – völlig homogene Kollektive bestehen (ebd., 24).[28] Ist die völlige Homogenität erreicht, wird der politische Prozess überflüssig, weil völlige Übereinstimmung herrscht (ebd., 25).

Zentripetale Kräfte entstehen nach Kirsch, weil die Notwendigkeit besteht, interkollektive Konflikte zu reduzieren. Diese können beispielsweise mit Nutzen-*Spillovers* zu tun haben, die nur in Verhandlungen internalisiert werden können. Mit jeder Verlagerung auf homogenere dezentrale Einheiten erhöhen sich die Konflikte zwischen Jurisdiktionen. Eine Verlagerung von Kompetenzen auf eine übergeordnete Ebene hingegen reduziert diese Konflikte. Denn auf übergeordneter Ebene können Konflikte gelöst oder zumindest Regeln zu ihrer Lösung gefunden werden. Beispielsweise können Zuweisungen der übergeordneten Jurisdiktion die Externalitäten ausgleichen. Die Politiker haben daher ein Interesse an der Verlagerung von Kompetenzen auf die übergeordnete Ebene immer dann, wenn die interkollektiven Konflikte über Verhandlungen nicht zufriedenstellend gelöst werden können und sich dies negativ auf ihre Wiederwahlchancen auswirkt. Die Politiker der übergeordneten Ebene werden möglicherweise diese Kompetenzen übernehmen.

Die Stärke der zentripetalen und zentrifugalen Kräfte ist nach Kirsch von dem bereits erfolgten Grad an Zentralisierung abhängig: Wenn bereits weitgehend homogene Kollektive mit einer Kompetenz betraut sind, werden interkollektive Konflikte eher für eine Zentralisierung sprechen. Wenn eine weitgehende Zentralisierung zu starken intrakollektiven Konflikten führt, besteht eine Tendenz zur Dezentralisierung (ebd., 28). Kirschs Ansatz kann damit sowohl Zentralisierungstendenzen erklären als auch begründen, warum diese nicht zu einer vollständigen Unitarisierung führen.[29] Außerdem ist es denkbar, dass gleichzeitig in verschiedenen Politikbereichen Zentralisierungs- und Dezentralisierungsprozesse ablaufen. Dabei verändert sich das Zentralisierungsprofil, nicht aber unbedingt der Zentralisierungsgrad einer Föderation (ebd., 29).

Bei Kirsch ergibt sich aus den Tauschprozessen eine Minimierung der föderationsinternen Konflikte. Bezüglich dieser Konflikte besteht Interessenkongruenz von Politikern und Bürgern. Ebenso wie die Politiker ein Interesse daran haben, innerhalb ihrer Jurisdiktion vor allem solche Politikbereiche zu gestalten, bei denen es

---

[28] Man könnte hier von einem vertikalen Tiebout-Prozess sprechen, da es in beiden Fällen um die Erhöhung von Effizienz durch homogene Jurisdiktionen geht (4.2.2.1). Vgl. 7.2.3.1.

[29] Er vermeidet damit die Schwäche der politökonomischen Zentralisierungsthese (7.2.1.2), welche die „balancing forces" missachtet (Breton 1990, 5) und deshalb nicht erklären kann, warum es nicht zu einer vollständigen Zentralisierung kommt.

nicht zu größeren Interessengegensätzen innerhalb der Jurisdiktion kommt, haben auch die Bürger ein Interesse, öffentliche Güter in der Jurisdiktion anzubieten, in denen die Präferenzabweichungskosten und Entscheidungskosten gering sind (6.2.1.2). Entsprechendes gilt für die Vermeidung vertikaler oder horizontaler Externalitäten, die die eigene Jurisdiktion negativ treffen. Wie bei Breton/Scott führen die Tauschergebnisse zu einer optimalen föderalen Struktur.

Das ist darauf zurückzuführen, dass auch bei Kirsch die Prinzipal-Agenten-Problematik und damit die Frage der Bürgersouveränität innerhalb einer Jurisdiktion ausgeblendet wird. Das Problem, wie die Politik an den Bürgerinteressen ausgerichtet werden kann, wird als gelöst angenommen. Dadurch wird nicht nur ein Grund für die föderale Dynamik übersehen, sondern auch eine entscheidende Schwierigkeit bei der Zuordnung der Kompetenz-Kompetenz. Denn erstens besteht das grundsätzlich übereinstimmende Interesse von Politikern und Bürgern, inter- und intrakollektive Konflikte zu minimieren, für den Politiker nur bis zum Erreichen einer notwendigen Mehrheit von Stimmen. Ein Politiker hat kein Interesse, intrakollektive Konflikte mit einer für seine Wiederwahl nicht relevanten Gruppe durch eine Kompetenzverlagerung aufzulösen. Manche inter- und intrakollektiven Konflikte können sogar für eine Polarisierung der öffentlichen Meinung hilfreich sein.[30]

Zweitens und vor allem bestehen divergierende Interessen bei der Steuerung der politischen Prozesse durch die Bürger. Während die Politiker einen Anreiz haben, die gewaltenteilende Funktion föderaler Systeme durch die verbundene Bewertung, die *Voice*-Funktion durch die Bündelung vieler Kompetenzen und die *Exit*-Funktion durch die Verlagerung auf möglichst große Jurisdiktionen zu schwächen (4.2.2.3), haben die Bürger genau das entgegengesetzte Interesse, diese Funktionen zu stärken. Denn der Kompetenzverteilung kommt in Föderationen nicht nur eine wesentliche Rolle bei der optimalen Allokation zu, sondern vor allem auch bei der Verwirklichung von Bürgersouveränität. Die Gewaltenteilung stellt eine wichtige Restriktion für politisches Handeln dar (6.1.1.2) und beeinflusst entscheidend die Steuerungsmechanismen *Voice* und *Exit*. Kompetenzverlagerungen können dazu genutzt werden, diese Restriktionen aufzuheben und die Steuerungsmechanismen in ihrer Wirkung zu beschränken. Die föderale Kompetenzverteilung liegt damit genau im Bereich divergierender Interessen zwischen Bürgern und Politikern. Bei den Tauschprozessen der Politiker, die zu Veränderungen der föderalen Ordnung führen, kommt es zu negativen externen Effekten für die nicht beteiligten Bürger. Diese externen Effekte des Kompetenztausches durch die Politiker bestehen daher außer in der Schwächung der am Tausch nicht beteiligten Ebenen (7.2.1.1 (4)) in der Aufhebung von Restriktionen für politisches Handeln. Können also die Poli-

---

[30] Regelmäßig steigt die Zustimmung zur Regierung während internationaler Konflikte deutlich an.

tiker selbst durch die Verlagerung von Kompetenzen die Regeln für ihr eigenes Handeln bestimmen, ist eine geringere Bürgersouveränität zu erwarten.

In neueren Arbeiten weist Breton (1990; 1996, insbesondere 189f) dem Wettbewerb um Zustimmung die Aufgabe zu, eine effiziente föderale Ordnung zu generieren. Dieser Wettbewerb zwinge die Regierungen dezentraler Einheiten, so Breton (1990, 17), bei komparativen Vorteilen der zentralen Einheiten in einem bestimmten Politikbereich, diesen an die Zentralregierung abzugeben. Denn sonst müsste in der dezentralen Jurisdiktion insgesamt, d.h. als Summe aus zentralstaatlichen und dezentral erhobenen Steuern, ein höherer Steuerbetrag gezahlt werden. Dies würde für die Regierungen der dezentralen Einheiten zu Nachteilen im horizontalen Wettbewerb um Zustimmung führen. Mit der Kompetenz treten die dezentralen Einheiten folglich auch einen Teil ihrer Steuereinnahmen an die übergeordnete Ebene ab, damit diese die neue Aufgabe finanzieren und den Effizienzvorteil in Form von Steuersenkungen an die Bürger und Unternehmen weiterreichen kann. Die Konnexität von Aufgaben und Einnahmen[31], die die Finanzwissenschaft als wesentliche Voraussetzung für ein funktionsfähiges föderales System herausgearbeitet hat, wird somit nicht durch eine *Ex-ante*-Festlegung eines Zentralplaners durchgesetzt, sondern ergibt sich ex-post als Ergebnis des vertikalen Wettbewerbsprozesses. Sie wird in einem Gleichgewichtszustand vertikaler Kompetenz- und Ressourcenverteilung erreicht, den der Wettbewerb um Zustimmung hervorbringt.

Der neuere Ansatz Bretons missachtet allerdings ebenso die Prinzipal-Agenten-Problematik bei Kompetenzverlagerungen wie der Ansatz Kirschs. Ein Unterschied besteht darin, dass sich Bretons Ansatz stärker auf den Leistungsstaat, Kirschs Ansatz auf den Rechtsstaat bezieht. Die Problematik, dass Politiker nicht unbedingt diejenigen Kompetenzen verlagern, bei denen objektiv Effizienzvorteile zu erwarten sind, sondern diejenigen, mit denen sie ihre eigenen Chancen im Wettbewerb um Wählerstimmen erhöhen können, bleibt jedoch unverändert. Ein zweiter Unterschied besteht darin, dass Breton auf den Wettbewerb um Zustimmung statt auf den Wettbewerb um Wählerstimmen vertraut. Davon sind jedoch keine wesentlichen Verbesserungen zu erwarten. Denn erstens spielt die verfassungsrechtliche Kompetenzverteilung im Wettbewerb um Zustimmung keine Rolle; zweitens kann der Wettbewerb um Zustimmung keine stärkere Wirkung entfalten als der Wettbewerb um Wählerstimmen, von dem er abhängt (4.2.1.2). Drittens sind Veränderungen der föderalen Kompetenzverteilung ein öffentliches Gut für die verschiedenen Jurisdik-

---

[31] Das Konnexitätsprinzip besagt, dass einer föderalen Ebene die zur Erfüllung ihrer Aufgaben notwendigen Mittel zur Verfügung stehen müssen. Fallen Entscheidungskompetenz und Durchführungskompetenz nicht zusammen, ist beim Konnexitätsprinzip zu differenzieren (Lenk/Mathes/Hirschfeld 2000, 4). Gemeint ist hier die Veranlassungskonnexität im Unterschied zur Ausführungskonnexität, wie sie beispielsweise in der bundesdeutschen Finanzverfassung vorherrscht. Vgl. Huber/Lichtblau (1999, 74–76, 90f).

tionen einer Föderation: Entweder können alle Beteiligten oder keiner Zustimmung dafür erlangen. Ein Wettbewerb um Zustimmung ist daher lediglich bezüglich neuer Forderungen und Vorschläge, nicht aber im konkreten Verhandlungsprozess zu erwarten.[32]

Aus dem politischen Prozess ist folglich eine Ausrichtung der föderalen Ordnung an den Bürgerinteressen nicht zu erwarten. Vielmehr besteht die Gefahr, dass der politische Wettbewerb unerwünschte Veränderungen der föderalen Struktur auslöst. Diesen Veränderungen gelten die folgenden beiden Abschnitte.

7.2.1.2 Die zentralisierende Wirkung des politischen Wettbewerbs[33]

Die Regierungen der einzelnen Gliedstaaten einer Föderation sind dem politischen Wettbewerb ausgesetzt. Sie müssen sich in regelmäßigen Abständen zur Wahl stellen. Kompetenzverlagerungen auf eine höhere föderale Ebene können nun dazu genutzt werden, die eigenen Wiederwahlchancen zu erhöhen. Nach Vaubel (1986, 44f) sind folgende Gründe dafür ausschlaggebend:[34]

(1) *Prestige durch internationale oder überregionale Konferenzen.* Internationale oder überregionale Gipfeltreffen finden stets das Medieninteresse und erlauben eine Selbstdarstellung der Regierung, wie sie innerhalb der eigenen Jurisdiktion nur zu wenigen Anlässen möglich ist.[35]

(2) *Argumentatorische Unterstützung.* Durch den Verweis auf die Unterstützung der Regierungspolitik durch internationale Organisationen oder andere Regierungschefs können Regierungsmitglieder versuchen, im eigenen Land die Kritik an der Regierungspolitik zu dämpfen. Dies ist insbesondere deshalb möglich, weil die Berichte internationaler Organisationen wie der OECD selten die Politik ihrer Auftraggeber, der nationalen Regierungen, direkt kritisieren (Fratianni/Pattison 1982, 259).

---

[32] Entsprechend sind in der deutschen Föderalismus-Diskussion von verschiedenen Beteiligten gute Vorschläge unterbreitet worden. Im konkreten Verhandlungsprozess konnten aufgrund strategischen Verhaltens jedoch lediglich marginale Veränderungen erreicht werden. Der Druck, durch die Vereinbarung einer verbesserten Föderalstruktur Zustimmung bei den Bürgern zu erzielen, war zu gering.

[33] Vgl. Schick (2001, 3–9).

[34] Siehe auch Vaubel (1994a). Die Interessen der mitgliedstaatlichen Akteure wurden vor allem im Rahmen der Theorie der internationalen Organisation untersucht, also in Bezug auf Integrationsgemeinschaften und für internationale Organisationen, deren Mitgliedstaaten keine Integrationsgemeinschaft bilden. Im Folgenden wird zwischen diesen und föderalen Strukturen nicht unterschieden.

[35] Nachgewiesen wurde diese Rolle der Gipfeltreffen u.a. für den G7-Gipfel in Puerto Rico vor den US-Präsidentschaftswahlen 1976 (Hellmann 1982, 15f; Putnam/Bayne 1984, 42f).

(3) *Politik-Mülleimer.* Unpopuläre Maßnahmen und Politikbereiche, in denen eine Politik gegen wichtige Interessengruppen[36] notwendig wäre, können in Föderationen auf die nächst höhere Ebene verlagert werden. Damit können die einzelnen Regierungen unerwünschte Konflikte vermeiden. Vaubel (1986, 49) bezeichnet daher die Integrationsgemeinschaft als „policy dustbin" (Politik-Mülleimer).

(4) *Sündenbock-Funktion.* Unpopuläre Maßnahmen können mit internationalen oder überregionalen Verpflichtungen begründet werden.[37] Ebenso kann die Untätigkeit der eigenen Regierung unter dem Vorwand verteidigt werden, die übergeordnete Ebene sei zuständig. So trifft der Wähler bei kritischen Fragen häufig auf den Hinweis, die andere politische Ebene sei zuständig bzw. verbiete entsprechende Maßnahmen.

(5) Bedienung von Interessengruppen. Teilstaatliche Regierungen haben ein Interesse, bestimmte Kompetenzen, mit denen Partikularinteressen bedient werden können, auf eine höhere Ebene zu verlagern. Zum einen können im Sinne der Sündenbockfunktion solche Politikmaßnahmen, die für die Mehrheit der Wählerschaft schädlich sind, leichter begründet werden. Zum anderen ist die Durchsetzung von Partikularinteressen auf höherer Ebene leichter, weil es dort lediglich um die Beeinflussung weniger, räumlich konzentrierter Regierungsmitglieder oder Bürokraten geht. Die Kosten, die Begünstigungsmaßnahmen aufzudecken, steigen mit zunehmender Jurisdiktionengröße. Schließlich verteilen sich auch die Kosten solcher Maßnahmen auf eine noch größere und daher weniger leicht organisierbare Gruppe (Olson 1965/1971) als in den einzelnen Gliedstaaten.

(6) *Erweiterung des innerstaatlichen Einflussbereichs der Exekutive.* In Verhandlungen werden bevorzugt solche „Tauschobjekte" eingebracht, die nicht in den Einflussbereich der jeweiligen Exekutive gehören (7.2.1.1 (4)). Darunter fallen zum einen Kompetenzen untergeordneter Gebietskörperschaften (Länder, Gemeinden), zum anderen Kompetenzen von unabhängigen Einrichtungen wie Rechnungshöfen, Gerichten oder Zentralbanken (Vaubel 1992, 46). So lässt sich durch die Verlagerung von Kompetenzen auf eine höhere Ebene innerstaatlich die Machtbalance verschieben.

Die Verlagerung von Kompetenzen auf die nächsthöhere Ebene liegt aber nur dann im Interesse der entsprechenden Exekutive, wenn sie sich einen Einfluss auf die konkrete Politik sichern kann. Das geschieht entweder dadurch, dass es sich lediglich um ein Koordination der einzelstaatlichen Politiken handelt, die jedem Mit-

---

[36] Zur Rolle der Interessengruppen bei Kompetenzverlagerungen Schick (2001, 10f).

[37] Dies ist bei den vom Internationalen Währungsfonds erzwungenen Stabilisierungspolitiken nachgewiesen worden, aber auch für die restriktive Geldpolitik in Frankreich in den achtziger Jahren (Vaubel 1992, 41), die mit dem Zwang durch das Europäische Währungssystem begründet wurde.

gliedstaat weitgehende Entscheidungsbefugnisse belässt, oder wenn die Entscheidungsstrukturen in der Föderation entsprechend gestaltet sind (Bundesratsmodell). Bei der Gründung einer neuen Föderation oder einer neuen internationalen Organisation können die Exekutiven in den Verhandlungen solche Entscheidungsstrukturen festlegen. Indem sich die Regierungen der unteren Ebene die Restriktionen für ihr Handeln auf der neuen Ebene selbst setzen können, entsteht ein doppeltes Prinzipal-Agenten-Problem. Agenten verlagern Kompetenzen auf eine Ebene, auf der sie unter selbst festgelegten Restriktionen agieren können. Zum einen kann also bereits die Gründung einer weiteren föderalen Ebene gegen die Interessen der Bürger verstoßen und zu den angesichts der generellen Vorteile der Delegation tolerierten „Fehlern zweiter Art" gehören. Zum anderen ist damit zu rechnen, dass die Bürgerorientierung der neuen Ebene aufgrund des genannten doppelten Prinzipal-Agenten-Problems geringer ist als auf der bisher zuständigen Ebene.[38] Im Extremfall wird gar die neue Ebene keine parlamentarische Vertretung aufweisen und so die Tätigkeit der Exekutive der Kontrolle durch den Wettbewerb um Wählerstimmen entzogen.

Da durch Kompetenzverlagerung auf internationale Organisationen oder eine höhere Ebene innerhalb der Föderation die Kompetenzen der nationalen bzw. regionalen Parlamente eingeschränkt werden, wäre zu erwarten, dass diese Parlamente Verträge, die Kompetenzverlagerungen zu ihren Lasten vorsehen, nicht ratifizieren. Mehrere Gründe sprechen dagegen:

(1) Die parlamentarische Kontrolle von Verhandlungen der Exekutive ist im Allgemeinen beschränkt auf eine *Ex-post*-Kontrolle der erzielten Vereinbarungen (Kaiser 1998, 9). Die Abgeordneten haben in aller Regel[39] lediglich die Möglichkeit, den Verträgen insgesamt zuzustimmen oder sie abzulehnen. Letzteres würde jedoch bedeuten, den von der Parlamentsmehrheit gewählten Regierungschef in einer wichtigen Frage nicht zu unterstützen und damit zu desavouieren. Dies ist für die Mehrheitsfraktionen nur in extremen Fällen denkbar. In der Konkurrenzdemokratie kann daher die Gewaltenteilung zwischen Exekutive und Legislative keinen Schutz vor Kompetenzverlagerungen bieten.

(2) Viele Kompetenzverlagerungen werden angesichts von Krisen beschlossen.[40] In dieser Situation kann im allgemeinen von einer Art „Burgfrieden" in den Parlamenten ausgegangen werden (Vaubel 1994, 154).

---

[38] Diese Vermutung wird in der Europäischen Union bestätigt. Dort ist das Demokratieprinzip nur ungenügend verwirklicht (Gerken/Märkt/Schick/Renner 2002, 280f).

[39] In den USA ist dies die Ausnahme. Wenn der Kongress dem Präsidenten die sogenannte „fast track-authority" gewährt, kann er nach Abschluss der internationalen Verhandlungen nur noch zustimmen oder ablehnen. Sonst behält sich der Kongress vor, auch inhaltliche Änderungen vorzunehmen, die zu Nachverhandlungen mit den anderen Vertragsstaaten führen.

[40] So im Deutschen Reich während des Ersten Weltkriegs (2.2.1.1 (1)).

(3) Außerdem können Kompetenzverlagerungen ausdrücklich Kompensationen für die mitgliedstaatlichen Parlamente vorsehen. Zugeständnisse des Parlaments bei Kompetenzfragen werden mit Zugeständnissen in der Tagespolitik erkauft. Zum einen werden über Finanzzuweisungen von der übergeordneten Ebene oder über einen Steuerverbund die Budgets der Parlamente erweitert. Finanzierungsprobleme auf der unteren Ebene und die Attraktivität zentralstaatlicher Zuschüsse führen so zu einer Zentralisierung (Inman 1988, 36). Das stimmt insbesondere in den Gliedstaaten, die aufgrund ihrer geringeren Wirtschaftskraft von Umverteilungsmaßnahmen in der Föderation profitieren können.[41] Zum anderen können den Parlamentariern auf der übergeordneten Ebene Mitspracherechte eingeräumt werden. In beiden Fällen verstärkt der vertikale Tausch die Verflechtung zwischen den Ebenen.

(4) Durch den Jurisdiktionenwettbewerb wird der Spielraum der teilstaatlichen Parlamente für Regulierungen sowie bei der Steuererhebung und damit bei den Staatsausgaben kleiner (Vaubel 2000a, 292–300). Diese Einschränkung der eigenen Macht versuchen durch eine Beschränkung des Jurisdiktionenwettbewerbs zu umgehen. Angesichts des von Wahlperioden abhängigen und damit kurzen Zeithorizonts der Parlamentarier ist außerdem davon auszugehen, dass der kurzfristige Zugewinn an Regulierungsspielräumen höher bewertet wird als der langfristige Kompetenzverlust des Parlaments (Vaubel 1994, 159).

Für die Parlamentarier besteht somit kein Anreiz, sich gegenüber der Exekutive für die Bürgerpräferenzen in diesem Bereich stark zu machen.

Nach der politökonomischen Theorie der internationalen Organisation, die auf die Analyse der europäischen Integration und der Kompetenzverlagerung im deutschen Föderalismus übertragen wurde, führt folglich das Eigeninteresse der gliedstaatlichen Politiker, im politischen Wettbewerb zu bestehen, zu einer Zentralisierungstendenz. Dies gilt beispielsweise, wenn – wie im Fall internationaler Organisationen, der europäischen Integration und der deutschen Einigung im 19. Jahrhundert – die Kompetenz-Kompetenz ausschließlich der unteren Ebene oder – wie im Fall des derzeitigen deutschen Föderalismus – einem aus den Exekutiven der unteren Ebene gebildeten föderalen Gremium zugeordnet ist. Verstärkt wird die Problematik, wenn die zentralstaatliche Ebene mit größeren finanziellen Ressourcen ausgestattet ist. Die gliedstaatlichen Regierungen können dann bei einer Verlagerung der Kompetenz auf die zentrale Ebene, die ihnen Mitsprachemöglichkeiten sichert, über ein größeres Budget verfügen, als wenn sie die Kompetenz auf der unteren Ebene belassen.

---

[41] Tatsächlich entspricht die resultierende Umverteilung nicht immer den Gerechtigkeitserwägungen der Bürger (Inman 1988, 54; Dye 1990, 112).

Ein ähnliches Ergebnis prognostiziert die politökonomische Theorie für die Zuweisung der Kompetenz-Kompetenz an die zentrale Ebene. Die Wiederwahlchancen der zentralen Politiker steigen zum einen durch eine Politik im Interesse der Bürger, zum anderen durch die gezielte Begünstigung einflussreicher Interessengruppen. Dafür sind die entsprechenden Kompetenzen und das entsprechende Budget erforderlich. Die Politiker auf der oberen föderalen Ebene werden daher, wenn ihnen allein die Kompetenz-Kompetenz zukommt, sowohl versuchen, die Leistungserstellung in den Politikbereichen auszuweiten, in denen ihnen Kompetenzen zustehen, als auch neue Kompetenzen zu übernehmen. Die Budgetausweitung auf zentraler Ebene bedeutet aber zugleich eine Zentralisierungstendenz der Föderation. Diese wird dann wahrscheinlicher, wenn die Bürger in der Föderation nicht nur nach Parteien, sondern auch geografisch repräsentiert sind (Mueller 1997, 262f). Entscheiden die Bürger bei der Wahl zum Gemeinschaftsparlament eher nach nationalen als nach parteipolitischen Erwägungen, werden die Abgeordneten, um ihre Wiederwahl zu sichern, immer dann für eine Ausweitung der Umverteilung stimmen, wenn das Einkommensniveau in ihrem Herkunftsland unter dem Gemeinschaftsdurchschnitt liegt und somit die Mehrheit ihrer Wähler von gemeinschaftlichen Umverteilungsmaßnahmen profitieren wird. Ist die nach Bevölkerungsanteilen gewichtete Einkommensverteilung rechtsschief in Bezug auf die Mitgliedstaaten, hat die Mehrheit der Abgeordneten im Gemeinschaftsparlament folglich ein Interesse an einer Ausweitung der innergemeinschaftlichen Umverteilung, die das Budget zusätzlich erhöht.[42]

Statt die Kompetenzverteilung an den Interessen der Bürger auszurichten, generiert der politische Wettbewerb so Anreize für eine Zentralisierung von Kompetenzen, die eine geringere Bürgerorientierung impliziert.

7.2.1.3 Die dezentralisierende Wirkung des politischen Wettbewerbs

Der Wettbewerb um Wählerstimmen führt nicht in jedem Fall zu einer Zentralisierung von Kompetenzen. Für zentralstaatliche wie für gliedstaatliche Politiker kann auch eine Dezentralisierung die Chancen, wiedergewählt zu werden, erhöhen. Entscheidend ist dafür die Parteienstruktur.

Den politischen Parteien wird in Föderalstaaten aufgrund ihrer die föderalen Ebenen übergreifenden Tätigkeit eine zentralisierende Wirkung zugesprochen. Im Idealfall wählen zwar die Bürger auf jeder Ebene ihre Repräsentanten nach den Politikvorschlägen, die sie für diese Ebene präsentieren, oder nach den Ergebnissen

---

[42] Gerken/Märkt/Schick/Renner (2002, 117). In der Europäischen Union lässt sich zeigen, dass in ärmeren Staaten eine überdurchschnittlich hohe Zustimmungen für eine europäische Kompetenz in solchen Politikbereichen – wie Gesundheit und Soziales – vorzufinden ist, bei denen eine Harmonisierung zu Umverteilung von den reicheren Staaten zu den ärmeren Staaten führen würden (Vaubel 1993, 11). Zur Frage eines europäischen Finanzausgleichs Francke (1993; 1998).

der Politik auf dieser Ebene. Nun ist aber den Bürgern die Kompetenzaufteilung nicht immer klar (6.2.1.2). Deshalb besteht für Parteien ein Interesse, dass ihre Mitglieder auf allen Ebenen Erfolg haben. Parteien stellen so, weil sie auf Politikvorschläge angewiesen sind, die über die Ebenen weitgehend widerspruchsfrei formuliert werden können und von einer Mehrheit der Parteigliederungen unterstützt werden, eine kontinuierlich wirksame ausgleichende Kraft im föderalen System dar (Lehmbruch 1998, 83–89). Denn keine föderale Ebene einer Partei darf und will so weit gehen, dass den Parteikollegen auf einer anderen Ebene jede Gestaltungs- und Profilierungsmöglichkeit genommen wird. Die Kompetenzverteilung wird im politischen Wettbewerb denn auch kaum thematisiert (3.4.2).

Diese ausgleichende Wirkung von Parteien ist allerdings nur zu beobachten, wenn die Parteienstruktur in der gesamten Föderation einheitlich ist.[43] Anders verhält es sich, wenn Regionalparteien im Wettbewerb mit Parteien stehen, die in der gesamten Föderation präsent sind. Im Einzelnen können folgende Motive der Politiker von Regionalparteien deren Haltung zu Kompetenzverlagerungen bestimmen.

1) *Ausweitung der eigenen Kompetenzen*: Für Politiker regionaler Parteien sind die hohen Ämter in der Föderation in der Regel unerreichbar, weil ihre Parteien in der Gesamtföderation nur einen geringen Stimmenanteil erhalten. Eine Ausweitung der eigenen Kompetenzen gelingt daher vor allem dann, wenn Kompetenzen und finanzielle Ressourcen an die Regionen zurückverlagert werden. Denn realistische Karriereperspektiven liegen nur in der Regionalregierung.

2) *Öffentliche Wahrnehmung*: Für Regionalpolitiker mit geringen Kompetenzen ist die Inszenierung von Konflikten mit dem Zentralstaat eine der wenigen Möglichkeiten, nicht nur in den regionalen, sondern auch in den überregionalen Medien wahrgenommen zu werden. Sie können so gegenüber ihren regionalen Kontrahenten Vorteile im Wettbewerb um Wählerstimmen erzielen.

3) *Impliziter Stimmentausch*: Indem die Benachteiligung der Bürger eines Landesteils durch die Politik der Zentralregierung thematisiert wird, werden Fragen der staatlichen Organisation für den politischen Wettbewerb relevant (Kirsch 1978, 34). Regionalparteien können dann auf ein „Wir"-Gefühl in der Region setzen und jede Parlamentswahl zu einem Plebiszit über die regionale Autonomie erklären. In einem impliziten Stimmentausch werden dann alle anderen Themen unbeachtlich. Die Regionalpolitiker können so wesentliche Funktionen des politischen Wettbewerbs um Wählerstimmen ausschalten.[44]

---

[43] Eine spezifische Situation besteht in Frankreich. Dort sind die zentralstaatlichen Politiker regelmäßig zugleich Kommunal- und Regionalpolitiker, so dass ein Kompetenzverlust auf einer Ebene durch einen Kompetenzgewinn auf einer anderen Ebene ausgeglichen wird.

[44] In Quebec und im Baskenland ist seit Jahren die Autonomiefrage eines der zentralen Wahlkampfthemen, in Katalonien die Sprachenpolitik, in Belgien die Föderalisierung.

Selbst bei zentralstaatlicher oder multilateraler Kompetenz-Kompetenz kann es aufgrund regionalistischer Parteien zu Dezentralisierung kommen. In Belgien führte der politische Wettbewerb um Wählerstimmen zu einer völligen Zweiteilung der Parteienlandschaft, die eine Föderalisierung des Landes nach sich zog (2.2.2.1). In Großbritannien konnte die Frage der Regelsetzung und spezifischer der Kompetenzverteilung eine herausragende Rolle in der Konkurrenzdemokratie spielen, weil die Dezentralisierung dort durch ein einfaches Gesetz beschlossen werden konnte. Die Dezentralisierung zu einem zentralen Wahlkampfthema zu machen, lag im Interesse zentralstaatlicher Politiker. Denn nur so konnten sich Labour-Abgeordnete in Schottland und Wales gegen die Kandidaten regionalistischer Parteien durchsetzen (2.2.3.2).

In ähnlicher Weise führte die geteilten Parteienlandschaft im Baskenland (Corcuera Atienza 1996, 176) und in Katalonien zu einer starken Dezentralisierung Spaniens. Die Minderheitsregierungen von González und Aznar waren von der Zustimmung der Regionalparteien im zentralstaatlichen Parlament abhängig. Es kam zu bilateralen Tauschprozessen, bei denen die Zustimmung zur Regierungspolitik auf subkonstitutioneller Ebene gegen die Verlagerung von Kompetenzen auf die untere föderale Ebene gehandelt wurde. Die fehlenden Mehrheiten wurden von den Regionalparteien insbesondere des Baskenlandes und Kataloniens durch die Übertragung von Kompetenzen und Finanzmitteln auf die entsprechenden Regionen erkauft (Agranoff 1994, 75).

Die betrachteten Beispiele zeigen, dass in Abhängigkeit von der spezifischen Regelsetzung für den politischen Wettbewerb, aber unabhängig von der Zuordnung der Kompetenz-Kompetenz die Existenz von Regionalparteien zu einer Dezentralisierung führt.[45] Den Parteien kann also keine eindeutig zentralisierende Wirkung im föderalen System zugeschrieben werden.

Die politökonomische Zentralisierungsthese ist folglich nur in spezifischen Konstellationen haltbar. Die ihr zugrundeliegende Überlegung, dass sich aufgrund der Eigeninteressen der Politiker Veränderungen in der föderalen Struktur ergeben können, die nicht den Interessen der Bürger entsprechen, bleibt jedoch richtig. Denn angesichts des Prinzipal-Agenten-Problems bei der Gestaltung der Föderalstruktur und der entgegengesetzten Interessenlage bezüglich der Bürgerorientierung eines föderalen Systems ist nicht zu erwarten, dass die Eigeninteressen der Politiker zu Ergebnissen führen, die im Interesse der Bürger liegen. Nicht nur eine Zentralisierung, sondern auch eine exzessive Dezentralisierung kann eine Abweichung von den konstitutionellen Interessen der Bürger bedeuten. Schließlich verursacht die

---

[45] Nicht überraschend ist es vor diesem Hintergrund, dass Bayern als einziges Bundesland, das eine Regionalpartei hat, sich stets in besonderer Weise für die Dezentralisierung von Kompetenzen eingesetzt hat (2.3.2.1).

Abweichung von der optimalen Jurisdiktionengröße in beiden Richtungen erhöhte Kosten für die Bürger.

Eine Verhinderung von Zentralisierung durch eine starre Festschreibung der föderalen Aufgabenverteilung, wie sie von Vertretern des *Public-Choice*-Ansatzes vorgeschlagen wird,[46] löst das Prinzipal-Agenten-Problem in Bezug auf die föderale Kompetenzverteilung indes nicht. Die starre Festschreibung der Kompetenzverteilung widerspricht zum einen dem Interesse der Bürger an einer flexiblen Föderalverfassung (7.1). Denn mit jeder Beschränkung der föderalen Dynamik wird zugleich auch die Möglichkeit zu solchen Kompetenzverlagerungen eingeschränkt, die den Bürgerinteressen entsprechen und die Bürgerorientierung des Föderalsystems erhöhen. Zum anderen ist die Vorstellung, eine Kompetenzverteilung könne „ewig" festgeschrieben werden, ahistorisch. Dynamische Prozesse in Föderalstaaten können erleichtert oder erschwert, nie aber auf Dauer vollständig unterbunden werden. Auch die Übertragung der Kompetenz-Kompetenz an Akteure, die ein geringeres Interesse an der Zentralisierung haben, ist problematisch. Sie erschwert selbst solche Zentralisierung, die im Interesse der Bürger wäre, und führt möglicherweise zu unerwünschter Dezentralisierung, die ebenfalls aus dem Eigeninteresse der politischen Akteure hervorgeht, im politischen Wettbewerb um Wählerstimmen zu obsiegen.

Unabhängig davon, welchem der politischen Akteure, die auch die Tagespolitik bestimmen und diesbezüglich dem politischen Wettbewerb um Wählerstimmen ausgesetzt sind, die Kompetenz-Kompetenz übertragen wird, kommt es zu unerwünschten Wechselwirkungen und Tauschprozessen zwischen Tagespolitik und Kompetenzverteilung. Aufgrund der vielfältigen Verflechtungen im Parteienstaat ist nicht ersichtlich, welches Gremium unabhängig von den Interessen der Politiker ist und doch einen Anreiz hat, sich an den Bürgerinteressen zu orientieren (Gerken/Märkt/Schick/Renner 2002, 270). Selbst bei Zufallsauswahl der Abgeordneten (Mueller 1996, 315f), die zudem die Frage der fachlichen Kompetenz unberücksichtigt lässt, werden parteipolitische Erwägungen eine Rolle spielen. Ein dem Parteienwettbewerb entrücktes Gremien wie das Verfassungsgericht, das häufig eine wichtige Rolle bei der Fortentwicklung des Verfassungsrechts einnimmt (Pitlik 1997, 26f), hat hingegen keinen Anreiz, dies im Interesse der Bürger zu tun.[47]

Vor diesem Hintergrund ist zu fragen, ob der Jurisdiktionenwettbewerb den Politikern einen Anreiz bietet, die föderale Kompetenzverteilung an den Interessen der Bürger auszurichten (7.2.2), oder ob die Verlagerung von politischen Kompetenzen angesichts des vorhandenen Prinzipal-Agenten-Problems den Bürgern selbst zuzuweisen ist (7.2.3).

---

[46] U.a. European Constitutional Group (1993), Seliger (1999), Vaubel (2000a).

[47] Zur Rolle der Gerichte Schick (2001, 9f, 39–42).

7.2.2 Exit

Mit dem Modell freier Ordnungswahl ist ein Verfahren vorgeschlagen worden, das Wissen über die Funktionsweise alternativer institutioneller Arrangements aufdeckt (3.1.4.2). Durch die individuelle Wahl einer politischen Ordnung wird Wissen darüber generiert, welche Staatsorganisation aus der Sicht der Individuen überlegen ist. Gleichzeitig übt die Abwanderung auf die Staaten Druck aus, ihre Verfassungsordnung entsprechend anzupassen. Wenn, wie die umfangreiche Föderalismus-Literatur nachzuweisen sucht, föderale Strukturen zentralen überlegen sind, müssten föderale Staaten im Jurisdiktionenwettbewerb Vorteile haben (Kerber 1998a, 211). Die Innovation „Föderalismus" würde dann möglicherweise von den Zentralregierungen anderer Staaten imitiert.

Tatsächlich können föderale Systeme flexibler auf sich verändernde Umstände reagieren, soweit diese in unterschiedlichen geografischen Einheiten unterschiedlich erfolgen. Dann nämlich werden die einzelnen dezentralen Regierungen ihre Politik an die lokal veränderten Umstände anpassen. Insofern hat eine Zentralregierung ebenso wie ein Unternehmen, das auf verschiedenen regionalen oder Produktmärkten tätig ist, ein Interesse, sich föderal zu organisieren. Durch die starke internationale Vernetzung, gerade auch der Finanzmärkte, treffen jedoch die sich verändernden Umstände oft den föderalen Staat insgesamt. Beispiele sind Währungskrisen, internationaler Steuerwettbewerb oder außenwirtschaftlich statt binnenwirtschaftlich bedingte Nachfrageschwankungen. Föderalismus erschwert eine schnelle Reaktion auf externe Veränderungen im Wettbewerbsumfeld aufgrund der Kompetenzverteilung auf verschiedene Akteure. Föderale Staaten sind daher im internationalen Jurisdiktionenwettbewerb schwerfälliger. Das könnte Effizienzvorteile bei der dezentralen Bereitstellung öffentlicher Güter kompensieren.[48]

Die Wissensproblematik bei der vertikalen Kompetenzverteilung wird außerdem deshalb durch den Jurisdiktionenwettbewerb kaum gelöst werden können, weil das föderale Gesamtarrangement von allen Ebenen in geringstem Maße dem Wettbewerb um Bürger ausgesetzt ist. Durch die Größe des Föderalstaates sind die Wanderungskosten höher als bei der intraföderalen Wohn- oder Standortwahl (4.2.2.1 (1)). Durch die Güterbündelung fallen auch die Wechselkosten höher aus als bei der intraföderalen Wahl zwischen verschiedenen Anbietern öffentlicher Leistungen (6.2.2.2). Gleichzeitig können die Wohn- oder Standortentscheidungen auf eine wesentlich größere Zahl von Gründen zurückzuführen sein, so dass die Interpretationsbedürftigkeit der Signale durch die freie Ordnungswahl selbst einen weiteren

---

[48] Die bundesdeutsche Diskussion um den Länderfinanzausgleich, der wesentliche Wirkungen auf die Wettbewerbsfähigkeit des Gesamtstaates hat (Färber 2000), zeigt sehr eindrücklich, dass, obwohl die Notwendigkeit, auf die Herausforderungen des Staatenwettbewerb zu reagieren, wohl von allen eingesehen wird, eine Einigung an den Partikularinteressen der einzelnen Akteure scheitern kann.

intraföderalen Mechanismus erfordert, um Wissen über die im Interesse der Bürger notwendigen Veränderungen der Föderalstruktur zu generieren.

Zudem kann nicht davon ausgegangen werden, dass die Interessen der mobilen Standortnutzer Wissen darüber generieren, was eine im Sinne der Bürger geeignete föderale Kompetenzverteilung darstellt. Eine föderale Struktur, die eine gute Kontrolle der staatlichen Machtausübung gerade gegenüber immobilen Bürgern und Standortnutzern ermöglicht, kann Nachteile im internationalen Standortwettbewerb bringen, weil sie der Regierung eine schnelle Reaktion im Staatenwettbewerb erschwert. Insbesondere mag von den mobilen Standortnutzern auch ein Druck zur Bildung von größeren Gliedstaaten ausgehen, weil große Märkte mit einheitlicher Regulierung die Erzielung von Größenvorteilen in der Produktion erlauben. Wünschen die Bürger eine möglichst dezentrale Bereitstellung von Gütern, ist das im Standortwettbewerb ein Nachteil. Die Interessendivergenz zwischen Bürgern und mobilen Standortnutzern im Hinblick auf die Verfassungsgebung (4.2.3.2) besteht auch hinsichtlich der Kompetenzverteilung.

Allerdings könnte der Jurisdiktionenwettbewerb zwischen den dezentralen Einheiten des föderalen Systems diese zu einer Verlagerung der Kompetenzen veranlassen, die der Zentralstaat effizienter wahrnehmen kann (Breton 1996, 190). Denn dezentrale Einheiten eines föderalen Systems stehen untereinander in einem besonders intensiven Wettbewerb (4.2.2.3). Damit sie zur Effizienzsteigerung gemeinsam Kompetenzen an die übergeordnete Ebene verlagern, muss aber der Wettbewerbsdruck zwischen den dezentralen Einheiten verschiedener föderaler Systeme erzeugt werden und in ähnlicher Weise auf die dezentralen Einheiten eines föderalen Systems wirken. Denn nur, wenn für alle beteiligten dezentralen Einheiten die Kompetenzverlagerung eine Effizienzsteigerung verspricht, wird es bei dezentraler Kompetenz-Kompetenz zur Verlagerung kommen.[49] Der Jurisdiktionenwettbewerb zwischen den dezentralen Einheiten erzeugt also keinen zusätzlichen Anreiz zur Orientierung an den Bürgerinteressen.

Der Jurisdiktionenwettbewerb verändert folglich die Vorteilhaftigkeit föderaler Strukturen (7.1.2.2), bringt aber selbst die Änderungen der föderalen Struktur, die im Interesse der Bürger vorzunehmen wären, nicht hervor. Darüber hinaus weist die politökonomische Theorie daraufhin, dass der Jurisdiktionenwettbewerb dazu führen kann, dass die Kompetenzverteilung auf eine Weise geändert wird, die den Bürgerinteressen widerspricht. Regierungspolitiker verschiedener Länder stehen im Wettbewerb um Bürger und mobile Standortnutzer. Denn ob sie von den Bürgern wiedergewählt werden, hängt in starkem Maße davon ab, ob sich die wirtschaftliche Situation durch Zuwanderung von qualifizierten Arbeitskräften und durch Di-

---

[49] Bretons Argument hat folglich vor allem für asymmetrische Kompetenzverlagerungen durch einzelne Jurisdiktionen Relevanz. Vgl. 8.2.2.

rektinvestitionen verbessert (Gerken 1999a, 11f, 16–20). Regierungspolitiker sind somit dem Druck ausgesetzt, ihre Politik besser als die Regierungspolitiker anderer Jurisdiktionen an den Interessen mobiler Standortnutzer auszurichten. Dabei entsteht eine ähnliche Motivation wie für Unternehmer im unternehmerischen Wettbewerb. Diese versuchen, durch Zusammenarbeit mit anderen Unternehmen, durch Fusionen oder durch die Erlangung einer Monopolstellung Vorteile gegenüber Konkurrenten, Kunden oder Lieferanten zu erzielen. Für Regierungspolitiker kann nach der sogenannten „Kartellhypothese" (Blankart 1999, 6–8) entsprechendes bei der Zusammenarbeit mit anderen Regierungen beobachtet werden, wenn die Kompetenz-Kompetenz bei den Politikern der rangniedrigeren Jurisdiktionen liegt. Die politökonomische Theorie nennt zwei Gründe für eine kontinuierliche Verlagerung von Aufgaben auf die übergeordnete Ebene:

(1) *Föderationsinterner Jurisdiktionenwettbewerb.* Für die Regierungen der Mitgliedstaaten, die im föderationsinternen Jurisdiktionenwettbewerb eine Abwanderung von Bürgern oder mobilen Faktoren hinnehmen müssen, liegt es nahe, diesen Wettbewerb durch die Verlagerung von Kompetenzen auf die zentrale Ebene der Föderation entweder komplett auszuschalten oder gemäß der Strategie „raising rival's cost" (Goldberg 1982) die Kosten für die Konkurrenten zu erhöhen.

(2) *Föderationsexterner Jurisdiktionenwettbewerb.* Im Wettbewerb mit Staaten, die nicht Teil der Föderation sind, gilt entsprechendes: Während föderationsintern die Handelsschranken abgebaut werden, werden gleichzeitig die Handelsschranken, teilweise auch die Hindernisse für den Kapitalverkehr und die Migration von und nach Drittstaaten verstärkt.

Der Jurisdiktionenwettbewerb führt in diesen Fällen, wenn die politischen Akteure, die ihm ausgesetzt sind, über die Kompetenz-Kompetenz verfügen, gerade nicht zur Ausrichtung des Politikerhandelns an den Bürgerinteressen. Es kommt vielmehr zu einer angebotsseitigen Zentralisierung bestimmter Kompetenzen.

7.2.3 Wettbewerb um Kompetenzen

Im Unterschied zu Popitz, der die von ihm prognostizierte zentralisierende Dynamik in Föderalstaaten durchaus positiv bewertete (Kirsch 1987, 15), sehen viele Ökonomen diese Entwicklung als Bedrohung des Föderalismus. Dieser Sicht wird hier nicht gefolgt.

Erstens können die heutigen Nationalstaaten in der historischen Perspektive ebenso wenig als natürliche Ausgangspunkte betrachtet werden wie die Bundesländer oder die Europäische Union. Selbst auf dem Höhepunkt der Zentralisierung in Spanien und Großbritannien bestanden vor allem im Baskenland und in Navarra bzw. in Schottland eigenständige Rechtssysteme fort. Sie machen deutlich, dass beide Länder durch einen – zentralisierenden – Zusammenschluss eigenständiger Jurisdiktionen entstanden sind. Angesichts der Zentralisierungstendenzen in Europa wird eine

Rückverlagerung von Kompetenzen an die Nationalstaaten gefordert, angesichts der Zentralisierungstendenzen in Nationalstaaten die Rückverlagerung auf die Teilstaaten. Aber auch diese sind teilweise Ergebnisse von Zentralisierungstendenzen. Die deutschen Staaten, die einmal das Deutsche Reich bilden sollten, sind die Ergebnisse der Neugliederung Deutschlands Anfang des 19. Jahrhunderts (2.2.1.1 (1)), die insofern als Zentralisierung zu interpretieren ist, als viele Kleinststaaten und Klostergüter von größeren Staaten übernommen wurden. Aufgrund der kontinuierlichen Veränderung der staatlichen Verfasstheit der Völker bleibt jede Wahl eines bestimmten Ausgangspunkts für die Analyse der Zentralisierungstendenz historisch willkürlich. Die Verfassungsökonomik fragt deshalb nach den konsensfähigen konstitutionellen Interessen der Bürger als Eigner mehrere politischer Genossenschaften (3.1.4.4).

Zweitens erfolgt die negative Bewertung von Zentralisierungstendenzen aufgrund wissenschaftlich nachgewiesener Vorteile dezentraler Regierungssysteme. Dass die Bürger gute Gründe haben können, Veränderungen der Aufgabenverteilung in föderalen Systemen sowohl in Richtung auf eine zunehmende Zentralisierung als auch in Richtung auf eine zunehmende Dezentralisierung zu befürworten (7.1), wird dabei in der Regel ausgeblendet. Die Tatsache, dass die Zentralisierung als ein Versuch der Regierenden interpretiert werden kann, sich vor dem politischen Wettbewerb zu schützen, sagt nichts darüber aus, ob das Ergebnis im Interesse der Bürger liegt oder nicht.[50]

Zentralisierung kann aus verfassungsökonomischer Sicht nur dann als unerwünscht bezeichnet werden, wenn sie angebotsseitig motiviert ist und die Bürgersouveränität beschneidet. Die nachfrageseitige Zentralisierung liegt hingegen im Interesse der Bürger als Nachfrager. Die Gestaltung der Kompetenz-Kompetenz in Föderationen sollte daher nicht das Ziel verfolgen, Zentralisierung generell zu unterbinden, sondern Mechanismen vorsehen, die eine Ausrichtung der Kompetenzverteilung an den Bürgerinteressen sicherstellen. Einem solchen Mechanismus – dem Wettbewerb um Kompetenzen – gelten die folgenden Abschnitte. Er nutzt die Konkurrenzbeziehung zwischen Politikern verschiedener Ebene (7.2.3.1) und weist den Bürger selbst die Entscheidung über Kompetenzverlagerungen zu (7.2.3.2). Wesentlich ist die Rahmenordnung im Bereich der Finanzierung (7.2.3.3).

7.2.3.1 Individuelle oder kollektive vertikale Jurisdiktionenwahl

Die Frage der vertikalen Arbeitsteilung zwischen verschiedenen Anbietern stellt sich nicht nur in Föderationen, sondern auch auf Gütermärkten. Die vertikale Inte-

---

[50] Das entspricht der Diskussion um eine geeignete Staatsquote. Auch wenn theoretisch nachgewiesen werden kann, dass die Interessen der Politiker zu einer hohen Staatsquote führen können, kann eine hohe Staatsquote nicht grundsätzlich als Ergebnis eines ineffizienten politischen Systems interpretiert werden (Breton 1996, 293f; Kirchgässner 2001, 170).

gration von Unternehmen[51] lässt sich auf einer Vielzahl von einzelnen „make or buy?"-Entscheidungen zurückführen, nicht auf eine einmalige Entscheidung. Dies erlaubt sowohl die unterschiedliche Integrationstiefe konkurrierender Unternehmen als auch – im Unterschied zum staatlichen Bereich – kontinuierliche marginale Funktionsverschiebungen zwischen verschiedenen Ebenen (Kerber 1991, 337f). Jede einzelne „make or buy?"-Entscheidung lässt sich als Wahlhandlung in einem vertikalen Wettbewerb zwischen Unternehmen interpretieren. Denn sie bestimmt, auf welches der Unternehmen, die über eine Reihe von Produktionsprozessen das Endprodukt herstellen, die Nachfrage nach einer Einzelleistung in der Gesamtproduktion entfällt.

Geht man von der Vorstellung aus, dass jedes Individuum Mitglied mehrerer hierarchisch zueinander stehender Jurisdiktionen ist, kann auch zwischen vertikal übereinander gelagerten Jurisdiktionen ein Konkurrenzverhältnis angenommen werden. Man könnte von einem vertikalen Tiebout-Wettbewerb sprechen. Denn ebenso, wie ein Bürger zwischen mehreren gleichrangigen Jurisdiktionen öffentliche Leistungen auswählen kann (Tiebout 1956, 418), so könnte er auch zwischen verschiedenen hierarchisch geordneten Jurisdiktionen öffentliche Güter „einkaufen". Dies ist die Vorstellung bei Salmon (1987), nach der Bürger dann, wenn föderale und gliedstaatliche Einrichtungen parallel bestehen, Leistungsvergleiche anstellen können und sich die Einrichtung auswählen können, die ihnen besser zusagt. Diese Art Wettbewerb impliziert eine in der Regel ineffiziente doppelte Bereitstellung derselben Güter durch mehrere Jurisdiktionen, weil sich der Einzelne der Finanzierung mehrerer öffentlicher Güter durch verschiedene Jurisdiktionen nicht entziehen kann. Denn beim vertikalen Wettbewerb besteht aufgrund der räumlichen Gebundenheit der öffentlichen Güter keine *Exit*-Option (Migué 1997, 247). Im Unterschied zum marktlichen Wettbewerb, bei dem der Marktzutritt eines Anbieters die Wohlfahrt der Konsumenten erhöht, steigt deshalb durch einen neuen Anbieter im vertikalen „Wettbewerb" die bereitgestellte Menge über das Optimum hinaus weiter an, ohne dass es einen Mechanismus gäbe, der zu einer Reduzierung der Gütermenge führen würde. Kann sich das Individuum der Finanzierung entziehen, kommt es umgekehrt zu einer defizitären Bereitstellung öffentlicher Gütern, weil das Austauschprinzip verletzt ist. Beispielsweise kann eine Kommune ihre öffentlichen Güter nicht finanzieren, wenn jeder Bürger zwar einen Finanzierungsbeitrag zum föderalen öffentlichen Gut leistet, gleichzeitig aber auch das lokal bereitgestellte öffentliche Gut nutzt. Wie im Wettbewerb zwischen gleichrangigen privaten Anbietern muss es dann zu einem Wettbewerbsversagen kommen.

---

[51] Von der vertikalen Integration eines Unternehmens ist dann zu sprechen, wenn der gesamte Output eines „upstream"-Produktionsprozesses einen Teil oder die Gesamtheit eines Zwischenprodukts für den „downstream"-Prozess derselben Unternehmung liefert bzw. wenn die Gesamtheit des Zwischenprodukts für den „downstream"-Prozess teilweise oder in ihrer Gesamtheit einem „upstream"-Prozess derselben Unternehmung entstammt (Perry 1989, 185).

Individuelle vertikale Jurisdiktionenwahl ist folglich bei öffentlichen Gütern nicht möglich. Denkbar ist bei Nicht-Ausschließbarkeit allein, dass die Kompetenz zur Bereitstellung von Rechtssetzung, öffentlichen Gütern oder Umverteilung für die gesamte Jurisdiktion von einer Ebene auf eine andere verlagert wird. Wie beim kollektiven FOCJ-Konzept wandern in diesem Fall nicht die Individuen, indem sie ihre Jurisdiktion wechseln. Vielmehr „wandert" die Bereitstellung staatlicher Leistungen, indem die entsprechende Kompetenz den Politikern einer Ebene entzogen und den Politikern einer anderen Ebene zugewiesen wird. Zwischen Politikern verschiedener Ebenen besteht dann unter der Voraussetzung, dass keine gemeinsame Kompetenzausübung vereinbart werden kann, eine Konkurrenzbeziehung im Hinblick auf konkrete Kompetenzen. Diese Konkurrenzbeziehung kann mit Hoppmann (1967, 88–93) als „Parallelprozess" bezeichnet werden. Die Ausweitung der eigenen Kompetenzen ist nur zu Lasten der Kompetenzen der Politiker anderer Ebenen möglich.

Neben diesen Parallelprozess tritt im Wettbewerb als zweiter Teilprozess ein „Austauschprozess", der den konkurrierenden Parteien nur dann ermöglicht, einen Vorteil gegenüber ihren Konkurrenten zu erlangen, wenn sie in den Augen eines Dritten überlegen sind, mit dem sie in Austausch treten. So können Unternehmen auf Märkten nur dann erfolgreich sein, wenn sie den Kunden bessere Angebote machen als die konkurrierenden Unternehmen.[52] Der Parallelprozess beschreibt die Strategien von Akteuren auf derselben Marktseite, der Austauschprozess die Interaktion zwischen Akteuren verschiedener Marktseiten.

Diese andere Marktseite bilden bei der Verlagerung von Kompetenzen die Bürgerschaften der betroffenen Jurisdiktionen. Denn da es sich bei der Verlagerung von Kompetenzen um eine Entscheidung für die gesamte Jurisdiktion handelt, muss dem Anbieterwechsel (*Exit*) eine kollektive Entscheidung (*Voice*) vorgeschaltet werden. Der Austauschprozess besteht folglich in einer Abstimmung innerhalb einer Jurisdiktion, ob eine konkrete Kompetenz zu staatlichem Handeln verlagert werden soll oder nicht. Er sorgt dafür, dass eine Auswahl zwischen den verschiedenen Anbietern staatlicher Leistungen, nämlich den Politikern verschiedener Ebenen, getroffen wird.

Aus der Interaktion von Parallelprozess und Austauschprozess entsteht ein Wettbewerb um Kompetenzen. Er kann sowohl als Jurisdiktionenwettbewerb in der vertikalen Richtung, d.h. als Element des *Exit*-Mechanismus, interpretiert werden, weil es um eine Anbieterwahl in vertikaler Richtung geht, als auch als Ausdruck demokratischer Willensäußerung der Bürger über die föderale Kompetenzvertei-

---

[52] Fehlt dieser Austauschprozess, weil sich die Konkurrenten im Behinderungswettbewerb in direkter Konfrontation gegenübertreten (Eucken 1952/1990, 247), handelt es sich um Wettstreit (Gerken 1999a, 5f).

lung, mithin als Element des *Voice*-Mechanismus, weil es sich um eine kollektive Entscheidung handelt.

Die Ergebnisse eines solchen Wettbewerbsprozesses können nicht direkt mit denen des marktlichen Wettbewerbs oder des Tiebout-Wettbewerbs verglichen werden. Im horizontalen Tiebout-Wettbewerb wird unter restriktiven Annahmen ein Pareto-Optimum erreicht (4.2.2.1). Geht man von einem Medianwähler-Modell aus, dann kann ein kollektiver Wettbewerbsprozess eine Angleichung der Grenznutzen aus öffentlichen Gütern bezüglich des Medianwählers erreichen, falls dieser Medianwähler aller beteiligten Kollektive ist. Das ist jedoch nur bei identischen Jurisdiktionen gegeben, nicht bei einem pyramidalen Jurisdiktionenaufbau, bei dem eine übergeordnete Jurisdiktion mehrere untergeordnete umfasst. Diese mangelnde Optimalitätseigenschaft des vertikalen Wettbewerbs spiegelt die Tatsache wider, dass es sich bei den Wahlhandlungen um kollektive Entscheidungen handelt.

Bei den Tauschprozessen zwischen Politikern, die ebenfalls zu einer Zuordnung von Kompetenzen auf politische Anbieter führen, sind die positiven Wirkungen von Wettbewerb nicht zu beobachten. Vielmehr kommt es zu einer geringeren Bürgerorientierung, weil diese Tauschprozesse negative Externalitäten zu Lasten der Bürger erzeugen (7.2.1.1). Entscheidend für die Funktionsweise des Wettbewerbs um Kompetenzen ist vor diesem Hintergrund, dass es sich im Austauschprozess nicht um repräsentativ-demokratische, sondern um direkt-demokratische Abstimmungen handelt.

7.2.3.2 Direkt-demokratische Entscheidungen

Wenn die Bürger in direkt-demokratischer Abstimmung darüber entscheiden können, welcher Ebene welche Kompetenzen zukommen, wird aus der Konkurrenzbeziehung, die zwischen Politikern verschiedener Ebenen im Hinblick auf konkrete Kompetenzen besteht, eine wettbewerbliche Beziehung. Denn die Politiker sind, wenn sie zusätzliche Kompetenzen übernehmen wollen, auf die Zustimmung der Bürger angewiesen. Diese Zustimmung werden sie nur erhalten, wenn die Bürger ihnen zutrauen, die entsprechende Kompetenz besser zu nutzen als ihre Konkurrenten von einer anderen Ebene. Die Bindung von Kompetenzverlagerungen an ein positives Votum in einer Volksabstimmung lässt so einen Wettbewerb um Kompetenzen entstehen.

Grundsätzlich bieten Föderationen mit mehreren Ebenen damit die Chance, den Bürgern eine zusätzliche Möglichkeit zur Auswahl von Restriktionensets zu geben. Wird die Kompetenz-Kompetenz den Bürgern zugesprochen, können diese bei der Zuordnung von Kompetenzen auf die verschiedenen Ebenen danach entscheiden, welche institutionelle Ordnung am besten eine Orientierung an ihren Interessen sicherstellt. Die Bürger können zwar, wenn sie in Volksabstimmungen einzelne Kompetenzen verlagern, nicht direkt die Restriktionen für politisches Handeln auswählen. Dies wäre aufgrund der Vorteilhaftigkeit von Delegation bei komplexen Fragen auch nicht wünschenswert (3.3.3.1). Sie können jedoch einen größeren Teil der politischen Macht auf die Ebene delegieren, in der das Prinzipal-Agenten-Problem in geeigneterer Weise gelöst ist (7.1.2.1 (2)). Entsprechende Kompetenz-verlagerungen erlauben eine Entschärfung des doppelten Prinzipal-Agenten-Problems, das dadurch entsteht, dass die politischen Akteure in der Regel die Re-striktionen für ihr Handeln selbst bestimmen können (3.3.3.3). Mit anderen Worten erlaubt ein Wettbewerb um Kompetenzen den Bürgern die Auswahl zwischen ver-schiedenen Restriktionensets anhand der Ergebnisse des politischen Prozesses, die unter diesen Restriktionensets zu beobachten sind.

Sind beispielsweise die Politiker der kommunalen Ebene in stärkerem Maße als die Politiker auf Landesebene in der Lage, von den Interessen der Bürger abzuweichen, könnte eine Verlagerung kommunaler Kompetenzen auf die Landesebene die Bür-gerorientierung des gesamten staatlichen Systems erhöhen.[53] Die Kommunalpoliti-ker werden, wenn ihnen zunehmend Kompetenzen entzogen werden, solche Rege-lungen für die eigene Verfassung übernehmen, die auf anderen Ebenen Erfolg hatten. So zwingt der Wettbewerb um Kompetenzen die Politiker zur Einführung von Verfassungsvorschriften, die ihre eigenen Entscheidungsspielräume einengen. Der Wettbewerb um Kompetenzen schützt so die Bürger in ähnlicher Weise vor Ausbeutung wie der Wettbewerb auf Gütermärkten die Konsumenten. Dabei muss eingeräumt werden, dass die geringe Anzahl föderaler Ebenen keinen „vollständi-gen" Wettbewerb ermöglicht. Eine Konkurrenzbeziehung besteht jeweils nur zu der nächsthöheren oder nächstniedrigeren Ebene. Diese Wahlmöglichkeit trägt jedoch bereits zu einer bürgerorientierten Dynamisierung der Kompetenzordnung bei.[54]

Im Wettbewerb um Kompetenzen wird außerdem Wissen über Restriktionen er-zeugt, die in geeigneter Weise das Prinzipal-Agenten-Problem lösen. Der Wettbe-werb um Kompetenzen hat mit der Kontrolle von Macht und der Generierung von Wissen folglich dieselben positiven Wirkungen, die dem horizontalen Jurisdiktio-nenwettbewerb zugeschrieben werden.

In vielen Staaten sind Verfassungsänderungen von der Zustimmung des Volkes in einem Referendum abhängig. Die Verfassungen berücksichtigen auf diese Weise

---

[53] Dies könnte beispielsweise für Städte wie Frankfurt oder Berlin gelten, in denen seit Jahrzehn-ten umfangreiche Korruptionsfälle aufgedeckt werden, ohne dass dies Veränderungen der politi-schen Strukturen nach sich zieht, weil eine explizite oder implizite große Koalition der Amtsinha-ber kein Interesse an schärferen Kontrollen hat und keine Konsequenzen fürchten muss. Die Bürger dieser Städte könnten diejenigen Politikbereiche, in denen die meisten Korruptionsfälle stattfinden, der Landespolitik unterstellen.

[54] Eine zusätzliche Dynamisierung wird für eine höhere Ebene erzielt, wenn Kompetenzen ledig-lich zeitlich befristet auf diese verlagert werden und nach Ablauf der Frist automatisch der unteren Ebene zufallen. Damit wird allerdings eine Vorentscheidung zugunsten der unteren Ebene vorge-nommen, die verfassungsökonomisch nicht zu rechtfertigen ist (3.1.4.4).

den möglichen Interessenkonflikt zwischen Bürgern und Politikern bei der Gestaltung der Regeln (3.3.3.3) und der föderalen Kompetenzverteilung (7.2.1). Das Referendum dient – in Entsprechung zu verschiedenen Vorschlägen aus Forschung und Politik[55] – als Bremse für die Versuche der Politiker, die Restriktionen und die Föderalverfassung dahingehend zu ändern, dass eine geringere Bürgerorientierung erreicht wird. Die Bürger können jedoch in der Regel keine Entscheidungen über die vertikale Kompetenzverteilung herbeiführen. Eine aktive Steuerung der Kompetenzverteilung durch die Bürger ist nicht vorgesehen.[56] Die direkt-demokratische Entscheidung dient daher nur als Filter für die Verfassungsänderungsvorschläge der Politiker. Eine Entflechtung der Politik in verbundenen Systemen ist davon ebenso wenig zu erwarten wie eine Verbesserung der Steuerungsfähigkeit. Lediglich eine Verschlechterung kann verhindert werden. Statt dieser eingeschränkten Steuerung schlagen Gerken/Märkt/Schick/Renner (2002) daher für die Frage der Kompetenzverteilung zwischen der Europäischen Union und den Mitgliedstaaten eine vollständige Zuordnung der Kompetenz-Kompetenz auf die Bürger vor.

Ebenso wie für politische Entscheidungen in einem Gemeinwesen wird es für die Wirkungen eines Wettbewerbs um Kompetenzen entscheidend auf die Abstimmungsregeln bei den Entscheidungen über Kompetenzverlagerungen ankommen. Legitimation erhalten nach verfassungsökonomischer Vorstellung Entscheidungen nur dann, wenn sie einstimmig erfolgt sind (3.1.4.2). Auch bei konstitutionellen Entscheidungen liegt es jedoch im Interesse der Bürger, von der Einstimmigkeitsregel abzuweichen, um – möglicherweise nach unterschiedlichen Bereichen des Verfassungsrechts differenziert – die gewünschte Flexibilität der Verfassungsordnung zu erreichen (Pitlik 1997, 16–18). Für die Initiative zur Entscheidung über die Kompetenzverlagerung und für die Kompetenzverlagerung selbst, sind daher entsprechende Abstimmungsregeln festzulegen.

Bei der Volksinitiative zur Kompetenzverlagerung besteht wie bei jeder Initiative zur Verfassungsänderung ein Freifahrer-Problem (Brennan/Buchanan 1985/1993, 190–196). Aufgrund der hohen Entscheidungsvorbereitungskosten für die Initiatoren einer Volksabstimmung sind in zu geringem Maße Kompetenzverlagerungen zu erwarten. Für den Erfolg eines Bürgerbegehrens, das eine Volksabstimmung auslöst, sind daher nur geringe Hürden vorzusehen (Blankart 2000, 609).

Bei den Abstimmungsregeln für die Entscheidung über die vertikale Kompetenzzuweisung selbst ist zu berücksichtigen, dass Kompetenzverlagerungen Umverteilungswirkungen haben (7.1.1.3). Deshalb ist ein Quorum über 50% (Blankart 2000,

---

[55] U.a. Tiebout/Houston (1962), European Constitutional Group (1993), Apolte (1999, 195f, 212f).

[56] Eine Ausnahme bildet die Volksinitiative in der Schweiz, die sich auf Verfassungsänderungen bezieht (Blankart 1992, 510–512).

609) oder eine doppelte Mehrheit (Apolte 1999, 207) anzusetzen. Letztere ist dadurch zu rechtfertigen, dass eine Rückverlagerung auf die Ebene von Rang n nicht mehr möglich ist, wenn eine Verlagerung von Rang n+1 auf Rang n+2 stattgefunden hat. Insofern spielen auch die Mehrheiten auf Rang n eine Rolle.[57]

Jedenfalls besteht eine Interdependenz zwischen subkonstitutionellen Entscheidungen in einer Jurisdiktion und der konstitutionellen Entscheidung über eine Verlagerung der Kompetenz. Wenn die Bürger mit den konkreten Entscheidungen einer Ebene nicht zufrieden sind, werden sie eine Verlagerung vornehmen wollen. Dies ist dann problematisch, wenn das Quorum für die Entscheidung auf einer Ebene höher ist als das Quorum für die Verlagerung. Durch eine Verlagerung kann dann stets die subkonstitutionelle Entscheidung quasi aufgehoben werden. In der Regel wird die Verlagerung daher ein deutlich höheres Quorum erfordern müssen als die subkonstitutionelle Entscheidung.

Häufig wird eine Einigung über eine Verlagerung von Kompetenzen an eine höhere Ebene angesichts der genannten Umverteilungswirkungen schwer zu erzielen sein, wenn nicht durch eine Bündelung von zu verlagernden Maßnahmen ein impliziter Stimmentausch vorgenommen wird. Eine solche Bündelung kann in den Volksabstimmungen vorgenommen werden.[58]

Neben den Abstimmungsquoren stellt sich beim Wettbewerb um Kompetenzen die Frage, wie die Eigentumsrechte vergeben werden. Schließlich muss zwischen den Kompetenzen, die eine Jurisdiktion ausübt und denen, über die sie im Rahmen von Kompetenzzuordnungen verfügen kann, differenziert werden (Breton 1996, 193). Die Zuweisung der Kompetenz-Kompetenz wird dabei wesentlich die Funktionseigenschaften des Wettbewerbs um Kompetenzen bestimmen. Wird den Bürgern der gesamten Föderation die Kompetenz-Kompetenz zuteil, bleibt der Vorteil föderaler Systeme ungenutzt, in verschiedenen Gruppengrößen Entscheidungen treffen zu können. Die historisch gewachsenen Strukturen, die in jedem einzelnen Staat unterschiedliche Verfassungen und Kompetenzverteilungen hervorgebracht haben, werden missachtet; die in den jeweiligen Gliedstaaten der Föderation unterschiedlichen Interessen bezüglich der Kompetenzverteilung kommen nicht zum Ausdruck.

Eine Alternative skizzieren Tiebout/Houston (1962, 412f): Die Bürger entscheiden sukzessive über die vertikale Kompetenzverteilung im Leistungsstaat, indem sie zunächst auf der obersten Ebene eine Auswahl derjenigen Güter treffen, die (a) ausschließlich von dieser, (b) von dieser und rangniedrigeren oder (c) nur von rangniedrigeren Jurisdiktionen bereitzustellen sind. Dieser Auswahlprozess wird

---

[57] Zur doppelten Mehrheit siehe auch 8.2.1.

[58] Gerken/Märkt/Schick/Renner (2002, 172). Hier nicht weiter berücksichtigt wird die Frage des Übergangs von zugehörigen Vermögenswerten und Schulden, die insbesondere Drèze (1993) thematisiert. *Hold-up*-Probleme machen hier eine Regelsetzung erforderlich.

auf jeder Ebene wiederholt. Die Güter, die bei der vorangegangenen Entscheidung ausschließlich auf die rangniedrigeren Ebenen übertragen wurden, werden von den Bürgern der rangniedrigeren Jurisdiktion wiederum nach dem genannten Schema aufgeteilt. Ein solches Verfahren bedeutet eine völlige Neuverteilung der Kompetenzen, ist in seiner Gesamtheit also nur einmalig durchführbar. Für die Veränderung der Kompetenzverteilung würde dieses Verfahren bedeuten, dass jeweils die Bürger der Jurisdiktion, die derzeit eine Kompetenz wahrnimmt, beschließen können, ob sie eine Verlagerung an rangniedrigere Einheiten vorziehen. Für die Verlagerung an eine ranghöhere Einheit ist jeweils in deren Rahmen abzustimmen.[59] Der genannte Ansatz führt – ebenso wie die Zuordnung der Kompetenz-Kompetenz auf die jeweils kleinsten politischen Einheiten – zu einem asymmetrischen föderalen System. Die Frage der einzelstaatlichen Kompetenzverlagerung wird daher in Kapitel 8 – Asymmetrie – ausführlicher diskutiert.

In Bezug auf die konkrete Entscheidung, auf welcher Ebene öffentliche Güter angeboten werden, werden die Bürger insbesondere auf die Veränderung der Organisationskosten und die Bürgerorientierung der Politik abstellen. Der Fiskalföderalismus und der Organisationskostenansatz geben Hinweise, welche Organisationskosten alternative Kompetenzprofile verursachen. Wird die Kompetenz auf einem zu hohen Rang angesiedelt, wird eine mangelnde regionale Differenzierung Präferenzabweichungskosten verursachen. Werden auf der höheren Ebene die Bürgerinteressen wesentlich effizienter umgesetzt, könnte eine Verlagerung der Kompetenz zur Bereitstellung öffentlicher Güter geringerer Reichweite auf diese Ebene dennoch im Interesse der Bürger liegen. Denn die höheren Organisationskosten würden durch eine geringere Abweichung der Politik von den Bürgerinteressen überkompensiert.[60]

Dies gilt auch für die Verlagerung an Jurisdiktionen niedrigeren Ranges. Wird die Kompetenz auf einem zu niedrigen föderalen Rang angesiedelt, sind Verhandlungen erforderlich, um die Externalitäten zu internalisieren und Freifahrer-Verhalten auszuschließen. Das könnte in Kauf genommen werden, wenn auf der höheren Ebene ein ungeeignetes Restriktionenset besteht oder (neue) Möglichkeiten vorgeschlagen werden, um das Freifahrer-Verhalten zu unterbinden. Grundsätzlich ermöglicht die Existenz einer übergeordneten Ebene die Durchsetzung von Verträgen zwischen den Gebietskörperschaften.

---

[59] Über die Verlagerung von Landeskompetenzen an die Bundesebene wäre demnach bundesweit, über die Verlagerung von Landeskompetenzen auf die Kommunen landesweit zu entscheiden.

[60] Diese Überlegung ist bereits in den *Signalling*-Kosten bei Breton/Scott (1978, 31f) enthalten. Sie entstehen bei den Bürgeraktivitäten wie *Lobbying* oder Unterschriftenkampagnen, die der Ausrichtung der Politik auf die Bürgerinteressen dienen. Die Höhe dieser Kosten wird allerdings bei Breton/Scott nicht auf die Qualität der Verfassungsrestriktionen für politisches Handeln auf den verschiedenen Regierungsebenen zurückgeführt.

7.2.3.3 Verlagerung von Finanzierungskompetenzen

Die Kompetenz, Steuern zu erheben, unterscheidet sich grundsätzlich von anderen staatlichen Kompetenzen, weil sie erst durch die Zuordnung leistungsstaatlicher Kompetenzen erforderlich wird. Statt der Möglichkeit, steuerpolitische Kompetenzen den einzelnen Ebenen im Wettbewerb um Kompetenzen zuzuordnen,[61] ist daher denkbar, dass die Bürger bei der Verlagerung einer allokativen Kompetenz gleichzeitig über die entsprechende Finanzierung befinden. Damit würde das Nonaffektationsprinzip durchbrochen und eine Quersubventionierung zwischen Politikbereichen verhindert. Praktisch ist dieses Verfahren jedoch aufgrund der großen Zahl von staatlichen Aufgaben nicht denkbar (3.2.2). Alternativ könnte man darauf vertrauen, dass die Bürger nur derjenigen Ebene allokative Kompetenzen zuordnen, die über entsprechende Ressourcen verfügt. Eine Notwendigkeit zum Ausgleich zwischen den Ebenen bei der Verlagerung von allokativen oder distributiven Kompetenzen ergibt sich dann aber aus der ungleichen Position der Jurisdiktionen unterschiedlicher Ebenen im Jurisdiktionenwettbewerb. Die Politiker der staatlichen Ebene, die über höhere Steuereinnahmen verfügt, haben bessere Möglichkeiten, die Nachfrage der Bürger nach Gütern zu befriedigen. Dies wird in der Regel die übergeordnete Ebene sein, deren Steuergewalt in geringerem Maße durch den Steuerwettbewerb eingeschränkt ist. Die Tatsache, dass die einzelnen Ebenen in unterschiedlicher Weise dem Steuerwettbewerb ausgesetzt sind, verursacht daher eine systematische Bevorzugung der übergeordneten Ebene. Das vertikale fiskalische Ungleichgewicht zwischen den Ebenen hat so Auswirkungen auf die föderale Dynamik, falls die Ressourcen zur Erfüllung einer Aufgabe nicht mit den entsprechenden Bereitstellungskompetenzen „mitwandern".

In gebundenen Trennsystemen müssen für ein solches Mitwandern gegebenenfalls die Bemessungsgrundlagen neu auf die Ebenen verteilt werden. In Verbundsystemen oder Mischsystemen hingegen werden Steuereinnahmen in dem Umfang an die andere Ebenen abgetreten, der dem bisherigen Finanzierungsvolumen für den verlagerten Politikbereich entspricht. Bei einer Verlagerung an Jurisdiktionen niedrigeren Ranges ergibt sich dabei ein wesentlicher Unterschied danach, ob der Betrag auf die einzelnen Jurisdiktionen

- nach ihrem Anteil an den Einnahmen oder
- nach ihrem Anteil an den Ausgaben der übergeordneten Jurisdiktion berechnet wird.

Im ersten Fall besteht für reichere Regionen, die aufgrund impliziter Umverteilung mehr zur Finanzierung öffentlicher Güter beitragen, grundsätzlich ein Interesse, die entsprechende Kompetenz zurückzuverlagern, wenn diese Umverteilung nicht ge-

---

[61] Dies ist beispielsweise in der Schweiz erfolgt, wo der Bundesebene eine zeitlich befristete Erlaubnis zur Erhebung einer Einkommensteuer per Referendum zugesprochen wurde.

wünscht ist.[62] Im zweiten Fall bleiben die Regionen an der Umverteilung beteiligt, können aber Effizienzvorteile nutzen und eine Angebotsdifferenzierung vornehmen.[63] Der Nachteil daran ist, dass die Zahler nach der Rückverlagerung die Zentralregierung bezüglich dieser Umverteilung nicht mehr kontrollieren können.

An diesen Verteilungsimplikationen der Kompetenzverlagerung wird deutlich, dass es sich bei der vertikalen Kompetenzzuordnung, sobald in den einzelnen Jurisdiktionen nicht einstimmig entschieden wird, nicht lediglich um eine technische Frage handelt, wie der Fiskalföderalismus glauben machen könnte, sondern um politische Entscheidungen auf konstitutioneller Ebene, die in noch größerem Umfang als subkonstitutionelle Entscheidungen die Berücksichtigung der Bürgerinteressen erfordern. Denn die Bürger werden sich außer in den unterschiedlichen Vorstellungen über eine optimale Allokation der Kompetenzen insbesondere auch darin unterscheiden, dass sie gerade auch in Umverteilungsfragen unterschiedliche persönliche Interessen verfolgen.

Entsprechende Vorgaben bei einer Kompetenzverlagerung, wie eine entsprechende Aufgabe zu finanzieren sei, könnten jedoch die Furcht vor impliziter Umverteilung mildern. Im Interesse der Befürworter einer Verlagerung wird es daher sein, die Umverteilungsfrage von der Bereitstellungsfrage so weit wie möglich zu trennen. Sowohl bei der expliziten als bei der impliziten Umverteilung ist daher durch den Wettbewerb um Kompetenzen mit einer wesentlich größeren Transparenz bezüglich der Umverteilungsfolgen zu rechnen. Bei der expliziten Umverteilung werden die Vor- und Nachteile verschiedener Arrangements zur Diskussion gestellt, die implizite Umverteilung wird aufgedeckt oder durch Finanzierungsvorgaben verhindert.

7.3 Fazit

Die Entwicklung vom deutschen Partikularismus zum demokratischen Bundesstaat mit Politikverflechtung, die Föderalisierung Belgiens und Spaniens, die Dezentralisierung in Frankreich und Großbritannien ebenso wie die Entwicklung einer neuen föderalen Struktur in Europa sind Ausdruck föderaler Dynamik. Zentralisierungs- und Dezentralisierungstendenzen überlagern sich dabei, so dass für dieselbe geo-

---

[62] Vgl. Bös (1979), der nachweist, dass auf jeder Ebene die Abstimmung darüber, ob ein Gut privat oder öffentlich angeboten werden soll, unterschiedlich ausfällt, weil die Einkommensposition des Medianwählers zwischen den Ebenen differiert. Entsprechendes gilt zwischen den einzelnen Jurisdiktionen einer Ebene.

[63] Das wird an folgendem Beispiel deutlich: Ein Zentralstaat gibt pro Bürger 100 € für Bildung aus. Seine drei gleichgroßen Regionen finanzieren dies mit durchschnittlich 130, 90 bzw. 80 € pro Person aufgrund ihrer unterschiedlichen Steuerbasis. Wird nun eine Rückverlagerung beschlossen, könnte eine Kompensation entweder nach den 130 eingenommenen € oder nach den 100 ausgegebenen erfolgen. Im ersten Fall besteht für reichere Regionen grundsätzlich ein Anreiz zur Rückverlagerung, im zweiten Fall nicht.

grafische Einheit eine eindeutige Entwicklungsrichtung bei der Veränderung des Zentralisierungsprofils in vielen Fällen nicht angegeben werden kann. Diese föderale Dynamik wird häufig allein auf politische Ursachen zurückgeführt, also als angebotsorientiert dargestellt. Daraus wird gefolgert, Kompetenzverlagerungen seien grundsätzlich zu verhindern oder zumindest zu erschweren.

Die ökonomische Analyse föderaler Strukturen zeigt jedoch, dass die Flexibilität föderaler Strukturen ein wesentliches und für die Vorteilhaftigkeit derselben entscheidendes Charakteristikum ist. Nur wenn sich föderale Strukturen an die Veränderung der Bürgerpräferenzen und der Steuerungsmechanismen anpassen können, wird das föderale Gemeinwesen bürgerorientiert sein. Eine geeignete Gestaltung föderaler Dynamik kann so auch das konstitutive Wissensproblem mildern, das in Bezug auf die Gestaltung der föderalen Ordnung ebenso besteht wie in Bezug auf die Bereitstellung konkreter öffentlicher Güter. Aufgabe der Verfassungsgebung ist daher nicht die konstruktivistische Suche nach einer optimalen föderativen Struktur, sondern die Suche nach Mechanismen, die eine föderative Struktur kontinuierlich an neue Umstände anpassen. Dazu ist es entscheidend, dass nicht die Eigeninteressen der politischen Akteure, sondern die Interessen der Bürger des föderalen Systems die Steuergröße für die Kompetenzverteilung sind. Denn Kompetenzverlagerungen erlauben es den politischen Akteuren, sich selbst auf Kosten der Bürger Spielräume zur Verfolgung ihrer eigenen Interessen zu verschaffen, indem sie Wettbewerb um Wählerstimmen, Wettbewerb um Zustimmung und Jurisdiktionenwettbewerb in ihrer Wirkung begrenzen.

Der Wettbewerb um Kompetenzen ermöglicht die durchgehende Realisierung der Konkurrenzdemokratie nun auch zwischen den Ebenen. Es kommt damit nicht zu einer Inkongruenz zwischen Verhandlungs- und Konkurrenzdemokratie, welche die Funktionsfähigkeit der Demokratie sowie die Umsetzung der Bürgerinteressen behindert (3.3.3.1). Die immanente Konkurrenzsituation zwischen Politikern verschiedener Ebenen wird für einen tatsächlichen Wettbewerbsprozess genutzt, so dass eine Anpassung der föderalen Struktur an die Bürgerinteressen möglich wird. Für die Verlagerung von Kompetenzen ersetzen Volksabstimmungen den Kompetenzen-Tausch der Politiker verschiedener Ebenen, der negative Externalitäten für die Bürger erzeugt. Der Wettbewerb um Kompetenzen ergänzt so die für die vertikale Kompetenzverteilung ungenügenden Steuerungsmöglichkeiten *Voice* und *Exit*.

Der Wettbewerb um Kompetenzen löst das doppelte Prinzipal-Agenten-Problem in Bezug auf die Gestaltung der Verfassungsrestriktionen: Politiker, denen zunehmend Kompetenzen entzogen werden, erhalten einen Anreiz, die Verfassungsordnung, unter der sie handeln, zu verbessern, um durch eine bessere Bürgerorientierung wieder mehr Kompetenzen zugesprochen zu bekommen. So kann systematisch die Bürgerorientierung verbessert werden. Außerdem generiert der Wettbewerb um Kompetenzen Wissen über geeignete föderale Strukturen. So kann die Frage, ob ein dreistufiger Föderalismus in Europa im Interesse der Bürger ist, bei einem Wettbewerb um Kompetenzen durch die Bürger selbst in einem iterativen Verfahren beantwortet werden. Werden einer Ebene kontinuierlich Kompetenzen entzogen, muss der Schluss gezogen werden, dass die Bürger gemeinsames Handeln in dieser Gruppengröße nicht für erforderlich halten. Umgekehrt könnten bisher mit geringen Kompetenzen ausgestattete Jurisdiktionen wie die Euro-Regionen oder die Regierungsbezirke durch zusätzliche Kompetenzen aufgewertet werden, wenn sie eine Politik im Interesse der Bürger verwirklichen. Möglicherweise kommt es dann gar – wie derzeit schon für das Baskenland – zu einem vierstufigen Föderalismus in Europa.

Der Wettbewerb um Kompetenzen erlaubt es in einem föderalen System, sowohl die optimale Anzahl der Jurisdiktionen zu bestimmen, die bei gleicher Kompetenzausstattung miteinander in Konkurrenz treten (territoriale Aufteilung), als auch die optimale Anzahl der Jurisdiktionen, die für einen einzelnen Standort zuständig sein sollen (funktionale Aufteilung). Denn mit der Verlagerung von Kompetenzen werden beide Entscheidung simultan getroffen. Das von Gerken/Märkt/Schick/Renner (2002) für die Europäische Union vorgeschlagene Verfahren ist somit grundsätzlich auch für ein mehrstufiges föderales System von Vorteil. Es gestattet den Bürgern, die Vorteile von Mehrebenensystemen systematisch auszuschöpfen.

Die hier vertretene Position enthält eine differenzierte Sicht auf die Zentralisierungs- oder Dezentralisierungsprozesse, wie sie in der Realität beobachtbar sind. Entscheidendes Kriterium für die Bewertung solcher Prozesse ist nicht ihre Richtung, sondern die Orientierung an den Interessen der Bürger als den Eignern der politischen Genossenschaft Staat. Die generelle Vorteilhaftigkeit föderaler Strukturen ist vor diesem Hintergrund nicht gleichzusetzen mit einem Eintreten für die Dezentralisierung oder Föderalisierung innerhalb von bestehenden staatlichen Systemen. Vielmehr kann aus ihr ebenfalls die Bildung neuer föderaler Strukturen aus bestehenden staatlichen Systemen abgeleitet werden, die zu einer Zentralisierung staatlicher Aufgaben auf höherer Ebene führt.

Mit anderen Worten ist aus der Perspektive verfassungsökonomischer Föderalismus-Forschung ein Bedeutungsverlust der Bundesländer aufgrund der europäischen Einigung dann unschädlich, wenn er den – in Volksabstimmungen geäußerten – Interessen der Bürger entspricht.

8 Asymmetrischer Föderalismus

8.1 Effizienzwirkungen des asymmetrischen Föderalismus

Föderalismus kann auf zwei unterschiedliche Arten asymmetrisch sein.[1] Erstens besteht aufgrund der dezentralen Entscheidungen in föderalen Staaten grundsätzlich eine Asymmetrie der Politikergebnisse. Unterschiedliche Steuersätze, unterschiedliche öffentliche Güter und damit auch ein unterschiedliches *Fiscal residuum* in den einzelnen Staaten sind charakteristisch für föderale Staaten. Diese Asymmetrie abschaffen hieße, den Föderalismus selbst abzuschaffen. Symmetrischer Föderalismus ist daher in Bezug auf die Politikergebnisse ein Widerspruch in sich; denn Föderalismus bedeutet Ungleichheit (Wildavsky 1985). Wenn im Folgenden von föderaler Asymmetrie die Rede ist, wird daher auf eine zweite Art der Asymmetrie abgestellt: auf die Asymmetrie der föderalen Struktur in Bezug auf die Jurisdiktionengröße und auf die Kompetenzverteilung:

1) *Jurisdiktionengröße*: Die Größe der Jurisdiktionen einer Ebene divergiert in den meisten Föderalsystemen in Bezug auf die Fläche oder die Einwohnerzahl. Als Folge des Tiebout-Wettbewerbs ergibt sich möglicherweise selbst bei identischer Fläche der Gliedstaaten eine asymmetrische Bevölkerungsverteilung (4.2.2.1).

2) *Kompetenzen*: Divergiert die Kompetenzausstattung der einzelnen Jurisdiktionen auf einer Ebene, ist zu unterscheiden, ob diese Asymmetrie gleichrangiger oder nachrangiger Natur ist. *Gleichrangige* Asymmetrie liegt dann vor, wenn Jurisdiktionen von Rang n, die Mitglieder derselben Jurisdiktion von Rang n+1 sind, unterschiedliche Kompetenzen haben. Dies gilt beispielsweise für die Europäische Union bezüglich der Währungspolitik (2.1.2.2 (3)). *Nachrangige* Asymmetrie kann nur in Föderationen mit mehr als zwei Ebenen auftreten. Dabei differiert die Kompetenzausstattung der Jurisdiktionen von Rang n-1, die Teil verschiedener Jurisdiktionen von Rang n in einer Föderation von Rang n+1 sind. Eine solche nachrangige Asymmetrie ergibt sich aus der sukzessiven Aufteilung der leistungsstaatlichen Kompetenzen auf die einzelnen Ebenen, wie sie von Tiebout/Houston (1962) vorgeschlagen wurde, oder aus dem Zusammenschluss unterschiedlich strukturierter Föderalstaaten. In Europa unterscheiden sich beispielsweise die subnationalen Gebietskörperschaften (Bundesländer, *Comunidades Autónomas*, Regionen, etc.) in ihrer Kompetenzausstattung (2.2), da die Kompetenzverteilung innerhalb der Nationalstaaten allein der nationalstaatlichen Gesetz- oder Verfassungsgebung obliegt.

---

[1] Das Phänomen des asymmetrischen Föderalismus ist bisher nicht grundlegend erforscht worden. Die politikwissenschaftliche Theorie der Integration (2.4.2 (5)) untersuchte zwar asymmetrische Verlagerungen von Kompetenzen auf die Integrationsgemeinschaft. Sie setzte jedoch die Vertiefung der Integration als Ziel voraus und verallgemeinerte ihre Untersuchung weder auf die systematische Untersuchung asymmetrischer föderaler Strukturen noch auf die asymmetrische Rückverlagerung von Kompetenzen. Das Konzept des asymmetrischen Föderalismus geht auf Tarlton (1965) zurück. Einen Literaturüberblick gibt Sturm (2000, 31f).

Die Alternative zur nachrangigen Asymmetrie ist eine alle Ebenen übergreifende Föderalverfassung, die für jede Ebene die Kompetenzen für das gesamte föderale System einheitlich festlegt.

Die für föderale Systeme charakteristische Asymmetrie der Politikergebnisse und die strukturelle Asymmetrie in manchen, insbesondere in mehrstufigen Föderalstaaten sind streng zu trennen.[2] Ersteres bezieht sich auf die Handelnsordnung und kann die Folge sowohl symmetrischer als auch asymmetrischer Strukturen sein. Zweites meint die asymmetrischen Strukturen selbst und damit die föderale Regelordnung. Diese Asymmetrie der föderalen Struktur bringt Vor- und Nachteile für die Bürger als Eigner der politischen Genossenschaft Staat. Diese Vor- und Nachteile werden im Folgenden für den Rechtsschutz- (8.1.1), den Leistungs- (8.1.2) und den Sozialstaat (8.1.3) analysiert.

8.1.1 Rechtsschutzstaat

Die politische Entscheidung über die optimale Jurisdiktionengröße für die Rechtssetzung (4.1.1) kann nur zufällig zu gleich großen Territorien und zu gleicher Bevölkerungszahl in den einzelnen Jurisdiktionen führen. Zum einen bestehen in jeder Region unterschiedliche ökonomische, geografische und technologische Bedingungen. Zum anderen unterscheiden sich die Bürgerpräferenzen. Eine solche Ungleichheit in der Größe ist für die Rechtssetzung und -durchsetzung unerheblich, wenn die Vor- und Nachteile der Jurisdiktionengröße bei den Bürgern der jeweiligen Jurisdiktion anfallen.[3] Lediglich in Bezug auf die horizontale und vertikale Koordination könnte argumentiert werden, dass es kleinen Ländern in geringerem Maße gelingt, ihre Interessen durchzusetzen. Dies ist allerdings abhängig von der konkreten Regelsetzung.[4]

Unerheblich ist auch die asymmetrische Verteilung rechtsschutzstaatlicher Kompetenzen. Dies gilt erstens für die nachrangige Asymmetrie bei Rechtssetzung und -durchsetzung. Nicht in jedem Gliedsstaat von Rang 2 einer Föderation von Rang 3 muss die Aufteilung zwischen Rang 1 und Rang 2 die gleiche sein. Möglicherweise ist auch eine Ebene gar nicht vorhanden, wenn in einem traditionell zentralistischen Gliedstaat das Bedürfnis nach territorial differenzierter Rechtssetzung nicht gegeben ist. In sehr kleinen Jurisdiktionen schließlich ist eine Unterteilung in mehrere untergeordnete Jurisdiktionen offensichtlich kaum sinnvoll.

---

[2] Tatsächlich wird beides in manchen Beiträgen vermengt. So in Boadway (1992, 64–66), Schultze (1998).

[3] Dies ist beispielsweise dann nicht der Fall, wenn die Zuweisungen der zentralen Ebene größenspezifisch erfolgen. So etwa die Bundesergänzungszuweisungen für die Kosten der politischen Führung in kleinen Ländern (2.2.1.1 (2)).

[4] Das Einstimmigkeitsprinzip bei internationalen Verhandlungen erlaubt im Gegenteil eine verstärkte Durchsetzung der Interessen kleiner Länder. Es kann dann sogar zu einer Ausbeutung der Großen durch die Kleinen kommen. Vgl. 7.2.1.1 (1).

Zweitens ist auch die gleichrangige Asymmetrie im Rechtschutzstaat unproblematisch. Es divergiert lediglich das Territorium, in dem die Rechtssetzung Gültigkeit hat, in Bezug auf die Rechtsmaterie. Für jeden einzelnen Ort verändert sich die Anzahl der zuständigen rechtsstaatlichen Ebenen nicht. Die Einheitlichkeit der Rechtssetzung und Rechtsdurchsetzung muss wie bei symmetrischer föderaler Aufteilung durch eine Normenhierarchie oder strikt getrennte Zuständigkeiten erreicht werden. Auch Verbundvorteile können auf jeder einzelnen Ebene in gleichem Maße realisiert werden wie bei Symmetrie. Die Möglichkeiten der Regierungen, rechtsstaatliche Aufgaben im Sinne der Bürger wahrzunehmen, verändern sich ebenso wenig wie die Möglichkeit des Missbrauchs derselben.

Durch die Asymmetrie im Rechtsstaat können die je nach Rechtsbereich unterschiedlichen Vorstellungen der Bürger einzelner Jurisdiktionen über die optimale Jurisdiktionengröße besser realisiert werden. Die Kosten der Abweichung von der geeigneten Größe rechtsstaatlicher Jurisdiktionen sind daher geringer. In Abhängigkeit von den Bedürfnissen der einzelnen Regionen entsteht ein Flickenteppich unterschiedlich verteilter Zuständigkeiten (Schultze 1998, 208). Diesem Vorteil steht der Nachteil gegenüber, dass eine genauere Kenntnis erforderlich ist, welche Normen an welchem Standort gelten. Außerdem steigen die Verwaltungskosten mit zunehmender Asymmetrie, weil jeweils spezifische Regelungen für einzelne Territorien und teilweise eine doppelte Verwaltung erforderlich sind.[5] Diese Nachteile setzen der Vorteilhaftigkeit der Asymmetrie Grenzen. Nur eine partielle Asymmetrie wird folglich im Interesse der Bürger liegen.

8.1.2 Leistungsstaat

Der Fiskalföderalismus ordnet den einzelnen föderalen Ebenen die leistungsstaatlichen Aufgaben nach der Nutzenreichweite öffentlicher Güter zu. Alle Jurisdiktionen einer Ebene müssten folglich in einer effizienten staatlichen Ordnung in etwa gleich groß sein. Umgekehrt ausgedrückt, sind die in der Realität beobachtbaren erheblichen Größenunterschiede von Jurisdiktionen, die für die gleichen Aufgaben zuständig sind,[6] aus wohlfahrtsökonomischer Perspektive ein Zeichen einer ineffi-

---

[5] Beispielsweise führt die Asymmetrie in der Währungspolitik dazu, dass die Vertragsbestimmungen zur Fiskalpolitik (Art. 122–124 EGV) jeweils zwischen Teilnehmern und Nicht-Teilnehmern differenzieren müssen. Zudem verändert sich die finanzielle Be- oder Entlastung durch die europäische Politik für die Bürger aus Nicht-Euro-Staaten mit der Kursschwankung, so dass eventuell Anpassungen erforderlich sind. Das entspricht der Situation vor der Währungsunion, als beispielsweise für die Agrarpolitik der „grüne Ecu" als Sonderwährung für die Umrechnung der Preise für landwirtschaftliche Erzeugnisse genutzt wurde. Der Nichtbeitritt einiger Mitgliedstaaten hat also verhindert, dass durch die Währungsunion umfangreiche Organisationskosteneinsparungen für alle Mitglieder erzielt werden konnten.

[6] In der Europäischen Union differiert die Einwohnerzahl der Mitgliedstaaten zwischen Luxemburg mit 429.000 Einwohnern und Deutschland mit 82 Millionen Einwohnern, innerhalb Deutschlands zwischen Bremen mit 663.000 Einwohnern und Nordrhein-Westfalen mit knapp 18 Millionen Einwohnern. Luxemburg ist mit etwa 2.600 km^2 der kleinste, Frankreich mit 544.000 km^2 der

zienten föderalen Ordnung. Denn unabhängig davon, welches die wohlfahrtsökonomisch optimale Jurisdiktionengröße für die Bereitstellung der jeweiligen Güter ist, wird offensichtlich in fast allen Jurisdiktionen mehr oder weniger deutlich von ihr abgewichen.

Diese Überlegung gilt jedoch nicht, wenn im hier zugrundegelegten verfassungsökonomischen Ansatz von den subjektiven Bewertungen der Individuen ausgegangen wird. Die unterschiedliche Größe der leistungsstaatlichen Jurisdiktionen einer Ebene kann dann auf die politischen Entscheidungen über die geeignete Jurisdiktionengröße zurückgeführt werden, in denen die jeweils unterschiedlichen Vorstellungen der Bürger zum Ausdruck kommen (4.1.2). Die beobachtbaren Größenunterschiede sind dann Folge der Bürgerorientierung bei der Gestaltung des föderalen Systems und können nicht als ineffizient angesehen werden. Auch für die Bereitstellung öffentlicher Güter führt dies nicht zu Ineffizienzen (Boadway 1992, 64). Zwar können manche Güter in kleinen Jurisdiktionen nicht oder nicht zu entsprechenden Kosten bereitgestellt werden wie in großen. Kooperationen zwischen kleinen Jurisdiktionen werden notwendig. Umgekehrt vermeiden kleine Jurisdiktionen Überfüllungskosten oder die Kosten großer Bürokratie und ermöglichen ein flexibles Eingehen auf die Wünsche von Bürgern und Standortnutzern.

Folgt man der fiskalföderalistischen Vorstellung, dann müsste angesichts der unterschiedlichen Größe dezentraler Jurisdiktionen, die in der Wirklichkeit beobachtbar ist, die Kompetenzausstattung dieser Jurisdiktionen differieren. Kleinere dezentrale Jurisdiktionen einer Föderation dürften nur öffentliche Güter geringer Reichweite bereitstellen und müssten alle Güter größerer Reichweite der zentralen Ebene überlassen; große dezentrale Jurisdiktionen dagegen dürften ein umfangreicheres Güterbündel bereitstellen, weil sie auch für öffentliche Güter größerer Reichweite fiskalische Äquivalenz verwirklichen. Kleine Staaten haben nach fiskalföderalistischer Vorstellung ein größeres Interesse, Kompetenzen auf die höhere Ebene zu verlagern, weil sie Größenvorteile der Bereitstellung und die Internalisierung von Externalitäten im eigenen Territorium nicht erreichen können. Die Asymmetrie in Bezug auf die Größe führt also im Fiskalföderalismus zu einer gleichrangigen Asymmetrie in Bezug auf die Kompetenzverteilung.[7] Die unterschiedliche Größe der Gliedstaaten macht außerdem im Fiskalföderalismus eine nachrangige Asymmetrie bezüglich der dritten Ebene erforderlich: Große Gliedstaaten unterteilen ihr Territorium zur Effizienzsteigerung wiederum in mehrere Gliedstaaten, während sich kleine Gliedstaaten unitarisch organisieren. Je mehr Ebenen ein föderales System umfasst, desto asymmetrischer wird dieses System, wenn die Kompetenzver-

---

größte Mitgliedstaat der Europäischen Union. Bei den deutschen Bundesländern ist die Diskrepanz bezüglich der Fläche aufgrund der Stadtstaaten noch größer. Ähnliche Unterschiede bestehen in den USA (King 1984, 80).

[7] Umso erstaunlich ist es, dass die Frage der Asymmetrie im Fiskalföderalismus kaum diskutiert wird.

teilung zwischen nachrangigen Gebietskörperschaften wiederum der fiskalföderalistischen Argumentation folgt.

In verfassungsökonomischer Perspektive ist auf die Organisationskosten des staatlichen Systems abzustellen: Im asymmetrischen Föderalismus kann die Abwägung, wie viele leistungsstaatliche Ebenen vorteilhaft sind und auf welcher Ebene die einzelnen Kompetenzen wahrgenommen werden sollten, für jede Bürgerschaft unterschiedlich ausfallen. Während im symmetrischen Föderalismus sich alle Bürger einer Ebene über die Verteilung der Kompetenzen einigen müssen, kann bei asymmetrischen Systemen für jeden Gliedstaat die Kompetenzaufteilung separat vorgenommen werden. Die Kosten der Abweichung von der gewünschten Jurisdiktionengröße sind geringer als bei erzwungener einheitlicher Größe der Gliedstaaten. Regional gruppierte Minderheiten können kleine Gliedstaaten bilden, ohne dass anderen Regionen die Vorteile eines größeren Gebietszuschnitts vorenthalten werden müssen. Die Kosten der Abweichung von der optimalen *territorialen* Aufteilung des Staates sind daher in asymmetrischen Föderationen niedriger als in symmetrischen. Insbesondere kann eine Äquivalenzfinanzierung, bei der alle, die nach Ansicht der Bürger an der Finanzierung beteiligt sein sollten, auch zur Finanzierung herangezogen werden, besser realisiert werden. Die Kurve Ä, die die Kosten der Abweichung von der Äquivalenzfinanzierung markiert, fällt also mit zunehmender Asymmetrie des föderalen Systems (Abb. 8.1).

In wie weit Äquivalenzfinanzierung verwirklicht werden kann, hängt auch davon ab, ob Verbundvorteile in der Finanzierung genutzt werden, indem mehrere leistungsstaatliche Aufgaben von einer Jurisdiktion bereitgestellt und durch eine einheitliche Steuererhebung finanziert werden. Je asymmetrischer ein föderales System ist, desto problematischer wird die Nutzung solcher Verbundvorteile im Steuersystem. Denn eine adäquate Finanzausstattung aller Jurisdiktionen ist bei asymmetrischem Föderalismus nur auf zwei Wegen möglich. Im ersten Fall legen alle Jurisdiktionen in einem reinen Trennsystem ihre Einnahmenstruktur selbst fest. Für die öffentlichen Güter, die nicht für das gesamte Territorium bereitgestellt werden, muss dann auch der Steuersatz regional differenziert werden. Es kommt also nicht nur zu vertikaler Äquivalenz, sondern darüber hinaus auch zu einer Funktionalisierung des Steuersystems. Verbundvorteile können nicht vollständig genutzt werden. Im zweiten Fall besteht ein Verbundsteuersystem, bei dem die Zuweisungen nach der Kompetenzausstattung der einzelnen Jurisdiktionen differenzieren.[8] Auch in diesem Fall kommt es zur Funktionalisierung des Finanzsystems, Verbundvorteile können nur noch bei der Steuererhebung selbst realisiert werden.

Die Asymmetrie des föderalen Systems erzwingt so eine aufgabenspezifische Abrechnung zumindest für die Politikfelder, in denen die Kompetenzverteilung asymmetrisch ist. Die Finanzpolitik wird insoweit funktionalisiert. Umverteilungswirkungen werden transparent gemacht. Bestehen für alle öffentlichen Güter

---

[8] Vgl. das britische Zuweisungssystem mit der Barnett-Formel (2.2.3.2).

Asymmetrien, muss für jedes einzelne die Finanzierung ausgewiesen werden. Es kommt dann zur ursprünglich von Wicksell vorgesehenen vollständigen Verbindung von Einnahmen und Ausgaben für jedes einzelne öffentliche Gut. Die Kurve Ä erreicht für völlig asymmetrische Systeme folglich die x-Achse. Während die Äquivalenzfinanzierung mit zunehmender Asymmetrie zunimmt, können Verbundvorteile nicht mehr in gleichem Maße realisiert werden wie in symmetrischen Föderalstaaten. Die Kurve V steigt also mit zunehmender Asymmetrie an.

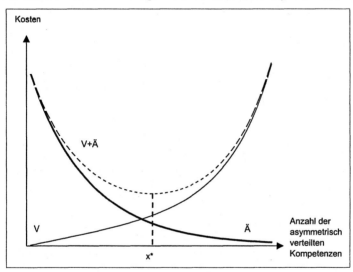

Abb. 8.1: Asymmetrie im Leistungsstaat.

Eine vollständige Asymmetrie des föderalen Systems, wie sie der Funktionalismus propagiert, ist folglich nicht angezeigt. Das Minimum der Kurve V+Ä liegt bei einer partiellen Asymmetrie. Diese senkt die Organisationskosten im Vergleich zu einem symmetrischen Verbundsystem, aber auch im Vergleich zu einem System vollständiger asymmetrischer Differenzierung. Nicht nur bei der funktionalen Aufteilung innerhalb eines Territoriums (5.1.2), sondern auch in Bezug auf die Asymmetrie im Föderalstaat erweist sich die vollständige Funktionalisierung als ungeeignetes Arrangement.

8.1.3 Sozialstaat

Die Größe sozialstaatlicher Jurisdiktionen bestimmt sich nach der Reichweite des Umverteilungsanliegens (4.1.3). Da diese Reichweite zwischen verschiedenen Bürgerschaften differieren kann, erlaubt ein asymmetrischer Sozialstaat eine stärkere Annäherung an die von den Bürgern gewünschte optimale sozialstaatliche Struktur.

Eine asymmetrische Kompetenzverteilung im Sozialstaat bzw. eine Asymmetrie zwischen Sozial- und Leistungsstaat hat zwei Konsequenzen: Erstens kann eine gewünschte implizite Umverteilung weniger leicht vorgenommen werden, wenn die sozialstaatliche Kompetenz und die Kompetenzen zur Bereitstellung öffentlicher Güter sich nicht auf dieselben Jurisdiktionen beziehen. Statt impliziter Umverteilung ist dann explizite Umverteilung durchzuführen. Dadurch erhöht sich die Transparenz der Umverteilungssysteme.[9] Zugleich wird jedoch eine Einigung über Umverteilung schwerer; Verbundvorteile der gemeinsamen Bereitstellung von Gütern und Umverteilung können nicht realisiert werden (5.1.3). Außerdem können möglicherweise ungleiche Einkommenspositionen, die aus der Asymmetrie hervorgehen, nicht vom zentralen Staat in dem gewünschten Maße angeglichen werden, wenn ihm die Kompetenz dazu nur für einen Teil der Gliedstaaten zusteht (Boadway 1992, 65). Die Asymmetrie im föderalen Sozialstaat ist folglich mit Vor- und Nachteilen verbunden.

Zweitens kann es durch ein asymmetrisches System zu unerwünschter Umverteilung kommen (Franzmeyer 1983, 88). Voraussetzung dafür ist, dass in verschiedenen Gliedstaaten für ein öffentliches Gut einer übergeordneten Jurisdiktion auf die gleiche Bemessungsgrundlage zugegriffen wird. Treten nun in einem der Gliedstaaten vertikale Externalitäten auf, weil die Regierung dieses Gliedstaates dieselbe Steuerquelle beansprucht, kommt es zu einem geringerem Finanzierungsbeitrag der Bürger dieses Gliedstaates für das gemeinsam genutzte Gut. Denn dann wird die Bemessungsgrundlage im Gliedstaat mit vertikaler Externalität geringer sein als in den anderen. Aufgrund vertikaler Externalitäten kommt es so zu horizontaler Ungleichbehandlung. Am deutlichsten ist das – wie das folgende Beispiel zeigt – dann, wenn die Finanzierung einer Jurisdiktion als Aufschlag auf Steuern der anderen Jurisdiktionen gestaltet wird:[10]

Eine Föderation aus zwei Jurisdiktionen, A und B, finanziert das beide Jurisdiktionen verbindende Schienennetz aus einer proportionalen Einkommensteuer. Jurisdiktion B hat auf diese Föderation auch die Kompetenzen zur Bereitstellung von Bildungsleistungen verlagert, die ebenfalls durch eine proportionale Einkommensteuer finanziert werden, während Jurisdiktion A selbst für Bildungsleistungen sorgt und diese mit einem Zuschlag auf die Föderationssteuer finanziert. Während die Föderation bei der Entscheidung über den Einkommensteuersatz die negativen

---

[9] Beispiele sind die Umverteilung zugunsten des Baskenlandes bei der Finanzierung des spanischen Zentralstaats (2.2.2.2) und die Umverteilung zugunsten von Schottland und Wales im Rahmen der britischen Zuweisungen (2.2.3.2). In beiden Fällen wird die Umverteilung, die sich sonst über eine Vielzahl öffentlicher Güter verteilen würde, an der Höhe der Zahlungsströme zwischen Zentralstaat und Region sichtbar.

[10] Der Unterschied im Finanzierungsbeitrag wird dann noch verstärkt, wenn die Steuerzahlungen an eine Ebene aufgrund von Abzugsmöglichkeit oder Anrechenbarkeit die Steuerzahlungen an eine andere Ebene direkt mindern. Aus diesem Grund sollten die Steuerzahlungen an eine Ebene bei der Steuerzahlung an eine andere Ebene keine Rolle spielen.

Rückwirkungen auf die Steuerbasis berücksichtigt, erhebt Jurisdiktion A möglicherweise einen zu hohen Steuersatz (5.2.2.3). Die nicht internalisierten vertikalen Externalitäten in Jurisdiktion A führen dazu, dass die Bürger von Jurisdiktion B aufgrund ihres höheren Einkommens einen größeren Anteil an der Finanzierung des Schienennetzes tragen als die Bürger von Jurisdiktion A. Wären beide Jurisdiktionen selbst für die Finanzierung der Bildungspolitik zuständig, dann würden sich die vertikalen Externalitäten in beiden in ähnlichem Maße ergeben; es käme nicht zu dieser vertikal induzierten horizontalen Umverteilung. Ähnliche Wirkung bezüglich der Bemessungsgrundlage kann innerstaatliche Umverteilung haben (Johnson 1988).

Dieser Effekt liegt allerdings nur dann vor, wenn die Finanzierung der öffentlichen Güter von der Äquivalenzfinanzierung abweicht.In einem asymmetrischen System sollte folglich die Äquivalenzfinanzierung öffentlicher Güter mit einem System expliziter Umverteilung verbunden werden, um unerwünschte Umverteilungseffekte zu verhindern. Dies stellt im Vergleich mit einem Verbundsystem eine Verbesserung dar. Gleichzeitig können jedoch Verbundvorteile zwischen Sozial- und Leistungsstaat nicht genutzt werden. Der Gesamteffekt einer stärkeren Asymmetrie ist dabei von der jeweiligen Ausgangslage abhängig: Insbesondere Bürger eines intransparenten Verbundsystems profitieren von einer stärkeren Asymmetrie.

8.2 Bürgerorientierung im asymmetrischen Föderalismus

Die Effizienzwirkungen asymmetrischer föderaler Systeme hängen von der Ausgangssituation ab. Ein asymmetrisches System ist in dem Maße wünschenswert, wie die Vorteile der differenzierten Größe und Kompetenzverteilung nicht durch den Verlust von Verbundvorteilen überkompensiert werden. Ob ein asymmetrisches föderales System im Interesse der Bürger liegt, hängt außer von den Effizienzwirkungen von der Bürgerorientierung ab. Im Folgenden wird daher untersucht, ob die Bürger in einem asymmetrischen System durch *Voice* (8.2.1), *Exit* (8.2.2) und Wettbewerb um Kompetenzen (8.2.3) die politischen Entscheidungen besser an ihren Interessen ausrichten können als in einem symmetrischen.

8.2.1 Voice

Die ungleiche Größe der Gliedstaaten spielt für den Wettbewerb um Zustimmung nur insofern eine Rolle, als zum einen manche politischen Maßnahmen nur für Staaten einer bestimmten Größe zweckmäßig sind. Zum anderen können exogene Schocks oder Elemente der Regelordnung, die dem Jurisdiktionenwettbewerb zugrunde liegt, für Staaten unterschiedlicher Größe auch unterschiedliche Wirkungen erzeugen. Grundsätzlich sind Vergleiche der Bürgerorientierung jedoch zwischen kleinen und großen Staaten möglich.

Bei Abstimmungen kommt es, unabhängig davon ob es sich um direktdemokratische oder repräsentativ-demokratische handelt, auf die konkreten Abstimmungsmodi an. Wird innerhalb übergeordneter Jurisdiktionen so abgestimmt, dass die föderale Untergliederung unerheblich ist (Gerken/Märkt/Schick/Renner 2002, 283f), spielen Größenunterschiede zwischen den Gliedstaaten keine Rolle. Immer dann, wenn Entscheidungsregeln in der umfassenderen Jurisdiktion auf die territoriale Untergliederung Bezug nehmen, kommen jedoch die Größenunterschiede zur Geltung. Diese Berücksichtigung der territorialen Untergliederung bei Entscheidungen auf föderaler Ebene weisen insbesondere solche Föderalstaaten auf, die – wie die EU (2.1.1) oder Deutschland (2.2.1) – durch den Zusammenschluss unabhängiger Staaten entstanden sind.

Werden auf der föderalen Ebene die Stimmen aller Bürger gleich gewichtet, dann haben kleine Gliedstaaten ihrer geringen Größe entsprechend nur geringen Einfluss auf die Mehrheitsbildung. Kleinere Gliedstaaten befürchten daher häufig, dass sie sich nicht in angemessener Weise auf der höheren Ebene Gehör verschaffen können, und erzwingen eine asymmetrische Gewichtung der Stimmen (Boase 1994, 93). Kleinere Staaten mögen daher bei Kompetenzverlagerungen auf eine höhere Ebene zurückhaltender sein als große.[11] Bei direkt-demokratischen Abstimmungen muss deshalb häufig neben der Bevölkerungsmehrheit eine Mehrheit der Gliedstaaten zustimmen (doppelte Mehrheit). Im Senatssystem wird kleinen Gliedstaaten aus demselben Grund häufig ein größeres Gewicht zugestanden, indem die Anzahl der Sitze im Senat nicht proportional zur Bevölkerung vergeben wird. Entsprechendes gilt für das Bundesratssystem, wenn die Stimmen im Bundesrat nicht proportional zur Einwohnerzahl vergeben werden oder wenn Entscheidungen einstimmig getroffen werden. Die Größenunterschiede führen dann auf der föderalen Ebene zu einer Abweichung vom demokratischen Grundprinzip, nach dem jede Stimme das gleiche Gewicht haben sollte.

Bei asymmetrischer Kompetenzverteilung kann es vorkommen, dass für das Territorium *eines* Nationalstaats die europäische, für das Territorium anderer Nationalstaaten dagegen die nationalstaatliche Ebene zuständig ist, bzw. für das Territorium eines Bundeslandes die nationale, für das Territorium anderer Bundesländer die Länderebene. Jede Entscheidung auf der höheren Ebene hat dann nur für einen Teil ihres Territoriums Relevanz.[12]

Direkt-demokratische Entscheidungen und Wettbewerb um Kompetenzen werden durch die Asymmetrie nicht beeinflusst, weil beide grundsätzlich unabhängig von der Kompetenzbündelung jeweils für spezifische Einzelfragen erfolgen. Für die repräsentative Demokratie bringt eine ungleiche Kompetenzverteilung jedoch Veränderungen, weil für dieselbe staatliche Aufgabe – beispielsweise die Hochschulpolitik – mal regionale, mal nationalstaatliche Institutionen zuständig sind. Für uni-

---

[11] Dies widerspricht dem Ergebnis im Fiskalföderalismus, dass kleinere Staaten eher ein Interesse daran haben müssten, öffentliche Güter großer Reichweite auf einer übergeordneten Ebene bereitstellen zu lassen (8.1.2).

[12] Außer für Großbritannien (2.2.3.2) und Spanien (2.2.2.2) trifft diese Situation insbesondere für Kanada zu (Scott 1989; McLure 1993; Boase 1994, 102–105).

tarisch konzipierte Institutionen wie Verfassungsgerichte oder Rechnungshöfe verursacht dies keine Schwierigkeiten. Sie können stets in einheitlicher Besetzung arbeiten (Langeheine/Weinstock 1984, 266). Wenn aber beispielsweise Region A die hochschulpolitische Kompetenz selbständig wahrnimmt und im nationalen Parlament darüber entscheidet, wie das zu erfolgen hat, stellt sich die Frage, ob die Repräsentanten der Region A im Nationalparlament nach wie vor über Sachverhalte, die die Hochschulpolitik betreffen, mitbestimmen sollen, die dann alle anderen Gliedstaaten betreffen, nicht aber Region A. Die Repräsentanten von Region A werden bei der Frage, wie die Hochschulpolitik im Rest des Landes vorzunehmen ist, keinem Anreiz unterliegen, sich bei der Abstimmung an den Interessen der Bürger der anderen Regionen zu orientieren. Denn diese können sie nicht abwählen. Es könnte daher im Interesse aller Bürger liegen, nur solche Repräsentanten entscheiden zu lassen, die im Geltungsbereich des entsprechenden Gesetzes gewählt wurden.[13] In Abhängigkeit von der zu diskutierenden Fragestellung würden dann unterschiedlich viele Abgeordnete an der Abstimmung teilnehmen. Die Parlamente werden somit zur „atmenden Institution" (Schick 2002, 169). Anhörungs- und Informationsrechte können auch den Abgeordneten aus nicht stimmberechtigten Regionen gewährt werden (Langeheine/Weinstock 1984, 266).

Solche Arrangements erschweren den Stimmentausch zwischen verschiedenen Politikfeldern, weil für die einzelnen Politikbereiche unterschiedliche Mehrheitsverhältnisse vorliegen. Gleichzeitig bleibt jedoch der Vorteil einheitlicher Institutionen und Regeln (5.2.1.1 (2)) erhalten, da es sich nach wie vor um einheitliche Parlamente und Regierungen handelt. Die Kontrollkosten für den einzelnen Bürger verändern sich gegenüber symmetrischen Föderalsystemen insofern nicht, als er sich bei Symmetrie und bei Asymmetrie jeweils der gleichen Zahl an Regierungen gegenübersieht.

Die für asymmetrische Systeme typische Funktionalisierung trägt jedoch zu einer erhöhten Transparenz des Regierungssystems bei. Insbesondere können die Bürger aufgrund der stärkeren Äquivalenzfinanzierung besser das Verhältnis zwischen den öffentlichen Gütern einer Jurisdiktion und dem an diese abzuführenden Steuerpreis einschätzen.

8.2.2 Exit

Die Asymmetrie bezüglich der Jurisdiktionengröße wird häufig als Nachteil im Jurisdiktionenwettbewerb angesehen.[14] Die kleineren Gliedstaaten seien ökono-

---

[13] Solches wird beispielsweise in Großbritannien diskutiert, wo die schottischen Abgeordneten im Westminster Parlament auch über solche Angelegenheiten abstimmen, die nur für den englischen Landesteil gelten, in dem keine der schottischen entsprechende *Devolution* stattgefunden hat. Vgl. Brown (1998), Laffin/Thomas (1999, 99).

[14] So hielt Kelsen (1927, 335) die österreichischen Bundesländer für zu klein, um selbständig dem Deutschen Reich beizutreten. Auch für den deutschen Föderalismus ist immer wieder eine Neu-

misch nicht lebensfähig. Die Lebensfähigkeit einer Jurisdiktion ist allerdings keine Frage der Jurisdiktionengröße,[15] sondern zum einen der konkreten Politik in der Jurisdiktion, zum anderen der Regelordnung für den Jurisdiktionenwettbewerb. Letztere kann, wie folgende Beispiele zeigen, kleine Staaten bevorzugen oder benachteiligen:

(1) *Nachteile der kleinen Bundesländer*: Die mangelnde Lebensfähigkeit der deutschen Stadtstaaten Bremen und Berlin ist zum einen auf ihre hohen Ausgaben[16] und größere politische Fehlentscheidungen zurückzuführen. Zum anderen, was hier relevant wird, hängt sie in hohem Maße von der Zerlegung der Einkommensteuer zwischen Wohnort und Arbeitsort ab. Bei einer hälftigen Aufteilung oder bei einer Differenzierung der Einkommensteuer in eine Ansässigkeits- und eine Faktorertragsbesteuerung gäbe es keinen systematischen Nachteil der Stadtstaaten aufgrund des Jurisdiktionenwettbewerbs (Schick 2000, 369f).

(2) *Vorteile der kleinen europäischen Staaten*: Die ungeeignete Regelordnung für den Steuerwettbewerb in Europa führt dazu, dass sich die Staaten auf eine unproduktive Weise Konkurrenz machen, von der vor allem die kleinen Staaten profitieren. Indem in der Regel keine Kontrollmitteilungen an den Heimatfiskus der Steuerausländer versandt werden, wird eine Auslandsanlage vor allem aufgrund der Möglichkeiten zur Steuerhinterziehung lukrativ. Es kommt zu „Über-Kreuz-Anlagen", weil Inländer im Ausland und Ausländer im Inland ihrem jeweiligen Heimatfiskus auszuweichen suchen (Wissenschaftlicher Beirat 1999, 45). In einem kleinen Land ist jedoch der Zustrom ausländischen Kapitals im Allgemeinen größer als der Abfluss heimischen Kapitals, so dass sich für kleine Staaten ein Netto-Vorteil aus dieser Situation ergibt. Das zugrundeliegende Problem ist dabei die ungeeignete Regelordnung, in der das Austauschprinzip verletzt ist, nicht die unterschiedliche Größe der Staaten.[17]

Die unterschiedliche Größe der Jurisdiktionen muss folglich kein Nachteil sein.[18] Insbesondere besteht nur dann eine Veranlassung zu einem Zusammenschluss kleiner Jurisdiktionen, wenn die Vorteile der Bürgernähe geringer sind als die Größen-

---

gliederung der Länder vorgeschlagen worden, die vor allem zu größeren und in ihrer Größe ähnlicheren Ländern führen sollte (2.2.1.1).

[15] Vgl. auch Lehmbruch (2000, 89).

[16] Die drei Stadtstaaten verfügen inklusive der Gemeindesteuern mit über 5.200 € mit Abstand über die höchsten Pro-Kopf-Einnahmen unter den Bundesländern. Der Durchschnitt liegt bei 4.200 €.

[17] Von der hier diskutierten Frage zu unterscheiden ist die, ob bei der Finanzierung übergreifender Ebenen oder internationaler Organisationen eine Ausbeutung der Kleinen durch die Großen erfolgt.

[18] Interessant ist in diesem Zusammenhang, dass das Bundesland Bremen, das in Bezug auf die Bevölkerungszahl größer ist als der EU-Mitgliedstaat Luxemburg (vgl. Fn 6), als zu klein betrachtet wird.

vorteile eines einheitlichen Rechts- und Wirtschaftsraums. Im Jurisdiktionenwettbewerb wird – bei geeigneter Regelordnung – Wissen darüber generiert, welche Jurisdiktionengrößen vorteilhaft sein können. Die Bewertung durch die Bürger kann dabei von der Bewertung durch die Standortnutzer abweichen. Relevant ist jedenfalls die Entscheidung der Bürger (4.2.3.2).

Die Asymmetrie bezüglich der Kompetenzausstattung der beteiligten Akteure ist ebenfalls *a priori* kein Nachteil im Jurisdiktionenwettbewerb, wie in der politikwissenschaftlichen Diskussion zuweilen angeführt wird (Abromeit 1992, 77, 125f). Auf welcher vertikalen Stufe sich ein Anbieter befindet, ist im Vergleich der tatsächlichen Standorteigenschaften unwesentlich. Umgekehrt kann sogar die unterschiedliche Mobilität zwischen verschiedenen Gliedstaaten eine asymmetrische Kompetenzverteilung wünschenswert machen (Boadway 1992, 65). Nachteilig sind lediglich eine ungünstige Kompetenzverteilung, unabhängig davon, ob sie asymmetrisch ist oder nicht, und die Unmöglichkeit, eine ungünstige Kompetenzverteilung zu verändern. Asymmetrie setzt daher föderale Dynamik voraus. Denn wenn ein Gliedstaat ohne steuerrechtliche Kompetenzen aufgrund überhöhter zentralstaatlicher Steuern im Jurisdiktionenwettbewerb gegenüber einem Gliedstaat zurückfällt, der über steuerrechtliche Kompetenzen verfügt, besteht bei starrer asymmetrischer Kompetenzverteilung keine Möglichkeit, auf die Wettbewerbsergebnisse zu reagieren.

Die Asymmetrie hat folglich den entscheidenden Vorteil, dass Wissen über geeignete Kompetenzverteilungen besser generiert werden kann als bei symmetrischen Föderationen. Dies ist darauf zurückzuführen, dass der intraföderale Wettbewerb intensiver ist als der interföderale Wettbewerb (6.2.2.2). Bestehen also innerhalb einer Föderation mehrere Jurisdiktionen mit unterschiedlicher Kompetenzverteilung, kann der horizontale Jurisdiktionenwettbewerb tatsächlich Wissen über die Vorteilhaftigkeit verschiedener vertikaler Kompetenzverteilungen schaffen. Die Jurisdiktionen, deren Kompetenzverteilung geeigneter ist, werden Vorteile im Jurisdiktionenwettbewerb erzielen. Die Bürger anderer Jurisdiktionen haben einen Anreiz, diese geeignete Kompetenzverteilung zu imitieren. Der horizontale Wettbewerb, in dem Breton (1996) die wesentliche Triebfeder für eine optimale föderale Komptenzverteilung sieht (7.2.2), wird also insbesondere in asymmetrischen Föderationen diese Funktion erfüllen. Dabei kann umso mehr Wissen generiert werden, je asymmetrischer die Kompetenzverteilung ist, weil dann auf engem Raum sehr viele unterschiedliche Kompetenzverteilungen miteinander in Wettbewerb stehen.

Das entspricht der Situation im Unternehmensbereich. Die Funktionsverschiebungen zwischen verschiedenen Teilnehmern eines vertikal aufgegliederten Produktionsprozesses können dort als Ergebnis des horizontalen Wettbewerbs unterschiedlich integrierter Unternehmen interpretiert werden. Stellt sich eine innovative vertikale Aufgabenteilung zwischen den Unternehmen innerhalb eines Fertigungsprozesses als überlegen dar, wird sie von konkurrierenden Unternehmen imitiert.

Der horizontale Wettbewerb unterschiedlich stark integrierter Unternehmen generiert so Wissen über die geeignete vertikale Arbeitsteilung (Kerber 1991, 338). Dies kann – bei geeigneter Regelordnung – auch in föderalen Gemeinwesen gelingen, wenn die einzelnen Gliedstaaten separat Kompetenzverlagerungen vornehmen können. Der Frage der geeigneten Regelordnung hierzu gilt der folgende Abschnitt.

8.2.3 Wettbewerb um Kompetenzen

Die Vorteile eines Wettbewerbs um Kompetenzen – insbesondere die bessere Kontrolle staatlicher Macht durch die Auswahl zwischen verschiedenen Restriktionensets und die Erzeugung von Wissen über geeignete Kompetenzverteilungen – nehmen mit der Intensität dieses Wettbewerbs zu. Diese wird umso höher sein, je kleiner die Jurisdiktionen sind, die Entscheidungen über die Kompetenzverlagerungen treffen können. In Kapitel 7.2.3 wurde zunächst von einem symmetrischen föderalen System ausgegangen. Entweder verlagern dann alle Jurisdiktionen einer Ebene gemeinsam Kompetenzen an die ihnen übergeordnete Ebene oder eine Jurisdiktion verlagert Kompetenzen an alle Jurisdiktionen der untergeordneten Ebene. In jedem Fall sind die Hürden für die Kompetenzverlagerung relativ hoch, weil eine Volksabstimmung im gesamten relevanten Territorium stattfinden muss.

Einzelstaatliche Kompetenzverlagerungen, wie sie im Folgenden betrachtet werden, sind zu geringeren Kosten zu organisieren. Nur sie erlauben es außerdem, dass die Bürger einer Jurisdiktion die Gruppe, in der sie ein Problem lösen wollen, tatsächlich selbst auswählen (6.2.1.1). Nehmen die Bürger diese Möglichkeit wahr, kommt es zu asymmetrischen föderalen Systemen. Dies ist zunächst unproblematisch, weil Asymmetrie prinzipiell kein Nachteil, sondern in vielen Fällen sogar ein Vorteil ist. Die Bürgerorientierung eines Gemeinwesens wird durch einzelstaatliche Kompetenzverlagerungen gestärkt, weil Unterschiede in den Restriktionensets der einzelnen Jurisdiktionen und nicht nur der einzelnen Ebenen genutzt werden können, um Kompetenzen dorthin zu verlagern, wo das Prinzipal-Agenten-Problem in geeigneterer Weise gelöst ist. Der einzelstaatliche Wettbewerb um Kompetenzen generiert so mehr Wissen über Regeln für den politischen Prozess und kontrolliert politische Macht effizienter.

Der Jurisdiktionenwettbewerb generiert bei einzelstaatlicher Kompetenzverlagerung außerdem systematisch Wissen über geeignete Kompetenzverteilungen in Föderalstaaten (8.2.2), was bei gesamtstaatlichen Kompetenzverlagerungen nur sehr eingeschränkt der Fall ist. Zusätzlich erlaubt die einzelstaatliche Kompetenzverlagerung eine Funktionalisierung staatlicher Aufgabenerfüllung. Dies ist zwar nicht generell von Vorteil. Bei Verbundsystemen, die sich durch eine starke Verflechtung der Ebenen auszeichnen, werden durch die Funktionalisierung jedoch die Kontrollkosten der Bürger gesenkt (8.2.1) und die Finanzierung staatlicher Leistungen stärker an der Äquivalenzfinanzierung ausrichtet (8.1.2).

Voraussetzung dafür, dass der einzelstaatliche Wettbewerb um Kompetenzen eine produktive Wirkung hat, ist eine geeignete Regelung für die Finanzierung: Entweder muss in einem Trennsystem jede Jurisdiktion selbst Steuern und Gebühren für die von ihr bereitgestellten Güter erheben oder sie muss im Verbundsystem zusätzliche Ressourcen erhalten, wenn sie neue Aufgaben übernimmt (Konnexitätsprinzip).

Eine Kontrollfunktion übt der Wettbewerb um Kompetenzen bei einzelstaatlicher Kompetenzverlagerung bezüglich der interregionalen Umverteilung aus. Werden durch die zentralstaatliche Regelsetzung, durch die Bereitstellung zentralstaatlicher öffentlicher Güter oder durch die vorgenommene interregionale Umverteilung systematisch bestimmte Regionen benachteiligt, können diese die entsprechenden Kompetenzen auf eine Ebene verlagern, auf der eine solche Benachteiligung nicht möglich ist, insbesondere also auf die regionale Ebene. Die Kompetenzverlagerung, die eine Regeländerung auf Verfassungsebene darstellt, wird dann nicht unabhängig von der Tagespolitik erfolgen, sondern auf sie reagieren und sie dadurch einem weiteren Kontrollmechanismus unterwerfen. Das ist insoweit unschädlich, als unerwünschte Umverteilung unmöglich gemacht wird. Das Risiko, dass die politischen Akteure eine Politik verfolgen, die nicht im Interesse der Bürger ist (Fehler zweiter Art), wird reduziert. Wie im Folgenden zu zeigen sein wird, besteht jedoch die Gefahr, dass dabei auch die Möglichkeit abnimmt, eine Politik im Interesse der Bürger zu verwirklichen (Fehler erster Art). Produktiv ist ein Wettbewerb um Kompetenzen daher nur, wenn eine geeignete Regelordnung besteht, die folgende Probleme löst:

(1) Externe Effekte einzelstaatlicher Kompetenzverlagerung:

Kosten und Nutzen einer Kompetenzverlagerung werden nicht allein von den Bürgern der Jurisdiktion getragen, die eine Kompetenz verlagert. Die durch die Asymmetrie erforderliche Funktionalisierung (8.1) bezieht sich auf den Gesamtstaat. Eine Kompetenzverlagerung kann daher externe Effekte für die Bürger der Gliedstaaten generieren, die keine Verlagerung vornehmen. Soweit die Kompetenzverlagerung eine vorhandene Politikverflechtung abbaut, profitieren alle Bürger des Gesamtstaates, soweit Verbundvorteile verloren gehen, tragen sie gemeinsam die zusätzlichen Verwaltungs- und Koordinationskosten. Damit gehen in die Entscheidungsfindung in der entsprechenden Jurisdiktion nicht alle Kosten und Nutzen der Kompetenzverlagerung ein. Dies kann aus Sicht der gesamten Bürgerschaft zu suboptimalen Entscheidungen der einzelnen Jurisdiktionen führen. Gleichen sich externe Kosten und Nutzen zufällig aus, ist die Wirkung auf die einzelne Entscheidung neutral. Der Wettbewerb um Kompetenzen bringt dann Wissen über eine geeignete föderale Kompetenzverteilung hervor. Andernfalls kommt es bei einem Überschuss der externen Kosten zu einer exzessiven, sonst zu einer zu geringen einzelstaatlichen Kompetenzverlagerung. In beiden Fällen kann es, je nach Ausgangssituation, zu einem zu starken oder zu einem zu geringen Zentralisierungsprofil kommen.

(2) Freifahrer-Verhalten

Des Weiteren ist eine Dezentralisierung zu vermeiden, die aufgrund des möglichen Freifahrer-Verhaltens bei öffentlichen Gütern entstehen kann, deren Reichweite größer ist als die einzelnen Teilstaaten. Wenn die Bürger jeder einzelnen Jurisdiktion darauf setzen, dass die anderen Jurisdiktionen aus ihrem eigenen Interesse die Produktion eines öffentlichen Gutes beibehalten werden, auch wenn die betreffende Jurisdiktion sich nicht mehr an der Finanzierung beteiligt, werden sie versuchen, durch eine Kompetenzverlagerung auf ihre Jurisdiktion den Finanzierungsbeitrag einzusparen.[19] Das Freifahrer-Problem, dessen Überwindung eine Aufgabe von Staaten ist, würde – wie für das kollektive FOCJ-Konzept argumentiert (4.1.2) – auf einer übergeordneten Ebene wieder erscheinen. Je stärker die negativen externen Effekte zwischen den Mitgliedstaaten bei dezentraler Kompetenz sind, desto eher ist mit einer sukzessiven Rückverlagerung der Kompetenzen an die Mitgliedstaaten zu rechnen (Kölliker 2001, 13). Es wird daher von dem konkreten Politikbereich abhängen, ob eine Dezentralisierungstendenz zu erwarten ist oder ob die Asymmetrie keine Auswirkungen auf weitere Kompetenzverlagerungen hat. Jedenfalls scheitert eine objektive Festlegung, welche Kompetenzverlagerung als Freifahrer-Verhalten und welche als legitime Entscheidung über die geeignete Jurisdiktionengröße zu gelten hat. Denn nur bei einem gemeinsamen Entscheidungsverfahren lässt sich – über eine entsprechende Wahlhandlung der Bürger – der Nachweis erbringen, ob die Bürger des Gliedstaates einen Nutzen von einem öffentlichen Gut haben und deshalb seiner öffentlichen Bereitstellung zustimmen oder nicht (3.2.2, 4.1.2). Eine objektive Unterscheidung, wann es sich um Freifahrer-Verhalten handelt und wann die gemeinsame Bereitstellung tatsächlich nicht im Interesse der Bürger einer Jurisdiktion ist, bleibt folglich unmöglich.

Das Freifahrer-Problem besteht auch bei Umverteilung. Denn selbst, wenn Umverteilung gewünscht wird, ist es rational, diese Aufgabe auf andere abzuwälzen. Reichere Gliedstaaten haben zwar möglicherweise ein Interesse daran, dass Umverteilung zugunsten ärmerer Gliedstaaten vorgenommen wird. Durch eine einzelstaatlichen Rückverlagerung der entsprechenden Kompetenz können sie die Finanzierung dieser Umverteilung jedoch anderen überlassen. Wird die einzelstaatliche Verlagerung von Umverteilungskompetenzen gestattet, ist daher ein Zusammenbruch der Umverteilungssysteme, die ein Grund für die Staatlichkeit (3.2.3) und für die föderale Organisation des Staates (6.1.3) sind, denkbar.

Im FOCJ-Konzept wird aufgrund dieser Schwierigkeiten die Umverteilung einem zentralen Umverteilungs-FOCUS zugewiesen, in dem die Mitgliedschaft für alle Mitglieder eines Gemeinwesens obligatorisch ist (Frey 1997, 17). Zusätzlich kön-

---

[19] Zwar können die anderen Teilstaaten drohen, die Bereitstellung des öffentlichen Gutes zu unterlassen, wenn sich ein Teilstaat zurückzieht. Die Drohung ist aber nur dann plausibel, wenn die Bürger der anderen Teilstaaten nicht untereinander bereits einen Nettovorteil der Bereitstellung erzielen können. Zu erwarten wäre eine Ausbeutung der Großen durch die Kleinen.

nen Ein- und Austrittsgebühren einen solchen Umverteilungs-FOCUS sichern (ebd., 24). Damit wird der vertikale Wettbewerb für die Umverteilungsfunktionen ausgeschlossen. Das Problem impliziter Umverteilung wird im FOCJ-Ansatz weg-definiert, indem eine Äquivalenzfinanzierung der Leistungen festgelegt wird. Denn bei Äquivalenzfinanzierung ergeben sich durch die Kompetenzverlagerung an eine andere Ebene keine Verteilungseffekte.

Da fast jede Kompetenzverlagerung Verteilungswirkungen hat (7.1.1.3), müsste daher ein einzelstaatlich bestimmter Wettbewerb um Kompetenzen grundsätzlich ausgeschlossen werden, wenn nicht wie im FOCJ-Konzept eine Trennung von Um-verteilung und Bereitstellung vorgenommen wird. Ein solcher Übergang auf die Äquivalenzfinanzierung wäre jedoch nur insoweit wünschenswert, als nicht Ver-bundvorteile zwischen Leistungs- und Sozialstaat für eine implizite Umverteilung sprechen (5.1.3). Der Funktionalisierung durch den einzelstaatlichen Wettbewerb um Kompetenzen stehen damit ebenso Kosten gegenüber wie der Funktionalisie-rung auf einer Ebene.

(3) Unmöglichkeit des Stimmentauschs bei Kompetenzverlagerungen

Stimmentausch ist effizient, wenn es sich um einstimmige Entscheidungen handelt (5.2.1.1 (2)). Können einzelne Staaten die Kompetenzverteilung auf ihrem Territo-rium im Sinne des Verfahrens von Tiebout/Houston (1962) selbst bestimmen, dann lassen sich in Bezug auf Kompetenzverlagerungen Tauschvorteile erzielen. Bei-spielsweise können sich die Bürger von Staaten, die ein Interesse an einer Regel-ordnung für den Steuerwettbewerb haben, und die Bürger von Staaten, die ein Inte-resse an einer jurisdiktionenübergreifenden Klimaschutzpolitik haben, gemeinsam besser stellen, wenn sie der übergeordneten Ebene sowohl die Regulierung des Steuerwettbewerbs als auch umweltpolitische Kompetenzen zuweisen. Die Bünde-lung von Kompetenzverlagerungen und die Kopplung der eigenen Entscheidung an die Entscheidung in anderen Staaten ist vor diesem Hintergrund eine wichtige Op-tion (7.2.3.2).

Können nun die einzelnen Kompetenzen von einzelnen Staaten wieder rückverla-gert werden, ist eine Einigung auf einen Stimmentausch nicht mehr möglich, weil damit zu rechnen ist, dass jede Jurisdiktion jeweils die Kompetenzen zurückverla-gern wird, die sie zunächst nicht auf eine höhere Ebene verlagern wollte. Dies gilt zum einen besonders für solche Kompetenzen, in denen es um die Regelsetzung für den Jurisdiktionenwettbewerb geht: Denn Wettbewerber, die keinen Beschränkun-gen unterliegen, können Vorteile erzielen (Forgó 1996, 26–29). Zum anderen gilt das für Umverteilungsmaßnahmen, die als Tauschobjekte mit der Vereinbarung einer übergreifenden Regelordnung gekoppelt waren. Die zahlende Seite hat ein Interesse, ihre Umverteilungsverpflichtung nicht einzuhalten. Es besteht folglich bei einzelstaatlicher Rückverlagerung von Kompetenzen die Gefahr, dass sich eine Föderation auflöst (Boadway 1992), weil jede einzelne Jurisdiktion Tauschverein-barungen rückgängig macht. Die Vereinbarung über einen Stimmentausch muss daher die Garantie beinhalten, dass die gemeinsam verlagerten Kompetenzen auch wiederum nur gemeinsam auf eine niedrigere Ebene zurückverlagert werden können (Gerken/Märkt/Schick/Renner 2002, 274). Andernfalls muss den anderen Gliedstaaten ein Mitspracherecht gesichert werden.

(4) Unmöglichkeit intertemporaler Vereinbarungen

Die Einigung auf Abstimmungen nach dem Mehrheitsprinzip ist dann konsensfähig, wenn sich über viele Abstimmungen jeder Bürger mal in der Mehrheits- und mal in der Minderheitsposition befindet (5.2.1.1 (2)). Auch wenn es in vielen einzelnen Fällen von Nachteil ist, als Minderheit überstimmt werden zu können, ergibt sich über alle Fälle ein positiver Effekt. Auf ähnliche Weise stellen rechtliche Regelungen oder interregionale Umverteilungsmechanismen intertemporale Vereinbarungen dar. Die Verlagerung der entsprechenden Kompetenzen auf eine höhere Ebene ist für den Teil der Staaten, der zunächst von den Regeln eingeschränkt ist bzw. sich zunächst auf der zahlenden Seite des Umverteilungsmechanismus befindet, deshalb vorteilhaft, weil die Aussicht besteht, zu einem späteren Zeitpunkt von diesen Regelungen zu profitieren. Der wechselseitige Nutzen wird erst im Zeitablauf erzielt.

Bei einzelstaatlichen Kompetenzverlagerungen haben Teilstaaten die Möglichkeit, aus einer solchen Vereinbarung dann auszuscheren, wenn sie die eigenen Handlungsmöglichkeiten beschneidet. Im Wissen darum, dass eine wirkliche Bindung nicht erreicht werden kann, kommen solche wechselseitig vorteilhaften Arrangements erst gar nicht zustande. Will sich eine Jurisdiktion aus der übergeordneten Rechtssetzung zurückziehen, ist also zu unterscheiden, ob es sich um das berechtigte Interesse handelt, die Anzahl der Ebenen und die Größe des Rechtssetzungsraumes neu zu bestimmen oder um den Versuch, aus der vereinbarten Regelsetzung dann auszuscheren, wenn sie hinderlich ist. Letzteres impliziert ein intertemporales Freifahrer-Verhalten (Vanberg 2001). Im Einzelfall ist eine solche Unterscheidung jedoch unmöglich, weil sie auf die Motivationen der Handelnden abstellt, nicht auf objektiv ermittelbare Eigenschaften der Situation.

Das gilt auch für Umverteilungssysteme: Die Entscheidung eines Teilstaates, sich aus der föderalen Umverteilungspolitik zurückzuziehen, kann sowohl auf veränderte Präferenzen der Bürger als auch auf Freifahrer-Verhalten zurückzuführen sein.[20] Drèze (1993, 279–281) sieht daher für die Schaffung von Europa-Regionen eine Bilanzierung der künftigen Umverteilungsverpflichtungen dieser Regionen vor, die nach wie vor an den jetzigen Nationalstaat zu leisten wäre, obwohl die Region

---

[20] Beispielsweise könnte die Klage der reicheren Bundesländer gegen den von ihnen selbst unterzeichneten Länderfinanzausgleich von 1995 (2.2.1.1 (3)) sowohl als Wunsch der Neuverhandlung angesichts veränderter Erwartungen bezüglich des Angleichungsprozesses zwischen West und Ost als auch als Versuch interpretiert werden, einen größeren Teil der Lasten auf den Bund und damit auf die anderen Bundesländer zu übertragen.

künftig nicht mehr ihm, sondern direkt der Europäischen Union angehört. Ziel ist die Verteilungsneutralität der Sezession. Eine objektive Ermittlung der künftigen Umverteilungspflichten dürfte jedoch nur dann möglich sein, wenn die Umverteilung bereits vor der Verlagerung von Kompetenzen als explizite interregionale Umverteilung vorgenommen wurde. Außerdem erlaubt auch dieses Arrangement keine Verlagerung der Umverteilungskompetenzen.

Berücksichtigt man die individuellen Entscheidungen, die hinter der Frage der Kompetenzverlagerung stehen, entschärfen sich die genannten Probleme teilweise. Denn nicht alle Bürger eines Staates sind vom Jurisdiktionenwettbewerb, von externen Effekten oder von der Umverteilung in gleicher Weise betroffen. Während die Rechtssetzung auf übergeordneter Ebene regelmäßig die Handlungsmöglichkeiten der mitgliedstaatlichen Politiker beschränkt, kann sie für die Mehrheit der Bürger Vorzüge haben. Beispielsweise könnte eine Mehrheit der Bürger, die aufgrund diskriminierender steuerrechtlicher Regelungen gegenüber Ausländern benachteiligt ist, für eine europäische Regelung stimmen, auch wenn sie sich für die Direktinvestitionen in diesem Land nachteilig auswirkt und somit die Handlungsmöglichkeiten der Politiker im Jurisdiktionenwettbewerb beschränkt. Denn bei der Frage der Kompetenzverlagerung ist jeweils die Entscheidung der Bürger relevant (7.2.3.2). Ebenso könnte es für eine zahlende Minderheit in einem Gliedstaat wichtig sein, sich aus dem föderalen Sozialstaat zurückzuziehen. Eine Mehrheit der Bürger würde aber möglicherweise bei der Volksabstimmung für die Beibehaltung der föderalen Kompetenz stimmen.

Auch wenn aufgrund dieser Zusammenhänge nicht grundsätzlich davon ausgegangen werden kann, dass die einzelstaatliche Kompetenzverlagerung eine Dezentralisierung und möglicherweise gar eine Auflösung der Föderation zur Folge hat, liegt es im Interesse der Bürger, sich gegen ein solches Risiko abzusichern. Dazu kann zum einen bei Kompetenzverlagerungen eine Mindestdauer der Gültigkeit dieser Verlagerung festgelegt werden. Zum anderen kann die Rückverlagerung von Kompetenzen an die Zustimmung der anderen Gliedstaaten gebunden werden. Dies liefe jeweils auf einen Kernbestand an Kompetenzen auf jeder Ebene hinaus, die nur gemeinsam oder mit Zustimmung der anderen Gliedstaaten auf die dezentrale Ebene zurückverlagert werden können (vgl. Stehn 1999).

Statt der Kopplung an die Zustimmung der anderen Gliedstaaten ist jedoch ein Veto-Recht derselben ausreichend: Werden durch die Rückverlagerung relevante negative Externalitäten ausgelöst oder befürchten die Bürger der anderen Gliedstaaten Freifahrer-Verhalten, den Bruch von Stimmentauschvereinbarungen bzw. von intertemporalen Arrangements, können sie mit einer eigenen Abstimmung ein Veto gegen die Kompetenzverlagerung einlegen. Ohne die positiven Wirkungen eines einzelstaatlichen Wettbewerbs um Kompetenzen zu beschneiden, können so seine möglichen negativen Wirkungen weitgehend verhindert werden.

Für Kompetenzverlagerungen zwischen den unteren Ebenen eines mehrstufigen Föderalismus wäre auch denkbar, dass die übergeordnete Ebene eine Regelordnung für Kompetenzverlagerungen setzt und in Streitfällen entscheidet (Breton 1987a, 321; Schick 2002, 164f). Auf diese Weise würden die Möglichkeiten eines Föderalsystems mit mehr als zwei Ebenen für den vertikalen Wettbewerb um Kompetenzen nutzbar gemacht.

8.3 Fazit

Die Asymmetrie der Kompetenzverteilung ist insofern untrennbar mit dem Föderalismus verbunden, als die Existenz verschiedener Gruppen, innerhalb derer Entscheidungen bezüglich der Kompetenzverteilung vorgenommen werden können (6.2.1.1), nur dann zum Tragen kommt, wenn jede dieser Gruppen die Kompetenzverteilung auch unterschiedlich festlegen kann. Die unterschiedliche Größe der Gliedstaaten und die asymmetrische Kompetenzverteilung sind Folge dieser Entscheidungen. Beide Formen der Asymmetrie hängen nach fiskalföderalistischer Vorstellung zusammen. Danach müssten Gliedstaaten unterschiedlicher Größe auch über eine unterschiedliche Kompetenzausstattung verfügen. Die beobachtbaren symmetrischen Föderalsysteme wären daher nach dieser Sichtweise ineffizient.

Die unterschiedliche Größe der Jurisdiktionen ist bei geeigneten demokratischen Abstimmungsverfahren und bei geeigneter Regelordnung für den Jurisdiktionenwettbewerb unproblematisch.

Die Asymmetrie der Kompetenzverteilung führt zu einer Funktionalisierung. Trotzdem bleibt die Rechtseinheitlichkeit für ein bestimmtes Territorium gewahrt. Das Konzept der Europa-Regionen wie auch das Konzept der differenzierten Integration räumen so jeder Jurisdiktion ein Maximum an Entscheidungsfreiheit über die föderale Ordnung ein, der sie angehören, ohne die Vorteile des Rechtsstaats zu gefährden. Bei Europa-Regionen kann insbesondere auch die Ebenenzahl selbst bestimmt werden, wenn eine föderale Ebene mit geringerer Legitimation „übersprungen" wird.

Auch bei der Entscheidungsfindung in repräsentativ-demokratischen Gremien ist die Asymmetrie unproblematisch. In Ansätzen sind in der derzeitigen Europäischen Union die daraus entstehenden „atmenden" Gremien bereits verwirklicht (2.1.2.2 (3)); das Verfahren der verstärkten Zusammenarbeit sieht sie auch für die Zukunft vor (2.1.2.3 (2)). Die Asymmetrie führt dabei zu einer besseren Kontrolle der politischen Akteure. Gleichzeitig werden allerdings auch Verbundvorteile nicht genutzt. Eine vollständige Funktionalisierung, wie sie das FOCJ-Konzept vorsieht, führt deshalb zu höheren Organisationskosten. Nur eine partielle Asymmetrie liegt im Interesse der Bürger.

Entsprechendes gilt für die Funktionalisierung in der Finanzverfassung. Sie verhindert zwar die Nutzung von Verbundvorteilen, ist aber in Bezug auf die Transparenz staatlicher Leistungserstellung wünschenswert. Für die Bürger werden die Kosten staatlicher Leistungserstellung besser nachvollziehbar. Im Extremfall eines vollständig asymmetrischen Föderalsystems würde das Wicksell-Ideal erreicht.

Im Unterschied zur asymmetrischen Kompetenzverteilung selbst wirft die einzelstaatliche Verlagerung von Kompetenzen, die eine solche hervorbringen kann, allerdings Probleme auf, die bei der gemeinsamen Verlagerung nicht zu erwarten sind (7.2.3). Sie können im Extremfall dazu führen, dass alle Vorteile föderaler Systeme entfallen, weil die Kompetenzen, wegen denen eine höhere föderale Ebene gewünscht ist, von dieser nicht mehr wahrgenommen werden können. Denn aufgrund des Freifahrer-Verhaltens ist es für die Teilstaaten vorteilhaft, eine Verlagerung in die eigene Kompetenz zu beschließen, um sich der Finanzierung überregional nutzbarer öffentlicher Güter zu entziehen. Umgekehrt ist eine Verlagerung an die höhere Ebene erschwert, weil eine Bündelung von Kompetenzverlagerungen dann nicht mehr glaubwürdig ist, wenn jeder einzelne Teilstaat separat wieder die Kompetenzen aus dem Bündel an sich zurückverlagern kann, die er einzeln nicht verlagert hätte. Die Möglichkeit, objektiv zu entscheiden, in welchem Fall der Bruch einer Vereinbarung bzw. Freifahrer-Verhalten vorliegt, und in welchem Fall es sich um eine legitime Entscheidung aufgrund veränderter Präferenzen handelt, gibt es dabei nicht.

Die Probleme sind umso gravierender, je kleiner die Jurisdiktion ist, die einseitig eine Rückverlagerung vornehmen kann. Das kommunale FOCJ-Konzept, bei dem Kommunen einen Jurisdiktionen-Wechsel beschließen können, gefährdet daher in noch extremerer Weise die Vorteile föderaler Staatlichkeit als die Kompetenzverlagerungsmöglichkeit für Regionen. Aufgrund des vielfältigen Freifahrer-Verhaltens wird mit dem FOCJ-Konzept so das Gegenteil der Idealvorstellung erreicht, nach der sich durch die freie Jurisdiktionenwahl fiskalische Äquivalenz einstellt.

Die Gefahr der Auflösung der Föderation durch einzelstaatliche Kompetenzverlagerung ist jedenfalls unabhängig von der Zuordnung der Kompetenz-Kompetenz auf verschiedene Agenten wie Parlamente oder Regierungen bzw. auf die Bürger im Wettbewerb um Kompetenzen. In der Realität föderaler Staaten ist das Problem dadurch gelöst, dass eine qualifizierte Mehrheit der Gliedstaaten Kompetenzverlagerungen zustimmen muss. In der Europäischen Union ist für Vertragsänderungen außer den einzelstaatlichen Ratifizierungsverfahren ein einstimmiger Beschluss der Regierungschefs vorgesehen (2.1.2.3), in der Bundesrepublik Deutschland eine Zwei-Drittel-Mehrheit im Bundesrat (2.2.1.3). Für die Kompetenzverlagerung sind jedoch aufgrund der Eigeninteressen der politischen Akteure repräsentative Verfahren ungeeignet (7.2.1). Zielführend ist daher ein Veto-Recht der Mitgliedstaaten, die keine Rückverlagerung von Kompetenzen vornehmen. Sie können sich so vor externen Effekten und Freifahrer-Verhalten schützen, werden es aber nur dann tun, wenn diese Effekte hinreichend groß sind. Die Einschränkung des Wettbewerbs um Kompetenzen bleibt damit begrenzt.

Auch bei einer solchen Einschränkung kann die Verlagerung von Kompetenzen durch die Bürger im Extremfall bis zur Auflösung einer föderalen Ebene und damit zum Ausscheiden eines Wettbewerbers führen. Das ist eine gewünschte Implikation. Denn eine von den Bürgern gewünschte föderale Ordnung kann nur in einem iterativen, von den Bürgern als Prinzipalen selbst gesteuerten Verfahren herausgefunden werden. Dies schließt die Abschaffung einer föderalen Ebene mit ein.

Deutlich wird daran ein grundlegender Unterschied zur Integrationstheorie, in der eine vertiefte Integration grundsätzlich mit einem positiven Wert belegt ist. Asymmetrische Kompetenzverteilungen sind dort insbesondere zu dem Zweck vorgeschlagen worden, trotz Einstimmigkeitserfordernis weitere Integrationsfortschritte durchführen zu können (Langeheine 1983, 253f). Wichtigstes Kriterium bei der Bewertung der flexiblen Integration ist angesichts des vorgegebenen Integrationsziels stets, ob sie die weitere Integration nicht gefährdet oder ob sie vielleicht sogar zu ihrer Beschleunigung beiträgt, indem sie eine „Zugkraft" entfaltet.[21] Aus verfassungsökonomischer Perspektive ist eine solche Präjudizierung nicht akzeptabel.

---

[21] Deubner (1999, 122). Vgl. auch Franzmeyer (1983, 83, 86).

9 Schlussfolgerungen

„Ein Bundesstaat im Bundesstaat bedeutet organisationstechnisch eine heillose Komplikation", diagnostizierte Kelsen (1927, 331) und riet, der untersten föderalen Ebene – in seinem Fall den österreichischen Ländern – ihre Staatlichkeit zu entziehen. Nach der voranstehenden Untersuchung des mehrstufigen Föderalismus kann ihm nicht generell Recht gegeben werden. Föderalismus als die Überlagerung mehrerer, hierarchisch gegliederter staatlicher Ebenen ist grundsätzlich sowohl im Rechtsstaat als auch im Leistungs- und Sozialstaat nicht nur in Form des klassischen Zwei-Ebenen-Föderalismus denkbar, sondern mit einer Vielzahl von Ebenen. Mit der Anzahl der Ebenen, aber auch mit den spezifischen Verfassungsbestimmungen in jeder einzelnen Jurisdiktion verändern sich die Steuerungsmöglichkeiten für die Bürger ebenso wie die Organisationskosten des föderalen Systems. Beispielsweise erlaubt ein System verflochtener föderaler Ebenen, in dem für die Bürger keine getrennte Bewertung der Politik möglich ist, eine geringere Anzahl von Ebenen, weil zum einen die Organisationskosten extrem hoch sind und mit jeder zusätzlichen Ebene aufgrund des erhöhten Koordinationsbedarfs ansteigen und zum anderen die Vorteile föderaler Systeme nicht genutzt werden.

In diesem abschließenden Kapitel werden – der Gliederung des 2. Kapitels folgend – Schlussfolgerungen für den europäischen (9.2) und den mitgliedstaatlichen Föderalismus (9.3) sowie für die Rolle der dritten Ebene in der Europapolitik (9.4) gezogen. Zuvor werden die eingangs gestellten Fragen beantwortet (9.1).

9.1 Bewertung der Alternativen

Fünf Alternativen zum derzeitigen, nachrangig asymmetrischen doppelten Föderalismus wurden in Abschnitt 2.4.2 vorgestellt: Europa der Vaterländer und Europa der Regionen als föderative Strukturen mit zwei Ebenen, ein konsequenter und symmetrischer Drei-Ebenen-Föderalismus, die Funktionalisierung (FOCJ-Konzept und funktionaler Parlamentarismus) sowie ein System mit föderaler Dynamik, das auch asymmetrische Lösungen zulässt. Ihre Unterschiede führten zu fünf Fragestellungen:

(1) Sind Europa der Vaterländer bzw. Europa der Regionen geeignete Alternativen zum derzeitigen doppelten Föderalismus?

Ob ein Europa der Regionen oder ein Europa der Vaterländer geeigneter ist, ob also in Deutschland eher die Bundesländer oder der Bund Kompetenzen verlieren oder gar abgeschafft werden sollten, kann in einem Wettbewerb um Kompetenzen herausgefunden werden. Der Wettbewerb um Kompetenzen endogenisiert die Frage der Ebenenzahl und damit auch der Anzahl und Größe der für bestimmte politische Fragen zuständigen Gebietskörperschaften. Er bietet somit ein Verfahren, das die in der ökonomischen Diskussion weitgehend ausgeklammerte Frage nach der optimalen Anzahl der Ebenen iterativ löst.

Für das Europa der Regionen ergibt sich im Vergleich zum Europa der Vaterländer ein intensiverer Jurisdiktionenwettbewerb, weil die Wanderungskosten geringer sind. Kleinere Jurisdiktionen reduzieren außerdem die Kosten der politischen Steuerung durch die Bürger und erlauben im Rahmen des Wettbewerbs um Zustimmung eine größere Anzahl von Vergleichsmaßstäben. Bei geeigneter Regelsetzung für den Jurisdiktionenwettbewerb ist folglich bei einem Europa der Regionen eine stärkere Bürgerorientierung der Politik zu erwarten als im derzeitigen System und als in einem Europa der Vaterländer.

Ein Europa der Regionen würde jedenfalls eine geringere föderale Asymmetrie erwarten lassen. Das gilt zum einen für die Größenverhältnisse, zum anderen – daraus folgend – für die Kompetenzverteilung. Denn beides steht sowohl nach fiskalföderalistischer als auch nach verfassungsökonomischer Sicht in einem engen Zusammenhang. Für ähnlich große Gliedstaaten der Union wäre das Bedürfnis nach einer Verlagerung von Kompetenzen auf die europäische Ebene ähnlicher, als es heute ist.

(2) Ermöglicht die Funktionalisierung der Jurisdiktionen im Sinne des FOCJ-Konzepts bzw. des funktionalen Parlamentarismus eine geeignete Staatsorganisation?

Eine systematische Funktionalisierung des Staates ist angesichts der Verbundvorteile bei der Erfüllung staatlicher Aufgaben nicht wünschenswert. Dies gilt trotz der Vorteile der Gewaltenteilung auch für den Rechtsschutzstaat und trotz der Vorteile äquivalenter Finanzierung öffentlicher Güter auch für den Leistungsstaat. Generell kann die Einigung auf Entscheidungsregeln für das Gemeinwesen wesentlich leichter erfolgen, wenn diese Regeln auf sehr unterschiedliche Fragen angewendet werden.

Für die Steuerung der Gemeinwesen durch die Bürger stellt sich die Funktionalisierung nur wegen des verbesserten politischen Wettbewerbs als erwägenswert dar. Der Jurisdiktionenwettbewerb verbessert durch die Aufteilung der Bereitstellung öffentlicher Güter auf mehrere Jurisdiktionen am selben Standort die Bürgerorientierung nicht. Denn letztlich handelt es sich immer um einen Wettbewerb der Standorte. Die für öffentliche Güter spezifische Bündelung an einem Standort verhindert wesentliche Effizienzgewinne durch eine Aufteilung auf mehrere Jurisdiktionen gleichen Territoriums. Wenn wesentliche vertikale Externalitäten vorliegen und der Wettbewerb zwischen den Gebietskörperschaften nicht intensiv genug ist, dann sollten öffentliche Güter für ein bestimmtes Territorium von einer einzigen Jurisdiktion bereitgestellt werden.

Ein empfehlenswertes Arrangement sieht daher weder eine völlige Funktionalisierung vor, wie sie das FOCJ-Modell propagiert, noch eine vollständige Funktionalisierung der politischen Steuerung, wie sie im funktionalen Parlamentarismus vertreten wird. Vielmehr ist eine geringe Zahl multifunktionaler Jurisdiktionen für einen Standort zweckmäßig, wie sie – allerdings dann als Kombination funktionaler und territorialer Aufteilung des Staates – im Föderalismus zu beobachten ist.

Das FOCJ-Konzept weist jedoch in einer ganz anderen Richtung auf Reformbedarf hin. Funktionalismus impliziert im Wesentlichen den Ersatz des Wettbewerbs um Zustimmung durch eine direkte Wahl. Während die verschiedenen Machtzentren wie Ministerien in der multifunktionalen Jurisdiktion mit multifunktionalen Gremien lediglich in einem Wettbewerb um Zustimmung stehen, müssen sie sich bei funktionaler Wahl jedenfalls selbst zur Wahl stellen. Dies ist besonders dort vorteilhaft, wo bisher die Politiker multifunktionaler Jurisdiktionen durch die Gründung funktionaler Jurisdiktionen wie kommunalen Zweckverbänden, internationalen Verteidigungsgemeinschaften, etc. die Kontrolle durch die Bürger auf den Wettbewerb um Zustimmung beschränken konnten, weil in diesen Jurisdiktionen eine parlamentarische Kontrolle nicht oder nur rudimentär vorhanden ist. Wird hier der Wettbewerb um Zustimmung durch eine direkte Wahl ersetzt, wird die Bürgerorientierung gestärkt. So sollten immer dort, wo funktionale Jurisdiktionen bestehen, auch zugehörige funktionale Gremien von den Bürgern gewählt werden können.

(3) Stellt der systematische Ausbau der Europäischen Union zu einem Drei-Ebenen-System eine Verbesserung dar?

Die Frage der optimalen Anzahl der föderalen Ebenen (föderale Aufteilung) ist eng mit der optimalen Anzahl der Jurisdiktionen, die für einen Standort zuständig sind (funktionale Aufteilung), verbunden. Föderale und funktionale Aufteilung staatlicher Aufgaben sind insoweit Substitute. Allerdings weist die föderale Aufteilung wesentliche Vorteile gegenüber der funktionalen auf. Deshalb ist die optimale Anzahl der Jurisdiktionen bei föderaler Aufteilung höher als bei funktionaler. Im Rechtsschutzstaat ist das auf die Durchsetzung einer Wettbewerbsordnung für den Jurisdiktionenwettbewerb zurückzuführen, im Leistungsstaat auf die differenzierte Jurisdiktionengröße. Im Sozialstaat ist mit zunehmender Ebenenzahl vermehrt auf die explizite interregionale Umverteilung überzugehen und die interpersonelle Umverteilung der untersten Ebene zu überlassen.

Der Jurisdiktionenwettbewerb erlaubt bei föderaler Aufteilung Schlussfolgerungen für den Handlungsbedarf in den einzelnen Jurisdiktionen und hilft, die Handlungen der Politiker an den Interessen der Bürger auszurichten. Außerdem ist im Föderalismus mit zunehmender Zahl der Ebenen eine stärkere Differenzierung der Gruppengröße für kollektive Entscheidungen möglich; die Kontrollkosten sind im Vergleich zum unitarischen Staat, aber auch zu einer vollständigen funktionalen

Aufteilung niedriger, wenn mehrere multifunktionale Jurisdiktionen für einen Standort zuständig sind. Bei einem dreistufigen System dürfte daher die Bürgerorientierung höher sein als in einem zweistufigen Föderalismus.

Allerdings verhindern vertikale Externalitäten, die zu einer exzessiven Besteuerung führen können, die Bürgerorientierung des Gemeinwesens, falls sich die steuerlichen Bemessungsgrundlagen überschneiden. Dies ist selbst bei gebundenen Trennsteuersystemen in Bezug auf die ökonomische Größe, die belastet wird, fast immer der Fall. Statt eines produktiven Jurisdiktionenwettbewerbs ergibt sich dann ein für die Bürger schädliches Gegeneinander der föderalen Ebenen. Vermeidbar ist dies einerseits durch ein Trennsteuersystem, in dem jede Ebene dem Steuerwettbewerb ausgesetzt ist und zu einer Äquivalenzbesteuerung gezwungen wird. Andererseits kann ein Verbundsteuersystem gewählt werden, das zumindest die vertikalen Einnahmen-Externalitäten internalisiert. In diesem Fall ist, um die getrennte Bewertung der politischen Leistungen der Akteure verschiedener Ebenen zu ermöglichen, der Anteil der einzelnen Ebenen an der Steuerzahlung auszuweisen.

Die Vorteile eines Mehrebenen-Systems können grundsätzlich nur in einem Trennsystem realisiert werden, d.h. wenn eine getrennte Bewertung der Politik möglich ist. Dies ist umso wichtiger, je höher die Anzahl der Ebenen ist. Wichtigste Schlussfolgerung aus der europäischen Integration für den deutschen Föderalismus muss daher sein, die Entscheidungsstrukturen zwischen Bund und Ländern zu entflechten.

(4) Ist die Dynamik des europäischen Föderalsystems eine Eigenschaft, die beibehalten werden sollte?

Wichtige Vorteile föderaler Systeme können nur dann realisiert werden, wenn der Föderalismus dynamischer Natur ist. Die unterschiedliche Größe der Gruppen, in denen eine kollektive Entscheidung vorgenommen werden kann, wird erst dann ihren vollen Nutzen erbringen, wenn tatsächlich ausgewählt werden kann, in welcher dieser Gruppen eine Entscheidung vollzogen werden soll.

Föderale Dynamik ist außerdem wichtig, weil ein für alle Zeiten optimales System aufgrund des Wissensproblems nicht denkbar ist. Nur in einem Verfahren kontinuierlicher Anpassung an neue Umstände kann eine föderale Struktur gefunden werden, die im Interesse der Bürger ist. Insbesondere wenn es zu einer Integration des Föderalstaates in eine umfassendere Föderation kommt, sind interne Anpassungen der Kompetenzverteilung erforderlich. Das bedeutet nicht nur, dass Deutschland im Zuge der europäischen Einigung seine föderalen Strukturen flexibler gestalten müsste. Im Vorgriff auf die Entwicklung weltweiter staatlicher Strukturen gilt es auch die Anpassungsfähigkeit des europäischen Systems zu erhöhen. Idealerweise gestaltet ein föderales System seine innere Dynamik und Struktur so, dass es in ein System aus einer großen Zahl föderaler Ebenen eingebettet werden könnte.

Die Steuerung der föderalen Dynamik ist aufgrund der Prinzipal-Agenten-Problematik, die dabei in verschärfter Form auftritt, jedenfalls den Bürgern zu überlassen. Den die föderale Kompetenzverteilung bestimmt wesentlich die Restriktionen für die politischen Akteure. Sie haben folglich einen Anreiz, durch Tauschprozesse mit anderen Politikern der gleichen (horizontaler Tausch) und anderer Ebenen (vertikaler Tausch) ihre eigenen Handlungsspielräume auszuweiten. Dabei werden tagespolitische Entscheidungen und Fragen der Verfassungsgebung vermischt; auch die Bürgerorientierung auf subkonstitutioneller Ebene wird daher durch den Kompetenzentausch beeinträchtigt. Dies kann nicht im Interesse der Bürger liegen. Bestimmen allein die Bürger in Volksabstimmungen über die Kompetenzverteilung in einem föderalen System entsteht ein Wettbewerb um Kompetenzen. Dieser generiert Wissen über geeignete föderale Strukturen, aber auch über geeignete Restriktionen für politische Akteure. Denn die Bürger werden vermehrt Kompetenzen auf die Ebene übertragen, die die stärkste Bürgerorientierung ausweist. Der Wettbewerb um Kompetenzen gibt so, anders als *Voice* und *Exit* Antwort auf die Frage, welcher Mechanismus den Politikern Anreize gibt, die Regeln für den politischen Prozess so zu setzen, dass sich die Tagespolitik an den Bürgerinteressen orientiert.

Auch bei einem Wettbewerb um Kompetenzen kann sich eine Zentralisierung ergeben, oder – im Extremfall – eine föderale Ebene ganz abgeschafft werden. Eine solche nachfrageseitig ausgelöste Zentralisierung, die auf Änderungen in den Präferenzen der Bürger oder in der Funktionsweise der Steuerungsmechanismen zurückgeht, ist aus verfassungsökonomischer Perspektive wünschenswert.

(5) Ist die Asymmetrie eine Chance oder eine Gefahr für den europäischen Föderalismus?

Asymmetrische Systeme sind grundsätzlich sinnvoll. In vieler Hinsicht erlauben sie überhaupt erst die Realisierung der Vorteile föderaler Systeme. Zusätzlich erzwingen sie vielfach das notwendige Maß an föderaler Äquivalenz und Transparenz. Die Erfahrungen mit asymmetrischen föderalen Strukturen zeigen außerdem, dass die Erfüllung staatlicher Aufgaben durch die Asymmetrie nicht leidet. Dies gilt in stärkerer Weise für die nachrangige als für die gleichrangige Asymmetrie. Letztere erfordert nämlich eine Funktionalisierung, die aufgrund der erhöhten Organisationskosten über das optimale Maß hinausgehen könnte.

Problematisch ist lediglich die einzelstaatliche Kompetenzrückverlagerung. Sie kann im Extremfall dazu führen, dass sich aufgrund von Freifahrer-Verhalten das föderale Gemeinwesen auflöst. Durch die Verständigung darauf, welche staatlichen Kompetenzen jeweils nur gemeinsam bzw. mit Zustimmung der anderen Gliedstaaten auf die rangniedrigere Ebene verlagert werden können, kann dieses Problem gelöst werden.

9.2 Konsequenzen für den europäischen Föderalismus

In der Europäischen Union ist es seit 1957 durch eine Reihe von Vertragsänderungen, aber auch durch die vermehrte Nutzung vorhandener Kompetenzen zu einer Zentralisierungstendenz gekommen. Diese kann auf die Interessen der Politiker zurückgeführt werden, also auf angebotsseitige Faktoren. In diesem Fall wäre die Zentralisierung zu kritisieren. Mit derselben Berechtigung könnte dann auch die Zentralisierung, die seit der Gründung des Deutschen Bundes auf deutschem Territorium erfolgte, kritisiert werden. Auch sie kann auf Tauschprozesse zwischen den deutschen Fürsten zurückgeführt werden. Der Vergleich macht deutlich, dass nicht die Zentralisierung selbst, sondern die Orientierung an den Interessen der Bürger das Bewertungskriterium sein muss.

In der Europäischen Union kann durch die generelle Übertragung der Kompetenz-Kompetenz auf die Bürger die angebotsseitige Zentralisierungstendenz gestoppt werden, ohne die möglicherweise von den Bürgern gewünschte Verlagerung von Kompetenzen auf die Union zu verhindern. Denn aufgrund der höheren Mobilität von Bürgern und Faktoren kann eine weitere Zentralisierung durchaus im Interesse der Bürger liegen. Voraussetzung dafür ist – neben einer in Bezug auf die Kompetenzverlagerung neutraleren Rechtsprechung – die Verwirklichung des Prinzips der begrenzten Einzelermächtigung, also insbesondere die Abschaffung von Art. 308 EGV.

Derzeit besteht bereits mit dem Verfahren der verstärkten Zusammenarbeit ein Mechanismus asymmetrischer föderaler Dynamik, der eine flexible Zusammensetzung der Entscheidungsgremien vorsieht. Dieses Verfahren ist zu verallgemeinern[1] und in Bezug auf die Richtung der Kompetenzverlagerung symmetrisch auszugestalten. Rückverlagerungen sind ebenso zu ermöglichen wie Verlagerungen auf die europäische Ebene. Allerdings kann die einzelstaatliche Kompetenzverlagerung zu unerwünschten Ergebnissen führen. Vor diesem Hintergrund ist die Regelung, dass Mitgliedstaaten, die nicht an einer verstärkten Zusammenarbeit teilnehmen wollen, ihr Veto gegen eine solche einlegen können, zwar nicht für die Verlagerung von Kompetenzen auf die europäische Ebene, wohl aber für die bisher nicht vorgesehene Rückverlagerung von Kompetenzen wichtig.

Die föderale Dynamik, die eine Kompetenzverlagerung durch Volksabstimmungen impliziert, hat zwei Vorteile. Zum einen können im Sinne des Vorschlags von Drèze (1993) Regionen, die eine Autonomie anstreben, diese innerhalb der Europäischen Union verwirklichen, indem sie die mitgliedstaatlichen Kompetenzen auf die europäische Ebene verlagern. Zum anderen können die Beitritte neuer Mitglie-

---

[1] Vgl. Stehn (1999, 199f). Ähnlich auch die Forderung der European Constitutional Group (1993), der überstimmten Minderheit bei Kompetenzverlagerungen auf die europäische Ebene die Möglichkeit einzuräumen, sich nicht an der betreffenden Politik zu beteiligen.

der, die sich bislang *de facto* schon in mehreren Schritten (Assoziierung, Mitgliedschaft, Übergangsfristen) vollziehen, durch die sukzessive Verlagerung von Kompetenzen als kontinuierlicher Prozess gestaltet werden. Die Übernahme des gesamten *Acquis communautaire* zu einem Zeitpunkt, die einen extrem hohen Verwaltungs- und Koordinationsaufwand auslöst, wird so vermieden.

Die europäische Politik wird transparenter, wenn die Bürger die Politik der Union unabhängig von der mitgliedstaatlichen Politik bewerten können und dieser Bewertung in Wahlen Ausdruck geben können. Die derzeitige Kompetenzverteilung im Drei-Ebenen-System der Europäischen Union ermöglicht den Bürgern nur eine verbundene Bewertung. Deutlich wird das vor allem an zwei Punkten.

(1) Nach wie vor ist der Rat wesentliches Entscheidungsgremium. Wollen die Bürger Änderungen in der Politik der Europäischen Union, können sie diese ausschließlich bei der Wahl zum Europäischen Parlament zum Ausdruck bringen. Dieses hat aber nur begrenzte legislative Kompetenzen. Entscheidungen des Minsterrats, der nach wie vor das wichtigste Gesetzgebungsorgan auf europäischer Ebene darstellt, lassen sich von den Bürgern nur sehr indirekt beeinflussen. Denn in der Regel spielen europapolitische Entscheidungen bei mitgliedstaatlichen Wahlen keine Rolle. Allenfalls wird die Übertragung von Kompetenzen auf die europäische Ebene thematisiert. Die Steuerungsmöglichkeiten für die europäischen Bürger sind somit ungenügend. Wesentliche Vorteile föderaler Systeme können in der Union nicht realisiert werden. Deshalb sollten die Gesetzgebungskompetenzen des Ministerrats auf das Europäische Parlament übertragen werden; die Funktion des Ministerrats als Garant mitgliedstaatlicher Kompetenzen übernehmen die Bürger selbst. Der Rat wird somit überflüssig. Die sich abzeichnende Blockade europäischer Politik durch Politikverflechtung, die wesentlich auf einstimmige Entscheidungen im Ministerrat zurückzuführen ist, wird so vermieden.

(2) Die Europäische Union finanziert sich im Wesentlichen über Beiträge der Mitgliedstaaten.[2] Sind diese höher als die Rückflüsse aus dem EU-Haushalt, wird befürchtet, dass die EU-Mitgliedschaft gesamtwirtschaftlich nachteilig sei. Die „Nettozahler"-Staaten fordern dann eine Reform der EU-Finanzen. Dabei wird beispielsweise darauf verwiesen, dass bei der Berechnung der mitgliedstaatlichen Eigenmittelanteile das Bruttosozialprodukt ein geeigneterer Indikator für die „Leistungsfähigkeit" sei als die Mehrwertsteuer (Folkers 1998, 600) oder – wie im Fall von Großbritannien – ein Rabatt gefordert. In dieser Diskussion entsteht der Eindruck, die Mitgliedstaaten seien organische Einheiten, die wie die Bürger bei ihrer Steuerzahlung nach ihrer Leistungsfähigkeit belastet werden. Dabei wird völlig vernachlässigt, dass die Beiträge der Mitgliedstaaten aus den Steuerzahlungen der einzelnen Bürger finanziert werden. Diesen stehen die individuellen Vorteile aus

---

[2] Zum Folgenden siehe Schick/Märkt (2002, 29f).

den Leistungen der Europäischen Union gegenüber.[3] Nur der Einzelne sollte daher als Nettozahler oder Nettoempfänger von Leistungen der Union angesehen werden, nicht der gesamte Staat. Statt einer Diskussion über *kollektive Nettozahler* sollte im Zusammenhang mit der Finanzierung der Europäischen Union daher eine Diskussion über *individuelle Nettozahler* geführt werden (Schick/Märkt 2002, 30).

Dazu wäre eine getrennte Bewertung der Politiken erforderlich, die die Bürger der Europäischen Union in die Lage versetzte, den von ihnen individuell entrichteten Preis für die Leistungen der europäischen Ebene nachzuvollziehen. Eine solche getrennte Bewertung kann dadurch erreicht werden, dass der europäischen Ebene die Erhebung von Steuern gestattet oder dass im Rahmen des derzeitigen Verbundsystems den Bürgern der Anteil der Steuereinnahmen, der an die EU überwiesen wird, deutlich gemacht wird. Letzteres könnte dadurch erfolgen, dass auf Rechnungen der europäische Anteil an der Mehrwertsteuer bzw. auf der Steuererklärung der europäische Anteil an der Einkommensteuer ausgewiesen wird.

9.3 Konsequenzen für den deutschen Föderalismus

Der Vorteil föderaler Differenzierung ist in Deutschland begrenzt. Da sowohl die Landes- als auch die Bundespolitiker für deutschlandweite Belange zuständig sind, bringt die föderale Differenzierung in drei Ebenen keine Verbesserung der politischen Steuerung gegenüber einem Europa der Vaterländer ohne mitgliedstaatlichem Föderalismus. Auch der Vorteil föderaler Systeme, in verschiedenen Gruppengrößen Entscheidungen treffen zu können, ist in Deutschland sowohl durch horizontale Kooperation als durch vertikale Verflechtung eingeschränkt: Die Ministerpräsidentenkonferenz, Fachministerkonferenzen wie die Kultusministerkonferenz und weitere bundesweite Länderinstitutionen nehmen den Ländern eigenständige Gestaltungsmöglichkeiten selbst in den Politikbereichen, in denen sie über die ausschließliche Kompetenz verfügen.

Indem nach und nach die eigenständigen Entscheidungskompetenzen der Länder in vielen Politikbereichen durch die Mitsprache auf Bundesebene ersetzt wurden, kann nunmehr häufig nur noch auf Bundesebene unter Mitwirkung der Bundesrats entschieden werden. Dieser „Beteiligungsföderalismus" (Böckenförde 1980) führt dazu, dass der Vorteil, Entscheidungen mal auf Länderebene innerhalb der kleineren Jurisdiktionen, mal auf Bundesebene innerhalb der größeren Jurisdiktionen treffen zu können, durch die Kombination beider Entscheidungsmechanismen entfällt. Der Übergang zu einem Europa der Regionen oder zu einem Europa der Vaterlän-

---

[3] Die merkwürdigen Effekte dieser Diskussion zeigen sich daran, daß teilweise gerade diejenigen Bevölkerungsgruppen als die heftigsten EU-Gegner auftreten, die individuell den größten Nutzen aus der EU-Politik ziehen. Die interpersonellen Umverteilungsmechanismen der EU-Agrarpolitik – von den Konsumenten zu den Landwirten – müsste eigentlich die Konsumenten gegen die EU-Politik aufbringen, nicht aber die Landwirte, die sich als die großen Verlierer darstellen.

der würde in diesem Fall aufgrund der geringeren Ebenenzahl zu einer Reduzierung der Administrations- und Koordinationskosten führen. Bei einer deutlicheren Trennung der Zuständigkeiten zwischen den Ebenen (1) und einer stärkeren Transparenz der Finanzbeziehungen (2), würde innerhalb des Drei-Ebenen-Systems eine getrennte Bewertung der politischen Akteure möglich; die derzeitige Ebenenzahl könnte dann vorteilhaft sein. Nicht erforderlich ist eine Neugliederung des Bundesländer (3).

(1) Entflechtung der Kompetenzverteilung

Der als „Widerlager zur Parteipolitik" intendierte Bundesrat ermöglichte im Kaiserreich die Kongruenz horizontaler und vertikaler Verhandlungsdemokratie. Denn angesichts der Unabhängigkeit der Regierung vom Vielparteien-Parlament war das Regierungssystem im Reich stark am Modell der Verhandlungsdemokratie orientiert. Mit der Verlagerung der Regierungswahl auf das Parlament in der Weimarer Verfassung, der Zerschlagung Preußens, das den Bundesrat dominiert hatte, und der Konzentration im deutschen Parteiensystem nach 1945 kam es jedoch zu einer „Inkongruenz" (Lehmbruch 1998, 19): Die verhandlungsdemokratisch organisierten vertikalen Beziehungen zwischen Bund und Ländern trafen auf ein konkurrenzdemokratisch organisiertes Regierungssystem des Bundes. Viele Reformvorschläge sehen vor, diese Inkongruenz aufzulösen und zu einem stärkeren Trennsystem überzugehen. Dies ist insbesondere bei der Umsetzung europäischer Vorgaben in deutsches Recht dringend erforderlich. Die Koordination zwischen Bund und Ländern erhöht die Kosten der deutschen EU-Mitgliedschaft erheblich.

Die von den politischen Akteuren betriebene Verflechtung kann jedoch nach der Theorie der Politikverflechtung, die in den jüngsten, vom Bundesverfassungsgericht angestoßenen Reformbemühungen eindrucksvoll bestätigt wurde, nicht mehr von ihnen selbst aufgelöst werden. Kompetenzverlagerungen in einem Wettbewerb um Kompetenzen bieten hier einen Ausweg, indem die Bürger selbst eine Neuverteilung der Kompetenzen zwischen Bund und Ländern vornehmen und die Verflechtung beenden. Reformvorschläge, die bisher insbesondere daran scheitern, weil sie im Nullsummenspiel der Machtverteilung zu einem Machtverlust für einen Teil der politischen Akteure führen würden, bekommen im Wettbewerb um Kompetenzen eine Chance auf Verwirklichung. Kommt es zu einer eindeutigen Abgrenzung der Kompetenzen, wird die Politikblockade durch den Bundesrat beendet, weil er nur noch in wenigen Fällen gesetzgeberisch tätig wird. Konsequent wäre seine Abschaffung.

Außer durch einen von den Bürgern gesteuerten Wettbewerb um Kompetenzen könnte in einem ersten Schritt auch den Landtagen die Möglichkeit gegeben werden, im Sinne einer „umgekehrt konkurrierenden Gesetzgebung" (Clement 2001), Kompetenzen an sich zu ziehen. Solange der Bundestag innerhalb einer bestimmten Frist kein Veto einlegt, kann dann ein Bundesland selbst die Gesetzgebung übernehmen. Auch dieser Vorschlag impliziert eine einzelstaatliche Kompetenzverlagerung zur Entflechtung des deutschen Föderalismus. Denn die Folge der umgekehrt konkurrierenden Gesetzgebung wäre aufgrund des Eigeninteresses der Landespolitiker eine partielle und asymmetrische Verlagerung von Gesetzgebungskompetenzen auf die Länder.

Die Kompetenzverlagerung in einem Wettbewerb um Kompetenzen erlaubt idealerweise auch die Überwindung der spezifischen vertikalen Gewaltenteilung zwischen Bund und Ländern, bei der der Bund vor allem legislative Befugnisse wahrnimmt und die Länder überwiegend exekutive Befugnisse. Denn diese Aufgabenteilung macht die Leistungserstellung für die Bürger intransparent. Da jeweils beide Ebenen für die Verwirklichung von Rechtssicherheit und für die Bereitstellung öffentlicher Güter zusammenarbeiten müssen, kommt es so bisher – unabhängig von der Verflechtung bei der legislativen Kompetenz selbst – zu vertikalen Interdependenzen. Vorbild für die innerdeutsche Kompetenzverteilung könnte Belgien sein. Die Kompetenzen zwischen Zentralstaat, Regionen und Gemeinschaften sind dort klar abgetrennt; jede Jurisdiktion ist selbst für die Ausführung ihrer Gesetze zuständig. Fragen der Kompetenzabgrenzung löst ein Schiedsgericht, das nur mit diesen Fragen betraut ist.[4] Den Bürgern erlaubt diese Transparenz des föderalen Systems eine bessere Bewertung der Leistungen der politischen Akteure auf jeder Ebene. Unvollständig ist in Belgien die Transparenz lediglich im Bereich der Finanzierung.

Die asymmetrische föderale Dynamik, die durch den Wettbewerb um Kompetenzen ausgelöst wird, könnte in drei Fällen deutliche Vorteile für den deutschen Föderalismus bringen:

- Zum einen erlaubt die Möglichkeit einzelstaatlicher Kompetenzverlagerungen eine Berücksichtigung der strukturellen Unterschiede zwischen reichen und armen Bundesländern, insbesondere zwischen westdeutschen und ostdeutschen. Die mühsam kaschierte Wirklichkeit eines „zweigeteilten Föderalismus", in dem die ostdeutschen Länder *de facto* vom Bund abhängen, während die westdeutschen Länder weitgehend selbständig sind (Lehmbruch 1996), könnte transparent gemacht sowie Finanzierung und Entscheidungsverantwortung wieder zusammengeführt werden. Dazu müsste in Ostdeutschland der Bund weitgehende Kompetenzen in der Wirtschaftsförderung und bei der Bereitstellung von Infrastruktur erhalten. Die von den Bundesbürgern gemeinsam finanzierte Aufbauarbeit würde auch von ihnen gemeinsam verantwortet.

---

[4] Ähnliches schlagen für die Europäische Union Vaubel (1993, 8) sowie Gerken/Märkt/Schick/-Renner (2002, 279) vor.

– Zum zweiten könnte die *Moral-hazard*-Problematik gelöst werden, die dadurch entsteht, dass in der Folge einer vom Bundesverfassungsgericht fest-
gestellten Haushaltsnotlage Schulden des Landes auf den Bund und damit
auf Bürger aus anderen Bundesländern abgewälzt werden können (2.2.1.1
(3)). Statt einen Teil der Länderhaushalte vom Bund finanzieren zu lassen,
müssten überschuldete Länder ausgabenträchtige Kompetenzen auf die Bundesebene verlagern. Zwar bleibt es bei der Abwälzung von Schulden auf die
Bürger anderer Bundesländer, die Entscheidung über Leistungsbereitstellung
und Finanzierung würde jedoch zusammengeführt und so die *Moral-hazard*-
Problematik für die Landespolitiker überwunden. Während derzeit die Ak-
quise von Bundesmitteln gar den Wahlerfolg von Landespolitiker fördert,
denen die Sanierung der Haushalte nicht gelingt, würde dann der Verlust von
Kompetenzen auch zu einem Ansehensverlust bei den Wählern führen.

– Zum dritten könnten einzelstaatliche Kompetenzverlagerungen graduelle
Länderfusionen ermöglichen. Denn sie erleichtern einen Zusammenschluss
der Länder in relevanten Politikbereichen, ohne die für die Bürger wichtige
regionale Identität zu gefährden. Sowohl die Zusammenarbeit zwischen Berlin und Brandenburg als auch die zwischen Bremen und Niedersachsen
könnte mit einer gemeinsamen neuen Jurisdiktion beginnen, auf die sukzessive Kompetenzen verlagert werden. Die Verlagerung von Kompetenzen
muss dabei jedoch auf demokratisch verfasste Jurisdiktionen beschränkt
werden. Andernfalls wird durch die Kompetenzverlagerung der politische
Wettbewerb um Wählerstimmen ausgehebelt (3.4.2).

(2) Transparenz der Finanzbeziehungen

Durch einzelstaatliche Kompetenzverlagerungen werden die Finanzbeziehungen
funktionalisiert und damit transparenter. Dies zeigt die Erfahrung in asymmetrischen föderalen Systemen wie Spanien, Großbritannien oder auch Kanada. Diese
nehmen zumindest für die Kompetenzen, bezüglich derer die Asymmetrie besteht,
eine differenzierte Abrechnung vor. Aufgrund des Versuchs, die Asymmetrie zu
berücksichtigen, kommt es so zu einer Abkehr vom Nonaffektationsprinzip und zu
einer Berücksichtigung der spezifischen Aufwendungen in einzelnen Politikbereichen:

Die spanische Regelung erlaubt den *Comunidades Autónomas* einen eindeutigen
Kosten-Nutzen-Vergleich bezüglich zentralstaatlicher Leistungen; insbesondere
wird die Bevorzugung des Baskenlandes aufgedeckt (2.2.2.2). In anderen föderalen
Systemen können solche Bevorzugungen häufig nicht nachgewiesen werden. Die
Asymmetrie erhöht so die Transparenz staatlicher Leistungserstellung und realisiert
in höherem Maße als symmetrische Föderalismen föderale Äquivalenz (8.1.2).

In Großbritannien ist es mit der Barnett-Formel sogar gelungen, einen Automatis-
mus zu verankern, der das Konnexitätsprinzip nicht nur bei der Verlagerung von

Kompetenzen, sondern auch bei nachfolgenden Veränderungen in den verlagerten Aufgabenbereichen sichert (2.2.3.2). Weil sich jede vertikale Verschiebung im asymmetrischen Föderalismus in eine horizontale Ungleichbehandlung zwischen den Landesteilen übersetzt, konnten so bei der asymmetrischen *Devolution* in Großbritannien die typischen Probleme vertikaler Interdependenz besser gelöst werden als in vielen symmetrischen Föderalismen.

In Kanada besteht für die Provinzen die Möglichkeit, bestimmte leistungsstaatliche Programme der Zentralregierung abzulehnen (*opting out*). Sie können dann entweder ganz auf ein politisches Eingreifen in diesem Politikbereich verzichten oder in eigener Regie ein ähnliches Programm auflegen (Schultze 1998, 207). In letzterem Fall erhalten sie von der Zentralregierung eine Kompensation, falls das Programm als gleichwertig eingestuft wird und bestimmten Standards genügt. Die Kompensation bemisst sich – ähnlich wie in Spanien und Großbritannien – nach den Ausgaben, die von der Zentralregierung im Rahmen ihres eigenen Programms getätigt worden wären. Dieses Vorgehen hat zwei wesentliche Vorteile:

- Kanada mindert mit dieser Regelung das Problem des „goldenen Zügels" der Zentralregierung. Diese kann durch das Finanzierungsangebot die Politik der Provinzen nicht mehr im Detail bestimmen, weil diese modifizierte Programme unter eigener Regie auflegen können. Gleichzeitig kann die Zentralregierung im Rahmen der verbindlich vorgegebenen Standards einen Anreiz setzen, Kollisionsnormen, die für die Funktionsfähigkeit des Jurisdiktionenwettbewerbs wichtig sind (6.2.2.2), zu beachten.

- Die finanzielle Überlegenheit der Zentralregierung wird so nicht mehr zum Motor für eine Zentralisierungstendenz (7.2.2.1). Durch das *Opting out* wird verhindert, dass sich der Vorteil der Zentralregierung, über bessere Finanzierungsquellen zu verfügen, dahingehend auswirkt, dass mehr und mehr Aufgaben von dieser wahrgenommen werden.

Trotz weitgehend zentralisierter Steuererhebung wird so in allen drei Ländern – erzwungen durch die Asymmetrie – aufgabenspezifisch abgerechnet. Dies könnte ein sinnvolles Modell für Deutschland sein. In einem ersten Schritt müssten in Deutschland allerdings die Gemeinschaftsaufgaben als gemeinsame Ausgabenprogramme beider föderaler Ebenen abgeschafft werden.[5]

---

[5] Da die Bundesländer nur ungern auf die Kofinanzierung durch den Bund verzichten. Entsprechend sehen aktuellere Vorschläge der Ministerpräsidenten eine Verlagerung der Gestaltungskompetenz auf die Länder unter Beibehaltung der Finanzierung durch den Bund vor (u.a. Ministerpräsidenten der Länder Baden-Württemberg, Bayern und Hessen 1997, Clement 2001).

(3) Neugliederung der Bundesländer?

Im großen europäischen Binnenmarkt werden scheinbar die deutschen Bundesländer zu klein. Eine stärkere föderale Aufteilung staatlicher Aufgaben auf drei statt
bisher zwei Ebenen spricht jedoch im Gegenteil dafür, dass bei einer geeigneten
Aufgabenteilung zwischen diesen die Länder als Jurisdiktionen der untersten Ebene
nun kleiner sein können. Allerdings würden sie auch weniger Aufgaben übernehmen als im zweistufigen Föderalismus. Problematisch ist die geringe Größe mancher Bundesländer nur bei einer unzureichenden Wettbewerbsordnung für den
Jurisdiktionenwettbewerb und bei einer ungeeigneten, d.h. insbesondere symmetrischen Kompetenzverteilung.

Zusammenschlüsse kleiner Jurisdiktionen werden in verflochtenen politischen Systemen wie dem deutschen auch mit einer besseren Durchsetzung der eigenen Interessen im Bundesstaat begründet. Die kleinen Bundesländer befürchten, dass sie
ihre Mitspracherechte auf bundesdeutscher und europäischer Ebene nicht nutzen
können, weil die Aufgabe, praktisch die gesamte deutsche und europäische Politik
mitzuverfolgen, ihre Verwaltungen überfordert. Diese Überforderung hat ihren Ursprung jedoch nicht in der geringen Größe der Jurisdiktionen, sondern in der mangelnden Aufteilung der Kompetenzen auf die Ebenen. Wenn für bestimmte Fragen
die höchste föderale Ebene als der geeignete Entscheidungsraum angesehen wird,
muss die Behandlung derselben Materie in dem Parlament eines kleinen Gliedstaates notwendigerweise dieses als zu klein erscheinen lassen. Nicht die Vergrößerung
der unteren Jurisdiktionen, sondern die Spezialisierung jeder Ebene auf ihre Aufgaben ist daher die geeignete Problemlösung.

Statt einer Neugliederung der Bundesländer ist daher, erstens, die Wettbewerbsordnung für den innerdeutschen Jurisdiktionenwettbewerb zu verbessern, unter anderem durch eine Veränderung des Zerlegungsgesetzes, das die Einkommensteuer-
einnahmen der Wohnsitzjurisdiktion zuweist und so das Austauschprinzip verletzt.
Zweitens ist die Aufgabenverteilung zwischen Bund und Ländern als Folge der
europäischen Integration neu zu justieren. Dass es dabei zu einem Kompetenzverlust der Bundesländer kommen kann (Zentralisierungsthese), ist aus verfassungsökonomischer Perspektive an- und hinzunehmen. Sinnvoll wäre eine asymmetrische Kompetenzverteilung Drittens ist die Mitbestimmung der Länder bei der
bundesdeutschen und europäischen Gesetzgebung zu minimieren.

Der doppelte Föderalismus in Europa stellt bereits die Realisierung der im funktionalen Parlamentarismus als optimal herausgearbeiteten Koexistenz mehrerer Mehr-
zweck-Jurisdiktionen dar. Bei einer weiteren Funktionalisierung auf den einzelnen
Ebenen dürfte die optimale Jurisdiktionenzahl übertroffen werden. Plausibler wäre
angesichts der zusätzlichen föderalen Ebene Europa die Zusammenführung bestehender Parallel-Jurisdiktionen innerhalb Deutschlands. Nicht die Abschaffung der
Bundesländer, sondern die Integration funktionaler Jurisdiktionen in das föderale

System wäre vor diesem Hintergrund die richtige Konsequenz aus der Überlagerung von europäischem und deutschem Föderalismus.

Für Deutschland ergibt sich damit eine erstaunliche Schlussfolgerung aus der europäischen Integration: Aufgrund der Substitutionalität von föderaler und funktionaler Aufteilung wären nun insbesondere die Sozialversicherungssysteme als funktionale Jurisdiktionen auf dem Gebiet des Bundes in Frage gestellt. Ihre Aufgaben könnten entweder auf privatwirtschaftliche Systeme oder auf den Bund übertragen werden. In letzterem Fall würde die Beitragsfinanzierung durch die Steuerfinanzierung ersetzt. Derzeit verwalten die Sozialversicherungen unter der Kontrolle direkt gewählter funktionaler Parlamente Budgets, die dem ständigen Eingriff des Bundesgesetzgebers ausgesetzt sind. Gesetzgeberische Kompetenzen haben die Gremien der Sozialversicherungen nicht. Ein wirkliches Trennsteuersystem besteht deshalb ebenso wenig wie eine getrennte Bewertung der Leistungen der politischen Akteure. Probleme werden zwischen den Jurisdiktionen verschoben (Drehtür-Effekt). Die politische Kontrolle überfordert die Bürger, wie die geringe Diskussion der Entscheidungen dieser Gremien in der Öffentlichkeit zeigt. Da auch aus dem Jurisdiktionenwettbewerb keine Steuerungswirkung hervorgeht, erfolgt im Bereich der Sozialversicherung eine Orientierung an den Bürgerinteressen derzeit höchstens zufällig.

9.4 Konsequenzen für die Rolle der dritten Ebene in Europa

Die nachrangige Asymmetrie hat bislang eine stärkere Beteiligung der regionalen Ebene an der Entscheidungsfindung in der Europäischen Union behindert. Mit der weitgehend wirkungslosen Präsenz regionaler Minister im Ministerrat und dem beratenden Ausschuss der Regionen bleibt die subnationale Ebene unterrepräsentiert. Dem könnte entweder durch eine aktivere Rolle des Ausschusses der Regionen bei der europäischen Gesetzgebung oder durch eine zweite Kammer abgeholfen werden, in der je nach mitgliedstaatsinterner Kompetenzverteilung mal die Vertreter der mitgliedstaatlichen Regierungen, mal die Vertreter der Regionen die Stimmenzahl, die dem Mitgliedstaat zusteht, unter sich aufteilen. Denkbar wäre auch eine hälftige Aufteilung der Mandate in einer zweiten Parlamentskammer zwischen Delegierten der nationalen und der regionalen Ebene. Diese Vorschläge würden der Ungleichbehandlung der regionalen gegenüber der nationalen Ebene in Bezug auf die Formulierung der europäischen Politik abhelfen.

Hauptanliegen der Gebietskörperschaften der dritten Ebene in Bezug auf die Mitwirkung an der Europapolitik ist indes immer der Schutz ihrer eigenen Kompetenzen gewesen. Aufgrund der Erfordernis, bei der Mitwirkung auf einer höheren Ebene zusammenzuarbeiten, konnten andere, für die einzelnen Regionen spezifische Anliegen auch kaum verfolgt werden. Bei einem Wettbewerb um Kompetenzen werden die Kompetenzen der einzelnen Ebenen jedoch dadurch geschützt, dass nur mit der Zustimmung der Bürger Kompetenzen verlagert werden können. Zum

Schutz gegen Überschreitungen der so festgelegten Kompetenzen jeder Ebene sollte auch den Regionen ein Klagerecht vor dem Europäischen Gerichtshof eingeräumt werden. Hinsichtlich des Schutzes der eigenen Kompetenzen ist die Mitwirkung der Regionen an der mitgliedstaatlichen oder der europäischen Politik also nicht erforderlich. Der Ausschuss der Regionen oder andere Formen der europapolitischen Mitsprache der dritten Ebene werden bei einer Verlagerung der Kompetenz-Kompetenz auf die Bürger überflüssig und sollten wie Europäischer Rat und Ministerrat abgeschafft werden.

Denn die Mitwirkung der dritten Ebene ist schädlich. Sie verhindert die Nutzung spezifischer Vorteile föderaler Systeme und erschwert die Steuerung politischer Entscheidungen durch die Bürger. Zudem birgt sie die Gefahr der (doppelten) Politikverflechtung, die bisher in Europa vermieden werden konnte (2.4.1.3). Anders als die Vertreter der subnationalen Gebietskörperschaften aufgrund ihres eigenen Interesses glauben machen wollen, schadet die Mitwirkung derselben auf anderen föderalen Ebenen der Bürgerorientierung des Gemeinwesens, statt ihm zu nützen. Denn im Verbundsystem gelingt die Steuerung politischer Entscheidungen durch die Bürger in geringerem Maße als in einem Trennsystem. Die aktive Mitwirkung an den Entscheidungen der europäischen Ebene überfordert die regionalen Gremien und erhöht die Kosten der EU-Mitgliedschaft. Spezifische Anliegen der regionalen Ebene können über themenspezifische Anhörungen vorgebracht werden.

Bleibt es in Europa jedoch bei den derzeitigen Entscheidungsverfahren, kann allein innerhalb Deutschlands auf die Herausforderungen des doppelten Föderalismus reagiert werden. In diesem Fall sollte Deutschland statt des Bundesratsverfahrens das belgische Modell übernehmen und die Entflechtung der Kompetenzen zwischen Bund und Ländern vorantreiben. Beim belgischen Modell ist die innerstaatliche Kompetenzverteilung Richtschnur für die Außenvertretung und damit auch für die Vertretung im Ministerrat der Europäischen Union. Die Tatsache, dass ein Bundesstaat in den europäischen Föderalismus eingebettet ist, hat bei diesem Verfahren weniger Rückwirkungen auf die innerstaatliche Kompetenzverteilung. Eine durch die europäische Integration ausgelöste Unitarisierungstendenz im deutschen Föderalismus könnte so vermieden werden. Wenn gleichzeitig die innerdeutsche Kompetenzverteilung stärker am Trennsystem orientiert wird, bleibt die föderale Verflechtung in diesem Modell auf jeweils zwei Ebenen beschränkt. Dies erleichtert vor allem auch die Umsetzung europäischen Rechts in die nationalen Gesetzgebung. Zusätzlich bedarf es jedoch bei einem solchen Trennsystem neben dem bereits vereinbarten nationalen Stabilitätspakt einer Art. 169 der belgischen Verfassung entsprechenden Regelung für den Fall, dass der Gesamtstaat nach europäischem Recht für die Politik der subnationalen Ebene haftet.

Gelingt, wie hier skizziert, eine Trennung der Zuständigkeiten zwischen den Ebenen wäre ein europäisches Mehrebenensystem trotz der höheren Ebenenzahl effizienter und bürgerorientierter als ein zweistufiges Verbundsystem. Ein solches

Mehrebenen-Trennsystem könnte mit seiner föderalen Dynamik auch ein Vorbild sein für die noch nicht föderal organisierten EU-Mitgliedstaaten. Durch den Wettbewerb um Kompetenzen könnten sich so die Kompetenzen der verschiedenen subnationalen Gebietskörperschaften in Europa nachfrageorientiert angleichen. Das Ergebnis könnte dem Vorschlag von Kelsen bzw. der Regionenkonzeption der Gemeinschaftscharta der Regionalisierung entsprechen. Ebenso wäre allerdings auch eine größere Differenzierung der Kompetenzverteilung auf der zweiten und dritten Ebene denkbar, bei der föderale Mitgliedstaaten, Europa-Regionen und unitarische „Vaterländer" nebeneinander bestehen. Wenn die föderale Ordnung so gestaltet ist, dass sie

- aufgrund eines Wettbewerbs um Kompetenzen flexibel auf exogene oder endogene Veränderungen reagieren kann und

- aufgrund der sauberen Trennung der Zuständigkeiten der einzelnen Ebenen und aufgrund der Transparenz bei der Finanzierung öffentlicher Aufgaben theoretisch auf unendlich viele Ebenen erweitert werden könnte,

dann kann in Europa trotz der Überlagerung von mitgliedstaatlichem und europäischem Föderalismus eine „heillose Komplikation" vermieden werden.

Literaturverzeichnis

ABROMEIT, Heidrun (1992). *Der verkappte Einheitsstaat.* Opladen: Leske + Budrich.

AGRANOFF, Robert (1994). *Asymmetrical and Symmetrical Federalism in Spain.* In: VILLIERS, Bertus de (Hg.). *Evaluating Federal Systems.* Dordrecht: Martinus Nijhoff. 61–89.

AJA FERNÁNDEZ, Eliseo / GONZÁLEZ BEILFUSS, Markus (1996). *Das Autonome System in Katalonien.* In: KRAMER, Jutta (Hg.). *Die Entwicklung des Staates der Autonomien in Spanien und der bundesstaatlichen Ordnung in der Bundesrepublik Deutschland. Ein spanisch-deutsches Verfassungskolloquium.* Baden-Baden: Nomos. 209–216.

AKERLOF, George A. (1970). *The market for "lemons": Quality uncertainty and the market mechanism.* Quarterly Journal of Economics, 84. 488–500.

ALBERS, Willi (1964). *Finanzzuweisungen und Standortverteilung.* In: TIMM, Herbert / JECHT, Horst (Hg.). *Kommunale Finanzen und Finanzausgleich.* Berlin: Duncker & Humblot. 253–286.

ALBERTI, Enoch (1996). *Die Beziehungen zwischen dem Staat und den autonomen Gemeinschaften: Kooperation und Konflikt.* In: KRAMER, Jutta (Hg.). *Die Entwicklung des Staates der Autonomien in Spanien und der bundesstaatlichen Ordnung in der Bundesrepublik Deutschland. Ein spanisch-deutsches Verfassungskolloquium.* Baden-Baden: Nomos. 129–145.

ALTHUSIUS, Johannes (1603/1614/1991). *Politica Methodice Digesta.* Exzerpte in: Vanberg, Viktor J. (1991). *Johannes Althusius – An early Contractarian Constitutionalist.* Constitutional Political Economy, 2. 209–223.

ALTHAMMER, Wilhelm (1994). *Optimale Struktur von Verbrauchsteuern.* Wirtschaftswissenschaftliches Studium, Heft 3. 132–134.

AMELN, Ralf von (1995). *Die Entstehung des Ausschusses der Regionen: die Festlegung der Modalitäten für die Auswahl der Mitglieder in den EU-Staaten.* In: TOMUSCHAT, Christian (Hg.). *Mitsprache der dritten Ebene in der europäischen Integration: Der Ausschuß der Regionen.* Bonn: Europa Union Verlag. 39–54.

APOLTE, Thomas (1999). *Die ökonomische Konstitution eines föderalen Systems: dezentrale Wirtschaftspolitik zwischen Kooperation und institutionellem Wettbewerb.* Tübingen: Mohr Siebeck.

ARANSON, Peter H. / ORDESHOOK, Peter C. (1981). *Regulation, Redistribution, and Public Choice.* Public Choice, 37 (1). 69–100.

ARNIM, Hans Herbert von (1999). *50 Jahre Föderalismus in Deutschland: Perversion einer Idee.* In: MORATH, Konrad (Hg.). *Reform des Föderalismus.* Bad Homburg: Frankfurter Institut – Stiftung Marktwirtschaft und Politik. 37–45.

ARNOLD, R. Douglas (1981). *Legislators, Bureaucrats, and Locational Decisions.* Public Choice, 37 (1). 107–132.

ARROW, Kenneth J. (1951). *Social Choice and Individual Values.* New York: John Wiley & Sons.

ARROW, Kenneth J. (1969). *The Organization of Economic Activity: Issues Pertinent to the Choice of Market versus Nonmarket Allocation.* In: JOINT ECONOMIC COMITTEE (Hg.). *The Analysis and Evaluation of Public Expenditure.* Washington, D.C.: The PPB System. 47–64.

AUSSCHUSS DER REGIONEN (2000). *Stellungnahme des Ausschusses der Regionen vom 17. Februar 2000 zur Regierungskonferenz 2000.* Brüssel, 28. Februar 2000.

BAIMAN, Stanley / DEMSKI, Joel (1980). *Economically Optimal Performance Evaluation and Control Systems.* Journal of Accounting Research, 18 (Supplement). 184–234.

BALME, Richard (1995). *French Regionalization and European Integration: Territorial Adaptation and Change in a Unitary State.* In: JONES, Barry / KEATING, Michael (Hg.). *The European Union and the Regions.* Oxford: Clarendon Press. 166–188.

BARNETT, Richard R. / LEVAGGI, Rosella / SMITH, Peter (1991). *Does the flypaper model stick? A test of the relative performance of the flypaper and conventional models of local budgetary behaviour.* Public Choice, 69. 1–18.

BARRIOS, Harald (2000). *Spanien – Politische Dezentralisierung als flexibles Verhandlungssystem.* In: EUROPÄISCHES ZENTRUM FÜR FÖDERALISMUS-FORSCHUNG (Hg.). *Jahrbuch des Föderalismus 2000 – Föderalismus, Subsidiarität und Regionen in Europa.* Baden-Baden: Nomos. 308–320.

BARRO, Robert (1973). *The Control of Politicians: An Economic Model.* Public Choice, 14. 19–42.

BARTSCH, Peter / PROBST, Henning (1988). *Ansätze zur Reform des Länderfinanzausgleichs.* Wirtschaftsdienst, 78 (10). 533–540.

BAUER, Joachim (Hg.). (1992). *Europa der Regionen. Aktuelle Dokumente zur Rolle und Zukunft der deutschen Länder im europäischen Integrationsprozeß.* Berlin: Duncker & Humblot.

BECKER, Gary S. (1983). *A Theory of Competition Among Pressure Groups for Political Influence.* Quarterly Journal of Economics, 98 (3). 371–400.

BECKER, Gary S. / MURPHY, Kevin M. (1988). *The Family and the State.* Journal of Law and Economics, 31 (1). 1–18.

BEER, Samuel H. (1977). *A Political Scientist's View of Fiscal Federalism.* In: OATES, Wallace E. (Hg.). *The Political Economy of Fiscal Federalism.* Lexington: D.C. Heath. 21–46.

BENZ, Arthur (1985). *Föderalismus als dynamisches System.* Opladen: Westdeutscher Verlag.

BENZ, Arthur (1998). *Politikverflechtung ohne Politikverflechtungsfalle – Koordination und Strukturdynamik im europäischen Mehrebenensystem.* Politische Vierteljahresschrift, 39. 558–589.

BERMAN, David R. (1995). *Takeovers of Local Governments: An Overview and Evaluation of State Policies.* Publius, 25 (3). 55–70.

BERNHOLZ, Peter (1978). *On the Stability of Logrolling Outcomes in Stochastic Games.* Public Choice, 33 (3). 65–82.

BERTELSMANN EUROPA-KOMMISSION. (2000). *Europas Vollendung vorbereiten. Forderungen an die Regierungskonferenz 2000.* Gütersloh: Bertelsmann-Stiftung.

BESLEY, Timothy J. / CASE, Anne (1995). *Incumbent Behavior: Vote-Seeking, Tax-Setting, and Yardstick Competition.* American Economic Review, 85. 25–45.

BESLEY, Timothy J. / ROSEN, Harvey S. (1998). *Vertical Externalities in Tax Setting: Evidence from Gasoline and Cigarettes.* Working paper 6517. Cambridge/Mass.: National Bureau of Economic Research.

BEUTLER, Bengt / BIEBER, Roland / PIPKORN, Jörn / STREIL, Jochen (1993). *Die Europäische Union: Rechtsordnung und Politik.* 4. Auflage. Baden-Baden: Nomos.

BEWLEY, Truman F. (1981). *A critique of Tiebout's Theory of Local Public Expenditure.* Econometrica, 49 (3). 713–740.

BEYME, Klaus von (1998). *Niedergang der Parlamente.* Internationale Politik, 53. 21–30.

BINDER, Hans-Otto (1971). *Reich und Einzelstaaten während der Kanzlerschaft Bismarcks 1871–1890. Eine Untersuchung zum Problem der bundesstaatlichen Organisation.* Tübingen: Mohr.

BISH, Robert L. (1971). *The Public Economy of Metropolitan Areas.* Chicago: Markham Rand McNally.

BLACK, Duncan (1948). *On the Rationale of Group Decision Making.* Journal of Political Economy, 56. 23–34.

BLACK, Duncan (1958). *The Theory of Committees and Elections.* Cambridge: Cambridge University Press.

BLANKART, Charles B. (1992). *Bewirken Referendum und Volksinitiative einen Unterschied in der Politik?* Staatswissenschaften und Staatspraxis, 3. 509–523.

BLANKART, Charles B. (1995). *Knut Wicksells Finanztheoretische Untersuchungen 1896–1996. Ihre Bedeutung für die moderne Finanzwissenschaft.* Finanzarchiv, 52. 437–459.

BLANKART, Charles B. (1999). *Die schleichende Zentralisierung der Staatstätigkeit: Eine Fallstudie.* Discussion Paper, 108. Berlin: Wirtschaftswissenschaftliche Fakultät der Humboldt-Universität zu Berlin.

BLANKART, Charles B. (1999a). *Taxes and Choice.* Discussion Paper, 148. Berlin: Wirtschaftswissenschaftliche Fakultät der Humboldt-Universität zu Berlin.

BLANKART, Charles B. (2000). *Wie sollen Abstimmungen auf Bundesebene organisiert werden? Lehren aus der Weimarer Verfassung.* Wirtschaftsdienst, 80 (10). 607–610.

BLANKART, Charles B. (2001). *Intranationaler und internationaler Steuerwettbewerb – Möglichkeiten und Grenzen autonomer Steuerpolitik.* In: GERKEN, Lüder / LAMBSDORFF, Otto Graf (Hg.). *Ordnungspolitik in der Weltwirtschaft.* Baden-Baden: Nomos. 222–227.

BLANKART, Charles B. / BORCK, Rainald (2000). *Local Public Finance: A Survey.* Discussion Paper, 154. Berlin: Wirtschaftswissenschaftliche Fakultät der Humboldt-Universität zu Berlin.

BLANKART, Charles B. / MUELLER, Dennis C. (2001). *Alternativen der parlamentarischen Demokratie.* Discussion Paper, 191. Berlin: Wirtschaftswissenschaftliche Fakultät der Humboldt-Universität zu Berlin.

BLECKMANN, Albert (Hg.) (1997). *Europarecht.* 6. Auflage. Köln: Carl Heymanns.

BOADWAY, Robin (1992). *The Constitutional Division of Powers: An Economic Perspective.* Ottawa: Economic Council of Canada.

BOASE, John P. (1994). *Faces of Asymmetry.* In: VILLIERS, Bertus de (Hg.). *Evaluating Federal Systems.* Dordrecht: Martinus Nijhoff. 90–110.

BÖCKENFÖRDE, Ernst-Wolfgang (1980). *Sozialer Bundesstaat und parlamentarische Demokratie. Zum Verhältnis von Parlamentarismus und Föderalismus unter den Bedingungen des Sozialstaats.* In: JEKEWITZ, Jürgen (Hg.). *Politik als gelebte Verfassung: aktuelle Probleme des modernen Verfassungsstaates. Festschrift für Friedrich Schäfer.* Opladen: Westdeutscher Verlag. 195–209.

BÖS, Dieter (1979). *A Voting Paradox of Fiscal Federalism.* Journal of Public Economics, 11. 369–382.

BÖSINGER, Rolf (1999). *Die Neuordnung des bundesstaatlichen Finanzausgleichs 1995.* Frankfurt/Main: Peter Lang.

BOGDANDY, Arnim von (1999). *Die Europäische Union als supranationale Föderation.* Integration, 22. 95–112.

BOLDT, Hans (1990). *Der Föderalismus in den Reichsverfassungen von 1849 und 1871.* In: WELLENREUTHER, Hermann / SCHNURMANN, Claudia (Hg.). *Die amerikanische Verfassung und Deutsch-Amerikanisches Verfassungsdenken.* Providence: Berg Publishers. 297–333.

BORCK, Rainald (1998). *The Political Economy of Democratic Federalism.* Aachen.

BORRIES, Reimer von (1994). *Das Subsidiaritätsprinzip im Recht der Europäischen Union.* Europarecht, 29. 263–300.

BRANDT, Hartwig (1978). *Ansätze einer Selbstorganisation der Gesellschaft in Deutschland im 19. Jahrhundert.* Der Staat, Beiheft 2. *Gesellschaftliche Strukturen als Verfassungsproblem.* 51–67.

BRANDT, Willy (1974). *Rede des Vorsitzenden der Sozialdemokratischen Partei Deutschlands, Willy Brandt, vor der Organisation Française du Mouvement Européen am 19. November 1974 (Auszüge).* Europa-Archiv, 30. D33–D38.

BRENNAN, Geoffrey / BUCHANAN, James M. (1980). *The Power to Tax. Analytical Foundations of a Fiscal Constitution.* Cambridge: Cambridge University Press.

BRENNAN, Geoffrey / BUCHANAN, James M. (1983). *Normative Tax Theory for a Federal Polity: Some Public Choice Preliminaries.* In: MCLURE, Charles E. (Hg.). *Tax Assignment in Federal Countries.* Canberra: Centre for Research on Federal Financial Relations. 52–69.

BRENNAN, Geoffrey / BUCHANAN, James M. (1985/1993). *Die Begründung von Regeln: konstitutionelle politische Ökonomie.* Tübingen: Mohr Siebeck. Original: *The reason of rules. Constitutional Political Economy.* Cambridge/Mass.: Cambridge University Press.

BRENNAN, Geoffrey / HAMLIN, Alan (1994). *A revisionist view of the separation of powers.* Journal of Theoretical Politics, 6. 345–368.

BRENNAN, Geoffrey / PINCUS, Jonathan (1990). *An Implicit contract Theory of Intergovernmental Grants.* Publius, 20 (4). 129–144.

BRENNAN, Geoffrey / PINCUS, Jonathan J. (1998). *Is Vertical Fiscal Imbalance so inefficient? or: The Flypaper Effect is not an anomaly.* Working Paper 98-6. Adelaide: University of Adelaide, Department of Economics.

BRETON, Albert (1965). *The Question of Government Grants.* Canadian Journal of Economics and Political Science, 31. 175–187.

BRETON, Albert (1970/77). *Öffentliche Güter und die Stabilität des Föderalismus.* In: KIRSCH, Guy. (Hg.). *Föderalismus.* Stuttgart: Gustav Fischer Verlag. 128–141. Original: *Public Goods and the Stability of Federalism.* Kyklos, 23. 882–901.

BRETON, Albert (1987). *Expenditure Harmonization in Unitary, Confederal and Federal States.* In: BRETON, Albert / GALEOTTI, G. / SALMON, Pierre / WINTROBE, Ronald (Hg.). *Villa Colombella Papers on Federalism.* Regensburg: Transfer Verlag. 199–218.

BRETON, Albert (1987a). *Towards a Theory of Competitive Federalism.* In: BRETON, Albert / GALEOTTI, Gianluigi / SALMON, Pierre / WINTROBE, Ronald (Hg.). *Villa Colombella Papers on Federalism.* Regensburg: Transfer Verlag. 263–329.

BRETON, Albert (1990). *Centralization, Decentralization and Intergovernmental Competition.* Reflections Paper No. 4. Kingston/Ontario: Institute of Intergovernmental Relations.

BRETON, Albert (1996). *Competitive Governments. An Economic Theory of Politics and Public Finance.* Cambridge: Cambridge University Press.

BRETON, Albert / SCOTT, Anthony (1978). *The Economic Constitution of Federal States.* Toronto: University of Toronto Press.

BRETON, Albert / SCOTT, Anthony (1980). *The Design of Federations.* Montreal: The Institute for Research on Public Policy.

BROWN, Archie (1998). *Asymmetrical Devolution: The Scottish Case.* The Political Quarterly, 69 (3). 215–223.

BROWN, Charles C. / OATES, Wallace E. (1987). *Assistance to the Poor in a Federal System.* Journal of Public Economics, 32. 307–330.

BRÜCHER, Wolfgang (1997). *Frankreich im Umbruch zwischen Zentralismus, Dezentralisierung und europäischer Integration.* Europa Regional, 5 (4). 2–11.

BRYCE, James (1901/1980). *Studies in History and Jurisprudence.* Aalen: Scientia.

BUCHANAN, James M. (1950). *Federalism and Fiscal Equity.* American Economic Review, 40. 583–599.

BUCHANAN, James M. (1952). *Federal Grants and Resource Allocation.* Journal of Political Economy, 60. 208–217.

BUCHANAN, James M. (1954/1987). *Individual Choice in Voting and the Market.* In: BUCHANAN, James M. (1987). *Economics between Predictive Science and Moral Philosophy.* College Station: Texas A&M University Press. 185–197. Original: Journal of Political Economy, 62. 334–343.

BUCHANAN, James M. (1954a/1987). *Social Choice, Democracy, and Free Markets.* In: BUCHANAN, James M. (1987). *Economics between Predictive Science and Moral Philosophy.* College Station: Texas A&M University Press. 171–183. Original: Journal of Political Economy, 62. 114–123.

BUCHANAN, James M. (1959/1987). *Positive Economics, Welfare Economics, and Political Economy.* In: BUCHANAN, James M. (1987). *Economics between Predictive Science and Moral Philosophy.* College Station: Texas A&M University Press. 3–19. Original: Journal of Law and Economics, 2. 124–138.

BUCHANAN, James M. (1964). *What should Economists Do?* The Southern Economic Journal, 30 (3). 213–222.

BUCHANAN, James M. (1964/1987). *Fiscal Institutions and Efficiency in Collective Outlay.* In: BUCHANAN, James M. (1987). *Economics between Predictive Science and Moral Philosophy.* College Station: Texas A&M University Press. 357–366. Original: American Economic Review, 54. 227–235.

BUCHANAN, James M. (1965/1987). *An Economic Theory of Clubs.* In: BUCHANAN, James M. (1987). *Economics between Predictive Science and Moral Philosophy.* College Station: Texas A&M University Press. 207–221. Original: Economica, 32. 1–14.

BUCHANAN, James M. (1966/1987). *An Individualistic Theory of Political Process.* In: BUCHANAN, James M. (1987). *Economics between Predictive Science and Moral Philosophy.* College Station: Texas A&M University Press. 223–235. Original: EASTON, David (Hg.). *Varieties of Political Theory.* Englewood Cliffs, N.J.: Prentice-Hall. 25–37.

BUCHANAN, James M. (1974/1977). *Wer sollte was in einem föderativen System umverteilen?* In: KIRSCH, Guy (Hg.). *Föderalismus.* Stuttgart: Gustav Fischer. 51–65. Original: *Who should distribute what in a Federal System?* In: HOCHMAN,

Harold M. / PETERSON, G.E. (Hg.). *Redistribution through Public Choice.* New York: Columbia University Press. 22–41.

BUCHANAN, James M. (1975). *The Limits of Liberty. Between Anarchy and Leviathan.* Chicago: The University of Chicago Press.

BUCHANAN, James M. (1978/1991). *From Private Preferences to Public Philosophy: the Development of Public Choice.* In: BUCHANAN, James M. (1991). *Constitutional Economics.* Oxford: Basil Blackwell. 29–45. Original: *The Economics of Politics.* IEA Readings No. 18.

BUCHANAN, James M. (1980). *Rent Seeking and Profit Seeking.* In: BUCHANAN, James M. / TOLLISON, Robert D. / TULLOCK, Gordon (Hg.). *Toward a Theory of the Rent-Seeking Society.* College Station: Texas A&M University Press. 3–15.

BUCHANAN, James M. (1984/1986). *Political Economy and Social Philosophy.* In: BUCHANAN, James M. (1986). *Liberty, Market and State.* Brighton: Harvester Press. 261–274. Original: CIVITAS Conference on Economics and Philosophy, München.

BUCHANAN, James M. (1984/1987). *Rights, Efficiency and Exchange: The Irrelevance of Transactions Cost.* In: BUCHANAN, James M. (1987). *Economics between Predictive Science and Moral Philosophy.* College Station: Texas A&M University Press. 153–168. Original: NEUMANN, Manfred (Hg.). *Ansprüche, Eigentums- und Verfügungsrechte.* Berlin: Duncker & Humblot. 9–24.

BUCHANAN, James M. (1986/1987). *The Constitution of Economic Policy.* In: BUCHANAN, James M. (1987). *Economics between Predictive Science and Moral Philosophy.* College Station: Texas A&M University Press. 303–314. Original: Nobelpreisrede am 8. 12. 1986 in Stockholm.

BUCHANAN, James M. (1990). *The Domain of Constitutional Economics.* Constitutional Political Economy, 1. 1–18.

BUCHANAN, James M. (1991). *Constitutional Economics.* In: EATWELL, John / MILGATE, Murray / NEWMAN, Peter (Hg.). *The New Palgrave: a dictionary of economics.* Band 1. London: Macmillan. 585–588.

BUCHANAN, James M. (1993). *How can constitutions be designed so that politicians who seek to serve "public interest" can survive and prosper?* Constitutional Political Economy, 4 (1). 1–6.

BUCHANAN, James M. (1995). *Federalism As an Ideal Political Order and an Objective for Constitutional Reform.* Publius, 25 (2). 19–27.

BUCHANAN, James M. / CONGLETON, Roger D. (1998). *Politics by Principle, Not Interest: Toward Nondiscriminatory Democracy.* Cambridge: Cambridge University Press.

BUCHANAN, James M. / GOETZ, Charles J. (1972). *Efficiency Limits of Fiscal Mobility: An Assessment of the Tiebout Model.* Journal of Public Economics, 1. 25–43.

BUCHANAN, James M. / LEE, Dwight R. (1982/1987). *Politics, Time, and the Laffer Curve.* In: BUCHANAN, James M. (1987). *Economics between Predictive Science and Moral Philosophy.* College Station: Texas A&M University Press. Original: Journal of Political Economy, 90. 816–819.

BUCHANAN, James M. / MUSGRAVE, Richard A. (1999). *Public finance and public choice: two contrasting visions of the State.* Cambridge/Mass.: MIT Press.

BUCHANAN, James M. / TULLOCK, Gordon (1962/1965). *The Calculus of Consent: Logical Foundations of Constitutional Democracy.* Ann Arbor: The University of Michigan Press.

BUHL, Hans Ulrich / PFINGSTEN, Andreas. (1986). *Eigenschaften und Verfahren für einen angemessenen Länderfinanzausgleich in der Bundesrepublik Deutschland.* Finanzarchiv, 44. 98–109.

BULLMANN, Udo / ENGEL, Christian (1994). *Die Politik der Bundesländer in Brüssel.* In: EICHENER, Volker / VOELZKOW, Helmut (Hg.). *Europäische Integration und verbandliche Interessenvermittlung.* Marburg: Metropolis. 283–302.

BUNDESMINISTERIUM DER FINANZEN (2000). *Bund-Länder-Finanzbeziehungen auf der Grundlage der geltenden Finanzverfassungsordnung.* 2. Auflage. Berlin: Bundesministerium der Finanzen.

BUNDESRAT (2000). *Stellungnahme zur Regierungskonferenz 2000.* In: Europa aktuell, Mai 2000. München: Bayrische Staatskanzlei. 29–49.

BUNDESWAHLBEAUFTRAGTER [FÜR DIE SOZIALVERSICHERUNGSWAHLEN] (2000). *Schlussbericht der Wahlbeauftragten über die allgemeinen Wahlen in der Sozialversicherung im Jahre 1999.* Bonn: Der Bundeswahlbeauftragte für die Sozialversicherungswahlen.

BURGESS, Michael (1995). *The British Tradition of Federalism.* Madison: Farleigh Dickinson University Press.

CAESAR, Rolf (2002). *An EU Tax? – Not a Good Idea.* Intereconomics, 36. 231–233.

CASELLA, Alessandra / FREY, Bruno (1992). *Federalism and Clubs. Towards an economic theory of overlapping political jurisdictions.* European Economic Reviews, 36. 639–646.

CASSEL, Susanne (2001). *Politikberatung und Politikerberatung.* Bern: Paul Haupt.

CHANDLER, William M. / CHANDLER, Marsha A. (1987). *Federalism and Political Parties.* In: BRETON, Albert / GALEOTTI, Gianluigi / SALMON, Pierre / WINTROBE, Ronald (Hg.). *Villa Colombella Papers on Federalism.* European Journal of Political Economy, Special Edition, 3 (1/2). Regensburg: Transfer Verlag. 87–109.

CLEMENT, Wolfgang (2001). *Verantwortung – Entscheidungsfähigkeit – Transparenz. Gedanken zur Modernisierung des Föderalismus in Deutschland.* Rede am 18. Juni 2001 im Bundesrat.

COASE, Ronald H. (1937). *The Nature of the Firm.* Economica, 4. 386–405.

COASE, Ronald H. (1960). *The Problem of Social Cost.* Journal of Law and Economics, 3. 1–44.

COLEMAN, James S. (1966). *The Possibility of a Social Welfare Function.* American Economic Review, 56 (5). 1105–1122.

COLEMAN, James S. (1974/79). *Macht und Gesellschaftsstruktur.* Tübingen: Mohr Siebeck. Original: *Power and the Structure of Society.* New York: W.W. Norton.

COLEMAN, James S. (1975). *Social Structure and a Theory of Action.* In: BLAU, Peter M. (Hg.). *Approaches to the Study of Social Structure.* New York: The Free Press. 76–93.

CORCUERA ATIENZA, Javier (1996). *El principio de diversidad en la diversidad: Las peculiaridades autonómicas vascas.* In: KRAMER, Jutta (Hg.). *Die Entwicklung des Staates der Autonomien in Spanien und der bundesstaatlichen Ordnung in der Bundesrepublik Deutschland. Ein spanisch-deutsches Verfassungskolloquium.* Baden-Baden: Nomos. 161–176.

CUNTZ, Eckart (1999). *Flexibilität und Erweiterung – Differenzierte Integration vor und nach Beitritt.* In: EHLERMANN, Claus Dieter (Hg.). *Der rechtliche Rahmen eines Europas in mehreren Geschwindigkeiten und unterschiedlichen Gruppierungen.* Köln: Bundesanzeiger. 133–139.

DAHLBY, Bev (1996). *Fiscal Externalities and the Design of Intergovernmental Grants.* International Tax and Public Finance, 3. 397–412.

DAHRENDORF, Ralf (1973). *Plädoyer für die Europäische Union.* München: R. Piper.

DAHRENDORF, Ralf (1979). *A third Europe? Third Jean Monnet Lecture.* Florenz: European University Institute.

DELMARTINO, Frank (1996). *Belgium after the Fourth State Reform: Competed Federalism or Confederalism in the Making?* In: FÄRBER, Gisela / FORSYTH, Murray (Hg.). *The Regions – Factors of Integration or Desintegration in Europe?* Baden-Baden: Nomos. 117–144.

DELMARTINO, Frank (2000). *Belgien in der Europäischen Union: Europapolitische Mitwirkungsrechte der Regionen und Gemeinschaften und nationaler Zusammenhalt.* In: HRBEK, Rudolf (Hg.). *Europapolitik und Bundesstaatsprinzip. Die „Europafähigkeit" Deutschlands und seiner Länder im Vergleich mit anderen Föderalstaaten.* Baden-Baden: Nomos. 143–147.

DELPEREE, Francis (1993). *Le Fédéralisme de Confrontation à la belge.* In: KRAMER, Jutta (Hg.). *Föderalismus zwischen Integration und Sezession. Chancen und Risiken bundesstaatlicher Ordnung.* Baden-Baden: Nomos. 133–143.

DENNEWITZ, Bodo (1947). *Der Föderalismus. Sein Wesen und seine Geschichte.* Hamburg: Drei Türme Verlag.

DEUBEL, Ingolf (1999). *Wettbewerb um Steuerquellen: Anmerkungen aus praktischer Sicht.* In: MORATH, Konrad (Hg.). *Reform des Föderalismus.* Bad Homburg: Frankfurter Institut – Stiftung Marktwirtschaft und Politik. 67–72.

DEUBNER, Christian (1999). *Flexibilität und Entwicklung der Europäischen Integration.* EHLERMANN, Claus Dieter (Hg.). *Der rechtliche Rahmen eines Euro-*

pas in mehreren Geschwindigkeiten und unterschiedlichen Gruppierungen. Köln: Bundesanzeiger. 117–129.

DIAMOND, Peter / MIRRLEES, James A. (1971). *Optimal Taxation and Public Production I: Production Efficiency*. American Economic Review, 61. 8–27.

DIAMOND, Peter / MIRRLEES, James A. (1971a). *Optimal Taxation and Public Production II: Tax Rules*. American Economic Review, 61. 261–178.

DÖRING, Thomas (1999). *Probleme des Länderfinanzausgleichs aus institutionenökonomischer Sicht – Ein Beitrag zu einer institutionenökonomischen Fundierung finanzwissenschaftlicher Politikberatung*. Zeitschrift für Wirtschaftspolitik, 48 (3). 231–264.

DONAHUE, John D. (1997). *Tiebout? Or not Tiebout? The Market Metaphor and America's Devolution Debate*. Journal of Economic Perspectives, 11 (4). 73–82.

DORNHÖFER, Martin (1995). *Regionen Europas – Versuch einer rechtlichen Einordnung*. Würzburg: Selbstverlag.

DOWDING, Keith / JOHN, Peter / BIGGS, Stephen (1994). *Tiebout: A Survey of the Empirical Literature*. Urban Studies, 31 (4/5). 767–797.

DOWNS, Anthony (1957). *An Economic Theory of Democracy*. New York: Harper & Brothers.

DREZE, Jacques (1993). *Regions of Europe: a feasible status, to be discussed*. Economic Policy, 16. 266–307.

DYE, Thomas R. (1990). *American Federalism. Competition among Governments*. Lexington Books.

EATON, B. Curtis / WHITE, William D. (1991). *The Distribution of Wealth and the Efficiency of Institutions*. Economic Inquiry, 29 (2). 336–350.

EBERT, Werner / MEYER, Steffen (1999). *Die Anreizwirkungen des Finanzausgleichs*. Wirtschaftsdienst, 79 (2). 106–114.

EHLERMANN, Claus Dieter (1997). *Engere Zusammenarbeit nach dem Amsterdamer Vertrag: Ein neues Verfassungsprinzip?* Europarecht, 32 (4). 362–397.

EHRING, Walter (1992). *EG-Strukturfonds und Regionalförderung der Länder – Aushöhlung des Föderalismus?* In: EISENMANN, Peter / RILL, Bernd (Hg.). *Das Europa der Zukunft. Subsidiarität, Föderalismus, Regionalismus*. Regensburg: Friedrich Pustet. 24–41.

EICHENBERGER, Reiner (2000). *Die Regulierung des politischen Prozesses: Ein neuer Weg zu besserer Politik. Kommentar zu Roland Vaubel*. Jahrbuch für Neue Politische Ökonomie, 19. Tübingen: Mohr Siebeck. 310–323.

EICHENBERGER, Reiner (2001). *A Utopia? Government Without Territorial Monopoly: Comment*. Journal of Institutional and Theoretical Economics, 157. 176–179.

ELTGES, Markus / ZARTH, Michael / JAKUBOWSKI, Peter. (2001). *Abstrakte Mehrbedarfe sind keine Fiktion*. Wirtschaftsdienst, 81 (6). 323–330.

ENGEL, Christian (2000). *Kooperation und Konflikt zwischen den Ländern: Zur Praxis innerstaatlicher Mitwirkung an der deutschen Europapolitik aus der Sicht Nordrhein-Westfalens.* In: HRBEK, Rudolf (Hg.). *Europapolitik und Bundesstaatsprinzip. Die „Europafähigkeit" Deutschlands und seiner Länder im Vergleich mit anderen Föderalstaaten.* Baden-Baden: Nomos. 49–60.

ETZIONI, Amitai (1988/1994). *Jenseits des Egoismus-Prinzips. Ein neues Bild von Wirtschaft, Politik und Gesellschaft.* Stuttgart: Schäffer-Poeschel. Original. *The Moral Dimension. Toward a New Economics.* New York: The Free Press.

EUCKEN, Walter (1940/1989). *Die Grundlagen der Nationalökonomie.* 9. Auflage. Berlin: Springer. Original: Jena: Gustav Fischer.

EUCKEN, Walter (1952/1990). *Grundsätze der Wirtschaftspolitik.* Neuauflage. Tübingen: Mohr Siebeck.

EUROPÄISCHE KOMMISSION (1999). *Die Wettbewerbspolitik der Europäischen Gemeinschaft. 13. Bericht über die Wettbewerbspolitik.* Luxemburg: Amt für amtliche Veröffentlichungen der Europäischen Gemeinschaften.

EUROPÄISCHE KOMMISSION (2000). *Institutionelle Reform für eine erfolgreiche Erweiterung. Stellungnahme der Kommission nach Artikel 48 des Vertrages über die Europäische Union zur Einberufung einer Konferenz der Vertreter der Regierungen der Mitgliedstaaten im Hinblick auf die Änderung der Verträge.* Brüssel, 26. Januar 2000, COM (2000) 34.

EUROPÄISCHER RAT (2000). *Vertrag von Nizza.* Brüssel: Europäischer Rat.

EUROPEAN CONSTITUTIONAL GROUP (1993). *A Proposal for a European Constitution.* London: European Policy Forum.

FÄRBER, Gisela (1993). *Reform des Länderfinanzausgleichs.* Wirtschaftsdienst, 73 (6). 305–313.

FÄRBER, Gisela (1999). *Finanzverfassung.* Speyer: Manuskript.

FÄRBER, Gisela (2000). *Eine funktionsfähige Finanzverfassung als Voraussetzung für gesamtwirtschaftliche Wettbewerbsfähigkeit.* In: GERKEN, Lüder / SCHICK, Gerhard (Hg.). *Grüne Ordnungsökonomik: Eine Option moderner Wirtschaftspolitik?* Marburg: Metropolis. 349–362.

FÄRBER, Gisela / SAUCKEL, Marika (2000). *Die Krise der föderalen Finanzverfassung.* In: CZADA, Roland / WOLLMANN, Helmut (Hg.). *Von der Bonner zur Berliner Republik.* Leviathan Sonderheft. 671–693.

FEIST, Holger / SCHÖB, Ronnie (1999). *Workfare in Germany and the Problem of Vertical Fiscal Externalities.* CESifo working paper No. 185. München: CESifo.

FELD, Lars P. (1999). *Steuerwettbewerb und seine Auswirkungen auf Allokation und Distribution: Eine empirische Analyse für die Schweiz.* Bamberg: Difo-Druck.

FELD, Lars P. / KIRCHGÄSSNER, Gebhard. (1998). *Fiskalischer Föderalismus*. Wirtschaftswissenschaftliches Studium, 27. 65–70.

FERGUSON, Adam (1767/1966). *An Essay on the History of Civil Society*. Edinburgh: Edinburgh University Press.

FIORINA, Morris P. (1981). *Retrospective Voting in American national elections*. New Haven: Yale University Press.

FIORINA, Morris P. (1997). *Voting Behavior*. In: MUELLER, Dennis C. (Hg.). *Perspectives on Public Choice. A Handbook*. Cambridge/Mass.: Cambridge University Press. 391–414.

FISHER, Ronald C. (1982). *Income and Grant Effects on Local Expenditure: The Flypaper Effect and Other Difficulties*. Journal of Urban Economics, 12. 324–345.

FLEMMING, Klaus (1980). *Entwicklung und Zukunft des Föderalismus in Deutschland*. Freiburg: Selbstverlag.

FLOWERS, Marilyn R. (1988). *Shared Tax Sources in a Leviathan Model of Federalism*. Public Finance Quarterly, 16. 67–77.

FOLKERS, Cay (1998). *Finanz- und Haushaltspolitik*. In: KLEMMER, Paul (Hg.). *Handbuch Europäische Wirtschaftspolitik*. München: Franz Vahlen. 559–663.

FOLKERS, Cay (2002). *Politische Ökonomie und Reform des europäischen Haushalts- und Finanzsystems*. In: HEGMANN, Horst / NEUMÄRKER, Martin. (Hg.). *Die Europäische Union aus politökonomischer Perspektive*. Marburg: Metropolis. 229–263.

FORGÓ, Katrin (1996). *Differenzierte Integration*. Working paper, 23. Wien: Forschungsinstitut für Europafragen der Wirtschaftsuniversität Wien.

FÖTTINGER, Wolfgang (1998). *Fiskaldisziplin in der Wirtschafts- und Währungsunion*. Frankfurt/Main: Peter Lang.

FRANCKE, Hans-Hermann (1993). *Zukunftsprobleme der europäischen Integration – von Maastricht zu einem europäischen Finanzausgleichssystem?* Diskussionsbeiträge, 22. Freiburg: Institut für Finanzwissenschaft.

FRANCKE, Hans-Hermann (1998). *Europäische Währungsunion mit europäischem Finanzausgleichsystem und europäischer Sozialpolitik?* In: FRANCKE, Hans-Hermann (Hg.). *Europäische Währungsunion: von der Konzeption zur Gestaltung*. Berlin: Duncker & Humblot. 181–198.

FRANZMEYER, Fritz (1983). *Erfolgsaussichten der abgestuften Integration in wichtigen Politikbereichen*. In: VORSTAND DES ARBEITSKREISES EUROPÄISCHE INTEGRATION (Hg.). *Integrationskonzepte auf dem Prüfstand*. Baden-Baden: Nomos. 79–90.

FRATIANNI, Michele / PATTISON, John (1982). *The economics of international organisations*. Kyklos, 35. 244–262.

FREIE HANSESTADT BREMEN (1998). *„Es geht um das Verwirklichen von Aufholchancen und nicht um das Stärken der ohnehin Starken".* Finanzbericht Bremen 1/98. Bremen: Der Senator für Finanzen.

FREY, Bruno S. (1970). *Models of Perfect Competition and Pure Democracy.* Kyklos, 23. 736–755.

FREY, Bruno S. (1991). *The Public Choice View of International Political Economy.* In: VAUBEL, Roland / WILLETT, Thomas (Hg). *The Political Economy of International Organizations. A Public Choice Approach.* Boulder/Colorado: Westview Press. 7–26.

FREY, Bruno S. (1997). *Ein neuer Föderalismus für Europa: Die Idee der FOCJ.* Tübingen: Mohr Siebeck.

FREY, Bruno S. (2001). *A Utopia? Government Without Territorial Monopoly.* Journal of Institutional and Theoretical Economics, 157. 162–175.

FREY, Bruno S. / EICHENBERGER, Reiner (1995). *Competition among Jurisdictions: The Idea of FOCJ.* In: GERKEN, Lüder (Hg.). *Competition among Institutions.* Basingstoke: Macmillan. 209–229.

FREY, Bruno S. / EICHENBERGER, Reiner (1999). *The new democratic federalism for Europe: functional, overlapping, and competing jurisdictions.* Cheltenham: Edward Elgar.

FREY, Bruno S. / EICHENBERGER, Reiner (2000). *Jenseits des Gebietsmonopols des Staates: Föderalismus mittels FOCJ.* In: GERKEN, Lüder / SCHICK, Gerhard (Hg.). *Grüne Ordnungsökonomik: Eine Option moderner Wirtschaftspolitik?* Marburg: Metropolis. 331–348.

GEIGER, Rudolf (2000). *Vertrag über die Europäische Union und Vertrag zur Gründung der Europäischen Gemeinschaft; Kommentar.* 3. Auflage. München: Beck.

GERKEN, Lüder (1999). *Von Freiheit und Freihandel: Grundzüge einer ordoliberalen Außenwirtschaftstheorie.* Tübingen: Mohr Siebeck.

GERKEN, Lüder (1999a). *Der Wettbewerb der Staaten.* Tübingen: Mohr Siebeck.

GERKEN, Lüder / MÄRKT, Jörg / SCHICK, Gerhard (2000). *Internationaler Steuerwettbewerb.* Tübingen: Mohr Siebeck.

GERKEN, Lüder / MÄRKT, Jörg / SCHICK, Gerhard / RENNER, Andreas (2002). *Eine freiheitliche supranationale Föderation. Zur Aufgabenverteilung in Europa.* Baden-Baden: Nomos.

GERKEN, Lüder / SCHICK, Gerhard (2002). *Alle Staatsgewalt geht vom Volke aus.* Wirtschaftsdienst, 82 (9). 525–527.

GESKE, Otto-Erich (2001). *Wenn gesetzliche Konkretisierungen zu allgemeinen Maßstäben führen sollen.* Wirtschaftsdienst, 81 (4). 214–221.

GIERKE, Otto von (1868/1954). *Das deutsche Genossenschaftsrecht*. Darmstadt: Wissenschaftliche Buchgemeinschaft.

GOLDBERG, Victor P. (1982). *Peltzman on Regulation and Politics*. Public Choice, 39. 291–297.

GORDON, Roger H. (1983). *An Optimal Taxation Approach to Fiscal Federalism*. In: MCLURE, Charles E. (Hg.). *Tax assignment in federal countries*. Canberra: Centre for Research on Federal Financial Relations. 26–51.

GOWLAND, David / TURNER, Arthur (2000). *Reluctant Europeans. Britain and European Integration 1945–1998*. Harlow: Longman.

GRAMLICH, Edward M. (1977). *Intergovernmental Grants: A Review of the Empirical Literature*. In: OATES, Wallace E. (Hg.). *The Political Economy of Fiscal Federalism*. Lexington: D.C. Heath. 219–239.

GRAY, Charles. (1996). *The influence of the Committee of the Regions Upon the Policy of the European Union – Possibilities and Limits*. In: FÄRBER, Gisela / FORSYTH, Murray (Hg.). *The Regions – Factors of Integration or Desintegration in Europe?* Baden-Baden: Nomos. 271–278.

GROßE HÜTTMANN, Martin / KNODT, Michèle (2000). *Die Europäisierung des deutschen Föderalismus*. Aus Politik und Zeitgeschichte, B52-53. 31–38.

GROSSEKETTLER, Heinz (1999). *Steuerstaat versus Gebührenstaat. Vor- und Nachteile*. Volkswirtschaftliche Diskussionsbeiträge, 282. Münster: Westfälische Wilhelms-Universität Münster.

HAAS, Ernst B. (1958). *The Uniting of Europe. Political, Social, and Economic Forces 1950–1957*. London: Stevens & Sons.

HAAS, Ernst B. (1961). *International Integration: The European and the Universal Process*. International Organization, 15. 366–392.

HÄDE, Ulrich / PUTTLER, Adelheid (1997). *Zur Abgrenzung des Art. 235 EGV von der Vertragsänderung*. Europäische Zeitschrift für Wirtschaftsrecht, 8. 13–17.

HAHN, Hans-Werner (1984). *Geschichte des Deutschen Zollvereins*. Göttingen: Vandenhoeck und Ruprecht.

HAHN, Hans-Werner (1984a). *Hegemonie und Integration. Voraussetzungen und Folgen der preußischen Führungsrolle im Deutschen Zollverein*. In: BERDING, Helmut (Hg.). *Wirtschaftliche und politische Integration in Europa im 19. und 20. Jahrhundert*. Göttingen: Vandenhoeck und Ruprecht. 45–70.

HAIBACH, Georg (1999). *Komitologie nach Amsterdam – Die Übertragung von Rechtsetzungsbefugnissen im Rechtsvergleich*. Verwaltungsarchiv, 90. 98–111.

HAILBRONNER, KAY (1990). *Die deutschen Bundesländer in der EG*. Juristen-Zeitung, 45 (4). 149–158.

HAMILTON, Alexander / MADISON, James / JAY, John (1787/88/1993). *Die Federalist Papers*. Darmstadt: Wissenschaftliche Buchgesellschaft.

HAMLIN, Alan P. (1985). *The political economy of constitutional federalism.* Public Choice, 46. 187–195.

HANF, Dominik (1999). *Bundesstaat ohne Bundesrat? Eine Untersuchung des Erfordernisses der Mitwirkung der Glieder im Gesamtstaat und der Rolle zweiter Kammern in evolutiven und devolutiven Bundesstaaten.* Baden-Baden: Nomos.

HANNOWSKY, Dirk / RENNER, Andreas (1998). *Zur präferenzkonformen Ordnung Europas. Ordnungsgestaltung im Spannungsfeld von Einheit und Vielfalt.* Frankfurt/Main: Peter Lang.

HANSMEYER, Karl-Heinrich (1967). *Das Popitzsche Gesetz von der Anziehungskraft des zentralen Etats.* In: TIMM, H. / HALLER, Heinrich. (Hg.). *Beiträge zur Theorie der öffentlichen Ausgaben.* Berlin: Duncker & Humblot. 197–229.

HANSMEYER, Karl-Heinrich / ZIMMERMANN, Klaus (1984). *Das Popitzsche Gesetz und die Entwicklung der Ausgabenverteilung zwischen Bund und Ländern in den 60er und 70er Jahren.* In: KOCH, Walter A. S. / PETERSEN, Hans-Georg (Hg.). *Staat, Steuern und Finanzausgleich. Festschrift für Heinz Kolms zum 70. Geburtstag.* Berlin: Duncker & Humblot. 297–314.

HARRIS, John R. / TODARO, Michael P. (1970). *Migration, Unemployment and Development: A Two-Sector Analysis.* American Economic Review, 60. 126–142.

HARSANYI, John C. (1953). *Cardinal Utility in Welfare Economics and in the Theory of Risk-Taking.* Journal of Political Economy, 61. 434–435.

HARSANYI, John C. (1955). *Cardinal Welfare, Individualistic Ethics, and Interpersonal Comparisons of Utility.* Journal of Political Economy, 63. 309–321.

HAUSCHILD, Malte (1999). *Das neue Komitologieverfahren. Neue Regeln für das Ausschußverfahren der EG.* Zeitschrift für Gesetzgebung, 14. 248–252.

HAYEK, Friedrich A. von (1937/1948). *Economics and Knowledge.* In: HAYEK, Friedrich August von (1948). *Individualism and Economic Order.* Chicago: University of Chicago Press. 33–56. Original: Economica, 4. 33–54.

HAYEK, Friedrich A. von (1939/48). *The Economic Conditions of Interstate Federalism.* In: HAYEK, Friedrich A. von (1948). *Individualism and the Economic Order,* Chapter XII. Chicago: University of Chicago Press. 255–272. Original: New Commonwealth Quarterly, 5 (2). 131–149.

HAYEK, Friedrich A. von (1944). *The Road to Serfdom.* Chicago: University of Chicago Press.

HAYEK, Friedrich A. von (1948). *Individualism and Economic Order.* Chicago: University of Chicago Press.

HAYEK, Friedrich A. von (1960). *The Constitution of Liberty.* London: Routledge & Kegan Paul.

HAYEK, Friedrich A. von (1967/1969): *Rechtsordnung und Handelnsordnung.* In: HAYEK, Friedrich A. von (1969). *Freiburger Studien – Gesammelte Aufsätze.*

Tübingen: Mohr Siebeck. 161–198. Original: STREISSLER, Erich (Hg.). *Zur Einheit der Rechts- und Staatswissenschaften*. Karlsruhe: C.F. Müller. 195–230.

HAYEK, Friedrich A. von (1968/1969). *Der Wettbewerb als Entdeckungsverfahren.* In: HAYEK, Friedrich A. von (1969). *Freiburger Studien – Gesammelte Aufsätze.* Tübingen: Mohr Siebeck. 249–265. Original: Kieler Vorträge, Neue Folge, 56. Kiel: Institut für Weltwirtschaft.

HAYEK, Friedrich A. von (1973/1982). *Rules and Order.* In: HAYEK, Friedrich A. (1982). *Law, Legislation and Liberty.* London: Routledge.

HAYEK, Friedrich A. von (1976/1982). *The Mirage of Social Justice.* In: HAYEK, Friedrich A. (1982). *Law, Legislation and Liberty.* London: Routledge.

HAYEK, Friedrich A. von (1979/1982). *The Political Order of a Free People.* In: HAYEK, Friedrich A. (1982). *Law, Legislation and Liberty.* London: Routledge.

HEINEMANN, Friedrich (1996). *Die ökonomische Föderalismustheorie und ihre Botschaft für die Kompetenzaufteilung im Mehrebenensystem der Europäischen Union.* In: KÖNIG, Thomas / RIEGER, Elmar / SCHMITT, Hermann (Hg.). *Das europäische Mehrebenensystem.* Frankfurt/Main: Campus. 117–132.

HEINEMANN, Friedrich (2002). *Wahljahr-Special: Wirtschaftslage und Popularität der Regierung.* ZEW Konjunkturreport, Juni 2002.

HEINER, Ronald A. (1989). *Imperfect Choice and Self-Stabilizing Rules.* Economics and Philosophy, 5. 19–32.

HEINER, Ronald A. (1990). *Rule-Governed Behavior in Evolution and Human Societies.* Constitutional Political Economy, 1. 19–46.

HELD, Gerhard (1994). *Konstitutiver Regionalismus – Ein spanisches Modell für das mediterrane Europa?* In: Bullmann, Udo (Hg.). *Die Politik der dritten Ebene: Regionen im Europa der Union.* Baden-Baden: Nomos. 197–213.

HELLMANN, Rainer (1982). *Weltwirtschaftsgipfel wozu?* Baden-Baden: Nomos.

HENKE, Klaus-Dirk / SCHUPPERT, Gunnar Folke (1993). *Rechtliche und finanzwissenschaftliche Probleme der Neuordnung der Finanzbeziehungen von Bund und Ländern im vereinten Deutschland.* Baden-Baden: Nomos.

HERTZOG, Robert (1996). *Etat unitaire, Europe et régions. Un point de vue français.* In: FÄRBER, Gisela / FORSYTH, Murray (Hg.). *The Regions – Factors of Integration or Desintegration in Europe?* Baden-Baden: Nomos. 241–269.

HESSE, Konrad (1970). *Aspekte des kooperativen Föderalismus.* In: RITTERSPACH, Theo / GEIGER, Willi (Hg.). *Festschrift für Gebhard Müller.* Tübingen: Mohr Siebeck. 141–160.

HESSE, Joachim (1998). *Die bundesstaatliche Ordnung zwischen Vereinigung und Europäisierung – Thesen.* In: MÄNNLE, Ursula (Hg.). *Föderalismus zwischen Konsens und Konkurrenz.* Baden-Baden: Nomos. 41–47.

HIBBS, Douglas A. (1987). *The American political economy: macroeconomics and electoral politics.* Cambridge/Mass.: Harvard University Press.

HIDIEN, Jürgen W. (1998). *Der bundesstaatliche Finanzausgleich in Deutschland. Geschichtliche und staatsrechtliche Grundlagen.* Baden-Baden: Nomos.

HIDIEN, Jürgen W. (1999). *Handbuch Länderfinanzausgleich.* Baden-Baden: Nomos.

HINES, James R. / THALER, Richard H. (1995). *Anomalies. The Flypaper Effect.* Journal of Economic Perspectives, 9 (4). 217–226.

HIRSCHMAN, Albert O. (1970). *Exit, Voice and Loyalty. Responses to Decline in Firms, Organizations, and States.* Cambridge/Mass.: Harvard University Press.

HIRSCHMAN, Albert O. (1993). *Exit, Voice, and the Fate of the German Democratic Republic. An Essay in Conceptual History.* World Politics, 45. 173–202.

HOBBES, Thomas (1651/1995). *Leviathan: 1. und 2. Teil.* Hrsg. von Jacob Peter Mayer. Stuttgart: Reclam. Original: *Leviathan or the matter, form, and power of a commonwealth, ecclesiastical and civil.*

HOFMANN, Herwig C. H. / TÖLLER, Anette Elisabeth (1998). *Zur Reform der Komitologie – Regeln und Grundsätze für die Verwaltungskooperation im Ausschußsystem der Europäischen Gemeinschaft.* Staatswissenschaft und Staatspraxis, 209–239.

HOFSTEDE, Geert H. (1980). *Culture's Consequences: International Differences in Work-related Values.* Beverly Hills: Sage.

HOFSTEDE, Geert H. (1991). *Cultures and Organizations: Software of the Mind.* London: McGraw-Hill.

HOLMSTRÖM, Bengt (1982). *Moral Hazard in Teams.* Bell Journal of Economics, 13. 324–340.

HOMANN, Karl / PIES, Ingo (1996). *Sozialpolitik für den Markt: Theoretische Perspektiven konstitutioneller Ökonomik.* In: PIES, Ingo / LESCHKE, Martin (Hg.). *James Buchanans konstitutionelle Ökonomik.* Tübingen: Mohr Siebeck. 203–239.

HOMBURG, Stefan (1994). *Anreizwirkungen des deutschen Finanzausgleichs.* Finanzarchiv, 51. 313–329.

HOMBURG, Stefan (1996). *Ursachen und Wirkungen eines zwischenstaatlichen Finanzausgleichs.* In: OBERHAUSER, Alois (Hg.). *Fiskalföderalismus in Europa.* Berlin: Duncker & Humblot. 61–95.

HOOGHE, Liesbet (1995). *Belgian Federalism and the European Community.* In: JONES, Barry / KEATING, Michael (Hg.). *The European Union and the Regions.* Oxford: Clarendon Press. 134–165.

HOPPMANN, Erich (1967). *Wettbewerb als Norm der Wettbewerbspolitik.* ORDO, 18. 77–94.

HRBEK, Rudolf (1986). *Doppelte Politikverflechtung: Deutscher Föderalismus und europäische Integration. Die deutschen Länder im EG-Entscheidungsprozess.* In: HRBEK, Rudolf / THAYSEN, Uwe (Hg.). *Die deutschen Länder und die Europäische Gemeinschaft.* Baden-Baden: Nomos. 17–36.

HRBEK, Rudolf (1988). *Bundesländer und Regionalismus in der EG.* In: MAGIERA, Siegfried / MERTEN, Detlef (Hg.). *Bundesländer und Europäische Gemeinschaft.* Berlin: Duncker & Humblot. 127–149.

HRBEK, Rudolf (1992). *Die deutschen Länder vor den Herausforderungen der EG-Integration.* In: VOGEL, Bernhard / OETTINGER, Günther H. (Hg.). *Föderalismus in der Bewährung.* Köln: Deutscher Gemeindeverlag. 9–34.

HRBEK, Rudolf (1996). *Regionen in Europa und die regionale Ebene in der EU: Zur Einführung.* In: FÄRBER, Gisela / FORSYTH, Murray (Hg.). *The Regions – Factors of Integration or Desintegration in Europe?* Baden-Baden: Nomos. 13–22.

HRBEK, Rudolf (1997). *Die Auswirkungen der EU-Integration auf den Föderalismus in Deutschland.* Aus Politik und Zeitgeschichte, 47 (24). 12–21.

HRBEK, Rudolf (2000). *Der Ausschuß der Regionen – Eine Zwischenbilanz zur Entwicklung der jüngsten EU-Institution und ihrer Arbeit.* In: EUROPÄISCHES ZENTRUM FÜR FÖDERALISMUS-FORSCHUNG (Hg.). *Jahrbuch des Föderalismus 2000 – Föderalismus, Subsidiarität und Regionen in Europa.* Baden-Baden: Nomos. 461–478

HRBEK, Rudolf (2001) *Der Vertrag von Nizza – Eine weitere Etappe im europäischen Einigungsprozess.* Wirtschaftsdienst, 81. 21–29.

HRBEK, Rudolf / WEYAND, Sabine (1994). *Betrifft: Das Europa der Regionen: Fakten, Probleme, Perspektiven.* München: C.H. Beck.

HUBER, Bernd / LICHTBLAU, Karl (1997). *Systemschwächen des Finanzausgleichs, eine Reformskizze.* iw-Trends, 4. 24–44.

HUBER, Bernd / LICHTBLAU, Karl (1998). *Konfiskatorischer Finanzausgleich verlangt eine Reform.* Wirtschaftsdienst, 78 (3). 142–147.

HUBER, Bernd / LICHTBLAU, Karl (1999). *Reform der deutschen Finanzverfassung – die Rolle des Konnexitätsprinzips.* Hamburger Jahrbuch für Wirtschafts- und Gesellschaftspolitik, 44. 69–93.

HUBER, Ernst Rudolf (1987). *Das Kaiserreich als Epoche verfassungsstaatlicher Entwicklung.* In: ISENSEE, Josef / KIRCHHOF, Paul (Hg.). *Handbuch des Staatsrechts der Bundesrepublik Deutschland.* Band I. Heidelberg: C.F. Müller. 35–83.

INMAN, Robert P. (1988). *Federal Assistance and Local Services in the United States: The Evolution of a New Federalist Fiscal Order.* In: ROSEN, Harvey S. (Hg.). *Fiscal Federalism: Quantitative Studies.* Chicago: University of Chicago Press. 33–77.

JEFFERY, Charlie (1996). *Farewell the Third Level? The German Länder and the European Policy Process.* Regional and Federal Studies, 6 (2). 56–75.

JEFFERY, Charlie (1996a). *Towards a „Third Level" in Europe? The German Länder in the European Union.* Political Studies, 44 (2). 253–266.

JEFFERY, Charlie (2000). *Devolution und Europapolitik im Vereinigten Königreich.* In: HRBEK, Rudolf (Hg.). *Europapolitik und Bundesstaatsprinzip. Die „Europafähigkeit" Deutschlands und seiner Länder im Vergleich mit anderen Föderalstaaten.* Baden-Baden: Nomos. 175–183.

JIMÉNEZ BLANCO, Antonio (1992). *Das Spanische System der autonomen Regionen: Homogenität und Heterogenität.* In: EISENMANN, Peter / RILL, Bernd (Hg.). *Das Europa der Zukunft: Subsidiarität, Föderalismus, Regionalismus.* Regensburg: Pustet. 54–64.

JOHNSON, William R. (1988). *Income Redistribution in a Federal System.* American Economic Review, 78. 570–573.

KAISER, Karl (1998). *Globalisierung als Problem der Demokratie.* Internationale Politik, 53 (4). 3–11.

KANT, Immanuel (1793/1968). *Über den Gemeinspruch: Das mag in der Theorie richtig sein, taugt aber nicht für die Praxis.* Abgedruckt in: *Kants Werke.* Band VIII. Berlin: Walter de Gruyter. 275–313.

KEATING, Michael (1994). *The Nations and Regions of the United Kingdom and European integration.* In: BULLMANN, Udo (Hg.). *Die Politik der dritten Ebene: Regionen im Europa der Union.* Baden-Baden: Nomos. 225–246.

KEEN, Michael (1997). *Vertical Tax Externalities in the Theory of Fiscal Federalism.* Working paper 97/173. Washington, D.C.: International Monetary Fund.

KELSEN, Hans (1927). *Die staatsrechtliche Durchführung des Anschlusses Österreichs an das Deutsche Reich.* Zeitschrift für öffentliches Recht, 4 (3).

KERBER, Wolfgang (1991). *Evolutionäre Wettbewerbsprozesse über mehrere Wirtschaftsstufen: Das Beispiel "Industrie – Handel – Konsumenten".* ORDO, 42. 325–349.

KERBER, Wolfgang (1994). *Evolutorischer Wettbewerb. Zu den theoretischen und institutionellen Grundlagen der Wettbewerbsordnung.* Freiburg: Habilitationsschrift.

KERBER, Wolfgang (1998). *Erfordern Globalisierung und Standortwettbewerb einen Paradigmenwechsel in der Theorie der Wirtschaftspolitik?* ORDO, 49. 253–268.

KERBER, Wolfgang (1998a). *Zum Problem einer Wettbewerbsordnung für den Systemwettbewerb.* Jahrbuch für Neue Politische Ökonomie, 17. Tübingen: Mohr Siebeck. 199–230.

KERBER, Wolfgang (2000). *Interjurisdictional Competition within the European Union.* Fordham Law Journal, 23. 217–249.

KERBER, Wolfgang (2000a). *Rechtseinheitlichkeit und Rechtsvielfalt aus ökonomischer Sicht.* In: GRUNDMANN, Stefan (Hg.). *Systembildung und Systemlücken in Kerngebieten des Europäischen Privatrechts: Gesellschafts-, Arbeits- und Schuldvertragsrecht.* Tübingen: Mohr Siebeck. 67–97.

KERBER, Wolfgang (2001). *Standortwettbewerb und Ordnungspolitik*. In: GERKEN, Lüder. / LAMBSDORFF, Otto Graf (Hg.). (2001). *Ordnungspolitik in der Weltwirtschaft*. Baden-Baden: Nomos. 86–97.

KERBER, Wolfgang (2001a). *A Utopia? Government Without Territorial Monopoly: Comment.* Journal of Institutional and Theoretical Economics, 157. 180–186.

KERREMANS, Bart (2000). *Zur EU-Mitwirkung der subnationalen Gebietskörperschaften Belgiens.* In: EUROPÄISCHES ZENTRUM FÜR FÖDERALISMUS-FORSCHUNG (Hg.). *Jahrbuch des Föderalismus 2000 – Föderalismus, Subsidiarität und Regionen in Europa.* Baden-Baden: Nomos. 479–509.

KEWENIG, Wilhelm (1968). *Kooperativer Föderalismus und bundesstaatliche Ordnung.* Archiv des öffentlichen Rechts, 93. 433–484.

KINCAID, John (1991). *The Competitive Challenge to Cooperative Federalism: A Theory of Federal Democracy.* In: KENYON, Daphne A. / KINCAID, John (Hg.). *Competition among States and Local Governments. Efficiency and Equity in American Federalism.* Washington, D.C.: The Urban Institute Press. 87–114.

KINCAID, John (1992). *Consumership versus citizenship: is there wiggle room for local regulation in the global economy?* In: HOCKING, Brian (Hg.). *Foreign Relations and Federal States.* London: Leicester University Press. 27–47.

KINCAID, John (1995). *Liberty, Competition, and the Rise of Coercion in American Federalism.* In: GERKEN, Lüder (Hg.). *Competition among Institutions.* Basingstoke: Macmillan. 259–281

KING, David N. (1984). *Fiscal Tiers: The Economics of Multi-Level Government.* London: George Allen and Unwin.

KING, Preston (1993). *Federation and Representation.* In: BURGESS, Michael / GAGNON, Alain-G. (Hg.). (1993). *Comparative Federalism and Federation. Competing traditions and future directions.* New York: Harvester Wheatsheaf. 94–114.

KIRCHGÄSSNER, Gebhard (2001). *Direkte Volksrechte und die Effizienz des demokratischen Staates.* ORDO, 52. 155–173.

KIRSCH, Guy (1978). *Föderalismus – die Wahl zwischen intrakollektiver Konsenssuche und interkollektiver Auseinandersetzung.* In: DREIßIG, Wilhelmine (Hg.). *Probleme des Finanzausgleichs I.* Berlin: Duncker & Humblot. 9–43.

KIRSCH, Guy (1987). *Über zentrifugale und zentripetale Kräfte im Föderalismus.* In: SCHMIDT, Kurt (Hg.). *Beiträge zu ökonomischen Problemen des Föderalismus.* Berlin: Duncker & Humblot. 13–34.

KIRSCH, Guy (1997). *Neue Politische Ökonomie.* 4. Auflage. Düsseldorf: Werner.

KISKER, Gunter (1971). *Kooperation im Bundesstaat.* Tübingen: Mohr Siebeck.

KISKER, Gunter (1977). *Kooperation zwischen Bund und Ländern in der Bundesrepublik Deutschland.* Die Öffentliche Verwaltung, 30. 689–696.

KNEMEYER, Franz-Ludwig (1990). *Subsidiarität – Föderalismus, Dezentralisation.* Deutsches Verwaltungsblatt, 105 (9). 449–454.

KNIGHT, Frank H. (1947). *Freedom and Reform – Essays in Economics and Social Philosophy.* New York: Harper & Brothers.

KNODT, Michèle (2000). *„Vier Motoren für Europa": Symbolische Hochglanzpolitik oder erfolgversprechende regionale Strategie des Landes Baden-Württemberg?* In: EUROPÄISCHES ZENTRUM FÜR FÖDERALISMUS-FORSCHUNG (Hg.). *Jahrbuch des Föderalismus 2000 – Föderalismus, Subsidiarität und Regionen in Europa.* Baden-Baden: Nomos. 405–416.

KNORR, Andreas (2000). *Fiskalischer Föderalismus.* Unveröffentlichtes Manuskript. Bremen: Universität Bremen.

KÖLLIKER, Alkuin (2001). *Bringing Together or Driving Apart the Union? Towards a Theory of Differentiated Integration.* Reprints aus der Max-Planck-Projektgruppe Recht der Gemeinschaftsgüter 2001/5. Bonn: Max-Planck-Gesellschaft.

KOHLER-KOCH, Beate (1996). *Regionen im Mehrebenensystem der EU.* In: KÖNIG, Thomas / RIEGER, Elmar / SCHMITT, Hermann (Hg.). *Das Europäische Mehrebenensystem.* Frankfurt/Main: Campus. 203–227.

KOMMISSION DER EUROPÄISCHEN GEMEINSCHAFTEN (1997). *Koordinierung der Steuerpolitik in der Europäischen Union. Maßnahmenpaket zur Bekämpfung des schädlichen Steuerwettbewerbs.* Amtsblatt der Europäischen Kommission 495/2.

KOMMISSION FÜR DIE FINANZREFORM (1966). *Gutachten über die Finanzreform in der Bundesrepublik Deutschland (Troeger-Gutachten).* Stuttgart: W. Kohlhammer / Köln: Deutscher Gemeindeverlag.

KORIOTH, Stefan (1997). *Der Finanzausgleich zwischen Bund und Ländern.* Tübingen: Mohr Siebeck.

KRAHWINKEL, Wilfried / GROBOSCH, Michael (1998). *Der Finanzausgleich.* Stuttgart: Finanzwissenschaftliches Institut des Bundes der Steuerzahler Baden-Württemberg e.V.

KRAUS, Anna (1982). *Zentrale und dezentrale Tendenzen im Föderalismus.* Göttingen: Vandenhoeck & Ruprecht.

KROHM, Gregory C. (1973). *An Economic Analysis of Municipal Annexation Policy: Approached from the Theory of Fiscal Clubs.* Blacksburg/Virginia: Virginia Polytechnic Institute and State University.

KRONBERGER KREIS (2000). *Die föderative Ordnung in Not. Zur Reform des Finanzausgleichs.* Bad Homburg: Frankfurter Institut – Stiftung Marktwirtschaft und Politik.

KRUSE, Jörn (1998). *Verfassungspolitische Postulate für die Europäische Union.* In: ZOHLNHÖFER, Werner (Hg.). *Perspektiven der Osterweiterung und Reformbedarf der Europäischen Union.* Berlin: Duncker & Humblot. 93–120.

KÜHNE, Jörg-Detlef (1993*). Vom Kaiserreich zur Weimarer Republik: Föderale Elemente des deutschen Nationalstaats.* In: BIRKE, Adolf / WENTKER, Hermann (Hg.). *Föderalismus im deutsch-britischen Meinungsstreit. Historische Dimension und politische Aktualität.* München: K.G. Saur. 53–69.

KUNZE, Renate (1968). *Kooperativer Föderalismus in der Bundesrepublik.* Stuttgart: Fischer.

LAFFIN, Martin / THOMAS, Alys (1999). *The United Kingdom: Federalism in Denial?* Publius, 29 (3). 89–107.

LANGEHEINE, Bernd (1983). *Abgestufte Integration.* Europarecht, 18 (3). 227–260.

LANGEHEINE, Bernd / WEINSTOCK, Ulrich (1984). *Abgestufte Integration: weder Königspfad noch Irrweg.* Europa-Archiv, 39 (9). 261–270.

LANGGUTH, Gerd (1999). *Art. 5 EGV.* In: LENZ, Carl Otto (Hg.). *EG-Vertrag.* 2. Auflage. Köln: Bundesanzeiger. 95–120.

LANGEWIESCHE, Dieter (1989). *„Staat" und „Kommune".* Zum Wandel der Staatsaufgaben in Deutschland im 19. Jh. Historische Zeitschrift, 248. 621–635.

LAUFER, Heinz / MÜNCH, Ursula (1998). *Das föderative System der Bundesrepublik Deutschland.* Opladen: Leske und Budrich.

LAWRENCE, Paul R. / LORSCH, Jay W. (1969/1986). *Organization and Environment: managing differentiation and integration.* 2. Auflage. Boston: Harvard Business School Press.

LEHMBRUCH, Gerhard (1996). *German Federalism and the Challenge of Unification.* In: HESSE, Joachim Jens / WRIGHT, Vincent (Hg.). *Federalizing Europe? The Costs, Benefits, and Preconditions of Federal Political Systems.* Oxford: Oxford University Press. 169–203.

LEHMBRUCH, Gerhard (1998). *Parteienwettbewerb im Bundesstaat.* 2. Auflage. Opladen: Westdeutscher Verlag.

LEHMBRUCH, Gerhard (2000). *Bundesstaatsreform als Sozialtechnologie? Pfadabhängigkeit und Veränderungsspielräume im deutschen Föderalismus.* In: EUROPÄISCHES ZENTRUM FÜR FÖDERALISMUS-FORSCHUNG (Hg.). *Jahrbuch des Föderalismus 2000 – Föderalismus, Subsidiarität und Regionen in Europa.* Baden-Baden: Nomos. 71–93.

LENK, Thomas / MATHES, Andreas / HIRSCHFELD, Olaf (2000). *Zur Trennung von Bundes- und Landeskompetenzen in der Finanzverfassung Deutschlands.* Diskussionsbeiträge, 20. Leipzig: Wirtschaftswissenschaftliche Fakultät der Universität Leipzig.

LENK, Thomas / SCHNEIDER, Friedrich (2000). *Grundzüge der föderalen Finanzverfassung aus ökonomischer Perspektive – Trennsystem versus Mischsystem.* In: SCHMIDT-TRENZ, Hans-Jörg / FONGER, Matthias (Hg.). (2000). *Bürgerföderalismus. Zukunftsfähige Maßstäbe für den bundesdeutschen Finanzausgleich.* Baden-Baden: Nomos. 63–81.

LEPSIUS, M. Rainer (1993). *Demokratie in Deutschland. Soziologisch-historische Konstellationsanalysen.* Göttingen: Vandenhoeck & Ruprecht.

LHOTTA, Roland (1993). *Der „verkorkste Bundesstaat" – Anmerkungen zur bundesstaatlichen Reformdiskussion.* Zeitschrift für Parlamentsfragen, 19. 117–132.

LICHTBLAU, Karl (1999). *Finanzausgleich: Reformoptionen und ein konkreter Vorschlag.* In: MORATH, Konrad (Hg.). *Reform des Föderalismus.* Bad Homburg: Frankfurter Institut – Stiftung Marktwirtschaft und Politik. 95–115.

LINDAHL, Erik (1919). *Die Gerechtigkeit der Besteuerung. Analyse der Steuerprinzipien auf Grundlage der Grenznutzentheorie.* Lund: Ohlssons.

LITTMANN, Konrad (1993). *Probleme der Finanzverfassung im vereinten Deutschland.* In: ARBEITSGEMEINSCHAFT DEUTSCHER WIRTSCHAFTSWISSENSCHAFTLICHER FORSCHUNGSINSTITUTE E.V. (Hg.). *Probleme des Finanzausgleichs in nationaler und internationaler Sicht.* Berlin: Duncker & Humblot. 53–62.

LOCKE, John (1690/1998). *Zwei Abhandlungen über die Regierung.* Herausgegeben von Walter Euchner. Frankfurt/Main: Suhrkamp. Original: *Two treatises of government.*

LOEFFELHOLZ, Hans Dietrich von (1993). *Finanzreform 1969: Anspruch und Wirklichkeit. Eine kritische Analyse des bundesdeutschen Finanzausgleichs in den vergangenen zweieinhalb Jahrzehnten.* In: ARBEITSGEMEINSCHAFT DEUTSCHER WIRTSCHAFTSWISSENSCHAFTLICHER FORSCHUNGSINSTITUTE E.V. (Hg.). *Probleme des Finanzausgleichs in nationaler und internationaler Sicht.* Berlin: Duncker & Humblot. 29–52.

LÓPEZ GUERRA, Luis (1996). *Regions and Nationalities in Spain: The Autonomous Communities.* In: FÄRBER, Gisela / FORSYTH, Murray (Hg.). *The Regions – Factors of Integration or Desintegration in Europe?* Baden-Baden: Nomos. 145–155.

LÓPEZ PINA, Antonio (1993). *Die Finanzverfassung Spaniens.* In: KRAMER, Jutta (Hg.). *Föderalismus zwischen Integration und Sezession. Chancen und Risiken bundesstaatlicher Ordnung.* Baden-Baden: Nomos. 37–45.

MARCOU, Gérard (1996). *L'expérience française de régionalisation: La décentralisation régionale dans l'état unitaire.* In: FÄRBER, Gisela / FORSYTH, Murray (Hg.). *The Regions – Factors of Integration or Desintegration in Europe?* Baden-Baden: Nomos. 157–188.

MÄRKT, Jörg (2001). *Knut Wicksell: Zum Geburtstag des Begründers einer kritischen Vertragstheorie.* ORDO, 52. 189–214.

MÄRKT, Jörg (2001a). *Zur vertikalen Abgrenzung der Steuergestaltungskompetenzen in der EU.* Diskussionsbeiträge. Freiburg: Walter Eucken Institut.

MÄRKT, Jörg (2002). *Steuern als Preise: Zur Notwendigkeit einer Besteuerung ohne Trittbrettfahrer angesichts des Steuerwettbewerbs.* Freiburg: Dissertation. [Erscheint 2003 bei Haufe, Freiburg.]

MÄRKT, Jörg / SCHICK, Gerhard (2001). *Freizügigkeit für Arme in der Europäischen Union? Wanderungsneutralität als Leitbild einer konsensfähigen Grundsicherung.* Zeitschrift für Wirtschaftspolitik, 50 (2). 179–199.

MARLOW, Michael L. (1988). *Fiscal decentralization and government size.* Public Choice, 56. 259–269.

MCGUIRE, Martin (1974). *Group Segregation and Optimal Jurisdictions.* Journal of Political Economy, 82. 112–132.

MCKELVEY, R. D. (1976). *Intransitivities in Multidimensional Voting Models and Some Implications for Agenda Control.* Journal of Economic Theory, 12. 472–482.

MCLURE, Charles E. (1983). *Introduction: The Revenue Side of the Assignment Problem.* In: MCLURE, Charles E. (Hg.). *Tax assignment in federal countries.* Canberra: Centre for Research on Federal Financial Relations. xii–xix.

MCLURE, Charles E. (1993). *Vertical Fiscal Imbalance and the Assignment of Taxing Powers in Australia.* Stanford: Hoover Institution on War, Revolution and Peace.

MELTZER, Allan H. / RICHARD, Scott F. (1978). *Why Government Grows (and Grows) in a Democracy.* Public Interest, 52. 111–118.

MELTZER, Allan H. / RICHARD, Scott F. (1981). *A Rational Theory of the Size of Government.* Journal of Political Economy, 89. 914–927.

MENG, Werner (1988). *Die Neuregelung der EG-Verwaltungsausschüsse. Streit um die „Comitologie".* Zeitschrift für ausländisches öffentliches Recht und Völkerrecht, 48. 208–228.

MENSCHING, Christian (2000). *Der neue Komitologie-Beschluss des Rates.* Europäische Zeitschrift für Wirtschaftsrecht, 11. 268–271.

MENTLER, Michael (2000). *Kooperation und Konflikt zwischen den Ländern: Zur Praxis inner staatlicher Mitwirkung an der deutschen Europapolitik aus der Sicht Bayerns.* In: HRBEK, Rudolf (Hg.). *Europapolitik und Bundesstaatsprinzip. Die „Europafähigkeit" Deutschlands und seiner Länder im Vergleich mit anderen Föderalstaaten.* Baden-Baden: Nomos. 61–65.

MENZ, Lorenz (2000). *Föderalismus: Stärke oder Handicap deutscher Interessenvertretung in der EU? (I).* In: HRBEK, Rudolf (Hg.). *Europapolitik und Bundesstaatsprinzip. Die „Europafähigkeit" Deutschlands und seiner Länder im Vergleich mit anderen Föderalstaaten.* Baden-Baden: Nomos. 67–74.

MEYER, Steffen (1998). *Popitz' „Gesetz der Anziehungskraft des zentralen Etats".* Wirtschaftswissenschaftliches Studium, 27 (4). 197–200.

MIESZKOWSKI, Peter / MUSGRAVE, Richard A. (1999). *Federalism, Grants and Fiscal Equalization.* National Tax Journal, 52. 239–260.

MIGUE, Jean-Luc (1997). *Public Choice in a federal system.* Public Choice, 90. 235–254.

MILLER, David / MIRANDA, Rowan / ROQUE, Robert (1995). *The Fiscal Organization of Metropolitan Areas: The Allegheny County Case Reconsidered.* Publius, 25 (4). 19–35.

MINISTERPRÄSIDENTEN DER LÄNDER BADEN-WÜRTTEMBERG, BAYERN UND HESSEN (1999). *„Modernisierung des Föderalismus – Stärkung der Eigenverantwortlichkeit der Länder"*. 8. Juli 1999.

MIRRLEES, James A. (1971). *An Exploration in the Theory of Optimum Income Taxation.* Review of Economic Studies, 38. 175–208.

MITRANY, David (1943/1966). *A working peace system.* In: MITRANY, David (Hg.). *A working peace system. An argument for the functional development of international organization.* Chicago: Quadrangle Books. 25–102. Original: London: Royal Institut of International Affairs.

MONAR, Joerg (1994). *Die Kompetenzen der belgischen „Gemeinschaften" und „Regionen" im Bereich der internationalen Beziehungen. Ein Modell für die Europäische Union?* In: BULLMANN, Udo (Hg.). *Die Politik der dritten Ebene: Regionen im Europa der Union.* Baden-Baden: Nomos. 120–133.

MONTORO CHINER, María Jesús (1988). *Die Beteiligung der Autonomen Gemeinschaften Spaniens an den Entscheidungen der Europäischen Gemeinschaften.* In: MAGIERA, Siegfried / MERTEN, Detlef (Hg.). *Bundesländer und Europäische Gemeinschaft.* Berlin: Duncker & Humblot. 165–178.

MORATA, Francesc (1995). *Spanish Regions in the European Community.* In: JONES, Barry / KEATING, Michael (Hg.). *The European Union and the Regions.* Oxford: Clarendon Press. 114–133.

MORAWITZ, Rudolf (1988). *Die Zusammenarbeit von Bund und Ländern bei der Wahrnehmung von EG-Aufgaben. Erfahrungen und Reformbestrebungen.* In: MAGIERA, Siegfried / MERTEN, Detlef (Hg.). *Bundesländer und Europäische Gemeinschaft.* Berlin: Duncker & Humblot. 45–60.

MUELLER, Dennis C. (1979). *Public Choice.* Cambridge: Cambridge University Press.

MUELLER, Dennis C. (1987). *The Growth of Government. A Public Choice Perspective.* IMF Staff Papers, 34. 115–149.

MUELLER, Dennis C. (1989). *Public Choice II.* Cambridge: Cambridge University Press.

MUELLER, Dennis C. (1996). *Constitutional Democracy.* New York: Oxford University Press.

MUELLER, Dennis C. (1997). *Federalism and the European Union: A constitutional perspective.* Public Choice, 90. 255–280.

MUELLER, Dennis C. (1998). *Redistribution and Allocative Efficiency in a Mobile World Economy.* Jahrbuch für Neue Politische Ökonomie, 17. 172–190.

MUELLER, Dennis C. (2001). *Capitalism, democracy and rational individual behavior.* In: MUELLER, Dennis C. / CANTER, Uwe (Hg.). *Capitalism and Democracy in the 21st Century.* Heidelberg: Physica. 73–88.

MÜNCH, Ursula (2000). *Die Folgen der Vereinigung für den deutschen Bundesstaat.* In: EUROPÄISCHES ZENTRUM FÜR FÖDERALISMUS-FORSCHUNG (Hg.). *Jahrbuch des Föderalismus 2000 – Föderalismus, Subsidiarität und Regionen in Europa.* Baden-Baden: Nomos. 57–70.

MUNDUCH, Gerhard / NITSCHKE, Eckhard (1988). *Klubtheorie.* Wirtschaftswissenschaftliches Studium, 6. 318–321.

MUSGRAVE, Richard A. (1983/2000). *Who should Tax, Where, and What?* In: MUSGRAVE, Richard A. (2000). *Public Finance in a Democratic Society. Volume III. The Foundations of Taxation and Expenditure.* Cheltenham: Edward Elgar. 284–306. Original: MCLURE, Charles E. (Hg.). *Tax Assignment in Federal Countries.* Canberra: Australian National University. 2–19.

MUSGRAVE, Richard A. (1997). *Devolution, Grants and Fiscal Competition.* Journal of Economic Perspectives, 11 (4). 65–72.

MUSGRAVE, Richard A. / MUSGRAVE, Peggy B. (1973/1984). *Public Finance in Theory and Practice.* 4. Auflage. New York: McGraw-Hill.

MUSSLER, Werner / WOHLGEMUTH, Michael (1995). *Institutionen im Wettbewerb – Ordnungstheoretische Anmerkungen zum Systemwettbewerb in Europa.* In: OBERENDER, Peter / STREIT, Manfred E. (Hg.). *Europas Arbeitsmärkte im Integrationsprozeß.* Baden-Baden: Nomos. 9–45.

MUTÉN, Leif (2002). *The Case for an EU Tax Is Not Convincing.* Intereconomics, 36 (5). 228–230.

NAWIASKY, Hans (1921). *Der föderative Gedanke in und nach der Reichsverfassung.* Politische Zeitfragen, 7. 137–160.

NEUMANN, Manfred (1971). *Zur ökonomischen Theorie des Föderalismus.* Kyklos, 24. 493–510.

NEYER, Jürgen (1997). *Administrative Supranationalität in der Verwaltung des Binnenmarktes: Zur Legitimität der Komitologie.* Integration, 19. 24–37.

NIPPERDEY, Thomas (1986). *Nachdenken über deutsche Geschichte.* 2. Auflage. München: C.H. Beck.

NOZICK, Robert (1974/1992). *Anarchy, State, and Utopia.* Oxford: Blackwell Publishers.

OATES, Wallace E. (1972). *Fiscal Federalism.* New York: Harcourt Brace Jovanovich.

OATES, Wallace E. (1977). *An Economist's Perspective on Fiscal Federalism.* In: OATES, Wallace E. (Hg.). *The Political Economy of Fiscal Federalism.* Lexington: D. C. Heath. 3–20.

OATES, Wallace E. (1989). *Searching for Leviathan.* American Economic Review, 79. 578–593.

OATES, Wallace E. (1999). *An Essay on Fiscal Federalism.* Journal of Economic Literature, 37. 1120–1149.

OATES, Wallace E. / SCHWAB, Robert M. (1988). *Economic Competition Among Jurisdictions: Efficiency Enhancing or Distortion Inducing?* Journal of Public Economics, 35. 333–354.

OATES, Wallace E. / SCHWAB, Robert M. (1991). *The Allocative and Distributive Implications of Local Fiscal Competition.* In: KENYON, Daphne A. / KINCAID, John (Hg.). *Competition Among States and Local Governments. Efficiency and Equity in American Federalism.* Washington, D.C.: The Urban Institute Press. 127–145.

OECD (1998). *Harmful Tax Competition: An Emerging Global Issue.* Paris: Organisation for Economic Co-operation and Development.

OECD (2000). *Towards Global Tax Co-operation.* Paris: Organisation for Economic Co-operation and Development.

OLSON, Mancur (1965/1971). *The Logic of Collective Action.* 2. Auflage. Cambridge, Mass.: Harvard University Press.

OLSON, Mancur (1969). *The Principle of "Fiscal Equivalence": The Division of Responsibilities among Different Levels of Government.* American Economic Review, 59. 479–487.

OLSON, Mancur (1986). *Toward a More General Theory of Governmental Structure.* American Economic Review, 76 (2). 120–125.

OPPERMANN, Thomas (1999). *Europarecht.* 2. Auflage. München: C.H. Beck.

OSSENBÜHL, Fritz (2000). *Das Maßstäbegesetz – dritter Weg oder Holzweg des Finanzausgleichs?* In: KIRCHHOF, Paul / LEHNER, Moris / RAUPACH, Arndt / RODI, Michael (Hg.). *Staaten und Steuern: Festschrift für Klaus Vogel zum 70. Geburtstag.* Heidelberg: Müller. 227–240.

OSTROM, Vincent / TIEBOUT, Charles M. / WARREN, Robert (1961). *The Organization of Government in Metropolitan Areas: A Theoretical Inquiry.* American Political Science Review, 55 (4). 831–842.

OTTNAD, Adrian / LINNARTZ, Edith (1997). *Föderaler Wettbewerb statt Verteilungsstreit. Vorschläge zur Neugliederung der Bundesländer und zur Reform des Finanzausgleichs.* Frankfurt/Main: Campus.

PALDAM, Martin (1997). *Political business cycles.* In: MUELLER, Dennis C. (Hg.). *Perspectives on Public Choice. A Handbook.* Cambridge: Cambridge University Press. 342–370.

PAULY, Mark V. (1973). *Income Redistribution as a Local Public Good.* Journal of Public Economics, 2. 35–58.

PEACOCK, Alan T. (1977). *The Political Economy of Devolution: The British Case.* In: OATES, Wallace E. (Hg.). *The Political Economy of Fiscal Federalism.* Lexington: D.C. Heath. 49–63.

PEACOCK, Alan T. / WISEMAN, Jack (1961/1969). *Der „Displacement Effect" und der Konzentrationsprozeß.* In: RECKTENWALD, Horst Claus (Hg.). *Finanztheorie.* Köln: Kiepenheuer & Witsch. 264–267. Original: *The Growth of Public Expenditure in the United Kingdom.* Princeton: Princeton University Press.

PEFFEKOVEN, Rolf (1994). *Reform des Finanzausgleichs – eine vertane Chance.* Finanzarchiv, 51. 281–311.

PEFFEKOVEN, Rolf (2001). *Die Verteilung der Umsatzsteuer ist keine reine Rechenoperation.* Wirtschaftsdienst, 81 (4). 206–213.

PELTZMAN, Sam (1980). *The Growth of Government.* Journal of Law and Economics, 23. 209–288.

PERCY, Stephen L. / HAWKINS, Brett W. / MAIER, Peter E. (1995). *Revisiting Tiebout: Moving Rationales and Interjurisdictional Relocation.* Publius, 25 (4). 1–17.

PERRY, Martin K. (1989). *Vertical Integration.* In: SCHMALENSEE, Richard / WILLIG, Robert D. (Hg.). *Handbook of Industrial Organization.* Amsterdam: North-Holland. 185–255.

PERSSON, Torsten / ROLAND, Gérard / TABELLINI, Guido (1997). *Separation of Powers and Political Accountability.* The Quarterly Journal of Economics, 112 (4). 1163–1202.

PESTIEAU, Pierre (1977). *The Optimality Limits of the Tiebout Model.* In: OATES, Wallace E. (Hg.). *The Political Economy of Fiscal Federalism.* Lexington: D.C. Heath. 173–186.

PICOT, Arnold / DIETL, Helmut (1990). *Transaktionskostentheorie.* Wirtschaftswissenschaftliches Studium, 4. 178–184.

PIGOU, Arthur C. (1920/1932). *The Economics of Welfare.* 4. Auflage. London: Macmillan.

PITLIK, Hans (1997). *Flexible Verfassung oder starre Verfassung? Ein Beitrag aus Sicht der konstitutionellen Ökonomik.* Diskussionsbeiträge, 152. Stuttgart: Institut für Volkswirtschaftslehre der Universität Hohenheim.

PITLIK, Hans (2001). *Politikberatung der Öffentlichkeit.* Perspektiven der Wirtschaftspolitik, 2 (1). 61–73.

PITLIK, Hans / SCHMID, Günther (2000). *Zur politischen Ökonomie der föderalen Finanzbeziehungen in Deutschland.* Zeitschrift für Wirtschaftspolitik, 49 (1). 100–124.

POMMEREHNE, Werner W. (1977). *Quantitative Aspects of Federalism: A Study of Six Countries.* In: OATES, Wallace E. (Hg.). *The Political Economy of Fiscal Federalism.* Lexington: D.C. Heath. 275–355.

POMMEREHNE, Werner W. / SCHNEIDER, Friedrich (1982). *Unbalanced Growth Between Public and Private Sectors.* In: HAVEMAN, Robert H. (Hg.). *Public Finance and Public Employment.* Detroit: Wayne State University Press. 309–326.

POPITZ, Johannes (1927). *Der Finanzausgleich.* In: GERLOFF, Wilhelm / MEISEL, Franz (Hg.). *Handbuch der Finanzwissenschaft.* Band 2. Tübingen: Mohr Siebeck. 338–375.

POPPER, Karl R. (1958/1992). *Die offene Gesellschaft und ihre Feinde. Band II: Falsche Propheten: Hegel, Marx und die Folgen.* Tübingen: Mohr.

PORTER, Michael E. (1986). *Competition in Global Industries: A Conceptual Framework.* In: PORTER, Michael E. (Hg.). *Competition in Global Industries.* Boston: Harvard Business School Press. 15–60.

POSTLEP, Rolf-Dieter (1992). *Gewichtsverlagerungen im föderativen Staatsaufbau unter EG-Einfluß.* In: EISENMANN, Peter / RILL, Bernd (Hg.). *Das Europa der Zukunft: Subsidiarität, Föderalismus, Regionalismus.* Regensburg: Pustet. 137–147.

POTTER, Barry (1997). *United Kingdom.* In: TER-MINASSIAN, Teresa. (Hg.). *Fiscal federalism in theory and practice.* Washington, D.C.: International Monetary Fund. 342–358.

PRÜßMANN, Olaf (2000). *Geldverfassung und Währungswettbewerb: eine verfassungsökonomische Analyse.* Freiburg: Haufe.

PUTNAM, Robert D. / BAYNE, Nicholas (1984). *Hanging together. The seven power summits.* Cambridge/Mass.: Heinemann.

QIAN, Yingyi / WEINGAST, Barry R. (1997). *Federalism as a Commitment to Preserving Market Incentives.* Journal of Economic Perspectives, 11 (4). 83–92.

RAWLS, John (1971/1975). *Eine Theorie der Gerechtigkeit.* Frankfurt/Main: Suhrkamp. Original: *A Theory of Justice.* Cambridge/Mass.: Belknap Press.

REFORMKOMMISSION SOZIALE MARKTWIRTSCHAFT (1998). *Reform der Finanzverfassung.* Gütersloh: Bertelsmann-Stiftung.

REGIERUNG VON BELGIEN (2000). *CIG 2000. Contribution de la délégation belge.* Brüssel, 12. Mai 2000 (CONFER 4742/00).

RENZSCH, Wolfgang (1991). *Finanzverfassung und Finanzausgleich: die Auseinandersetzungen um ihre politische Gestaltung in der Bundesrepublik Deutschland zwischen Währungsreform und deutscher Vereinigung (1948 bis 1990).* Bonn: Dietz Verlag.

RESS, Georg (1986). *Die Europäischen Gemeinschaften und der deutsche Föderalismus.* Europäische Grundrechte-Zeitschrift, 13 (19). 549–558.

RICHTER, Wolfram F. / WIEGARD, Wolfgang (1993). *Zwanzig Jahre "Neue Finanzwissenschaft".* Zeitschrift für Wirtschafts- und Sozialwissenschaften, 4. 169–224 und 337–400.

RIKER, William H. (1996). *European Federalism. The Lessons of Past Experience.* In: HESSE, Joachim Jens / WRIGHT, Vincent (Hg.). *Federalizing Europe? The Costs,*

Benefits, and Preconditions of Federal Political Systems. Oxford: Oxford University Press. 9–24.

RIKER, William H. / BRAMS, Steven J. (1973). *The Paradox of Vote Trading*. American Political Science Review, 67. 1235–1247.

RÖTTINGER, Moritz (1999). *Art. 308 EGV*. In: LENZ, Carl Otto (Hg.). *EG-Vertrag*. 2. Auflage. Köln: Bundesanzeiger. 2003–2006.

ROUSSEAU, Jean-Jacques (1762/1993). *Vom Gesellschaftsvertrag oder Grundsätze des Staatsrechts*. Stuttgart: Reclam. Original: *Du Contrat Social ou Principes du droit politique*.

RZESNIK, Norbert (1998). *Sozialversicherungswahlen 1999*. In: Kompass – Zeitschrift für Sozialversicherung im Bergbau, 108 (3). 101–110.

RZESNIK, Norbert (2001). *Überlegungen zur Erhöhung der Akzeptanz der Selbstverwaltung*. In: Kompass – Zeitschrift für Sozialversicherung im Bergbau, 111 (5/6). 124–131.

SACHVERSTÄNDIGENRAT (1992). *Für Wachstumsorientierung – gegen lähmenden Verteilungsstreit*. Stuttgart: Metzler-Poeschel.

SALMON, Pierre (1987). *Decentralization as an Incentive Scheme*. Oxford Review of Economic Policy, 3 (2). 24–43.

SAMUELSON, Paul A. (1954). *The Pure Theory of Public Expenditures*. Review of Economics and Statistics, 36 (4). 387–389.

SANDEL, Michael (1982). *Liberalism and the Limits of Justice*. Cambridge: Cambridge University Press.

SANDEL, Michael (1996). *Democracy's Discontent: America in Search of a Public Philosophy*. Cambridge/Mass.: The Belknap Press of Harvard University Press.

SAUERLAND, Dirk (1997). *Föderalismus zwischen Freiheit und Effizienz – der Beitrag der ökonomischen Theorie zur Gestaltung dezentralisierter politischer Systeme*. Berlin: Duncker & Humblot.

SAUNDERS, Cheryl (1995). *Constitutional Arrangements of Federal Systems*. Publius, 25 (2). 61–79.

SCHARPF, Fritz W. (1985). *Die Politikverflechtungs-Falle: Europäische Integration und deutscher Föderalismus im Vergleich*. Politische Vierteljahresschrift, 26. 323–356.

SCHARPF, Fritz W. (1989). *Der Bundesrat und die Kooperation auf der „dritten Ebene"*. In: BUNDESRAT (Hg.). *Vierzig Jahre Bundesrat*. Baden-Baden: Nomos. 121–162.

SCHARPF, Fritz W. (1992). *Koordination durch Verhandlungssysteme: Analytische Konzepte und institutionelle Lösungen*. In: BENZ, Arthur / SCHARPF, Fritz W. / ZINTL, Reinhard (Hg.). *Horizontale Politikverflechtung*. Frankfurt/Main: Campus. 51–96.

SCHARPF, Fritz W. (1994). *Optionen des Föderalismus in Deutschland und Europa.* Frankfurt/Main: Campus.

SCHARPF, Fritz W. (1998). *Globalisierung als Beschränkung der Handlungsmöglichkeiten nationalstaatlicher Politik.* Jahrbuch für Neue Politische Ökonomie, 17. 41–66.

SCHARPF, Fritz W. / REISSERT, Bernd / SCHNABEL, Fritz (1976). *Politikverflechtung: Theorie und Empirie des kooperativen Föderalismus in der Bundesrepublik.* Kronberg: Scriptor-Verlag.

SCHARRER, Hans-Eckart (1977). *Differenzierte Integration im Zeichen der Schlange. Utopie und Dogma in Tindemans' Vorschlägen zur Wirtschafts- und Währungsunion.* In: SCHNEIDER, Heinrich / WESSELS, Wolfgang (Hg.). *Auf dem Weg zur Europäischen Union? Diskussionsbeiträge zum Tindemans-Bericht.* Bonn: Europa Union Verlag. 143–165.

SCHARRER, Hans-Eckart (1984). *Abgestufte Integration.* In: GRABITZ, Eberhard (Hg.). *Abgestufte Integration. Eine Alternative zum herkömmlichen Integrationskonzept.* Kehl: Engel Verlag. 1–30.

SCHERF, Wolfgang (2001). *Ein Vorschlag für einen gerechten und effizienten Länderfinanzausgleich.* Wirtschaftsdienst, 81 (4). 227–234.

SCHICK, Gerhard (2000). *Das Austauchprinzip im kommunalen Finanzausgleich.* In: GERKEN, Lüder / SCHICK, Gerhard (Hg.). *Grüne Ordnungsökonomik: Eine Option moderner Wirtschaftspolitik?* Marburg: Metropolis. 363–379.

SCHICK, Gerhard (2001). *Kompetenzverlagerungen in der Europäischen Union.* Diskussionsbeitrag. Freiburg: Walter Eucken Institut.

SCHICK, Gerhard (2002). *Wettbewerb um Kompetenzen in der Europäischen Union.* In: HEGMANN, Horst / NEUMÄRKER, Martin. (Hg.). *Die Europäische Union aus politökonomischer Perspektive.* Marburg: Metropolis. 149–175.

SCHICK, Gerhard / MÄRKT, Jörg (2002). *Braucht die EU eine eigene Steuer?* Deutsche Steuer-Zeitung, 1–2. 27–35.

SCHMITT-EGNER, Peter (2000). *Die „Versammlung der Regionen Europas" (VRE): Scharnier zwischen horizontaler Kooperation und vertikaler Integration der Regionen in Europa?* In: EUROPÄISCHES ZENTRUM FÜR FÖDERALISMUS-FORSCHUNG (Hg.). *Jahrbuch des Föderalismus 2000 – Föderalismus, Subsidiarität und Regionen in Europa.* Baden-Baden: Nomos. 553–567.

SCHMIDT-TRENZ, Hans-Jörg (1990). *Außenhandel und Territorialität des Rechts.* Baden-Baden: Nomos.

SCHÖNFELDER, Wilhelm (2000). *Föderalismus: Stärke oder Handicap deutscher Interessenvertretung in der EU? (II).* In: HRBEK, Rudolf (Hg.). *Europapolitik und Bundesstaatsprinzip. Die „Europafähigkeit" Deutschlands und seiner Länder im Vergleich mit anderen Föderalstaaten.* Baden-Baden: Nomos. 75–79.

SCHÜLLER, Alfred (Hg.). (1983). *Property Rights und ökonomische Theorie.* München: Vahlen.

SCHÜLLER, Alfred (1985). *Zur Ökonomik der Property Rights.* Wirtschaftsstudium, 5. 259–265.

SCHULTZE, Rainer-Olaf (1998). *Wieviel Asymmetrie verträgt der Föderalismus?* In: BERG-SCHLOSSER, Dirk et aliud (Hg.). *Politikwissenschaftliche Spiegelungen: Ideendiskurs – institutionelle Fragen – politische Kultur und Sprache; Festschrift für Theo Stammen zum 65. Geburtstag.* Opladen: Westdeutscher Verlag. 199–216.

SCHULZE, Günther G. / URSPRUNG, Heinrich W. (1999). *Globalization of the Economy and the Nation State.* The World Economy, 21 (3). 295–352.

SCHULZE, Hagen (1994). *Der Weg zum Nationalstaat.* 4. Auflage. München: dtv.

SCHUMPETER, Joseph A. (1908). *Das Wesen und der Hauptinhalt der theoretischen Nationalökonomie.* Leipzig: Duncker & Humblot.

SCHWARTZ, Thomas (1975). *Vote trading and Pareto Efficiency.* Public Choice, 24. 101–109.

SCHWARZE, Ulla / SNELTING, Martin (2002). *Der nationale Stabilitätspakt.* Wirtschaftsdienst, 82 (5). 272–277.

SCHWEITZER, Michael / FIXSON, Oliver (1992). *Subsidiarität und Regionalismus in der Europäischen Gemeinschaft.* Juristische Ausbildung, 14. 579–586.

SCOTT, F.R. (1989). *Centralization and Decentralization in Canadian Federalism.* In: STEVENSON, Garth (Hg.). *Federalism in Canada.* Toronto: The Canadian Publishers. 52–80.

SEABRIGHT, Paul (1994/1996). *Accountability and Decentralization in Government. An Incomplete Contracts Model.* European Economic Review, 40. 61–89. Original: Discussion Papers 889. London: Centre for Economic Policy Research.

SEELE, Günter (1991). *Das Europa der Kommunen: Eine Herausforderung für die Gemeinschaft, die Mitgliedstaaten und die kommunale Selbstverwaltung.* Der Landkreis, 5. 242–246.

SELIGER, Bernhard (1999). *Ubi certamen, ibi corona: ordnungspolitische Optionen der Europäischen Union zwischen Erweiterung und Vertiefung.* Frankfurt/Main: Peter Lang.

SHANNON, John (1991). *Federalism's „Invisible Regulator" – Interjurisdictional Competition.* In: KENYON, Daphne A. / KINCAID, John (Hg.). *Competition among States and Local Governments. Efficiency and Equity in American Federalism.* Washington, D.C.: The Urban Institute Press. 115–125.

SIDERAS, Jörn (2001). *Konstitutionelle Äquivalenz und Ordnungswahl.* ORDO, 52. 103–129.

SIEBERT, Horst (1996). *On the Concept of Locational Competition.* Kieler Arbeitspapiere, 731. Kiel: Institut für Weltwirtschaft.

SIEDENTOPF, Heinrich (1991). *Föderalismus und Regionalismus in der Europäischen Integration.* Der Landkreis, 61 (5). 239–241.

SIMON, Herbert A. (1957). *Models of Man.* New York: John Wiley & Sons.

SIMON, Herbert A. (1959). *Theories of Decision Making in Economics and Behavioral Science.* American Economic Review, 49 (3). 253–283.

SINN, Hans-Werner (1990). *Tax Harmonization and Tax Competition in Europe.* European Economic Review, 34. 489–504.

SINN, Hans-Werner (1994). *How Much Europe? Subsidiarity, Centralization and Fiscal Competition.* Scottish Journal of Political Economy, 41. 85–107.

SINN, Hans-Werner (1995). *Implikationen der vier Grundfreiheiten für eine nationale Fiskalpolitik.* Wirtschaftsdienst, 75. 240–249.

SINN, Hans-Werner (1996). *Das Prinzip des Diapositivs. Einige Bemerkungen zu Charles B. Blankart.* Wirtschaftsdienst, 76. 92–94.

STEHN, Jürgen (1999). *Wirtschaftspolitisches Forum: Reformbedarf in der Europäischen Union bei einer Osterweiterung.* Zeitschrift für Wirtschaftspolitik, 48. 192–201.

STIGLER, George J. (1951). *The division of labor is limited by the extent of the market.* Journal of Political Economy, 53. 185–193.

STIGLER, George J. (1971). *The Theory of Economic Regulation.* The Bell Journal of Economics and Management Science, 2. 3–21.

STIGLITZ, Joseph E. / BOSKIN, Michael J. (1977). *Some Lessons from the New Public Finance.* American Economic Review, 67. 295–301.

STÖGER, Fritz (1988). *Aufgaben und Tätigkeit des Beobachters der Länder bei den Europäischen Gemeinschaften.* In: MAGIERA, Siegfried / MERTEN, Detlef (Hg.). *Bundesländer und Europäische Gemeinschaft.* Berlin: Duncker & Humblot. 101–120.

STRAUBHAAR, Thomas (1995). *Ein Europa des funktionalen Föderalismus: Mehr als ein Denkmodell?* ORDO, 46. 185–202.

STRAUBHAAR, Thomas (2000). *Internationale Migration. Gehen oder Bleiben: Wieso gehen wenige und bleiben die meisten?* HWWA Discussion Paper, 111. Hamburg: Hamburgisches Welt-Wirtschafts-Archiv.

STURM, Roland (2000). *Aktuelle Entwicklungen und Schwerpunkte in der internationalen Föderalismus- und Regionalismusforschung.* In: EUROPÄISCHES ZENTRUM FÜR FÖDERALISMUS-FORSCHUNG (Hg.). *Jahrbuch des Föderalismus 2000 – Föderalismus, Subsidiarität und Regionen in Europa.* Baden-Baden: Nomos. 29–41.

STURM, Roland (2000a). *Die Zukunft des Bundesstaates in der Dynamik europäischer Integration: Ein Beitrag aus politikwissenschaftlicher Perspektive.* In: HRBEK, Rudolf (Hg.). *Europapolitik und Bundesstaatsprinzip. Die „Europafähigkeit"*

Deutschlands und seiner Länder im Vergleich mit anderen Föderalstaaten. Baden-Baden: Nomos. 193–196.

SWEDBERG, Richard (1991). *„The Battle of the Methods" – Toward a Paradigm Shift?* In: ETZIONI, Amitai / LAWRENCE, Paul R. (Hg.). *Socio-Economics – Toward a New Synthesis,* Armonk/New York: Sharpe. 13–34.

TARLTON, Charles D. (1965). *Symmetry and Asymmetry as Elements of Federalism: A theoretical Speculation.* The Journal of Politics, 27 (4). 861–874.

TEUFEL, Erwin (1992). *Föderalismus als Ordnungsrahmen für Europa.* In: VOGEL, Bernhard / OETTINGER, Günther H. (Hg.). *Föderalismus in der Bewährung.* Köln: Deutscher Gemeindeverlag. 1–7.

TEUTEMANN, Manfred (1992). *Rationale Kompetenzverteilung im Rahmen der europäischen Integration.* Berlin: Duncker & Humblot.

THEILER, Jürgen (1977). *Föderalismus – Voraussetzung oder Ergebnis rationaler Politik. Zur ökonomisch optimalen Struktur kollektiver Entscheidungsverfahren.* Bern: Peter Lang.

THIEL, Eberhard (1993). *Neugliederung des Bundesgebietes und Konsequenzen für das System des Finanzausgleichs.* In: ARBEITSGEMEINSCHAFT DEUTSCHER WIRTSCHAFTSWISSENSCHAFTLICHER FORSCHUNGSINSTITUTE E.V. (Hg.). *Probleme des Finanzausgleichs in nationaler und internationaler Sicht.* Berlin: Duncker & Humblot. 99–113.

THÖNI, Erich (1986). *Politökonomische Theorie des Föderalismus. Eine kritische Bestandsaufnahme.* Baden-Baden: Nomos.

TIEBOUT, Charles M. (1956). *A Pure Theory of Local Expenditures.* Journal of Political Economy, 64. 416–424.

TIEBOUT, Charles M. / HOUSTON, David B. (1962). *Metropolitan Finance Reconsidered.* The Review of Economics and Statistics, 44. 412–417

TIMM, Herbert (1961/1969). *Das Gesetz der wachsenden Staatsausgaben.* In: RECKTENWALD, Horst Claus (Hg.). *Finanztheorie.* Köln: Kiepenheuer & Witsch. 248–263. Original: Finanzarchiv, 21. 201–247.

TINDEMANS, Leo (1975). *Bericht des belgischen Ministerpräsidenten, Leo Tindemans, über die Europäische Union, dem Europäischen Rat am 29. Dezember 1975 übermittelt.* Europa-Archiv, 31. D55–D84.

TIROLE, Jean (1994). *The Internal Organization of Government.* Oxford Economic Papers, 46. 1–29.

TODARO, Michael P. (1969). *A Model of Labor Migration and Urban Unemployment in Less Developed Countries.* American Economic Review, 59. 138–148.

TÖLLER, Anette Elisabeth (1999). *Die Implementierung europäischer Politik durch Ausschüsse: Zur Funktionsweise und politikwissenschaftlichen Relevanz der Komitologie.* Österreichische Zeitschrift für Politikwissenschaft, 28. 333–352.

TOLLEY, Michael C. / WALLIN, Bruce A. (1995). *Coercive Federalism and the Search for Constitutional Limits.* Publius, 25 (4). 73–90.

TOMUSCHAT, Christian (1988). *Bundesstaats- und Integrationsprinzip in der Verfassungsordnung des Grundgesetzes.* In: MAGIERA, Siegfried / MERTEN, Detlef (Hg.). *Bundesländer und Europäische Gemeinschaft.* Berlin: Duncker & Humblot. 21–43.

TOMUSCHAT, Christian (Hg.). (1995). *Mitsprache der dritten Ebene in der europäischen Integration: Der Ausschuß der Regionen.* Bonn: Europa Union Verlag.

TRESCH, Richard W. (1981). *Public Finance: A normative theory.* Plano: Business Publications.

TULLOCK, Gordon (1959). *Problems of Majority Voting.* Journal of Political Economy, 67. 571–579.

TULLOCK, Gordon (1965). *Entry barriers in politics.* American Economic Review, 55. 458–466.

TULLOCK, Gordon (1967). *The Welfare Costs of Tariffs, Monopolies and Theft.* Western Economic Journal, 5 (2). 224–232.

TULLOCK, Gordon (1967/1972). *Toward a Mathematics of Politics.* Neuauflage. Ann Arbor: University of Michigan Press.

TULLOCK, Gordon (1969). *Federalism: Problems of Scale.* Public Choice, 6. 19–29.

TULLOCK, Gordon (1994). *The New Federalist.* Vancouver: The Fraser Institute.

VANBERG, Viktor J. (1979). *Nachwort: Colemans Konzeption des korporativen Akteurs – Grundlegung einer Theorie sozialer Verbände.* In: COLEMAN, James S. (1979). *Macht und Gesellschaftsstruktur.* Tübingen: Mohr Siebeck.

VANBERG, Viktor J. (1981). *Liberaler Evolutionismus oder vertragstheoretischer Konstitutionalismus? – Zum Problem institutioneller Reformen bei F.A. von Hayek und J.M. Buchanan.* Tübingen: Mohr Siebeck.

VANBERG, Viktor J. (1986/1994). *Individual choice and institutional constraints: the normative element in classical and contractarian liberalism.* In: VANBERG, Viktor J. (1994). *Rules and Choice in Economics.* London: Routledge. 208–234. Original: Analyse & Kritik, Zeitschrift für Sozialwissenschaften, 8. 113–149.

VANBERG, Viktor J. (1986a/1994). *Spontaneous market order and social rules: a critical examination of F.A. Hayek's theory of cultural evolution.* In: VANBERG, Viktor J. (1994). *Rules and Choice in Economics.* London: Routledge. 77–94. Original: Economics and Philosophy, 2. 75–100.

VANBERG, Viktor J. (1988/1994). *Rules and Choice in Economics and Sociology.* In: Vanberg, Viktor J. (1994). *Rules and Choice in Economics.* London: Routledge. 11–24. Original: Jahrbuch für Neue Politische Ökonomie, 7. Tübingen: Mohr Siebeck. 146–167.

VANBERG, Viktor J. (1993/1994). *Rational choice vs adaptive rule-following: On the behavioral foundations of the social sciences.* In: VANBERG, Viktor J. (1994). *Rules and Choice in Economics.* London: Routledge. 25–38. Original: *Rational Choice vs. Adaptive Behavior.* Jahrbuch für Neue Politische Ökonomie, 12. Tübingen: Mohr Siebeck. 93–110.

VANBERG, Viktor J. (1994). *Wettbewerb in Markt und Politik – Anregungen für die Verfassung Europas.* In: FRIEDRICH-NAUMANN-STIFTUNG (Hg.). *Argumente für die Freiheit.* Sankt Augustin: Friedrich-Naumann-Stiftung. 9–44.

VANBERG, Viktor J. (1995). *Ordnungspolitik und die Unvermeidbarkeit des Wettbewerbs.* In: FRANCKE, Hans-Hermann (Hg). *Ökonomischer Individualismus und freiheitliche Verfassung.* Gedenkakademie für Friedrich August von Hayek. Freiburg: Rombach. 187–211.

VANBERG, Viktor J. (1996). *Ökonomische Rationalität und politische Opportunität: Zur praktischen Relevanz der Ordnungsökonomie.* Schriftenreihe des Max-Planck-Instituts zur Erforschung von Wirtschaftssystemen, 8. Jena: Max-Planck-Institut.

VANBERG, Viktor J. (1997). *Subsidiarity, Responsive Government and Individual Liberty.* In: NÖRR, Knut Wolfgang / OPPERMANN, Thomas (Hg.). *Subsidiarität: Idee und Wirklichkeit – zur Reichweite eines Prinzips in Deutschland und Europa.* Tübingen: Mohr Siebeck. 253–269.

VANBERG, Viktor J. (1998). *Constitutional Political Economy.* In: DAVIS, John B. / HANDS, D. Wade / MÄKI, Uskali (Hg.). *The Handbook of Economic Methodology.* Cheltenham / Northhampton: Edward Elgar. 69–75.

VANBERG, Viktor J. (1998a). *Konstitutionelle Ökonomik, Ethik und Ordnungspolitik.* In: ACKERMANN, Rolf et aliud (Hg.). *Offen für Reformen? Institutionelle Voraussetzungen für gesellschaftlichen Wandel im modernen Wohlfahrtsstaat.* Baden-Baden: Nomos. 99–119.

VANBERG, Viktor J. (1999). *Markets and Regulation: On the Contrast Between Free-market Liberalism and Constitutional Liberalism.* Constitutional Political Economy, 10. 219–243.

VANBERG, Viktor J. (2000). *Der konsensorientierte Ansatz der konstitutionellen Ökonomik.* In: LEIPOLD, Helmut / PIES, Ingo (Hg.). *Ordnungstheorie und Ordnungspolitik – Konzeptionen und Entwicklungsperspektiven.* Stuttgart: Lucius und Lucius. 251–276.

VANBERG, Viktor J. (2000a). *Economic constitutions, protectionism, and competition among jurisdictions.* In: GALEOTTI, Gianluigi / SALMON, Pierre / WINTROBE, Ronald (Hg.). *Competition and structure. The political economy of collective decisions: Essays in honor of Albert Breton.* Cambridge: Cambridge University Press. 364–385.

VANBERG, Viktor J. (2000b). *Functional Federalism: Communal or Individual Rights?* Kyklos, 53 (Fasc. 3). 363–386.

VANBERG, Viktor J. (2000c). *Globalization, Democracy, and Citizens' Sovereignty: Can Competition Among Governments Enhance Democracy?* Constitutional Political Economy, 11. 87–112.

VANBERG, Viktor J. (2001). *Citizens' Sovereignty and Constitutional Commitments: Original vs. Continuing Agreement.* Freiburg: Manuskript.

VANBERG, Viktor J. / BUCHANAN, James M. (1989/1994). *Interests and theories in constitutional choice.* In: VANBERG, Viktor J. (1994). *Rules and Choice in Economics.* London: Routledge. 167–177. Original: Journal of Theoretical Politics, 1. 49–62.

VANBERG, Viktor J. / KERBER, Wolfgang (1994). *Institutional Competition Among Jurisdictions.* Constitutional Political Economy, 5. 193–219.

VAUBEL, Roland (1986). *A Public Choice Approach to International Organisation.* Public Choice, 51. 39–57.

VAUBEL, Roland (1992). *Die politische Ökonomie der wirtschaftspolitischen Zentralisierung in der Europäischen Gemeinschaft.* Jahrbuch für Neue Politische Ökonomie, 11. 30–65.

VAUBEL, Roland (1993). *Perspektiven der europäischen Integration: Die Politische Ökonomie der Vertiefung und Erweiterung.* In: SIEBERT, Horst (Hg.).). *Die zweifache Integration: Deutschland und Europa.* Tübingen: Mohr Siebeck. 3–31.

VAUBEL, Roland (1993a). *Das Sozialpolitische Abkommen von Maastricht widerspricht dem Subsidiaritätsprinzip.* In: GERKEN, Lüder (Hg.). *Europa 2000 – Perspektive wohin?: Die europäische Integration nach Maastricht.* Freiburg: Haufe. 107–129.

VAUBEL, Roland (1994). *The Political Economy of Centralisation and the European Community.* Public Choice, 81. 151–190.

VAUBEL, Roland (1994a). *The Public Choice Analysis of European Integration: A Survey.* European Journal of Political Economy, 10. 227–249.

VAUBEL, Roland (1996). *Constitutional Safeguards Against Centralization in Federal States: An International Cross-Section Analysis.* Constitutional Political Economy, 7. 79–102.

VAUBEL, Roland (2000). *Die ökonomische Konstitution eines föderalen Systems. Bemerkungen zu dem gleichnamigen Buch von Thomas Apolte.* ORDO, 51. 485–491.

VAUBEL, Roland (2000a). *Internationaler Politischer Wettbewerb: Eine europäische Wettbewerbsaufsicht für Regierungen und die empirische Evidenz.* Jahrbuch für Neue Politische Ökonomie, 19. 280–309.

VAUBEL, Roland (2001). *Ordnungspolitische Konsequenzen der europäischen Integration.* In: GERKEN, Lüder / LAMBSDORFF, Otto Graf (Hg.). *Ordnungspolitik in der Weltwirtschaft.* Baden-Baden: Nomos. 188–191.

VESPER, Dieter (1998). *Länderfinanzausgleich – besteht Reformbedarf?* WSI Mitteilungen, 11. 762–777.

VESPER, Dieter (2002). *Ein nationaler Stabilitätspakt – aber wie?* DIW-Wochenbericht, 69 (8). 121–126.

VIHANTO, Martti (1992). *Competition Between Local Governments as a Discovery Procedure.* Journal of Institutional and Theoretical Economics, 148. 411–415.

VINING, Rutledge (1984). *On appraising the performance of an economic system.* Cambridge: Cambridge University Press.

VOIGT, Stefan (1997). *Positive Constitutional Economics – A Survey.* Public Choice, 90. 11–53.

VOIGT, Stefan (1998). *Das Forschungsprogramm der Positiven Konstitutionenökonomik.* In: GRÖZINGER, Gerd / PANTHER, Stephan (Hg.). *Unsere Konstitution in guter Form und Verfassung?* Marburg: Metropolis. 279–319.

WADLE, Elmar (1984). *Der deutsche Zollverein.* Juristische Schulung, 8. 586–592.

WAHL, Rainer (1987). *Die Entwicklung des deutschen Verfassungsstaates bis 1866.* In: ISENSEE, Josef / KIRCHHOF, Paul (Hg.). *Handbuch des Staatsrechts der Bundesrepublik Deutschland.* Band I. Heidelberg: C. F. Müller. 3–34.

WALLIS, John Joseph / OATES, Wallace E. (1988). *Decentralization in the Public Sector: An Empirical Study of State and Local Government.* In: ROSEN, Harvey S. (Hg.). *Fiscal Federalism: Quantitative Studies.* Chicago: University of Chicago Press. 5–28.

WEINGAST, Barry R. (1993). *Constitutions as Governance Structures: The Political Foundations of Secure Markets.* Journal of Institutional and Theoretical Economics, 149. 286–311.

WEINGAST, Barry R. (1995). *The Economic Role of Political Institutions: Market-Preserving Federalism and Economic Development.* Journal of Law, Economics and Organization, 11 (1). 1–31.

WEIZSÄCKER, Richard von / DEHAENE, Jean-Luc / SIMON, David (1999). *The Institutional Implications of Enlargement. Report to the European Commission.* Brüssel, 18. Oktober 1999.

WELDON, Jack (1966). *Public Goods (and Federalism).* Canadian Journal of Economics and Political Science, 32 (2). 230–238.

WENDLAND, Kirsten (1997). *Spanien auf dem Weg zum Bundesstaat?* Baden-Baden: Nomos.

WICKSELL, Knut (1896). *Finanztheoretische Untersuchungen nebst Darstellung und Kritik des Steuerwesens Schwedens.* Jena: Gustav Fischer.

WILDASIN, David (1984). *The Welfare Effects of Intergovernmental Grants in an Economy with Distortionary Local Taxes.* Journal of Public Economics, 25. 103–125.

WILDASIN, David (1991). *Income Redistribution in a Common Labor Market.* American Economic Review, 81 (4). 757–774.

WILDAVSKY, Aaron (1985). *Federalism Means Inequality.* Society, 1/2. 42–49.

WILLIAMSON, Oliver E. (1975). *Markets and Hierarchies: Analysis and Antitrust Implications.* New York: The Free Press.

WILLIAMSON, Oliver E. (1979). *Transaction-Cost Economics: The Governance of Contractual Relations.* Journal of Law and Economics, 32. 233–261.

WILLIAMSON, Oliver E. (1985). *The Economic Institutions of Capitalism: Firms, Markets, Relational Contracting.* New York: The Free Press.

WISSENSCHAFTLICHER BEIRAT [BEIM BUNDESMINISTERIUM DER FINANZEN] (1982). *Gutachten zur Reform der Gemeindesteuern in der Bundesrepublik Deutschland.* Bonn: Stollfuß.

WISSENSCHAFTLICHER BEIRAT [BEIM BUNDESMINISTERIUM DER FINANZEN] (1992). *Gutachten zum Länderfinanzausgleich in der Bundesrepublik Deutschland.* Bonn: Stollfuß.

WISSENSCHAFTLICHER BEIRAT [BEIM BUNDESMINISTERIUM DER FINANZEN] (1999). *Reform der internationalen Kapitaleinkommensbesteuerung.* Bonn: Stollfuß.

WOHLGEMUTH, Michael (2001). *Political entrepreneurship and bidding for political monopoly.* In: MUELLER, Dennis C. / CANTER, Uwe (Hg.). *Capitalism and Democracy in the 21st Century.* Heidelberg: Physica. 279–301.

WOHLGEMUTH, Michael (2001a). *Abwanderung und Widerspruch im Europäischen Binnenmarkt.* Unveröffentlichtes Manuskript.

WREDE, Matthias (1996). *Vertical and Horizontal Tax Competition: Will Uncoordinated Leviathans end up on the Wrong Side of the Laffer Curve?* Finanzarchiv, 53. 461–479.

WREDE, Matthias (1997). *Fiskalische Ausgabenexternalitäten und die Struktur öffentlicher Ausgaben im föderalen Staat.* Zeitschrift für Wirtschafts- und Sozialwissenschaften, 117. 585–601.

WREDE, Matthias (1997a). *Tax Competition and Federalism. The Underprovision of Local Public Goods.* Finanzarchiv, 54. 494–515.

WREDE, Matthias (1999). *Tragedy of the fiscal common? Fiscal stock externalities in a Leviathan model of federalism.* Public Choice, 101. 177–193.

WREDE, Matthias (2001). *Yardstick Competition to Tame the Leviathan.* European Journal of Political Economy, 17. 705–721.

WREDE, Matthias (2002). *Vertical Externalities and Control of Politicians.* Economics of Governance, 3. 135–151.

ZAIN, Mahmoud (1979). *The Effects of Vote Trading and Logrolling on Collective Decisions: Preference Intensities, Pareto Optimality and Voting Paradox.* Basel: Selbstverlag.

ZIMMERMANN, Horst (2001). *Haben Ballungsgebiete einen höheren Finanzbedarf?* Wirtschaftsdienst, 81 (4). 222–226.

ZOLA, Emile (1887/1994). *La terre.* Paris: Fasquelle.

Kollektive Entscheidungen, Wirtschaftspolitik
und öffentliche Finanzen

Herausgegeben von Cay Folkers

Band 1 Gerald Pech: Besteuerung und Staatsverschuldung in der Demokratie. Zur dynamischen Analyse staatlicher Budgetpolitiken. 1996.

Band 2 Wolfgang Rippin: Theorie spekulativer Blasen. 1997.

Band 3 Claus Schnabel: Tariflohnpolitik und Effektivlohnfindung. Eine empirische und wirtschaftspolitische Analyse für die alten Bundesländer. 1997.

Band 4 Michael Grüne: Subventionen in der Demokratie. Analytische Grundlagen einer Subventionsordnung. 1997.

Band 5 Frank Ziegele: Hochschule und Finanzautonomie. Grundlagen und Anwendung einer politisch-ökonomischen Theorie der Hochschule. 1997. 2., durchges. Aufl. 1998.

Band 6 Petra Mühl-Schimmele: Die Behandlung von Erbschaften und Schenkungen in einem konsumorientierten Einkommensteuersystem. 1999.

Band 7 Stefan Boeters: Arbeitsmarktwirkungen einer budgetneutralen Reform der Besteuerung von Produktionsfaktoren. 2000.

Band 8 Frank Brocks: Die staatliche Förderung alternativer Kraftstoffe: Das Beispiel Biodiesel. 2001.

Band 9 Roman Dawid: Demokratische Kontrolle staatlicher Budgetierungsprozesse – Das Haushaltsverfahren der Europäischen Union. 2002.

Band 10 Karl Justus Bernhard Neumärker: Die politische Ökonomie der privaten Bereitstellung öffentlicher Güter. Ein vernachlässigtes Grundproblem der Finanzwissenschaft. 2003.

Band 11 Gerhard Schick: Doppelter Föderalismus in Europa. Eine verfassungsökonomische Untersuchung. 2003.

Weitere Veröffentlichungen zum Themenkreis dieser Reihe

Claus Schnabel: Zur ökonomischen Analyse der Gewerkschaften in der Bundesrepublik Deutschland. Theoretische und empirische Untersuchungen von Mitgliederentwicklung, Verhalten und Einfluß auf wirtschaftliche Größen, 1989.

Thomas Märtz: Interessengruppen und Gruppeninteressen in der Demokratie. Zur Theorie des Rent-Seeking, 1990.

Peter Mendler: Zur ökonomischen und politisch-institutionellen Analyse öffentlicher Kredithilfen, 1992.

Karin Beckmann: Probleme der Regionalpolitik im Zuge der Vollendung des Europäischen Binnenmarktes. Eine ökonomische Analyse, 1995.

Karl Justus Bernhard Neumärker: Finanzverfassung und Staatsgewalt in der Demokratie. Ein Beitrag zur konstitutionellen Finanztheorie, 1995.

Peter Lang · Europäischer Verlag der Wissenschaften

Renate Hochwieser

Legitimität *kraft Verfassung*

Inwieweit kann eine Europäische Verfassung das demokratische Legitimitätsdefizit der EU verringern oder beheben?

Frankfurt/M., Berlin, Bern, Bruxelles, New York, Oxford, Wien, 2002.
156 S., zahlr. Abb.
Europäische Hochschulschriften: Reihe 31, Politikwissenschaft. Bd. 456
ISBN 3-631-39095-5 · br. € 30.20*

Diese europapolitische Untersuchung befasst sich mit den Möglichkeiten einer Europäischen Verfassung im Hinblick auf die Reduzierung bzw. Behebung des demokratischen Legitimitätsdefizits der EU. Dabei stellen sich folgende grundsätzliche Fragen: Inwieweit weist das Primärrecht der EU bereits verfassungsmäßige Elemente auf bzw. stellt die rechtliche Grundordnung des Integrationssystems eine ausreichende verfassungsmäßige Grundlage dar? Aus welchen Quellen bezieht die EU ihre Legitimität und worin liegen deren substantielle Defizite? Welchen speziellen Anforderungen muss eine EU-Verfassung genügen und schließlich, wie können die Formen der Realisierung einer Verfassung und deren Chancen zur Umsetzung aussehen? Das vorliegende Buch versteht sich als Beitrag zur grundsätzlichen Untersuchung der Verfassungs- und Legitimitätsproblematik im europäischen Integrationsprozess.

Aus dem Inhalt: Konzepte/Ansichten der Verfassungslehre · Verfassungselemente des EU-Primärrechts · Bisherige Vorschläge für eine EU-Verfassung · Die Charta der Grundrechte · Die Europäische Teilverfassung · Legitimitätsproblematik und Demokratiedefizit der EU · Braucht die EU eine Verfassung? Anforderungen an eine EU-Verfassung · Chancen und Formen der Realisierung

Frankfurt/M · Berlin · Bern · Bruxelles · New York · Oxford · Wien
Auslieferung: Verlag Peter Lang AG
Moosstr. 1, CH-2542 Pieterlen
Telefax 00 41 (0) 32 / 376 17 27

*inklusive der in Deutschland gültigen Mehrwertsteuer
Preisänderungen vorbehalten
Homepage http://www.peterlang.de